"中华传统经典教育"编委会成员

儒家文化经典导修

主编／傅志明

山东人民出版社

编委会成员名单

总　序

十年树木，百年树人，百年大计，教育为本。我国高等教育自 1999 年扩招以来，开始步入大众化教育阶段，近年来毛入学率达到 24％以上，在校学生总规模位居世界第一，《国家中长期教育改革和发展规划纲要(2010—2020 年)》把终身教育理念作为重要指导思想，把学习型社会建设放在更加突出的位置，提出了"到 2020 年，基本实现教育现代化，基本形成学习型社会，进入人力资源强国行列"的战略目标，确立了中国今后一个时期包括学前教育、义务教育、高中阶段教育、职业教育、高等教育、继续教育以及民族教育、特殊教育等各个领域教育改革发展的目标任务，明确要求实现更高水平的普及教育，形成惠及全民的公平教育，提供更加丰富的优质教育，构建体系完备的终身教育和健全充满活力的教育体制。广大适龄青年"学有所教"的问题在很大程度上得到缓解，就学层次提高、就学渠道增加，主道宽敞、岔道众多的教育道路网络逐渐取代了千军万马过"独木桥"的景象。伴随着人类文明程度的不断提高和国家政治、经济、技术的深入发展，人们对教育的需求越来越高，不仅追求"有学上"而且还要"上好学"，可以说，无论是学生本人、家长，还是用人单位，现在比过去任何时候都更加注重大学教育所具有的价值，更加注重在大学里究竟能够学到什么，更加注重在大学里学到的东西对学生个人未来事业的发展有什么意义，对企业与社会有什么意义。近年来全社会对高等教育给予了前所未有的关注，除了对教育公平有了更高的诉求之外，主要是对高等教育的价值有了更高的期许，特别是扩招导致在校生规模迅速增加、教学资源相对匮乏、毕业生就业竞争压力加大等问题逐步凸显之后，社会对高等教育的关注越来越集中在两个问题上——培养什么样的人和怎样培养人。

培养什么样的人和怎样培养人是各类教育始终面临的两个基本问题，也是每一个教育工作者应当思考的重大问题。培养什么人的问题是人才培养目标和规格的问题，是一切教育活动的立足点和最终归宿之所在，怎样培养人的问题是人才培养路径和模式的问题，涉及高等教育管理体制与运行机制，以及高等学校内部治理、教学组织、教学内容与方式方法等各个方面。著名科学家钱学森先生去世之前提出并引起社会各界广泛讨论的"钱学森之问"，归根结底也要追溯到这两个问题上。2010年发布的《国家中长期教育改革和发展规划纲要(2010－2020年)》，把解决好这两个问题列为未来十年我国教育改革和发展战略主题的核心。实践证明，解决好这两个问题不是一朝一夕的事，既需要进行广泛深入的理论研究，更需要进行大量实实在在的实践探索，高等院校应当把握教育发展规律，坚持以人为本、全面实施素质教育，构建与社会经济发展良性互动的办学机制，寻找能够最大限度体现自身价值的办学定位，改革人才培养模式以及教育教学内容与方法。特别是要深刻体会"面向全体学生、促进学生全面发展，着力提高学生服务国家、服务人民的社会责任感、勇于探索的创新精神和善于解决问题的实践能力"这一未来十年教育改革发展的战略主题。

温家宝总理2009年2月2日在英国剑桥大学的演讲中提出："企业要承担社会责任，企业家身上要流淌着道德的血液。"这不仅反映了中国人民乃至世界人民的共同心声，而且对我国高等教育界也是一个严厉的警示。它警示我们：如果我们培养的学生身上缺乏道德的血液，那就不仅不能满足社会经济发展的需要，成为推动社会进步与人类文明的生力军，而且还会成为危害社会的因素，其能力越强危害性就越大。因此，高等教育在不断强化需求导向、职业教育、科学知识传授的同时，决不能忽视对学生实施全面素质教育和人文情怀的培养，应当把培养经济社会发展所需要的高级专门人才和提高全民族的科学文化素质紧密结合起来，把培养人才、科学创新、服务社会、传承人类文明紧密结合起来，使高等学校不仅成为知识的发源地和汇集地，还要成为现代大学之父洪堡所说的"全民族精神文化生活的典范"。

山东工商学院作为一所仅有二十多年建校历史的地方性财经院校，诞生于我国高等教育体制改革之初，并始终处在改革之中，不仅经历过1997年和2003年教育部组织的两次本科教学评估，而且还经历了1998年学校主管部门的划转——由部属院校转变为中央与地方共建、以地方管理为主，由此带来学校由原来的行业性院校变为地方性院校，学校定位、办学模式和人才培养模式发生巨大变化。学校对培养什么人和怎样培养人这两个教育基本问题进行了多年的思考、研究和探索，逐步形成了以建设有特色开放式工商大学为主线、以建设应用型人才培养特色名校为主题、以培养具有新儒商精神、具备新儒商素质的高素质应用型人才为目标的办学思路。多年来，学校一直重视学生人文素质和道德情操培育，在教学目标、课程体系、教学模式等方面进行了广泛的实践探索。我校公共管理学院从2005年开始，率先在社会保障、行政管理等专业开设了《中外文化经典导修》系列课程，并面向全校学生开设了《经典讲座》、《辩论之道》、《中国传统礼仪礼俗》、《中国儒学史话》和《孙子兵法与企业管理》等选修课程，同时还成立了"经典教育研究中心"和"中外文化经典教研室"，逐步建立起一支学历高、素质强、业务精、专兼职结合、校内外结合的教师队伍。这些课程的开设不仅受到广大学生的欢迎，也引起了全校师生的关注，学校对此给予充分肯定和支持，并在2006年修订人才培养方案时将《中外文化经典导修》系列课程作为必修课纳入教学计划中。2006年山东省高校德育工作评估组对公共管理学院开展的经典教育工作给予了高度评价。自此，学校开设的人文素质类课程不断增加，课程内容不断丰富，参与的部门和教师不断增多，选修此类课程的专业和学生范围也不断扩大，逐渐形成了包括必修课、限制性选修课和任意选修课在内的课程群。全校围绕学习经典、弘扬中华文化为主题的学生活动逐渐增加。2009年我校积极组织承办了全国"中华诵·2009经典诵读大赛"山东省烟台分赛区的比赛，我校师生在初赛和全省决赛中都取得了优异成绩，我校经典教育工作给省语言文字委员会办公室领导和大赛评委专家留下了深刻印象。2010年我校被教育部确定为"中华诵·经典诵读行动"试点单位，为进一步拓展和深化我校的人文素质教育提供了新的契机和动力。在学校统一组织协调下，整合了全校相关院部的课程资源和师资力量，配合学校培养新儒商精神、具备新儒商素质的高素质应用型人才的要求，形成了由经典导修、经典诵读、经典应用三大模块组成的人文素质教育课程体系。

摆在读者面前的这套系列丛书，就是与我校人文素质教育课程体系相配套的教材，也是我校教师多年改革探索取得的重要成果。虽然其中可能存在一些值得商榷的地方，但这是教师们心血和汗水的结晶，更是一群热爱教育事业的知识分子锐意改革与勇于创新精神的体现。我相信，只要有了这种锐意改革与创新的精神，不仅山东工商学院的教学改革会取得长足进步，长期困扰教育界的培养什么人和怎样培养人的问题也会有一个清晰的答案，人民满意的高等教育必将在不远的将来成为现实。

编者序

　　《国家中长期教育改革和发展规划纲要(2010—2020年)》确定了"坚持以人为本、全面实施素质教育"的教育改革发展战略主题,并提出"面向全体学生、促进学生全面发展,着力提高学生服务国家服务人民的社会责任感、勇于探索的创新精神和善于解决问题的实践能力"的战略重点。

　　山东工商学院自建校以来不断进行教育教学改革,更新教育理念和办学思路,经过25年的建设和发展,学校办学定位更加清晰,教学改革不断深入,学校特色更加鲜明,人才培养模式更加完善。2005年之后,学校加大教学研究和教学投入,不断优化教学资源和学科布局,积极探索人才培养新模式,改变传统教学内容和教学方法,取得了显著成效。近年来,学校明晰了以建设有特色开放式工商大学为主题、以建设应用型人才培养特色名校为主线的办学思路,以社会需求为导向,积极为地方和行业经济社会发展服务,研究和构建了高水平的教育教学体系,针对社会对高级经管类专业人才的基本要求,提出培养理性与灵性并存、人文素养和科学精神兼备、有德有才、并具有新儒商精神的高素质人才。因此,在人才培养过程中,特别强调基本素养、学科素养和应用能力三方面并重,追求人才培养的独特性,着力打造具有学校特色的五大教育教学平台:思想道德教育平台、通识教育平台、专业教育平台、实践教学平台、能力培养平台,并为此设计了相应的教学环节、课程体系、教学内容、教学方法和管理制度,以保证人才培养目标的顺利实现。

　　由山东人民出版社出版的《中华传统经典教育系列教材》正是在这样的背景下,为满足人才培养和教育教学需要,在多年研究探索的基础上编撰而成。

　　本套教材分为三大系列:经典导修系列、经典诵读系列、经典应用系列,每个系列自成体系又互相联系。

　　经典导修系列教材主要从中外文化的源头着手,精心选择经典内容并对经典文献做必要的注解。全套丛书包括:《儒家文化经典导修读本》《道家文化经典导修读本》《佛家文化经典导修读本》《诸子文化经典导修读本》《文学艺术经典导修读本》等。这个系列教材最大的特点是经典性和系统性,使读者能直接与中华经典文化亲密接触,并在整个文化及历史

1

的大背景下理解经典，用心灵去深切地感受中华经典文化的基本精神，获得全面、立体的系统认识。这套教材不仅在内容方面有很高的层次和境界，而且为读者学习和理解中外文化提供了一个比较高的平台。

经典诵读系列教材主要是按照国家"中华诵·经典诵读行动"的要求，从弘扬中华优秀文化传统、传承民族精神和树立社会主义核心价值体系及提高语言文字应用能力等方面着手，以推进素质教育、促进学生全面发展为目的而组织编写的，这套丛书包括：《唐宋名家词选读》《中国新诗名作选读》《朗诵艺术技巧与经典诗文朗诵指导》《普通话技能训练与测试》《中国书画鉴赏》等。这个系列教材的特点在于内容编写生动形象，既能满足教学需要又适合学生自学，既重视提高学生鉴赏水平又重视学生朗诵技能的锻炼，是一套融诵读、欣赏、练习于一体的优秀教材。

经典应用系列教材主要以中华经典文化为基础，充分挖掘中华经典文化中所包含的道德价值、精神养分、工作和生活的智慧，注重经典文化在现实社会的应用。这套丛书包括：《中华经典与现代管理》《儒商之道》《孙子兵法与战略管理》《儒家经典与生活智慧》《道家文化与管理哲学》《易经与管理决策》《黄帝内经与企业生命周期》《佛教经典与现代管理》等等。这一系列教材形式多样、丰富有趣、通俗易懂，通过大量的案例分析来解读中华经典中所蕴涵的智慧，使读者在欣赏经典的同时享受着无穷的乐趣。

总之，这套《中华传统经典教育系列教材》不仅是山东工商学院几十年教育教学改革的成果，而且是中华经典文化的汇集，使我们在感受中华文化博大精深的同时，体悟中华经典文化中包含的人文关怀和人文精神，提高人文素养，也以此培养学生的历史感、民族自豪感、开阔的视野和对不同文明的理解力与包容性，从而获取人生智慧，培养健全人格。在此，也衷心希望热爱中华经典文化和教育事业的有识之士，与我们一起为弘扬中华文化和人才培养作出更大的贡献。

培养具有大国风范的高素质国民

傅志明

一

　　每当我们静下心来思考我们所处的时代,展望我们将面临的未来的时候,都不能不面对以下三个事实:一是经过三十多年的改革开放,中国已经日益强大了起来,已经发展成为在世界上有影响的大国,中国和中国人的思想与行为已经越来越受到世人的关注,人们越来越想知道中国对世界带来了怎样的影响,今后又将怎样进一步影响世界;二是随着中国对外开放的不断扩大与加深,中国人民与世界各国人民之间的联系日益紧密,交往日益频繁,相互理解的需要日益增强,但由于历史的原因,相互之间在制度上、文化上、风俗习惯及思想感情上存在明显的差异甚至是鸿沟,对相互交流与理解的阻碍作用越来越明显;三是全球化的速度不断加快,中国融入世界与世界进入中国的程度都不断扩大与加深,中国的发展、中国人民的生活与福祉都越来越离不开世界,世界的和平与进步也越来越离不开中国,但在我们的身上仍然留有昨天的印记,我们的思想观念、生活习惯、生存与发展能力,都是在与此很不相同的过去环境中培养形成的,因而不可避免地会用过去的眼光、从我们自身的条件出发看待将要面临的一切,误解与担心由此而产生。这三个事实都告诉我们:中国需要更好地理解世界,世界也需要更好地理解中国。

　　我们要怎样才能更好地理解世界并被世界所理解呢? 很显然,我们既不能要求世界更好地让我们理解,也不能要求世界更好地理解我们。这不是我们的传统,也不符合我们与世界各国人民和谐共处、和平发展、共同繁荣的意愿,更不符合世界各国人民对我们的期待。我们的传统是"君子求诸己",是"人不知而不愠",是"己所不欲,勿施于人",是"己欲立而立人,己欲达而达人"。要求世界更好地理解我们、更好地让我们理解,就是求诸人,是己不欲而施于人。这只能使世界与我们更加疏远,只能让世界对我们更加充满疑虑。

　　要让世界更好地理解我们,正确的方法不是告诉世界我们不是什么(虽然这也是必要的),而是向世界展示我们是什么。因为无论你怎样解释我们不是什么,世界也不会因此就更加清楚我们究竟是什么,也不会因此而更加理解我们。这种解释太多了,反而会使人心生"此地无银三百两"之感。所以任何人、任何国家，要想更好地理解世界并被世界理解，只能通过改变自己，通过开阔自己的眼界，丰富自己的知识，提高自己理解世界的能力，并把自己变得更容易被世界理解。对于中国这样一个影响力不断增强的世界性大国，尤其应当如此。因为你的实力强大，对世界具有巨大的影响力，并且这种实力和影响力还在不断增强，不可避免地会打破各国之间原有的力量平衡，会导致世界政治、经济、军事、文化、社会、科学技术乃至劳动力就业等等各方面格局的调整与改变，会对世界各国人民的工作与生活产生不可忽视的影响，所以世界对你就会多一些担心，同时也会多一些期待。无形中你也就多了一份让世界人民理解和放心的责任。世界需要知道，中国将成为一个什么样的世界性大国，将会怎样利用它的力量与大国地位。我们也有责任向世界做出解释。但更重要的是，我们必须从行动上向世界展示，我们将努力成为一个什么样的世界性大国，将会怎样利用我们的力量与大国地位。

但这不是说我们应当消除不被世界理解之处，把我们变得与世界其他地区的人们一样。因为这不仅是不可能的，也是极为有害的，并且即使你做了这样的改变，也并不一定会更好地被世界理解。我们过去曾经有人提出过"全盘西化"，把属于我们自己的所谓"中"的东西全部化掉，变得与西方世界完全一样。可事实上不管你怎么化，你也化不成美国或者英国。更何况所谓的"西"本身也是多样化的，是由不同地区、不同民族组成的，它们各自都有独特的历史文化传统、道德风尚、民族习惯，相互之间也经历过无数的冲突甚至战争，也有数不清的恩怨情仇。所谓的"全盘西化"究竟要怎么化呢？要化成什么呢？美国？英国？法国？德国……在全球化的今天，即使我们能够"全盘西化"，能够因此而被西方世界理解，那我们又怎么让阿拉伯世界理解呢？怎么让与我们同为东方世界的亚洲各国人民理解呢？这种自我消解似的改变，事实上不仅不能让世界更好地理解我们，反而会使我们变得更加难以被人理解。因为我们现在虽然还不被世界充分理解，那也只不过是因为世界对我们还有所不解，还有些误解，至少他们知道这就是中国。如果我们把不同于世界的独特之处化掉了，变得与世界各地的人民一样了，他们就会认同我们吗？他们不仅不会认同，而且会怀疑我们这样做的动机，他们还会问：这是中国吗？世界之为世界就在于它的丰富多彩，在于不同地区、不同国家、不同民族都创造了具有独特价值的优秀文化，使得人类历史的天空永远都群星灿烂，人类居住的小小星球不仅群山逶迤、江河纵横、万物争荣，而且文明之花竞相开放，繁花似锦，生机盎然。这正是世界的魅力之所在、生机之所在、活力之所在。如果世界上只有一种文明，只有一种文化，世界不同地区、不同国家、不同民族的人们都只有一种思想、一种性格，那将是何等的单调！何等的枯燥乏味！！那不是世界大同，而是文明的荒漠。世界各地的人民将不再渴望相互交流，也没有相互交流的必要。因为世界已经变得毫无魅力，所谓的交流也就犹如左手握右手，不再给人新奇之感，更不会具有增长知识、启迪智慧、激发思想、促进创造的作用。

古人云："和实生物，同则不继。"世界要求于我们的是能够使世界更加充满生机与活力的、作为世界之"和"的一分子。这样的一分子是有其独特价值、与世界其他地区、其他国家、其他民族有所不同的，是与世界"和而不同"的一分子，而不是消解了独特性，与世界其他地区、其他国家、其他民族没有差别的"同"的一分子。所以，我们所要做的改变，不过是要把我们自己，把我们的子孙后代培养成能够更好地向世界展示我们——展示我们的历史文化传统，展示我们的内在精神与情感，展示我们的伟大理想与追求——且有世界眼光、世界胸怀，对世界各国人民的文化与传统具有较强理解力与包容性，能够与世界各国人民进行有效沟通、交流、合作，与世界各国人民和谐共处、携手并进、共同发展、共享繁荣的世界性公民。这样的世界性公民不仅仅是在经济意义上与世界各国更紧密地联系在一起，有更加频繁的业务往来，在全球市场上从事经济活动乃至就业等等，也不仅仅是在政治意义上与世界各国更紧密地联系在一起，更多地受到国际政治思潮与活动的影响，对世界各地的政治局势更加关注甚至以各种形式参与其中，使过去仅仅局限于国内甚至是局部地区的孤立的声音与行动越来越具有国际影响力，越来越与遥远异域其他国家和地区的声音与行动相互呼应，成为一种世界性的力量。这些都是很重要的，都是世界性公民的世界属性。但如果仅仅局限在这个层面，那还只是一个被动的、被全球化潮流冲洗而成的世界性公民——严格地说则应当称之为被世界化了的甚至仅仅是贴上了世界性标签的公民，也就是被卷入世界潮流中的国家性公民。这样的世界性只是表面的，在炫人眼目的外表下掩藏着的，可能是与真正意义的世界性尖锐对立的狭隘民族主义甚至是帝国主义、霸权主义。这样的世界性所引起的可能是猜疑、排斥甚至冲突，可能是殖民、掠夺与战争，可能是国家之间、种族之间、文化之间更深的隔阂与相互孤立。概而言之，这样的世界性带给我们的可能不是福祉，而是灾难。给人类造成巨大灾难的两次世界大战，不就是少数帝国主义国家妄图瓜分世界，获取世界性利益与支配地位而引起的吗？当今世界基于力量平衡的和平下的各国利益博弈，在狭隘民族主义的驱使下，将会产生什么样的后果，会不会导致世界性的冲突与战争，是难以预料的。特别是在原有的平衡被打破，新的平衡尚未建立起来并有效发挥作用期间，狭隘民族主义能否膨胀演化为帝国主义、霸权主义，给世界人民带来战争和灾难，更是不容乐观。

一个充满猜疑与冲突的世界不是我们所需要的，一个受狭隘民族主义支配，饱含战争风险的世界也不是我们所需要的，一个交织着歧视、掠夺、仇恨与恐怖主义的世界更不是我们所需要的。我们所需要的是不同国家、不同民族、不同文化、不同宗教之间相互尊重、相互理解、相互包容、和平共处、合作发展、共享和谐与繁荣的世界。这样的世界不会从天上掉下来，更不会有人或者神赐给我们，而是需要我们自己去争取和创造。而要创造这样的世界，了解和学习各国人民创造的优秀文化，培养相互尊重、相互理解、相互包容、和平共处、合作发展的精神与能力是至关重要的。

二

人与人之间的不理解并不在生理上，而在心理上和精神上。民族与民族之间的不理解也不在生理的意义上，而在心理与精神的意义上。所以无论是在个人层面，还是在民族与国家层面，理解的意义都是心理与精神上的。而这种心理与精神上的差异，则是文化的、历史的，是受不同环境的影响和文化塑造的结果,是历史积淀的结果。所以,只有文化意义上的、也就是国家与民族心理与精神意义上的理解才是真正意义的理解,也只有文化意义上的、也就是国家与民族心理与精神意义上的交流才是真正意义的交流。除此之外,无论不同地区、不同国家、不同民族之间的人民来往多么频繁,交往的人数多么众多,接触的范围多么广泛,都只不过是交往或者交易而已,除了满足我们的好奇心和对利益的追求,不会增进我们之间的相互理解,更不会使我们更加相互尊重。相反,这种基于猎奇心与逐利心的交往,也是建立在利益不一致的基础之上的,是合作与冲突并存的。历史经验告诉我们,这种意义上的交往固然也能增进不同地区、不同国家、不同民族之间的交流与合作,但也引起了无数的冲突与战争,并且引起冲突与战争的可能性要远远高于增进理解与尊重的可能性。西方殖民史就是这样一部基于猎奇心与逐利心的人类交往史,是典型的以战争促合作的血淋淋的历史。它对人类文明的破坏并不少于建设,所造成的苦难更是远远超过给少数殖民者带来的快乐。殖民地那些饱经苦难的心灵不仅没有因此而开出馨香的文明之花,而是深深地种下了蓬勃的仇恨之草,铲不绝,也烧不尽,几百年过去了,依然一而再、再而三地苏生和蔓延。在人类的历史上,又有几个民族没有类似这样的苦难记忆和精神创伤呢?如果全球化仅仅是拓展和扩大了人类这种基于猎奇心与逐利心的交往与交易空间,那将不过是在更大的范围内重复人类过去充满苦难与仇恨的交往史而已,并将一而再、再而三地刺激世界各族人民脆弱的神经,唤起一幕幕苦难的民族记忆,揭开并未完全愈合的精神创伤。人类目前面临的诸如能源危机、水资源危机、气候变暖、恐怖主义、种族仇恨等全球性危机与问题的产生与解决过程,不都交织着这种记忆和创伤吗?可见这样的交往究竟是人类的福音,还是魔鬼的诅咒,很难预料。

要避免这种不确定性,除了努力促进不同地区、不同国家、不同民族之间文化意义上也即是民族心理与精神意义上的沟通与交流之外,别无他途。我们要更好地理解世界并让世界更好地理解我们,除了增强我们在文化意义上、在民族心理与精神意义上与世界各族人民有效沟通、交流与合作的能力之外,也别无他途。而要增强这种在文化意义上、在民族心理与精神意义上与世界各族人民沟通、交流与合作的能力,除了加强中外文化教育,让更多的国民经受世界各族人民创造的优秀文化的洗礼之外,同样别无他途。这正是时代赋予中国教育尤其是高等教育的历史使命。这一使命实质上就是在中国不断崛起成为世界性主要大国,日益成为解决全球性问题和全球化时代人类文明进程越来越重要的力量,在中华民族伟大复兴正在逐步实现的今天,培养与中国在世界上拥有的地位和应发挥的作用相称,能够有效地发挥中国作为世界大国的作用,能够与世界不同地区、不同国家、不同民族的人民进行有效沟通、交流与合作,为世界各国人民广泛认同的高素质国民。也就是说,我们所处的时代和将要面临的未来要求我们的教育尤其是高等教育,不仅要为我国的经济社会发展服务,为提高全民族科学文化素质服务,为全体国民的职业发展与人生幸福服务,而且要为中国走向世界,发挥世界性大国应有的作用,与世界各国人民有效交流与合作,共同发展,共享繁荣服务。简言之,我们所要培养的高素质国民,不仅要能够满足我国经济社会发展的需要与每一个国民自身发展的需要，而且还应当具有一种大国风范——一种不同于人类历史上任何一个新崛起的大国国民所曾经有过的、具有中国特色且符合世界人民期待的全新的风范。这既是我们更好地融入世界，更加积极地参与国际事务，开展更加广泛的国际交流与合作，拓展国际生存与发展空间的需要，也是世界各国人民对日益强大的中国和中国人民提出的正当要求，是历史赋予我们的使命与责任。

在人类历史上，在世界各民族的记忆中，一种世界性力量的崛起往往就意味着一种新的强力意志，对现存的世界总是充满敌意，常常需要通过战争才能实现新的平衡。最近一百多年历史上人类经历过的两次世界大战，就是最典型的事例。因为有这样的历史记忆，所以对每一种世界性力量的崛起，人们总是自觉不自觉地充满疑虑，同时也满怀期待。能否正确地认识和理解这种疑虑与期待，进而正确地认识和理解作为世界性大国的使命与责任，并把这种认识和理解作为国民教育的重要内容，培养出具有大国风范，能够与世界不同地区、不同国家、不同民族的人民进行有效沟通、交流与合作，为世界各国人民广泛认同的高素质国民，对新崛起的世界性大国将走出一条怎样的崛起之路，将怎样利用所获得的力量与大国地位，怎样发挥世界性大国的作用，在人类历史上打上怎样的烙印，具有决定性的影响。

令人遗憾的是，只是到了近代，特别是在经历了两次世界大战以后，人们才对世界性大国通过征服与杀戮而崛起并以武力威临世界的邪恶本质普遍有所认识，才把妄图通过征服与杀戮获得对他国人民、资源与财富的支配的帝国统治者看成是邪恶的化身、反人类的魔鬼和战争罪犯。世界各民族历史上那些同样通过征服与杀戮而开疆拓土的统治者们，无不因其伟大的征服而备受赞颂，成为诗人、作家、历史学家竞相歌颂的对象，成为政治家、将军乃至野心家崇拜的偶像，成为历史教科书中的民族英雄。人类历史有多长，这种对征服者的崇拜史就有多长。我们可以说，正是这种征服者崇拜文化造就了人类历史上大大小小、形形色色的征服者。历史地看，人类历史上的任何一个给本国人民和他国人民带来灾难的帝国，都不是某一个人乃至某一个集团心血来潮时强加给他的国家和世界人民的，而是他的国家历史地造就的。在很大程度上我们可以说，不是野心家造就了帝国，而是帝国造就了野心家。野心家只不过是帝国的土地上长出的邪恶之树结出的邪恶之果罢了。虽然我们不能说每一个野心家都是他的祖国、他祖国的人民有意识培养的，不能说他的每一位同胞都赞同他、支持他，而没有反对他的力量，但在他的灵魂中种下的野心家的种子及其赖以生长的土壤乃至阳光雨露，毫无疑问都主要来自他的祖国，来自他祖国的人民，来自他祖国独特的征服者崇拜文化和社会历史环境。不仅如此，他作为征服者的舞台和力量，也都是他的祖国和人民给予他的。所以，在野心家成为野心家之前，他的祖国在很大程度上早已经在精神上帝国主义化了，在很大程度上早已经具备了使他成为野心家的条件，甚至早已经是帝国精神的化身了。人类这种普遍而久远的征服者崇拜文化即使在今天，在经历过两次世界大战以后的各国当今社会依然存在，依然是一种活跃的意识形态在影响甚至左右人们的思想意识、情感态度与价值判断。而作为一种历史形态，更会永久性地留在人类的记忆中——或深或浅。

这种征服者崇拜文化之所以能够代代相传，并在某些国家的某些时期表现得尤为突出，除业已存在的文化生态自身的传播繁衍之外，教育无疑是最主要的作用机制。而从最广泛的意义上看，文化生态所具有的自我传播与繁衍机制，本质上也是一种教育机制。离开教育，任何文化都将从人类的记忆中消失。因此，要改变人类这种普遍而久远的征服者崇拜文化，唯有通过教育，通过培养消除了征服者崇拜意识和心态，致力于与世界不同地区、不同国家、不同民族的人民相互尊重、相互理解、相互包容、和谐相处、合作发展、共享繁荣的大国国民，并进而创造一种全新的文化，方有可能。从这个意义上看，培养具有大国风范的高素质国民，不仅关系到中国未来的生存与发展，关系到世界各国未来的生存与发展，也关系到人类文化的发展方向，关系到人类文明的未来。

三

我们所要培养的具有大国风范的高素质国民，无疑首先应当是中国的国民，是具有鲜明中国特征，能够更好地向世界展示我们——展示我们的历史文化传统，展示我们的内在精神与情感，展示我们的伟大理想与追求，并能使世界更加充满生机与活力的、作为世界之"和"的一分子的中国国民。但与此同时，他/她也应当是具有世界眼光、世界胸怀，对世界各国人民的文化与传统具有较强理解力与包容性，能够与世界各国人民进行有效沟通、交流、合作，与世界各国人民和谐共处、携手并进、共同发展、共享繁荣的世界性公民。而无论是作为中国国民还是作为世界性公民，都不仅仅是政治意义上与经济意义上的，而主要应当是文化意义上的，是民族心理与精神意义上的，因而与民族虚无主义是格格不入的，与各种各样的狭隘民族主义（无论是自大式的还是自卑式的）也是格格不入的。他/她既不会妄自菲薄，数典忘祖，自轻自贱；也不会妄自尊大，目空一切，自高自傲。他/她是中国国民，中华民族的代表，在他/她的身上凝聚着中华五千年文明的精华，并为自己是中国人，作为中国历史文化的代表感到自豪和骄傲。但他/她同时也是世界性公民，是人类的代表，就像珍视中国文化一样珍视世界各民族创造的优秀文化，并为自己作为人类之一员，为人类文明的多姿多彩，为世界各族人民的智慧和创造精神感到自豪和骄傲。

培养这种具有大国风范的高素质国民，更确切地说是培养这种大国风范，需要全社会、全方位的长期努力，而不独是教育的责任，但教育尤其是高等教育无疑赋有特殊的使命和责任，尤其是在这种理念形成和传播之初，在它为全社会广泛接受并自觉见诸行动以前，教育尤其是高等教育必须发挥文化创新与思想启蒙的作用，并通过自身改革，努力将其融入整个职能体系之中，使大国风范的培育成为我国教育尤其是高等教育人才培养的重要内容。特别是在当前，教育尤其是高等教育受社会经济发展特别是劳动力市场变动的影响越来越突出，个人职业发展特别是初次就业需要对教育需求与供给的影响越来越突出，功利主义乃至工具主义对教育需求与供给的影响十分普遍，其负面影响已经显现出来并且越来越不可忽视，我们更不应当忽视教育尤其是高等教育肩负的这一特殊历史使命和责任。否则,我们不仅会失去历史,也很有可能失去现在。

正是出于这样一种历史使命感和责任感,出于对中国作为一个正在崛起的大国需要怎样的国民去创造和把握未来长期深入的思考,我们从 2005 年起开始尝试在本科教育中引入"中外文化经典导修"系列课程,让学生学习人类历史上具有永恒价值和历久弥新的生命力的原创性著作,深入中外文化的核心,以期达到以下几方面目的:(1)将学生引向人类文明及知识的最高境界,有一个尽可能高的起点、尽可能宽的视野和尽可能广的胸怀;(2)感受大家风范,培养大家气象;(3)培养历史感、对不同文明的理解力与包容性,以及全球眼光;(4)获取人生智慧,培养健全人格;(5)提高人文素养,培养人文精神;(6)对学生进行系统的探究性思维和探究性活动训练,培养科学素养和进行探究性思维与活动的能力;(7)培养学生进行自主学习的习惯与能力,引导学生进行自我设计、自我开发与自我管理;(8)通过背诵中外文化经典,在真正拥有经典的同时,提高中外文化水平。摆在读者面前的这套经典导修教材,就是我们在总结教学实践经验的基础上,拟编写的《中外文化经典导修》教材的第一部分——《中国文化经典导修》教材,共包括四本:《儒家文化经典导修》《道家文化经典导修》《佛家文化经典导修》《诸子文化经典导修》。2010 年山东工商学院被教育部语用司确定为"中华诵·经典诵读行动"试点单位,试点工作的核心内容就是在整合原有课程资源的基础上,在全校范围内推出"中华传统经典教育"系列课程,《中国文化经典导修》则是其核心课程之一,我们编写的这套《中国文化经典导修》教材故而被纳入"中华传统经典教育"系列教材,该系列由山东人民出版社正式出版。在这套教材即将出版之际,谨将我们的有关思考表述出来,既是对读者的一种交代,更希望与广大读者共同探讨。

古人云:"君子如欲化民成俗,其必由学乎!"又云:"大学之法,禁于未发之谓豫,当其可之谓时"。中国虽然还是一个经济社会发展水平比较低的发展中国家,但已经是继美国之后的世界第二经济大国,并继续保持着快速发展的良好势头,作为世界性大国的地位和影响力正在凸显,作为一个中国人,特别是作为一个教育工作者,是到了认真思考我们要怎样才能更好地创造和把握国家与民族的未来,应当把我们自己和我们的后代培养成什么样的国民的时候了。

2011 年 8 月 28 日于烟台

编选说明

　　修读儒家文化经典,首先需要了解儒家文化都有哪些经典,对于普通读者和非中国哲学专业的大学生又应当修读哪些儒家文化经典,是需要全部修读,还是可以选修其中的部分内容,应当达到怎样的水平,作为一个初学者,怎样克服语言文字、思想内涵、文化知识等方面的障碍。本书正是在深入思考这些问题的基础上完成的,以期为普通读者和非中国哲学专业大学生提供一本了解儒家和儒家文化的普及性读物。

　　稍通中国传统文化的人都会知道,儒家文化经典有"四书"、"五经"(或"六经")与"十三经"等说法。而何谓"四书"、"五经"、"十三经"? 三者之间在历史上是如何传承、分合的? 各自在历史上不同时期的地位与影响又如何? 这需要做一些说明。

　　儒家经典事实上并非儒家"一家之言",而是包含了孔子以前中华民族创造的主要文化遗产和孔子及其后学者创造的儒家文化典籍。"四书"、"五经"(或"六经")、"十三经"三种说法,最早出现的是"六经"。因汉武帝之前,儒家并没有上升为官学,所以一般称之为"六艺",即使有时称之为"经",也没有后世那种神圣经典的意味,更不是儒家一家的经典,而是诸子百家共同的经典。《庄子·天下篇》称:"《诗》以道志,《书》以道事,《礼》以道行,《乐》以道和,《易》以道阴阳,《春秋》以道名分。其数散于天下而设于中国者,百家之学时或称而道之。"由于儒家创始人孔子比其他各家对"六经"更为重视,不仅系统地整理了"六经",使其更为儒家化,而且将其作为必修经典用以教育学生,确立了"六经"在儒家典籍中的核心地位,本是百家共同经典的"六经"后来便逐渐演变为儒家的经典。由于《乐》书在流传中亡佚,"六经"便只剩下"五经"流传下来。西汉时,以《易》、《诗》、《书》、《礼》、《春秋》立于学官,置"五经"博士,"五经"的说法才正式出现,并上升为统治者、学人士子、平民百姓共同尊崇的经典。因《春秋》经有三家作传,即《左传》、《公羊传》、《谷梁传》,《礼经》包含"三礼",即《周礼》、《仪礼》、《礼记》,所以又有"九经"之称。唐朝时,这"九经"皆被立于学官,用于开科取士。晚唐时期,又加上了《论语》、《尔雅》、《孝经》,将"九经"扩展为"十二经"。唐文宗于太和四年(公元 830 年)接受国子监郑覃的建议,组织当时的硕学鸿儒和著名书法家花七年时间将这"十二经"刻于石碑,至开成二年(公元 837 年)完成,称为《开成石经》,于是有了第一个皇家权威版本的儒家经典并流传至今(《开成石经》碑刻现存西安碑林博物馆)。唐宋两朝特别是宋代,伴随着佛道两教的刺激,较能系统地体现儒家义理的《大学》、《中庸》、《论语》、《孟子》

逐渐受到重视。至南宋,朱熹为此"四书"作注,"四书"的说法正式出现,并于元代成为科举考试的必考内容。自是,《孟子》上升为经典,与晚唐即已确立的"十二经"合在一起,形成了完整的儒家经典体系——"十三经"。清乾隆时期,镌刻《十三经》经文于石,阮元又合刻《十三经注疏》。从此,"十三经"之称及其在儒学典籍中的尊崇地位更加深入人心。

无论是"四书"、"五经",还是"十三经",其经书地位及其社会影响都与儒家在中国思想、政治与文化体系中的地位具有直接的关系。"五经"(最初为"六经")虽然成书很早,并在孔子时期就确立了儒家核心经典的地位,但由于儒家在当时只是诸子百家中的一家,而且不受统治者重视,"五经"的社会影响并不是因为受到儒家推崇而获得的,也并没有获得后世那样的崇高经书的地位。"五经"的经书地位真正形成、巩固是在汉唐,特别是唐承隋制以"明经"科取士以后,其崇高的经书地位才最终形成。"四书"则是唐宋特别是宋代形成的,从元代开始成为科举考试指定教材,地位开始超过"五经",成为儒家最核心的经典。《孝经》则是因唐朝强调以孝治国,特别是唐玄宗亲自为之作序以后才确立其经书地位。《尔雅》则是一部训诂之书,是纯粹的工具书,虽然自晚唐开始也被尊崇为经,但与其他经书不同,其价值不在思想方面。

"十三经"代表了儒家个人立身处世、家国天下的方方面面,是儒家全面安排社会人生的经典,更是儒家思想文化体系的精神内核。要想全面理解儒家与儒家思想,深研"十三经"是必经之路。但对于普通读者和非中国哲学专业、也不想以研究儒家思想为业的大学生,全面系统地研读"十三经"是不可能的,事实上也没有这个必要。只需要对儒家思想体系有一定的了解,对儒家的基本精神内涵有一定的理解和把握,对儒家的产生、发展、社会影响尤其是与中国文化的关系有一定的认识,从而对中国传统文化、民族文化心理、思想观念、道德伦理等能够较好地理解和把握,能够吸取儒家思想的精华,运用儒家智慧指导日常生活与社会实践,也就足够了。正是基于这样的认识,本书采取以儒家基本经典为核心,辐射整个儒家文化及其影响的方式进行编选。基本经典编选的范围确定为"十三经"中除《周礼》、《仪礼》和《尔雅》之外的其余九部经典,加上在中国思想史与儒家思想史上具有重要影响的《荀子》。历史上各个时期的其他重要儒家典籍则与研究文献一起作为导修内容进行编选。按照其重要性和不同的修读要求,又将基本经典分为两部分:第一部分为必修经典,第二部分为选修经典。为了帮助读者用历史的眼光和广阔的文化视野认识和理解儒家与儒家思想,了解儒家在整个中国传统文化中乃至世界文化中的地位、价值及影响,特地编选了第三部分《儒家与中国文化》。

第一部分必修经典是本书的核心,是认识和把握儒家思想体系与基本精神内涵所必须深入研读的内容,也是进一步学习儒家其他典籍的基础。我们认为"四书"是最合适的,所以编选了"四书"全文。因为相较于同样重要的"五经","四书"不仅更浅显,与人们的日常生活联系也更加紧密,其内容涵盖了儒家思想体系的几乎所有方面,所以自南宋起就被看成是教人做人、做事、做学问,成就儒家理想的圣贤人格必读的教科书,自宋元以来就是中国社会上最重要、对后世影响最深远的儒家经典。用南宋朱熹的话说,"四书"是进入儒学"六经"堂奥的"阶梯","若读得此四书,何书不可读,何理不可究,何事不可处"? 无论是要理解儒家文化,理解文化意义上的中国人,还是要成为一个拥有儒家智慧的中国人,阅读并理解"四书"都是最直接、也最便捷的途径。

之所以编选"四书"全文而不是节选部分内容,是因为我们认为对于受过高等教育的中国人,对儒家思想体系及其基本精神内涵应当有较为全面准确的认识和把握,熟读"四书"全文则是最基本的要求。虽然作为普通读者和非哲学专业的大学生,对"四书"内容的认识和把握程度不能要求太高,但起码应当对"四书"的文字足够熟悉,特别是广为流传的经典名句,应当知道出自"四书"中的哪一部甚至哪一篇。更何况除《孟子》之外,字数都不是很多,"四书"全部加在一起也不过十几万字。这并不是说在授课过程中,"四书"全文都要详细讲解。由于课时的限制,详细讲解"四书"全文是不可能的,只能讲解一部分,其余的则由学生在老师讲解内容的基础上,参照注释和导修文献自学。这也正是"导修"的一个意义所在。我们建议对篇幅较短的《大学》、《中庸》全文讲解,《论语》和《孟子》则可以在全面介绍其思想内容、历史地位及影响的基础上,选讲其中的部分内容。

在"四书"的编排顺序上,虽然正如朱熹说的那样,读"四书"应"先读《大学》,以定其规模;次读《论语》,以立其根本;次读《孟子》,以观其发越;次读《中庸》,以求古人微妙处",我们还是遵从早已相沿成习的编排顺序,按《大学》、《中庸》、《论语》、《孟子》的顺序编排。但这并不表明读者在阅读、教师在讲授时也一定要按照这样的顺序。

第二部分选修经典是在修读必修经典的基础上,增加对儒家经典的认识和了解、对儒家思想进一步拓展和深化学习的内容,我们选了"五经"、《孝经》和《荀子》,各部经典的编排顺序参照通行"十三经"的顺序和出现时间的先后。由于"五经"内容太过丰富,且于初学者来说深奥难懂,所以除较短的《孝经》之外,都只节选有代表性的篇章供读者学习。所选内容与第一部分必修经典一起,涵盖了儒家最基本的元典。读者可以在熟读精思"四书"的基础上,通过修习这一部分编选的内容,对儒家经典有一个基本的了解,感兴趣的话,还可以更进一步去探索这些经典丰富深刻的义涵,进入儒家经典的堂奥。

在具体编选上,有几点需要说明。其一,《礼》有"三礼",但考虑到《周礼》与《仪礼》较为专业,于普通读者和非哲学专业的大学生不宜,故只编选了《礼记》中的数篇。其二,《孝经》虽不见于"五经",但位列"十三经"之一,对儒家乃至整个中国文化影响深远,且文字较短,所以选入了全文。而同为"十三经"之一的《尔雅》,基本上是一部训诂工具书,思想性不能与其他经书相比,且太过专业,不适合作为普及性的读物,故没有编选。其三,由于历史的原因,《荀子》被排除在儒家"道统"之外,不见于"五经"及"十三经",但考虑到《荀子》在历史上曾经产生过巨大的影响,并且其中的许多篇章和内容在今天仍然具有重要价值,同时也为了帮助读者对儒家思想的发展演变有更全面的认识,知道在所谓"正统"儒家思想之外,历史上还有其他流派的儒家思想,所以我们也节选了《荀子》的部分内容。

直接修读中国文化活水源头的原典,不仅学习思考中国文化的精神内涵,而且亲密接触、深切感知中国文化经典,而不是隔雾看花、水中望月似的通过有关解说与介绍性文字学习中国文化,是我们编选这套教材的基本出发点。但是原典不仅内涵丰富而深邃,而且语言文字古奥,对没有受过专业训练的普通读者特别是初学者而言,确实有一定的困难。为了便于读者修读,我们对这两部分内容做了以下安排:其一,为每部经典编写了简短客观的导语,置于经典原文之前,或概括所选原典的核心内容,或提供一些核心性的问题供大家学习时参考;其二,对每部经典都作了简单的注解,以帮助读者疏通文义,了解一些文化背景,必要的时候也列举了历史上各家的不同注解供读者参考;其三,对每部经典都精心编选了"导修文萃"置于经典原文之后,供读者修读原典时参考。在"导修文萃"的编选中我们兼顾了经典性与通俗性,既选入了在历史上产生过重要影响,本身就具有经典意义,也可以说是对所选原典最具有代表性的阐释性文献,如朱熹、王阳明等人的有关文献,也选入了一些著名学者对有关原典较为通俗的解说与介绍性文字,如近人朱自清与梁启超两先生的文章。同时也兼顾了不同观点的碰撞,如朱熹与王阳明对《大学》的不同解读,胡适与蔡元培、林语堂对"中庸"观念的不同演绎及评价等。通过阅读"导修文萃"中的文章,读者不仅可以获得高水平的修读指导,而且可以对历史上不同学术流派对儒家经典的代表性解读有所了解,丰富儒家文化知识。

第三部分《儒家与中国文化》是在前两部分修习内容的基础上所做的拓展,目的是让读者对儒家思想在历史上的发展有更进一步的了解,特别是在经过前两部分元典的修习而登堂入室之后,又能适当跳出儒家的范围,从更广阔的文化视野,用历史的眼光去审视儒家,从而培养出大国公民的文化胸襟与批判精神。这一部分编选了三方面内容:历代学者评儒家、历代儒者经典文章和儒家文化之影响。"历代学者评儒家"主要编选了战国及秦汉年间儒家未被定为一尊之前各家各派对儒家的界定和评说,以及近代著名学者梁启超对儒家哲学的解读,以帮助读者对儒家之所以为儒家有个大致的印象。"历代儒者经典文章"则是在前两部分编选的儒家元典之外,编选了历史上最具有代表性的部分儒家学者的经典文章,使我们对儒家经典的丰富多彩,对历史上除孔孟等原典作家之外具有代表性的儒家思想有更多的了解,从而对作为历史形态的儒家与儒家思想有更深的认识与体会。"儒家文化之影响"则主要编选了近现代中国及世界著名学者论述儒家文化及其影响的文章,目的是帮助读者了解儒家对中国与世界的影响,以及在与西方文化的遭遇中命运的变迁,感受儒家文化的现代性意蕴与坚韧的生命力,拓展文化视野,在批判性阅读中进行深沉的反思,更好地学习和继承儒家文化的精华。

本书前两部分经典的注解参考了古代及现当代各大家的注解,有时不能一一注明,在此诚表敬意与谢忱。由于本书编选材料较多,涉及古今中外,故注解、编选及校对过程比较繁难,其间凝结了多人的心血,在此不能一一列出,也对他们表示诚挚的歉意与谢意。这样一部凝聚多人心血的书如果能为读者了解儒家经典、培养中国文化素养、提升大国公民的文化自觉打开一扇窗口,则编者不胜欣幸。

目 录

1

第二部分:选修经典

第一部分　必修经典

大学①

导语

《大学》原本是小戴《礼记》中的一篇，唐以前无单行本，也无特殊的地位。由于北宋著名理学家程颐的褒扬，认为"《大学》，孔氏之遗书，而初学入德之门也"，《大学》地位才得到提升。南宋朱熹将《大学》与《礼记》中的另一篇《中庸》单独抽出来，与《论语》《孟子》合称"四书"，并用毕生精力为之作注，还为《大学》作了"章句"，即重新整理编排了篇章结构，作了"格物补传"。这四部著作合称《四书章句集注》，《大学》被置于篇首。

《大学》讨论的是"大学之道"，也就是成就儒家"内圣外王"理想人格之道——既是个人修身成人之道，也是处世立业，齐家、治国、平天下之道。自朱熹开始，人们一般都认为《大学》的内容包括三纲、七证和八目。"三纲"阐述什么是"大学之道"，属于"知道"；"七证"阐述修正"大学之道"的步骤及其内在逻辑关系，属于"证道"；"八目"阐述践行"大学之道"的步骤及其内在逻辑关系，属于"行道"。读《大学》的第一个关键在于理解"三纲"，即什么是"三纲"以及怎样才能够"明明德""亲民"和"止于至善"。第二个关键在于要切己，要与自身的人生实践联系起来，不仅从认识上理解"七证"与"八目"的内涵及其内在逻辑关系，而且能够对人生与社会有所感悟并付诸实践。从这个意义上讲，《大学》需要终身阅读。因为只要你有新的人生阅历，就会对人生与社会有新的感悟，对《大学》义理的理解也就会达到一个新的、更高的层次。

---

① 本文依据上海古籍出版社 2006 年出版的朱熹《四书章句集注》为底本，并参考其他善本校订，以下必修经典"四书"的其他三部《中庸》《论语》《孟子》皆按此例，后文不再申明。

大学原文①

大学之道②，在明明德③，在亲民④，在止于至善⑤。知止而后有定⑥，定而后能静⑦，静而后能安⑧，安而后能虑⑨，虑而后能得⑩。物有本末⑪，事有终始；知所先后，则近道矣。古之欲明明德于天下⑫者，先治其国；欲治其国者，先齐其家⑬；欲齐其家者，先修其身⑭；欲修其身者，先正其心⑮；欲正其心者，先诚其意⑯；欲诚其意者，先致其知⑰；致知在格物⑱。物格而后知至⑲，知至而后意诚，意诚而后心正，心正而后身修，身修而后家齐，家齐而后国治，国治而后天下平⑳。自天子以至于庶人㉑，壹是皆以修身为本㉒。其本乱而末治者否矣㉓。其所厚者薄，而其所薄者厚，

---

① 大学：孔颖达疏引郑玄《三礼目录》云："名曰'大学'者，以其记博学可以为政也。此于《别录》属通论。"孔疏又云："此《大学》之篇，论学成之事，能治其国，章明其德于天下。却本明德所由，先从诚意为始。"朱熹以为大学是相对于小学(语言文字学)而言的大人之学，主要讨论成就圣贤人格的义理。

② 道：宗旨、理想、途经。

③ 明明德：第一个"明"是动词，意思是"使……明"；第二个"明"是形容词，光明美好的意思。

④ 亲民：程子认为"亲"当作"新"解，意即使人民日日新，又日新，不断进步。

⑤ 止于至善：以至善为最终目标。至善，人修养可能达到的最高境界，是无一毫不善的完美境界。

⑥ 知止而后有定：知止，知道以什么为最终目标。定，志有定向，自己不会改变，更不会因外部原因而改变。

⑦ 静：意静，即不动心，不会受外诱所惑而心动。

⑧ 安：心安，安于所志，也就是安于明明德、亲民等对至善之境的不懈追求。

⑨ 能虑：虑，对意念、行为进行详审精择。能虑，能够做出正确的是非判断，是而为是，非而为非。

⑩ 得：有所得，在修身明德上能够有所进步。

⑪ 物有本末：本，指修身成德；末，相对于修身而言亲民为末，相对于成德而言财用为末。

⑫ 明明德于天下：一般解释为使普天下之人都明其明德，但是结合儒家推崇的古代圣君尧、舜、禹、汤、文、武的实际成就来看，解释为"作为统治者的国君明己之明德于天下，使普天下之人都被其德泽"似乎更合理。

⑬ 齐：使……齐，意即使家人和谐齐一，没有争吵。

⑭ 修其身：修养内在的品格，成就圣贤人格。

⑮ 先正其心：首先应当使其心公正无私，不偏不倚。先，首先，以……为前提。正，使……正。

⑯ 诚其意：使其心中发出的意念都诚实而不虚假。诚，使……诚。

⑰ 致其知：致，朱熹解为推及，由已知推及未知。知，是德性之知，指人所具有的道德智慧。

⑱ 致知在格物：只有在格物的过程中才能致其知。物，事，指由人的意念、言语、行为等构成的事物。格，即，至。格物，即穷物理，意即在每一件事情上推究事物的根本道理。

⑲ 知至：意即通过不断地即物穷理而达到豁然贯通，了知天下之理。至，极致。

⑳ 天下平：普天之下就公平了，意即不再有不平之人和事。平，心平，即没有不满的意思。

㉑ 庶人：平民。庶，音 shù，众。

㉒ 壹是皆以修身为本：意即从天子到庶人，全部都应以修身作为一生的根本任务。壹是，一切都是。

㉓ 其本乱而末治者否矣：不修身而可以齐家、治国、平天下，那是根本不可能的。本，修身。乱，混乱。末，齐家、治国、平天下。

未之有也①。

《康诰》②曰："克明德。"③《太甲》曰："顾諟天之明命④。"《帝典》曰："克明峻德⑤。"皆自明也⑥。

汤之《盘铭》曰："苟日新，日日新，又日新。"⑦《康诰》曰："作新民⑧。"《诗》曰："周虽旧邦，其命惟新⑨。"是故君子无所不用其极⑩。

《诗》云："邦畿千里，惟民所止⑪。"《诗》云："缗蛮黄鸟，止于丘隅⑫。"子曰："于止，知其所止⑬，可以人而不如鸟乎?"《诗》云："穆穆文王，於缉熙敬止⑭。"为人君，止于仁⑮；为人臣，止于敬；为人子，止于孝；为人父，止于慈；与国人交，止于信。《诗》云⑯："瞻彼淇澳，菉竹猗猗⑰。有斐

---

① 其所厚者薄，而其所薄者厚，未之有也：意即人生最重要的修身不重视，不切实去做，只做齐家、治国、平天下之事还想做好，那是从来没有过的。厚，重要，指修身；薄，次要，指齐家、治国、平天下。

② 《康诰》：与后面的《太甲》《帝典》都是《尚书》中的篇章。《康诰》是周书，《太甲》是商书，《帝典》即《尧典》，是虞书。

③ 克明德：要能明其明德。克，能的意思。

④ 顾諟天之明命：要时常顾念上天赋予的明德，不要使它受到蒙蔽和缺损。顾，顾念，朱熹解释为"常目在之"。諟，犹此也，或曰审也。天之明命，上天赋予或命令我的，也就是人而具有的明德。

⑤ 克明峻德：峻，亦作俊，大的意思。峻德，崇高美好的品德，也就是明德。

⑥ 皆自明也：对上引三句做的评论和总结，意思是三篇经典都要求人要自明其明德。

⑦ 汤之《盘铭》：商汤时期刻在盘上的铭文。朱熹认为这里的"盘"是沐浴用的，铭文的意旨是告诫人们要像每天都洗涤身体那样洗去心灵上的染污。新，革新、更新。苟日、日日、又日的意思是要在已经更新的基础上不间断地继续更新，不要让洗涤过的心灵重又受到染污。

⑧ 作新民：意即振作自己，做一个去除了染污的新人。作，鼓之舞之之谓作，意即振作。

⑨ 周虽旧邦，其命惟新：引自《诗经·大雅·文王之什》，是周文王昭告天下的篇章。大意是说周朝虽然是旧的国家，却禀受了新的使命。

⑩ 是故君子无所不用其极：所以君子无不追求完美，无不为"止于至善"奋斗不止。用，用力于，以……为目标。极，极致，这里指最终的、最高的目标。

⑪ 邦畿千里，惟民所止：引自《诗经·商颂·玄鸟》，意思是王者之都是供人民居住的。邦畿，王者之都。止，居住。

⑫ 缗蛮黄鸟，止于丘隅：引自《诗经·小雅·绵蛮》，意思是叽叽喳喳的小黄鸟都知道到树木茂密的山坡上止息。缗蛮，鸟声。丘隅，岑蔚之处。

⑬ 于止，知其所止：于：对于。止，最终目标。所止，所应当具有的目标。

⑭ 穆穆文王，於缉熙敬止：引自《诗经·大雅·文王之什》，意思是说已经具有崇高品德的文王，依然继续坚持自明其明德，追求至善之德，不敢有丝毫懈怠。穆穆，深远之意。於，叹美辞。缉，继续。熙，光明。敬止，言其无不敬而安所止。

⑮ 止于仁：以仁爱为根本追求。止，以……为止。

⑯ 《诗》云：《诗经》上说。文中所有的"诗"都是指《诗经》，这里的诗句引自《诗经·卫风·淇澳》篇。

⑰ 瞻彼淇澳，菉竹猗猗：看那淇水岸边，翠绿的竹子多么繁茂。这是《诗经》常用的比兴句法，隐含着君子之德也应当如此美盛之意。淇，音 qí，水名。澳，音 yù，隈也，水边之地。菉，音 lù，通"绿"。猗猗，音 yīyī，美盛貌。

君子,如切如磋,如琢如磨①。瑟兮僩兮!赫兮喧兮!有斐君子,终不可諠兮②"。如切如磋者,道学也③;如琢如磨者,自修也④;瑟兮僩兮者,恂栗⑤也;赫兮喧兮者,威仪也;有斐君子,终不可諠兮者,道盛德至善⑥,民之不能忘也。《诗》云:"於戏!前王不忘。⑦"君子贤其贤而亲其亲,小人乐其乐而利其利,此以没世不忘也⑧。

子曰:"听讼,吾犹人也。必也使无讼乎!⑨"无情者,不得尽其辞⑩,大畏民志⑪。此谓知本⑫。此谓知本⑬,此谓知之至也⑭。

———————

① 有斐君子,如切如磋,如琢如磨:意思是说君子修养品德就像工匠雕琢打磨精美工艺品那样,既要大刀阔斧地进行切割雕琢,又要一丝不苟、不厌其烦地进行磋磨。斐,文质彬彬的意思。切,以刀切割。琢,以刀锥等雕琢。"磋"和"磨"都是以沙石等器物表面进行精细加工,使其光滑润泽,精致美丽。

② 瑟兮僩兮…终不可諠兮:意即达到至善之境君子仪容外表谨严刚毅,令人肃然起敬,亲民之德而被人民永远牢记。瑟,谨严不苟之貌。僩,音xiàn,刚强武毅之貌。赫、喧,庄严盛大之貌。諠,音xuān,忘记。

③ 道学:朱熹认为是指师友之间的讲习讨论。

④ 自修:朱熹认为是指个人的省察克治之功。

⑤ 恂栗:恭顺诚实,战战兢兢。恂,音xún,恭顺,诚实,也有恐惧的意思。栗,音lì,哆嗦,发料。

⑥ 盛德至善:广被人民的德泽,已经达到至善之境。

⑦ 於戏!前王不忘:引自《诗经·周颂·烈文》。这是周成王即位时祭祀祖先的颂歌,表示不忘先祖(周文王、周武王)的丰功伟绩。於戏,叹词,读作"呜呼"。

⑧ 君子贤其贤而亲其亲,小人乐其乐而利其利:在上位之人能够重用他们尊崇的贤明之人,亲近与他们志趣相投之人,普通百姓也能够做他们所喜欢做的事,追求他们想要追求的正当利益,所以终身都不忘(文王和武王的恩德)。第一个贤(亲、乐、利)做动词,以……为贤(亲、乐、利);第二个贤(亲、乐、利)做名词,指以为贤(亲、乐、利)之人(事或物)。没世,终身。

⑨ 听讼,吾犹人也。必也使无讼乎:断案处理争讼,我与别人没有什么区别。一定要使人们和睦相处,不发生争讼,不打官司。听,听取诉讼双方的陈述以做出判断,引申为断案。讼,争讼,诉讼。

⑩ 无情者,不得尽其辞:朱熹解释为"无实之人不敢尽其虚诞之辞"。情,实情。

⑪ 大畏民志:对民之心志深怀敬畏。意思是圣人治理民、断案解纷皆以民之心志为准绳,刁钻小人自然不敢轻启讼端。畏,敬畏。朱熹解释为畏服,意即圣人智以己之德智使人民畏服。

⑫ 此谓知本:这才叫知道事物的根本。此,这,指前面所说的内容。谓,称为,叫做。本,根本,本源。

⑬ "此谓知本",朱熹《大学章句》引程子话,认为此为"衍文"。

⑭ "此谓知之至也",朱熹《大学章句》认为"此句之上别有阙文,此特其结语耳"。而这段阙文"盖释'格物''致知'之义,而今亡矣"。朱熹又根据程子之意为《大学》作了"格物补传":"所谓致知在格物者,言欲致吾之知,在即物而穷其理也。盖人心之灵莫不有知,而天下之物莫不有理;惟于理有未穷,故其知有不尽也。是以大学始教,必使学者即凡天下之物,莫不因其已知之理而益穷之,以求致乎其极。至于用力之久,而一旦豁然贯通焉,则众物之表里精粗无不到,而吾心之全体大用无不明矣。此谓物格,此谓知之至也。"

所谓诚其意者：毋自欺也①。如恶恶臭，如好好色②，此之谓自谦③。故君子必慎其独也④。小人闲居为不善，无所不至，见君子而后厌然，揜其不善，而著其善⑤。人之视己，如见其肺肝然，则何益矣⑥？此谓诚于中，形于外⑦。故君子必慎其独也。曾子⑧曰："十目所视，十手所指，其严乎⑨！"富润屋，德润身，心广体胖⑩。故君子必诚其意。

所谓修身在正其心者，身有所忿懥，则不得其正⑪；有所恐惧，则不得其正；有所好乐，则不得其正；有所忧患，则不得其正。心不在焉⑫。视而不见，听而不闻，食而不知其味⑬。此谓修身在正其心。

所谓齐其家在修其身者：人，之其所亲爱而辟焉⑭，之其所贱恶而辟焉，之其所畏敬而辟焉，之其所哀矜而辟焉，之其所敖惰而辟焉。故好而知其恶⑮，恶而知其美者⑯，天下鲜矣！故谚有之

---

① 毋自欺也：不要自欺欺人。

② 如恶恶臭，如好好色：像讨厌恶臭、喜欢美色那样，讨厌就是讨厌，喜欢就是喜欢，完全发自内心，没有丝毫虚假。

③ 自谦：自足自乐，心安理得，没有丝毫抑郁、愧疚与不安。谦，音 qiàn，朱熹的解释是"快也，足也"。

④ 慎其独：意即在他人所不知的方面更要特别警醒自己，意念行为诚实不虚。独，朱熹认为是"他人所不及知而己独知"之处。

⑤ 小人闲居为不善……而著其善：一般人如果不注重修身成德，就很容易偏离善道，什么事都做得出来，但只要与君子相处，就会感到后悔，厌弃自己的所作所为，重新回到善道上来，本性之善就会不断彰显。闲居，没有专注于修身成德的时候，泛指日常生活。揜：同"掩"，遮盖。著，使……显明，彰显。

⑥ 人之视己，如见其肺肝然，则何益矣：人们的眼睛是雪亮的，对我们的意念行为都能看得清清楚楚，自我掩饰和吹嘘都是没有用的。

⑦ 此谓诚于中，形于外：这就叫做内心诚实不虚，一定会在外面表现出来。

⑧ 曾子：孔子弟子曾参。一般认为《大学》就是他的弟子、孔子的孙子子思所著。

⑨ 十目所视，十手所指，其严乎：意即我们的所作所为都有很多双眼睛在看着，很多双手在指着，受着严密的监督。十目、十手，泛指关注之人很多。

⑩ 富润屋，德润身，心广体胖：财富可以修饰我们的居处，但是德行却可以润泽我们的身心，使我们心胸宽广，身体安泰舒适。润，润饰、润育；胖，音 pán，安泰舒适。

⑪ 身有所忿懥，则不得其正：忿，恨、怒。懥，音 zhì，怒。忿懥、恐惧、好乐、忧患都属于情，是面对事物时内心感受的直接流露，反映人们对事物的好恶，是比"意"更深层次的东西。四种情绪只要有其一，心就已经不正了，已经偏了。

⑫ 心不在焉：意即公正无私的本心已经丧失了。心，儒家认为人人天生具有的公正无私的本心，不同于我们通常所说的有忿懥、恐惧、好乐、忧患等情欲之心。不在，人的意念、行为失去了主宰。焉，语助词。

⑬ 视而不见，听而不闻，食而不知其味：意思是由于本心已经丧失，受情欲的主宰，所以视、听、食都不能得其本真，都是虚假的。

⑭ 之其所亲爱而辟焉：意思是当人们对人或事怀有亲爱之情时，心就偏了。之，于、当。辟，偏。亲爱、贱恶、畏敬、哀矜、敖惰是五种人之常情，人若有其一，就会有偏袒，处事就会不公正，不能做到一视同仁，自然就不可能使全家人和谐齐一。

⑮ 好而知其恶：虽然喜爱但也知道其缺点。好，音 hào，喜爱，与下一句句首的"恶"相对。恶，坏。

⑯ 恶而知其美者：虽然厌恶但也知道其优点。恶，音 wù，厌恶，与上一句句首的"好"相对。

曰:"人莫知其子之恶,莫知其苗之硕①。"此谓身不修,不可以齐其家。

所谓治国必齐其家者,其家不可教② 而能教人者,无之。故君子不出家而成教于国③。孝者,所以事君也④;弟⑤ 者,所以事长也;慈者,所以使众也。《康诰》曰:"如保赤子⑥。"心诚求之,虽不中⑦,不远矣。未有学养子而后嫁者也。一家仁,一国兴仁⑧;一家让,一国兴让;一人贪戾,一国作乱⑨。其机⑩ 如此。此谓一言偾事,一人定国⑪。尧舜帅天下以仁,而民从之⑫;桀纣帅天下以暴,而民从之;其所令反其所好⑬,而民不从。是故君子有诸己而后求诸人⑭。无诸己而后非⑮ 诸人。所藏乎身不恕⑯,而能喻⑰ 诸人者,未之有也。故治国在齐其家。《诗》云:"桃之夭夭,其叶蓁蓁。之子于归,宜其家人⑱。"宜其家人,而后可以教国人。《诗》云:"宜兄宜弟。"⑲ 宜

---

① 人莫知其子恶,莫知其苗之硕:人都不知道自己子女的坏处,也都不知道自己的庄稼有多么苗壮。莫,代词,没有谁。苗,庄稼。硕,音shuò,大,指庄稼长势好。

② 教:教化。

③ 故君子不出家,而成教于国:所以君子不离开自己的家,就能完成对国人的教化,化民成俗。出,出去,离开。成,完成。教,教化。

④ 孝者,所以事君也:孝敬长辈是侍奉君上的重要基础。

⑤ 弟:同"悌",兄弟友爱。

⑥ 如保赤子:就像保育刚出生的婴儿那样爱护人民。赤子,刚出生的婴儿。

⑦ 中:音zhòng,正好符合。

⑧ 一家仁,一国兴仁:国君一家仁爱,在全国就会兴起仁爱之风。一家,指作为统治者的国君家。兴,兴起。

⑨ 一人贪戾,一国作乱:国君一人贪婪乖戾,全国就会陷入混乱。贪戾,贪婪乖戾。戾,音lì,乖张,暴戾。作,起,产生。乱,混乱,也可以解释为暴乱。

⑩ 机:机理,指国家兴衰的规律。

⑪ 此谓一言偾事,一人定国:这就叫做一句话就可以把事情败坏了,一个贤君就可以安邦定国。偾,音fèn,坏。

⑫ 尧舜率天下以仁,而民从之:尧舜以仁率领天下,人民都遵从他。率,带领。

⑬ 其所令反其所好:要求人民做的和自己的喜好完全相反。令,命令,要求。反,相反。好,音hào,喜好。

⑭ 是故君子有诸己,而后求诸人:所以君子自己做到了,才要求别人也要做到。有诸,有……之于。

⑮ 非:评判,责备。

⑯ 所藏乎身不恕:自己缺乏忠恕之心。藏,音cáng,收藏,这里指内在的品德修养。恕,将心比心,设身处地为他人着想。

⑰ 喻:启发,感化。

⑱ 桃之夭夭,其叶蓁蓁。之子于归,宜其家人:引自《诗经·周南·桃夭》篇。夭夭,繁盛妖娆。蓁蓁,繁茂。之子,犹言是子。归,女子出嫁。宜,适宜,宜于。

⑲ 宜兄宜弟:引自《诗经·小雅·蓼萧》,表达的是诸侯朝见周天子时的赞颂之意。对下适合做兄长,对上适合做弟弟。

兄宜弟，而后可以教国人。《诗》云："其仪不忒，正是四国①。"其为父子兄弟足法，而后民法之也②。此谓治国在齐其家。

所谓平天下③ 在治其国者：上老老而民兴孝；上长长而民兴弟；上恤孤而民不倍④。是以君子有絜矩之道⑤ 也。所恶于上，毋以使下；所恶于下，毋以事上；所恶于前，毋以先后；所恶于后，毋以从前；所恶于右，毋以交于左；所恶于左，毋以交于右⑥。此之谓絜矩之道。《诗》云："乐只君子，民之父母⑦。"民之所好好之，民之所恶恶之，此之谓民之父母。《诗》云："节彼南山，维石岩岩。赫赫师尹，民具尔瞻⑧。"有国者不可以不慎。辟则为天下僇矣⑨。《诗》云："殷之未丧师，克配上帝。仪监于殷，峻命不易⑩。"道得众则得国，失众则失国。是故君子先慎乎德。有德此有人⑪，有人此有土，有土此有财，有财此有用⑫。德者，本也；财者，末也。外本内末，争民施夺⑬。

---

① 其仪不忒，正是四国：引自《诗经·曹风·鸤鸠》篇，意即国君的行为仪表端庄没有差错，可以称为邻国的模范。仪，仪表，这里兼有行为表现之意。忒，差错。正，使……正。

② 其为父子兄弟足法，而后民法之也：国君一家为父、为子、为兄、为弟的都值得效法，百姓才会效法。足，值得，足以。法，效法，模仿。

③ 平天下：意即使普天之下的人民都各得其所，各成其就，共享太平与富足。平，使……平。

④ 上老老而民兴孝；上长长而民兴弟；上恤孤而民不倍：在上位之人孝敬老人，人民就会兴起孝敬之风；在上位之人尊敬长上，人民就会兴起友爱之风；在上位之人怜恤孤苦无依之人，人民就不会背叛。老老，老吾老；长长，长吾长；恤孤，怜恤孤苦无依之人。

⑤ 絜矩之道：治国平天下必须遵循的道理、路径、方法和标准。絜，音 xié，尺度；矩，木匠制作方正器物的矩尺。"絜矩"就是规矩和准绳，对木匠来说既是可以利用的工具，又是必须遵守的标准。

⑥ 所恶于上……毋以交于右：意即周围的人令自己讨厌的做法，就不要用来对待自己周围的其他人。恶，音 wù，厌恶。上、下、前、后、左、右均做代词，指处于自己上、下、前、后、左、右的人。

⑦ 乐只君子，民之父母：引自《诗经·小雅·南山有台》篇，意思是能够以民心为己心，好民之所好，恶民之所恶的统治者，人民就会爱之如父母。乐，为人爱戴。只，语助词。

⑧ 节彼南山，维石岩岩。赫赫师尹，民具尔瞻：引自《诗经·小雅·节南山》篇，意思是巍峨高耸的南山，巨大的岩石壁立千仞。威名赫赫的尹太师啊，人民都仰望着您，以您为榜样。节，高峻貌。师尹，周太师尹氏。具，俱，都。瞻，仰望。

⑨ 辟则为天下僇矣：如果行事偏邪，不恤民意、体民情、秉公心，就会为天下所戮，身弑国亡。辟，同"僻"，邪僻。僇，音 lù，同"戮"，杀戮。

⑩ 殷之未丧师，克配上帝。仪监于殷，峻命不易：引自《诗经·大雅·文王》，意思是殷朝没有失掉民心的时候，所作所为都符合上帝的要求。如果能够以殷朝的兴亡为鉴，就不会失去上天赋予的君临天下的伟大使命。丧，失去。师，民众。克，能。配，与…相配，合。仪，今本《毛诗》作"宜"，应该。监，今本《毛诗》作"鉴"，以…为鉴。峻，今本《毛诗》作"骏"，大的意思。易，去。

⑪ 有德此有人：有德行，才有追随的人民。此，才，就。

⑫ 有财此有用：有财富，才能成就伟大的事业。财，财富。用，作用，指利用财富建立的功业。

⑬ 外本内末，争民施夺：轻忽作为根本的德行，看重作为末节的财富，就会与民争利，施行劫夺之政。外，轻忽。内，重视。

是故财聚则民散，财散则民聚。是故言悖而出者，亦悖而入；货悖而入者，亦悖而出①。《康诰》曰："惟命不于常②。道善则得之，不善则失之矣。《楚书》③曰："楚国无以为宝，惟善以为宝④。"舅犯⑤曰："亡人无以为宝，仁亲以为宝。"《秦誓》⑥曰："若有一个臣，断断⑦兮无他技，其心休休⑧焉，其如有容⑨焉。人之有技，若己有之；人之彦圣⑩，其心好之，不啻⑪若自其口出；寔能容之⑫；以能保我子孙黎民，尚亦有利⑬哉！人之有技，媢嫉以恶之⑭，人之彦圣，而违之俾不通⑮，寔不能容，以不能保我子孙黎民，亦曰殆哉⑯！"唯仁人放流之，迸诸四夷，不与同中国⑰。此谓唯仁人为能爱人，能恶人。见贤而不能举，举而不能先，命也⑱；见不善而不能退，退而不能远，过也⑲。好人之所恶，恶人之所好，是谓拂人之性，菑必逮夫身⑳。是故君子有大道，必忠信以得

---

① 是故……亦悖而出：所以说了悖理的话，就会听到悖理的话，通过不正当的方式获取的财物，也会被人以不正当的方式夺去。悖，乱，引申为不合理、不正当。

② 惟命不于常：天命不会永远降临给一家。惟，发语词。命，天命。常，固定不变。

③ 楚书：依朱熹章句，《楚书》就是《国语·楚语》。

④ 楚国无以为宝，惟善以为宝：楚国没有什么可以称为国宝的，只有善人可以称为国宝。

⑤ 舅犯：晋文公舅狐偃，字子犯。晋文公为公子时为了避祸曾经出亡在外，所以自称"亡人"。

⑥ 秦誓：即《尚书·周书·秦誓》，春秋时秦穆公不听蹇叔、百里奚的谏阻，执意伐郑，结果在崤地被晋国击败，《秦誓》就是秦穆公因此而告诫群臣的誓词。

⑦ 断断：诚笃专一的样子。

⑧ 休休：乐善宽厚。

⑨ 容：容人之量。

⑩ 彦圣：才德出众，通达贤明。彦，美士，指贤良。圣，贤明。

⑪ 不啻：不但。啻，音 chì，但，仅仅。

⑫ 寔能容之：确实能够优容他。寔，音 shí，同"实"。

⑬ 尚亦有利：应该对国家有利。尚，庶几，差不多。

⑭ 媢嫉以恶：嫉妒而且厌恶。媢，音 mào，嫉妒。恶，音 wù，厌恶。

⑮ 违之俾不通：阻挠使他不能通达显赫。违，阻挠。俾，音 bǐ，使。通，通达，指发展之路通畅，事业顺利。

⑯ 亦曰殆哉：那就危险了啊！曰，语助词。殆，危险。

⑰ 唯仁人放流之，迸诸四夷，不与同中国：只有仁人在位，才能把恶人流放出境，摒弃到四方未开化的地方，不让他们与善良的人民一同住在中国。迸，音 bìng，通"摒"，摒弃。四夷，指古代华夏东、南、西、北四方文化落后的地区。中国，指古华夏所在区域。

⑱ 见贤而不能举，举而不能先，命也：见到贤良之人却不能举荐，即使举荐也比较迟缓，这是不尽责的表现。举，举荐。命，郑玄认为是"慢"字之误，意思是怠慢。

⑲ 退而不能远，过也：虽然斥退但不能彻底疏远，这就是过失了。退，斥退。远，疏远。过，过失。

⑳ 是谓拂人之性，菑必逮夫身：这就叫做违背人的本性，灾祸必定会降临到他身上。拂，拂逆，违反。菑，音 zāi，同"灾"，灾祸。逮，及。

之，骄泰①以失之。生财有大道，生之者众，食之者寡，为之者疾，用之者舒，则财恒足矣②。仁者以财发身，不仁者以身发财③。未有上好仁而下不好义者也，未有好义其事不终者也，未有府库财非其财者也④。孟献子⑤曰："畜马乘不察于鸡豚，伐冰之家不畜牛羊，百乘之家不畜聚敛之臣，与其有聚敛之臣，宁有盗臣⑥。"此谓国不以利为利，以义为利也。长国家而务财用者，必自小人矣⑦，彼为善之⑧。小人之使为国家，菑害并至⑨。虽有善者，亦无如之何⑩矣。此谓国不以利为利，以义为利也。

导修文萃

1、朱熹：《大学章句》⑪

大学章句序

大学之书，古之大学所以教人之法也。盖自天降生民，则既莫不与之以仁义礼智之性矣。然其气质之禀或不能齐，是以不能皆有以知其性之所有而全之也。一有聪明睿智能尽其性者出于其间，则天必命之以为亿兆之君师，使之治而教之，以复其性。此伏羲、神农、黄帝、尧、舜，所以继

---

① 骄泰：骄傲放纵。泰，骄纵，傲慢。

② 生财有大道……则财恒足矣：生产财富有根本原则，生产的人多，消费的少，做事的人效率高，使用的人有节制，财富就会永远充足。疾，快。舒，舒缓。

③ 仁者以财发身，不仁者以身发财：仁德之人总是用财富完善自身，没有仁德之人却为了积聚财富不惜伤身败德。

④ 未有府库财非其财者也：没有听说府库中的财富不是国君的财富。

⑤ 孟献子：鲁国贤大夫仲孙蔑。

⑥ 畜马乘……宁有盗臣：意思是各级官员都不应当因计较小利而与民争利。畜，具，拥有。马乘：四匹马拉的车。察，计较。伐冰之家，拥有藏冰窖的卿大夫。伐，砍，凿。乘，兵车。不畜聚敛之臣，不应该任用专为其聚敛钱财的臣子。宁，还不如。盗臣，盗窃公家财物的臣子。

⑦ 长国家而务财用者，必自小人矣：掌管国政却以积聚财富为目的的人，必定是受唯利是图的小人左右。自，由。

⑧ 彼为善之：小人善于聚敛钱财。彼，代词，指前文所说的小人。善，擅长。

⑨ 小人之使为国家，菑害并至：任用小人治理国家，各种灾祸会一起到来。之，语助词。小人之使，使小人。

⑩ 亦无如之何：也无可奈何。

⑪ 朱熹(1130~1200)，字元晦，号晦庵、晦翁、考亭先生，南宋著名理学家、思想家、教育家。选自朱熹《四书章句集注》，中华书局 1983 年出版。

天立极,而司徒之职、典乐之官所由设也。

三代之隆,其法寖备,然后王宫、国都以及闾巷,莫不有学。人生八岁,则自王公以下,至于庶人之子弟,皆入小学,而教之以洒扫、应对、进退之节,礼乐、射御、书数之文。及其十有五年,则自天子之元子、众子,以至公、卿、大夫、元士之适子,与凡民之俊秀,皆入大学,而教之以穷理、正心、修己、治人之道。此又学校之教、大小之节所以分也。

夫以学校之设,其广如此,教之之术,其次第节目之详又如此,而其所以为教,则又皆本之人君躬行心得之余,不待求之民生日用彝伦之外,是以当世之人无不学。其学焉者,无不有以知其性分之所固有,职分之所当为,而各俛焉以尽其力。此古昔盛时所以治隆于上,俗美于下,而非后世之所能及也!

及周之衰,贤圣之君不作,学校之政不修,教化陵夷,风俗颓败,时则有若孔子之圣,而不得君师之位以行其政教,于是独取先王之法,诵而传之以诏后世。若《曲礼》《少仪》《内则》《弟子职》诸篇,固小学之支流余裔。而此篇者,则因小学之成功,以著大学之明法,外有以极其规模之大,而内有以尽其节目之详者也。三千之徒,盖莫不闻其说,而曾氏之传独得其宗,于是作为传义,以发其意。及孟子没而其传泯焉,则其书虽存,而知者鲜矣!

自是以来,俗儒记诵词章之习,其功倍于小学而无用;异端虚无寂灭之教,其高过于大学而无实。其他权谋术数,一切以就功名之说,与夫百家众技之流,所以惑世诬民、充塞仁义者,又纷然杂出乎其间。使其君子不幸而不得闻大道之要,其小人不幸而不得蒙至治之泽,晦盲否塞,反覆沈痼,以及五季之衰,而坏乱极矣!

天运循环,无往不复。宋德隆盛,治教休明。于是河南程氏两夫子出,而有以接乎孟氏之传。实始尊信此篇而表章之,既又为之次其简编,发其归趣,然后古者大学教人之法、圣经贤传之指,粲然复明于世。虽以熹之不敏,亦幸私淑而与有闻焉。顾其为书犹颇放失,是以忘其固陋,采而辑之,间亦窃附己意,补其阙略,以俟后之君子。极知僭踰,无所逃罪,然于国家化民成俗之意、学者修己治人之方,则未必无小补云。

淳熙己酉二月甲子,新安朱熹序

大学章句

大,旧音泰,今读如字。

子程子曰:"大学,孔氏之遗书,而初学入德之门也。"于今可见古人为学次第者,独赖此篇之存,而论、孟次之。学者必由是而学焉,则庶乎其不差矣。

大学之道,在明明德,在亲民,在止于至善。程子曰:"亲,当作新。"大学者,大人之学也。明,明之也。明德者,人之所得乎天,而虚灵不昧,以具众理而应万事者也。但为气禀所拘,人欲所蔽,则有时而昏;然其本体之明,则有未尝息者。故学者当因其所发而遂明之,以复其初也。新者,革其旧之谓也,言既自明其明德，又当推以及人，使之亦有以去其旧染之污也。止者，必至于是而不迁之意。至善，则事理当然之极也。言明明德、新民，皆当至于至善之地而不迁。盖必其有以尽夫天理之极，而无一毫人欲之私也。此三者，大学之纲领也。知止而后有定，定而后能静，静而后能安，安而后能虑，虑而后能得。后，与後同，后放此。止者，所当止之地，即至善之所在也。知之，则志有定向。静，谓心不妄动。安，谓所处而安。虑，谓处事精详。得，谓得其所止。物有本末，事有终始，知所先后，则近道矣。明德为本，新民为末。知止为始，能得为终。本始所先，末终所后。此结上文两节之意。古之欲明明德于天下者，先治其国；欲治其国者，先齐其家；欲齐其家者，先修其身；欲修其身者，先正其心；欲正其心者，先诚其意；欲诚其意者，先致其知；致知在格物。治，平声，后放此。明明德于天下者，使天下之人皆有以明其明德也。心者，身之所主也。诚，实也。意者，心之所发也。实其心之所发，欲其一于善而无自欺也。致，推极也。知，犹识也。推极吾之知识，欲其所知无不尽也。格，至也。物，犹事也。穷至事物之理，欲其极处无不到也。此八者，大学之条目也。物格而后知至，知至而后意诚，意诚而后心正，心正而后身修，身修而后家齐，家齐而后国治，国治而后天下平。治，去声，后放此。物格者，物理之极处无不到也。知至者，吾心之所知无不尽也。知既尽，则意可得而实矣，意既实，则心可得而正矣。修身以上，明明德之事也。齐家以下，新民之事也。物格知至，则知所止矣。意诚以下，则皆得所止之序也。自天子以至于庶人，壹是皆以修身为本。壹是，一切也。正心以上，皆所以修身也。齐家以下，则举此而措之耳。其本乱而末治者否矣，其所厚者薄，而其所薄者厚，未之有也！本，谓身也。所厚，谓家也。此两节结上文两节之意。

上经一章，盖孔子之言，而曾子述之。凡二百五字。其传十章，则曾子之意而门人记之也。旧本颇有错简，今因程子所定，而更考经文，别为序次如左。凡千五百四十六字。凡传文，杂引经传，若无统纪，然文理接续，血脉贯通，深浅始终，至为精密。熟读详味，久当见之，今不尽释也。

《康诰》曰："克明德。"康诰，周书。克，能也。《大甲》曰："顾諟天之明命。"大，读作泰。諟，古是字。《大甲》，《商书》。顾，谓常目在之也。諟，犹此也，或曰审也。天之明命，即天之所以与我，而我之所以为德者也。常目在之，则无时不明矣。《帝典》曰："克明峻德。"峻，亦作俊。《帝典》，《尧典》《虞书》。峻，大也。皆自明也。结所引书，皆言自明己德之意。

上传之首章。释明明德。此通下三章至"止于信"，旧本误在"没世不忘"之下。

汤之《盘铭》曰："苟日新，日日新，又日新。"盘，沐浴之盘也。铭，名其器以自警之辞也。苟，诚也。汤以人之洗濯其心以去恶，如沐浴其身以去垢。故铭其盘，言诚能一日有以涤其旧染之污而自新，则当因其已新者，而日日新之，又日新之，不可略有间断也。《康诰》曰："作新民。"鼓之舞之之谓作，言振起其自新之民也。《诗》曰："周虽旧邦，其命惟新。"《诗·大雅·文王》之篇。言周国虽旧，至于文王，能新其德以及于民，而始受天命也。是故君子无所不用其极。自新新民，皆欲止于至善也。

上传之二章。释新民。

《诗》云："邦畿千里,惟民所止。"《诗·商颂·玄鸟》之篇。邦畿,王者之都也。止,居也,言物各有所当止之处也。《诗》云："缗蛮黄鸟,止于丘隅。"子曰："于止,知其所止,可以人而不如鸟乎!"缗,《诗》作绵。《诗·小雅·绵蛮》之篇。缗蛮,鸟声。丘隅,岑蔚之处。"子曰"以下,孔子说《诗》之辞。言人当知所当止之处也。《诗》云："穆穆文王,於缉熙敬止!"为人君,止于仁;为人臣,止于敬;为人子,止于孝;为人父,止于慈;与国人交,止于信。於缉之於,音乌。《诗·大雅·文王》之篇。穆穆,深远之意。於,叹美辞。缉,继续也。熙,光明也。敬止,言其无不敬而安所止也。引此而言圣人之止,无非至善。五者乃其目之大者也。学者于此,究其精微之蕴,而又推类以尽其余,则于天下之事,皆有以知其所止而无疑矣。《诗》云："瞻彼淇澳,菉竹猗猗。有斐君子,如切如磋,如琢如磨。瑟兮僩兮!赫兮喧兮!有斐君子,终不可諠兮。"如切如磋者,道学也;如琢如磨者,自修也;瑟兮僩兮者,恂栗也;赫兮喧兮者,威仪也;有斐君子,终不可諠兮者,道盛德至善,民之不能忘也。澳,於六反。菉,《诗》作绿。猗,叶韵音阿。僩,下版反。喧,诗作咺。諠,诗作谖;并况晚反。恂,郑氏读作峻。《诗·卫风·淇澳》之篇。淇,水名。澳,隈也。猗猗,美盛貌;兴也。斐,文貌。切以刀锯,琢以椎凿,皆裁物使成形质也。磋以鑢锡,磨以沙石,皆治物使其滑泽也。治骨角者,既切而复磋之。治玉石者,既琢而复磨之。皆言其治之有绪,而益致其精也。瑟,严密之貌。僩,武毅之貌。赫喧,盛大之貌。諠,忘也。道,言也。学,谓讲习讨论之事。自修者,省察克治之功。恂栗,战惧也。威,可畏也。仪,可象也。引《诗》而释之,以明"明明德者"之"止于至善"。道学自修,言其所以得之之由。恂栗、威仪,言其德容表里之盛。卒乃指其实而叹美之也。《诗》云："於戏!前王不忘!"君子贤其贤而亲其亲,小人乐其乐而利其利,此以没世不忘也。於戏,音呜呼。乐,音洛。《诗·周颂·烈文》之篇。於戏,叹辞。前王,谓文、武也。君子,谓其后贤后王。小人,谓后民也。此言前王所以新民者止于至善,能使天下后世无一物不得其所,所以既没世而人思慕之,愈久而不忘也。此两节咏叹淫泆,其味深长,当熟玩之。

上传之三章。释止于至善。此章内自引《淇澳》诗以下,旧本误在诚意章下。

子曰："听讼,吾犹人也,必也使无讼乎!"无情者,不得尽其辞,大畏民志。此谓知本。犹人,不异于人也。情,实也。引夫子之言,而言圣人能使无实之人不敢尽其虚诞之辞。盖我之明德既明,自然有以畏服民之心志,故讼不待听而自无也。观于此言,可以知本末之先后矣。

上传之四章。释本末。此章旧本误在"止于信"下。

此谓知本,程子曰:"衍文也。"此谓知之至也。此句之上别有阙文,此特其结语耳。

上传之五章,盖释格物、致知之义,而今亡矣。此章旧本通下章,误在经文之下。闲尝窃取程子之意以补之曰："所谓致知在格物者，言欲致吾之知，在即物而穷其理也。盖人心之灵莫不有知，而天下之物莫不有理，惟于理有未穷，故其知有不尽也。是以大学始教，必使学者即凡天下之物，莫不因其已知之理而益穷之，以求至乎其极。至于用力之久，而一旦豁然贯通焉，则众物之表里精粗无不到，而吾心之全体大用无不明矣。此谓物格，此谓知之至也。"

所谓诚其意者：毋自欺也。如恶恶臭，如好好色，此之谓自谦，故君子必慎其独也！恶、好上字，皆去声。谦读为慊，苦劫反。诚其意者，自修之首也。毋者，禁止之辞。自欺云者，知为善以去恶，而心之所发有未实也。谦，快也，足也。独者，人所不知而己所独知之地也。言欲自修者知为善以去其恶，则当实用其力，而禁止其自欺。使其恶恶则如恶恶臭，好善则如好好色，皆务决去，而求必得之，以自快足于己，不可徒苟且以殉外而为人也。然其实与不实，盖有他人所不及知而己独知之者，故必谨之于此以审其几焉。小人闲居为不善，无所不至，见君子而后厌然，揜其不善，而著其善。人之视己，如见其肺肝然，则何益矣？此谓诚于中，形于外，故君子必慎其独也。闲，音闲。厌，郑氏读为黡。闲居，独处也。厌然，消沮闭藏之貌。此言小人阴为不善，而阳欲揜之，则是非不知善之当为与恶之当去也；但不能实用其力以至此耳。然欲揜其恶而卒不可揜，欲诈为善而卒不可诈，则亦何益之有哉！此君子所以重以为戒，而必谨其独也。曾子曰："十目所视，十手所指，其严乎！"引此以明上文之意。言虽幽独之中，而其善恶之不可揜如此。可畏之甚也。富润屋，德润身，心广体胖。故君子必诚其意。胖，步丹反。胖，安舒也。言富则能润屋矣，德则能润身矣，故心无愧怍，则广大宽平，而体常舒泰，德之润身者然也。盖善之实于中而形于外者如此，故又言此以结之。

上传之六章。释诚意。经曰："欲诚其意，先致其知。"又曰："知至而后意诚。"盖心体之明有所未尽，则其所发必有不能实用其力，而苟焉以自欺者。然或己明而不谨乎此，则其所明又非己有，而无以为进德之基。故此章之指，必承上章而通考之，然后有以见其用力之始终，其序不可乱而功不可阙如此云。

所谓修身在正其心者，身有所忿懥，则不得其正；有所恐惧，则不得其正；有所好乐，则不得其正；有所忧患，则不得其正。程子曰："身有之身当作心。"忿，弗粉反。懥，敕值反。好、乐，并去声。忿懥，怒也。盖是四者，皆心之用，而人所不能无者。然一有之而不能察，则欲动情胜，而其用之所行，或不能不失其正矣。心不在焉，视而不见，听而不闻，食而不知其味。心有不存，则无以检其身，是以君子必察乎此而敬以直之，然后此心常存而身无不修也。此谓修身在正其心。

上传之七章。释正心修身。此亦承上章以起下章。盖意诚则真无恶而实有善矣，所以能存心以检其身。然或但知诚意，而不能密察此心之存否，则又无以直内而修身也。自此以下，并以旧文为正。

所谓齐其家在修其身者：人之其所亲爱而辟焉，之其所贱恶而辟焉，之其所畏敬而辟焉，之其所哀矜而辟焉，之其所敖惰而辟焉。故好而知其恶，恶而知其美者，天下鲜矣！辟，读为僻。恶而之恶、敖、好，并去声。鲜，上声。人，谓众人。之，犹于也。辟，犹偏也。五者，在人本有当然之则；然常人之情惟其所向而不加审焉，则必陷于一偏而身不修矣。故谚有之曰："人莫知其子之恶，莫知其苗之硕。"谚，音彦。硕，叶韵，时若反。谚，俗语也。溺爱者不明，贪得者无厌，是则偏之为害，而家之所以不齐也。此谓身不修，不可以齐其家。

上传之八章。释修身齐家。

所谓治国必先齐其家者，其家不可教而能教人者，无之。故君子不出家而成教于国。孝者，所以事君也；弟者，所以事长也；慈者，所以使众也。弟，去声。长，上声。身修，则家可教矣；孝、弟、慈，所以修身而教于家者也；然而国之所以事君事长使众之道不外乎此。此所以家齐于上，而教成于下也。《康诰》曰："如保赤子。"心诚求之，虽不中，不远矣。未有学养子而后嫁者也！中，去声。此引书而释之，又明立教之本不假强为，在识其端而推广之耳。一家仁，一国兴仁；一家让，一国兴让；一人贪戾，一国作乱。其机如此。此谓一言偾事，一人定国。偾，音奋。一人，谓君也。机，发动所由也。偾，覆败也。此言教成于国之效。尧舜帅天下以仁，而民从之；桀纣帅天下以暴，而民从之；其所令反其所好，而民不从。是故君子有诸己而后求诸人，无诸己而后非诸人。所藏乎身不恕，而能喻诸人者，未之有也。好，去声。此又承上文一人定国而言。有善于己，然后可以责人之善；无恶于己，然后可以正人之恶。皆推己以及人，所谓恕也，不如是，则所令反其所好，而民不从矣。喻，晓也。故治国在齐其家。通结上文。《诗》云："桃之夭夭，其叶蓁蓁。之子于归，宜其家人。"宜其家人，而后可以教国人。夭，平声。蓁，音臻。《诗·周南·桃夭》之篇。夭夭，少好貌。蓁蓁，美盛貌。兴也。之子，犹言是子，此指女子之嫁者而言也。妇人谓嫁曰归。宜，犹善也。《诗》云："宜兄宜弟。"宜兄宜弟，而后可以教国人。《诗·小雅·蓼萧》篇。《诗》云："其仪不忒，正是四国。"其为父子兄弟足法，而后民法之也。《诗·曹风·鸤鸠》篇。忒，差也。此谓治国在齐其家。此三引诗，皆以咏叹上文之事，而又结之如此。其味深长，最宜潜玩。

上传之九章。释齐家治国。

所谓平天下在治其国者：上老老而民兴孝，上长长而民兴弟，上恤孤而民不倍，是以君子有絜矩之道也。长，上声。弟，去声。倍，与背同。絜，胡结反。老老，所谓老吾老也。兴，谓有所感发而兴起也。孤者，幼而无父之称。絜，度也。矩，所以为方也。言此三者，上行下效，捷于影响，所谓家齐而国治也。亦可以见人心之所同，而不可使有一夫之不获矣。是以君子必当因其所同，推以度物，使彼我之间各得分愿，则上下四旁均齐方正，而天下平矣。所恶于上，毋以使下；所恶于下，毋以事上；所恶于前，毋以先后；所恶于后，毋以从前；所恶于右，毋以交于左；所恶于左，毋以交于右：此之谓絜矩之道。恶、先，并去声。此覆解上文絜矩二字之义。如不欲上之无礼于我，则必以此度下之心，而亦不敢以此无礼使之。不欲下之不忠于我，则必以此度上之心，而亦不敢以此不忠事之。至于前后左右，无不皆然，则身之所处，上下、四旁、长短、广狭，彼此如一，而无不方矣。彼同有是心而兴起焉者，又岂有一夫之不获哉。所操者约，而所及者广，此平天下之要道也。故章内之意，皆自此而推之。《诗》云："乐只君子，民之父母。"民之所好好之，民之所恶恶之，此之谓民之父母。乐，音洛。只，音纸。好、恶，并去声，下并同。《诗·小雅·南山有台》之篇。只，语助辞。言能絜矩而以民心为己心，则是爱民如子，而民爱之如父母矣。《诗》云："节彼南山，维石岩岩，赫赫师尹，民具尔瞻。"有国者不可以不慎，辟则为天下僇矣。节，读为截。辟，读为僻。僇，与戮同。《诗·小雅·节南山》之篇。节，截然高大貌。师尹，周太师尹氏也。具，俱也。辟，偏也。言在上者人所瞻仰，不可不谨。若不能絜矩而好恶殉于一己之偏，则身弑国亡，为天下之大戮矣。《诗》云："殷之未丧师，克配上帝；仪监于殷，峻命不易。"道得众则得国，失众则失国。丧，去声。仪，《诗》作宜。峻，《诗》作骏。易，去声。《诗·文王》篇。师，众也。配，对也。配上帝，言其为天下君，而对乎上帝也。监，视也。峻，大也。不易，言难保也。道，言也。引《诗》而言此，以结上文两节之意。有天下者，能存此心而不失，则所以絜矩而与民同欲者，自不能已矣。是故君子先慎乎德。有德此有人，有人此有土，有土此有财，有财此有用。先慎乎德，承上文不可不慎而言。德，即所谓明德。有人，谓得众。有土，谓得国。有国则不患无财用矣。德者，本也；财者，末也。本上文而言。外本内末，争民施夺。人君以德为外，以财为内，则是争斗其民，而施之以劫夺之教也。盖财者人之所同欲，不能絜矩而欲专之，则民亦起而争夺矣。是故财聚则民散，财散则民聚。外本内末故财聚，争民施夺故民散，反是则有德而有人矣。是故言悖而出者，亦悖而入；货悖而入者，亦悖而出。悖，布内反。悖，逆也。此以言之出入，明货之出入也。自先慎乎德以下至此，又因财货以明能絜矩与不能者之得失也。《康诰》曰："惟命不于常！"道善则得之，不善则失之矣。道，言也。因上文引《文王》诗之意而申言之，其丁宁反复之意益深切矣。《楚书》曰："楚国无以为宝，惟善以为宝。"《楚书》，楚语。言不宝金玉而宝善人也。舅犯曰："亡人无以为宝，仁亲以为宝。"舅犯，晋文公舅狐偃，字子犯。亡人，文公时为公子，出亡在外也。仁，爱也。事见《檀弓》。此两节又明不外本而内末之意。《秦誓》曰："若有一个臣，断断兮无他技，其心休休焉，其如有容焉。人之有技，若己有之；人之彦圣，其心好之，不啻若自其口出，寔能容之，以能保我子孙黎民，尚亦有利哉。人之有技，媚疾以恶之，人之彦圣，而违之俾不通，寔不能容，以不能保我子孙黎民，亦曰殆哉。"个，古贺反，《书》作介。断，丁乱反。媚，音冒。《秦誓》，《周书》。断断，诚一之貌。彦，美士也。圣，通明也。尚，庶几也。媚，忌也。违，拂戾也。殆，危也。唯仁人放流之，迸诸四夷，不与同中国。此谓唯仁人为能爱人，能恶人。迸，读为屏，古字通用。迸，犹逐也。言有此媚疾之人，妨贤而病国，则仁人必深恶而痛绝之。以其至公无私，故能得好恶之正如此也。见贤而不能举，举而不能先，命也；见不善而不能退，退而不能远，过也。命，郑氏云"当作慢。"程子云："当作怠。"未详孰是。远，去声。若此者，知所爱恶矣，而未能尽爱恶之道，盖君子而未仁者也。好人之所恶，恶人之所好，是谓拂人之性，菑必逮夫身。菑，古灾字。夫，音扶。拂，逆也。好善而恶恶，人之性也；至于拂人之性，则不仁之甚者也。自《秦誓》至此，又皆以申言好恶公私之极，以明上文所引《南山有台》《节南山》之意。是故君子有大道，必忠信以得之，骄泰以失之。君子，以位言之。道，谓居其位而修己治人之术。发己自尽为忠，循物无违谓信。骄者矜高，泰者侈肆。此因上所引《文王》《康诰》之意而言。章内三言得失，而语益加切，盖至此而天理存亡之几决矣。生财有大道，生之者众，食之者寡，为之者疾，用之者舒，则财恒足矣。恒，胡登反。吕氏曰："国无游民，则生者众矣；

朝无幸位,则食者寡矣;不夺农时,则为之疾矣;量入为出,则用之舒矣。"愚按:此因有土有财而言,以明足国之道在乎务本而节用,非必外本内末而后财可聚也。自此以至终篇,皆一意也。仁者以财发身,不仁者以身发财。发,犹起也。仁者散财以得民,不仁者亡身以殖货。未有上好仁而下不好义者也,未有好义其事不终者也,未有府库财非其财者也。上好仁以爱其下,则下好义以忠其上;所以事必有终,而府库之财无悖出之患也。孟献子曰:"畜马乘不察于鸡豚,伐冰之家不畜牛羊,百乘之家不畜聚敛之臣,与其有聚敛之臣,宁有盗臣。"此谓国不以利为利,以义为利也。畜,许六反。乘、敛,并去声。孟献子,鲁之贤大夫仲孙蔑也。畜马乘,士初试为大夫者也。伐冰之家,卿大夫以上,丧祭用冰者也。百乘之家,有采地者也。君子宁亡己之财,而不忍伤民之力;故宁有盗臣,而不畜聚敛之臣。此谓以下,释献子之言也。长国家而务财用者,必自小人矣。彼为善之,小人之使为国家,菑害并至。虽有善者,亦无如之何矣!此谓国不以利为利,以义为利也。长,上声。"彼为善之",此句上下,疑有阙文误字。自,由也,言由小人导之也。此一节,深明以利为利之害,而重言以结之,其丁宁之意切矣。

上传之十章。释治国平天下。此章之义,务在与民同好恶而不专其利,皆推广絜矩之意也。能如是,则亲贤乐利各得其所,而天下平矣。凡传十章:前四章统论纲领指趣,后六章细论条目功夫。其第五章乃明善之要,第六章乃诚身之本,在初学尤为当务之急,读者不可以其近而忽之也。

2、王守仁:《大学古本序》[①]

《大学》之要,诚意而已矣。诚意之功,格物而已矣。诚意之极,止至善而已矣。止至善之则,致知而已矣。正心,复其体也;修身,著其用也。以言乎己,谓之明德;以言乎人,谓之亲民;以言乎天地之间,则备矣。是故至善也者,心之本体也。动而后有不善,而本体之知,未尝不知也。意者,其动也。物者,其事也。致其本体之知,而动无不善。然非即其事而格之,则亦无以致其知。故致知者,诚意之本也。格物者,致知之实也。物格则知致意诚,而有以复其本体,是之谓止至善。圣人惧人之求之于外也,而反覆其辞。旧本析,而圣人之意亡矣。是故不务于诚意而徒以格物者,谓之支;不事于格物而徒以诚意者,谓之虚;不本于致知而徒以格物诚意者,谓之妄。支与虚与妄,其于至善也远矣。合之以《经》而益缀,补之以《传》而益离。吾惧学之日远于至善也,去分章而复旧本,傍为之什以引其义,庶几复见圣人之心,而求之者有其要。噫!乃若致知,则存乎心;悟致知焉,尽矣。

---

① 王守仁,字伯安,号阳明子,世称阳明先生,故又称王阳明。明代著明理学家,军事家。本篇选自王守仁撰,吴光等编校的《王阳明全集》之《悟真录之一·文录四》,上海古籍出版社1992年版。

3、王守仁：《大学问》①

"大学者，昔儒以为大人之学矣。敢问大人之学何以在于明明德乎？"

阳明子曰："大人者，以天地万物为一体者也。其视天下犹一家，中国犹一人焉。若夫间形骸而分尔我者，小人矣。大人之能以天地万物为一体也，非意之也，其心之仁本若是，其与天地万物而为一也。岂惟大人，虽小人之心亦莫不然，彼顾自小之耳。是故见孺子之入井，而必有怵惕恻隐之心焉，是其仁之与孺子而为一体也。孺子犹同类者也，见鸟兽之哀鸣觳觫，而必有不忍之心，是其仁之与鸟兽而为一体也。鸟兽犹有知觉者也，见草木之摧折而必有悯恤之心焉，是其仁之与草木而为一体也。草木犹有生意者也，见瓦石之毁坏而必有顾惜之心焉，是其仁之与瓦石而为一体也。是其一体之仁也，虽小人之心亦必有之，是乃根于天命之性，而自然灵昭不昧者也，是故谓之'明德'。小人之心既已分隔隘陋矣，而其一体之仁犹能不昧若此者，是其未动于欲，而未蔽于私之时也。及其动于欲，蔽于私，而利害相攻，忿怒相激，则将戕物圮类，无所不为。其甚至有骨肉相残者，而一体之仁亡矣。是故苟无私欲之蔽，则虽小人之心，而其一体之仁犹大人也；一有私欲之蔽，则虽大人之心，而其分隔隘陋犹小人矣。故夫为大人之学者，亦惟去其私欲之蔽，以明其明德，复其天地万物一体之本然而已耳。非能于本体之外而有所增益之也。"

曰："然则何以在'亲民'乎？"

曰："明明德者，立其天地万物一体之体也；亲民者，达其天地万物一体之用也。故明明德必在于亲民，而亲民乃所以明其明德也。是故亲吾之父，以及人之父，以及天下人之父，而后吾之仁实与吾之父、人之父，与天下人之父而为一体矣。实与之为一体，而后孝之明德始明矣。亲吾之兄，以及人之兄，以及天下人之兄，而后吾之仁实与吾之兄、人之兄，与天下人之兄而为一体矣。实与之为一体，而后弟之明德始明矣。君臣也，夫妇也，朋友也，以至于山川鬼神鸟兽草木也，莫不实有以亲之，以达吾一体之仁，然后吾之明德始无不明，而真能以天地万物为一体矣。夫是之谓明明德于天下，是之谓家齐国治而天下平，是之谓尽性。"

曰："然则又乌在其为'止至善'乎？"

曰："至善者，明德、亲民之极则也。天命之性，粹然至善，其灵昭不昧者，此其至善之发现，是乃明德之本体，而即所谓良知者也。至善之发现，是而是焉，非而非焉，轻重厚薄，随感随应，变动不居，而亦莫不自有天然之中，是乃民彝物则之极，而不容少有拟议增损于其间也。少有拟议增损于其间，则是私意小智，而非至善之谓矣。自非慎独之至，惟精惟一者，其孰能与于此乎？后之人惟其不知至善之在吾心，而用其私智以揣摸测度于其外，以为事事物物各有定理也，是以昧其是非之则，支离决裂，人欲肆而天理亡，明德亲民之学遂大乱于天下。盖昔之人固有欲明其明德

① 本文出自王守仁撰，吴光等编校的《王阳明全集》之《文录·续编》，上海古籍出版社1992年版。

者矣，然惟不知止于至善，而骛其私心于过高，是以失之虚罔空寂，而无有乎家国天下之施，则二氏之流是矣。固有欲亲其民者矣，而惟不知止于至善，而溺其私心于卑琐，是以失之权谋智术，而无有乎仁爱恻坦之诚，则五伯功利之徒是矣。是皆不知止于至善之过也。故止至善之于明德、亲民也，犹之规矩之于方圆也，尺度之于长短也，权衡之于轻重也。故方圆而不止于规矩，爽其则矣；长短而不止于尺度，乖其剂矣；轻重而不止于权衡，失其准矣；明明德、亲民而不止于至善，亡其本矣。故止于至善以亲民，而明其明德，是之谓大人之学。"

曰："'知止而后有定，定而后能静，静而后能安，安而后能虑，虑而后能得'，其说何也？"

曰："人惟不知至善之在吾心，而求之于其外，以为事事物物皆有定理也，而求至善于事事物物之中，是以支离决裂，错杂纷纭，而莫知有一定之向。今焉既知至善之在吾心，而不假于外求，则志有定向，而无支离决裂、错杂纷纭之患矣。无支离决裂、错杂纷纭之患，则心不妄动而能静矣。心不妄动而能静，则其日用之间，从容闲暇而能安矣；能安，则凡一念之发，一事之感，其为至善乎？其非至善乎？吾心之良知自有以详审精察之，而能虑矣；能虑则择之无不精，处之无不当，而至善于是乎可得矣。"

曰："物有本末，先儒以明德为本，新民为末，两物而内外相对也。事有终始，先儒以知止为始，能得为终，一事而首尾相因也。如子之说，以新民为亲民，则本末之说亦有所未然欤？"

曰："终始之说，大略是矣。即以新民为亲民，而曰明德为本，亲民为末，其说亦未尝不可，但不当分本末为两物耳。夫木之干，谓之本，木之梢，谓之末。惟其一物也，是以谓之本末。若曰两物，则既为两物矣，又何可以言本末乎？新民之意，既与亲民不同，则明德之功，自与新民为二。若知明明德以亲其民，而亲民以明其明德，则明德亲民焉可析而为两乎？先儒之说，是盖不知明德亲民之本为一事，而认以为两事，是以虽知本末之当为一物，而亦不得不非为两物也。"

曰："古之欲明明德于天下者，以至于先修其身，以吾子明德亲民之说通之，以既可得而知矣。敢问欲修其身，以至于致知在格物，其工夫次第又何如其用力欤？"

曰："此正详言明德、亲民、止至善之功也。盖身、心、意、知、物者，是其工夫所用之条理，虽亦各有其所，而其实只是一物。格、致、诚、正、修者，是其条理所用之工夫，虽亦皆有其名，而其实只是一事。何谓身？心之形体，运用之谓也。何谓心？身之灵明，主宰之谓也。何谓修身？为善而去恶之谓也。吾身自能为善而去恶乎？必其灵明主宰者欲为善而去恶，然后其形体运用者始能为善而去恶也。故欲修其身者，必在于先正其心也。然心之本体则性也，性无不善，则心之本体本无不正也。何从而用其正之之功乎？盖心之本体本无不正，自其意念发动而后有不正。故欲正其心者，必就其意念之所发而正之。凡其发一念而善也，好之真如好好色；发一念而恶也，恶之真如恶恶臭，则意无不诚，而心可正矣。然意之所发，有善有恶，不有以明其善恶之分，亦将真妄错杂，虽欲诚之，不可得而诚矣。故欲诚其意者，必在于致知焉。致者，至也，如云'丧致乎哀'之'致'。《易》言'知至至之'，'知至'者，知也，'至之'者，致也。'致知'云者，非若后儒所谓充扩其知识之谓也，致吾心之良知焉耳。良知者，孟子所谓'是非之心，人皆有之'者也。是非之心，不待虑而知，不待学而能，是故谓之良知。是乃天命之性，吾心之本体，自然灵昭明觉者也。凡意念之发，吾心之良知无有不自知者。其善欤，惟吾心之良知自知之；其不善欤，亦惟吾心之良知自知之。是皆无所与于他人者也。故虽小人之为不善，既已无所不至，然其见君子，则必厌然掩其不善，而著其善者，是亦可以见其良知之有不容于自昧者也。今欲别善恶以诚其意，惟在致其良知之所知焉尔。何则？意念之发，吾心之良知既知其为善矣，使其不能诚有以好之，而复背而去之，则是以善为恶，而自昧其知善之良知矣。意念之所发，吾之良知既知其为不善矣，使其不能诚有以恶之，而复蹈而为之，则是以恶为善，而自昧其知恶之良知矣。若是，则虽曰知之，犹不知也，意其可得而诚乎？今于良知所知之善恶者，无不诚好而诚恶之，则不自欺其良知而意可诚也已。然欲致其良知，亦岂影响仿佛而悬空无实之谓乎？是必实有其事矣。故致知必在于格物。物者，事也，凡意之所发必有其事，意所在之事谓之物。格者，正也，正其不正以归于正之谓也。正其不正者，去恶之谓也。归于正者，为善之谓也。夫是之谓格。《书》言'格于上下''格于文祖''格其非心'，格物之'格'，实兼其义也。良知所知之善，虽诚欲好之矣，苟不即其意之所在之物，而实有以为之，则是物有未格，而好之之意犹为未诚也。良知所知之恶，虽诚欲恶之矣，苟不即其意之所在之物，而实有以去之，则是物有未格，而恶之之意犹为未诚也。今焉于其良知所知之善者，即其意之所在之物而实为之，无有乎不尽；于其良知所知之恶者，即其意之所在之物而实去之，无有乎不尽。然后物无不格，而吾良知之所知者，无有亏缺障蔽，而得以极其至矣。夫然后吾心快然无复余憾而自谦矣。夫然后意之所发者，始无自欺而可以谓之诚矣。故曰：'物格而后知至，知至而后意诚，意诚而后心正，心正而后身修。'盖其功夫条理虽有先后次序之可言，而其体之惟一，实无先后次序之可分。其条理功夫，虽无先后次序之可分，而其用之惟精，固有纤毫不可得而缺焉者。此格、致、诚、正之说，所以阐尧舜之正传而为孔氏之心印也。"

4、梁启超简论《大学》《中庸》[①]

《大学》《中庸》本《小戴礼记》中之两篇。《礼记》为七十子后学者所记，其著作年代，或在战国末，或在西汉不等，其价值本远在《论》《孟》下。自宋程正叔抽出此二篇特别提倡，朱晦庵乃创为"四子书"之名。其次序：一、《大学》，二、《论语》，三、《孟子》，四、《中庸》。于是近七八百年来，此二篇之地位骤高，几驾群经而上之。斯大奇矣！

区区《大学》一篇，本不知谁氏作，而朱晦庵以意分为经、传两项。其言曰："经一章，盖孔子之言而曾子述之。传十章，则曾子之意而门人记之。"然而皆属意度，并无实证。晦庵又因其书有与自己理想不尽合者，乃指为有错简，以意颠倒其次序。又指为有脱漏，而自作《补格致传》一章。

---

① 梁启超（1873－1929），中国近代史上著名思想家、政治家、教育家和文学家。本篇节选自梁启超《梁启超国学讲录二种》，中国社会科学出版社1997年版，题目为编者所加。

此甚非学者态度所宜出也。而明清两朝，非惟以《大学》侪诸经，且几将朱氏《补传》与孔子之言同视矣。中间王阳明主张"大学古本"，对于朱氏所改、所补而倡异议，然重视《大学》之观念，迄未稍变。惟清初有陈乾初(确)者，著《大学辨》一篇，力言此书非孔子、曾子作，且谓其"专言知不言行，与孔门教法相戾。"此论甫出，攻击蜂起，共指为非圣无法，后亦无人过问。自此书列于《四书》之首，其篇中"致知格物"四字，惹起无数异说，辨难之作，可汗十牛。然以此为孔子教人入德之门，非求得其说不可。由吾侪观之，此篇不过秦、汉间一儒生之言，原不值如此之尊重而固守也。

《中庸》篇，朱晦庵谓"子思作之以授孟子"，其言亦无据。篇中有一章袭孟子语而略有改窜。据崔东壁所考证，则其书决出孟子后也。此篇论心论性，精语颇多，在哲学史上极有价值。

要而论之，《大学》《中庸》不失为儒门两篇名著，读之甚有益于修养。且既已人人诵习垂千年，形成国民常识之一部分，故今之学者，亦不可以不一读，但不必尊仰太过，反失其相当之位置耳。

5、梅贻琦:《大学一解》①

今日中国之大学教育，溯其源流，实自西洋移植而来，故制度为一事，而精神又为一事。就制度言，中国教育史中固不见有形式相似之组织，就精神言，则文明人类之经验大致相同，而事有可通者。文明人类之生活不外两大方面，曰己，曰群，或曰个人，曰社会。而教育之最大的目的，要不外使群中之己与众己所构成之群各得其安所遂生之道，且进以相位相育，相方相苞；则此地无中外，时无古今，无往而不可通者也。

西洋之大学教育已有八九百年之历史，其目的虽鲜有明白揭橥之者，然试一探究，则知其本源所在，实为希腊之人生哲学，而希腊人生哲学之精髓无它，即"一己之修明"是已(Know thyself)。此与我国儒家思想之大本又何尝有异致？孔子于《论语·宪问》曰，"古之学者为己"。而病今之学者舍己以从人。其答子路问君子，曰"修己以敬"，进而曰，"修己以安人"，又进而曰，"修己以安百姓"；夫君子者无它，即学问成熟之人，而教育之最大收获也。曰安人安百姓者，则又明示修己为始阶，本身不为目的，其归宿，其最大之效用，为众人与社会之福利，此则较之希腊之人生哲学，又若更进一步，不仅以一己理智方面之修明为已足也。

及至大学一篇之作，而学问之最后目的，最大精神，乃益见显著。《大学》一书开章明义之数语即曰，"大学之道，在明明德，在新民，在止于至善"。若论其目，则格物，致知，诚意，正心，修身，属明明德；而齐家，治国，平天下，属新民。《学记》曰，"九年知类通达，强立而不反，谓之大成；夫

---

① 梅贻琦(1889—1962)，字月涵，1931年起出任清华校长，使清华在十年之间从一所颇有名气但无学术地位的学校一跃而跻身于国内名牌大学之列。本文原载《清华学报》第十三卷第一期(1941年4月)。

然后足以化民易俗，近者悦服，而远者怀之，此大学之道也。"知类通达，强立不反二语，可以为明明德之注脚；化民成俗，近悦远怀三语可以为新民之注脚。孟子于《尽心》章，亦言修其身而天下平。荀子论"自知者明，自胜者强"亦不出明明德之范围，而其泛论群居生活之重要，群居生活之不能不有规律，亦无非阐发新民二字之真谛而已。总之，儒家思想之包罗虽广，其于人生哲学与教育理想之重视明明德与新民二大步骤，则始终如一也。

今日之大学教育，骤视之，若与明明德、新民之义不甚相干，然若加深察，则可知今日大学教育之种种措施，始终未能超越此二义之范围，所患者，在体认尚有未尽而实践尚有不力耳。大学课程之设备，即属于教务范围之种种，下自基本学术之传授，上至专门科目之研究，固格物致知之功夫而明明德之一部分也。课程以外之学校生活，即属于训导范围之种种，以及师长持身、治学、接物、待人之一切言行举措，苟于青年不无几分裨益，此种裨益亦必于格致诚正之心理生活见之。至若各种人文科学、社会科学学程之设置，学生课外之团体活动，以及师长以公民之资格对一般社会所有之努力，或为一种知识之准备，或为一种实地工作之预习，或为一种风声之树立，青年一旦学成离校，而于社会有所贡献，要亦不能不资此数者为一部分之把注。此又大学教育新民之效也。

然则所谓体认未尽实践不力者又何在？明明德或修己工夫中之所谓明明德、所谓己，所指乃一人整个之人格，而不是人格之片段。所谓整个之人格，即就比较旧派之心理学者之见解，至少应有知、情、志三个方面，而此三方面者皆有修明之必要。今则不然，大学教育所能措意而略有成就者，仅属知之一方面而已，夫举其一而遗其二，其所收修明之效，因已极有限也。然即就知之一端论之，目前教学方法之效率亦大有尚待扩充者。理智生活之基础为好奇心与求益心，故贵在相当之自动，能有自动之功，所能收自新之效，所谓举一反三者；举一虽在执教之人，而反三总属学生之事。若今日之教学，恐灌输之功十居七八，而启发之功十不得二三。明明德之义，释以今语，即为自我之认识，为自我知能之认识，此即在智力不甚平庸之学子亦不易为之，故必有执教之人为之启发，为之指引，而执教者之最大能事，亦即至此而尽，过此即须学子自为探索，非执教者所得而助长也。故古之善教人者，《论语》谓之善诱，《学记》谓之善喻。孟子有云："子深造之以道，欲其自得之也，自得之，则居之安，居之安，则资之深，资之深，则取之左右逢其源，故君子欲其自得之也"，此善诱或善喻之效也。今大学中之教学方法，即仅就知识教育言之，不逮尚远。此体认不足实践不力之一端也。

至意志与情绪二方面，既为寻常教学方法所不及顾，则其所恃者厥有二端，一为教师之树立楷模，二为学子之自谋修养。意志须锻炼，情绪须裁节，为教师者果能于二者均有相当之修养工夫，而于日常生活之中与以自然之流露，则从游之学子无形中有所取法；古人所谓身教，所谓以善先人之教，所指者大抵即为此两方面之品格教育，而与知识之传授不相干也。治学之精神与思想之方法，虽若完全属于理智一方面之心理生活，实则与意志之坚强与情绪之稳称有极密切之关系；治学贵谨严，思想忌偏蔽，要非持志坚定而用情有度之人不办。孟子有曰，"仁义礼智根于心，则其生色也,睟然见于面,盎于背,施于四体,四体不言而喻"。曰根于心者,修养之实,曰生于色者,修养之效而自然之流露;设学子所从游者率为此类之教师再假以时日,则濡染所及,观摩所得,亦正复有其不言而喻之功用。《学记》所称之善喻,要亦不能外此。试问今日之大学教育果具备此条件乎?曰否。此可于三方面见之。上文不云乎?今日大学教育所能措意者仅为人格之三方面之一,为教师者果能于一己所专长之特科知识,有充分之准备,为明晰之讲授,作尽心与负责之考课,即已为良善之教师,其于学子之意志与情绪生活与此种生活之见于操守者,殆有若秦人之视越人之肥瘠;历年既久,相习成风,即有识之士,亦复视为固然,不思改作,浸假而以此种责任完全诿诸他人,曰"此乃训育之事,与教学根本无干。"此条件不具备之一方面也。为教师者,自身固未始不为此种学风之产物,其日以孜孜者,专科知识之累积而已,新学说与新实验之传习而已,其于持志养气之道,待人接物之方,固未尝一日讲求也;试问己所未能讲求或无暇讲求者,又何能执以责人?此又一方面也。今日学校环境之内,教师与学生大率自成部落,各有其生活之习惯与时尚,舍教室中讲授之时间而外,几乎不相谋面,军兴以还,此风尤甚;即有少数教师,其持养操守足为学生表率而无愧者,亦犹之椟中之玉,斗底之灯,其光辉不达于外,而学子即有切心于观摩取益者,亦自无从问径。此又一方面也。古者学子从师受业,谓之从游。孟子曰:"游于圣人之门者难为言"。间尝思之,游之时义大矣哉。学校犹水也,师生犹鱼也,其行动犹游泳也,大鱼前导,小鱼尾随,是从游也。从游既久,其濡染观摩之效,自不求而至,不为而成。反观今日师生之关系,直一奏技者与看客之关系耳,去从游之义不綦远哉!此则于大学之道,体认尚有未尽实践尚有不力之第二端也。

至学子自身之修养又如何?学子自身之修养为中国教育思想中最基本之部分,亦即儒家哲学之重心所寄。《大学》八目,涉此者五,《论语》《中庸》《孟子》所反复申论者,亦以此为最大题目。宋元以后之理学,举要言之,一自身修善之哲学耳;其派别之分化虽多,门户之纷呶虽甚,所争者要为修养之方法,而于修养之必要,则靡不同也。我侪以今日之眼光相绳,颇病理学教育之过于重视个人之修养,而于社会国家之需要,反不能多所措意;末流之弊,修身养性几不复为入德育才之门,而成遁世避实之路。然理学教育之所过即为今日学校教育之所不及。今日大学生之生活中最感缺乏之一事即为个人之修养。此又可就下列三方面分别言之:

一曰时间不足。今日大学教育之学程太多,上课太忙,为众所公认之一事。学生于不上课之时间,又例须有多量之"预备"功夫,而所预备者又不出所习学程之范围,于一般之修养邈不相涉。习文史哲学者,与修养功夫尚有几分关系,其习它种理实科目者,无论其为自然科学或社会科学,犹木工水作之习一艺耳。习艺愈勤去修养愈远。何以故?曰,无闲暇故。仰观宇宙之大,俯察品物之盛,而自审其一人之生应有之地位,非有闲暇不为也。纵探历史之悠久,文教之累积,横索人我关系之复杂,社会问题之繁变,而思对此悠久与累积者宜如何承袭节取而有所发明,对复杂繁变者宜如何应付而知所排解,非有闲暇不为也。人生莫非学问也,能自作观察、欣赏、沉思、体会者,斯得之。今学程之所能加惠者,充其量,不过此种种自修功夫之资料之补助而已,门径之指点而已，至若资料之咀嚼融化，门径之实践以至于升堂入室，博者约之，万殊者一之，则非有充分之自修时间不为功。就今日之情形而言，则咀嚼之时间，且犹不足，无论融化，粗识门径之机会犹或失之，姑无论升堂入室矣。

二曰空间不足。人生不能离群，而自修不能无独，此又近顷大学教育最所忽略之一端。《大学》一书尝极论毋自欺，必慎独之理。不欺人易，不自欺难，与人相处而慎易，独居而慎难。近代之教育，一则曰社会化，再则曰集体化，卒裹宿舍悉成营房，学养无非操演，而慎独与不自欺之教亡矣。夫独学无友，则孤陋而寡闻，乃仅就智识之切磋而为言者也；至情绪之制裁，意志之磨砺，则固为我一身一心之事，他人之于我，至多亦只所以相督励，示鉴戒而已。自"慎独"之教亡，而学子乃无法有"独"之机会，亦无复作"独"之企求；无复知人我之间精神上与实际上应有之充分之距离，适当之分寸，浸假而无复知情绪制裁与意志磨练之为何物，即无复知《大学》所称诚意之为何物，充其极，乃至于学问见识一端，亦但知从众而不知从己，但知附和而不敢自作主张，力排众议。晚近学术界中，每多随波逐浪（时人美其名曰"适应潮流"）之徒，而少砥柱中流之辈，由来有渐，实无足怪。《大学》一书，于开章时阐明大学之目的后，即曰，"知止而后有定，定而后能静，静而后能安，安而后能虑，虑而后能得"。今日之青年，一则因时间之不足，再则因空间之缺乏，乃至数年之间，竟不能如缗蛮黄鸟之得一丘隅以为休止。休止之时地既不可得，又遑论定、静、安、虑、得之五步功夫耶？此深可虑而当亟为之计者也。

三曰师友古人之联系之阙失。关于师之一端，上文已具论之，今日之大学青年，在社会化与集体生活化一类口号之空气之中，所与往还者，有成群之大众，有合伙之伙伴，而无友。曰集体生活，又每苦不能有一和同之集体，或若干不同而和之集体，于是人我相与之际，即一言一动之间，亦不能不多所讳饰顾忌，驯至舍寒暄笑谑与茶果征逐而外，根本不相往来。此目前有志之大学青年所最感苦闷之一端也。夫友所以祛孤陋，增闻见，而辅仁进德者也，个人修养之功，有恃于一己之努力者固半，有赖于友朋之督励者亦半；今则一己之努力既因时空两间之不足而不能有所施展，有如上文所论，而求友之难又如此，以何怪乎成德达材者之不多见也。古人亦友也，孟子有尚友之论，后人有尚友之录，其对象皆古人也。今人与年龄相若之同学中既无可相友者，有志者自犹可于古人中求之。然求之又苦不易。史学之必修课程太少，普通之大学生往往仅修习通史一两门而止，此不易一也。时人对于史学与一般过去之经验每不重视，甚者且以为革故鼎新之精神，即在完全抹杀已往，而创造未来，前人之言行，时移世迁，即不复有分毫参考之价值，此不易二也。即在专考史学之人，又往往用纯粹物观之态度以事研究，驯至古人之言行举措，其所累积之典章制度，成为一堆毫无生气之古物，与古生物学家所研究之化石骨殖无殊，此种研究之态度，非无其甚大之价值，然设过于偏注，则史学者与人生将不复有所联系，此不易三也。有此三不易，于是前哲所再三申说之"以人鉴人"之原则将日趋湮没，而"如对古人"之青年修养之一道亦日即于荒芜不治矣。学子自身之不能多所修养，是近代教育对于大学之道体认尚有未尽、实践尚有不力之第三端也。

以上三端，所论皆为明德一方面之体认未尽与实践不力，然则新民一方面又如何？大学新民之效，厥有二端。一为大学生新民工作之准备；二为大学校对社会秩序与民族文化所能建树之风气。于此二端，今日之大学教育体认亦有未尽，而实践亦有不力也。试分论之。

大学有新民之道，则大学生者负新民工作之实际责任者也。此种实际之责任，因事先必有充分之准备，相当之实验或见习，而大学四年，即所以为此准备与实习而设，亦自无烦赘说。然此种准备与实习果尽合情理乎？则显然又为别一问题。明德功夫即为新民功夫之最根本之准备，而此则已大有不能尽如人意者在，上文已具论之矣。然准备之缺乏犹不止此。今人言教育者，动称通与专之二原则。故一则曰大学生应有通识，又应有专识，再则曰大学卒业之人应为一通才，亦应为一专家，故在大学期间之准备，应为通专并重。此论固甚是，然有不尽妥者，亦有未易行者。此论亦固可以略救近时过于重视专科之弊，然犹未能充量发挥大学应有之功能。窃以为大学期内，通专虽应兼顾，而重心所寄，应在通而不在专，换言之，即须一反目前重视专科之倾向，方足以语于新民之效。夫社会生活大于社会事业，事业不过为人生之一部分，其足以辅翼人生，推进人生，固为事实，然不能谓全部人生寄寓于事业也。通识，一般生活之准备也；专识，特种事业之准备也。通识之用，不止润身而已，亦所以自通于人也。信如此论，则通识为本，而专识为末。社会所需要者，通才为大，而专家次之。以无通才为基础之专家临民，其结果不为新民，而为扰民。此通专并重未为恰当之说也。大学四年而已，以四年之短期间，而既须有通识之准备，又须有专识之准备，而二者之间又不能有所轩轾，即在上智，亦力有未逮，况中资以下乎？并重之说所以不易行者此也。偏重专科之弊，既在所必革，而并重之说又窒碍难行，则通重于专之原则尚矣。

难之者曰，大学而不重专门，则事业人才将焉出？曰，此未作通盘观察之论也。大学虽重要，究不为教育之全部，造就通才虽为大学应有之任务，而造就专才则固别有机构在。一曰大学之研究院。学子即成通才，而于学问之某一部门，有特殊之兴趣，与特高之推理能力，而将以研究为长期或终身事业者可以入研究院。二曰高级之专门学校。艺术之天分特高，而审美之兴趣特厚者可入艺术学校；躯干刚劲，动作活泼，技术之智能强，而理论之兴趣较薄者可入技术学校。三曰社会事业本身之训练。事业人才之造就，由于学识者半，由于经验者亦半，而经验之重要，且在学识之上，尤以社会方面之事业人才所谓经济长才者为甚，尤以在今日大学教育下所能产生之此种人才为甚。今日大学所授之社会科学知识，或失之理论过多，不切实际，或失诸凭空虚构，不近人情，或失诸西洋之资料太多，不适国情民性；学子一旦毕业而参加事业，往往发现学用不相呼应，而不得不于所谓"经验之学校"中，别谋所以自处之道，及其有成，而能对社会有所贡献，则泰半自经验之学校得来，而与所从卒业之大学不甚相干，以至于甚不相干。始恍然于普通大学教育所真能造就者，不过一出身而已，一资格而已。

出身诚是也，资格亦诚是也。我辈从事大学教育者，诚能执通才之一原则，而曰，才不通则身不得出，社会亦诚能执同一之原则，而曰，无通识之准备者，不能取得参加社会事业之资格，则所谓出身与资格者，固未尝不为绝有意识之名词也。大学八目，明德之一部分至身修而止，新民之一部分自身修而始，曰出身者，亦曰身已修，德已明，可以出而从事于新民而已矣，夫亦岂易言哉？不论一人一身之修明之程度，不问其通识之有无多寡，而但以一纸文凭为出身之标识者，斯失之矣。

通识之授受不足，为今日大学教育之一大通病，固已渐为有识者所公认，然不足者果何在，则言之者尚少。大学第一年不分院系，是根据通之原则者也，至第二年而分院系，则其所据为专之原则。通则一年，而专乃三年，此不足之最大原因而显而易见者。今日而言学问，不能出自然科学，社会科学，与人文科学三大部分；曰通识者，亦曰学子对此三大部门，均有相当准备而已，分而言之，则对每门有充分之了解，合而言之，则于三者之间，能识其会通之所在，而恍然于宇宙之大，品类之多，历史之久，文教之繁，要必有其一以贯之之道，要必有其相为因缘与依倚之理，此则所谓通也。今学习仅及期年而分院分系，而许其进入专门之学，于是从事于一者，不知二与三为何物，或仅得二与三之一知半解，与道听途说者初无二致；学者之选习另一部门或院系之学程也，亦先存一"限于规定，聊复选习"之不获已之态度，日久而执教者亦曰，聊复有此规定尔，固不敢从此期学子之必成为通才也。近年以来，西方之从事于大学教育者，亦尝计虑及此，而设为补救之法矣。其大要不出二途。一为展缓分院分系之年限，有自第三学年始分者；二为第一学年中增设"通论"之学程。窃以为此二途者俱有未足，然亦颇有可供攻错之价值；可为前途改革学程支配之张本。大学所以宏造就，其所造就者为粗制滥造之专家乎，抑为比较周见洽闻，本末兼赅，博而能约之通士乎？胥于此种改革卜之矣。大学亦所以新民，吾侪于新民之义诚欲作进一步之体认与实践，欲使大学出身之人，不藉新民之名，而作扰民之实，亦胥以此种改革为入手之方。

然大学之新民之效，初不待大学生成与参加事业而始见也。学府之机构，自身亦正复有其新民之功用，就其所在地言之，大学俨然为一方教化之重镇，而就其声教所暨者言之，则充其极可以为国家文化之中心，可以为国际思潮交流与朝宗之汇点（近人有译英文 Focus 一字为汇点者，兹从之）。即就西洋大学发展之初期而论，十四世纪与十五世纪初年，欧洲中古文化史有三大运动焉，而此三大运动者均自大学发之。一为东西两教皇之争，其终于平息而教权复归于一者，法之巴黎大学领导之功也；二为魏克文夫（Wyclif）之宗教思想革新运动，孕育而拥护之者英之牛津大学也；三为郝斯（John Hus）之宗教改革运动，率与惠氏之运动均为十六世纪初年马丁·路得宗教改革之先声，而孕育与拥护之者，布希米亚（战前为捷克地）之蒲拉赫（Prague）大学也。

间尝思之，大学机构之所以生新民之效者，盖又不出二途。一曰为社会之倡导与表率，其在平时，表率之力为多，及处非常，则倡导之功为大。上文所举之例证，盖属于倡导一方面者也。二曰新文化因素之孕育涵养与简练揣摩。而此二途者又各有其凭藉。表率之效之凭藉为师生之人格与其言行举止。此为最显而易见者。一地之有一大学，犹一校之有教师也，学生以教师为表率，地方则以学府为表率，古人谓一乡有一善士，则一乡化之，况学府者应为四方善士之一大总汇乎？设一校之师生率为文质彬彬之人，其出而与社会周旋也，路之人亦得指而目之曰，是某校教师也，是某校生徒也，而其所由指认之事物为语默进退之间所自然流露之一种风度，则始而为学校环境以内少数人之所独有者,终将为一地方所共有,而成为一种风气;教化云者,教在学校环境以内,而化则达于学校环境以外,然则学校新民之效,固不待学生出校而始见也明矣。

新文化因素之孕育所凭藉者又为何物? 师生之德行才智,图书实验,大学之设备,可无论矣。所不可不论者为自由探讨之风气。宋儒安定胡先生有曰,"艮言思不出其位,正以戒在位者也,若夫学者,则无所不思,无所不言,以其无责,可以行其志也;若云思不出其位,是自弃于浅陋之学也。"此语最当。所谓无所不思,无所不言,以今语释之,即学术自由(Academic Freedom)而已矣。今人颇有以自由主义为诟病者,是未察自由主义之真谛者也。夫自由主义(Liberalism)与荡放主义(Libertinism)不同,自由主义与个人主义,或乐利的个人主义,亦截然不为一事。假自由之名,而行荡放之实者,斯病矣。大学致力于知、情、志之陶冶者也,以言知,则有博约之原则在,以言情,则有裁节之原则在,以言志,则有持养之原则在,秉此三者而求其所谓"无所不思,无所不言",则荡放之弊又安从而乘之? 此犹仅就学者一身内在之制裁而言之耳,若自新民之需要言之,非旦夕可期也,既非旦夕可期,则与此种事业最有关系之大学教育,与从事于此种教育之人,其所以自处之地位,势不能不超越几分现实,其注意之所集中,势不能为一时一地之所限止,其所期望之成就,势不能为若干可以计日而待之近功。职是之故,其"无所不思"之中,必有一部分为不合时宜之思,其"无所不言"之中,亦必有一部分为不合时宜之言;亦正惟其所思所言,不尽合时宜,乃或不合于将来,而新文化之因素胥于是生,进步之机缘,胥于是启,而新民之大业,亦胥于是奠其基矣。

大学之道,在明明德,在新民,在止于至善。至善之界说难言也,姑舍而不论。然明明德与新民二大目的固不难了解而实行者。然洵如上文所论,则今日之大学教育,于明明德一方面,了解犹颇有未尽,践履犹颇有不力者,而不尽不力者,要有三端,于新民一方面亦然,其不尽力者要有二端。不尽者尽之,不力者力之,是今日大学教育之要图也? 是"大学一解"之所为作也。

6、朱自清:《经典常谈·四书第七》[①]

"四书五经"到现在还是我们口头上一句熟语。"五经"是《易》《书》《诗》《礼》《春秋》;"四书"按照普通的顺序是《大学》《中庸》《论语》《孟子》,前二者又简称《学》《庸》,后二者又简称《论》《孟》。有了简称,可见这些书是用得很熟的。本来呢,从前私塾里,学生入学,是从"四书"读起的。这是那些时代的小学教科书,而且是统一的标准的小学教科书,因为没有不用的。那时先生不讲解,只让学生背诵,不但得背正文,而且得背朱熹的小注。只要囫囵吞枣地念,囫囵吞枣地背;不懂不要紧,将来用得着,自然会懂的。怎么说将来用得着? 那些时候行科举制度。科举是

---

① 朱自清(1899－1948),现代著名散文家、诗人、学者、民主战士。本篇节选自朱自清《经典常谈》,三联书店 1982 年出版。

一种竞争的考试制度，考试的主要科目是八股文，题目都出在"四书"里，而且是朱注的"四书"里。科举分几级，考中的得着种种出身或资格，凭着这种资格可以建功立业，也可以升官发财；作好作歹，都得先弄个资格到手。科举几乎是当时读书人唯一的出路。每个学生都先读"四书"，而且读的是朱注，便是这个缘故。

将朱注"四书"定为科举用书，是从元仁宗皇庆二年(西元一三一三年)起的。规定这四种书，自然因为这些书本身重要，有人人必读的价值；规定朱注，也因为朱注发明书义比旧注好些、切用些。这四种书原来并不在一起，《学》《庸》都在《礼记》里，《论》《孟》是单行的。这些书原来只算是诸子书，朱子原来也只称为"四子"；但《礼记》《论》《孟》在汉代都立过博士，已经都升到经里去了。后来唐代的"九经"里虽然只有《礼记》，宋代的"十三经"却又将《论》《孟》收了进去①。《中庸》很早就被人单独注意，汉代已有关于《中庸》的著作，六朝时也有，可惜都不传了②。关于《大学》的著作，却直到司马光的《大学通义》才开始，这部书也不传了。这些著作并不曾教《学》《庸》普及，教《学》《庸》和《论》《孟》同样普的是朱子的注，"四书"也是他编在一起的，"四书"的名字也因他而有。

但最初用力提倡这几种书的是程颢、程颐兄弟。他们说："《大学》是孔门的遗书，是初学者入德的门径。只有从这部书里，还可以知道古人做学问的程序。从《论》《孟》里虽也可看出一些，但不如这部书的分明易晓。学者必须从这部书入手，才不会走错了路。"③ 这里没提到《中庸》。可是他们是很推尊《中庸》的。他们在另一处说："'不偏'叫作'中'，'不易'叫作'庸'；'中'是天下的正道，'庸'是天下的定理。《中庸》是孔门传授心法的书，是子思记下来传给孟子的。书中所述的人生哲理，意味深长；会读书的细加玩赏，自然能心领神悟终身受用不尽。"④ 这四种书到了朱子手里才打成一片。他接受二程的见解，加以系统的说明，四种书便贯串起来了。

他说，古来有小学大学。小学里教洒扫进退的规矩，和礼、乐、射、御、书、数，所谓"六艺"的。大学里教穷理、正心、修己、治人的道理。所教的都切于民生日用，都是实学。《大学》这部书便是古来大学里教学生的方法，规模大，节目详；而所谓"格物、致知、诚意、正心、修身、齐家、治国、平天下"，是循序渐进的。程子说是"初学者入德的门径"，就是为此。这部书里的道理，并不是为一时一事说的，是为天下后世说的。这是"垂世立教的大典"⑤，所以程子举为初学者的第一部书。《论》《孟》虽然也切实，却是"应机接物的微言"⑥，问的不是一个人，记的也不是一个人。浅深先

---

① 九经：《易》、《书》、《诗》，三礼，《春秋》三传。十三经：《易》、《书》、《诗》，三礼，《春秋》三传，《论语》、《孝经》、《尔雅》、《孟子》。

② 《汉书·艺文志》有《中庸说》二篇，《隋书·经籍志》有戴颙《中庸传》二卷，梁武帝《中庸讲疏》一卷。

③ 原文见《大学章句》卷头。

④ 原文见《中庸章句》卷头。

⑤ 原文见《中庸章句》卷头。

⑥ 朱子《大学或问》卷一。

后，次序既不分明，抑扬可否，用意也不一样，初学者领会较难。所以程子放在第二步。至于《中庸》，是孔门的心法，初学者领会更难，程子所以另论。

但朱子的意思，有了《大学》的提纲挈领，便能领会《论》《孟》里精微的分别去处；融贯了《论》《孟》的旨趣，也便能领会《中庸》里的心法。人有人心和道心。人心是私欲，道心是天理。人该修养道心，克制人心，这是心法。朱子的意思，不领会《中庸》里的心法，是不能从大处着眼，读天下的书，论天下的事的。他所以将《中庸》放在第三步，和《大学》《论》《孟》合为"四书"，作为初学者的基础教本。后来规定"四书"为科举用书，原也根据这番意思。不过朱子教人读"四书"，为的成人；后来人读"四书"，却重在猎取功名。这是不合于他提倡的本心的。至于顺序变为《学》《庸》《论》《孟》，那是书贾因为《学》《庸》篇页不多，合为一本的缘故；通行既久，居然约定俗成了。

《礼记》里的《大学》，本是一篇东西，朱子给分成经一章，传十章；传是解释经的。因为要使传合经，他又颠倒了原文的次序，并补上一段儿。他注《中庸》时，虽没有这样大的改变，可是所分的章节，也与郑玄注的不同。所以这两部书的注，称为《大学章句》《中庸章句》。《论》《孟》的注，却是融合各家而成，所以称为《论语集注》《孟子集注》。《大学》的经一章，朱子想着是曾子追述孔子的话；传十章，他相信是曾子的意思，由弟子们记下的。《中庸》的著者，朱子和程子一样，都接受《史记》的记载，认为是子思①。但关于书名的解释，他修正了一些。他说，"中"除"不偏"外，还有"无过无不及"的意思；"庸"解作"不易"，不如解作"平常"好②。照近人的研究，《大学》的思想和文字，很有和荀子相同的地方，大概是荀子学派的著作。《中庸》首尾和中段思想不一贯，从前就有人疑心。照近来的看法，这部书的中段也许是子思原著的一部分，发扬孔子的学说，如"时中""忠恕""知仁勇""五伦"等。首尾呢，怕是另一关于《中庸》的著作，经后人混合起来的；这里发扬的是孟子的天人相通的哲理，所谓"至诚""尽性"，都是的。著者大约是一个孟子学派。

《论语》是孔子弟子们记的。这部书不但显示一个伟大的人格——孔子，并且让读者学习许多做学问做人的节目，如"君子""仁""忠恕"，如"时习""阙疑""好古""隅反""择善""困学"等，都是可以终身应用的。《孟子》据说是孟子本人和弟子公孙丑、万章等共同编定的。书中说"仁"兼说"义"，分辨"义""利"甚严；而辩"性善"，教人求"放心"，影响更大。又说到"养浩然之气"，那"至大至刚""配义与道"的"浩然之气"③，这是修养的最高境界，所谓天人相通的哲理。书中攻击杨朱、墨翟两派，辞锋咄咄逼人。这在儒家叫作攻异端，功劳是很大的。孟子生在战国时代，他不免"好辩"，他自己也觉得的④；他的话流露着"英气"，有"圭角"，和孔子的温润是不同的。所以儒家只称"亚圣"，次于孔子一等⑤。《孟子》有东汉的赵岐注。《论语》有孔安国、马融、郑玄诸家注，却

① 《孔子世家》。
② 《中庸或问》卷一。
③ 《公孙丑》。
④ 《滕文公》。
⑤ 《孟子集注序》说引程子说。

都已残佚，只零星地见于魏何晏的《集解》里。汉儒注经，多以训诂名物为重；但《论》《孟》词意显明，所以只解释文句，推阐义理而止。魏晋以来，玄谈大盛，孔子已经道家化；解《论语》的也多参入玄谈，参入当时的道家哲学。这些后来却都不流行了。到了朱子，给《论》《孟》作注，虽说融会各家，其实也用他自己的哲学作架子。他注《学》《庸》，更显然如此。他的哲学切于世用，所以一般人接受了，将他解释的孔子当作真的孔子。

他那一套"四书"注实在用尽了平生的力量，改定至再至三。直到临死的时候，他还在改定《大学·诚意章》的注。注以外又作了《四书或问》，发扬注义，并论述对于旧说或取或舍的理由。他在"四书"上这样下工夫，一面固然为了诱导初学者，一面还有一个用意，便是排斥老、佛，建立道统。他在《中庸章句·序》里论到诸圣道统的传承，末尾自谦说："于道统之传，不敢妄议"，其实他是隐隐在以传道统自期呢。《中庸》传授心法，正是道统的根本。将它加在《大学》《论》《孟》之后而成"四书"，朱子自己虽然说是给初学者打基础，但一大半恐怕还是为了建立道统，不过他自己不好说出罢了。他注《四书》在宋孝宗淳熙年间（西元二七四至二八九）。他死后朝廷将他的"四书"注审定为官书，从此盛行起来。他果然成了传儒家道统的大师了。

![装饰图案] **附录：《礼记》古本大学**①

大　学

大学之道，在明明德，在亲民，在止于至善。知止而后有定，定而后能静，静而后能安，安而后能虑，虑而后能得。物有本末，事有终始，知所先后，则近道矣。古之欲明明德于天下者，先治其国；欲治其国者，先齐其家；欲齐其家者，先修其身；欲修其身者，先正其心；欲正其心者，先诚其意；欲诚其意者，先致其知；致知在格物。物格而后知至，知至而后意诚，意诚而后心正，心正而后身修，身修而后家齐，家齐而后国治，国治而后天下平。自天子以至于庶人，壹是皆以修身为本，其本乱而末治者，否矣。其所厚者薄(báo)，而其所薄者厚，未之有也。

此谓知本，此谓知之至也。

所谓"诚其意"者，毋自欺也，如恶(wù)恶臭(xiù)，如好(hào)好色，此之谓自谦(qiè 慊)。故君子必慎其独也。小人闲居为不善，无所不至，见君子而后厌(yǎn)然，揜(yǎn 掩)其不善而著其善。

---

① 古本《大学》是指出自儒家经典《礼记》中的原本《大学》，以区别于经朱熹重新编订的《大学章句》。此篇古本《大学》依中华书局 1980 年影印清嘉庆刊本《十三经注疏》为底本校订。

人之视己，如见其肺肝然，然则何益矣。此谓诚于中，形于外，故君子必慎其独也。曾子曰："十目所视，十手所指，其严乎！"富润屋，德润身，心广体胖(pán)，故君子必诚其意。

《诗》云："瞻彼淇澳(yù)，菉(绿 lù)竹猗猗(yīyī)。有斐君子，如切如磋，如琢如磨。瑟兮僩(xiàn)兮，赫兮喧兮，有斐(fěi)君子，终不可諠(谖 xuān)兮。""如切如磋"者，道学也；"如琢如磨"者，自修也。"瑟兮僩兮"者，恂(xún)栗也；"赫兮喧兮"者，威仪也；"有斐君子，终不可諠(谖)兮"者，道盛德至善，民之不能忘也。《诗》云："於戏(音呜呼)，前王不忘。"君子贤其贤而亲其亲，小人乐其乐而利其利，此以没(mò)世不忘。《康诰》曰"克明德"，《太甲》曰"顾諟(shì)天之明命"，《帝典》曰"克明峻德"，皆自明也。汤之《盘铭》曰："苟日新，日日新，又日新。"《康诰》曰："作新民。"《诗》曰："周虽旧邦，其命维新。"是故君子无所不用其极。《诗》云："邦畿(jī)千里，惟民所止。"《诗》云："缗(mín)蛮黄鸟，止于丘隅。"子曰："于止，知其所止，可以人而不如鸟乎？"《诗》云："穆穆文王，於缉(qī)熙敬止。"为人君止于仁，为人臣止于敬，为人子止于孝，为人父止于慈，与国人交止于信。

子曰："听讼，吾犹人也。必也使无讼乎？"无情者不得尽其辞，大畏民志。此谓知本。所谓修身在正其心者，身有所忿懥(zhì)，则不得其正；有所恐惧，则不得其正；有所好乐，则不得其正；有所忧患，则不得其正。心不在焉，视而不见，听而不闻，食而不知其味，此谓修身在正其心。

所谓齐其家在修其身者，人之其所亲爱而辟(pì，乖僻邪僻)焉，之其所贱恶而辟焉，之其所畏敬而辟焉，之其所哀矜而辟焉，之其所敖惰而辟焉。故好(hào)而知其恶，恶(wù)而知其美者，天下鲜矣。故谚有之曰："人莫知其子之恶，莫知其苗之硕。"此谓身不修，不可以齐其家。

所谓治国必先齐其家者，其家不可教，而能教人者，无之，故君子不出家而成教于国。孝者，所以事君也；弟(悌)者，所以事长也；慈者，所以使众也。《康诰》曰："如保赤子。"心诚求之，虽不中(zhòng)，不远矣。未有学养子而后嫁者也。一家仁，一国兴仁；一家让，一国兴让；一人贪戾，一国作乱。其机如此。此谓一言偾(fèn)事，一人定国。尧、舜帅天下以仁，而民从之；桀、纣帅天下以暴，而民从之。其所令反其所好，而民不从。是故君子有诸己而后求诸人，无诸己而后非诸人。所藏乎身不恕而能喻诸人者，未之有也。故治国在齐其家。《诗》云："桃之夭夭，其叶蓁蓁(zhēn)。之子于归，宜其家人。""宜其家人"，而后可以教国人。《诗》云："宜兄宜弟。""宜兄宜弟"，而后可以教国人。《诗》云："其仪不忒(tè)，正是四国。"其为父子兄弟足法，而后民法之也。此谓治国在齐其家。

所谓平天下在治其国者，上老老而民兴孝，上长长(zhǎngzhǎng)而民兴弟(tì)，上恤孤而民不倍(bèi)，是以君子有絜(xié)矩之道也。所恶(wù)于上，毋以使下；所恶于下，毋以事上；所恶于前，毋以先后；所恶于后，毋以从前；所恶于右，毋以交于左；所恶于左，毋以交于右。此之谓"絜矩之道"。《诗》云："乐只君子，民之父母。"民之所好好之，民之所恶恶之，此之谓民之父母。《诗》云："节彼南山，维石岩岩，赫赫师尹，民具尔瞻。"有国者不可以不慎，辟(pì)则为天下僇(lù)矣。《诗》云："殷之未丧师，克配上帝，仪监于殷，峻命不易。"道得众则得国，失众则失国。是故君子先慎乎德。有德此有人,有人此有土,有土此有财,有财此有用。德者本也,财者末也。外本内末,争民施夺。是故财聚则民散,财散则民聚。是故言悖而出者,亦悖而入,货悖而入者,亦悖而出。《康诰》曰:"惟命不于常。"道善则得之,不善则失之矣。《楚书》曰:"楚国无以为宝,惟善以为宝。"舅犯曰:"亡人无以为宝,仁亲以为宝。"《秦誓》曰:"若有一介臣,断断兮无他技,其心休休焉,其如有容焉。人之有技,若己有之。人之彦圣,其心好之,不啻(chì)若自其口出,寔(shí)能容之,以能保我子孙黎民,尚亦有利哉。人之有技,媢嫉(màojí)以恶(wù)之;人之彦圣,而违之俾(bǐ)不通。寔不能容,以不能保我子孙黎民,亦曰殆哉!"唯仁人放流之,迸(bǐng)诸四夷,不与同中国。此谓唯仁人为能爱人,能恶人。见贤而不能举,举而不能先,命也。见不善而不能退,退而不能远,过也。好(hào)人之所恶(wù),恶(wù)人之所好(hào),是谓拂人之性,菑(zāi)必逮夫身。是故君子有大道,必忠信以得之,骄泰以失之。生财有大道,生之者众,食之者寡,为之者疾,用之者舒,则财恒足矣。仁者以财发身,不仁者以身发财。未有上好仁而下不好义者也,未有好义其事不终者也,未有府库财非其财者也。孟献子曰:"畜马乘(shèng)不察于鸡豚,伐冰之家不畜牛羊,百乘(shèng)之家不畜聚敛之臣,与其有聚敛之臣,宁有盗臣。"此谓国不以利为利,以义为利也。

长(zhǎng)国家而务财用者,必自小人矣。彼为善之,小人之使为国家,菑(zāi)害并至,虽有善者,亦无如之何矣?此谓国不以利为利,以义为利也。

中庸

导语

《中庸》同《大学》一样,最初为《礼记》中的一篇,并无独立的地位。《中庸》地位的提升与隋唐佛教的刺激有关,所以至唐代,李翱开始强调《中庸》的重要性,通过阐发儒家的心性义理来构建儒家的道统,从而对抗佛教的盛行。到了北宋二程兄弟那里,《中庸》更成了子思得之于孔子、曾参的"孔门传授心法",并且下启孟子,成了儒家"道统"不可或缺的一环。南宋的朱熹又为"四书"作注,《中庸》从此超越五经,跃升为"四书"之一,并成为儒家心性理论的主要纲领。

按照朱熹的说法,《中庸》在儒家"四书"当中是"古人微妙处",集中了儒家最高深的智慧,所以哲学意味很浓,读起来最难,学习时也应当放在最后。既然如此,这样玄奥的学问是否具有超时空的价值,对我们今天有所指导?对此,北宋程颐认为"中庸"是放之四海而皆准的人生之"实学",是可"终身用之"的人生之道;近人蔡元培肯定儒家的中庸之道优于极左派与极右派,所以沿用两千年。但是"中庸"一词,却是歧义颇多,误解甚大,所以在学习过程中,我们应当思考:现代人对中庸有何误解?结合"知者过之""愚者不及""中节""时中""致中和""极高明而道中庸""择善而固执之""君子素其位而行,不愿乎其外""博学之,审问之,慎思之,明辨之,笃行之"等理解,真正的中庸之道是什么?如何理解天、命、性、道、教?为何讲"君子慎其独"?"三达德"在当代社会,对我们人格修养还有哪些意义?如何理解《中庸》之"诚"?至诚如何能尽己之性、尽人之性,乃至可以"与天地参"?通过思考,你就能理解儒家义理之精蕴,明白《中庸》原来真正是指导我们人生的"实学",可以终身用之,取之不尽,用之不竭。

中庸原文①

天命之谓性②，率性之谓道③，修道之谓教④。道也者，不可须臾离也，可离非道也。是故君子戒慎乎其所不睹，恐惧乎其所不闻。莫见⑤乎隐，莫显乎微，故君子慎其独也。喜怒哀乐之未发，谓之中；发而皆中⑥节，谓之和。中也者，天下之大本也；和也者，天下之达道也。致中和，天地位焉，万物育焉。

仲尼曰："君子中庸，小人反中庸。君子之中庸也，君子而时中⑦；小人之中庸也⑧，小人而无忌惮也。"

子曰："中庸其至矣乎！民鲜⑨能久矣。"

子曰："道之不行也，我知之矣，知⑩者过之，愚者不及也。道之不明也，我知之矣，贤者过之，不肖者不及也。人莫不饮食也，鲜能知味也。"

子曰："道其不行矣夫！"

子曰："舜其大知也与！舜好问而好察迩言，隐恶而扬善，执其两端，用其中于民，其斯以为舜乎！"

子曰："人皆曰'予知'，驱而纳诸罟擭⑪陷阱之中，而莫之知辟⑫也。人皆曰'予知'，择乎中庸而不能期月⑬守也。"

---

① 对"中庸"二字的解释，历来有不同的说法。《礼记正义》中孔颖达引郑玄语："名曰《中庸》者，以其记中和之为用也。庸，用也。孔子之孙子思作之，以昭明圣祖之德。"而在《中庸章句》中，朱熹引程子的解释，称"子程子曰：'不偏之谓中，不易之谓庸。中者，天下之正道，庸者，天下之定理。'"朱熹本人则解释为"中者，不偏不倚、无过不及之名。庸，平常也。"

② 天命之谓性：命，命令。这句话是说，天所命于人的即是性，或说人禀赋于天的即是性，所以人生命的本真状态是纯净、光明、完满、和谐的。

③ 率性之谓道：率，顺着，遵循。道，道路，当由之道。这句是说，纯粹无杂地遵循上天赋予的本性行事便能自然不偏不倚，从容中道。

④ 修道之谓教：教，教化，教诫，教导。这句是说，将道修明并推广给众人就是教化活动。

⑤ 见(xiàn)：同"现"，显现。

⑥ 中(zhòng)：符合。

⑦ 时中：朱熹《中庸章句》："盖中无定体，随时而在，是乃平常之理也。君子知其在我，故能戒谨不睹、恐惧不闻，而无时不中。"

⑧ 朱熹《中庸章句》称：王肃本作"小人之反中庸也"，程子亦以为然。今从之。君子之所以为中庸者，以其有君子之德，而又能随时以处中也。小人之所以反中庸者，以其有小人之心，而又无所忌惮也。

⑨ 鲜(xiǎn)：少。

⑩ 知(zhì)：同"智"。下文"人皆曰'予知'"同此。

⑪ 罟擭(gǔ huò)：两种捕野兽的工具。

⑫ 辟(bì)：逃避。

⑬ 期(jī)月：满一个月。

子曰:"回之为人也,择乎中庸,得一善,则拳拳服膺而弗失之矣。"

子曰:"天下国家可均也,爵禄可辞也,白刃可蹈也,中庸不可能也。"

子路问强。子曰:"南方之强与? 北方之强与? 抑而强与? 宽柔以教,不报无道,南方之强也,君子居之。衽金革①,死而不厌,北方之强也,而强者居之。故君子和而不流,强哉矫! 中立而不倚,强哉矫! 国有道,不变塞焉,强哉矫! 国无道,至死不变,强哉矫!"

子曰:"素②隐行怪,后世有述焉,吾弗为之矣。君子遵道而行,半涂③而废,吾弗能已矣。君子依乎中庸,遁世不见知而不悔,唯圣者能之。"

君子之道费而隐④。夫妇之愚,可以与知焉;及其至也,虽圣人亦有所不知焉。夫妇之不肖,可以能行焉;及其至也,虽圣人亦有所不能焉。天地之大也,人犹有所憾。故君子语大,天下莫能载焉;语小,天下莫能破焉。《诗》云:"鸢飞戾天,鱼跃于渊。"⑤言其上下察也。君子之道,造端乎夫妇;及其至也,察乎天地。

子曰:"道不远人,人之为道而远人,不可以为道。《诗》云:'伐柯,伐柯,其则不远。'⑥执柯以伐柯,睨⑦而视之,犹以为远。故君子以人治人,改而止。忠恕违道不远,施诸己而不愿,亦勿施于人。君子之道四,丘未能一焉:所求乎子,以事父,未能也;所求乎臣,以事君,未能也;所求乎弟,以事兄,未能也;所求乎朋友,先施之,未能也。庸德之行,庸言之谨;有所不足,不敢不勉;有余不敢尽。言顾行,行顾言,君子胡不慥慥⑧尔!"

君子素⑨其位而行,不愿乎其外。素富贵,行乎富贵;素贫贱,行乎贫贱;素夷狄,行乎夷狄;素患难,行乎患难。君子无入而不自得焉! 在上位不陵⑩下,在下位不援上,正己而不求于人,则无怨;上不怨天,下不尤人。故君子居易以俟命,小人行险以侥幸。子曰:"射有似乎君子,失诸正鹄⑪,反求诸其身。"

君子之道,辟如行远必自迩,辟如登高必自卑。《诗》曰:"妻子好合,如鼓瑟琴;兄弟既翕,和乐且耽;宜尔室家,乐尔妻帑。"⑫子曰:"父母其顺矣乎!"

---

① 衽(rèn)金革:衽,席;金,兵器;革,盔甲。指安心于以兵器与盔甲为席。
② 素(suǒ):"素"为"索"字之误,意为探求。
③ 涂:同"途"。
④ 费而隐:费,广大;隐,细微。
⑤ 出自《诗经·大雅·旱麓》。
⑥ 出自《诗经·豳(bīn)风·伐柯》。
⑦ 睨(nì):斜视。
⑧ 慥慥(zào zào):笃实的样子。
⑨ 素:平常。
⑩ 陵:同"凌",欺凌。
⑪ 鹄(gǔ):箭靶子。
⑫ 出自《诗经·小雅·棠棣》。翕:合。耽(dān):快乐。妻帑(nú):妻子儿女。

子曰："鬼神之为德，其盛矣乎！视之而弗见，听之而弗闻，体物而不可遗。使天下之人齐①明盛服，以承祭祀。洋洋乎！如在其上，如在其左右。《诗》曰：'神之格思，不可度思！矧可射思！'②夫微之显，诚之不可揜③如此夫！"

子曰："舜其大孝也与！德为圣人，尊为天子，富有四海之内。宗庙飨④之，子孙保之。故大德，必得其位，必得其禄，必得其名，必得其寿。故天之生物，必因其材而笃焉。故栽者培之，倾者覆之。《诗》曰：'嘉乐君子，宪宪令德，宜民宜人，受禄于天。保佑命之，自天申之。'⑤故大德者必受命。"

子曰："无忧者，其惟文王乎！以王季为父，以武王为子，父作之，子述之。武王缵⑥大王⑦、王季、文王之绪。壹戎衣而有天下，身不失天下之显名。尊为天子，富有四海之内。宗庙飨之，子孙保之。武王末受命，周公成文武之德，追王⑧大王、王季，上祀先公以天子之礼。斯礼也，达乎诸侯、大夫及士、庶人。父为大夫，子为士；葬以大夫，祭以士。父为士，子为大夫；葬以士，祭以大夫。期⑨之丧达乎大夫，三年之丧达乎天子，父母之丧无贵贱一也。"

子曰："武王、周公，其达孝矣乎！夫孝者，善继人之志，善述人之事者也。春秋，修其祖庙，陈其宗器，设其裳衣，荐⑩其时食。宗庙之礼，所以序昭穆⑪也；序爵，所以辨贵贱也；序事，所以辨贤也；旅⑫酬下为上，所以逮贱也；燕毛⑬，所以序齿⑭也。践其位，行其礼，奏其乐，敬其所尊，爱其所亲，事死如事生，事亡如事存，孝之至也。郊社⑮之礼，所以事上帝也；宗庙之礼，所以祀乎其先也。明乎郊社之礼、禘尝⑯之义，治国其如示诸掌乎！"

哀公问政。子曰："文武之政，布在方策⑰。其人存，则其政举；其人亡，则其政息。人道敏⑱

---

① 齐(zhāi)：同"斋"，斋戒。
② 出自《诗经·大雅·抑》。度(duó)：估计，揣测。矧(shěn)：况且。射(yì)：厌恶。
③ 揜：同"掩"。
④ 飨(xiǎng)：祭献。
⑤ 出自《诗经·大雅·假乐》。
⑥ 缵(zuǎn)：继承。
⑦ 大(tài)王：指王季之父古公亶父，也即周文王的父亲。
⑧ 追王(wàng)：尊……为王。
⑨ 期(jī)月：满一个月。
⑩ 荐：进献。
⑪ 昭穆：左昭右穆。古代宗法制度对宗庙或墓地的辈次排列规则和次序。
⑫ 旅：众。
⑬ 燕毛：燕同"宴"；毛，头发。指在宴席上按年龄安排座次。
⑭ 齿：年龄。
⑮ 郊社：周代夏至于北郊举行的祭地仪式。
⑯ 禘(dì)尝：禘，夏季举行的宗庙祭祀之礼；尝，秋季举行的宗庙祭祀之礼。
⑰ 方策：方，方板；策，竹简。这里代指各种典籍。
⑱ 敏：迅速。

政,地道敏树。夫政也者,蒲卢①也。故为政在人,取人以身,修身以道,修道以仁。仁者,人也,亲亲为大;义者,宜也,尊贤为大。亲亲之杀②,尊贤之等,礼所生也。在下位,不获乎上,民不可得而治矣。故君子不可以不修身;思修身,不可以不事亲;思事亲,不可以不知人;思知人,不可以不知天。"天下之达道五,所以行之者三。曰君臣也,父子也,夫妇也,昆弟也,朋友之交也,五者,天下之达道也。知、仁、勇,三者,天下之达德也。所以行之者一也。或生而知之,或学而知之,或困而知之,及其知之,一也。或安而行之,或利而行之,或勉强而行之,及其成功,一也。子曰:"好学近乎知③,力行近乎仁,知耻近乎勇。知斯三者,则知所以修身;知所以修身,则知所以治人;知所以治人,则知所以治天下国家矣。"凡为天下国家有九经。曰修身也,尊贤也,亲亲也,敬大臣也,体群臣也,子庶民也,来百工也,柔④远人也,怀诸侯也。修身,则道立;尊贤,则不惑;亲亲,则诸父昆弟不怨;敬大臣,则不眩⑤;体群臣,则士之报礼重;子庶民,则百姓劝;来百工,则财用足;柔远人,则四方归之;怀诸侯,则天下畏之。齐明盛服,非礼不动,所以修身也;去谗远色,贱货而贵德,所以劝贤也;尊其位,重其禄,同其好恶,所以劝亲亲也;官盛任使,所以劝大臣也;忠信重禄,所以劝士也;时使薄敛,所以劝百姓也;日省⑥月试,既禀⑦称⑧事,所以劝百工也;送往迎来,嘉善而矜不能,所以柔远人也;继绝世,举废国,治乱持危,朝⑨聘以时,厚往而薄来,所以怀诸侯也。凡为天下国家有九经,所以行之者,一也。凡事豫⑩则立,不豫则废。言前定,则不跲⑪;事前定,则不困;行前定,则不疚⑫;道前定,则不穷。在下位,不获乎上,民不可得而治矣。获乎上有道,不信乎朋友,不获乎上矣。信乎朋友有道,不顺乎亲,不信乎朋友矣。顺乎亲有道,反诸身不诚,不顺乎亲矣。诚身有道,不明乎善,不诚乎身矣。诚者,天之道也;诚之者,人之道也。诚者,不勉而中⑬,不思而得,从容中道,圣人也;诚之者,择善而固执之者也。博学之,审问之,慎思之,明辨之,笃行之。有弗学,学之弗能弗措也;有弗问,问之弗知弗措也;有弗思,思之弗得弗措也;有弗辨,辨之弗明弗措也;有弗行,行之弗笃弗措也。人一能之,己百之;人十能之,己千之。果能此道矣,虽愚必明,虽柔必强。

---

① 蒲卢:即蒲芦,指蒲苇。
② 杀(shài):减少、降等。
③ 知(zhì):同"智"。
④ 柔:怀柔。
⑤ 眩:头晕眼花。
⑥ 省(xǐng):省察、考察。
⑦ 既(xì)禀(lǐn):既禀即饩禀,指体禄。
⑧ 称(chèn):相称。
⑨ 朝(cháo):朝廷。
⑩ 豫:准备。
⑪ 跲(jiá):绊倒。
⑫ 疚:病。
⑬ 中(zhòng):符合。"从容中道"之"中"同。

自诚明，谓之性；自明诚，谓之教。诚则明矣，明则诚矣。

唯天下至诚，为能尽其性；能尽其性，则能尽人之性；能尽人之性，则能尽物之性；能尽物之性，则可以赞① 天地之化育；可以赞天地之化育，则可以与天地参② 矣。

其次致曲③。曲能有诚，诚则形，形则著，著则明，明则动，动则变，变则化；唯天下至诚为能化。

至诚之道，可以前知。国家将兴，必有祯祥④；国家将亡，必有妖孽⑤。见⑥ 乎蓍龟⑦，动乎四体。祸福将至，善，必先知之；不善，必先知之。故至诚如神。

诚者，自成也；而道，自道也。诚者，物之终始；不诚，无物。是故，君子诚之为贵。诚者，非自成己而已也，所以成物也。成己，仁也；成物，知⑧ 也。性之德也，合外内之道也，故时措之宜也。

故至诚无息。不息则久，久则征，征则悠远，悠远则博厚，博厚则高明。博厚，所以载物也；高明，所以覆物也；悠久，所以成物也。博厚配地，高明配天，悠久无疆。如此者，不见⑨ 而章，不动而变，无为而成。

天地之道，可一言而尽也。其为物不贰，则其生物不测。天地之道，博也，厚也，高也，明也，悠也，久也。今夫天，斯昭昭之多，及其无穷也，日月星辰系焉，万物覆焉。今夫地，一撮土之多，及其广厚，载华岳而不重，振河海而不泄⑩，万物载焉。今夫山，一卷⑪ 石之多，及其广大，草木生之，禽兽居之，宝藏兴焉。今夫水，一勺之多，及其不测，鼋鼍⑫、蛟龙、鱼鳖生焉，货财殖焉。《诗》云："维天之命，於⑬ 穆不已！"盖曰天之所以为天也。"於乎不显！文王之德之纯！"⑭ 盖曰文王之所以为文也，纯亦不已。

大哉圣人之道！洋洋乎！发育万物，峻极于天。优优大哉！礼仪三百，威仪三千。待其人而后行。故曰：苟不至德，至道不凝焉。故君子尊德性而道问学，致广大而尽精微，极高明而道中庸，温故而知新，敦厚以崇礼。是故居上不骄，为下不倍。国有道，其言足以兴；国无道，其默足以

---

① 赞：帮助、赞助。
② 与天地参：与天地并立为三。
③ 致曲：致，推致；曲，部分。
④ 祯(zhēn)祥：吉兆。
⑤ 妖孽：灾异。
⑥ 见(xiàn)：同"现"，显现。
⑦ 蓍(shī)龟：指古代占卜用的蓍草与龟甲。
⑧ 知(zhì)：同"智"。
⑨ 见(xiàn)：同"现"，显现。
⑩ 泄：同"泄"。
⑪ 卷(quán)：小。
⑫ 鼋鼍(yuán tuó)：鼋，一种较大的鳖；鼍，一种鳄鱼。
⑬ 於(wū)：叹词。
⑭ 出自《诗经·周颂·维天之命》。於(wū)乎：同"呜呼"。不(pī)：同"丕"，大。

容。《诗》曰："既明且哲，以保其身。"① 其此之谓与！

子曰："愚而好自用，贱而好自专，生乎今之世，反古之道。如此者，烖② 及其身者也。"非天子，不议礼，不制度，不考文。今天下，车同轨，书同文，行同伦。虽有其位，苟无其德，不敢作礼乐焉；虽有其德，苟无其位，亦不敢作礼乐焉。子曰："吾说夏礼，杞不足征也；吾学殷礼，有宋存焉；吾学周礼，今用之，吾从周。"

王③ 天下有三重④ 焉，其寡过矣乎！上焉者，虽善无征，无征不信，不信民弗从。下焉者，虽善不尊，不尊不信，不信民弗从。故君子之道，本诸身，征诸庶民，考诸三王而不缪⑤，建诸天地而不悖，质诸鬼神而无疑，百世以俟圣人而不惑。质诸鬼神而无疑，知天也；百世以俟圣人而不惑，知人也。是故，君子动而世为天下道，行而世为天下法，言而世为天下则。远之则有望，近之则不厌。《诗》曰："在彼无恶，在此无射；庶几夙夜，以永终誉！"⑥ 君子未有不如此，而蚤⑦ 有誉于天下者也。

仲尼祖述尧舜，宪章文武；上律天时，下袭水土。辟如天地之无不持载，无不覆帱⑧；辟如四时之错行，如日月之代明。万物并育而不相害，道并行而不相悖。小德川流，大德敦化。此天地之所以为大也。

唯天下至圣，为能聪明睿知，足以有临也；宽裕温柔，足以有容也；发强刚毅，足以有执也；齐庄⑨ 中正，足以有敬也；文理密察，足以有别也。溥⑩ 博渊泉，而时出之。溥博如天，渊泉如渊。见⑪ 而民莫不敬，言而民莫不信，行而民莫不说⑫。是以声名洋溢乎中国，施及蛮貊⑬。舟车所至，人力所通，天之所覆，地之所载，日月所照，霜露所队⑭，凡有血气者，莫不尊亲，故曰配天。

唯天下至诚，为能经纶天下之大经，立天下之大本，知天地之化育。夫焉有所倚？肫肫⑮ 其

① 出自《诗经·大雅·烝民》。
② 烖：同"灾"。
③ 王（wàng）：称王。
④ 重（zhòng）：重要的事情。
⑤ 缪（miù）：同"谬"。
⑥ 出自《诗经·周颂·振鹭》。恶（wù）：厌恶。射（dù）：憎恨，厌恶，"射"《诗经》上写作"斁"。
⑦ 蚤：同"早"。
⑧ 帱（dào）：覆盖。
⑨ 齐（zhāi）庄：虔诚庄重。
⑩ 溥（pú）：普遍。
⑪ 见（xiàn）：同"现"。
⑫ 说（yuè）：同"悦"。
⑬ 蛮貊（mò）：指偏远地区的少数民族。
⑭ 队（zhuì）：同"坠"。
⑮ 肫肫（zhūn）：诚恳的样子。

仁，渊渊其渊，浩浩其天。苟不固聪明圣知①达天德者，其孰能知之？

《诗》曰："衣锦尚絅"②，恶其文之著也。故君子之道，闇然而日章③；小人之道，的然而日亡。君子之道，淡而不厌，简而文，温而理，知远之近，知风之自，知微之显，可与入德矣。《诗》云："潜虽伏矣，亦孔之昭。"④ 故君子内省不疚，无恶⑤于志。君子之所不可及者，其唯人之所不见乎！《诗》云："相在尔室，尚不愧于屋漏。"⑥ 故君子不动而敬，不言而信。《诗》曰："奏假无言，时靡有争。"⑦ 是故君子不赏而民劝，不怒而民威于铁钺。《诗》曰："不显惟德！百辟其刑之。"⑧ 是故君子笃恭而天下平。《诗》云："予怀明德，不大声以色。"⑨ 子曰："声色之于以化民，末也。"《诗》曰："德輶如毛"⑩，毛犹有伦。"上天之载，无声无臭"⑪，至矣！

导修文萃

1、朱熹：《中庸章句》⑫

中庸章句序

中庸何为而作也？子思子忧道学之失其传而作也。盖自上古圣神继天立极，而道统之传有自来矣。其见于经，则"允执厥中"者，尧之所以授舜也；"人心惟危，道心惟微，惟精惟一，允执厥中"者，舜之所以授禹也。尧之一言，至矣，尽矣！而舜复益之以三言者，则所以明夫尧之一言，必如是而后可庶几也。

盖尝论之：心之虚灵知觉，一而已矣，而以为有人心、道心之异者，则以其或生于形气之私，或

---

① 知(zhì)：同"智"。
② 出自《诗经·卫风·硕人》与《诗经·郑风·丰》。絅(jiǒng)：粗布衣。
③ 闇：同"暗"。章：同"彰"。
④ 出自《诗经·小雅·正月》。
⑤ 无恶(wù)：无愧。
⑥ 出自《诗经·大雅·抑》。
⑦ 出自《诗经·商颂·烈祖》。假(gé)：同"格"。
⑧ 出自《诗经·周颂·烈文》。不(pī)：同"丕"。
⑨ 出自《诗经·大雅·皇矣》。
⑩ 出自《诗经·大雅·烝民》。輶(yóu)：轻。
⑪ 出自《诗经·大雅·文王》。臭(xiù)：气味。
⑫ 选自朱熹《四书章句集注》，上海古籍出版社2006年出版。

原于性命之正,而所以为知觉者不同,是以或危殆而不安,或微妙而难见耳。然人莫不有是形,故虽上智不能无人心,亦莫不有是性,故虽下愚不能无道心。二者杂于方寸之间,而不知所以治之,则危者愈危,微者愈微,而天理之公卒无以胜夫人欲之私矣。精则察夫二者之间而不杂也,一则守其本心之正而不离也。从事于斯,无少间断,必使道心常为一身之主,而人心每听命焉,则危者安、微者著,而动静云为自无过不及之差矣。

夫尧、舜、禹,天下之大圣也。以天下相传,天下之大事也。以天下之大圣,行天下之大事,而其授受之际,丁宁告戒,不过如此。则天下之理,岂有以加于此哉?自是以来,圣圣相承:若成汤、文、武之为君,皋陶、伊、傅、周、召之为臣,既皆以此而接夫道统之传,若吾夫子,则虽不得其位,而所以继往圣、开来学,其功反有贤于尧、舜者。然当是时,见而知之者,惟颜氏、曾氏之传得其宗。及曾氏之再传,而复得夫子之孙子思,则去圣远而异端起矣。子思惧夫愈久而愈失其真也,于是推本尧、舜以来相传之意,质以平日所闻父师之言,更互演绎,作为此书,以诏后之学者。盖其忧之也深,故其言之也切;其虑之也远,故其说之也详。其曰"天命率性",则道心之谓也;其曰"择善固执",则精一之谓也;其曰"君子时中",则执中之谓也。世之相后,千有余年,而其言之不异,如合符节。历选前圣之书,所以提挈纲维、开示缊奥,未有若是之明且尽者也。自是而又再传以得孟氏,为能推明是书,以承先圣之统,及其没而遂失其传焉。则吾道之所寄,不越乎言语文字之间,而异端之说日新月盛,以至于老、佛之徒出,则弥近理而大乱真矣。然而尚幸此书之不泯,故程夫子兄弟者出,得有所考,以续夫千载不传之绪;得有所据,以斥夫二家似是之非。盖子思之功于是为大,而微程夫子,则亦莫能因其语而得其心也。惜乎!其所以为说者不传,而凡石氏之所辑录,仅出于其门人之所记,是以大义虽明,而微言未析。至其门人所自为说,则虽颇详尽而多所发明,然倍其师说而淫于老佛者,亦有之矣。

熹自蚤岁即尝受读而窃疑之,沈潜反复,盖亦有年,一旦恍然似有以得其要领者,然后乃敢会众说而折其中,既为定著章句一篇,以俟后之君子。而一二同志复取石氏书,删其繁乱,名以《辑略》,且记所尝论辩取舍之意,别为《或问》,以附其后。然后此书之旨,支分节解、脉络贯通、详略相因、巨细毕举,而凡诸说之同异得失,亦得以曲畅旁通,而各极其趣。虽于道统之传,不敢妄议,然初学之士,或有取焉,则亦庶乎行远升高之一助云尔。

淳熙己酉春三月戊申,新安朱熹序

中庸章句 中者,不偏不倚、无过不及之名。庸,平常也。

子程子曰:"不偏之谓中,不易之谓庸。中者,天下之正道,庸者,天下之定理。"此篇乃孔门传授心法,子思恐其久而差也,故笔之于书,以授孟子。其书始言一理,中散为万事,末复合为一理,"放之则弥六合,卷之则退藏于密",其味无穷,皆实学也。善读者玩索而有得焉,则终身用之,有不能尽者矣。

天命之谓性,率性之谓道,修道之谓教。命,犹令也。性,即理也。天以阴阳五行化生万物,气以成形,而理亦赋焉,犹命令也。于是人物之生,因各得其所赋之理,以为健顺五常之德,所谓性也。率,循也。

道，犹路也。人物各循其性之自然，则其日用事物之间，莫不各有当行之路，是则所谓道也。修，品节之也。性道虽同，而气禀或异，故不能无过不及之差，圣人因人物之所当行者而品节之，以为法于天下，则谓之教，若礼、乐、刑、政之属是也。盖人之所以为人，道之所以为道，圣人之所以为教，原其所自，无一不本于天而备于我。学者知之，则其于学，知所用力而自不能已矣。故子思于此首发明之，读者所宜深体而默识也。道也者，不可须臾离也，可离非道也。是故君子戒慎乎其所不睹，恐惧乎其所不闻。离，去声。道者，日用事物当行之理，皆性之德而具于心，无物不有，无时不然，所以不可须臾离也。若其可离，则为外物而非道矣。是以君子之心常存敬畏，虽不见闻，亦不敢忽，所以存天理之本然，而不使离于须臾之顷也。莫见乎隐，莫显乎微，故君子慎其独也。见，音现。隐，暗处也。微，细事也。独者，人所不知而己所独知之地也。言幽暗之中，细微之事，迹虽未形而几则已动，人虽不知而己独知之，则是天下之事无有著见明显而过于此者。是以君子既常戒惧，而于此尤加谨焉，所以遏人欲于将萌，而不使其滋长于隐微之中，以至离道之远也。喜怒哀乐之未发，谓之中；发而皆中节，谓之和。中也者，天下之大本也；和也者，天下之达道也。乐，音洛。中节之中，去声。喜、怒、哀、乐，情也。其未发，则性也，无所偏倚，故谓之中。发皆中节，情之正也，无所乖戾，故谓之和。大本者，天命之性，天下之理皆由此出，道之体也。达道者，循性之谓，天下古今之所共由，道之用也。此言性情之德，以明道不可离之意。致中和，天地位焉，万物育焉。致，推而极之也。位者，安其所也。育者，遂其生也。自戒惧而约之，以至于至静之中，无少偏倚，而其守不失，则极其中而天地位矣。自谨独而精之，以至于应物之处，无少差谬，而无适不然，则极其和而万物育矣。盖天地万物，本吾一体，吾之心正，则天地之心亦正矣；吾之气顺，则天地之气亦顺矣。故其效验至于如此。此学问之极功、圣人之能事，初非有待于外，而修道之教亦在其中矣。是其一体一用虽有动静之殊，然必其体立而后用有以行，则其实亦非有两事也。故于此合而言之，以结上文之意。

上第一章。子思述所传之意以立言：首明道之本原出于天而不可易，其实体备于己而不可离，次言存养省察之要，终言圣神功化之极。盖欲学者于此反求诸身而自得之，以去夫外诱之私，而充其本然之善，杨氏所谓一篇之体要是也。其下十章，盖子思引夫子之言，以终此章之义。

仲尼曰："君子中庸，小人反中庸。中庸者，不偏不倚、无过不及，而平常之理，乃天命所当然，精微之极致也。惟君子为能体之，小人反是。君子之中庸也，君子而时中；小人之中庸也，小人而无忌惮也。"王肃本作"小人之反中庸也"，程子亦以为然。今从之。君子之所以为中庸者，以其有君子之德，而又能随时以处中也。小人之所以反中庸者，以其有小人之心，而又无所忌惮也。盖中无定体，随时而在，是乃平常之理也。君子知其在我，故能戒谨不睹、恐惧不闻，而无时不中。小人不知有此，则肆欲妄行，而无所忌惮矣。

上第二章。此下十章，皆论中庸以释首章之义。文虽不属，而意实相承也。变和言庸者，游氏曰："以性情言之，则曰中和，以德行言之，则曰中庸是也。"然中庸之中，实兼中和之义。

子曰："中庸其至矣乎！民鲜能久矣！"鲜，上声，下同。过则失中，不及则未至，故惟中庸之德为至。然亦人所同得，初无难事，但世教衰，民不兴行，故鲜能之，今已久矣。《论语》无能字。

上第三章。

子曰："道之不行也，我知之矣，知者过之，愚者不及也。道之不明也，我知之矣，贤者过之，不肖者不及也。知者之知，去声。道者，天理之当然，中而已矣。知愚贤不肖之过不及，则生禀之异而失其中也。知者知之过，既以道为不足行；愚者不及知，又不知所以行，此道之所以常不行也。贤者行之过，既以道为不足知；不肖者不及行，又不求所以知，此道之所以常不明也。人莫不饮食也，鲜能知味也。"道不可离，人自不察，是以有过不及之弊。

上第四章。

子曰："道其不行矣夫！"夫，音扶。由不明，故不行。

上第五章。此章承上章而举其不行之端，以起下章之意。

子曰："舜其大知也与！舜好问而好察迩言，隐恶而扬善，执其两端，用其中于民，其斯以为舜乎！"知，去声。与，平声。好，去声。舜之所以为大知者，以其不自用而取诸人也。迩言者，浅近之言，犹必察焉，其无遗善可知。然于其言之未善者则隐而不宣，其善者则播而不匿，其广大光明又如此，则人孰不乐告以善哉。两端，谓众论不同之极致。盖凡物皆有两端，如小大厚薄之类，于善之中又执其两端，而量度以取中，然后用之，则其择之审而行之至矣。然非在我之权度精切不差，何以与此。此知之所以无过不及，而道之所以行也。

上第六章。

子曰："人皆曰'予知'，驱而纳诸罟擭陷阱之中，而莫之知辟也。人皆曰'予知'，择乎中庸而不能期月守也。"予知之知，去声。罟，音古。擭，胡化反。阱，才性反。辟，避同。期，居之反。罟，网也；擭，机槛也；陷阱，坑坎也；皆所以掩取禽兽者也。择乎中庸，辨别众理，以求所谓中庸，即上章好问用中之事也。期月，匝一月也。言知祸而不知辟，以况能择而不能守，皆不得为知也。

上第七章。承上章大知而言，又举不明之端，以起下章也。

子曰："回之为人也，择乎中庸，得一善，则拳拳服膺而弗失之矣。"回，孔子弟子颜渊名。拳拳，奉持之貌。服，犹著也。膺，胸也。奉持而着之心胸之间，言能守也。颜子盖真知之，故能择能守如此，此行之所以无过不及，而道之所以明也。

上第八章。

子曰："天下国家可均也，爵禄可辞也，白刃可蹈也，中庸不可能也。"均，平治也。三者亦知、仁、勇之事，天下之至难也，然不必其合于中庸，则质之近似者皆能以力为之。若中庸，则虽不必皆如三者之难，然非义精仁熟，而无一毫人欲之私者，不能及也。三者难而易，中庸易而难，此民之所以鲜能也。

上第九章。亦承上章以起下章。

子路问强。子路，孔子弟子仲由也。子路好勇，故问强。子曰："南方之强与？北方之强与？抑而强与？与，平声。抑，语辞。而，汝也。宽柔以教，不报无道，南方之强也，君子居之。宽柔以教，谓含容巽顺以诲人之不及也。不报无道，谓横逆之来，直受之而不报也。南方风气柔弱，故以含忍之力胜人为强，君子之道也。衽金革，死而不厌，北方之强也，而强者居之。衽，席也。金，戈兵之属。革，甲胄之属。北方风气刚劲，故以果敢之力胜人为强，强者之事也。故君子和而不流，强哉矫！中立而不倚，强哉矫！国有道，不变塞焉，强哉矫！国无道，至死不变，强哉矫！"此四者，汝之所当强也。矫，强貌。《诗》曰"矫矫虎臣"是也。倚，偏着也。塞，未达也。国有道，不变未达之所守；国无道，不变平生之所守也。此则所谓中庸之不可能者，非有以自胜其人欲之私，不能择而守也。君子之强，孰大于是？夫子以是告子路者，所以抑其血气之刚，而进之以德义之勇也。

上第十章。

子曰："素隐行怪，后世有述焉，吾弗为之矣。素，按《汉书》当作索，盖字之误也。索隐行怪，言深求隐僻之理，而过为诡异之行也。然以其足以欺世而盗名，故后世或有称述之者。此知之过而不择乎善，行之过而不用其中，不当强而强者也，圣人岂为之哉！君子遵道而行，半途而废，吾弗能已矣。遵道而行，则能择乎善矣；半途而废，则力之不足也。此其知虽足以及之，而行有不逮，当强而不强者也。已，止也。圣人于此，非勉焉而不敢废，盖至诚无息，自有所不能止也。君子依乎中庸，遁世不见知而不悔，唯圣者能之。"不为索隐行怪，则依乎中庸而已。不能半途而废，是以遁世不见知而不悔也。此中庸之成德，知之尽、仁之至、不赖勇而裕如者，正吾夫子之事，而犹不自居也。故曰"唯圣者能之"而已。

上第十一章。子思所引夫子之言，以明首章之义者止此。盖此篇大旨，以知、仁、勇三达德为入道之门。故于篇首，即以大舜、颜渊、子路之事明之。舜，知也；颜渊，仁也；子路，勇也。三者废其一，则无以造道而成德矣。余见第二十章。

君子之道费而隐。费，符味反。费用之广也。隐，体之微也。夫妇之愚，可以与知焉；及其至也，虽圣人亦有所不知焉。夫妇之不肖，可以能行焉；及其至也，虽圣人亦有所不能焉。天地之大也，人犹有所憾。故君子语大，天下莫能载焉；语小，天下莫能破焉。与，去声。君子之道，近自夫妇居室之间，远而至于圣人天地之所不能尽，其大无外，其小无内，可谓费矣。然其理之所以然，则隐而莫之见也。盖可知可能者，道中之一事，及其至而圣人不知不能。则举全体而言，圣人固有所不能尽也。侯氏曰："圣人所不知，如孔子问礼、问官之类；所不能，如孔子不得位、尧舜病博施之类。"愚谓人所憾于天地，如覆载生成之偏，及寒暑灾祥之不得其正者。《诗》云："鸢飞戾天，鱼跃于渊。"言其上下察也。鸢，余专反。《诗·大雅·旱麓》之篇。鸢，鸱类。戾，至也。察，著也。子思引此诗以明化育流行，上下昭著，莫非此理之用，所谓费也。然其所以然者，则非见闻所及，所谓隐也。故程子曰："此一节，子思吃紧为人处，活泼泼地，读者其致思焉。"君子之道，造端乎夫妇；及其至也，察乎天地。结上文。

上第十二章。子思之言，盖以申明首章道不可离之意也。其下八章，杂引孔子之言以明之。

子曰："道不远人。人之为道而远人，不可以为道。道者，率性而已，固众人之所能知能行者也，故常不远于人。若为道者，厌其卑近以为不足为，而反务为高远难行之事，则非所以为道矣。《诗》云：'伐柯，伐柯，其则不远。'执柯以伐柯，睨而视之，犹以为远。故君子以人治人，改而止。睨，研计反。《诗》《豳风·伐柯》之篇。柯，斧柄。则，法也。睨，邪视也。言人执柯伐木以为柯者，彼柯长短之法，在此柯耳。然犹有彼此之别，故伐者视之犹以为远也。若以人治人，则所以为人之道，各在当人之身，初无彼此之别。故君子之治人也，即以其人之道，还治其人之身。其人能改，即止不治。盖责之以其所能知能行，非欲其远人以为道也。张子所谓"以众人望人则易从"是也。忠恕违道不远，施诸己而不愿，亦勿施于人。尽己之心为忠，推己及人为恕。违，去也，如《春秋传》齐师"违谷七里"之违。言自此至彼，相去不远，非背而去之之谓也。道，即其不远人者是也。施诸己而不愿亦勿施于人，忠恕之事也。以己之心度人之心，未尝不同，则道之不远于人者可见。故己之所不欲，则勿以施之于人，亦不远人以为道之事。张子所谓"以爱己之心爱人则尽仁"是也。君子之道四，丘未能一焉：所求乎子，以事父，未能也；所求乎臣，以事君，未能也；所求乎弟，以事兄,未能也;所求乎朋友,先施之,未能也。庸德之行,庸言之谨;有所不足,不敢不勉;有余不敢尽。言顾行,行顾言,君子胡不慥慥尔!"子、臣、弟、友,四字绝句。求,犹责也。道不远人,凡己之所以责人者,皆道之所当然也,故反之以自责而自修焉。庸,平常也。行者,践其实。谨者,择其可。德不足而勉,则行益力;言有余而切,则谨益至。谨之至则言顾行矣;行之力则行顾言矣。慥慥,笃实貌。言君子之言行如此,岂不慥慥乎!赞美之也。凡此皆不远人以为道之事。张子所谓"以责人之心责己,则尽道"是也。

上第十三章。道不远人者,夫妇所能,丘未能一者,圣人所不能,皆费也。而其所以然者,则至隐存焉。下章放此。

君子素其位而行,不愿乎其外。素,犹见在也。言君子但因见在所居之位而为其所当为,无慕乎其外之心也。素富贵,行乎富贵;素贫贱,行乎贫贱;素夷狄,行乎夷狄;素患难,行乎患难;君子无入而不自得焉。难,去声。此言素其位而行也。在上位不陵下,在下位不援上,正己而不求于人则无怨。上不怨天,下不尤人。援,平声。此言不愿乎其外也。故君子居易以俟命,小人行险以徼幸。易,去声。易,平地也。居易,素位而行也。俟命,不愿乎外也。徼,求也。幸,谓所不当得而得者。子曰:"射有似乎君子,失诸正鹄,反求诸其身。"正,音征。鹄,工毒反。画布曰正,栖皮曰鹄,皆侯之中,射之的也。子思引此孔子之言,以结上文之意。

上第十四章。子思之言也。凡章首无"子曰"字者放此。

君子之道,辟如行远必自迩,辟如登高必自卑。辟、譬同。《诗》曰:"妻子好合,如鼓瑟琴;兄弟既翕,和乐且耽;宜尔室家,乐尔妻帑。"好,去声。耽,《诗》作湛,亦音耽。乐,音洛。《诗·小雅·常棣》之篇。鼓瑟琴,和也。翕,亦合也。耽,亦乐也。帑,子孙也。子曰:"父母其顺矣乎!"夫子诵此诗而赞之曰:人能和于妻子,宜于兄弟如此,则父母其安乐之矣。子思引《诗》及此语,以明行远自迩、登高自卑之意。

上第十五章。

子曰:"鬼神之为德,其盛矣乎!程子曰:"鬼神,天地之功用,而造化之迹也。"张子曰:"鬼神者,二气之良能也。"愚谓以二气言,则鬼者阴之灵也,神者阳之灵也。以一气言,则至而伸者为神,反而归者为鬼,其实一物而已。为德,犹言性情功效。视之而弗见,听之而弗闻,体物而不可遗。鬼神无形与声,然物之终始,莫非阴阳合散之所为,是其为物之体,而物所不能遗也。其言体物,犹《易》所谓干事。使天下之人齐明盛服,以承祭祀。洋洋乎!如在其上,如在其左右。齐,侧皆反。齐之为言齐也,所以齐不齐而致其齐也。明,犹洁也。洋洋,流动充满之意。能使人畏敬奉承,而发见昭著如此,乃其"体物而不可遗"之验也。孔子曰:"其气发扬于上,为昭明焄蒿凄怆。此百物之精也,神之著也。"正谓此尔。《诗》曰:'神之格思,不可度思!矧可射思!'度,待洛反。射,音亦,诗作斁。《诗·大雅·抑》之篇。格,来也。矧,况也。射,厌也。言厌怠而不敬也。思,语辞。夫微之显,诚之不可揜如此夫。"夫,音扶。诚者,真实无妄之谓。阴阳合散,无非实者。故其发见之不可揜如此。

上第十六章。不见不闻,隐也。体物如在,则亦费矣。此前三章,以其费之小者而言。此后三章,以其费之大者而言。此一章,兼费隐、包大小而言。

子曰:"舜其大孝也与!德为圣人,尊为天子,富有四海之内。宗庙飨之,子孙保之。与,平声。子孙,谓虞思、陈胡公之属。故大德,必得其位,必得其禄,必得其名,必得其寿。舜年百有十岁。故天之生物，必因其材而笃焉。故栽者培之，倾者覆之，材，质也。笃，厚也。栽，植也。气至而滋息为培。气反而游散则覆。《诗》曰：'嘉乐君子，宪宪令德。宜民宜人，受禄于天。保佑命之，自天申之。'《诗·大雅·假乐》之篇。假，当依此作嘉。宪，当依《诗》作显。申，重也。故大德者必受命。"受命者，受天命为天子也。

上第十七章。此由庸行之常，推之以极其至，见道之用广也。而其所以然者，则为体微矣。后二章亦此意。

子曰："无忧者其惟文王乎！以王季为父，以武王为子，父作之，子述之。此言文王之事。《书》言"王季其勤王家"，盖其所作，亦积功累仁之事也。武王缵大王、王季、文王之绪，壹戎衣而有天下，身不失天下之显名。尊为天子，富有四海之内。宗庙飨之，子孙保之。大，音泰，下同。此言武王之事。缵，继也。大王，王季之父也。《书》云："大王肇基王迹。"《诗》云"至于大王，实始翦商。"绪，业也。戎衣，甲胄之属。壹戎衣，《武成》文，言一着戎衣以伐纣也。武王末受命，周公成文武之德，追王大王、王季，上祀先公以天子之礼。斯礼也，达乎诸侯、大夫及士庶人。父为大夫，子为士；葬以大夫，祭以士。父为士，子为大夫；葬以士，祭以大夫。期之丧达乎大夫，三年之丧达乎天子，父母之丧无贵贱一也。"追王之王，去声。此言周公之事。末，犹老也。追王，盖推文武之意，以及乎王迹之所起也。先公，组绀以上至后稷也。上祀先公以天子之礼，又推大王、王季之意，以及于无穷也。制为礼法，以及天下，使葬用死者之爵，祭用生者之禄。丧服自期以下，诸侯绝，大夫降；而父母之丧，上下同之，推己以及人也。

上第十八章。

子曰："武王、周公，其达孝矣乎！达，通也。承上章而言武王、周公之孝，乃天下之人通谓之孝，犹孟子之言达尊也。夫孝者，善继人之志，善述人之事者也。上章言武王缵大王、王季、文王之绪以有天下，而周公成文武之德以追崇其先祖，此继志述事之大者也。下文又以其所制祭祀之礼，通于上下者言之。春秋，修其祖庙，陈其宗器，设其裳衣，荐其时食。祖庙：天子七，诸侯五，大夫三，适士二，官师一。宗器，先世所藏之重器，若周之赤刀、大训、天球、河图之属也。裳衣，先祖之遗衣服，祭则设之以授尸也。时食，四时之食，各有其物，如春行羔、豚、膳、膏、香之类是也。宗庙之礼，所以序昭穆也；序爵，所以辨贵贱也；序事，所以辨贤也；旅酬下为上，所以逮贱也；燕毛，所以序齿也。昭，如字。为，去声。宗庙之次：左为昭，右为穆，而子孙亦以为序。有事于太庙，则子姓、兄弟、群昭、群穆咸在而不失其伦焉。爵，公、侯、卿、大夫也。事，宗祝有司之职事也。旅，众也。酬，导饮也。旅酬之礼，宾弟子、兄弟之子各举觯于其长而众相酬。盖宗庙之中以有事为荣，故逮及贱者，使亦得以申其敬也。燕毛，祭毕而燕，则以毛发之色别长幼，为坐次也。齿，年数也。践其位，行其礼，奏其乐，敬其所尊，爱其所亲，事死如事生，事亡如事存，孝之至也。践，犹履也。其，指先王也。所尊所亲，先王之祖考、子孙、臣庶也。始死谓之死，既葬则曰反而亡焉，皆指先王也。此结上文两节，皆继志、述事之意也。郊社之礼，所以事上帝也，宗庙之礼，所以祀乎其先也。明乎郊社之礼、禘尝之义，治国其如示诸掌乎。"郊，祀天。社，祭地。不言后土者，省文也。禘，天子宗庙之大祭，追祭太祖之所自出于太庙，而以太祖配之也。尝，秋祭也。四时皆祭，举其一耳。礼必有义，对举之，互文也。示，与视同。视诸掌，言易见也。此与《论语》文意大同小异，记有详略耳。

上第十九章。

哀公问政。哀公，鲁君，名蒋。子曰："文武之政，布在方策。其人存，则其政举；其人亡，则其政息。方，版也。策，简也。息，犹灭也。有是君，有是臣，则有是政矣。人道敏政，地道敏树。夫政也者，蒲卢也。夫，音扶。敏，速也。蒲卢，沈括以为蒲苇是也。以人立政，犹以地种树，其成速矣，而蒲苇又易生之物，其成尤速也。言人存政举，其易如此。故为政在人，取人以身，修身以道，修道以仁。此承上文人道敏政而言也。为政在人，《家语》作"为政在于得人"，语意尤备。人，谓贤臣。身，指君身。道者，天下之达道。仁者，天地生物之心，而人得以生者，所谓"元者善之长"也。言人君为政在于得人，而取人之则又在修身。能仁其身，则有君有臣，而政无不举矣。仁者，人也，亲亲为大；义者，宜也，尊贤为大。亲亲之杀，尊贤之等，礼所生也。杀，去声。人，指人身而言。具此生理，自然便有恻怛慈爱之意，深体味之可见。宜者，分别事理，各有所宜也。礼，则节文斯二者而已。在下位，不获乎上，民不可得而治矣！郑氏曰："此句在下，误重在此。"故君子不可以不修身；思修身，不可以不事亲；思事亲，不可以不知人；思知人，不可以不知天。"为政在人，取人以身"，故不可以不修身。"修身以道，修道以仁"，故思修身不可以不事亲。欲尽亲亲之仁，必由尊贤之义，故又当知人。亲亲之杀，尊贤之等，皆天理也，故又当知天。天下之达道五，所以行之者三。曰君臣也，父子也，夫妇也，昆弟也，朋友之交也，五者，天下之达道也。知、仁、勇三者，天下之达德也，所以行之者一也。知，去声。达道者，天下古今所共由之路，即《书》所谓五典，《孟子》所谓"父子有亲、君臣有义、夫妇有别、长幼有序、朋友有信"是也。知，所以知此也；仁，所以体此也；勇，所以强此也；谓之达德者，天下古今所同得之理也。一则诚而已矣。达道虽人所共由，然无是三德，则无以行之；达德虽人所同得，然一有不诚，则人欲间之，而德非其德矣。程子曰："所谓诚者，止是诚实此三者。三者之外，更别无诚。"或生而知之，或学而知之，或困而知之，及其知之，一也。或安而行之，或利而行之，或勉强而行之，及其成功，一也。强，上声。知之者之所知，行之者之所行，谓达道也。以其分而言：则所以知者知也，所以行者仁也，所以至于知之成功而一者勇也。以其等而言：则生知安行者知也，学知利行者仁也，困知勉行者勇也。盖人性虽无不善，而气禀有不同者，故闻道有蚤莫，行道有难易，然能自强不息，则其至一也。吕氏曰："所入之涂虽异，而所至之域则同，此所以为中庸。若乃企生知安行之资为不可几及，轻困知勉行谓不能有成，此道之所以不明不行也。"子曰："好学近乎知，力行近乎仁，知耻近乎勇。"子曰"二字衍文。好近乎知之知，并去声。此言未及乎达德而求以入德之事。通上文三知为知，三行为仁，则此三近者，勇之次也。吕氏曰："愚者自是而不求，自私者殉人欲而忘反，懦者甘为人下而不辞。故好学非知，然足以破愚；力行非仁，然足以忘私；知耻非勇，然足以起懦。"知斯三者，则知所以修身；知所以修身，则知所以治人；知所以治人，则知所以治天下国家矣。"斯三者，指三近而言。人者，对己之称。天下国家，则尽乎人矣。言此以结上文修身之意，起下文九经之端也。凡为天下国家有九经。曰：修身也，尊贤也，亲亲也，敬大臣也，体群臣也，子庶民也，来百工也，柔远人也，怀诸侯也。经，常也。体，谓设以身处其地而察其心也。子，如父母之爱其子也。柔远人，所谓无忘宾旅者也。此列九经之目也。吕氏曰："天下国家之本在身，故修身为九经之本。然必亲师取友，然后修身之道进，故尊贤次之。道之所进，莫先其家，故亲亲次之。由家以及朝廷，故敬大臣、体群臣次之。由朝廷以及其国，故子庶民、来百工次之。由其国以及天下，故柔远人、怀诸侯次之。此九经之序也。"视群臣犹吾四体，视百姓犹吾子，此视臣视民之别也。修身，则道立；尊贤，则不惑；亲亲，则诸父昆弟不怨；敬大臣，则不眩；体群臣，则士之报礼重；子庶民,则百姓劝;来百工,则财用足;柔远人,则四方归之;怀诸侯,则天下畏之。此言九经之效也。道立,谓道成于己而可为民表,所谓"皇建其有极"是也。不惑,谓不疑于理。不眩,谓不迷于事。敬大臣则信任专,而小臣不得以间之,故临事而不眩。来百工则通功易事,农末相资,故财用足。柔远人,则天下之旅皆悦而愿出于其涂,故四方归。怀诸侯,则德之所施者博,而威之所制者广矣,故曰"天下畏之"。齐明盛服,非礼不动,所以修身也;去谗远色,贱货而贵德,所以劝贤也;尊其位,重其禄,同其好恶,所以劝亲亲也;官盛任使,所以劝大臣也;忠信重禄,所以劝士也;时使薄敛,所以劝百姓也;日省月试,既禀称事,所以劝百工也;送往迎来,嘉善而矜不能,所以柔远人也;继绝世,举废国,治乱持危,朝聘以时,厚往而薄来,所以怀诸侯也。齐,侧皆反。去,上声。远、好、恶、敛,并去声。既,许气反。禀,彼锦、力锦二反。称,去声。朝,音潮。此言九经之事也。官盛任使,谓官属众盛,足任使令也,盖大臣不当亲细事,故所以优之者如此。忠信重禄,谓待之诚而养之厚,盖以身体之,而知其所赖乎上者如此也。既,读曰饩。饩禀,稍食也。称事,如《周礼·稿人》职,曰"考其弓弩,以上下其食"是也。往则为之授节以送之,来则丰其委积以迎之。朝,谓诸侯见于天子。聘,谓诸侯使大夫来献。《王制》:"比年一小聘,三年一大聘,五年一朝"。厚往薄来,谓燕赐厚而纳贡薄。凡为天下国家有九经,所以行之者,一也。一者,诚也。一有不诚,则是九者皆为虚文矣,此九经之实也。凡事豫则立,不豫则废。言前定,则不跲;事前定,则不困;行前定,则不疚;道前定,则不穷。跲,其劫反。行,去声。凡事,指达道达德九经之属。豫,素定也。跲,踬也。疚,病也。此承上文,言凡事皆欲先立乎诚,如下文所推是也。在下位,不获乎上,民不可得而治矣。获乎上有道,不信乎朋友,不获乎上矣。信乎朋友有道,不顺乎亲,不信乎朋友矣。顺乎亲有道,反诸身不诚,不顺乎亲矣。诚身有道,不明乎善,不诚乎身矣。此又以在下位者,推言素定之意。反诸身不诚,谓反求诸身而所存所发,未能真实而无妄也。不明乎善,谓未能察于人心天命之本然,而真知至善之所在也。诚者,天之道也;诚之者,人之道也。诚者,不勉而中,不思而得,从容中道,圣人也;诚之者,择善而固执之者也。中,并去声。从,七容反。此承上文诚身而言。诚者,真实无妄之谓,天理之本然也。诚之者,未能真实无妄,而欲其真实无妄之谓,人事之当然也。圣人之德,浑然天理,真实无妄,不待思勉而从容中道,则亦天之道也。未至于圣,则不能无人欲之私,而其为德不能皆实。故未能不思而得,则必择善,然后可以明善;未能不勉而中,则必固执,然后可以诚身,此则所谓人之道也。不思而得,生知也。不勉而中,安行也。择善,学知以下之事。固执,利行以下之事也。博学之,审问之,慎思之,明辨之,笃行之。此"诚之"之目也。学、问、思、辨,所以择善而为知,学而知也。笃行,所以固执而为仁,利而行也。程子曰:"五者废其一,非学也。"有弗学,学之弗能弗措也;有弗问,问之弗知弗措也;有弗思,思之弗得弗措也;有弗辨,辨之弗明弗措也;有弗行,行之弗笃弗措也。人一能之,己百之。人十能之,己千之。君子之学,不为则已,为则必要其成,故常百倍其功。此困而知,勉而行者也,勇之事也。果能此道矣,虽愚必明,虽柔必强。明者择善之功,强者固执之效。吕氏曰:"君子所以学者,为能变化气质而已。德胜气质,则愚者可进于明,柔者可进于强。不能胜之,则虽有志于学,亦愚不能明,柔不能立而已矣。盖均善而无恶者,性也,人所同也;昏明强弱之禀不齐者,才也,人所异也。诚之者所以反其同而变其异也。夫以不美之质,求变而美,非百倍其功,不足以致之。今以卤莽灭裂之学,或作或辍,以变其不美之质,及不能变,则曰天质不美,非学所能变。是果于自弃,其为不仁甚矣!"

上第二十章。此引孔子之言，以继大舜、文、武、周公之绪，明其所传之一致，举而措之，亦犹是耳。盖包费隐、兼小大，以终十二章之意。章内语诚始详，而所谓诚者，实此篇之枢纽也。又按：《孔子家语》，亦载此章，而其文尤详。"成功一也"之下，有"公曰：子之言美矣！至矣！寡人实固，不足以成之也"。故其下复以"子曰"起答辞。今无此问辞，而犹有"子曰"二字；盖子思删其繁文以附于篇，而所删有不尽者，今当为衍文也。"博学之"以下，《家语》无之，意彼有阙文，抑此或子思所补也欤？

自诚明，谓之性；自明诚，谓之教。诚则明矣，明则诚矣。自，由也。德无不实而明无不照者，圣人之德。所性而有者也，天道也。先明乎善，而后能实其善者，贤人之学。由教而入者也，人道也。诚则无不明矣，明则可以至于诚矣。

上第二十一章。子思承上章夫子天道、人道之意而立言也。自此以下十二章，皆子思之言，以反复推明此章之意。

唯天下至诚，为能尽其性；能尽其性，则能尽人之性；能尽人之性，则能尽物之性；能尽物之性，则可以赞天地之化育；可以赞天地之化育，则可以与天地参矣。天下至诚，谓圣人之德之实，天下莫能加也。尽其性者德无不实，故无人欲之私，而天命之在我者，察之由之，巨细精粗，无毫发之不尽也。人物之性，亦我之性，但以所赋形气不同而有异耳。能尽之者，谓知之无不明而处之无不当也。赞，犹助也。与天地参，谓与天地并立为三也。此自诚而明者之事也。

上第二十二章。言天道也。

其次致曲，曲能有诚，诚则形，形则着，着则明，明则动，动则变，变则化，唯天下至诚为能化。其次，通大贤以下凡诚有未至者而言也。致，推致也。曲，一偏也。形者，积中而发外。著，则又加显矣。明，则又有光辉发越之盛也。动者，诚能动物。变者，物从而变。化，则有不知其所以然者。盖人之性无不同，而气则有异，故惟圣人能举其性之全体而尽之。其次则必自其善端发见之偏，而悉推致之，以各造其极也。曲无不致，则德无不实，而形、着、动、变之功自不能已。积而至于能化，则其至诚之妙，亦不异于圣人矣。

上第二十三章。言人道也。

至诚之道，可以前知。国家将兴，必有祯祥；国家将亡，必有妖孽；见乎蓍龟，动乎四体。祸福将至，善，必先知之；不善，必先知之。故至诚如神。见，音现。祯祥者，福之兆。妖孽者，祸之萌。著，所以筮。龟，所以卜。四体，谓动作威仪之闲，如执玉高卑，其容俯仰之类。凡此皆理之先见者也。然惟诚之至极，而无一毫私伪留于心目之间者，乃能有以察其几焉。神，谓鬼神。

上第二十四章。言天道也。

诚者，自成也；而道，自道也。道也之道，音导。言诚者物之所以自成，而道者人之所当自行也。诚以心言，本也；道以理言，用也。诚者，物之终始；不诚，无物。是故，君子诚之为贵。天下之物，皆实理之所为，故必得是理，然后有是物。所得之理既尽，则是物亦尽而无有矣。故人之心一有不实，则虽有所为亦如无有，而君子必以诚为贵也。盖人之心能无不实，乃为有以自成，而道之在我者亦无不行矣。诚者，非自成己而已也，所以成物也。成己，仁也；成物，知也。性之德也，合外内之道也，故时措之宜也。知，去声。诚虽所以成己，然既有以自成，则自然及物，而道亦行于彼矣。仁者体之存，知者用之发，是皆吾性之固有，而无内外之殊。既得于己，则见于事者，以时措之，而皆得其宜也。

上第二十五章。言人道也。

故至诚无息。既无虚假，自无间断。不息则久，久则征，久，常于中也。征，验于外也。征则悠远，悠远则博厚，博厚则高明。此皆以其验于外者言之。郑氏所谓"至诚之德，著于四方"者是也。存诸中者既久，则验于外者益悠远而无穷矣。悠远，故其积也广博而深厚。博厚，故其发也高大而光明。博厚，所以载物也；高明，所以覆物也；悠久，所以成物也。悠久，即悠远，兼内外而言之也。本以悠远致高厚，而高厚又悠久也。此言圣人与天地同用。博厚配地，高明配天，悠久无疆。此言圣人与天地同体。如此者，不见而章，不动而变，无为而成。见，音现。○见，犹示也。不见而章，以配地而言也。不动而变，以配天而言也。无为而成，以无疆而言也。天地之道，可一言而尽也。其为物不贰，则其生物不测。此以下，复以天地明至诚无息之功用。天地之道，可一言而尽，不过曰"诚"而已。不贰，所以诚也。诚故不息，而生物之多，有莫知其所以然者。天地之道，博也，厚也，高也，明也，悠也，久也。言天地之道，诚一不贰，故能各极所盛，而有下文生物之功。今夫天，斯昭昭之多，及其无穷也，日月星辰系焉，万物覆焉。今夫地，一撮土之多，及其广厚，载华岳而不重，振河海而不泄，万物载焉。今夫山，一卷石之多，及其广大，草木生之，禽兽居之，宝藏兴焉。今夫水，一勺之多，及其不测，鼋鼍、蛟龙、鱼鳖生焉，货财殖焉。夫，音扶。华、藏，并去声。卷，平声。勺，市若反。昭昭，犹耿耿，小明也。此指其一处而言也。及其无穷，犹十二章"及其至也"之意，盖举全体而言也。振，收也。卷，区也。此四条，皆以发明由其不贰不息以致盛大而能生物之意。然天、地、山、川，实非由积累而后大，读者不以辞害意可也。《诗》云："维天之命，于穆不已！"盖曰天之所以为天也。"於乎不显！文王之德之纯！"盖曰文王之所以为文也，纯亦不已。於，音乌。乎，音呼。《诗·周颂·维天之命》篇。於，叹辞。穆，深远也。不显，犹言岂不显也。纯，纯一不杂也。引此以明至诚无息之意。程子曰："天道不已，文王纯于天道，亦不已。纯则无二无杂，不已则无间断先后。"

上第二十六章。言天道也。

大哉圣人之道！包下文两节而言。洋洋乎！发育万物，峻极于天。峻，高大也。此言道之极于至大而无外也。优优大哉！礼仪三百，威仪三千。优优，充足有余之意。礼仪，经礼也。威仪，曲礼也。此言道之入于至小而无闲也。待其人而后行。总结上两节。故曰苟不至德，至道不凝焉。至德，谓其人。至道，指上两节而言也。凝，聚也，成也。故君子尊德性而道问学，致广大而尽精微，极高明而道中庸。温故而知新，敦厚以崇礼。尊者，恭敬奉持之意。德性者，吾所受于天之正理。道，由也。温，犹燖温之温，谓故学之矣，复时习之也。敦，加厚也。尊德性，所以存心而极乎道体之大也。道问学，所以致知而尽乎道体之细也。二者修德凝道之大端也。不以一毫私意自蔽，不以一毫私欲自累，涵泳乎其所已知。敦笃乎其所已能，此皆存心之属也。析理则不使有毫厘之差，处事则不使有过不及之谬，理义则日知其所未知，节文则日谨其所未谨，此皆致知之属也。盖非存心无以致知，而存心者又不可以不致知。故此五句，大小相资，首尾相应，圣贤所示入德之方，莫详于此，学者宜尽心焉。是故居上不骄，为下不倍。国有道，其言足以兴；国无道，其默足以容。《诗》曰"既明且哲，以保其身"，其此之谓与！倍，与背同。与，平声。○兴，谓兴起在位也。《诗》《大雅·烝民》之篇。

上第二十七章。言人道也。

子曰:"愚而好自用,贱而好自专,生乎今之世,反古之道。如此者,栽及其身者也。"好,去声。栽,古灾字。以上孔子之言,子思引之。反,复也。非天子,不议礼,不制度,不考文。此以下,子思之言。礼,亲疏贵贱相接之体也。度,品制。文,书名。今天下车同轨,书同文,行同伦。行,去声。今,子思自谓当时也。轨,辙迹之度。伦,次序之体。三者皆同,言天下一统也。虽有其位,苟无其德,不敢作礼乐焉;虽有其德,苟无其位,亦不敢作礼乐焉。郑氏曰:"言作礼乐者,必圣人在天子之位。"子曰:"吾说夏礼,杞不足征也;吾学殷礼,有宋存焉;吾学周礼,今用之,吾从周。"此又引孔子之言。杞,夏之后。征,证也。宋,殷之后。三代之礼,孔子皆尝学之而能言其意;但夏礼既不可考证,殷礼虽存,又非当世之法,惟周礼乃时王之制,今日所用。孔子既不得位,则从周而已。

上第二十八章。承上章为下不倍而言,亦人道也。

王天下有三重焉,其寡过矣乎!王,去声。吕氏曰:"三重,谓议礼、制度、考文。惟天子得以行之,则国不异政,家不殊俗,而人得寡过矣。"上焉者,虽善无征,无征不信,不信民弗从。下焉者,虽善不尊,不尊不信,不信民弗从。上焉者,谓时王以前,如夏、商之礼虽善,而皆不可考。下焉者,谓圣人在下,如孔子虽善于礼,而不在尊位也。故君子之道,本诸身,征诸庶民,考诸三王而不缪,建诸天地而不悖,质诸鬼神而无疑,百世以俟圣人而不惑。此君子,指王天下者而言。其道,即议礼、制度、考文之事也。本诸身,有其德也。征诸庶民,验其所信从也。建,立也,立于此而参于彼也。天地者,道也。鬼神者,造化之迹也。百世以俟圣人而不惑,所谓圣人复起,不易吾言者也。质诸鬼神而无疑,知天也;百世以俟圣人而不惑,知人也。知天知人,知其理也。是故,君子动而世为天下道,行而世为天下法,言而世为天下则。远之则有望,近之则不厌。动,兼行言而言。道,兼法则而言。法,法度也。则,准则也。《诗》曰:"在彼无恶,在此无射;庶几夙夜,以永终誉!"君子未有不如此,而蚤有誉于天下者也。恶,去声。射,音妒,《诗》作斁。《诗·周颂·振鹭》之篇。射,厌也。所谓此者,指本诸身以下六事而言。

上第二十九章。承上章居上不骄而言,亦人道也。

仲尼祖述尧舜,宪章文武;上律天时,下袭水土。祖述者,远宗其道。宪章者,近守其法。律天时者,法其自然之运。袭水土者,因其一定之理。皆兼内外该本末而言也。辟如天地之无不持载,无不覆帱,辟如四时之错行,如日月之代明。辟,音譬。帱,徒报反。错,犹迭也。此言圣人之德。万物并育而不相害,道并行而不相悖,小德川流,大德敦化。此天地之所以为大也。悖,犹背也。天覆地载,万物并育于其间而不相害;四时日月,错行代明而不相悖。所以不害不悖者,小德之川流;所以并育并行者,大德之敦化。小德者,全体之分;大德者,万殊之本。川流者,如川之流,脉络分明而往不息也。敦化者,敦厚其化,根本盛大而出无穷也。此言天地之道,以见上文取辟之意也。

上第三十章。言天道也。

唯天下至圣,为能聪明睿知,足以有临也;宽裕温柔,足以有容也;发强刚毅,足以有执也;齐庄中正,足以有敬也;文理密察,足以有别也。知,去声。齐,侧皆反。别,彼列反。聪明睿知,生知之质。临,谓居上而临下也。其下四者,乃仁义礼知之德。文,文章也。理,条理也。密,详细也。察,明辩也。溥博渊泉,而时出之。溥博,周遍而广阔也。渊泉,静深而有本也。出,发见也。言五者之德,充积于中,而以时发见于外也。溥博如天，渊泉如渊。见而民莫不敬，言而民莫不信，行而民莫不说。见，音现。说，音悦。言其充积极其盛，而发见当其可也。是以声名洋溢乎中国，施及蛮貊。舟车所至，人力所通，天之所覆，地之所载，日月所照，霜露所队，凡有血气者，莫不尊亲，故曰配天。施，去声。队，音坠。舟车所至以下，盖极言之。配天，言其德之所及，广大如天也。

上第三十一章。承上章而言小德之川流，亦天道也。

唯天下至诚，为能经纶天下之大经，立天下之大本，知天地之化育。夫焉有所倚？夫，音扶。焉，于虔反。经、纶，皆治丝之事。经者，理其绪而分之；纶者，比其类而合之也。经，常也。大经者，五品之人伦。大本者，所性之全体也。惟圣人之德极诚无妄，故于人伦各尽其当然之实，而皆可以为天下后世法，所谓经纶之也。其于所性之全体，无一毫人欲之伪以杂之，而天下之道千变万化皆由此出，所谓立之也。其于天地之化育，则亦其极诚无妄者有默契焉，非但闻见之知而已。此皆至诚无妄，自然之功用，夫岂有所倚著于物而后能哉。肫肫其仁！渊渊其渊！浩浩其天！肫，之纯反。肫肫，恳至貌，以经纶而言也。渊渊，静深貌，以立本而言也。浩浩，广大貌，以知化而言也。其渊其天，则非特如之而已。苟不固聪明圣知达天德者，其孰能知之？圣知之知，去声。固，犹实也。郑氏曰："惟圣人能知圣人也。"

上第三十二章。承上章而言大德之敦化，亦天道也。前章言至圣之德，此章言至诚之道。然至诚之道，非至圣不能知；至圣之德，非至诚不能为，则亦非二物矣。此篇言圣人天道之极致，至此而无以加矣。

《诗》曰："衣锦尚絅"，恶其文之着也。故君子之道，闇然而日章；小人之道，的然而日亡。君子之道，淡而不厌，简而文，温而理，知远之近，知风之自，知微之显，可与入德矣。衣，去声。絅，口迥反。恶，去声。闇，于感反。前章言圣人之德，极其盛矣。此复自下学立心之始言之，而下文又推之以至其极也。《诗·国风·卫·硕人》《郑》之《丰》，皆作"衣锦褧衣"。褧、絅同。禅衣也。尚，加也。古之学者为己，故其立心如此。尚絅故闇然，衣锦故有日章之实。淡、简、温，絅之袭于外也；不厌而文且理焉，锦之美在中也。小人反是，则暴于外而无实以继之，是以的然而日亡也。远之近，见于彼者由于此也。风之自，着乎外者本乎内也。微之显，有诸内者形诸外也。有为己之心，而又知此三者，则知所谨而可入德矣。故下文引诗言谨独之事。《诗》云："潜虽伏矣，亦孔之昭！"故君子内省不疚，无恶于志。君子之所不可及者，其唯人之所不见乎！恶，去声。《诗·小雅·正月》之篇。承上文言"莫见乎隐，莫显乎微"也。疚，病也。无恶于志，犹言无愧于心，此君子谨独之事也。《诗》云："相在尔室，尚不愧于屋漏。"故君子不动而敬，不言而信。相，去声。《诗·大雅·抑》之篇。相，视也。屋漏，室西北隅也。承上文又言君子之戒谨恐惧，无时不然，不待言动而后敬信，则其为己之功益加密矣。故下文引诗并言其效。《诗》曰："奏假无言，时靡有争。"是故君子不赏而民劝，不怒而民威于铁钺。假，格同。铁，音夫。《诗·商颂·烈祖》之篇。奏，进也。承上文而遂及其效，言进而感格于神明之际，极其诚敬，无有言说而人自化之也。威，畏也。铁，莝斫刀也。钺，斧也。《诗》曰："不显惟德！百辟其刑之。"是故君子笃恭而天下平。《诗·周颂·烈文》之篇。不显，说见二十六章，此借引以为幽深玄远之意。承上文言天子有不显之德，而诸侯法之，则其德愈深而效愈远矣。笃，厚也。笃恭，言不显其敬也。笃恭而天下平，乃圣人至德渊微，自然之应，中庸之极功也。《诗》云："予怀明德，不大声以色。"子曰："声色之于以化民，末也。"《诗》曰："德辎如毛"，毛犹有伦。"上天之载，无声无臭"，至矣！辎，由、酉二音。《诗·大雅·皇矣》之篇。引之以明上文所谓不显之德者，正以其不大声与色也。又引孔子之言,以为声色乃化民之末务,今但言不大之而已,则犹有声色者存,是未足以形容不显之妙。不若《烝民》之诗所言"德辑如毛",则庶乎可以形容矣,而又自以为谓之毛,则犹有可比者,是亦未尽其妙。不若文王之诗所言"上天之事,无声无臭",然后乃为不显之至耳。盖声臭有气无形,在物最为微妙,而犹曰无之,故惟此可以形容不显笃恭之妙。非此德之外,又别有是三等,然后为至也。

上第三十三章。子思因前章极致之言,反求其本,复自下学为己谨独之事,推而言之,以驯致乎笃恭而天下平之盛。又赞其妙,至于无声无臭而后已焉。盖举一篇之要而约言之,其反复丁宁示人之意,至深切矣,学者其可不尽心乎!

2、王守仁:《修道说》①

率性之谓道,诚者也。修道之谓教,诚之者也。故曰:"自诚明,谓之性。自明诚,谓之教。"《中庸》为诚之者而作,修道之事也。道也者,性也,不可须臾离也。而过焉、不及焉,离也。是故君子有修道之功,"戒慎乎其所不睹,恐惧乎其所不闻","微之显,诚之不可掩也"。修道之功若是其无间,诚之也夫。然后"喜怒哀乐之未发谓之中,发而皆中节谓之和",道修而性复矣。致中和,则大本立而达道行,知天地之化育矣。非至诚尽性,其孰能与于此哉!是修道之极功也。而世之言修道者离矣,故特著其说。

3、蔡元培:《中华民族与中庸之道——在亚洲文会演说词》②

我等所生活的世界,是相对的,而我人恒取其平衡点为立足点。例如在生理上,循环系动脉与静脉相对而以心脏为中点;消化系吸收与排泄相对而以胃为中点。在心理概念上,就空间言,有左即有右,有前即有后,有上即有下,而我等个人即为其中心。以时间言,有过去即有将来,而我人即以现在为中点。这都是自然而然,谁也不能反对的。在行为上,也应有此原则。而西洋哲学家,除亚里士多德曾提倡中庸之道外(如勇敢为怯懦与卤莽的折中,节制为吝啬与浪费的折中等),鲜有注意及此的;不是托尔斯泰的极端不抵抗主义,便是尼采的极端强权主义;不是卢梭的极端放任论,就是霍布斯的极端干涉论。这完全因为自希腊民族以外,其他民族性,都与中庸之道不相投合的缘故。独我中华民族,凡持极端说的,一经试验,辄失败;而惟中庸之道,常为多数人所赞同,而且较为持久。这可用两种最有权威的学说来证明他:一是民元十五年以前二千余年传统的儒家;一是近年所实行的孙逸仙博士的三民主义。

---

① 本文出自王守仁撰,吴光等编校的《王阳明全集》卷七《文录四》,上海古籍出版社 1992 年版。

② 蔡元培(1868－1940),字鹤卿,浙江绍兴山阴县(今绍兴县)人,教育家、政治家,"中华民国"首任教育总长,1916 年至 1927 年任北京大学校长,革新北大,开"学术"与"自由"之风。本篇原载《东方杂志》第 28 卷第 1 号,1931 年 1 月 10 日。

儒家所标举以为模范的人物,始于四千年前的尧、舜、禹,而继以三千五百年前的汤,三千年前的文、武。《论语》记尧传位于舜,命以"允执厥中";舜的执中怎样?《礼记·中庸》篇说道:"舜好察迩言,执其两端,用其中于民。"《尚书》说舜以曲乐的官司教育,命他教子弟要"直而温,宽而栗,刚而无虐,简而无傲";直宽与刚简虽是善德;但是过直就不温,过宽就不栗,过刚就虐,过简就傲,用温、栗、无虐、无傲作界说,就是中庸的意思。舜晚年传位于禹,也使他"允执厥中"。禹的执中怎样?孔子说:"禹菲饮食而致孝乎鬼神;恶衣服而致美乎黻冕,卑宫室而尽力乎沟洫。"若是因个人衣食住的尚俭而对祭品礼服与田间工事都从简率,便是不及;又若是因祭品礼服与田间工事的完备,而对于个人的衣食住,也尚奢侈,便是太过,禹没有不及与过,便是中庸。汤的事迹,可考的很少;但孟子说:"汤执中",是与尧、舜、禹一样。文、武虽没有中庸的标榜,但孔子曾说:"张而弗弛,文、武弗能也;弛而弗张,文、武弗为也;一张一弛,文武之道也。"是文、武不肯为张而弗弛的太过,也不肯为弛而弗张的不及,一张一弛,就是中庸。至于儒家的开山孔子,曾说:"道之不行也,贤者过之,不肖者不及也;道之不明也,知者过之,愚者不及也。"又尝说:"过犹不及。"何等看重中庸!又说:"质胜文则野,文胜质则史,文质彬彬,然后君子。"是求文质的中庸。又说:"君子之于天下也,无适也,无莫也,义之与比"。又说:"我无可无不可",是求可否的中庸。又说:"君子惠而不费,劳而不怨,欲而不贪,泰而不骄,威而不猛。"他的弟子说:"子温而厉,威而不猛,泰而安"。这都是中庸的态度。孔子的孙子子思作《中庸》一篇,是传祖训的。

在儒家成立的时代,与他同时并立的,有极右派的法家,断言性恶,取极端干涉论;又有极左派的道家,崇尚自然,取极端放任论。但法家的政策,试于秦而秦灭;道家的风习,试于晋而晋亡。在汉初,文帝试用道家;及其子景帝,即改用法家;及景帝之子武帝,即罢黜百家,专尊孔子,直沿用至清季。可见极右派与极左派,均与中华民族性不适宜,只有儒家的中庸之道,最为契合,所以沿用至两千年。现在国际交通,科学输入,于是有新学说继儒家而起,是为孙逸仙博士的三民主义。

三民主义虽多有新义,为往昔儒者所未见到,但也是以中庸之道为标准。例如持国家主义的,往往反对大同;持世界主义的,又往往蔑视国界,这是两端的见解;而孙氏的民族主义,既谋本民族的独立,又谋各民族的平等,是为国家主义与世界主义的折中。尊民权的或不愿有强有力的政府,强有力的政府又往往蹂躏民权。这又是两端的见解。而孙氏的民权主义,给人民以四权,关于用人、制法的大计,谓之政权;给政府以五权,关于行政、立法、司法、监察、考试等庶政,谓之治权。人民有权而政府有能,是为人民与政府权能的折中。持资本主义的,不免压迫劳动;主张劳动阶级专政的,又不免虐待资本家。这又是两端的见解。而孙氏的民生主义,一方面以平均地权,节制资本,防资本家的专横;又一方面行种种社会政策,以解除劳动者的困难。要使社会上大多数的经济利益相调和,而不相冲突,这是劳资间的中庸之道。其他保守派反对欧化的输入,进取派又不注意于国粹的保存;孙氏一方面主张恢复固有的道德与智能,一方面主张学外国之所长,是为国粹与欧化的折中。又如政制上,或专主中央集权,或专主地方分权,而孙氏则主张中央与地方之权限,采均权制度。凡事务有全国一致之性质的,划归中央;有因地制宜之性质的,划归地方;不偏于中央集权或地方分权,是为集权与分权的折中。

4、胡适:《差不多先生传》①

你知道中国有名的人是谁?提起此人,人人皆晓,处处闻名,他称差,名不多,是各省各县各村人氏。你一定见过他,一定听别人谈起过他。差不多先生的名字天天挂在大家的口头上,因为他是中国人的代表。

差不多先生的相貌和你我都差不多。他有一双眼睛,但看得不很清楚;有两只耳朵,但听得不很分明;有鼻子和嘴,但他对于气味和口味都不很讲究;他的脑子也不小,但他的记性却不很精明,思想不很细密。

他常常说:"凡事只要差不多,就好了。何必太精明呢?"

他小的时候,他妈叫他去买红糖,他买了白糖回来,他妈骂他,他摇摇头道:"红糖白糖不是差不多吗?"

他在学堂的时候,先生问他:"直隶省的西边是哪一省?"他说陕西。先生说:"错了。是山西,不是陕西。"他说:"陕西同山西不差不多吗?"

后来他在一个钱铺里做伙计,他也会写,也会算,只是总不精细;十字常常写成千字,千字常常写成十字。掌柜的生气了,常常骂他,他只是笑嘻嘻地赔小心道:"千字比十字只多一小撇,不是差不多吗?"

有一天,他为了一件要紧的事,要搭火车到上海去。他从从容容地走到火车站,迟了两分钟,火车已开走了。他白瞪着眼,望着远远的火车上的煤烟,摇摇头道:"只好明天再走了,今天走同明天走也还差不多。可是火车公司,未免太认真了。八点三十分开,同八点三十二分,不是差不多吗?"他一面说,一面慢慢地走回家,心里总不很明白为什么火车不肯等他两分钟。

有一天,他忽然得了一急病,赶快叫家人去请东街的汪先生。那家人急急忙忙地跑去,一时寻不着东街的汪大夫,却把西街的牛医王大夫请来了。差不多先生病在床上,知道寻错了人,但病急了。身上痛苦,心里焦急,等不得了,心里想到:"好在王大夫同汪大夫也差不多,让他试试看罢。"于是这位牛医王大夫走近床前,用医牛的法子给差不多先生治病。不上一点钟,差不多先生就一命呜呼了。

差不多先生差不多要死的时候,一口气断断续续地说道:"活人同死人也差……差……不多……凡是只要……差……差……不多……就……好了……何……何……必……太……太认真

---

① 胡适,现代著名学者、诗人、文学家,此篇原文发表于《申报》(1924年6月28日)。本文选自《胡适文集》,北京大学出版社1998年版。

呢?"他说完这句格言,方才绝气了。

他死后,大家都很称赞差不多先生样样事情看得破,想得通;大家都说他一生不肯认真,不肯算账,不肯计较,真是一位有德行的人。于是大家给他取个死后的法号,叫他做圆通大师。

他的名誉越传越远,越久越大。无数无数都学他的榜样。于是人人都成一个差不多先生——然而中国人从此就成了一个懒人国了。

5、林语堂:《子思:内在的道德律》①

子思是孔子的孙子。孔子死时他只有十五岁,而受教于孔子最幼的门徒曾子。曾子是《礼记》中数章的作者。《礼记》是儒家的一本经典,其中一篇,名为《中庸》。它被认为是这般重要,而成为中国学童们所读的四书之一。在这本书中,我们见到孔学的哲学根据。它谈及宇宙的灵性及控制它的道德律。由于活得和这道德律相符合,人便实现他的真我。这样,外在的合乎道德的宇宙和内在的真人性的规律之间,便建立起一种和谐。人在发现他的真我时,同时发现宇宙的统一性,而且反过来,人在发现宇宙道德律的统一性时,实现他的真我,或真人性。在这短短的一本书中,我找到对于儒家哲学的最完满的说法。

人有时无法实现那个在他身上最好的人,是因为他还未做到对这个宇宙的真正了解,"自诚明,谓之性,自明诚,谓之教,诚则明矣,明则诚矣。"

照子思看来,宇宙是一个道德性的秩序,而人所需要的是发现那个在他本身的道德性秩序,而由此达到"匹配"那个和道德性的宇宙相符合的最好的人。孔子说:"君子中庸,小人反中庸。"中是中心,庸是经常,中庸是"中心的常道"或"内在的不易之道"。因此我跟着辜鸿铭把中庸解为"宇宙的道德秩序",下文同此。

但什么是宇宙的道德律,什么又是人的道德律呢? 二者从哪里获得和谐呢?《中庸》的作者明说他有一种宇宙道德律的概念,这种概念,十分接近主张有律控制这个宇宙的科学观点。这种律在它的运行上及在它的弥漫一切上,是宇宙性的。

"道也者不可须臾离也,可离非道也。"它包含无限大及无限小。

"君子之道,费而隐……故君子语大,天下莫能载焉;语小,天下莫能破焉。"这律或这些律是不能毁灭及自存的。

"故至诚无息,不息则久,久则征,征则悠远,悠远则博厚,博厚则高明。博厚所以载物也,高明所以覆物也,悠久所以成物也。博厚配地,高明配天,悠久无疆。"这律是不变的。

"夫天地之道,可一言而尽也,其为物不贰,则其生物不测。"跟着是谈及控制宇宙的物理定律的词藻华美的一段。

---

① 本文节选自《林语堂讲国学》,吉林人民出版社2009年版。

"天地之道,博也,厚也,高也,明也,悠也,久也。今夫天,斯昭昭之多,及其无穷也,日月星辰系焉,万物覆焉;今夫地,一撮土之多,及其广厚,载华岳而不重,振河海而不泄,万物载焉;今夫山,一卷石之多,及其广大,草木生之,禽兽居之,宝藏兴焉;今夫水,一勺之多,及其不测,鼋鼍蛟龙鱼鳖生焉,货财殖焉。《诗》曰:'惟天之命,于穆不已。'盖曰,天之所以为天也。"

这是导致一种万物有灵性的宇宙道德律概念。在这个问题上,孔子曾明白表示:

"鬼神之为德,其盛矣乎。视之而弗见,听之而弗闻,体物而不可遗,使天下之人,齐明盛服,以承祭祀,洋洋乎如在其上,如在其左右。《诗》曰:'神之格思,不可度思,矧可射思',夫微之显,诚之不可揜如此夫。"

下文引自子思对儒家哲学根据的最佳纲要,谈及道德律的性质,在物质存在后面的灵性的实在,且谈及用人的道德感及才智的双重力量来完成人性。

"诚者,自成也,而道,自道也。诚者,物之终始,不诚无物。是故君子诚之为贵。诚者,非自成而已也,所以成物也。成己,仁也,成物,智也,性之德也,合内外之道也,故时措之宜也。"

"仁",或真人性,在道德感的形式上,是以人的内心和外在的宇宙的道德相和谐为基础。当这个"真义"实现时,便"天地位焉,万物育焉"。这就是儒家的哲学基础。

我觉得这是令人满意的。人性不被视为和道德律相反,而需对人性用种种反抗、克胜、压抑等手段。人的本身有为善的可能性。因此,这种教人"完成我们的人性"就是合乎道德律的最初的、古典的儒学;和后来十二世纪及十三世纪,因佛教"孽"的思想的介入,而有注重节制及惧怕情欲的倾向的新儒学,立于对立的地位。而这一点可能使许多不明白古代儒家理想主义的学生感到惊讶。这点人的天性,子思称为"天命"。因此《中庸》开首那三句话含有哲学的意义。

"天命之谓性。率性之谓道。修道之谓教。"

甚至在古典的儒学中也有谈及"节制"人类的欲望,但人性当被视为要完成的东西而非要反抗。在这里,"完成"一字的意义是顺从(率)。

因此完成天性及实现人的真我是儒家的教条。这一点是儒家与道家都同意的。道家庄子最大的关切是让动物及人各遂其生,或让他们"安其性命之情"。儒家企图藉养成好习惯及好风俗来显出人最好的性格,道家则非常惧怕干扰。

在这里我们可以注意儒家与道家之间的某些相似点。我们不必一跳跳到因为那个"道"字的应用,而以为孔学是从道家"借来"的结论。在古代及近代中国人中,"道"字通常用来指真理、路线,或简单地指道德教训。因此我们今天称孔子的教训为孔子之道。孔子自己一再用这个字,在经典时代的普通语法,人常用"无道之世"(道德混乱之世)来和"有道之世"(道德教化大行之世)对立。在这本子思所作的书中,有些文句的确有人所共知的道家"无为"的性质。下面这样意思的话,在《中庸》中曾看见过两次。"如此者,不见而章,不动而变,无为而成""无为而成",当然是道家典型的教义。还有一句话,"故君子不动而敬,不言而信。"像这样一句谈及"不动""不言"的话,当然会令人想起老子及他伟大常说"无言之教"的后继者——庄子。但我们必须记得,这种借自道家的推断不是完全正确的。子思活得太接近孔子本人，足以证明他不必从道家的老子借用这种宇宙的道德律是统一的观点。我以为我们没有理由假定，在混合孔子的警句及格言而成的儒家教训的背后，没有一种中心的道德哲学。

论语

导语

《论语》记录了儒家创始人孔子及其弟子的言行,《汉书·艺文志》记载了《论语》书名的由来及成书过程:"论语"就是把"接闻于夫子之语""论纂"起来的意思,成书当在孔子去世之后,由弟子甚至再传弟子编纂成篇。《论语》在汉唐,基本上是作为蒙学的读物,汉代"五经"、唐代"九经"(即《诗》、《书》、《易》、三《礼》及《春秋》三传)均未收入《论语》;晚唐时期,《论语》被列入"十二经"("九经"加上了《论语》《孝经》《尔雅》);南宋时期,朱熹为"四书"作注,"十三经"("十二经"外加上了《孟子》)才正式形成,《论语》自是奠定了它经书的地位,并与"四书"中的其他三种一起,成为"经典中的经典"。

《论语》既是语录体的著作,其篇章前后就没有必然的逻辑联系,那我们后人又应当如何去读《论语》呢? 兹列举古今几位学者的观点、经历以做参考:北宋理学家程颐认为"须将圣人言语切己,不可只作一场话说";今人梁启超则称"论语如饭""饭者最宜滋养";今人梁漱溟曾经徘徊于入世与出世、儒与佛之间多年,一次读《论语》,惊叹"奈何整部《论语》不见一个'苦'字",由此放弃了出家之念。以上这些话语与体悟都告诉我们,《论语》不是逻辑严密的知识体系,而是日常切己的生活,是让我们快乐做人的学问。鉴于此,我们读《论语》应当和我们当下的生活相联,思考:《论语》所讲的"仁"是如何启发我们做人的智慧的? 为何讲"克己复礼"便能"天下归仁"?《论语》是如何讲"学习",讲"为政",讲"君子"的? 又是如何讲孝亲之道的? 讲朋友之道的? ……在这样的思考当中,你才会逐渐走近孔子,走近那颗伟大而又智慧的心灵。

论语原文

学而第一

子①曰："学而时习②之，不亦说③乎？有朋④自远方来，不亦乐乎？人不知而不愠⑤，不亦君子乎？"

有子⑥曰："其为人也孝弟⑦，而好犯上者，鲜⑧矣；不好犯上，而好作乱者，未之有也。君子务本，本立而道生。孝弟也者，其为仁之本与！"

子曰："巧言令色，鲜矣仁！"

曾子⑨曰："吾日三省⑩吾身：为人谋而不忠乎？与朋友交而不信乎？传⑪不习乎？"

子曰："道千乘之国⑫：敬事而信，节用而爱人，使民以时。"

子曰："弟子⑬入则孝，出则弟，谨而信，泛爱众，而亲仁。行有余力，则以学文。"

子夏⑭曰："贤贤易⑮色；事父母，能竭其力；事君，能致⑯其身；与朋友交，言而有信。虽曰未学，吾必谓之学矣。"

子曰："君子不重，则不威；学则不固。主忠信，无友不如己者。过，则勿惮改。"

曾子曰："慎终追远，民德归厚矣。"

子禽⑰问于子贡⑱曰："夫子至于是邦也，必闻其政，求之与？抑与之与？"子贡曰："夫子⑲

---

① 子：《论语》中"子曰"的"子"都是指"孔子"。
② 时：在周秦时指"适时"，如"斧斤以时入山林"，朱熹解释为"时常"。习：实习，演习。
③ 说：同"悦"，高兴、愉快。
④ 朋：同类，这里指志同道合的人。
⑤ 愠(yùn)：怨恨。
⑥ 有子：孔子的学生，姓有，名若。
⑦ 弟(tì)：同"悌"，敬爱兄长。
⑧ 鲜(xiǎn)：少。
⑨ 曾子：孔子的学生，名参(shēn)，字子舆。
⑩ 省(xǐng)：反省、内省。
⑪ 传(chuán)：老师传授的学业。
⑫ 道千乘之国：道，治理；乘(shèng)，古代用四匹马拉的兵车称一乘。
⑬ 弟子：指年纪幼小的人。
⑭ 子夏：孔子的学生，姓卜，名商，字子夏。
⑮ 易：轻视、简慢或交换、改变。
⑯ 致：奉献、献出。
⑰ 子禽：姓陈，名亢(kàng)，字子禽。
⑱ 子贡：孔子的学生，姓端木，名赐，字子贡。
⑲ 夫子：古代的一种尊称，凡是做过大夫的人，都可以称为夫子。孔子曾做过鲁国的司寇，所以他的学生称他夫子。

温、良、恭、俭、让,以得之。夫子之求之也,其诸异乎人之求之与?"

子曰:"父在,观其志;父没,观其行;三年无改于父之道,可谓孝矣。"

有子曰:"礼之用,和为贵。先王之道,斯为美,小大由之。有所不行,知和而和,不以礼节① 之,亦不可行也。"

有子曰:"信近于义,言可复② 也;恭近于礼,远耻辱也;因③ 不失其亲,亦可宗也。"

子曰:"君子食无求饱,居无求安,敏于事而慎于言,就有道而正焉,可谓好学也已。"

子贡曰:"贫而无谄,富而无骄,何如?"子曰:"可也。未若贫而乐,富而好礼者也。"子贡曰:"《诗》云:'如切如磋,如琢如磨。'④ 其斯之谓与?"子曰:"赐也,始可与言《诗》已矣! 告诸往而知来者。"

子曰:"不患人之不己知,患不知人也。"

为政第二

子曰:"为政以德,譬如北辰⑤,居其所而众星共⑥ 之。"

子曰:"《诗》三百,一言以蔽之,曰'思无邪'。"

子曰:"道⑦ 之以政,齐之以刑,民免而无耻;道之以德,齐之以礼,有耻且格⑧。"

子曰:"吾十有⑨ 五而志于学,三十而立,四十而不惑,五十而知天命,六十而耳顺,七十而从⑩ 心所欲,不逾矩。"

孟懿子⑪ 问孝。子曰:"无违。"樊迟⑫ 御,子告之曰:"孟孙问孝于我,我对曰'无违'。"樊迟曰:"何谓也?"子曰:"生,事之以礼;死,葬之以礼,祭之以礼。"

孟武伯⑬ 问孝。子曰:"父母唯其疾之忧。"

子游⑭ 问孝。子曰:"今之孝者,是谓能养。至于犬马,皆能有养。不敬,何以别乎?"

---

① 节:限制。
② 复:履行、兑现。
③ 因:依靠、凭借。
④ 《诗经·卫风·淇澳(yù)》。
⑤ 北辰:北极星。
⑥ 共:同"拱",环抱、环绕。
⑦ 道:同"导",引导、领导。
⑧ 格:至、来。
⑨ 有:同"又"。
⑩ 从:遵从、放任。
⑪ 孟懿子:鲁国大夫,"懿"为谥号。
⑫ 樊迟:孔子的学生,名须,字子迟。
⑬ 孟武伯:仲孙彘,孟懿子之子,"武"为谥号。
⑭ 子游:孔子的学生,姓言,名偃,字子游。

子夏问孝。子曰:"色难。有事,弟子服其劳;有酒食①,先生馔②,曾③ 是以为孝乎?"

子曰:"吾与回④ 言终日,不违如愚。退而省其私,亦足以发。回也不愚。"

子曰:"视其所以,观其所由,察其所安。人焉廋⑤ 哉?人焉廋哉?"

子曰:"温故而知新,可以为师矣。"

子曰:"君子不器。"

子贡问君子。子曰:"先行其言而后从之。"

子曰:"君子周而不比⑥,小人比而不周。"

子曰:"学而不思则罔⑦,思而不学则殆⑧。"

子曰:"攻⑨ 乎异端,斯害也已。"

子曰:"由⑩,诲女知之乎!知之为知之,不知为不知,是知⑪ 也。"

子张学干禄⑫。子曰:"多闻阙疑,慎言其余,则寡尤⑬。多见阙殆,慎行其余,则寡悔。言寡尤,行寡悔,禄在其中矣。"

哀公⑭ 问曰:"何为则民服?"孔子对曰:"举直错⑮ 诸枉,则民服;举枉错诸直,则民不服。"

季康子⑯ 问:"使民敬忠以劝⑰,如之何?"子曰:"临之以庄则敬,孝慈则忠,举善而教不能则劝。"

或⑱ 谓孔子曰:"子奚不为政?"子曰:"《书》云:'孝乎!惟孝,友于兄弟,施于有政。'是亦为政,奚其为为政?"

---

① 食(sì):食物。
② 先生:年长者。馔(zhuàn):饮食。
③ 曾(céng):竟。
④ 回:指颜回,孔子最得意的学生,字子渊。
⑤ 廋(sōu):隐藏、藏匿。
⑥ 周:以道义团结在一起。比(bì):以暂时的利益勾结在一起。
⑦ 罔:迷惘。
⑧ 殆:疑而难决。
⑨ 攻:攻击或专攻。
⑩ 由:指仲由,孔子的学生,字子路。
⑪ 知(zhì):同"智"。
⑫ 子张:孔子的学生,颛孙师,字子张。干:求。禄:俸禄。
⑬ 尤:过错。
⑭ 哀公:鲁哀公,"哀"是谥号。
⑮ 错:同"措",放置。
⑯ 季康子:季孙肥,鲁哀公时正卿,"康"是谥号。
⑰ 劝:劝勉、努力。
⑱ 或:有的人。

子曰:"人而无信,不知其可也。大车无輗①,小车无軏②,其何以行之哉?"

子张问:"十世③可知也?"子曰:"殷因④于夏礼,所损益,可知也;周因于殷礼,所损益,可知也;其或继周者,虽百世可知也。"

子曰:"非其鬼而祭之,谄也。见义不为,无勇也。"

八佾第三

孔子谓季氏⑤:"八佾⑥舞于庭,是可忍也,孰不可忍也?"

三家者以《雍》彻⑦。子曰:"'相维辟公,天子穆穆',奚取于三家之堂?⑧"

子曰:"人而不仁,如礼何?人而不仁,如乐何?"

林放问礼之本。子曰:"大哉问!礼,与其奢也,宁俭;丧,与其易⑨也,宁戚。"

子曰:"夷狄之有君,不如诸夏之亡⑩也。"

季氏旅⑪于泰山。子谓冉有⑫曰:"女弗能救与?"对曰:"不能。"子曰:"呜呼!曾谓泰山不如林放乎?"

子曰:"君子无所争,必也射乎!揖让而升,下而饮,其争也君子。"

子夏问曰:"'巧笑倩兮,美目盼兮,素以为绚⑬兮。'何谓也?"子曰:"绘事后素。"曰:"礼后乎?"子曰:"起⑭予者商也!始可与言《诗》已矣!"

---

① 輗(ní):古代大车上的关键。

② 軏(yuè):古代小车上的关键。

③ 世:三十年为一世或王朝易姓为一世。

④ 因:因袭。

⑤ 季氏:鲁国的大夫季孙氏。

⑥ 佾(yì):古代舞蹈奏乐,八个人为一列,一列为一佾。天子八佾,诸侯六佾,大夫四佾,季氏为大夫,应四佾。

⑦ 三家:指鲁国的孟孙、叔孙、季孙三家大夫。《雍》:《诗经·周颂》中的一篇。彻:同"撤"。此指三家大夫祭祀祖先时候,僭用天子的礼仪,唱着《雍》来撤除祭品。

⑧ 相维辟公,天子穆穆:相(xiàng):助祭者。公:诸侯。穆穆:严肃静穆的样子。这句话是说:《雍》诗上有这样的话:"助祭的是诸侯,天子严肃静穆地在那儿主祭。"这两句话用在三家祭祖的大厅上,在意义上取它哪一点呢?

⑨ 易:指仪文周到。

⑩ 亡(wú):同"无"。

⑪ 旅:祭山。

⑫ 冉有:孔子的学生冉求,字子有。

⑬ 出自《诗经·卫风·硕人》。倩(qiàn),面颊长得好。盼:黑白分明。绚(xuàn):有文采。

⑭ 起:启发。

子曰："夏礼吾能言之,杞① 不足征② 也。殷礼吾能言之,宋③ 不足征也。文献不足故也。足,则吾能征之矣。"

子曰："禘④,自既灌⑤ 而往者,吾不欲观之矣。"

或问禘之说。子曰："不知也。知其说者之于天下也,其如示⑥ 诸斯乎!"指其掌。

祭如在,祭神如神在。子曰："吾不与⑦ 祭,如不祭。"

王孙贾⑧ 问曰："'与其媚于奥,宁媚于灶⑨',何谓也?"子曰："不然;获罪于天,无所祷也。"

子曰："周监于二代⑩,郁郁乎文哉! 吾从周。"

子入大庙⑪,每事问。或曰："孰谓鄹⑫ 人之子知礼乎? 入大庙,每事问。"子闻之,曰："是礼也。"

子曰："'射不主皮'⑬,为力不同科⑭,古之道也。"

子贡欲去告朔之饩⑮ 羊。子曰："赐也,尔爱其羊,我爱其礼。"

子曰："事君尽礼,人以为谄也。"

定公⑯ 问："君使臣,臣事君,如之何?"孔子对曰："君使臣以礼,臣事君以忠。"

子曰："《关雎》,乐而不淫⑰,哀而不伤。"

哀公问社⑱ 于宰我⑲。宰我对曰："夏后氏以松,殷人以柏,周人以栗,曰使民战栗。"子闻之,曰："成事不说,遂事不谏,既往不咎。"

---

① 杞:国名,夏禹的后代。
② 征:证明、证验。
③ 宋:国名,商汤的后代。
④ 禘:古代一种极为隆重的大祭之礼,只有天子才能举行。
⑤ 灌:本作"祼",祭祀中的一个项目。
⑥ 示:同"置",摆、放的意思;或同"视",犹言"了如指掌"。
⑦ 与(yù):参与。
⑧ 王孙贾:卫灵公的大臣。
⑨ 奥:屋内西南角叫奥,古人以为那里有神,代表一室之主,这里比喻卫灵公。灶:生火做饭的设备,古人以为也有神,称灶神。
⑩ 监:通"鉴",借鉴。二代:指夏、商二代。
⑪ 大(tài)庙:古代的开国之君叫太祖,太祖的庙叫太庙。
⑫ 鄹(zōu):又作郰,地名。孔子的父亲叔梁纥曾经做过鄹大夫,因此孔子被称为鄹人之子。
⑬ 皮:指箭靶子。
⑭ 科:等级。
⑮ 饩(xì):杀而未烹。
⑯ 定公:鲁国国君,名宋,"定"是谥号。
⑰ 淫:过分。
⑱ 社:土地神。
⑲ 宰我:孔子的学生,名予,字子我。

子曰:"管仲之器小哉!"或曰:"管仲俭乎?"曰:"管氏有三归①,官事不摄②,焉得俭?""然则管仲知礼乎?"曰:"邦君树塞门③,管氏亦树塞门。邦君为两君之好④,有反坫⑤,管氏亦有反坫。管氏而知礼,孰不知礼?"

子语⑥鲁大师⑦乐。曰:"乐其可知也。始作,翕如也;从之,纯如也,皦如也,绎如也,以成⑧。"

仪封人⑨请见。曰:"君子之至于斯也,吾未尝不得见也。"从者见之。出,曰:"二三子何患于丧乎?天下之无道也久矣,天将以夫子为木铎⑩。"

子谓《韶》⑪:"尽美矣,又尽善也。"谓《武》⑫:"尽美矣,未尽善也。"

子曰:"居上不宽,为礼不敬,临丧不哀,吾何以观之哉?"

里仁第四

子曰:"里⑬仁为美。择不处仁,焉得知?"

子曰:"不仁者不可以久处约⑭,不可以长处乐。仁者安仁,知者利仁。"

子曰:"惟仁者能好人,能恶人。"

子曰:"苟志于仁矣,无恶也。"

子曰:"富与贵,是人之所欲也;不以其道得之,不处也。贫与贱,是人之所恶也;不以其道得之,不去也。君子去仁,恶乎⑮成名?君子无终食之间违仁,造次必于是,颠沛必于是。"

子曰:"我未见好仁者、恶不仁者。好仁者,无以尚⑯之;恶不仁者,其为仁矣,不使不仁者加

---

① 三归:有三处府第可归。

② 摄:兼职。

③ 塞门:用以间隔内外视线的一种东西,相当于今天的影壁。

④ 好(hào):友好。

⑤ 坫(diàn):用土筑成的形似土堆的可以放置器物的东西。

⑥ 语(yù):告诉。

⑦ 大(tài)师:乐官之首。

⑧ 乐其可知也……以成:翕(xī),合。从(zòng):同"纵",放。皦(jiǎo):清楚明白。绎:连续。此句指音乐演奏从始至终所应遵循的规律。

⑨ 仪封人:仪,地名。封人,官名。

⑩ 木铎(duó):一种铜质木舌的大铃。

⑪ 《韶》:舜时的乐曲名。

⑫ 《武》:周武王时的乐曲名。

⑬ 里:居住。

⑭ 约:贫困。

⑮ 恶(wū)乎:何处。

⑯ 尚:超过。

乎其身。有能一日用其力于仁矣乎？我未见力不足者。盖① 有之矣，我未之见也。"

子曰："人之过也，各于其党②。观过，斯知仁矣。"

子曰："朝闻道，夕死可矣。"

子曰："士志于道，而耻恶衣恶食者，未足与议也。"

子曰："君子之于天下也，无适也，无莫③ 也，义之与比④。"

子曰："君子怀德，小人怀土⑤。君子怀刑，小人怀惠。"

子曰："放⑥ 于利而行，多怨。"

子曰："能以礼让为国乎？何有⑦？不能以礼让为国，如礼何？"

子曰："不患无位，患所以立；不患莫己知，求为可知也。"

子曰："参乎！吾道一以贯之。"曾子曰："唯。"子出。门人问曰："何谓也？"曾子曰："夫子之道，忠恕而已矣。"

子曰："君子喻⑧ 于义，小人喻于利。"

子曰："见贤思齐焉，见不贤而内自省也。"

子曰："事父母几⑨ 谏，见志不从，又敬不违，劳而不怨。"

子曰："父母在，不远游。游必有方⑩。"

子曰："三年无改于父之道，可谓孝矣。"⑪

子曰："父母之年，不可不知也。一则以喜，一则以惧。"

子曰："古者言之不出，耻躬之不逮⑫ 也。"

子曰："以约⑬ 失之者鲜矣。"

子曰："君子欲讷于言而敏于行。"

---

① 盖：大概。
② 党：类。
③ 无适、无莫：适，专主，可也。莫，指不可也。"无适"、"无莫"指无可无不可。
④ 比(bì)：去声，挨着，靠拢，为邻。从孟子和以后的一些儒家看来，孔子"无必无固"，通权达变，"可以仕则仕，可以止则止，可以久则久，可以速则速"（《孟子·公孙丑上》），唯义是从，叫做"圣之时"，或者可以做这章的解释。
⑤ 土：乡土。
⑥ 放：读(fǎng)，依据。
⑦ 何有：有何难。
⑧ 喻：知晓。
⑨ 几：平声，轻微，婉转。
⑩ 方：方位、处所。
⑪ 此章重出，见《学而》篇。
⑫ 逮(dài)：及、赶上。
⑬ 约：约束。

子曰:"德不孤,必有邻。"

子游曰:"事君数①,斯辱矣;朋友数,斯疏矣。"

公冶长第五

子谓公冶长②,"可妻③ 也。虽在缧绁④ 之中,非其罪也"。以其子⑤ 妻之。子谓南容⑥,"邦有道,不废;邦无道,免于刑戮"。以其兄之子妻之。

子谓子贱⑦,"君子哉若人! 鲁无君子者,斯焉取斯?"

子贡问曰:"赐也何如?"子曰:"女,器也。"曰:"何器也?"曰:"瑚琏⑧ 也。"

或曰:"雍⑨ 也仁而不佞⑩。"子曰:"焉用佞? 御人以口给⑪,屡憎于人。不知其仁,焉用佞?"

子使漆雕开⑫ 仕。对曰:"吾斯之未能信。"子说。

子曰:"道不行,乘桴⑬ 浮于海。从我者,其由与?"子路闻之喜。子曰:"由也好勇过我,无所取材⑭。"

孟武伯问:"子路仁乎?"子曰:"不知也。"又问。子曰:"由也,千乘之国,可使治其赋⑮ 也,不知其仁也。""求也何如?"子曰:"求也,千室之邑,百乘之家,可使为之宰也,不知其仁也。""赤也何如?"子曰:"赤也,束带立于朝,可使与宾客言也,不知其仁也。"

子谓子贡:"女与回也孰愈?"对曰:"赐也何敢望回? 回也闻一以知十,赐也闻一以知二。"子曰:"弗如也! 吾与⑯ 女弗如也。"

宰予昼寝。子曰:"朽木不可雕也,粪土之墙不可杇⑰ 也。于予与何诛⑱?"子曰:"始吾于人

---

① 数(shuò):屡次。
② 公冶长:孔子的学生,名长。
③ 妻(qì):动词,以女嫁人。
④ 缧绁(léi xiè):拴犯人的绳索,这里代指监狱。
⑤ 子:儿女,这里指女儿。
⑥ 南容:孔子的学生南宫适(kuò),字子容。
⑦ 子贱:孔子的学生宓不齐,字子贱。
⑧ 瑚琏(hú liǎn):又读(hú niǎn),古代祭祀时盛粮食的器皿。
⑨ 雍:孔子的学生冉雍,字仲弓。
⑩ 佞(nìng):能言善辩。
⑪ 口给(jǐ):供给。"口给"是指应对敏捷,口中随时都有供给。
⑫ 漆雕开:孔子的学生,字子开。
⑬ 桴(fú):竹排。
⑭ 材:有三种说法:一是同"哉";二是同"裁";三是指材料。
⑮ 赋:兵赋,古代征兵员及修武备都称赋。治赋,即治军。
⑯ 与:有两种说法:一是连词,和;二是动词,读 yù,赞成。
⑰ 杇(wū):粉刷。
⑱ 诛:责备。

也,听其言而信其行;今吾于人也,听其言而观其行。于予与改是。"

子曰:"吾未见刚者。"或对曰:"申枨①。"子曰:"枨也欲,焉得刚?"

子贡曰:"我不欲人之加②诸我也,吾亦欲无加诸人。"子曰:"赐也,非尔所及也。"

子贡曰:"夫子之文章③,可得而闻也;夫子之言性与天道,不可得而闻也。"

子路有闻,未之能行,唯恐有④闻。

子贡问曰:"孔文子⑤何以谓之'文'也?"子曰:"敏而好学,不耻下问,是以谓之'文'也。"

子谓子产⑥"有君子之道四焉:其行己也恭,其事上也敬,其养民也惠,其使民也义。"

子曰:"晏平仲⑦善与人交,久而敬之。"

子曰:"臧文仲居蔡,山节藻棁,何如其知也⑧?"

子张问曰:"令尹子文⑨三仕为令尹,无喜色;三已之,无愠色。旧令尹之政,必以告新令尹。何如?"子曰:"忠矣。"曰:"仁矣乎?"曰:"未知,焉得仁?""崔子⑩弑齐君,陈文子⑪有马十乘,弃而违之。至于他邦,则曰:'犹吾大夫崔子也。'违之。之一邦,则又曰:'犹吾大夫崔子也。'违之。何如?"子曰:"清矣。"曰:"仁矣乎?"曰:"未知,焉得仁?"

季文子⑫三思而后行。子闻之,曰:"再,斯可矣。"

子曰:"宁武子⑬邦有道则知,邦无道则愚。其知可及也,其愚不可及也。"

子在陈⑭,曰:"归与!归与!吾党之小子狂简,斐然成章,不知所以裁之。"

子曰:"伯夷、叔齐⑮不念旧恶,怨是用希。"

---

① 申枨(chéng):人名。

② 加:凌驾、凌辱。

③ 文章:指古代文献。

④ 有:同"又"。

⑤ 孔文子:卫国大夫,名圉,"文"是谥号。

⑥ 子产:春秋时期郑国大夫公孙侨。

⑦ 晏平仲:春秋时期齐国大夫,名婴。

⑧ 自"臧文仲"至"何如其知也":臧文仲,春秋时期鲁国大夫臧孙辰,"文"是谥号。蔡:古人把大乌龟叫作"蔡",居是使动用法,给大龟提供住处。节:柱上斗拱。棁(zhuō):梁上短柱。古人以龟为占筮的灵物,所以臧文仲宝藏着他,使其住在讲究的地方。孔子对此表示质疑。

⑨ 令尹子文:楚国的宰相叫令尹。子文,姓斗,名穀(gòu),字於菟(wū tú)。

⑩ 崔子:齐国大夫崔杼。

⑪ 陈文子:齐国大夫,名须无。

⑫ 季文子:鲁国大夫季孙行父,"文"是谥号。

⑬ 宁武子:卫国大夫宁俞,"武"是谥号。

⑭ 陈:国名,都宛丘(今河南淮阳县)。

⑮ 伯夷、叔齐:孤竹国的两位王子,父亲死后,为了互让王位,一起逃到了周文王那里。周统一天下后,又因不吃周朝的粮食,饿死在首阳山。

子曰:"孰谓微生高① 直? 或乞醯② 焉,乞诸其邻而与之。"

子曰:"巧言、令色、足恭,左丘明③ 耻之,丘亦耻之。匿④ 怨而友其人,左丘明耻之,丘亦耻之。"

颜渊、季路侍。子曰:"盍⑤ 各言尔志?"子路曰:"愿车马、衣轻裘,与朋友共。敝之而无憾。"颜渊曰:"愿无伐⑥ 善,无施⑦ 劳。"子路曰:"愿闻子之志。"子曰:"老者安之,朋友信之,少者怀之。"

子曰:"已矣乎,吾未见能见其过而内自讼者也。"

子曰:"十室之邑,必有忠信如丘者焉,不如丘之好学也。"

雍也第六

子曰:"雍也可使南面⑧。"仲弓问子桑伯子⑨。子曰:"可也简。"仲弓曰:"居敬而行简,以临其民,不亦可乎? 居简而行简,无乃大简乎⑩?"子曰:"雍之言然。"

哀公问:"弟子孰为好学?"孔子对曰:"有颜回者好学,不迁怒,不贰过。不幸短命死矣! 今也则亡,未闻好学者也。"

子华⑪ 使于齐,冉子⑫ 为其母请粟。子曰:"与之釜⑬。"请益⑭。曰:"与之庾⑮。"冉子与之粟五秉⑯。子曰:"赤之适齐也,乘肥马,衣轻裘。吾闻之也,君子周⑰ 急不继富。"原思⑱ 为之⑲

---

① 微生高:鲁国人,名高。

② 醯(xī):醋。

③ 左丘明:鲁国人,名明。有人认为是《左传》的作者。

④ 匿:隐藏。

⑤ 盍:为什么不。

⑥ 伐:夸张。

⑦ 施:表白。

⑧ 南面:古代以坐北朝南为尊位,故天子诸侯见群臣,或卿大夫见僚属,皆南面而坐。

⑨ 子桑伯子:人名,详不可考。

⑩ 无乃大(tài)简乎:不是太简单了吗?"大"通"太"。

⑪ 子华:孔子的学生,姓公西,名赤,字子华。

⑫ 冉子:孔子的学生冉有。

⑬ 釜(fǔ):古代的计量单位,约合当时的六斗四升。

⑭ 益:增加。

⑮ 庾(yǔ):古代的计量单位,约合当时的二斗四升。

⑯ 秉(bǐng):古代的计量单位,一秉十六斛,一斛十斗,五秉约合当时的八百斗。

⑰ 周:周济、救济。

⑱ 原思:孔子的弟子原宪,字子思。

⑲ 之:指孔子。

宰，与之粟九百，辞。子曰："毋！以与尔邻里乡党①乎！"

子谓仲弓，曰："犁牛之子骍且角②，虽欲勿用③，山川其④舍诸？"

子曰："回也，其心三月不违仁，其余则日月至焉而已矣。"

季康子问："仲由可使从政也与？"子曰："由也果⑤，于从政乎何有？"曰："赐也可使从政也与？"曰："赐也达，于从政乎何有？"曰："求也可使从政也与？"曰："求也艺⑥，于从政乎何有？"

季氏使闵子骞⑦为费⑧宰。闵子骞曰："善为我辞焉！如有复我⑨者，则吾必在汶上⑩矣。"

伯牛⑪有疾，子问之，自牖执其手，曰："亡之，命矣夫！斯人也而有斯疾也！斯人也而有斯疾也！"

子曰："贤哉，回也！一箪食⑫，一瓢饮，在陋巷，人不堪其忧，回也不改其乐。贤哉，回也！"

冉求曰："非不说⑬子之道，力不足也。"子曰："力不足者，中道而废。今女画⑭。"

子谓子夏曰："女为君子儒，无为小人儒。"

子游为武城⑮宰。子曰："女得人焉尔乎？"曰："有澹台灭明⑯者，行不由径，非公事，未尝至于偃之室也。"

子曰："孟之反⑰不伐⑱，奔而殿⑲。将入门，策其马，曰：'非敢后也，马不进也。'"

---

① 乡党：古代地方单位的名称，五家为邻，二十五家为里，万二千五百家为乡，五百家为党。
② 犁牛之子骍且角：犁牛，耕牛。骍（xīng），牛马等毛皮赤色。角，意思是两角长得周正。
③ 用：指作为祭祀用的牺牲。
④ 其：同"岂"，难道。
⑤ 果：果敢、果断。
⑥ 艺：多才多艺。
⑦ 闵子骞：孔子的弟子闵损，字子骞。
⑧ 费（bì）：季氏食邑，故城在今山东费县西北二十里。
⑨ 复我者：再有来找我的。
⑩ 汶上：汶，水名，即今山东的大汶河。汶上，指汶河以北。
⑪ 伯牛：孔子的弟子冉耕，字伯牛。
⑫ 一箪食：箪（dān），古代盛饭用的圆形竹器。食（sì），饭。
⑬ 说（yuè）：同"悦"。
⑭ 今女画：女（rú），同"汝"。画，同"划"，停止。
⑮ 武城：鲁国的城邑，在今山东费县西南。
⑯ 澹（tán）台灭明：复姓澹台，名灭明，字子羽，后为孔子弟子。
⑰ 孟之反：鲁国大夫，《左传》作孟之侧。
⑱ 伐：矜伐、自夸。
⑲ 奔而殿：奔，逃亡、撤退。殿，殿后。

子曰:"不有祝鮀① 之佞,而有宋朝② 之美,难乎免于今之世矣。"

子曰:"谁能出不由户?何莫由斯道也?"

子曰:"质胜文则野③,文胜质则史④。文质彬彬⑤,然后君子。"

子曰:"人之生也直⑥,罔⑦ 之生也幸⑧ 而免。"

子曰:"知之者不如好之者,好之者不如乐之者。"

子曰:"中人以上,可以语上⑨ 也;中人以下,不可以语上也。"

樊迟问知。子曰:"务民之义,敬鬼神而远之,可谓知矣。"问仁。曰:"仁者先难而后获,可谓仁矣。"

子曰:"知者乐水,仁者乐山。知者动,仁者静。知者乐,仁者寿。"

子曰:"齐一变,至于鲁;鲁一变,至于道。"

子曰:"觚⑩ 不觚,觚哉?觚哉?"

宰我问曰:"仁者,虽告之曰:'井有仁⑪ 焉',其从⑫ 之也?"子曰:"何为其然也?君子可逝也,不可陷⑬ 也;可欺也,不可罔⑭ 也。"

子曰:"君子博学于文,约之以礼,亦可以弗畔矣夫!"

子见南子⑮,子路不说。夫子矢⑯ 之曰:"予所⑰ 否者,天厌⑱ 之!天厌之!"

子曰:"中庸之为德也,其至矣乎!民鲜久矣。"

子贡曰:"如有博施于民而能济众,何如?可谓仁乎?"子曰:"何事于仁,必也圣乎!尧、舜其

---

① 祝鮀(tuó):卫国大夫,字子鱼。
② 宋朝(zhāo):宋国公子。
③ 质胜文则野:质,朴实、质朴。文,文采。野,粗野。
④ 史:文辞繁多。
⑤ 文质彬彬:文雅又质朴的样子。
⑥ 直:正直。
⑦ 罔:不正直的人。
⑧ 幸:侥幸。
⑨ 上:高深的东西。
⑩ 觚(gū):古代盛酒的器皿。
⑪ 仁:指仁人;一说,指人。
⑫ 从:指随之于井而救之。
⑬ 逝:同"折",摧折。陷:陷害。朱熹《论语集注》:逝,谓使之往救;陷,陷之于井。
⑭ 欺:欺骗。罔:愚弄。朱熹《论语集注》:欺,谓诳之于理之所有;罔,谓昧之以理之所无。
⑮ 南子:卫灵公夫人。把持卫国国政,且名声不好。
⑯ 矢:同"誓",发誓。
⑰ 所:如果、假若。
⑱ 厌:厌弃。

犹病① 诸! 夫仁者,己欲立而立人,己欲达而达人。能近取譬,可谓仁之方也已。"

述而第七

子曰:"述而不作②,信而好古,窃③ 比于我老彭④。"

子曰:"默而识⑤ 之,学而不厌⑥,诲人不倦,何有于我哉?"

子曰:"德之不修,学之不讲,闻义不能徙⑦,不善不能改,是吾忧也。"

子之燕居⑧,申申⑨ 如也,夭夭⑩ 如也。

子曰:"甚矣吾衰也! 久矣吾不复梦见周公。"

子曰:"志于道,据于德,依于仁,游⑪ 于艺。"

子曰:"自行束脩⑫ 以上,吾未尝无诲焉。"

子曰:"不愤⑬ 不启,不悱⑭ 不发,举一隅不以三隅反,则不复也。"

子食于有丧者之侧,未尝饱也。子于是日哭,则不歌。

子谓颜渊曰:"用之则行,舍之则藏,唯我与尔有是夫!"子路曰:"子行⑮ 三军,则谁与?"子曰:"暴虎冯河⑯,死而无悔者,吾不与也。必也临事而惧,好谋而成者也。"

子曰:"富而可求也,虽执鞭之士⑰,吾亦为之。如不可求,从吾所好。"

子之所慎:齐⑱,战,疾。

---

① 病:以为病、以为不足。
② 作:创造、创作。
③ 窃:私下里。
④ 老彭:人名。一说为老子,一说为彭祖,已不可考。
⑤ 识(zhì):记住。
⑥ 厌:满足。
⑦ 徙:奔赴、迁移。
⑧ 燕居:在家闲居。燕,安。
⑨ 申申:整饬的样子。
⑩ 夭夭:和舒的样子。
⑪ 游:游憩、流连。
⑫ 束脩:一说十条干肉,一说"束带修饰",从后。
⑬ 愤:心里非常想理解却又不能理解的样子。
⑭ 悱(fěi):想说却又说不出来的样子。
⑮ 行:指挥、统率。
⑯ 暴虎冯(píng)河:徒手搏虎,涉水过河。
⑰ 执鞭之士:有二说:一指古代天子及诸侯出巡时拿着皮鞭在前面开道的人。一指手持皮鞭维持市场秩序的守门人。
⑱ 齐(zhāi):通"斋",斋戒。

子在齐闻《韶》,三月① 不知肉味。曰:"不图为乐之至于斯也!"

冉有曰:"夫子为② 卫君③ 乎?"子贡曰:"诺。吾将问之。"入,曰:"伯夷、叔齐何人也?"曰:"古之贤人也。"曰:"怨乎?"曰:"求仁而得仁,又何怨?"出,曰:"夫子不为也。"

子曰:"饭疏食④ 饮水⑤,曲肱而枕之,乐亦在其中矣。不义而富且贵,于我如浮云。"

子曰:"加我数年,五十以学《易》,可以无大过矣。"

子所雅言⑥,《诗》、《书》、执礼⑦,皆雅言也。

叶公⑧ 问孔子于子路,子路不对。子曰:"女奚不曰,其为人也,发愤忘食,乐以忘忧,不知老之将至云尔。"

子曰:"我非生而知之者,好古,敏以求之者也。"

子不语怪,力,乱,神。

子曰:"三人行,必有我师焉。择其善者而从之,其不善者而改之。"

子曰:"天生德于予,桓魋⑨ 其如予何?"

子曰:"二三子以我为隐⑩ 乎?吾无隐乎尔。吾无行而不与二三子者,是丘也。"

子以四教:文,行,忠,信⑪。

子曰:"圣人,吾不得而见之矣;得见君子者,斯可矣。"子曰:"善人,吾不得而见之矣;得见有恒者⑫,斯可矣。亡⑬ 而为有,虚而为盈,约⑭ 而为泰⑮,难乎有恒矣。"

子钓而不纲⑯,弋不射宿⑰。

子曰:"盖有不知而作之者,我无是也。多闻,择其善者而从之,多见而识之,知之次也。"

---

① 三月:虚数,指很长时间。

② 为(wèi):帮助、赞成。

③ 卫君:卫灵公之孙卫出公,名辄。同父亲蒯聩因争夺王位而战。

④ 疏食:粗粮。

⑤ 水:冷水。热水曰汤,冷水曰水。

⑥ 雅言:指当时较为通行的语言。

⑦ 执礼:行礼。

⑧ 叶(shè):楚国地名,楚君称"王",县长称"公"。叶公,即叶地的长官。

⑨ 桓魋(tuí):宋国司马,名向魋,因是宋桓公的后人,所以称桓魋,曾试图杀害孔子。

⑩ 隐:隐瞒。

⑪ 文,行,忠,信:文,文献。行,行动、实践。忠,忠诚。信,信实。

⑫ 有恒者:有恒心、有操守的人。

⑬ 亡(wú):同"无"。

⑭ 约:穷困。

⑮ 泰:富有、豪华。

⑯ 纲:网上的大绳,上系生丝垂线和钓钩。这里是指用网捕鱼。

⑰ 弋不射宿:弋(yì),缴射,以绳系箭而射。宿,归巢的鸟。

互乡① 难与言②,童子见,门人惑。子曰:"与③ 其进也,不与其退也。唯何甚④? 人洁己⑤以进,与其洁也,不保⑥ 其往也。"

子曰:"仁远乎哉? 我欲仁,斯仁至矣。"

陈司败⑦ 问:"昭公⑧ 知礼乎?"孔子曰:"知礼。"孔子退,揖巫马期⑨ 而进之,曰:"吾闻君子不党⑩,君子亦党乎? 君取⑪ 于吴,为同姓,谓之吴孟子⑫。君而知礼,孰不知礼?"巫马期以告。子曰:"丘也幸,苟有过,人必知之。"

子与人歌而善,必使反之⑬,而后和之。

子曰:"文,莫⑭ 吾犹人也。躬行君子,则吾未之有得。"

子曰:"若圣与仁,则吾岂敢? 抑⑮ 为之不厌,诲人不倦,则可谓云尔已矣。"公西华曰:"正唯弟子不能学也。"

子疾病⑯,子路请祷。子曰:"有诸?"子路对曰:"有之;《诔》⑰ 曰:'祷尔于上下神祇⑱。'"子曰:"丘之祷久矣。"

子曰:"奢则不孙⑲,俭则固⑳。与其不孙也,宁固。"

子曰:"君子坦荡荡,小人长戚戚。"

---

① 互乡:地名,不可考。
② 难与言:难同他们交谈。
③ 与:赞同。
④ 唯何甚:何必做得太过分呢?
⑤ 洁己:把自己的污点洗刷干净。
⑥ 保:保守、保持。
⑦ 陈司败:人名,已不可考。
⑧ 昭公:鲁昭公,名裯,襄公庶子,继襄公而为君,"昭"为谥号。
⑨ 巫马期:孔子的学生,复姓巫马,名施,字子期。
⑩ 党:偏袒。
⑪ 取:同"娶"。
⑫ 吴孟子:鲁昭公夫人,娶于吴国。吴国与鲁国同为姬姓,按照国君夫人的称号是其生长国名加其本姓的原则,夫人应称为吴姬,但因这样明显表明鲁君违反了周朝同姓不婚的原则,故不称吴姬而改称吴孟子,孟子可能是她的字。
⑬ 反:同"返",再唱一遍。
⑭ 莫:大约。
⑮ 抑:连词,表转折,却是、但是。
⑯ 疾病:指重病。
⑰ 诔(lěi):祈祷文。
⑱ 祇(qí):地神。
⑲ 孙:同"逊",谦逊。
⑳ 固:固陋、寒伧。

子温而厉,威而不猛,恭而安①。

泰伯第八

子曰:"泰伯②,其可谓至德也已矣! 三以天下让,民无得而称③ 焉。"

子曰:"恭而无礼则劳④,慎而无礼则葸⑤,勇而无礼则乱,直而无礼则绞⑥。君子笃于亲,则民兴于仁;故旧不遗,则民不偷⑦。"

曾子有疾,召门弟子曰:"启⑧ 予足! 启予手! 《诗》云:'战战兢兢,如临深渊,如履薄冰。'而今而后,吾知免夫! 小子!"

曾子有疾,孟敬子⑨ 问之。曾子言曰:"鸟之将死,其鸣也哀;人之将死,其言也善。君子所贵乎道者三:动容貌,斯远暴慢⑩ 矣;正颜色,斯近信矣;出辞气,斯远鄙倍⑪ 矣。笾豆⑫ 之事,则有司存。"

曾子曰:"以能问于不能,以多问于寡;有若无,实若虚,犯而不校⑬,昔者吾友尝从事于斯矣。"

曾子曰:"可以托六尺之孤,可以寄百里之命⑭,临大节而不可夺⑮ 也。君子人与? 君子人也。"

曾子曰:"士不可以不弘毅,任重而道远。仁以为己任,不亦重乎? 死而后已,不亦远乎?"

子曰:"兴于诗,立于礼,成于乐。"

子曰:"民可使由⑯ 之,不可使知之⑰。"

---

① 恭而安:庄严而安详。
② 泰伯:周朝祖先古公亶父的长子,其弟之子姬昌(周文王)继承了王位,泰伯虽为长子但未继位。
③ 无得而称:找不到恰当的词语来称赞他。
④ 劳:劳累。
⑤ 葸(xǐ):胆怯、害怕。
⑥ 绞:尖刻刺人。
⑦ 偷:淡薄。
⑧ 启:视、看。
⑨ 孟敬子:鲁国大夫仲孙捷。
⑩ 暴慢:粗暴无礼、懈怠不敬。
⑪ 鄙倍:倍,同"背"。粗野鄙陋、不合情理。
⑫ 笾豆:指礼仪的细节。笾,古代一种高脚圆口的竹器,祭祀时用以盛果实等食品。豆,古代一种木质有盖器皿,用以盛放有汁的食物,也用于祭祀。
⑬ 校:计较。
⑭ 命:国家的命运。
⑮ 夺:屈服。
⑯ 由:照着去做。
⑰ 知:知道为什么。

子曰："好勇疾① 贫,乱也。人而不仁,疾之已甚,乱也。"

子曰："如有周公之才之美,使骄且吝,其余不足观也已。"

子曰："三年学,不至于谷②,不易得也。"

子曰："笃信好学,守死善道③。危邦不入,乱邦不居。天下有道则见④,无道则隐。邦有道,贫且贱焉,耻也;邦无道,富且贵焉,耻也。"

子曰："不在其位,不谋其政。"

子曰："师挚之始⑤,《关雎》之乱⑥,洋洋乎,盈耳哉!"

子曰："狂而不直,侗而不愿⑦,悾悾⑧ 而不信,吾不知之矣。"

子曰："学如不及,犹恐失之。"

子曰："巍巍乎,舜、禹之有天下也,而不与⑨ 焉!"

子曰："大哉! 尧之为君也。巍巍乎! 唯天为大,唯尧则之。荡荡乎⑩! 民无能名焉。巍巍乎! 其有成功也,焕乎其有文章⑪!"

舜有臣五人⑫ 而天下治。武王曰："予有乱臣十人⑬。"孔子曰："才难,不其然乎? 唐虞之际,于斯为盛。有妇人⑭ 焉,九人而已。三分天下有其二,以服事殷。周之德,其可谓至德也已矣。"

子曰："禹,吾无间然⑮ 矣。菲⑯ 饮食而致孝乎鬼神,恶⑰ 衣服而致美乎黻冕⑱,卑宫室而尽力乎沟洫⑲。禹,吾无间然矣。"

---

① 疾:厌恶、痛恨。
② 谷:小米,古代以谷米为俸禄。
③ 守死善道:至死保全完美的大道。
④ 见(xiàn):同"现"。
⑤ 师挚之始:师挚,鲁国的太师,名挚。始,乐曲的开端。
⑥ 乱:乐曲的结束。
⑦ 侗而不愿:侗(tóng),幼稚无知。愿,朴实、憨厚。
⑧ 悾悾(kōng):蠢笨、无能。
⑨ 与(yù):参与、关联,这里含有"私有"、"享受"的意思。
⑩ 荡荡乎:广阔的样子。
⑪ 文章:典章制度。
⑫ 五人:指禹、稷、契、皋陶、伯益五人。
⑬ 乱臣:治国之臣。十人:指周公旦、召公奭(shì)、太公望、毕公、荣公、太颠、闳(hóng)天、散宜生、南宫适(kuò)、太姒(sì)。
⑭ 妇人:指太姒。
⑮ 间然:间,空隙、隙缝。间然,挑毛病。
⑯ 菲:菲薄。
⑰ 恶(è):粗劣。
⑱ 黻冕(fú miǎn):祭祀时穿戴的礼服和帽子。
⑲ 沟洫:沟渠,这里指农田水利而言。

子罕第九

子罕言利与命与仁①。

达巷党② 人曰:"大哉! 孔子。博学而无所成名。"子闻之,谓门弟子曰:"吾何执③? 执御乎? 执射乎? 吾执御矣。"

子曰:"麻冕④,礼也;今也纯⑤,俭,吾从众。拜下⑥,礼也;今拜乎上,泰⑦ 也。虽违众,吾从下。"

子绝四:毋意,毋必,毋固,毋我。

子畏⑧ 于匡,曰:"文王既没,文不在兹乎? 天之将丧斯文也,后死者⑨ 不得与⑩ 于斯文也;天之未丧斯文也,匡人其如予何?"

大宰⑪ 问于子贡曰:"夫子圣者与? 何其多能也?"子贡曰:"固⑫ 天纵之将圣,又多能也。"子闻之,曰:"大宰知我乎! 吾少也贱,故多能鄙事。君子多乎哉? 不多也。"牢⑬ 曰:"子云,'吾不试⑭,故艺。'"

子曰:"吾有知乎哉? 无知也。有鄙夫⑮ 问于我,空空如也,我叩其两端而竭焉。"

子曰:"凤鸟⑯ 不至,河不出图⑰,吾已矣夫!"

---

① 《论语集注》引程子语:"计利则害义,命之理微,仁之道大,皆夫子所罕言也。"一说:"与命与仁"前有逗号隔开,"与"为"赞许、赞成"义。

② 达巷党:达地的一条里巷。"巷党"连用,指里巷。

③ 执:掌握。

④ 麻冕:一种麻织的帽子。

⑤ 纯:黑色的丝。

⑥ 拜下:指臣子对君主的行礼,先在堂下磕头,然后上堂再磕头。

⑦ 泰:傲慢无礼、骄妄。

⑧ 畏:同"围"。

⑨ 后死者:孔子自称。

⑩ 与(yù):参与、掌握。

⑪ 大宰:官名,不详其人。

⑫ 固:本来。

⑬ 牢:孔子的学生。

⑭ 试:任用。

⑮ 鄙夫:鄙陋的人、乡下人。

⑯ 凤鸟:凤凰,古代传说中的神鸟,祥瑞的象征,其出现代表天下太平。

⑰ 图:指河图,传说若有圣人受命,黄河就会出现图画。

子见齐衰者、冕衣裳者与瞽者①，见之，虽少，必作②；过之，必趋③。

颜渊喟然叹曰："仰之弥高，钻之弥坚。瞻之在前，忽焉在后。夫子循循然善诱人，博我以文，约我以礼，欲罢不能。既竭吾才，如有所立卓尔④。虽欲从之，末由也已⑤。"

子疾病，子路使门人为臣⑥。病间⑦，曰："久矣哉！由之行诈也，无臣而为有臣。吾谁欺？欺天乎？且予与其死于臣之手也，无宁死于二三子之手乎？且予纵不得大葬，予死于道路乎？"

子贡曰："有美玉于斯，韫椟⑧而藏诸？求善贾⑨而沽诸？"子曰："沽之哉！沽之哉！我待贾者也。"

子欲居九夷⑩。或曰："陋，如之何？"子曰："君子居之，何陋之有？"

子曰："吾自卫反⑪鲁，然后乐正，《雅》《颂》各得其所。"

子曰："出⑫则事公卿，入⑬则事父兄，丧事不敢不勉，不为酒困，何有于我哉？"

子在川上曰："逝者如斯夫！不舍昼夜。"

子曰："吾未见好德如好色者也。"

子曰："譬如为山，未成一篑⑭，止，吾止也。譬如平地，虽覆⑮一篑，进，吾往也。"

子曰："语之而不惰者，其回也与！"

子谓颜渊，曰："惜乎！吾见其进也，未见其止也。"

子曰："苗而不秀⑯者有矣夫！秀而不实⑰者有矣夫！"

子曰："后生可畏，焉知来者之不如今也？四十、五十而无闻⑱焉，斯亦不足畏也已。"

---

① 齐衰(zī cuī)：古代用熟麻布做的丧服。冕衣裳者：戴礼帽穿礼服的人。瞽者：目盲的人。
② 作：站起来。
③ 趋：快步走。
④ 卓尔：卓然独立的样子。
⑤ 末由也已：不知自何处进入。
⑥ 为臣：充当治丧的家臣。
⑦ 病间：病势稍有好转。
⑧ 韫椟(yùn dú)：藏在柜子里。
⑨ 贾(gǔ)：商人。
⑩ 九夷：指淮夷。
⑪ 反：同"返"。
⑫ 出：出仕。
⑬ 入：在家。
⑭ 篑(kuì)：盛土的筐。
⑮ 覆：颠倒、翻转。
⑯ 秀：吐穗、开花。
⑰ 实：结果实。
⑱ 闻：声望。

子曰:"法语之言①,能无从乎? 改之为贵。巽与②之言,能无说③乎? 绎④之为贵。说而不绎,从而不改,吾末如之何⑤也已矣。"

子曰:"主忠信,毋友不如己者,过则勿惮改。"⑥

子曰:"三军⑦可夺帅也,匹夫不可夺志也。"

子曰:"衣敝缊⑧袍,与衣狐貉者立,而不耻者,其由也与? '不忮不求,何用不臧⑨?'"子路终身诵之。子曰:"是道也,何足以臧?"

子曰:"岁寒,然后知松柏之后彫⑩也。"

子曰:"知者不惑,仁者不忧,勇者不惧。"

子曰:"可与共学,未可与适道;可与适道,未可与立;可与立,未可与权。"

"唐棣之华⑪,偏⑫其反而。岂不尔思? 室⑬是远而。"子曰:"未之思也,夫何远之有?"

乡党第十

孔子于乡党,恂恂⑭如也,似不能言者。

其在宗庙朝廷,便便⑮言,唯谨尔。

朝,与下大夫言,侃侃如也;与上大夫言,訚訚⑯如也。君在,踧踖⑰如也,与与⑱如也。

---

① 法语之言:合乎律令、礼制的话。
② 巽与之言:谦恭、顺耳的话。巽,谦逊;与,赞许。
③ 说:同"悦",喜欢、高兴。
④ 绎:分析。
⑤ 末如之何:没有办法。
⑥ 此章重出,见《学而》篇。
⑦ 三军:周朝制度,诸侯中的大国可以拥有军队三军。因此便用"三军"作为军队的通称。
⑧ 缊(yùn):旧丝絮。
⑨ 不忮不求,何用不臧:语出《诗经·邶风·雄雉》。忮(zhì):嫉妒。臧:善,好。
⑩ 彫:同"凋",凋零、凋落。
⑪ 唐棣之华:唐棣,一种植物。华,通"花"。
⑫ 偏:作"翩"。
⑬ 室:家。
⑭ 恂恂(xún xún):恭顺的样子。
⑮ 便便(pián):说话明白流畅。
⑯ 訚訚(yín yín):正直而恭敬。
⑰ 踧踖(cù jí):恭敬而不安。
⑱ 与与:徐徐。

君召使摈①,色勃如也,足躩② 如也。揖所与立,左右手,衣前后,襜③ 如也。趋进,翼如也。宾退,必复命曰:"宾不顾矣。"

入公门,鞠躬④ 如也,如不容。立不中门,行不履阈⑤。过位,色勃如也,足躩如也,其言似不足者。摄齐⑥ 升堂,鞠躬如也,屏气似不息者。出,降一等,逞⑦ 颜色,怡怡如也。没阶,趋,翼如也。复其位,踧踖如也。

执圭⑧,鞠躬如也,如不胜⑨。上如揖,下如授。勃如战色,足蹜蹜⑩,如有循。享礼,有容色。私觌⑪,愉愉如也。

君子不以绀緅⑫ 饰,红紫不以为亵服⑬。当暑,袗绤绤⑭,必表而出之。缁衣羔裘,素衣麑裘,黄衣狐裘。亵裘长,短右袂⑮。必有寝衣,长一身有半。狐貉之厚以居。去丧,无所不佩。非帷裳⑯,必杀⑰ 之。羔裘玄冠不以吊。吉月,必朝服而朝。

齐⑱,必有明衣⑲,布。齐必变食,居必迁坐⑳。

食不厌精,脍不厌细。食饐而餲㉑,鱼馁㉒ 而肉败,不食。色恶,不食。臭恶,不食。失饪,不食。不时,不食。割不正,不食。不得其酱,不食。肉虽多,不使胜食㉓ 气。唯酒无量,不及乱㉔。

----

① 摈:也作"傧"。

② 躩(jué):快速。

③ 襜(chān):整齐。

④ 鞠躬:谨慎恭敬。

⑤ 阈:门槛。

⑥ 摄齐(zī):提起衣服的下摆。

⑦ 逞:放松。

⑧ 圭:一种上圆下方的玉器。

⑨ 胜(shēng):能负担得起。

⑩ 蹜蹜(sù sù):小步快走。

⑪ 觌(dí):相见。

⑫ 绀緅(gàn zōu):绀,天青色;緅,铁灰色。

⑬ 亵服:平常居家时穿的衣服。

⑭ 袗绤绤(zhēn chī xì):袗,单衣;绤,细葛布;绤,粗葛布。

⑮ 袂(mèi):袖子。

⑯ 帷裳:用整幅布制作如帷一样的上朝、祭祀之服。

⑰ 杀(shài):减少、裁去。

⑱ 齐:同"斋"。

⑲ 明衣:浴衣。

⑳ 迁坐:改变卧室。

㉑ 饐(yì)而餲(ài):是指食物因时间长久而腐烂。

㉒ 馁(něi):腐败、腐烂。

㉓ 食(sì):食物。

㉔ 乱:神志昏乱。

沽酒市脯不食。不撤姜食，不多食。祭于公，不宿肉。祭肉不出三日。出三日，不食之矣。食不语，寝不言。虽疏食菜羹，瓜① 祭，必齐如也。

席不正，不坐。

乡人饮酒②，杖者出，斯出矣。乡人傩③，朝服而立于阼④ 阶。

问⑤ 人于他邦，再拜而送之。康子馈药，拜而受之。曰："丘未达，不敢尝。"

厩⑥ 焚。子退朝，曰："伤人乎?"不问马。

君赐食，必正席先尝之。君赐腥，必熟而荐⑦ 之。君赐生，必畜之。侍食于君，君祭，先饭。疾，君视之，东首，加朝服，拖绅⑧。君命召，不俟驾行矣。

入太庙，每事问。

朋友死，无所归，曰："于我殡。"朋友之馈，虽车马，非祭肉，不拜。

寝不尸，居不容。见齐衰者，虽狎⑨，必变。见冕者与瞽者，虽亵⑩，必以貌⑪。凶服⑫ 者式⑬ 之。式负版⑭ 者。有盛馔，必变色而作。迅雷风烈必变。升车，必正立，执绥⑮。车中，不内顾，不疾言，不亲指。

色斯举矣，翔而后集。曰："山梁雌雉，时哉! 时哉!"子路共⑯ 之，三嗅⑰ 而作。

先进第十一

子曰："先进于礼乐，野人⑱ 也;后进于礼乐，君子也。如用之，则吾从先进。"

子曰："从我于陈、蔡者，皆不及门也。"德行:颜渊，闵子骞，冉伯牛，仲弓。言语:宰我，子贡。

---

① 瓜:有三说:一是疑为"必"字误;二是疑为"以"字误;三是对于瓜的祭礼。

② 乡人饮酒:指乡饮酒礼。

③ 傩(nuò):古代一种驱逐疫鬼的风俗。

④ 阼(zuò)阶:东边的台阶，主人所立之地。

⑤ 问:问讯，问好。

⑥ 厩(jiù):马棚。

⑦ 荐:进奉。

⑧ 绅:束在腰间的大带。

⑨ 狎:亲近而不庄重。

⑩ 亵:常见。

⑪ 貌:礼貌。

⑫ 凶服者:送死人衣物的人。

⑬ 式:车前横木。

⑭ 版:国家版图。

⑮ 执绥:拉着登车的绳索。

⑯ 共:作"拱"。

⑰ 嗅(jù):作"臭"，鸟惊呼的样子。

⑱ 野人:农夫。

政事：冉有，季路。文学①：子游，子夏。

子曰："回也非助我者也，于吾言无所不说。"

子曰："孝哉，闵子骞！人不间② 于其父母昆弟之言。"

南容三复白圭③，孔子以其兄之子妻之。

季康子问："弟子孰为好④ 学？"孔子对曰："有颜回者好学，不幸短命死矣！今也则亡。"

颜渊死，颜路⑤ 请子之车以为之椁⑥。子曰："才不才，亦各言其子也。鲤⑦ 也死，有棺而无椁。吾不徒行以为之椁。以吾从大夫之后，不可徒行也。"

颜渊死。子曰："噫！天丧予！天丧予！"

颜渊死，子哭之恸⑧。从者曰："子恸矣。"曰："有恸乎？非夫人之为恸而谁为！"

颜渊死，门人欲厚葬之。子曰："不可。"门人厚葬之。子曰："回也，视予犹父也，予不得视犹子也。非我也，夫二三子也。"

季路问事鬼神。子曰："未能事人，焉能事鬼？"曰："敢问死。"曰："未知生，焉知死？"

闵子侍侧，訚⑨ 訚如也；子路，行⑩ 行如也；冉有、子贡，侃侃如也。子乐："若由也，不得其死然。"

鲁人为长府。闵子骞曰："仍⑪ 旧贯，如之何？何必改作？"子曰："夫人不言，言必有中。"

子曰："由之瑟，奚为于丘之门？"门人不敬子路。子曰："由也升堂矣，未入于室也。"

子贡问："师与商⑫ 也孰贤？"子曰："师也过，商也不及。"曰："然则师愈与？"子曰："过犹不及。"

季氏富于周公，而求也为之聚敛而附益之。子曰："非吾徒也。小子鸣鼓而攻之，可也。"

柴⑬ 也愚，参也鲁，师也辟⑭，由也喭⑮。

---

① 文学：指古代文献。

② 间(jiàn)：非议、异议。

③ 白圭：出自《诗经·大雅·抑》篇："白圭之玷，尚可磨也；斯言之玷，不可为也。"

④ 好(hào)：爱好。

⑤ 颜路：颜渊的父亲。名无繇，小孔子六岁，也是孔子的学生。

⑥ 椁(guǒ)：外棺。

⑦ 鲤：字伯鱼，孔子的儿子，死在颜渊之前。

⑧ 恸(tòng)：哀痛过度。

⑨ 訚(yín)：和悦而能尽言。

⑩ 行(hàng)：刚强。

⑪ 仍：因袭。

⑫ 师：即子张，姓颛孙，名师，字子张。商：即子夏，姓卜，名商，字子夏。

⑬ 柴：即高柴，字子羔，孔子的学生。

⑭ 辟(pì)：偏激。

⑮ 喭(yàn 或 àn)：粗鲁。

子曰:"回也其庶①乎,屡空。赐不受命②,而货殖焉,亿③则屡中。"

子张问善人之道。子曰:"不践迹④,亦不入于室。"

子曰:"论笃是与?⑤君子者乎? 色庄者乎?⑥"

子路问:"闻斯行诸?"子曰:"有父兄在,如之何其闻斯行之?"冉有问:"闻斯行诸?"子曰:"闻斯行之。"公西华曰:"由也问闻斯行诸,子曰,'有父兄在';求也问闻斯行诸,子曰:'闻斯行之'。赤也惑,敢问。"子曰:"求也退,故进之;由也兼人⑦,故退之。"

子畏于匡,颜渊后。子曰:"吾以女为死矣。"曰:"子在,回何敢死?"

季子然⑧问:"仲由、冉求可谓大臣与?"子曰:"吾以子为异之问,曾由与求之问。所谓大臣者,以道事君,不可则止。今由与求也,可谓具臣矣。"曰:"然则从之者与?"子曰:"弑父与君,亦不从也。"

子路使子羔为费宰。子曰:"贼夫人之子。"子路曰:"有民人焉,有社稷⑨焉,何必读书,然后为学?"子曰:"是故恶夫佞者。"

子路、曾皙⑩、冉有、公西华侍坐。子曰:"以吾一日长乎尔,毋吾以也。居⑪则曰:'不吾知也!'如或知尔,则何以哉?"子路率尔而对曰:"千乘之国,摄乎大国之间,加之以师旅,因之以饥馑;由也为之,比⑫及三年,可使有勇,且知方也。"夫子哂⑬之。"求! 尔何如?"对曰:"方六七十,如五六十,求也为之,比及三年,可使足民。如其礼乐,以俟君子。""赤! 尔何如?"对曰:"非曰能之,愿学焉。宗庙之事,如会同,端章甫⑭,愿为小相⑮焉。""点! 尔何如?"鼓瑟希,铿尔,舍瑟

---

① 庶:庶几、差不多。

② 命:命运或命令。

③ 亿:猜度。

④ 践迹:踩着前人的脚印走。

⑤ 论笃是与:即"与论笃"的倒装形式;"是"是帮助倒装之用的词。与,赞许。"论笃"就是"论笃者"的意思。这句话是说:总是推许言论笃实的人。

⑥ "君子者乎? 色庄者乎?"两句:是说(这种笃实的人)是真正的君子呢? 还是神情上伪装庄重的人呢?

⑦ 兼人:勇为。

⑧ 季子然:季氏子弟。

⑨ 社稷:社,土神。稷,谷神。

⑩ 曾皙:名点,孔子的学生,曾参的父亲。

⑪ 居:平日、平常。

⑫ 比(bì):等到。

⑬ 哂(shěn):微笑。

⑭ 端章甫:端,古代礼服之名;章甫,古代礼帽之名。

⑮ 相(xiàng):赞礼之人。

而作①，对曰："异乎三子者之撰②。"子曰："何伤乎？亦各言其志也。"曰："莫③春者，春服既成，冠者五六人，童子六七人，浴乎沂，风乎舞雩④，咏而归。"夫子喟然叹曰："吾与⑤点也！"三子者出，曾皙后。曾皙曰："夫三子者之言何如？"子曰："亦各言其志也已矣。"曰："夫子何哂由也？"曰："为国以礼，其言不让，是故哂之。""唯求则非邦也与？""安见方六七十如五六十而非邦也者？""唯赤则非邦也与？""宗庙会同，非诸侯而何？赤也为之小，孰能为之大？"

颜渊第十二

颜渊问仁。子曰："克己复礼为仁。一日克己复礼，天下归仁⑥焉。为仁由己，而由人乎哉？"颜渊曰："请问其目。"子曰："非礼勿视，非礼勿听，非礼勿言，非礼勿动。"颜渊曰："回虽不敏，请事斯语矣。"

仲弓问仁。子曰："出门如见大宾，使民如承大祭。己所不欲，勿施于人。在邦无怨，在家无怨。"仲弓曰："雍虽不敏，请事斯语矣。"

司马牛问仁。子曰："仁者其言也讱⑦。"曰："其言也讱，斯谓之仁已乎？"子曰："为之难，言之得无讱乎？"

司马牛问君子。子曰："君子不忧不惧。"曰："不忧不惧，斯谓之君子已乎？"子曰："内省不疚，夫何忧何惧？"

司马牛忧曰："人皆有兄弟，我独亡。"子夏曰："商闻之矣，死生有命，富贵在天。君子敬而无失，与人恭而有礼。四海之内，皆兄弟也。君子何患乎无兄弟也？"

子张问明。子曰："浸润之谮⑧，肤受之愬⑨，不行焉，可谓明也已矣。浸润之谮，肤受之愬，不行焉，可谓远也已矣。"

子贡问政。子曰："足食，足兵，民信之矣。"子贡曰："必不得已而去，于斯三者何先？"曰："去兵。"子贡曰："必不得已而去，于斯二者何先？"曰："去食。自古皆有死，民无信不立。"

① 作：起身。
② 撰：陈说。
③ 莫：同"暮"。
④ 雩(yú)："舞雩"指祭天祷雨的地方。
⑤ 与(yù)：赞同。
⑥ 归仁：称许为仁。
⑦ 讱(rèn)：迟钝。
⑧ 谮(zèn)：进谗言、说别人的坏话。
⑨ 愬：同"诉"。

棘子成①曰:"君子质而已矣,何以文为?"子贡曰:"惜乎!夫子②之说,君子也。驷③不及舌。文犹质也,质犹文也。虎豹之鞹④犹犬羊之鞹。"

哀公问于有若曰:"年饥,用不足,如之何?"有若对曰:"盍彻⑤乎?"曰:"二,吾犹不足,如之何其彻也?"对曰:"百姓足,君孰与不足?百姓不足,君孰与足?"

子张问崇德、辨惑。子曰:"主忠信,徙义,崇德也。爱之欲其生,恶之欲其死。既欲其生,又欲其死,是惑也。'诚不以富,亦只以异。'⑥"

齐景公问政于孔子。孔子对曰:"君君,臣臣,父父,子子。"公曰:"善哉!信如君不君,臣不臣,父不父,子不子,虽有粟,吾得而食诸⑦?"

子曰:"片言可以折狱⑧者,其由也与?"子路无宿诺。

子曰:"听讼,吾犹人也。必也使无讼乎!"

子张问政。子曰:"居之无倦,行之以忠。"

子曰:"博学于文,约之以礼,亦可以弗畔矣夫!"⑨

子曰:"君子成人之美,不成人之恶。小人反是。"

季康子问政于孔子。孔子对曰:"政者,正也。子帅⑩以正,孰敢不正?"

季康子患盗,问于孔子。孔子对曰:"苟子之不欲,虽赏之不窃。"

季康子问政于孔子曰:"如杀无道,以就有道,何如?"孔子对曰:"子为政,焉用杀?子欲善,而民善矣。君子之德风,小人之德草。草上之风,必偃⑪。"

子张问:"士何如斯可谓之达矣?"子曰:"何哉,尔所谓达者?"子张对曰:"在邦必闻,在家必闻。"子曰:"是闻也,非达也。夫达也者,质直而好义,察言而观色,虑以下人。在邦必达,在家必达。夫闻也者,色取仁而行违,居之不疑。在邦必闻,在家必闻。"

樊迟从游于舞雩之下,曰:"敢问崇德、修慝⑫、辨惑。"子曰:"善哉问!先事后得,非崇德与?攻其恶,无攻人之恶,非修慝与?一朝之忿,忘其身,以及其亲,非惑与?"

---

① 棘子成:卫国大夫。
② 夫子:古代大夫都可以被尊称为"夫子",所以子贡这样称呼他。
③ 驷(sì):四匹马。
④ 鞹(kuò):去毛的兽皮。
⑤ 彻:周代的赋税制度。
⑥ 诚不以富,亦只以异:出自《诗·小雅·我行其野》。程子认为此为错简,故不易解释。
⑦ 诸:疑问词。
⑧ 片言可以折狱:片言,片面之辞。折,断。
⑨ 此章重出,见《雍也》篇。
⑩ 帅:同"率"。
⑪ 偃(yǎn):倒下。
⑫ 慝(tè):邪恶、恶念。

樊迟问仁。子曰:"爱人。"问知①。子曰:"知人。"樊迟未达。子曰:"举直错诸枉,能使枉者直。"樊迟退,见子夏曰:"乡②也吾见于夫子而问知,子曰,'举直错诸枉,能使枉者直',何谓也?"子夏曰:"富哉言乎! 舜有天下,选于众,举皋陶③,不仁者远矣。汤有天下,选于众,举伊尹④,不仁者远矣。"

子贡问友。子曰:"忠告而善道之,不可则止,无自辱焉。"

曾子曰:"君子以文会友,以友辅仁。"

子路第十三

子路问政。子曰:"先之⑤,劳之。"请益。曰:"无倦。"

仲弓为季氏宰,问政。子曰:"先有司,赦小过,举贤才。"曰:"焉知贤才而举之?"曰:"举尔所知。尔所不知,人其舍诸?"

子路曰:"卫君⑥待子而为政,子将奚先?"子曰:"必也正名乎!"子路曰:"有是哉,子之迂也! 奚其正?"子曰:"野哉由也! 君子于其所不知,盖阙如也。名不正,则言不顺;言不顺,则事不成;事不成,则礼乐不兴;礼乐不兴,则刑罚不中;刑罚不中,则民无所措手足。故君子名之必可言也,言之必可行也。君子于其言,无所苟而已矣。"

樊迟请学稼。子曰:"吾不如老农。"请学为圃。曰:"吾不如老圃。"樊迟出。子曰:"小人哉,樊须也! 上好礼,则民莫敢不敬;上好义,则民莫敢不服;上好信,则民莫敢不用情。夫如是,则四方之民襁⑦负其子而至矣,焉用稼?"

子曰:"诵《诗》三百,授之以政,不达;使于四方,不能专对;虽多,亦奚以为?"

子曰:"其身正,不令而行;其身不正,虽令不从。"

子曰:"鲁、卫之政,兄弟也。"

子谓卫公子荆⑧,"善居室⑨。始有,曰:'苟合⑩矣。'少有,曰:'苟完矣。'富有,曰:'苟美矣。'"

---

① 知:同"智"。
② 乡:同"向"。
③ 皋陶(gāo yáo):舜的臣子。
④ 伊尹:汤的辅相。
⑤ 之:指百姓。
⑥ 卫君:卫出公辄。
⑦ 襁(qiǎng):背负婴儿的带子或布兜。
⑧ 荆:卫国的公子。
⑨ 居室:一指居住房舍,二指夫妇同居,三指汉代时的狱名,四指积蓄家业。
⑩ 合:足够。

子适卫,冉有仆①。子曰:"庶② 矣哉!"冉有曰:"既庶矣,又何加焉?"曰:"富之。"曰:"既富矣,又何加焉?"曰:"教之。"

子曰:"苟有用我者,期月③ 而已可也,三年有成。"

子曰:"善人为邦百年,亦可以胜残去杀矣。诚哉是言也!"

子曰:"如有王者,必世④ 而后仁。"

子曰:"苟正其身矣,于从政乎何有? 不能正其身,如正人何?"

冉子退朝。子曰:"何晏⑤ 也?"对曰:"有政。"子曰:"其事⑥ 也。如有政,虽不吾以,吾其与⑦ 闻之。"

定公问:"一言而可以兴邦,有诸?"孔子对曰:"言不可以若是其几⑧ 也。人之言曰:'为君难,为臣不易。'如知为君之难也,不几⑨乎一言而兴邦乎?"曰:"一言而丧邦,有诸?"孔子对曰:"言不可以若是其几也。人之言曰:'予无乐乎为君,唯其言而莫予违也。'如其善而莫之违也,不亦善乎? 如不善而莫之违也,不几乎一言而丧邦乎?"

叶⑩ 公问政。子曰:"近者说⑪,远者来。"

子夏为莒父⑫ 宰,问政。子曰:"无欲速,无见小利。欲速则不达,见小利则大事不成。"

叶公语⑬ 孔子曰:"吾党有直躬者,其父攘⑭ 羊,而子证之。"孔子曰:"吾党之直者异于是,父为子隐,子为父隐。直在其中矣。"

樊迟问仁。子曰:"居处恭,执事敬,与人忠。虽之夷狄,不可弃也。"

子贡问曰:"何如斯可谓之士矣?"子曰:"行己有耻,使于四方,不辱君命,可谓士矣。"曰:"敢问其次。"曰:"宗族称孝焉,乡党称弟⑮ 焉。"曰:"敢问其次。"曰:"言必信,行必果,硁硁⑯ 然小人

---

① 仆:驾驭车马。

② 庶:众、多。

③ 期(jī):一年。

④ 世:三十年为一世。

⑤ 晏(yàn):晚。

⑥ 事:指季氏的事务。

⑦ 与(yù):参与。

⑧ 兆:征兆。

⑨ 几:接近

⑩ 叶:音 shè。

⑪ 说(yuè):同"悦"。

⑫ 莒父:鲁国之一邑。

⑬ 语(yù):告诉。

⑭ 攘(rǎng):窃取。

⑮ 弟(tì):同"悌"。

⑯ 硁(kēng):击石声。硁硁,浅见固执的样子。

哉！抑亦可以为次矣。"曰："今之从政者何如？"子曰："噫！斗筲① 之人，何足算也？"

子曰："不得中行而与之，必也狂狷乎！狂者进取，狷② 者有所不为也。"

子曰："南人有言曰：'人而无恒，不可以作巫医。'善夫！"不恒其德，或承之羞。③ 子曰："不占而已矣。"

子曰："君子和而不同，小人同而不和。"

子贡问曰："乡人皆好之，何如？"子曰："未可也。""乡人皆恶之，何如？"子曰："未可也。不如乡人之善者好之，其不善者恶之。"

子曰："君子易事而难说④ 也。说之不以道，不说也；及其使人也，器之。小人难事而易说也。说之虽不以道，说也；及其使人也，求备焉。"

子曰："君子泰⑤ 而不骄，小人骄而不泰。"

子曰："刚、毅、木、讷，近仁。"

子路问曰："何如斯可谓之士矣？"子曰："切切、偲偲⑥，怡怡⑦ 如也，可谓士矣。朋友切切、偲偲，兄弟怡怡。"

子曰："善人教民七年，亦可以即戎矣。"

子曰："以不教民⑧ 战，是谓弃之。"

宪问第十四

宪⑨ 问耻。子曰："邦有道，谷；邦无道，谷，耻也。"

"克、伐、怨、欲不行焉，可以为仁矣？"子曰："可以为难矣，仁则吾不知也。"

子曰："士而怀居⑩，不足以为士矣。"

子曰："邦有道，危⑪ 言危行；邦无道，危行言孙⑫。"

子曰："有德者必有言，有言者不必有德。仁者必有勇，勇者不必有仁。"

---

① 筲(shāo)：古时盛饭的竹器，容一斗二升，一说容五升。
② 狷(juàn)：拘谨守分、洁身自好。
③ 不恒其德，或承之羞：见《周易·恒》九三爻辞。
④ 说(yuè)：同"悦"，取悦。
⑤ 泰：安舒。
⑥ 切切、偲偲(sī sī)：互相敬重切磋勉励貌。
⑦ 怡怡：和顺的样子。
⑧ 不教民：即"不教之民"。
⑨ 宪：即原宪，孔子的弟子。
⑩ 居：安居。
⑪ 危：方正。
⑫ 孙(xùn)：同"逊"。

南宫适① 问于孔子曰:"羿善射,奡② 荡舟,俱不得其死然。禹、稷躬稼而有天下。"夫子不答。南宫适出,子曰:"君子哉若人! 尚德哉若人!"

子曰:"君子而不仁者有矣夫,未有小人而仁者也。"

子曰:"爱之,能勿劳乎? 忠焉,能勿诲乎?"

子曰:"为命③,裨谌④ 草创之,世叔讨论之,行人⑤ 子羽修饰之,东里子产润色之。"

或问子产。子曰:"惠人也。"问子西⑥。曰:"彼哉! 彼哉!"问管仲。曰:"人也。夺伯氏骈邑三百,饭疏食,没齿无怨言。⑦"

子曰:"贫而无怨难,富而无骄易。"

子曰:"孟公绰为赵、魏老则优,不可以为滕、薛大夫。⑧"

子路问成人。子曰:"若臧武仲⑨ 之知,公绰之不欲,卞庄子之勇,冉求之艺,文之以礼乐,亦可以为成人矣。"曰:"今之成人者何必然? 见利思义,见危授命,久要⑩ 不忘平生之言,亦可以为成人矣。"

子问公叔文子⑪ 于公明贾曰:"信乎夫子不言、不笑、不取乎?"公明贾对曰:"以告者过也。夫子时然后言,人不厌其言;乐然后笑,人不厌其笑;义然后取,人不厌其取。"子曰:"其然,岂其然乎?"

子曰:"臧武仲以防⑫ 求为后于鲁,虽曰不要⑬ 君,吾不信也。"

子曰:"晋文公谲而不正,齐桓公正而不谲。⑭"

子路曰:"桓公杀公子纠,召忽死之,管仲不死。"曰:"未仁乎?"子曰:"桓公九合⑮ 诸侯,不以

① 南宫适(kuò):孔子的学生。
② 奡(ào):夏代寒浞的儿子。
③ 命:这里指外交辞令。
④ 裨谌(bì chén):裨谌、世叔、子羽、子产都是郑国大夫。
⑤ 行人:古代的外交官。
⑥ 子西:春秋时有三个子西。一是子产的同宗兄弟公孙夏,此二人相继主持郑国的政事。其他二子西皆是楚大夫,一是宜申,二是公子申。这里指的是公孙夏。
⑦ "自人也"至"无怨言":伯氏,齐国大夫。"人也",此指管仲是个人才,夺人骈邑而能让人无怨言。
⑧ 自"孟公绰"至"滕、薛大夫":孟公绰(chāo):鲁国大夫。老:大夫的家臣称老。滕、薛:滕与薛都是当时的小国,在鲁国附近。此句是指孟公绰让他去做晋国诸卿赵氏、魏氏的家臣,那是力有余裕的;却没有才能来做滕、薛这样小国的大夫。
⑨ 臧武仲:鲁国大夫臧孙纥。下文卞庄子也是鲁人,鲁国的勇士。
⑩ 要:为"约"的借字,穷困的意思。
⑪ 公叔文子:卫国大夫。下文公明贾也是卫人,姓公明,名贾。
⑫ 防:臧武仲的封邑。
⑬ 要(yāo):要挟。
⑭ 晋文公:名重耳,为春秋五霸主之一。齐桓公:名小白,为春秋五霸主之一。谲(jué):欺诈。
⑮ 九合诸侯:齐桓公纠合诸侯共计十一次,"九"是虚数。

兵车,管仲之力也。如其仁!如其仁!"

子贡曰:"管仲非仁者与? 桓公杀公子纠,不能死,又相之。"子曰:"管仲相桓公,霸诸侯,一匡① 天下,民到于今受其赐。微管仲,吾其被发左衽矣。② 岂若匹夫匹妇之为谅③ 也,自经④ 于沟渎而莫之知也?"

公叔文子之臣大夫僎⑤ 与文子同升诸公。子闻之,曰:"可以为'文'矣。"

子言卫灵公之无道也,康子曰:"夫如是,奚而不丧?"孔子曰:"仲叔圉⑥ 治宾客,祝鲀治宗庙,王孙贾治军旅。夫如是,奚其丧?"

子曰:"其言之不怍⑦,则为之也难。"

陈成子弑简公。⑧ 孔子沐浴而朝,告于哀公曰:"陈恒弑其君,请讨之。"公曰:"告夫三子⑨!"孔子曰:"以吾从大夫之后,不敢不告也。君曰'告夫三子'者!"之三子告,不可。孔子曰:"以吾从大夫之后,不敢不告也。"

子路问事君。子曰:"勿欺也,而犯之。"

子曰:"君子上达,小人下达。"

子曰:"古之学者为己,今之学者为人。"

蘧伯玉⑩ 使人于孔子。孔子与之坐而问焉,曰:"夫子何为?"对曰:"夫子欲寡其过而未能也。"使者出。子曰:"使乎! 使乎!"

子曰:"不在其位,不谋其政。"⑪

曾子曰:"君子思不出其位。"

子曰:"君子耻其言而过其行。"

子曰:"君子道者三,我无能焉:仁者不忧,知者不惑,勇者不惧。"子贡曰:"夫子自道也。"

子贡方人⑫。子曰:"赐也贤乎哉? 夫我则不暇。"

子曰:"不患人之不己知,患其不能也。"

---

① 匡:匡正。
② 微管仲,吾其被发左衽矣:微,无。被(pī),同"披"。衽(rèn),衣襟。披发左衽为夷狄之俗。
③ 谅:小信。
④ 自经:自缢。
⑤ 僎(zhuàn):人名。
⑥ 仲叔圉:即孔文子。
⑦ 怍:惭愧。
⑧ 陈成子:齐大夫陈恒。简公:齐简公,名壬。
⑨ 三子:指季孙、孟孙、仲孙三家大夫。
⑩ 蘧伯玉:卫国大夫,名瑗。
⑪ 此章重出,见《泰伯》篇。
⑫ 方人:讥评别人。

子曰："不逆诈，不亿不信，抑亦先觉者，是贤乎！"

微生亩①谓孔子曰："丘何为是栖栖者与？无乃为佞乎？"孔子曰："非敢为佞也，疾固也。"

子曰："骥②不称其力，称其德也。"

或曰："以德报怨，何如？"子曰："何以报德？以直报怨，以德报德。"

子曰："莫我知也夫！"子贡曰："何为其莫知子也？"子曰："不怨天，不尤人，下学而上达。知我者其天乎！"

公伯寮③愬④子路于季孙。子服景伯以告，曰："夫子固有惑志于公伯寮，吾力犹能肆诸市朝⑤。"子曰："道之将行也与，命也；道之将废也与，命也。公伯寮其如命何！"

子曰："贤者辟⑥世，其次辟地，其次辟色，其次辟言。"

子曰："作者七人矣。"

子路宿于石门⑦。晨门曰："奚自？"子路曰："自孔氏。"曰："是知其不可而为之者与？"

子击磬于卫，有荷⑧蒉而过孔氏之门者，曰："有心哉，击磬乎！"既而曰："鄙哉，硁硁乎！莫己知也，斯己而已矣。深则厉，浅则揭。⑨"子曰："果哉！末之难矣。"⑩

子张曰："《书》云：'高宗谅阴，三年不言。'⑪何谓也？"子曰："何必高宗？古之人皆然。君薨，百官总己以听于冢宰三年。"

子曰："上好礼，则民易使也。"

子路问君子。子曰："修己以敬。"曰："如斯而已乎？"曰："修己以安人。"曰："如斯而已乎？"曰："修己以安百姓。修己以安百姓，尧舜其犹病⑫诸？"

原壤夷俟⑬。子曰："幼而不孙弟⑭，长而无述焉，老而不死，是为贼⑮！"以杖叩其胫。

---

① 微生亩：姓微生，名亩。

② 骥：千里马。

③ 公伯寮：公伯氏，名寮，鲁国人。下文子服景伯为鲁国大夫，名何。

④ 愬(sù)：同"诉"。

⑤ 市朝：古人把罪人的尸体示众，或者在朝廷，或者在市集。

⑥ 辟：同"避"。

⑦ 石门：鲁国城外门。

⑧ 荷：担负。

⑨ 深则厉，浅则揭：见于《诗经·邶风·匏有苦叶》。这是比喻。水深比喻社会非常黑暗，只得听之任之；水浅比喻黑暗的程度不深，还可以使自己不受沾染，便不妨撩起衣裳，免得濡湿。

⑩ 果：果敢、坚决。末：无。此指"无法说服他了"。

⑪ 语见《尚书·无逸》篇。谅阴：居丧时所住的房子，又叫"凶庐"。

⑫ 病：苦于不足。

⑬ 原壤夷俟：原壤，孔子的老朋友。夷，箕距。俟，等待。

⑭ 孙(xùn)：同"逊"。弟(tì)：同"悌"。

⑮ 贼：偷生。

阙党① 童子将命。或问之曰："益者与？"子曰："吾见其居于位也，见其与先生并行也。非求益者也，欲速成者也。"

卫灵公第十五

卫灵公问陈② 于孔子。孔子对曰："俎豆③ 之事，则尝闻之矣；军旅之事，未之学也。"明日遂行。在陈绝粮，从者病，莫能兴。子路愠见曰："君子亦有穷乎？"子曰："君子固穷，小人穷斯滥矣。"

子曰："赐也，女以予为多学而识④ 之者与？"对曰："然，非与？"曰："非也，予一以贯之。"

子曰："由！知德者鲜矣。"

子曰："无为而治者其舜也与？夫何为哉？恭己正南面而已矣。"

子张问行。子曰："言忠信，行笃敬，虽蛮貊⑤ 之邦行矣。言不忠信，行不笃敬，虽州里行乎哉？立，则见其参⑥ 于前也；在舆，则见其倚于衡⑦ 也。夫然后行。"子张书诸绅。

子曰："直哉史鱼⑧！邦有道，如矢；邦无道，如矢。君子哉蘧伯玉！邦有道，则仕；邦无道，则可卷而怀之。"

子曰："可与言而不与之言，失人；不可与言而与之言，失言。知者不失人，亦不失言。"

子曰："志士仁人，无求生以害仁，有杀身以成仁。"

子贡问为仁。子曰："工欲善其事，必先利其器。居是邦也，事其大夫之贤者，友其士之仁者。"

颜渊问为邦。子曰："行夏之时⑨，乘殷之辂⑩，服周之冕，乐则《韶》《舞》⑪。放郑声，远佞人。郑声淫，佞人殆。"

子曰："人无远虑，必有近忧。"

---

① 阙党：孔子所居住的地方的地名。
② 陈：同"阵"。
③ 俎豆：俎和豆都是古代行礼时用的盛肉食的器皿，借以表示礼仪之事。
④ 识(zhì)：记忆。
⑤ 蛮貊：蛮在南，貊在北，皆异族。
⑥ 参：探究。
⑦ 衡：车前横轭。
⑧ 史鱼：卫国大夫，名鳅，字子鱼。下文中蘧伯玉为春秋末卫国大夫，因贤德闻名诸侯，事可参见《左传》襄公十四年和二十六年。
⑨ 夏之时：古历法，有夏正、殷正、周正之分。夏正即今天的阴历。殷正以阴历十二月为正月，周正以阴历十一月为正月。
⑩ 辂(lù)：商代的车子。
⑪ 《韶》《舞》：韶是舜乐；舞同"武"，是周武王乐。

子曰:"已矣乎! 吾未见好① 德如好色者也。"

子曰:"臧文仲其窃位者与? 知柳下惠之贤而不与立也。"②

子曰:"躬自厚而薄责于人,则远怨矣。"

子曰:"不曰'如之何,如之何'者,吾末如之何也已矣。"

子曰:"群居终日,言不及义,好行小慧,难矣哉!"

子曰:"君子义以为质,礼以行之,孙③ 以出之,信以成之。君子哉!"

子曰:"君子病④ 无能焉,不病人之不己知也。"

子曰:"君子疾没世而名不称焉。"

子曰:"君子求诸己,小人求诸人。"

子曰:"君子矜而不争,群而不党。"

子曰:"君子不以言举人,不以人废言。"

子贡问曰:"有一言而可以终身行之者乎?"子曰:"其恕乎! 己所不欲,勿施于人。"

子曰:"吾之于人也,谁毁谁誉? 如有所誉者,其有所试矣。斯民也,三代之所以直道而行也。"

子曰:"吾犹及史之阙文也。有马者借人乘之,今亡⑤ 矣夫!"

子曰:"巧言乱德。小不忍则乱大谋。"

子曰:"众恶之,必察焉;众好之,必察焉。"

子曰:"人能弘道,非道弘人。"

子曰:"过而不改,是谓过矣。"

子曰:"吾尝终日不食,终夜不寝,以思,无益,不如学也。"

子曰:"君子谋道不谋食。耕也,馁⑥ 在其中矣;学也,禄在其中矣。君子忧道不忧贫。"

子曰:"知⑦ 及之,仁不能守之;虽得之,必失之。知及之,仁能守之。不庄以莅⑧ 之,则民不敬。知及之,仁能守之,庄以莅之,动之不以礼,未善也。"

子曰:"君子不可小知而可大受也,小人不可大受而可小知也。"

子曰:"民之于仁也,甚于水火。水火,吾见蹈而死者矣,未见蹈仁而死者也。"

---

① 好(hào):爱好、喜欢。

② 臧文仲:鲁国大夫臧孙辰,历仕庄、闵、僖、文四朝。柳下惠:鲁国贤者,本名展获,字禽,又叫展季。"柳下"可能是其居住,"惠"是其私谥。立:同"位"。

③ 孙:同"逊",谦逊。

④ 病:担忧。

⑤ 亡(wú):同"无"。

⑥ 馁:饥饿。

⑦ 知(zhì):同"智",智慧。

⑧ 莅:到、临。

子曰："当① 仁，不让于师。"

子曰："君子贞而不谅。"

子曰："事君，敬其事而后其食。"

子曰："有教无类。"

子曰："道不同，不相为谋。"

子曰："辞达而已矣。"

师冕② 见，及阶，子曰："阶也。"及席，子曰："席也。"皆坐，子告之曰："某在斯，某在斯。"师冕出。子张问曰："与师言之道与？"子曰："然。固相师之道也。"

季氏第十六

季氏将伐颛臾③。冉有、季路见于孔子曰："季氏将有事④ 于颛臾。"孔子曰："求！无乃尔是过⑤ 与？夫颛臾，昔者先王以为东蒙⑥ 主，且在邦域之中矣，是社稷之臣也。何以伐为？"冉有曰："夫子欲之，吾二臣者皆不欲也。"孔子曰："求！周任⑦ 有言曰：'陈力就列⑧，不能者止。'危而不持，颠而不扶，则将焉用彼相⑨ 矣？且尔言过矣，虎兕出于柙，龟玉毁于椟中，是谁之过与？"冉有曰："今夫颛臾，固而近于费⑩。今不取，后世必为子孙忧。"孔子曰："求！君子疾夫舍曰欲之而必为之辞。丘也闻有国有家者，不患寡而患不均，不患贫而患不安。盖均无贫，和无寡，安无倾。夫如是，故远人不服，则修文德以来之。既来之，则安之。今由与求也，相夫子，远人不服，而不能来也；邦分崩离析，而不能守也；而谋动干戈于邦内。吾恐季孙之忧，不在颛臾，而在萧墙之内也。"

孔子曰："天下有道，则礼乐征伐自天子出；天下无道，则礼乐征伐自诸侯出。自诸侯出，盖十世希不失矣；自大夫出，五世希不失矣；陪臣⑪ 执国命，三世希不失矣。天下有道，则政不在大夫。天下有道，则庶人不议。"

---

① 当：值或担当，这里采用前者。

② 师冕：师，乐师；冕，乐师之名。

③ 颛臾(zhuān yú)：鲁国的附庸国，今山东费县西北八十里有颛臾村，当属于古颛臾之地。

④ 有事：用兵。

⑤ 尔是过：相当于"过尔"，归罪于你。

⑥ 东蒙：蒙山。

⑦ 周任：古代的一位史官。

⑧ 列：居位。

⑨ 相：助手，辅佐的人。

⑩ 费(bì)：鲁国季氏采邑。

⑪ 陪臣：家臣。

孔子曰:"禄之去公室五世矣,政逮①于大夫四世矣,故夫三桓②之子孙,微矣。"

孔子曰:"益者三友,损者三友。友直,友谅③,友多闻,益矣。友便辟④,友善柔,友便佞,损矣。"

孔子曰:"益者三乐,损者三乐。乐节礼乐,乐道人之善,乐多贤友,益矣。乐骄乐,乐佚游,乐宴乐,损矣。"

孔子曰:"侍于君子有三愆⑤:言未及之而言谓之躁,言及之而不言谓之隐,未见颜色而言谓之瞽。"

孔子曰:"君子有三戒:少之时,血气未定,戒之在色;及其壮也,血气方刚,戒之在斗;及其老也,血气既衰,戒之在得。"

孔子曰:"君子有三畏:畏天命,畏大人⑥,畏圣人之言。小人不知天命而不畏也,狎⑦大人,侮圣人之言。"

孔子曰:"生而知之者上也;学而知之者次也;困而学之,又其次也;困而不学,民斯为下矣。"

孔子曰:"君子有九思:视思明,听思聪,色思温,貌思恭,言思忠,事思敬,疑思问,忿思难,见得思义。"

孔子曰:"见善如不及,见不善如探汤。吾见其人矣,吾闻其语矣。隐居以求其志,行义以达其道。吾闻其语矣,未见其人也。"

齐景公有马千驷,死之日,民无德而称焉。伯夷、叔齐饿于首阳之下,民到于今称之。其斯之谓与?

陈亢⑧问于伯鱼曰:"子亦有异闻乎?"对曰:"未也。尝独立,鲤趋而过庭。曰:'学《诗》乎?'对曰:'未也。''不学《诗》,无以言。'鲤退而学《诗》。他日,又独立,鲤趋而过庭。曰:'学《礼》乎?'对曰:'未也。''不学《礼》,无以立。'鲤退而学《礼》。闻斯二者。"陈亢退而喜曰:"问一得三:闻《诗》,闻《礼》,又闻君子之远其子也。"

邦君之妻,君称之曰"夫人",夫人自称曰"小童";邦人称之曰"君夫人",称诸异邦曰"寡小君";异邦人称之亦曰"君夫人"。

---

① 逮:及。
② 三桓:鲁国孟孙、叔孙、季孙三卿。
③ 谅:信。
④ 辟(pì):同"僻"。
⑤ 愆(qiān):过失。
⑥ 大人:居高位的人。
⑦ 狎:轻视。
⑧ 亢(gāng):陈子禽。

阳货第十七

阳货①欲见孔子,孔子不见,归②孔子豚。孔子时其亡也,而往拜之,遇诸涂③。谓孔子曰:"来!予与尔言。"曰:"怀其宝而迷其邦,可谓仁乎?"曰:"不可。""好从事而亟④失时,可谓知乎?"曰:"不可。""日月逝矣,岁不我与。"孔子曰:"诺。吾将仕矣。"

子曰:"性相近也,习相远也。"

子曰:"唯上知与下愚不移。"

子之武城,闻弦歌之声。夫子莞尔而笑,曰:"割鸡焉用牛刀?"子游对曰:"昔者偃也闻诸夫子曰:'君子学道则爱人,小人学道则易使也。'"子曰:"二三子!偃之言是也。前言戏之耳。"

公山弗扰以费畔⑤,召,子欲往。子路不说,曰:"末之也,已⑥,何必公山氏之之⑦也?"子曰:"夫召我者,而岂徒哉?如有用我者,吾其为东周乎?"

子张问仁于孔子。孔子曰:"能行五者于天下,为仁矣。"请问之。曰:"恭,宽,信,敏,惠。恭则不侮,宽则得众,信则人任焉,敏则有功,惠则足以使人。"

佛肸⑧召,子欲往。子路曰:"昔者由也闻诸夫子曰:'亲于其身为不善者,君子不入也。'佛肸以中牟⑨畔,子之往也,如之何?"子曰:"然,有是言也。不曰坚乎,磨而不磷⑩;不曰白乎,涅⑪而不缁。吾岂匏瓜⑫也哉?焉能系而不食?"

子曰:"由也,女闻六言六蔽矣乎?"对曰:"未也。""居!吾语女。好仁不好学,其蔽也愚;好知不好学,其蔽也荡⑬;好信不好学,其蔽也贼⑭;好直不好学,其蔽也绞⑮;好勇不好学,其蔽也乱;好刚不好学,其蔽也狂。"

子曰:"小子何莫学夫《诗》?《诗》,可以兴,可以观,可以群,可以怨。迩之事父,远之事君。

---

① 阳货:又叫阳虎,季氏家臣。
② 归(kuì):同"馈",赠送。
③ 涂:同"途"。
④ 亟(qì):屡次
⑤ 公山弗扰:公山不狃,季氏家臣。费:(bì)。畔:同"叛"。
⑥ 已:停止。"末之也,已"是说没地方去就算了。
⑦ 何必公山氏之之:为"何必之公山氏"之倒装语,"之之"的第一个"之"字只是帮助倒装用的结构助词,第二个"之"字是动词。
⑧ 佛肸(bì xì):中牟的县长。
⑨ 中牟:春秋时期晋国的采邑,故城在今日河北省邢台与邯郸之间。
⑩ 磷(lìn):薄。
⑪ 涅(niè):古代一种作黑色染料的矿物,这里作动词,指染黑。
⑫ 匏(páo)瓜:一种瓜,味苦,不能食用。
⑬ 荡:流荡。
⑭ 贼:伤害。
⑮ 绞:急切。

多识于鸟兽草木之名。"

子谓伯鱼曰:"女为《周南》《召南》^①矣乎?人而不为《周南》《召南》,其犹正墙面而立也与?"

子曰:"礼云礼云,玉帛云乎哉?乐云乐云,钟鼓云乎哉?"

子曰:"色厉而内荏^②,譬诸小人,其犹穿窬^③之盗也与?"

子曰:"乡原^④,德之贼也。"

子曰:"道听而途说,德之弃也。"

子曰:"鄙夫可与事君也与哉?其未得之也,患得之。既得之,患失之。苟患失之,无所不至矣。"

子曰:"古者民有三疾,今也或是之亡^⑤也。古之狂也肆,今之狂也荡;古之矜也廉^⑥,今之矜也忿戾;古之愚也直,今之愚也诈而已矣。"

子曰:"巧言令色,鲜矣仁。"^⑦

子曰:"恶紫之夺朱也,恶郑声之乱雅乐也,恶利口之覆邦家者。"

子曰:"予欲无言。"子贡曰:"子如不言,则小子何述焉?"子曰:"天何言哉?四时行焉,百物生焉,天何言哉?"

孺悲^⑧欲见孔子,孔子辞以疾。将命者出户,取瑟而歌,使之闻之。

宰我问:"三年之丧,期已久矣。君子三年不为礼,礼必坏;三年不为乐,乐必崩。旧谷既没,新谷既升,钻燧改火,期^⑨可已矣。"子曰:"食夫稻,衣夫锦,于女^⑩安乎?"曰:"安。""女安,则为之!夫君子之居丧,食旨不甘,闻乐不乐,居处不安,故不为也。今女安,则为之!"宰我出。子曰:"予之不仁也!子生三年,然后免于父母之怀。夫三年之丧,天下之通丧也,予也有三年之爱于其父母乎!"

子曰:"饱食终日,无所用心,难矣哉!不有博弈者乎?为之,犹贤乎已^⑪。"

---

①　《周南》、《召(shào)南》:《诗经·国风》中的二篇。
②　荏:柔弱。
③　窬(yú):洞。
④　原:又作"愿"。《孟子·尽心下》对"乡愿"有一段最具体的解释:"何以是嘐嘐也?言不顾行,行不顾言,则曰:'古之人,古之人,行何为踽踽凉凉?生斯世也,为斯世也,善斯可矣。'阉然媚于世也者,是乡原也。"又说:"非之无举也,刺之无刺也。同乎流俗,合乎污世。居之似忠信,行之似廉洁。众皆悦之,自以为是,而不可与入尧舜之道。故曰'德之贼'也。"
⑤　亡(wú):同"无"。
⑥　廉:棱角。
⑦　本章重出,见《学而》篇。
⑧　孺悲:鲁国人。
⑨　期(jī):一年。
⑩　女(rú):同"汝"。
⑪　已:指不行动。犹贤乎已:即干干总比不干好。

子路曰:"君子尚① 勇乎?"子曰:"君子义以为上,君子有勇而无义为乱,小人有勇而无义为盗。"

子贡曰:"君子亦有恶乎?"子曰:"有恶:恶称人之恶者,恶居下流而讪② 上者,恶勇而无礼者,恶果敢而窒者。"曰:"赐也亦有恶乎?""恶徼③ 以为知者,恶不孙④ 以为勇者,恶讦⑤ 以为直者。"

子曰:"唯女子与小人为难养也,近之则不孙,远之则怨。"

子曰:"年四十而见恶焉,其终也已。"

微子第十八

微子去之,箕子为之奴,比干谏而死⑥。孔子曰:"殷有三仁焉。"

柳下惠为士师⑦,三黜。人曰:"子未可以去乎?"曰:"直道而事人,焉往而不三黜?枉道而事人,何必去父母之邦?"

齐景公待孔子曰:"若季氏,则吾不能,以季、孟之间待之。"曰:"吾老矣,不能用也。"孔子行。

齐人归⑧ 女乐,季桓子⑨ 受之,三日不朝,孔子行。

楚狂接舆歌而过孔子曰:"凤兮凤兮!何德之衰?往者不可谏,来者犹可追。已而,已而!今之从政者殆而!"孔子下,欲与之言。趋而辟⑩ 之,不得与之言。

长沮、桀溺⑪ 耦而耕⑫,孔子过之,使子路问津⑬ 焉。长沮曰:"夫执舆⑭ 者为谁?"子路曰:"为孔丘。"曰:"是鲁孔丘与?"曰:"是也。"曰:"是知津矣。"问于桀溺。桀溺曰:"子为谁?"曰:"为仲由。"曰:"是鲁孔丘之徒与?"对曰:"然。"曰:"滔滔者天下皆是也,而谁以易之?且而⑮ 与其从

---

① 尚:崇尚。

② 讪(shàn):诽谤。

③ 徼(jiǎo):抄袭。

④ 孙(xùn):同"逊",谦逊。

⑤ 讦(jié):攻讦。

⑥ 微子:商纣王的同母兄。箕子:商纣王的叔父。比干:商纣王的叔父。

⑦ 士师:典狱官。

⑧ 归(kuì):同"馈"。

⑨ 季桓子:季孙斯,鲁定公到鲁哀公初年的执政的上卿。

⑩ 辟:同"避"。

⑪ 长沮、桀溺:两位隐士。

⑫ 耦而耕:两人并头而耕,叫耦耕。

⑬ 津:渡口。

⑭ 舆:拉马的缰绳。

⑮ 而:同"尔"。

辟人之士也,岂若从辟世之士哉?"耰① 而不辍。子路行以告。夫子怃② 然曰:"鸟兽不可与同群,吾非斯人之徒与而谁与? 天下有道,丘不与易也。"

子路从而后,遇丈人,以杖荷蓧③。子路问曰:"子见夫子乎?"丈人曰:"四体不勤,五谷不分,孰为夫子?"植其杖而芸④。子路拱而立。止子路宿,杀鸡为黍而食之,见其二子焉。明日,子路行以告。子曰:"隐者也。"使子路反见之。至,则行矣。子路曰:"不仕无义。长幼之节,不可废也;君臣之义,如之何其废之? 欲洁其身,而乱大伦。君子之仕也,行其义也。道之不行,已知之矣。"

逸民:伯夷、叔齐、虞仲、夷逸、朱张、柳下惠、少连。子曰:"不降其志,不辱其身,伯夷、叔齐与!"谓:"柳下惠、少连,降志辱身矣。言中⑤ 伦,行中虑,其斯而已矣。"谓:"虞仲、夷逸,隐居放言,身中清,废中权。我则异于是,无可无不可。"

大师挚⑥ 适齐,亚饭⑦ 干适楚,三饭缭适蔡,四饭缺适秦,鼓方叔入于河,播鼗⑧ 武入于汉,少师阳、击磬襄入于海。

周公谓鲁公⑨ 曰:"君子不施⑩ 其亲,不使大臣怨乎不以⑪。故旧无大故,则不弃也。无求备于一人。"

周有八士:伯达、伯适、仲突、仲忽、叔夜、叔夏、季随、季骒⑫。

子张第十九

子张曰:"士见危致命,见得思义,祭思敬,丧思哀,其可已矣。"

子张曰:"执德不弘⑬,信道不笃,焉能为有? 焉能为亡⑭?"

子夏之门人问交⑮ 于子张。子张曰:"子夏云何?"对曰:"子夏曰:'可者与之,其不可者拒

---

① 耰(yōu):播种之后,再用土覆之,摩而平之,使种入土,鸟不能啄。

② 怃(wǔ):怅惘失意。

③ 蓧(diào):古代一种除草工具,又作"莜"。

④ 芸:除草。

⑤ 中:符合。"行中虑"之"中"同。

⑥ 大(tài)师挚:鲁国乐官之长,"挚"是其名。

⑦ 亚饭:古代天子诸侯用饭都需奏乐,所以乐官有"亚饭""三饭""四饭"之称。

⑧ 鼗(táo):小型鼓,又一说为拨浪鼓。

⑨ 鲁公:周公的儿子伯禽。

⑩ 施:同"弛",此指怠慢。

⑪ 以:用,任用,此指大臣被任用。

⑫ 骒:(guā)。

⑬ 弘:"弘"作今之"强"字。

⑭ 亡(wú):同"无"。"日知其所亡"之"亡"同。

⑮ 交:交友之道。

之.'"子张曰："异乎吾所闻。君子尊贤而容众，嘉善而矜不能。我之大贤与，于人何所不容？我之不贤与，人将拒我，如之何其拒人也？"

子夏曰："虽小道，必有可观者焉；致远恐泥①，是以君子不为也。"

子夏曰："日知其所亡，月无忘其所能，可谓好学也已矣。"

子夏曰："博学而笃志，切问而近思，仁在其中矣。"

子夏曰："百工居肆② 以成其事，君子学以致其道。"

子夏曰："小人之过也必文③。"

子夏曰："君子有三变：望之俨然，即之也温，听其言也厉。"

子夏曰："君子信④ 而后劳其民；未信，则以为厉⑤ 己也。信而后谏；未信，则以为谤己也。"

子夏曰："大德不逾闲⑥，小德出入可也。"

子游曰："子夏之门人小子，当洒扫应对进退，则可矣。抑末也，本之则无，如之何？"子夏闻之，曰："噫！言游过矣！君子之道，孰先传焉？孰后倦焉？譬诸草木，区以别矣。君子之道，焉可诬⑦ 也？有始有卒者，其惟圣人乎！"

子夏曰："仕而优⑧ 则学，学而优则仕。"

子游曰："丧致⑨ 乎哀而止。"

子游曰："吾友张也，为难能也，然而未仁。"

曾子曰："堂堂⑩ 乎张也，难与并为仁矣。"

曾子曰："吾闻诸夫子：人未有自致者也，必也亲丧乎！"

曾子曰："吾闻诸夫子：孟庄子⑪ 之孝也，其他可能也；其不改父之臣与父之政，是难能也。"

孟氏使阳肤⑫ 为士师⑬，问于曾子。曾子曰："上失其道，民散久矣。如得其情，则哀矜而勿喜。"

---

① 泥：拘限。

② 肆：官府的制造场所。

③ 文：文饰。

④ 信：使人信。

⑤ 厉：病。

⑥ 闲：阑，界限。

⑦ 诬：欺罔、歪曲。

⑧ 优：悠闲、有余力。

⑨ 致：充分表达。

⑩ 堂堂：容貌庄严大方。

⑪ 孟庄子：鲁国大夫仲孙速。

⑫ 阳肤：曾子的弟子。

⑬ 士师：典狱官。

子贡曰："纣① 之不善,不如是之甚也。是以君子恶居下流②,天下之恶皆归焉。"

子贡曰："君子之过也,如日月之食焉。过也,人皆见之;更也,人皆仰之。"

卫公孙朝③ 问于子贡曰："仲尼焉学?"子贡曰："文武之道,未坠于地,在人。贤者识其大者,不贤者识其小者,莫不有文武之道④ 焉。夫子焉不学?而亦何常师之有?"

叔孙武叔⑤ 语大夫于朝曰："子贡贤于仲尼。"子服景伯以告子贡。子贡曰："譬之宫墙,赐之墙也及肩,窥见室家之好。夫子之墙数仞,不得其门而入,不见宗庙之美,百官⑥ 之富。得其门者或寡矣。夫子之云,不亦宜乎!"

叔孙武叔毁仲尼。子贡曰："无以⑦ 为也!仲尼不可毁也。他人之贤者,丘陵也,犹可逾也;仲尼,日月也,无得而逾焉。人虽欲自绝,其何伤于日月乎?多见其不知量⑧ 也!"

陈子禽谓子贡曰："子为恭也,仲尼岂贤于子乎?"子贡曰："君子一言以为知,一言以为不知,言不可不慎也。夫子之不可及也,犹天之不可阶而升也。夫子之得邦家者,所谓立之斯立,道⑨ 之斯行,绥⑩ 之斯来,动之斯和。其生也荣,其死也哀。如之何其可及也。"

尧曰第二十

尧曰："咨⑪!尔舜!天之历数⑫ 在尔躬,允⑬ 执其中。四海困穷,天禄永终。"舜亦以命禹。曰:"予小子履⑭,敢用玄牡⑮,敢昭⑯ 告于皇皇后帝,有罪不敢赦。帝臣不蔽,简⑰ 在帝心。朕躬有罪,无以万方;万方有罪,罪在朕躬。"周有大赉⑱,善人是富。"虽有周⑲ 亲,不如仁人。百姓有

① 纣:商纣王,商朝最末一位国君。
② 下流:地形处下,众水皆流而归之。
③ 公孙朝:卫国大夫。
④ 文武之道:周文王、周武王的大道。
⑤ 叔孙武叔:鲁国大夫,名州仇,东周时期诸侯国鲁国司马,三桓之一。
⑥ 官:房舍。
⑦ 以:此。
⑧ 多:只。量:度量。
⑨ 道:引导。
⑩ 绥:安。
⑪ 咨:感叹词。
⑫ 历数:历即历;历数,指帝王相继次第。
⑬ 允:信。
⑭ 予小子履:"予小子"和"予一人"都是上古帝王自称之词。履,相传为商汤名。
⑮ 玄牡:黑公牛。
⑯ 昭:明。
⑰ 简:选择。
⑱ 赉(lài):赐予。
⑲ 周:至。

过,在予一人。"谨权量,审法度①,修废官,四方之政行焉。兴灭国,继绝世,举逸民,天下之民归心焉。所重:民、食、丧、祭。宽则得众,信则民任焉,敏则有功,公则说②。

子张问于孔子曰:"何如斯可以从政矣?"子曰:"尊五美,屏③四恶,斯可以从政矣。"子张曰:"何谓五美?"子曰:"君子惠而不费,劳而不怨,欲而不贪,泰而不骄,威而不猛。"子张曰:"何谓惠而不费?"子曰:"因民之所利而利之,斯不亦惠而不费乎? 择可劳而劳之,又谁怨? 欲仁而得仁,又焉贪? 君子无众寡,无小大,无敢慢,斯不亦泰而不骄乎? 君子正其衣冠,尊其瞻视,俨然人望而畏之,斯不亦威而不猛乎?"子张曰:"何谓四恶?"子曰:"不教而杀谓之虐;不戒视成谓之暴;慢令致期谓之贼;犹之与人也,出纳之吝谓之有司④。"

孔子曰:"不知命,无以为君子也;不知礼,无以立也;不知言,无以知人也。"

导修文萃

1、司马迁:《史记·孔子世家》⑤

孔子生鲁昌平乡陬邑。其先宋人也,曰孔防叔。防叔生伯夏,伯夏生叔梁纥。纥与颜氏女野合而生孔子,祷于尼丘得孔子。鲁襄公二十二年而孔子生。生而首上圩顶,故因名曰丘云。字仲尼,姓孔氏。

丘生而叔梁纥死,葬于防山。防山在鲁东,由是孔子疑其父墓处,母讳之也。孔子为儿嬉戏,常陈俎豆,设礼容。孔子母死,乃殡五父之衢,盖其慎也。郰人挽父之母诲孔子父墓,然后往合葬于防焉。

孔子要绖,季氏飨士,孔子与往。阳虎绌曰:"季氏飨士,非敢飨子也。"孔子由是退。

孔子年十七,鲁大夫孟厘子病且死,诫其嗣懿子曰:"孔丘,圣人之后,灭于宋。其祖弗父何始有宋而嗣让厉公。及正考父佐戴、武、宣公,三命兹益恭,故鼎铭云:'一命而偻,再命而伛,三命而俯,循墙而走,亦莫敢余侮。饘于是,粥于是,以餬余口。'其恭如是。吾闻圣人之后,虽不当世,必

---

① 谨权量,审法度:权就是量轻重的衡量,量就是容量,度就是长度。"法度"不是法律制度之意。"谨权量,审法度"两句是"齐一度量衡"的意思。

② 说(yuè):同"悦",高兴。

③ 屏(bǐng):屏除。

④ 有司:古代管事的人,职务卑微,意译为"有司般的小家子气"。

⑤ 司马迁,西汉伟大的史学家、思想家、文学家。本文出自《史记》,中华书局 1973 年版。

有达者。今孔丘年少好礼，其达者欤？吾即没，若必师之。”及厘子卒，懿子与鲁人南宫敬叔往学礼焉。是岁，季武子卒，平子代立。

孔子贫且贱。及长，尝为季氏史，料量平；尝为司职吏而畜蕃息。由是为司空。已而去鲁，斥乎齐，逐乎宋、卫，困于陈蔡之间，于是反鲁。孔子长九尺有六寸，人皆谓之“长人”而异之。鲁复善待，由是反鲁。

鲁南宫敬叔言鲁君曰：“请与孔子适周。”鲁君与之一乘车，两马，一竖子俱，适周问礼，盖见老子云。辞去，而老子送之曰：“吾闻富贵者送人以财，仁人者送人以言。吾不能富贵，窃仁人之号，送子以言，曰：‘聪明深察而近于死者，好议人者也。博辩广大危其身者，发人之恶者也。为人子者毋以有己，为人臣者毋以有己。’”孔子自周反于鲁，弟子稍益进焉。

是时也，晋平公淫，六卿擅权，东伐诸侯；楚灵王兵强，陵轹中国；齐大而近于鲁。鲁小弱，附于楚则晋怒；附于晋则楚来伐；不备于齐，齐师侵鲁。

鲁昭公之二十年，而孔子盖年三十矣。齐景公与晏婴来适鲁，景公问孔子曰：“昔秦穆公国小处辟，其霸何也？”对曰：“秦，国虽小，其志大；处虽辟，行中正。身举五羖，爵之大夫，起累绁之中，与语三日，授之以政。以此取之，虽王可也，其霸小矣。”景公说。

孔子年三十五，而季平子与郈昭伯以斗鸡故，得罪鲁昭公，昭公率师击平子，平子与孟氏、叔孙氏三家共攻昭公，昭公师败，奔于齐，齐处昭公乾侯。其后顷之，鲁乱。孔子适齐，为高昭子家臣，欲以通乎景公。与齐太师语乐，闻韶音，学之，三月不知肉味，齐人称之。

景公问政孔子，孔子曰：“君君，臣臣，父父，子子。”景公曰：“善哉！信如君不君，臣不臣，父不父，子不子，虽有粟，吾岂得而食诸！”他日又复问政于孔子，孔子曰：“政在节财。”景公说，将欲以尼溪田封孔子。晏婴进曰：“夫儒者滑稽而不可轨法；倨傲自顺，不可以为下；崇丧遂哀，破产厚葬，不可以为俗；游说乞贷，不可以为国。自大贤之息，周室既衰，礼乐缺有间。今孔子盛容饰，繁登降之礼，趋详之节，累世不能殚其学，当年不能究其礼。君欲用之以移齐俗，非所以先细民也。”后，景公敬见孔子，不问其礼。异日，景公止孔子曰：“奉子以季氏，吾不能。”以季孟之间待之。齐大夫欲害孔子，孔子闻之。景公曰：“吾老矣，弗能用也。”孔子遂行，反乎鲁。

孔子年四十二，鲁昭公卒于乾侯，定公立。定公立五年，夏，季平子卒，桓子嗣立。季桓子穿井得土缶，中若羊，问仲尼云“得狗”。仲尼曰：“以丘所闻，羊也。丘闻之，木石之怪夔、罔阆，水之怪龙、罔象，土之怪坟羊。”

吴伐越，堕会稽，得骨节专车。吴使使问仲尼：“骨何者最大？”仲尼曰：“禹致群神于会稽山，防风氏后至，禹杀而戮之，其节专车，此为大矣。”吴客曰：“谁为神？”仲尼曰：“山川之神足以纲纪天下，其守为神，社稷为公侯，皆属于王者。”客曰：“防风何守？”仲尼曰：“汪罔氏之君守封、禺之山，为厘姓。在虞、夏、商为汪罔，于周为长翟，今谓之大人。”客曰：“人长几何？”仲尼曰：“僬侥氏三尺，短之至也。长者不过十之，数之极也。”于是吴客曰：“善哉圣人！”

桓子嬖臣曰仲梁怀，与阳虎有隙。阳虎欲逐怀，公山不狃止之。其秋，怀益骄，阳虎执怀。桓子怒,阳虎因囚桓子,与盟而醳之。阳虎由此益轻季氏。季氏亦僭于公室,陪臣执国政,是以鲁自大夫以下皆僭离于正道。故孔子不仕,退而修诗书礼乐,弟子弥众,至自远方,莫不受业焉。

定公八年,公山不狃不得意于季氏,因阳虎为乱,欲废三桓之适,更立其庶孽阳虎素所善者,遂执季桓子。桓子诈之,得脱。定公九年,阳虎不胜,奔于齐。是时孔子年五十。

公山不狃以费畔季氏,使人召孔子。孔子循道弥久,温温无所试,莫能己用,曰:"盖周文武起丰镐而王,今费虽小,傥庶几乎!"欲往。子路不说,止孔子。孔子曰:"夫召我者岂徒哉?如用我,其为东周乎!"然亦卒不行。

其后定公以孔子为中都宰,一年,四方皆则之。由中都宰为司空,由司空为大司寇。

定公十年春,及齐平。夏,齐大夫黎鉏言于景公曰:"鲁用孔丘,其势危齐。"乃使使告鲁为好会,会于夹谷。鲁定公且以乘车好往。孔子摄相事,曰:"臣闻有文事者必有武备,有武事者必有文备。古者诸侯出疆,必具官以从。请具左右司马。"定公曰:"诺。"具左右司马。会齐侯夹谷,为坛位,土阶三等,以会遇之礼相见,揖让而登。献酬之礼毕,齐有司趋而进曰:"请奏四方之乐。"景公曰:"诺。"于是旄旌羽袚矛戟剑拨鼓噪而至。孔子趋而进,历阶而登,不尽一等,举袂而言曰:"吾两君为好会,夷狄之乐何为于此!请命有司!"有司却之,不去,则左右视晏子与景公。景公心怍,麾而去之。有顷,齐有司趋而进曰:"请奏宫中之乐。"景公曰:"诺。"优倡侏儒为戏而前。孔子趋而进,历阶而登,不尽一等,曰:"匹夫而营惑诸侯者罪当诛!请命有司!"有司加法焉,手足异处。景公惧而动,知义不若,归而大恐,告其群臣曰:"鲁以君子之道辅其君,而子独以夷狄之道教寡人,使得罪于鲁君,为之奈何?"有司进对曰:"君子有过则谢以质,小人有过则谢以文。君若悼之,则谢以质。"于是齐侯乃归所侵鲁之郓、汶阳、龟阴之田以谢过。

定公十三年夏,孔子言于定公曰:"臣无藏甲,大夫毋百雉之城。"使仲由为季氏宰,将堕三都。于是叔孙氏先堕郈。季氏将堕费,公山不狃、叔孙辄率费人袭鲁。公与三子入于季氏之宫,登武子之台。费人攻之,弗克,入及公侧。孔子命申句须、乐颀下伐之,费人北。国人追之,败诸姑蔑。二子奔齐,遂堕费。将堕成,公敛处父谓孟孙曰:"堕成,齐人必至于北门。且成,孟氏之保鄣,无成是无孟氏也。我将弗堕。"十二月,公围成,弗克。

定公十四年,孔子年五十六,由大司寇行摄相事,有喜色。门人曰:"闻君子祸至不惧,福至不喜。"孔子曰:"有是言也。不曰'乐其以贵下人'乎?"于是诛鲁大夫乱政者少正卯。与闻国政三月,粥羔豚者弗饰贾;男女行者别于涂;涂不拾遗;四方之客至乎邑者不求有司,皆予之以归。

齐人闻而惧,曰:"孔子为政必霸,霸则吾地近焉,我之为先并矣。盍致地焉?"黎鉏曰:"请先尝沮之;沮之而不可则致地,庸迟乎!"于是选齐国中女子好者八十人,皆衣文衣而舞康乐,文马三十驷,遗鲁君。陈女乐文马于鲁城南高门外,季桓子微服往观再三,将受,乃语鲁君为周道游,往观终日,怠于政事。子路曰:"夫子可以行矣。"孔子曰:"鲁今且郊,如致膰乎大夫,则吾犹可以止。"桓子卒受齐女乐,三日不听政;郊,又不致膰俎于大夫。孔子遂行,宿乎屯。而师己送,曰:"夫子则非罪。"孔子曰:"吾歌可夫?"歌曰:"彼妇之口,可以出走;彼妇之谒,可以死败。盖优哉游哉,维以卒岁!"师己反,桓子曰:"孔子亦何言?"师己以实告。桓子喟然叹曰:"夫子罪我以群婢故也夫!"

孔子遂适卫,主于子路妻兄颜浊邹家。卫灵公问孔子:"居鲁得禄几何?"对曰:"奉粟六万。"卫人亦致粟六万。居顷之,或谮孔子于卫灵公。灵公使公孙余假一出一入。孔子恐获罪焉,居十月,去卫。

将适陈,过匡,颜刻为仆,以其策指之曰:"昔吾入此,由彼缺也。"匡人闻之,以为鲁之阳虎。阳虎尝暴匡人,匡人于是遂止孔子。孔子状类阳虎,拘焉五日,颜渊后,子曰:"吾以汝为死矣。"颜渊曰:"子在,回何敢死!"匡人拘孔子益急,弟子惧。孔子曰:"文王既没,文不在兹乎?天之将丧斯文也,后死者不得与于斯文也。天之未丧斯文也,匡人其如予何!"孔子使从者为宁武子臣于卫,然后得去。

去即过蒲。月余,反乎卫,主蘧伯玉家。灵公夫人有南子者,使人谓孔子曰:"四方之君子不辱欲与寡君为兄弟者,必见寡小君。寡小君愿见。"孔子辞谢,不得已而见之。夫人在絺帷中。孔子入门,北面稽首。夫人自帷中再拜,环佩玉声璆然。孔子曰:"吾乡为弗见,见之礼答焉。"子路不说。孔子矢之曰:"予所否者,天厌之!天厌之!"居卫月余,灵公与夫人同车,宦者雍渠参乘,出,使孔子为次乘,招摇市过之。孔子曰:"吾未见好德如好色者也。"于是丑之,去卫,过曹。是岁,鲁定公卒。

孔子去曹适宋,与弟子习礼大树下。宋司马桓魋欲杀孔子,拔其树。孔子去。弟子曰:"可以速矣。"孔子曰:"天生德于予,桓魋其如予何!"

孔子适郑,与弟子相失,孔子独立郭东门。郑人或谓子贡曰:"东门有人,其颡似尧,其项类皋陶,其肩类子产,然自要以下不及禹三寸。累累若丧家之狗。"子贡以实告孔子。孔子欣然笑曰:"形状,末也。而谓似丧家之狗,然哉!然哉!"

孔子遂至陈,主于司城贞子家。岁余,吴王夫差伐陈,取三邑而去。赵鞅伐朝歌。楚围蔡,蔡迁于吴。吴败越王句践会稽。

有隼集于陈廷而死,楛矢贯之,石砮,矢长尺有咫。陈湣公使使问仲尼。仲尼曰:"隼来远矣,此肃慎之矢也。昔武王克商,通道九夷百蛮,使各以其方贿来贡,使无忘职业。于是肃慎贡楛矢石砮,长尺有咫。先王欲昭其令德,以肃慎矢分大姬,配虞胡公而封诸陈。分同姓以珍玉,展亲;分异姓以远方职,使无忘服。故分陈以肃慎矢。"试求之故府,果得之。

孔子居陈三岁,会晋楚争强,更伐陈,及吴侵陈,陈常被寇。孔子曰:"归与归与!吾党之小子狂简,进取不忘其初。"于是孔子去陈。

过蒲,会公叔氏以蒲畔,蒲人止孔子。弟子有公良孺者,以私车五乘从孔子。其为人长贤,有勇力,谓曰:"吾昔从夫子遇难于匡,今又遇难于此,命也已。吾与夫子再罹难,宁斗而死。"斗甚疾。蒲人惧,谓孔子曰:"苟毋适卫,吾出子。"与之盟,出孔子东门。孔子遂适卫。子贡曰:"盟可负邪?"孔子曰:"要盟也,神不听。"

卫灵公闻孔子来，喜，郊迎。问曰："蒲可伐乎？"对曰："可。"灵公曰："吾大夫以为不可。今蒲，卫之所以待晋楚也，以卫伐之，无乃不可乎？"孔子曰："其男子有死之志，妇人有保西河之志。吾所伐者不过四五人。"灵公曰："善。"然不伐蒲。

灵公老，怠于政，不用孔子。孔子喟然叹曰："苟有用我者，期月而已，三年有成。"孔子行。

佛肸为中牟宰。赵简子攻范、中行，伐中牟。佛肸畔，使人召孔子。孔子欲往。子路曰："由闻诸夫子，'其身亲为不善者，君子不入也'。今佛肸亲以中牟畔，子欲往，如之何？"孔子曰："有是言也。不曰坚乎，磨而不磷；不曰白乎，涅而不淄。我岂匏瓜也哉，焉能系而不食？"

孔子击磬。有荷蒉而过门者，曰："有心哉，击磬乎！硁硁乎，莫己知也夫而已矣！"

孔子学鼓琴师襄子，十日不进。师襄子曰："可以益矣。"孔子曰："丘已习其曲矣，未得其数也。"有间，曰："已习其数，可以益矣。"孔子曰："丘未得其志也。"有间，曰："已习其志，可以益矣。"孔子曰："丘未得其为人也。"有间，（曰）有所穆然深思焉，有所怡然高望而远志焉。曰："丘得其为人，黯然而黑，几然而长，眼如望羊，如王四国，非文王其谁能为此也！"师襄子辟席再拜，曰："师盖云《文王操》也。"

孔子既不得用于卫，将西见赵简子。至于河而闻窦鸣犊、舜华之死也，临河而叹曰："美哉水，洋洋乎！丘之不济此，命也夫！"子贡趋而进曰："敢问何谓也？"孔子曰："窦鸣犊、舜华，晋国之贤大夫也。赵简子未得志之时，须此两人而后从政；及其已得志，杀之乃从政。丘闻之也，刳胎杀夭则麒麟不至郊，竭泽涸渔则蛟龙不合阴阳，覆巢毁卵则凤皇不翔。何则？君子讳伤其类也。夫鸟兽之于不义也尚知辟之，而况乎丘哉！"乃还息乎陬乡，作为陬操以哀之。而反乎卫，入主蘧伯玉家。

他日，灵公问兵陈。孔子曰："俎豆之事则尝闻之，军旅之事未之学也。"明日，与孔子语，见蜚雁，仰视之，色不在孔子。孔子遂行，复如陈。

夏，卫灵公卒，立孙辄，是为卫出公。六月，赵鞅内太子蒯聩于戚。阳虎使太子絻，八人衰绖，伪自卫迎者，哭而入，遂居焉。冬，蔡迁于州来。是岁鲁哀公三年，而孔子年六十矣。齐助卫围戚，以卫太子蒯聩在故也。

夏，鲁桓厘庙燔，南宫敬叔救火。孔子在陈，闻之，曰："灾必于桓厘庙乎？"已而果然。

秋，季桓子病，辇而见鲁城，喟然叹曰："昔此国几兴矣，以吾获罪于孔子，故不兴也。"顾谓其嗣康子曰："我即死，若必相鲁；相鲁，必召仲尼。"后数日，桓子卒，康子代立。已葬，欲召仲尼。公之鱼曰："昔吾先君用之不终，终为诸侯笑。今又用之，不能终，是再为诸侯笑。"康子曰："则谁召而可？"曰："必召冉求。"于是使使召冉求。冉求将行，孔子曰："鲁人召求，非小用之，将大用之也。"是日，孔子曰："归乎归乎！吾党之小子狂简，斐然成章，吾不知所以裁之。"子赣知孔子思归，送冉求，因诫曰"即用，以孔子为招"云。

冉求既去，明年，孔子自陈迁于蔡。蔡昭公将如吴，吴召之也。前昭公欺其臣迁州来，后将往，大夫惧复迁，公孙翩射杀昭公。楚侵蔡。秋，齐景公卒。

明年,孔子自蔡如叶。叶公问政,孔子曰:"政在来远附迩。"他日,叶公问孔子于子路,子路不对。孔子闻之,曰:"由,尔何不对曰'其为人也,学道不倦,诲人不厌,发愤忘食,乐以忘忧,不知老之将至'云尔。"

去叶,反于蔡。长沮、桀溺耦而耕,孔子以为隐者,使子路问津焉。长沮曰:"彼执舆者为谁?"子路曰:"为孔丘。"曰:"是鲁孔丘与?"曰:"然。"曰:"是知津矣。"桀溺谓子路曰:"子为谁?"曰:"为仲由。"曰:"子,孔丘之徒与?"曰:"然。"桀溺曰:"悠悠者天下皆是也,而谁以易之?且与其从辟人之士,岂若从辟世之士哉!"耰而不辍。子路以告孔子,孔子怃然曰:"鸟兽不可与同群。天下有道,丘不与易也。"

他日,子路行,遇荷蓧丈人,曰:"子见夫子乎?"丈人曰:"四体不勤,五谷不分,孰为夫子!"植其杖而芸。子路以告,孔子曰:"隐者也。"复往,则亡。

孔子迁于蔡三岁,吴伐陈。楚救陈,军于城父。闻孔子在陈蔡之间,楚使人聘孔子。孔子将往拜礼,陈蔡大夫谋曰:"孔子贤者,所刺讥皆中诸侯之疾。今者久留陈蔡之间,诸大夫所设皆非仲尼之意。今楚,大国也,来聘孔子。孔子用于楚,则陈蔡用事大夫危矣。"于是乃相与发徒役围孔子于野。不得行,绝粮。从者病,莫能兴。孔子讲诵弦歌不衰。子路愠见曰:"君子亦有穷乎?"孔子曰:"君子固穷,小人穷斯滥矣。"

子贡色作。孔子曰:"赐,尔以予为多学而识之者与?"曰:"然。非与?"孔子曰:"非也。予一以贯之。"

孔子知弟子有愠心,乃召子路而问曰:"《诗》云'匪兕匪虎,率彼旷野'。吾道非邪?吾何为于此?"子路曰:"意者吾未仁邪?人之不我信也。意者吾未知邪?人之不我行也。"孔子曰:"有是乎!由,譬使仁者而必信,安有伯夷、叔齐?使知者而必行,安有王子比干?"

子路出,子贡入见。孔子曰:"赐,《诗》云'匪兕匪虎,率彼旷野'。吾道非邪?吾何为于此?"子贡曰:"夫子之道至大也,故天下莫能容夫子。夫子盖少贬焉?"孔子曰:"赐,良农能稼而不能为穑,良工能巧而不能为顺。君子能修其道,纲而纪之,统而理之,而不能为容。今尔不修尔道而求为容。赐,而志不远矣!"

子贡出,颜回入见。孔子曰:"回,《诗》云'匪兕匪虎,率彼旷野'。吾道非邪?吾何为于此?"颜回曰:"夫子之道至大,故天下莫能容。虽然,夫子推而行之,不容何病,不容然后见君子!夫道之不修也,是吾丑也。夫道既已大修而不用,是有国者之丑也。不容何病,不容然后见君子!"孔子欣然而笑曰:"有是哉颜氏之子!使尔多财,吾为尔宰。"

于是使子贡至楚。楚昭王兴师迎孔子,然后得免。

昭王将以书社地七百里封孔子。楚令尹子西曰:"王之使使诸侯有如子贡者乎?"曰:"无有。""王之辅相有如颜回者乎?"曰:"无有。""王之将率有如子路者乎?"曰:"无有。""王之官尹有如宰予者乎?"曰:"无有。""且楚之祖封于周,号为子男五十里。今孔丘述三五之法,明周召之业,王若用之,则楚安得世世堂堂方数千里乎?夫文王在丰,武王在镐,百里之君卒王天下。今孔丘得据土壤,贤弟子为佐,非楚之福也。"昭王乃止。其秋,楚昭王卒于城父。

楚狂接舆歌而过孔子,曰:"凤兮凤兮,何德之衰!往者不可谏兮,来者犹可追也!已而已而,今之从政者殆而!"孔子下,欲与之言。趋而去,弗得与之言。

于是孔子自楚反乎卫。是岁也,孔子年六十三,而鲁哀公六年也。

其明年,吴与鲁会缯,征百牢。太宰嚭召季康子。康子使子贡往,然后得已。

孔子曰:"鲁卫之政,兄弟也。"是时,卫君辄父不得立,在外,诸侯数以为让。而孔子弟子多仕于卫,卫君欲得孔子为政。子路曰:"卫君待子而为政,子将奚先?"孔子曰:"必也正名乎!"子路曰:"有是哉,子之迂也!何其正也?"孔子曰:"野哉由也!夫名不正则言不顺,言不顺则事不成,事不成则礼乐不兴,礼乐不兴则刑罚不中,刑罚不中则民无所错手足矣。夫君子为之必可名,言之必可行。君子于其言,无所苟而已矣。"

其明年,冉有为季氏将师,与齐战于郎,克之。季康子曰:"子之于军旅,学之乎?性之乎?"冉有曰:"学之于孔子。"季康子曰:"孔子何如人哉?"对曰:"用之有名;播之百姓,质诸鬼神而无憾。求之至于此道,虽累千社,夫子不利也。"康子曰:"我欲召之,可乎?"对曰:"欲召之,则毋以小人固之,则可矣。"而卫孔文子将攻太叔,问策于仲尼。仲尼辞不知,退而命载而行,曰:"鸟能择木,木岂能择鸟乎!"文子固止。会季康子逐公华、公宾、公林,以币迎孔子,孔子归鲁。

孔子之去鲁凡十四岁而反乎鲁。

鲁哀公问政,对曰:"政在选臣。"季康子问政,曰:"举直错诸枉,则枉者直。"康子患盗,孔子曰:"苟子之不欲,虽赏之不窃。"然鲁终不能用孔子,孔子亦不求仕。

孔子之时,周室微而礼乐废,《诗》《书》缺。追迹三代之礼,序《书传》,上纪唐虞之际,下至秦缪,编次其事。曰:"夏礼吾能言之,杞不足征也。殷礼吾能言之,宋不足征也。足,则吾能征之矣。"观殷夏所损益,曰:"后虽百世可知也,以一文一质。周监二代,郁郁乎文哉。吾从周。"故书传、礼记自孔氏。

孔子语鲁大师:"乐其可知也。始作翕如,纵之纯如,皦如,绎如也,以成。""吾自卫反鲁,然后乐正,雅颂各得其所。"

古者诗三千余篇,及至孔子,去其重,取可施于礼义,上采契后稷,中述殷周之盛,至幽厉之缺,始于衽席,故曰"关雎之乱以为风始,鹿鸣为小雅始,文王为大雅始,清庙为颂始"。三百五篇孔子皆弦歌之,以求合韶武雅颂之音。礼乐自此可得而述,以备王道,成六艺。

孔子晚而喜《易》,序《彖》《系》《象》《说卦》《文言》。读《易》,韦编三绝。曰:"假我数年,若是,我于《易》则彬彬矣。"

孔子以诗书礼乐教,弟子盖三千焉,身通六艺者七十有二人。如颜浊邹之徒,颇受业者甚众。

孔子以四教:文,行,忠,信。绝四:毋意,毋必,毋固,毋我。所慎:齐,战,疾。子罕言利与命与仁。不愤不启,举一隅不以三隅反,则弗复也。

其于乡党,恂恂似不能言者。其于宗庙朝廷,辩辩言,唯谨尔。朝,与上大夫言,訚訚如也;与下大夫言,侃侃如也。

入公门,鞠躬如也;趋进,翼如也。君召使傧,色勃如也。君命召,不俟驾行矣。

鱼馁,肉败,割不正,不食。席不正,不坐。食于有丧者之侧,未尝饱也。

是日哭,则不歌。见齐衰、瞽者,虽童子必变。

"三人行,必得我师。""德之不修,学之不讲,闻义不能徙,不善不能改,是吾忧也。"使人歌,善,则使复之,然后和之。

子不语:怪,力,乱,神。

子贡曰:"夫子之文章,可得闻也。夫子言天道与性命,弗可得闻也已。"颜渊喟然叹曰:"仰之弥高,钻之弥坚。瞻之在前,忽焉在后。夫子循循然善诱人,博我以文,约我以礼,欲罢不能。既竭我才,如有所立,卓尔。虽欲从之,蔑由也已。"达巷党人(童子)曰:"大哉孔子,博学而无所成名。"子闻之曰:"我何执? 执御乎? 执射乎? 我执御矣。"牢曰:"子云'不试,故艺'。"

鲁哀公十四年春,狩大野。叔孙氏车子鉏商获兽,以为不祥。仲尼视之,曰:"麟也。"取之。曰:"河不出图,雒不出书,吾已矣夫!"颜渊死,孔子曰:"天丧予!"及西狩见麟,曰:"吾道穷矣!"喟然叹曰:"莫知我夫!"子贡曰:"何为莫知子?"子曰:"不怨天,不尤人,下学而上达,知我者其天乎!"

"不降其志,不辱其身,伯夷、叔齐乎!"谓"柳下惠、少连降志辱身矣"。谓"虞仲、夷逸隐居放言,行中清,废中权"。"我则异于是,无可无不可。"

子曰:"弗乎弗乎,君子病没世而名不称焉。吾道不行矣,吾何以自见于后世哉?"乃因史记作春秋,上至隐公,下讫哀公十四年,十二公。据鲁,亲周,故殷,运之三代。约其文辞而指博。故吴楚之君自称王,而春秋贬之曰"子";践土之会实召周天子,而春秋讳之曰"天王狩于河阳":推此类以绳当世。贬损之义,后有王者举而开之。春秋之义行,则天下乱臣贼子惧焉。

孔子在位听讼,文辞有可与人共者,弗独有也。至于为春秋,笔则笔,削则削,子夏之徒不能赞一辞。弟子受春秋,孔子曰:"后世知丘者以春秋,而罪丘者亦以春秋。"

明岁,子路死于卫。孔子病,子贡请见。孔子方负杖逍遥于门,曰:"赐,汝来何其晚也?"孔子因叹,歌曰:"太山坏乎! 梁柱摧乎! 哲人萎乎!"因以涕下。谓子贡曰:"天下无道久矣,莫能宗予。夏人殡于东阶,周人于西阶,殷人两柱闲。昨暮予梦坐奠两柱之间,予始殷人也。"后七日卒。

孔子年七十三,以鲁哀公十六年四月己丑卒。

哀公诔之曰:"旻天不吊,不愁遗一老,俾屏余一人以在位,茕茕余在疚。呜呼哀哉! 尼父,毋自律!"子贡曰:"君其不没于鲁乎! 夫子之言曰:'礼失则昏,名失则愆。失志为昏,失所为愆。'生不能用,死而诔之,非礼也。称'余一人',非名也。"

孔子葬鲁城北泗上,弟子皆服三年。三年心丧毕,相诀而去,则哭,各复尽哀;或复留。唯子赣庐于冢上,凡六年,然后去。弟子及鲁人往从冢而家者百有余室,因命曰孔里。鲁世世相传以岁时奉祠孔子冢,而诸儒亦讲礼乡饮大射于孔子冢。孔子冢大一顷。故所居堂、弟子内,后世因庙，藏孔子衣冠琴车书，至于汉二百余年不绝。高皇帝过鲁，以太牢祠焉。诸侯卿相至，常先谒然后从政。

孔子生鲤，字伯鱼。伯鱼年五十，先孔子死。

伯鱼生伋，字子思，年六十二。尝困于宋。子思作《中庸》。

子思生白，字子上，年四十七。子上生求，字子家，年四十五。子家生箕，字子京，年四十六。子京生穿，字子高，年五十一。子高生子慎，年五十七，尝为魏相。

子慎生鲋，年五十七，为陈王涉博士，死于陈下。

鲋弟子襄，年五十七。尝为孝惠皇帝博士，迁为长沙太守。长九尺六寸。

子襄生忠，年五十七。忠生武，武生延年及安国。安国为今皇帝博士，至临淮太守，蚤卒。安国生卬，卬生驩。

太史公曰：诗有之："高山仰止，景行行止。"虽不能至，然心向往之。余读孔氏书，想见其为人。适鲁，观仲尼庙堂车服礼器，诸生以时习礼其家，余祗回留之不能去云。天下君王至于贤人众矣，当时则荣，没则已焉。孔子布衣，传十余世，学者宗之。自天子王侯，中国言六艺者折中于夫子，可谓至圣矣！

2、朱熹论读《论语》（兼及孟子）①

论语序说

《史记·世家》曰："孔子名丘，字仲尼。其先宋人。父叔梁纥，母颜氏。以鲁襄公二十二年，庚戌之岁，十一月庚子，生孔子于鲁昌平乡陬邑。为儿嬉戏，常陈俎豆，设礼容。及长，为委吏，料量平；委吏，本作季氏史。"《索隐》云："一本作委吏，与《孟子》合。"今从之。为司职吏，畜蕃息。职，见《周礼·牛人》，读为职，义与职同，盖系养牺牲之所。此官即《孟子》所谓乘田。适周，问礼于老子，既反，而弟子益进。昭公二十五年甲申，孔子年三十五，而昭公奔齐，鲁乱。于是适齐，为高昭子家臣，以通乎景公。有闻《韶》、问政二事。公欲封以尼谿之田，晏婴不可，公惑之。有季孟吾老之语。孔子遂行，反乎鲁。定公元年壬辰，孔子年四十三，而季氏强僭，其臣阳虎作乱专政。故孔子不仕，而退修《诗》《书》《礼》《乐》，弟子弥众。九年庚子，孔子年五十一。公山不狃以费畔季氏，召，孔子欲往，而卒不行。有答子路东周语。定公以孔子为中都宰，一年，四方则之，遂为司空，又为大司寇。十年辛丑，相定公会齐侯于夹谷，齐人归鲁侵地。十二年癸卯，使仲由为季氏宰，堕三都，收其甲兵。孟氏不肯堕成，围之不克。十四年乙巳，孔子年五十六，摄行相事，诛少正卯，与闻国政。三月，鲁国大治。齐人归女乐以沮之，季桓子受之。郊又不致膰俎于大夫，孔子行。《鲁世家》以此以上皆为十二年事。适卫，主于子路妻兄颜浊邹家。《孟子》作颜雠由。适陈，过匡，匡人以为阳虎而拘之。有

---

① 选自朱熹《四书章句集注》，上海古籍出版社2006年版。题目为编者所加。

颜渊后及文王既没之语。既解,还卫,主蘧伯玉家,见南子。有矢子路及未见好德之语。去适宋,司马桓魋欲杀之。有天生德语及微服过宋事。又去,适陈,主司城贞子家。居三岁而反于卫,灵公不能用。有三年有成之语。晋赵氏家臣佛肸以中牟畔,召孔子,孔子欲往,亦不果。有答子路坚白语及荷蒉过门事。将西见赵简子,至河而反,又主蘧伯玉家。灵公问陈,不对而行,复如陈。据《论语》则绝粮当在此时。季桓子卒,遗言谓康子必召孔子,其臣止之,康子乃召冉求。《史记》以《论语》归与之叹为在此时,又以《孟子》所记叹辞为主司城贞子时语,疑不然。盖《语》《孟》所记,本皆此一时语,而所记有异同耳。孔子如蔡及叶。有叶公问答子路不对、沮溺耦耕、荷蓧丈人等事。《史记》云:"于是楚昭王使人聘孔子,孔子将往拜礼,而陈蔡大夫发徒围之,故孔子绝粮于陈蔡之间。"有愠见及告子贡一贯之语。按是时陈蔡臣服于楚,若楚王来聘孔子,陈蔡大夫安敢围之。且据《论语》,绝粮当在去卫如陈之时。楚昭王将以书社地封孔子,令尹子西不可,乃止。《史记》云"书社地七百里",恐无此理,时则有接舆之歌。又反乎卫,时灵公已卒,卫君辄欲得孔子为政。有鲁卫兄弟及答子贡夷齐、子路正名之语。而冉求为季氏将,与齐战有功,康子乃召孔子,而孔子归鲁,实哀公之十一年丁巳,而孔子年六十八矣。有对哀公及康子语。然鲁终不能用孔子,孔子亦不求仕,乃叙《书传》《礼记》。有杞宋、损益、从周等语。删《诗》正《乐》,有语大师及乐正之语。序《易》《彖》《系》《象》《说卦》《文言》。有假我数年之语。弟子盖三千焉,身通六艺者七十二人。弟子颜回最贤,蚤死,后惟曾参得传孔子之道。十四年庚申,鲁西狩获麟,有莫我知之叹。孔子作《春秋》。有知我罪我等语,《论语》请讨陈恒事,亦在是年。明年辛酉,子路死于卫。十六年壬戌、四月己丑,孔子卒,年七十三,葬鲁城北泗上。弟子皆服心丧三年而去,惟子贡庐于冢上,凡六年。孔子生鲤,字伯鱼,先卒。伯鱼生伋,字子思,作《中庸》。子思学于曾子,而孟子受业子思之门人。

何氏曰:"《鲁论语》二十篇。《齐论语》别有《问王》《知道》,凡二十二篇,其二十篇中章句,颇多于《鲁论》。《古论》出孔氏壁中,分《尧曰》下章子张问以为一篇,有两《子张》,凡二十一篇,篇次不与《齐》《鲁论》同。"

程子曰:"《论语》之书,成于有子曾子之门人,故其书独二子以子称。"

程子曰:"读《论语》,有读了全然无事者;有读了后其中得一两句喜者;有读了后知好之者;有读了后直有不知手之舞之足之蹈之者。"

程子曰:"今人不会读书。如读《论语》,未读时是此等人,读了后又只是此等人,便是不曾读。"

程子曰:"颐自十七八读《论语》,当时已晓文义。读之愈久,但觉意味深长。"

读论语孟子法

程子曰："学者当以《论语》《孟子》为本。《论语》《孟子》既治，则《六经》可不治而明矣。读书者当观圣人所以作经之意，与圣人所以用心，圣人之所以至于圣人，而吾之所以未至者，所以未得者。句句而求之，昼诵而味之，中夜而思之，平其心，易其气，阙其疑，则圣人之意可见矣。"

程子曰："凡看文字，须先晓其文义，然后可以求其意。未有不晓文义而见意者也。"

程子曰："学者须将《论语》中诸弟子问处便作自己问，圣人答处便作今日耳闻，自然有得。虽孔、孟复生，不过以此教人。若能于《语》《孟》中深求玩味，将来涵养成甚生气质！"

程子曰："凡看《语》《孟》，且须熟读玩味。须将圣人言语切己，不可只作一场话说。人只看得二书切己，终身尽多也。"

程子曰："《论》《孟》只剩读着，便自意足。学者须是玩味。若以语言解着，意便不足。"

或问："且将《论》《孟》紧要处看，如何？"程子曰："固是好，但终是不浃洽耳。"

程子曰："孔子言语句句是自然，孟子言语句句是事实。"

程子曰："学者先读《论语》《孟子》，如尺度权衡相似，以此去量度事物，自然见得长短轻重。"

程子曰："读《论语》《孟子》而不知道，所谓'虽多，亦奚以为'。"

3、梁启超论读《论语》[①]

《论语》之内容及其价值

《论语》一书，除前举可疑之十数章外[②]，其余则字字精金美玉，实人类千古不磨之宝典。盖孔子人格之伟大，宜为含识之俦所公认，而《论语》则表现孔子人格唯一之良书也。其书编次体例，并无规定，篇章先后，似无甚意义，内容分类，亦难得正确标准。略举纲要，可分为以下各类。

一、关于个人人格修养之教训。

二、关于社会伦理之教训。

三、政治谈。

四、哲理谈。

五、对于门弟子及时人因为施教(注重个性)的问答。

六、对于门弟子及古人时人之批评。

七、自述语。

八、孔子日常行事及门人诵美孔子之语(映入门弟子眼中之孔子人格)。

---

① 节选自梁启超《要籍解题及其读法》，中国社会科学出版社1997年版，题目为编者所加。

② 梁启超《要籍解题及其读法》中，在此前一节有《〈论语〉之真伪》，认为《论语》整个书大致可信，但有个别章节乃后人依托，学者应分别观之。

上所列第一二项，约占全书三分之二。其余六项约合占三分之一。第一项人格修养之教训，殆全部有历久不磨的价值。第四项之哲理谈，虽著语不多（因孔子之教专贵实践，罕言性与天道），而皆渊渊入微。第二项之社会伦理，第三项之政治谈，其中一部分对当时阶级组织之社会立言，或不尽适于今日之用，然其根本精神，固自有俟诸百世而不惑者。第五项因人施教之言，则在学者各自审其个性之所近所偏而借以自鉴。第六项对人的批评，读之可以见孔子理想人格之一斑。第七项孔子自述语及第八项别人对于孔子之观察批评，读之可以从各方看出孔子之全人格。《论语》全书之价值大略如此。要而言之，孔子这个人有若干价值，则《论语》这部书亦连带地有若干价值也。

读《论语》法

吾侪对于如此有价值之书，当用何法以善读之耶？我个人所认为较简易且善良之方法如下：

第一，先注意将后人窜乱之部分剔出，以别种眼光视之，免使蒙混真相。

第二，略依前条所分类，将全书纂钞一过，为部分的研究。

第三，或作别种分类，以教义要点——如论"仁"论"学"论"君子"等为标准，逐条抄出，比较研究。

第四，读此书时，即立意自作一篇孔子传或孔子学案。一面读便一面思量组织法且整理资料，到读毕时自然能极彻底极正确地了解孔子。

第五，读此书时，先要略知孔子之时代背景。《左传》《国语》实主要之参考书。

第六，此书文义并不艰深，专读白文自行绅绎其义最妙。遇有不解时，乃翻阅次条所举各注。

上所学者，为书本上智识方面之研究法。其实我辈读《论语》之主要目的，还不在此。《论语》之最大价值，在教人以人格的修养。修养人格，决非徒恃记诵或考证，最要是身体力行，使古人所教变成我所自得。既已如此，则不必贪多务广，果能切实受持一两语，便可以终身受用。至某一两语最合我受用，则全在各人之自行领会，非别人所能参预。别人参预，则已非自得矣。要之，学者苟能将《论语》反复熟读若干次，则必能罩然有见于孔子之全人格，以作自己祈向之准鹄。而其间亦必有若干语句，恰与自己个性相针对，读之别有会心，可以作终身受持之用也。《论语》文并不繁，熟读并不费力，吾深望青年勿蔑弃此家宝也。

《论语》注释书及关系书

《论语》注释，有汉郑康成《注》，已佚，近人有辑本。有魏何晏《集解》，宋邢昺《义疏》，现行《十三经注疏》所载者即是。但其中要语，多为后人新疏所以采，不读亦得。为便于学者计，列举以下之注释书及关系书各种。

一、宋朱熹《论语集注》《论语或问》。

《集注》简而明，最便读者，但其中有稍涉理障处。《或问》时于《集注》处有所发明。

二、清戴望《论语注》。

此书亦简明，训诂视朱注为精审。但多以公羊家言为解，穿凿附会，间亦不免。

三、清刘宝楠《论语正义》。

最精博，但太繁，非专家研究者不必读。

四、清颜元《四书正误·论语之部》。

此专正朱注之误也，可见习斋一家学说。

五、清焦循《论语通释》。

此书将《论语》教义要点分类研究。其方法最可学。

六、清阮元《研经堂集》中《论语论仁解》。

此书一短篇文，专取《论语》言"仁"之一部抄下，通贯研究。其方法可学。

七、清崔述《洙泗考信录》附《余录》。

此书为最谨严之孔子传，其资料十九取自《论语》。辨《论语》窜乱之部分，当略以此书所疑者为标准。

附论：其他关于孔子之记载书

记载孔子言论行事之书惟《论语》为最可信，其他先秦诸子所记，宜以极严冷谨慎之态度观之。盖凡一伟大人物，必有无数神话集于其身，不可不察也。今传《孔子家语》《孔丛子》两书，皆晋人伪作，万不可读①。有《孔子集语》一书，乃宋人采集群书言孔子事者，大半诬孔子而已。学者诚诵法孔子，则一部《论语》终身受用不尽，"岂买菜也，而求添乎？"

4、蔡元培：《孔子之精神生活》②

精神生活，是与物质生活对待的名词，孔子尚中庸，并没有绝对地排斥物质生活，如墨子以自苦为极如佛教的一切惟心造。例如论语所记"失饪不食，不时不食""狐貉之厚以居"，谓"卫公子荆善居室""从大夫之后，不可以徒行"，对衣食住行，大抵持一种素富贵行乎富贵，素贫贱行乎贫

---

① 编者按：对《孔子家语》，历来颇多争议。自唐宋以来，众多儒家学者疑其为伪书。晚近以来，学界疑古之风盛行，《家语》乃王肃伪作的观点几成定论，所以梁启超才会否定此书对研究孔子思想的价值。1973 年，河北定县八角廊西汉墓出土的竹简《儒家者言》，内容与今本《家语》相近。1977 年，安徽阜阳双古堆西汉墓也出土了篇题与《儒家者言》相应的简牍，内容同样和《家语》有关。这些考古发现说明，今本《孔子家语》是有来历的，早在西汉即已有原型存在和流传，并非伪书，更不能直接说成是王肃所撰著。它应当是陆续成于孔安国以及与王肃同时的孔孟等孔氏学者之手，经历了一个很长的编纂、改动、增补过程，是孔氏家学的产物。应当承认它在有关孔子和孔门弟子及古代儒家思想研究中的重要价值。

② 本篇出自《江苏教育月刊》，第 5 卷第 9 期（1936 年 9 月出版）。

贱的态度。但使物质生活与精神生活在不可兼得的时候，孔子一定偏重精神方面。例如孔子说："饭疏食，饮水，曲肱而枕之，乐亦在其中矣；不义而富且贵，于我如浮云。"可见他的精神生活是决不为物质所摇动的。今请把他的精神生活分三方面来观察：

第一，在智的方面。孔子是一个爱智的人，尝说："盖有不知而作之者，我无足也；多闻，择其善者而从之，多见而识之。"又说："多闻阙疑""多见阙殆"，又说："知之为知之，不知为不知，是知也。"可见他的爱智，是毫不含糊，决非强不知为知的。他教子弟通礼、乐、射、御、书、数的六艺，又为分设德行、言语、政事、文学四科，彼劝人学诗，在心理上指出"兴""观""群""怨"，在伦理上指出"事父""事君"，在生物上指出"多识于鸟兽草木之名"。（他如《国语》说孔子识肃慎氏之石砮，防风氏骨节，是考古学；《家语》说孔子知萍实，知商羊，是生物学，但都不甚可信。）可以见知力范围的广大至于知力的最高点，是道，就是最后的目的，所以说："朝闻道，夕死可矣。"这是何等高尚！

第二，在仁的方面。从亲爱起点，"泛爱众，而亲仁"，便是仁的出发点。他进行的方法用恕字，消极的是"己所不欲，勿施于人"；积极的是"己欲立而立人，己欲达而达人"。他的普遍的要求，是"君子无终食之间违仁，造次必于是，颠沛必于是"。他的最高点，是"伯夷、叔齐，古之贤人也，求仁而得仁，又何怨？""志士仁人，无求生以害仁，有杀人〈身〉以成仁。"这是何等伟大！

第三，在勇的方面。消极的以见义不为为无勇；积极的以童汪锜能执干戈卫社稷可无殇。但孔子对于勇，却不同仁、智的无限推进，而是加以节制。例如说："小不忍则乱大谋""一朝之忿，忘其身以及其亲，非惑欤？""好勇不好学，其蔽也乱。""君子有勇而无义为乱，小人有勇而无义为盗。""暴虎凭河，死而无悔者，吾不与焉，必也临事而惧，好谋而成者也。"这又是何等谨慎！

孔子的精神生活，除上列三方面观察外，尚有两特点：一是毫无宗教的迷信；二是利用美术的陶养。孔子也言天，也言命，照孟子的解释，莫之为而为是天，莫之致而至是命，等于数学上的未知数，毫无宗教的气味。凡宗教不是多神，便是一神。孔子不语神，敬鬼神而远之，说"未能事人，焉能事鬼？"完全置鬼神于存而不论之列。凡宗教总有一种死后的世界。孔子说："未知生，焉知死？""之死而致死之，不仁而不可为也；之死而致生之，不知而不可为也"，毫不能用天堂地狱等说来附会。凡宗教总有一种祈祷的效验，孔子说："丘之祷久矣""获罪于天，无所祷也"，毫不觉得祈祷的必要。所以，孔子的精神上毫无宗教的分子。

孔子的时代，建筑、雕刻、图画等美术虽然有一点萌芽，还算是实用与装饰的工具，而不信为独立的美术；那时候认为纯粹美术的是音乐。孔子以乐为六艺之一，在齐闻韶，三月不知肉味。谓："《韶》尽美矣，又尽善也。"对于音乐的美感，是后人所不及的。

孔子所处的环境与二千年后的今日，很有差别。我们不能说孔子的语言，到今日还是句句有价值，也不敢说孔子的行为，到今日还是样样可以做模范。但是抽象地提出他精神生活的概略，以智、仁、勇为范围，无宗教的迷信而有音乐的陶养，这是完全可以为师法的。

孟子

导语

《孟子》是儒家最重要的经典之一,成书于孟子及其弟子之手,反映了孟子及其弟子的思想。作为儒家的亚圣,孟子继承了孔子的学说并将之发扬光大,在人性论、修养说等多个方面扩前圣所未发,所以北宋程颐称"孟子有功于圣门"。但《孟子》一书,汉唐时期只是"子学",地位远不能与"五经"相比,后蜀时期,《孟子》才跻身"十一经"之列,自此地位逐渐提升。南宋朱熹为"四书"作注,《孟子》又超越"五经"成为"四书",并成为传世十三经的最后一部经典。

作为集中体现亚圣思想的《孟子》一书,同《论语》一样,也是指导社会人生的一部经典,所以我们读《孟子》时,既要结合孟子所处的时代,也要联系我们当下的生活。当然,《论语》与《孟子》,也有相当大的差别,梁启超说:"《论语》如饭,最宜滋养;《孟子》如药,最宜被除及兴奋",这与朱熹所论含义相近:读《论语》"以立其根本",读《孟子》"以观其发越"。也就是说《孟子》在《论语》的基础上,更加高扬了一种人性的理想,一种张扬扩大的人格,一种自强不息、刚健有为、正义浩然的文化精神。所以,我们读《孟子》时,当思考如下问题:孟子为何倡导人性本善?又是如何通过生活的亲切体验论证的?孟子如何论修养?如何论教育?"浩然正气""人皆可以为尧舜""大丈夫"人格又是如何高扬人性与人格的理想的?"民本""王道""仁政"又是如何高扬孟子政治理想的?孟子思想的这些特性,对后世知识分子乃至整个中华民族性格的塑造,有什么样的影响?通过这样的思考与学习,你就走近了孟子,在不知不觉当中,扩大了人格,提升了境界,浩然正气的大丈夫精神就会在你的身上呈现。

孟子原文

梁惠王上

孟子见梁惠王。王曰:"叟!不远千里而来,亦将有以利吾国乎?"孟子对曰:"王何必曰利?亦有仁义而已矣。王曰,'何以利吾国?'大夫曰,'何以利吾家?'士庶人曰,'何以利吾身?'上下交征① 利而国危矣。万乘② 之国,弑其君者,必千乘之家;千乘之国,弑其君者,必百乘之家。万取千焉,千取百焉,不为不多矣。苟为后义而先利,不夺不餍③。未有仁而遗其亲者也,未有义而后其君者也。王亦曰仁义而已矣,何必曰利?"

孟子见梁惠王。王立于沼上,顾鸿雁麋鹿,曰:"贤者亦乐此乎?"孟子对曰:"贤者而后乐此,不贤者虽有此,不乐也。《诗》云:'经始灵台,经之营之。庶民攻之,不日成之。经始勿亟④,庶民子来。王在灵囿,麀⑤ 鹿攸伏,麀鹿濯濯,白鸟鹤鹤。王在灵沼,於牣⑥ 鱼跃。'文王以民力为台为沼,而民欢乐之,谓其台曰灵台,谓其沼曰灵沼,乐其有麋鹿鱼鳖。古之人与民偕乐,故能乐也。《汤誓》⑦ 曰:'时日害⑧ 丧,予及女偕亡。'民欲与之偕亡,虽有台池鸟兽,岂能独乐哉?"

梁惠王曰:"寡人之于国也,尽心焉耳矣。河内凶⑨,则移其民于河东,移其粟于河内。河东凶亦然。察邻国之政,无如寡人之用心者。邻国之民不加少,寡人之民不加多,何也?"孟子对曰:"王好战,请以战喻。填然⑩ 鼓之,兵刃既接,弃甲曳兵而走,或百步而后止,或五十步而后止。以五十步笑百步,则何如?"曰:"不可。直不百步耳,是亦走也。"曰:"王如知此,则无望民之多于邻国也。不违农时,谷不可胜⑪ 食也;数罟⑫ 不入洿⑬ 池,鱼鳖不可胜食也;斧斤以时入山林,材木不可胜用也。谷与鱼鳖不可胜食,材木不可胜用,是使民养生丧死无憾也。养生丧死无憾,王道之始也。五亩之宅,树之以桑,五十者可以衣⑭ 帛矣。鸡豚狗彘之畜,无失其时,七十者可以食肉矣。百亩之田,勿夺其时,数口之家可以无饥矣。谨庠序⑮ 之教,申之以孝悌之义,颁白⑯ 者不负戴于道路矣。七十者衣帛食肉,黎民不饥不寒,然而不王⑰ 者,未之有也。狗彘食人食而

---

① 交征:都追求。交,俱、都;征,取、求。

② 乘(shèng):兵车一辆叫一乘。万乘之国是能出兵一万乘的国家,指大国。

③ 餍(yàn):满足。

④ 亟(jí):急。

⑤ 麀(yōu)鹿:母鹿。

⑥ 於(wū)牣(rèn):於,语首发语词,没有实义。牣,满。

⑦ 《汤誓》:《尚书》篇名,是伊尹辅佐商汤王伐夏桀时的誓词。

⑧ 害(hē):同"曷",何时。

⑨ 凶:发生灾荒。

⑩ 填然:击鼓的声音。

⑪ 胜(shēng):尽,完。

⑫ 数(cù)罟(gǔ):细密的渔网。

⑬ 洿(wū):低洼地,指池塘。

⑭ 衣(yì):穿。

⑮ 庠(xiáng)序:古代的地方学校。

⑯ 颁白:同"斑白",头发花白。

⑰ 王(wàng):拥有天下称王称帝,名词动用,以下"王"取此义时都读此音。

不知检①；涂有饿莩而不知发②；人死，则曰，'非我也，岁也。'是何异于刺人而杀之，曰，'非我也，兵也。'王无③ 罪岁，斯天下之民至焉。"

梁惠王曰："寡人愿安承教。"孟子对曰："杀人以梃与刃，有以异乎？"曰："无以异也。""以刃与政，有以异乎？"曰："无以异也。"曰："庖有肥肉，厩有肥马，民有饥色，野有饿莩，此率兽而食人也。兽相食，且人恶④ 之。为民父母，行政，不免于率兽而食人，恶⑤ 在其为民父母也？仲尼曰：'始作俑者，其无后乎！'为其象人而用之也。如之何其使斯民饥而死也？"

梁惠王曰："晋国⑥，天下莫强焉，叟之所知也。及寡人之身，东败于齐，长子死焉；西丧地于秦七百里；南辱于楚。寡人耻之，愿比⑦ 死者壹洒⑧ 之，如之何则可？"孟子对曰："地方百里而可以王。王如施仁政于民，省刑罚，薄税敛，深耕易耨⑨；壮者以暇日修其孝悌忠信，入以事其父兄，出以事其长上，可使制梃以挞秦楚之坚甲利兵矣。彼夺其民时，使不得耕耨以养其父母。父母冻饿，兄弟妻子离散。彼陷溺⑩ 其民，王往而征之，夫⑪ 谁与王敌？故曰：'仁者无敌。'王请勿疑！"

孟子见梁襄王，出，语⑫ 人曰："望之不似人君，就之而不见所畏焉。卒然⑬ 问曰：'天下恶⑭ 乎定？'吾对曰：'定于一。''孰能一之？'对曰：'不嗜杀人者能一之。''孰能与⑮ 之？'对曰：'天下莫不与也。王知夫苗乎？七八月之间旱，则苗槁矣。天油然作云，沛然下雨，则苗浡⑯ 然兴之矣。其如是，孰能御之？今夫天下之人牧⑰，未有不嗜杀人者也。如有不嗜杀人者，则天下之民皆引领而望之矣。诚如是也，民归之，由⑱ 之就下，沛然谁能御之？'"

齐宣王问曰："齐桓、晋文之事可得闻乎？"孟子对曰："仲尼之徒无道桓文之事者，是以后世无

---

① 检：制止。
② 发：开仓廪以救济饥民。
③ 无(wù)：同"毋"，表示禁止的副词。
④ 恶(wù)：厌恶，讨厌。
⑤ 恶(wū)：疑问副词，何。
⑥ 晋国：即魏国，梁惠王称自己的国家为晋国，因为魏国本是从晋国分出来的。
⑦ 比(bì)：替、给、为。
⑧ 壹洒：壹，全部；洒，即洗，"洒"字与"洗"字古时通用，洗雪。
⑨ 易耨(nòu)：易者，迅速也；耨者，耘田锄草也。
⑩ 陷溺：有坑害、暴虐的意思。
⑪ 夫(fú)：语气词。
⑫ 语(yù)：告诉。
⑬ 卒(cù)然：突然，急遽的样子。卒通"猝"。
⑭ 恶(wū)：疑问代词，如何、怎么。
⑮ 与(yù)：归附，拥戴。
⑯ 浡(bó)然：兴起的样子。
⑰ 人牧：即牧人者，役使百姓的人，指国君。
⑱ 由：通"犹"，好像。

传焉,臣未之闻也。无以①,则王乎?"曰:"德何如则可以王②矣?"曰:"保③民而王,莫之能御也。"曰:"若寡人者,可以保民乎哉?"曰:"可。"曰:"何由知吾可也?"曰:"臣闻之胡龁④曰,'王坐于堂上,有牵牛而过堂下者,王见之,曰:'牛何之⑤?'对曰:'将以衅钟⑥。'王曰:'舍之!吾不忍其觳觫⑦,若无罪而就死地。'对曰:'然则废衅钟与⑧?'曰:'何可废也?以羊易之!'——不识有诸?"曰:"有之。"曰:"是心足以王矣。百姓皆以王为爱⑨也,臣固知王之不忍也。"王曰:"然。诚有百姓者。齐国虽褊小⑩,吾何爱一牛?即不忍其觳觫,若无罪而就死地,故以羊易之也。"曰:"王无异⑪于百姓之以王为爱也。以小易大,彼恶⑫知之?王若隐⑬其无罪而就死地,则牛羊何择焉?"王笑曰:"是诚何心哉?我非爱其财而易之以羊也。宜乎百姓之谓我爱也。"曰:"无伤也,是乃仁术也,见牛未见羊也。君子之于禽兽也,见其生,不忍见其死;闻其声,不忍食其肉。是以君子远⑭庖厨也。"王说⑮曰:"《诗》云:'他人有心,予忖度之。'夫子之谓也。夫我乃行之,反而求之,不得吾心。夫子言之,于我心有戚戚⑯焉。此心之所以合于王者,何也?"曰:"有复于王者曰:'吾力足以举百钧',而不足以举一羽;'明足以察秋毫之末',而不见舆薪,则王许之乎?"曰:"否。""今恩足以及禽兽,而功不至于百姓者,独何与?然则一羽之不举,为不用力焉;舆薪之不见,为不用明焉;百姓之不见保,为不用恩焉。故王之不王,不为也,非不能也。"曰:"不为者与不能者之形⑰何以异?"曰:"挟太山以超北海,语⑱人曰,'我不能。'是诚不能也。为长者折枝⑲,语人曰,'我不能。'是不为也,非不能也。故王之不王,非挟太山以超北海之类也;王之不王,是折

---

① 以:同"已"。无以即不得已。
② 王(wàng):拥有天下称王称帝,名词动用。
③ 保:安,爱护。
④ 胡龁(hé):齐臣也。
⑤ 之(zhì):往,到。
⑥ 衅(xìn)钟:指古代新钟铸成,宰杀牲口,取血涂钟上的缝隙,叫做血祭。
⑦ 觳觫(hú sù):因恐惧而浑身发抖。
⑧ 与(yú):语助词,放在句末,表示疑问、感叹。
⑨ 爱:吝啬。
⑩ 褊(biǎn)小:狭小。
⑪ 异:奇怪、疑怪。
⑫ 恶(wū):疑问代词,如何、怎么。
⑬ 隐:怜悯、哀痛。
⑭ 远:作动词用,远离。旧时读(yuàn)。
⑮ 说(yuè):同"悦",高兴、喜欢。
⑯ 戚戚:心动的样子。由于切合本意而感到心动。
⑰ 形:状况。
⑱ 语(yù):告诉。
⑲ 折枝:有三种解释。一是折取树枝,二是弯腰行礼,三是按摩肢体。本书取第二义。

枝之类也。老吾老以及人之老,幼吾幼以及人之幼。天下可运于掌。《诗》云:'刑① 于寡妻,至于兄弟,以御于家邦②。'言举斯心加诸彼而已。故推恩足以保四海,不推恩无以保妻子。古之人所以大过人者,无他焉,善推其所为而已矣。今恩足以及禽兽,而功不至于百姓者,独何与? 权,然后知轻重;度③,然后知长短。物皆然,心为甚。王请度之!"抑王兴甲兵,危士臣,构怨于诸侯,然后快于心与?"王曰:"否。吾何快于是? 将以求吾所大欲也。"曰:"王之所大欲可得闻与?"王笑而不言。曰:"为肥甘不足于口与? 轻暖不足于体与? 抑为采色不足视于目与? 声音不足听于耳与? 便嬖④ 不足使令于前与? 王之诸臣皆足以供之,而王岂为是哉?"曰:"否。吾不为是也。"曰:"然则王之所大欲可知已,欲辟⑤ 土地,朝⑥ 秦楚,莅⑦ 中国而抚四夷也。以若所为求若所欲,犹缘木而求鱼也。"王曰:"若是其甚与?"曰:"殆有⑧ 甚焉。缘木求鱼,虽不得鱼,无后灾。以若所为求若所欲,尽心力而为之,后必有灾。"曰:"可得闻与?"曰:"邹人与楚人战,则王以为孰胜?"曰:"楚人胜。"曰:"然则小固不可以敌大,寡固不可以敌众,弱固不可以敌强。海内之地方千里者九,齐集有其一。以一服八,何以异于邹敌楚哉? 盖⑨ 亦反其本⑩ 矣。今王发政施仁,使天下仕者皆欲立于王之朝,耕者皆欲耕于王之野,商贾⑪ 皆欲藏⑫ 于王之市,行旅皆欲出于王之涂,天下之欲疾其君者皆欲赴愬⑬ 于王。其若是,孰能御之?"王曰:"吾惛⑭,不能进于是矣。愿夫子辅吾志,明以教我。我虽不敏,请尝试之。"曰:"无恒产而有恒心者,惟士为能。若民,则无恒产,因无恒心。苟无恒心,放辟⑮ 邪侈,无不为已。及陷于罪,然后从而刑之,是罔⑯ 民也。焉有仁人在位罔民而可为也? 是故明君制民之产,必使仰足以事父母,俯足以畜妻子,乐岁终身饱,凶年免于死亡;然后驱而之善,故民之从之也轻⑰。今也制民之产,仰不足以事父母,俯不足以

---

① 刑:通"型",指示范、作出榜样。
② 御于家邦:治理封邑及整个国家。
③ 度(duó):测量。
④ 便嬖(pián bì):左右受宠爱的人。
⑤ 辟(pì):开辟。
⑥ 朝(cháo):使之来朝见,使动用法。
⑦ 莅(lì):君临统治。
⑧ 殆:可能、大概、几乎。有(yòu):通"又"。
⑨ 盖:同盍,何不的合音。
⑩ 反其本:返回到根本上(以求得问题的解决)。
⑪ 商贾(gǔ):行货曰商,居货曰贾。
⑫ 藏(cáng):囤积,藏其货物。
⑬ 愬(sù):同"诉",申诉。
⑭ 惛(hūn):同"昏",昏乱。
⑮ 放辟(pì):放荡邪僻。辟同"僻",指不走正路。
⑯ 罔(wǎng):通"网",张网罗以捕捉之义,犹言陷害。
⑰ 轻:轻易、容易。

畜^① 妻子;乐岁终身苦,凶年不免于死亡。此惟救死而恐不赡,奚暇治礼义哉? 王欲行之,则盍^② 反其本矣:五亩之宅,树以之桑,五十者可以衣帛矣。鸡豚狗彘之畜,无失其时,七十者可以食肉矣。百亩之田,勿夺其时,八口之家可以无饥矣。谨庠序之教,申之以孝悌之义,颁白者不负戴于道路矣。老者衣帛食肉,黎民不饥不寒,然而不王者,未之有也。"

梁惠王下

庄暴见孟子,曰:"暴见于王,王语^③ 暴以好乐,暴未有以对也。"曰:"好乐何如?"孟子曰:"王之好乐甚,则齐国其庶几^④ 乎!"他日,见于王曰:"王尝语庄子以好乐,有诸?"王变乎色,曰:"寡人非能好先王之乐也,直好世俗之乐耳。"曰:"王之好乐甚,则齐其庶几乎! 今之乐由^⑤ 古之乐也。"曰:"可得闻与?"曰:"独乐乐^⑥,与人乐乐,孰乐?"曰:"不若与人。"曰:"与少乐乐,与众乐乐,孰乐?"曰:"不若与众。""臣请为王言乐^⑦。今王鼓乐于此,百姓闻王钟鼓之声,管籥^⑧ 之音,举疾首蹙頞^⑨ 而相告曰:'吾王之好鼓乐,夫何使我至于此极?父子不相见,兄弟妻子离散。'今王田猎于此,百姓闻王车马之音,见羽旄之美,举疾首蹙頞而相告曰:'吾王之好田猎,夫何使我至于此极也? 父子不相见,兄弟妻子离散。'此无他,不与民同乐也。今王鼓乐于此,百姓闻王钟鼓之声,管籥之音,举欣欣然有喜色而相告曰:'吾王庶几无疾病与^⑩,何以能鼓乐也?'今王田猎于此,百姓闻王车马之音,见羽旄之美,举欣欣然有喜色而相告曰:'吾王庶几无疾病与,何以能田猎也?'此无他,与民同乐也。今王与百姓同乐,则王^⑪ 矣。"

齐宣王问曰:"文王之囿^⑫ 方七十里,有诸?"孟子对曰:"于传^⑬ 有之。"曰:"若是其大乎?"曰:"民犹以为小也。"曰:"寡人之囿方四十里,民犹以为大,何也?"曰:"文王之囿方七十里,刍荛者^⑭ 往焉,雉兔者往焉,与民同之。民以为小,不亦宜乎? 臣始至于境,问国之大禁,然后敢入。

---

① 畜(xù):养。
② 盍(hé):"何不"的合音。
③ 语(yù):告诉。
④ 庶几(jī):差不多的意思,但只用于积极的方面。
⑤ 由:通"犹",好像、和……差不多。
⑥ 独乐(yuè)乐(lè):独自欣赏音乐很快乐。
⑦ 乐(yuè):音乐。
⑧ 管籥(yuè):笙箫之类的乐器。
⑨ 蹙頞(cù è):皱着鼻梁(发愁的样子)。
⑩ 与(yú):语助词,放在句末,表示疑问、感叹。
⑪ 王(wàng):拥有天下称王称帝,名词动用。
⑫ 囿(yòu):养动物种花木的园子,古时称为范围。
⑬ 传(zhuàn):古书、史籍。
⑭ 刍荛(chú ráo)者:割牧草和打柴的人。刍,本指饲料;荛,本指柴火。

臣闻郊关① 之内有囿方四十里,杀其麋鹿者如杀人之罪,则是方四十里为阱② 于国中。民以为大,不亦宜乎!"

齐宣王问曰:"交邻国有道乎?"孟子对曰:"有。惟仁者为能以大事小,是故汤事葛,文王事昆夷。惟智者为能以小事大,故大王事獯鬻③,勾践事吴。以大事小者,乐天者也;以小事大者,畏天④ 者也。乐天者保天下,畏天者保其国。《诗》云:'畏天之威,于时⑤ 保之。'"王曰:"大哉言矣! 寡人有疾,寡人好勇。"对曰:"王请无好小勇。夫⑥ 抚剑疾视曰:'彼恶⑦ 敢当我哉!'此匹夫之勇,敌一人者也。王请大之!《诗》云:'王赫斯怒,爰整其旅,以遏徂⑧ 莒,以笃周祜⑨,以对于天下。'此文王之勇也。文王一怒而安天下之民。《书》曰:'天降⑩ 下民,作之君,作之师,惟曰其助上帝宠之,四方有罪无罪惟我在,天下曷敢有越厥志?'一人衡⑪ 行于天下,武王耻之。此武王之勇也。而武王亦一怒而安天下之民。今王亦一怒而安天下之民,民惟恐王之不好勇也。"

齐宣王见孟子于雪宫。王曰:"贤者亦有此乐乎?"孟子对曰:"有。人不得,则非其上矣。不得而非其上者,非也;为民上而不与民同乐者,亦非也。乐民之乐者,民亦乐其乐;忧民之忧者,民亦忧其忧。乐以天下,忧以天下,然而不王⑫ 者,未之有也。昔者齐景公问于晏子曰:'吾欲观于转附朝儛⑬,遵海而南,放⑭ 于琅邪⑮,吾何修而可以比于先王观也?'晏子对曰:'善哉问也! 天子适诸侯曰巡狩。巡狩者,巡所守也。诸侯朝于天子曰述职。述职者,述所职也。无非事者。春省耕⑯ 而补不足,秋省敛而助不给。夏谚曰:'吾王不游,吾何以休? 吾王不豫⑰,吾何以助? 一

① 郊关:古代近郊五十里,远郊百里,这里是指远郊。

② 阱(jǐng):捕捉野兽用的陷坑。

③ 獯鬻(xūn yù):我国古代北方一个少数民族,周朝时叫猃狁(xiǎn yǔn),秦朝时叫匈奴。

④ 畏天:据朱熹的解释,天者,理而已矣。大之事小,小之事大,皆理之当然也。自然合理,故曰乐天。不敢违理,故曰畏天。

⑤ 于时:相当于"于是",意为由于这样,才如何。

⑥ 夫(fú):语气词,放在句首,以下句首的"夫"基本皆取此音此义。

⑦ 恶(wū):疑问代词,如何、怎么。

⑧ 徂(cú):往伐。

⑨ 祜(hù):福祉。

⑩ 降(jiàng):降生。

⑪ 衡:通"横"。

⑫ 王(wàng):拥有天下称王称帝,名词动用。

⑬ 转附朝儛(cháo wǔ):转附和朝儛是古代的两座山。

⑭ 放(fǎng):至、到。

⑮ 琅邪(láng yá):齐国东南边境上的邑名。

⑯ 省(xǐng)耕:视察耕种的情况。

⑰ 豫:游闲。

游一豫,为诸侯度。'今也不然:师行而粮食,饥者弗食,劳者弗息。睊睊胥谗①,民乃作慝②。方命虐民,饮食若流。流连荒亡,为诸侯忧。从流下而忘反谓之流,从流上而忘反谓之连,从兽无厌谓之荒,乐酒无厌谓之亡。先王无流连之乐,荒亡之行。惟君所行也。景公说,大戒于国,出舍③于郊。于是始兴发补不足。召大师④曰:'为我作君臣相说⑤之乐!'盖《徵招》《角招》⑥是也。其诗曰:'畜⑦君何尤?'畜君者,好君也。"

齐宣王问曰:"人皆谓我毁明堂,毁诸?已乎?"孟子对曰:"夫明堂者,王者之堂也。王欲行王政,则勿毁之矣。"王曰:"王政可得闻与?"对曰:"昔者文王之治岐也,耕者九一,仕者世禄,关市讥而不征⑧,泽梁无禁,罪人不孥⑨。老而无妻曰鳏,老而无夫曰寡,老而无子曰独,幼而无父曰孤。此四者,天下之穷民而无告者。文王发政施仁,必先斯四者。《诗》云:'哿⑩矣富人,哀此茕独。'"王曰:"善哉言乎!"曰:"王如善之,则何为不行?"王曰:"寡人有疾,寡人好货。"对曰:"昔者公刘好货,《诗》云:'乃积乃仓,乃裹糇粮⑪,于橐⑫于囊。思戢用光⑬。弓矢斯张,干戈戚扬⑭,爰方启行。'故居者有积仓,行者有裹囊也,然后可以爰方启行。王如好货,与百姓同之,于王何有⑮?"王曰:"寡人有疾,寡人好色。"对曰:"昔者太王好色,爱厥妃。《诗》云:'古公亶父⑯,来朝走马⑰,率西水浒,至于岐下,爰及姜女,聿来胥宇⑱。'当是时也,内无怨女,外无旷夫。王如好色,与百姓同之,于王何有?"

---

① 睊(juàn)睊胥谗:睊睊,形容因愤恨侧目而视的样子。胥,皆、都。谗,毁谤。

② 慝(tè):恶也。

③ 舍(shè):在郊外住下,言自责以省民也。

④ 大(tài)师:古代掌管乐师的官员。

⑤ 说(yuè):同"悦",高兴、喜欢。

⑥ 《徵招(zhǐ sháo)》《角招(jué sháo)》:都是乐曲名。徵、角是古代五音中的二音,五音是中国五声音阶上的五个级,包括宫、商、角、徵、羽。招同"韶",传说舜所作的乐曲名。

⑦ 畜(chù):限制、制止。

⑧ 讥而不征:只检查、询问,而不征税。

⑨ 孥(nú):妻子和儿女。不孥,是说不连累罪人的妻子和儿女。

⑩ 哿(gě):可。

⑪ 糇(hòu)粮:干粮。

⑫ 橐(tuó):和囊都是口袋名,区别在于橐小而无底,囊大而有底。

⑬ 思戢(jí)用光:思,语气词,无意义。戢,和睦安定。用,以。光,发扬光大。

⑭ 干戈戚扬:干,保卫自己的挡刀箭的盾。戈,刺敌的兵器。戚,斧一类的东西。扬,大斧。

⑮ 于王(wàng)何有:何有,不难、容易。

⑯ 古公亶父:古公,姬姓,名亶父,人名,周文王的祖父,又被尊称为"周太王",在周人发展史上是一个上承后稷、公刘之伟业,下启文王武王之盛世的关键人物。

⑰ 来朝(zhāo)走马:大清早就骑着马跑。

⑱ 聿来胥宇:聿,语首词,无实义。胥,省视、视察。宇,屋宇、房舍。

孟子谓齐宣王曰:"王之臣有托其妻子于其友而之① 楚游者,比② 其反也,则冻馁其妻子,则如之何?"王曰:"弃之。"曰:"士师不能治士,则如之何?"王曰:"已之。"曰:"四境之内不治,则如之何?"王顾左右而言他。

孟子见齐宣王曰:"所谓故国者,非谓有乔木之谓也,有世臣之谓也。王无亲臣矣,昔者所进,今日不知其亡③ 也。"王曰:"吾何以识其不才而舍之?"曰:"国君进贤,如不得已,将使卑逾尊,疏逾戚,可不慎与? 左右皆曰贤,未可也;诸大夫皆曰贤,未可也;国人皆曰贤,然后察之;见贤焉,然后用之。左右皆曰不可,勿听;诸大夫皆曰不可,勿听;国人皆曰不可,然后察之;见不可焉,然后去之。左右皆曰可杀,勿听;诸大夫皆曰可杀,勿听;国人皆曰可杀,然后察之;见可杀焉,然后杀之。故曰,国人杀之也。如此,然后可以为民父母。"

齐宣王问曰:"汤放桀,武王伐纣,有诸?"孟子对曰:"于传④ 有之。"曰:"臣弑⑤ 其君,可乎?"曰:"贼⑥ 仁者谓之贼,贼义者谓之残。残贼之人谓之'一夫'。闻诛一夫纣矣,未闻弑君也。"

孟子谓齐宣王,曰:"为巨室,则必使工师求大木。工师得大木,则王喜,以为能胜其任也。匠人斫而小之,则王怒,以为不胜其任矣。夫人幼而学之,壮而欲行之,王曰,'姑舍女所学而从我',则何如? 今有璞玉于此,虽万镒⑦,必使玉人雕琢之。至于治国家,则曰,'姑舍女所学而从我',则何以异于教玉人雕琢玉哉?"

齐人伐燕,胜之。宣王问曰:"或谓寡人勿取,或谓寡人取之。以万乘之国伐万乘之国,五旬而举⑧ 之,人力不至于此。不取,必有天殃。取之,何如?"孟子对曰:"取之而燕民悦,则取之。古之人有行之者,武王是也。取之而燕民不悦,则勿取。古之人有行之者,文王是也。以万乘之国伐万乘之国,箪食⑨ 壶浆以迎王师,岂有他哉? 避水火也。如水益深,如火益热,亦运⑩ 而已矣。"

齐人伐燕,取之。诸侯将谋救燕。宣王曰:"诸侯多谋伐寡人者,何以待之?"孟子对曰:"臣闻七十里为政于天下者,汤是也。未闻以千里畏人者也。《书》曰:'汤一征,自葛始。'天下信之,东

① 之(zhì):至,到。

② 比:旧读为 bì,及,到的意思。

③ 亡:失去职位。

④ 传(zhuàn):古书、史籍。

⑤ 弑(shì):弑与下文的"诛"都是杀死的意思,但是含义各有褒贬。臣下无理地杀死君主,儿女杀死父母都是"弑",诛则不然,合乎正义地讨杀罪犯才是"诛"。

⑥ 贼:破坏、损害。

⑦ 镒(yì):古代计量单位,二十两为一镒。"万镒"在此是指非常贵重。

⑧ 举:攻克、占领。

⑨ 箪(dān)食(sì):用竹筐盛着饭。箪,古代盛饭的圆形竹器。

⑩ 运:转,转而求助于他人。

面而征，西夷怨；南面而征，北狄怨。曰：'奚为后我？'民望之，若大旱之望云霓也。归市者[①]不止，耕者不变，诛其君而吊[②]其民，若时雨降。民大悦。《书》曰：'徯[③]我后[④]，后来其苏。'今燕虐其民，王往而征之，民以为将拯己于水火之中也，箪食壶浆以迎王师。若杀其父兄，系累[⑤]其子弟，毁其宗庙，迁其重器[⑥]，如之何其可也？天下固畏齐之强也，今又倍地而不行仁政，是动天下之兵也。王速出令，反其旄倪[⑦]，止其重器，谋于燕众，置君而后去之，则犹可及止也。"

邹与鲁閧[⑧]。穆公问曰："吾有司[⑨]死者三十三人，而民莫之死也。诛之，则不可胜诛；不诛，则疾视其长上之死而不救，如之何则可也？"孟子对曰："凶年饥岁，君之民老弱转[⑩]乎沟壑，壮者散而之四方者，几[⑪]千人矣；而君之仓廪实，府库充，有司莫以告，是上慢而残下也。曾子曰：'戒之戒之！出乎尔者，反乎尔者也。'夫民今而后得反之也。君无尤[⑫]焉！君行仁政，斯民亲其上，死其长矣。"

滕文公问曰："滕，小国也，间[⑬]于齐、楚。事齐乎？事楚乎？"孟子对曰："是谋非吾所能及也。无已，则有一焉：凿斯池也，筑斯城也，与民守之，效死[⑭]而民弗去，则是可为也。"

滕文公问曰："齐人将筑薛，吾甚恐，如之何则可？"孟子对曰："昔者大王居邠[⑮]，狄人侵之，去之岐山之下居焉。非择而取之，不得已也。苟为善，后世子孙必有王者矣。君子创业垂统[⑯]，为可继也。若夫成功，则天也。君如彼何哉？强[⑰]为善而已矣。"

滕文公问曰："滕，小国也。竭力以事大国，则不得免焉，如之何则可？"孟子对曰："昔者大王居邠，狄人侵之。事之以皮币[⑱]，不得免焉；事之以犬马，不得免焉；事之以珠玉，不得免焉。乃

① 归市者：做生意的人。
② 吊：抚慰。
③ 徯(xī)：等待。
④ 后：君主，国君。
⑤ 系累(xì léi)：束缚、捆绑。
⑥ 重器：宝器。
⑦ 旄倪(máo ní)：旄通"耄"，指八十、九十岁的老人。倪通"儿"，指小孩。
⑧ 閧(hòng)：同"哄"，指交战。
⑨ 有司：即官员。古代设官分职，各有专管的事，所以叫做有司。
⑩ 转：饥饿辗转而死。
⑪ 几(jī)：几乎、近乎。
⑫ 尤：责怪。
⑬ 间(jiàn)：动词，处于……之间。
⑭ 效死：献出生命，报效国家。
⑮ 邠(bīn)：同"豳"，在今陕西邠邑县西。
⑯ 创业垂统：创立基业，世世代代永远相传。垂，流传。统，续也。
⑰ 强(qiǎng)：勉强。
⑱ 皮币：皮，用皮毛制成的裘。币，缯帛之类的丝织物。

属① 其耆老② 而告之曰:'狄人之所欲者,吾土地也。吾闻之也:君子不以其所以养人者害人。二三子何患乎无君? 我将去之。'去邠,逾梁山,邑③ 于岐山之下居焉。邠人曰:'仁人也,不可失也。'从之者如归市。或曰:'世守也,非身之所能为也。效死勿去。'君请择于斯二者。"

鲁平公将出,嬖人臧仓者请曰:"他日君出,则必命有司所之④。今乘舆⑤ 已驾矣,有司未知所之,敢请。"公曰:"将见孟子。"曰:"何哉,君所为轻身⑥ 以先于匹夫者? 以为贤乎? 礼义由贤者出,而孟子之后丧逾前丧。君无见焉!"公曰:"诺。"乐正子入见,曰:"君奚为不见孟轲也?"曰:"或告寡人曰:'孟子之后丧逾前丧',是以不往见也。"曰:"何哉,君所谓逾者? 前以士,后以大夫;前以三鼎⑦,而后以五鼎与?"曰:"否。谓棺椁衣衾⑧ 之美也。"曰:"非所谓逾也,贫富不同也。"乐正子见孟子,曰:"克⑨ 告于君,君为⑩ 来见也。嬖人有臧仓者沮⑪ 君,君是以不果来也。"曰:"行,或使之;止,或尼⑫ 之。行止,非人所能也。吾之不遇鲁侯,天也。臧氏之子焉能使予不遇哉?"

公孙丑上

公孙丑问曰:"夫子当路⑬ 于齐,管仲、晏子之功,可复许⑭ 乎?"孟子曰:"子诚齐人也,知管仲、晏子而已矣。或问乎曾西:'吾子与子路孰贤?'曾西蹴然曰:'吾先子之所畏也。'曰:'然则吾子与管仲孰贤?'曾西艴然⑮ 不悦,曰:'尔何曾⑯ 比予于管仲? 管仲得君如彼其专也,行乎国政如彼其久也,功烈如彼其卑也;尔何曾比予于是?'"曰:"管仲,曾西之所不为也,而子为我愿之

---

① 属(zhǔ):集合。

② 耆(qí)老:泛称老年人。耆:六十岁以上的人叫耆。

③ 邑:动词,建筑城邑。

④ 之(zhì):到、往。

⑤ 乘(shèng)舆:国君或天子所乘坐的车子。

⑥ 轻身:降低自己的身份。身,本人之义。

⑦ 三鼎:鼎是古代的一种器皿,古代祭祀用鼎来盛放动物类的食品。三鼎和后面的五鼎此处都是指古代的礼仪。何休注《春秋公羊传》云:"礼祭,天子九鼎,诸侯七,卿大夫五,元士三也。"三鼎的内容是:"牲鼎一,鱼鼎二,腊鼎三",五鼎的内容是:"羊一,豕二,肤(切肉)三,鱼四,腊五"。

⑧ 棺椁(guǒ)衣衾(qīn):古代士以上的人常用两重以上的棺木,内棺为棺,外棺为椁。衣衾,死者装殓的衣被。

⑨ 克:乐正子的名。

⑩ 为(wèi):将要。

⑪ 沮:阻止。有的本子也作"阻"。

⑫ 尼:阻止。旧读为 nì。

⑬ 当路:当权、当政。

⑭ 许:期待。

⑮ 艴(fú)然:恼怒的样子。

⑯ 曾:乃、竟。

乎?"曰:"管仲以其君霸,晏子以其君显。管仲、晏子犹不足为①与?"曰:"以齐王②,由③反手也。"曰:"若是,则弟子之惑滋甚。且以文王之德,百年而后崩,犹未洽于天下;武王、周公继之,然后大行。今言王若易然,则文王不足法与?"曰:"文王何可当也?由汤至于武丁,贤圣之君六七作④,天下归殷久矣;久则难变也。武丁朝诸侯,有天下,犹运之掌也。纣之去武丁未久也,其故家遗俗,流风善政,犹有存者;又有微子、微仲、王子比干、箕子、胶鬲——皆贤人也——相与辅相之,故久而后失之也。尺地,莫非其有也;一民,莫非其臣也;然而文王犹方百里起,是以难也。齐人有言曰:'虽有智慧,不如乘势;虽有镃基⑤,不如待时。'今时则易然也。夏后、殷、周之盛,地未有过千里者也,而齐有其地矣;鸡鸣狗吠相闻,而达乎四境,而齐有其民矣。地不改⑥辟矣,民不改聚矣,行仁政而王,莫之能御也。且王者之不作,未有疏于此时者也;民之憔悴于虐政,未有甚于此时者也。饥者易为食,渴者易为饮。孔子曰:'德之流行,速于置邮而传命⑦。'当今之时,万乘之国行仁政,民之悦之,犹解倒悬也。故事半古之人,功必倍之,惟此时为然。"

公孙丑问曰:"夫子加⑧齐之卿相,得行道焉,虽由此霸王,不异矣。如此,则动心⑨否乎?"孟子曰:"否。我四十不动心。"曰:"若是,则夫子过孟贲⑩远矣。"曰:"是不难,告子先我不动心。"曰:"不动心有道乎?"曰:"有。北宫黝⑪之养勇也:不肤挠⑫,不目逃,思以一豪挫于人,若挞之于市朝;不受⑬于褐宽博⑭,亦不受于万乘之君;视刺万乘之君,若刺褐夫;无严⑮诸侯。恶声至,必反之。孟施舍⑯之所养勇也,曰:'视不胜犹胜也。量敌而后进,虑胜而后会,是畏三军者也。舍岂能为必胜哉?能无惧而已矣。'孟施舍似曾子,北宫黝似子夏。夫二子之勇,未知其孰贤,然

① 为(wèi):谓。

② 王(wàng):拥有天下称王称帝,名词动用。

③ 由:同"犹"。

④ 作:兴起。

⑤ 镃(zī)基:锄头。

⑥ 改:更,这里作副词用。

⑦ 置邮而传命:古代用马递送公文叫"置",步行递送公文叫"邮","置""邮"也相当于后世传送书命的驿站。命,国家的命令。

⑧ 加:居,指居于此位。

⑨ 动心:朱熹注曰,"责任重大如此,亦有恐惧疑惑而动其心乎?"

⑩ 孟贲(bēn):卫国人,古代著名勇士。

⑪ 北宫黝:北宫是姓,黝是名,齐国勇士。

⑫ 挠(nào):有的本子作"挠",退却的意思。

⑬ 受:省略了宾语,受侮辱。

⑭ 褐宽博:褐,毛布。宽博,粗布制成的宽大衣服,这里指穿粗布制的宽大衣服的人。褐宽博和下面的褐夫都是指卑贱之人。

⑮ 严:畏惧。

⑯ 孟施舍:事迹不可考。赵岐注:"孟,姓;舍,名;施,发音也。"

而孟施舍守约也。昔者曾子谓子襄曰：'子好勇乎？吾尝闻大勇于夫子矣：自反而不缩①，虽褐宽博，吾不惴② 焉；自反而缩，虽千万人，吾往矣。'孟施舍之守气，又不如曾子之守约也。"曰："敢问夫子之不动心与告子之不动心，可得闻与？""告子曰：'不得③ 于言，勿求于心；不得于心，勿求于气④。'不得于心，勿求于气，可；不得于言，勿求于心，不可。夫志，气之帅也；气，体之充也。夫志至焉，气次焉；故曰：'持⑤ 其志，无暴⑥ 其气。'""既曰'志至焉，气次焉。'又曰'持其志，无暴其气'者，何也？"曰："志壹则动气，气壹则动志也，今夫蹶⑦ 者趋者，是气也，而反动其心。""敢问夫子恶乎长⑧？"曰："我知言，我善养吾浩然之气。""敢问何谓浩然之气？"曰："难言也。其为气也，至大至刚，以直⑨ 养而无害，则塞于天地之间。其为气也，配义与道⑩。无是，馁也。是集义⑪ 所生者，非义袭⑫ 而取之也。行有不慊⑬ 于心，则馁矣。我故曰，告子未尝知义，以其外之也。必有事焉，而勿正⑭，心勿忘，勿助长也。无若宋人然：宋人有闵⑮ 其苗之不长而揠⑯ 之者，芒芒然归，谓其人曰：'今日病⑰ 矣！予助苗长矣！'其子趋而往视之，苗则槁矣。天下之不助苗长者寡矣。以为无益而舍之者，不耘苗者也；助之长者，揠苗者也。非徒无益，而又害之。""何谓知言？"曰："诐辞知其所蔽⑱，淫辞知其所陷⑲，邪辞知其所离⑳，遁辞知其所穷㉑。——生于其心，害于其政；发于其政，害于其事。圣人复起，必从吾言矣。""宰我㉒、子贡善为说辞，冉牛、闵子、颜渊

---

① 缩：直，有理。
② 惴(zhuì)：使动用法，使他惊惧。
③ 不得：不能得胜。
④ 气：感情意气。
⑤ 持：守、保、坚持。
⑥ 暴：乱、滥用。
⑦ 蹶(jué)：摔倒。
⑧ 长(cháng)：擅长。
⑨ 直：正义。
⑩ 配义与道：与义和道相配合。
⑪ 集义：正义行为的日积月累，或说积善。
⑫ 义袭而取：平时不行义，却想靠装出合乎义的样子，从外面掩取这种浩然之气。
⑬ 慊(qiè)：满足。
⑭ 正：目的，目标。
⑮ 闵：同"悯"，担忧，担心。
⑯ 揠(yà)：拔，拔高。
⑰ 病：疲倦。
⑱ 诐(bì)辞知其所蔽：诐，偏颇、片面。蔽，遮蔽。
⑲ 淫辞知其所陷：淫，过分、过度。陷，沉溺。
⑳ 邪辞知其所离：邪，邪僻。离，离于正道。
㉑ 遁辞知其所穷：遁，逃遁、躲闪。穷，理屈词穷。
㉒ 宰我：孔子弟子。下文提到的子贡、冉牛、闵子、颜渊、子夏、子游、子张都是孔子弟子。

善言德行。孔子兼之,曰:'我于辞命,则不能也。'然则夫子既圣矣乎?"曰:"恶①!是何言也?昔者子贡问于孔子曰:'夫子圣矣乎?'孔子曰:'圣则吾不能,我学不厌而教不倦也。'子贡曰:'学不厌,智也;教不倦,仁也。仁且智,夫子既圣矣。'夫圣,孔子不居——是何言也?""昔者窃闻之:子夏、子游、子张皆有圣人之一体②,冉牛、闵子、颜渊则具体而微③,敢问所安。"曰:"姑舍是。"曰:"伯夷、伊尹何如?"曰:"不同道。非其君不事,非其民不使。治则进,乱则退,伯夷也。何事非君,何使非民。治亦进,乱亦进,伊尹也。可以仕则仕,可以止④ 则止,可以久⑤ 则久,可以速⑥ 则速,孔子也。皆古圣人也。吾未能有行焉。乃所愿,则学孔子也。""伯夷、伊尹于孔子,若是班⑦乎?"曰:"否。自有生民以来,未有孔子也。""然则有同与?"曰:"有。得百里之地而君之,皆能以朝诸侯,有天下;行一不义,杀一不辜,而得天下,皆不为也。是则同。"曰:"敢问其所以异。"曰:"宰我、子贡、有若,智足以知圣人,污⑧ 不至阿⑨ 其所好。宰我曰:'以予观于夫子,贤于尧舜远矣。'子贡曰:'见其礼而知其政,闻其乐而知其德,由百世之后,等⑩ 百世之王,莫之能违也。自生民以来,未有夫子也。'有若曰:'岂惟民哉?麒麟之于走兽,凤凰之于飞鸟,泰山之于丘垤⑪,河海之于行潦⑫,类也。圣人之于民,亦类也。出于其类,拔乎其萃,自生民以来,未有盛于孔子也。'"

孟子曰:"以力假仁者霸,霸必有大国;以德行仁者王,王不待大——汤以七十里,文王以百里。以力服人者,非心服也,力不赡⑬ 也;以德服人者,中心悦而诚服也,如七十子之服孔子也。《诗》云:'自西自东,自南自北,无思⑭ 不服。'此之谓也。"

孟子曰:"仁则荣,不仁则辱。今恶辱而居不仁,是犹恶湿而居下也。如恶之,莫如贵德而尊士,贤者在位,能者在职。国家闲暇,及是时,明其政刑。虽大国,必畏之矣。《诗》云:'迨天之未

---

① 恶(wū):叹词,表示惊讶不安。
② 有圣人之一体:有圣人的一个肢体,比喻精通了孔子的一种学问和道德。
③ 具体而微:全备而没有扩大。
④ 止:相对于"仕"而言,即不仕之义。
⑤ 久:久居。
⑥ 速:速行。
⑦ 班:齐等。
⑧ 污:污下,即德行不好之义。
⑨ 阿(ē):阿谀奉承。
⑩ 等:差等,意即评分等次。
⑪ 垤(dié):小土丘。
⑫ 潦(lǎo):雨水。
⑬ 赡(shàn):足。
⑭ 思:助词,无实义。

阴雨，彻①彼桑土②，绸缪牖户③。今此下民，或敢侮予？'孔子曰：'为此诗者，其知道乎！能治其国家，谁敢侮之？'今国家闲暇，及是时，般乐怠敖④，是自求祸也。祸福无不自己求之者。《诗》云：'永言配命⑤，自求多福。'《太甲》曰：'天作孽，犹可违⑥；自作孽，不可活。'此之谓也。"

孟子曰："尊贤使能，俊杰在位，则天下之士皆悦，而愿立于其朝矣；市廛⑦而不征，法⑧而不廛，则天下之商皆悦，而愿藏于其市矣；关讥而不征，则天下之旅皆悦，而愿出于其路矣；耕者助而不税，则天下之农皆悦，而愿耕于其野矣；廛⑨无夫里之布⑩，则天下之民皆悦，而愿为之氓⑪矣。信能行此五者，则邻国之民仰之若父母矣。率其子弟，攻其父母，自有生民以来未有能济者也。如此，则无敌于天下。无敌于天下者，天吏也。然而不王者，未之有也。"

孟子曰："人皆有不忍人之心⑫。先王有不忍人之心，斯有不忍人之政矣。以不忍人之心，行不忍人之政，治天下可运之掌上。所以谓人皆有不忍人之心者，今人乍⑬见孺子将入于井，皆有怵惕恻隐⑭之心。非所以内交⑮于孺子之父母也，非所以要⑯誉于乡党朋友也，非恶其声而然也。由是观之，无恻隐之心，非人也；无羞恶之心，非人也；无辞让之心，非人也；无是非之心，非人也。恻隐之心，仁之端⑰也；羞恶之心，义之端也；辞让之心，礼之端也；是非之心，智之端也。人之有是四端也，犹其有四体也。有是四端而自谓不能者，自贼者也；谓其君不能者，贼其君者也。凡有四端于我者，知皆扩而充之矣，若火之始然⑱，泉之始达。苟能充之，足以保四海；苟不充之，不足以事父母。"

---

① 彻：拿、取。

② 桑土(dù)：桑树根，这里是指桑树根的皮。

③ 绸缪牖户：绸缪，缠结。牖，窗。户，门。

④ 般(pán)乐怠敖(áo)：般者，乐也。般乐是同义复音词。怠，怠惰。敖，同"遨"，出游之义。

⑤ 永言配命：永，长久。配命，言我周朝之命与天命相配。言，语气助词，无实义。

⑥ 违：逃避。

⑦ 廛(chán)：堆放货物的栈所，这里作动词用，意为提供堆放货物的栈所。

⑧ 法：作动词用，按法定的价格收购。

⑨ 廛：老百姓的住宅，与上面的廛含义不同。

⑩ 夫里之布：夫，人丁、劳动力。里，里居、居住地。布，币、钱。夫布是对老百姓中无职业不能为国家出力的人收取的税，如同后世不能服公役的人交纳的免役钱一样。里布则是对不种桑麻、荒芜或是建造亭台楼榭游玩的宅地收的税，像后世凡是土地都有地税一样。

⑪ 氓(méng)：民，但又与"民"略有不同，多指从外地迁入者。

⑫ 不忍人之心：同情心、怜悯心。

⑬ 乍：忽然、突然。

⑭ 怵(chù)惕(tì)恻隐：怵惕，惊惧、恐惧。恻隐，伤痛不忍。

⑮ 内交：内通"纳"。内交即结交。

⑯ 要(yāo)：求、谋取。

⑰ 端：开始、萌芽。

⑱ 然：通"燃"。

孟子曰："矢人岂不仁于函人①哉？矢人惟恐不伤人，函人惟恐伤人。巫、匠亦然。故术不可不慎也。孔子曰：'里仁为美②。择不处仁，焉得智？'夫仁，天之尊爵③也，人之安宅④也。莫之御而不仁，是不智也。不仁、不智、无礼、无义，人役也。人役而耻为役，由⑤弓人而耻为弓，矢人而耻为矢也。如耻之，莫如为仁。仁者如射：射者正己而后发。发而不中，不怨胜己者，反求诸己而已矣。"

孟子曰："子路，人告之以有过，则喜。禹闻善言，则拜。大舜有⑥大焉，善与人同，舍己从人，乐取于人以为善。自耕稼、陶、渔以至为帝，无非取于人者。取诸人以为善，是与人为善者⑦也。故君子莫大乎与人为善。"

孟子曰："伯夷，非其君不事，非其友，不友。不立于恶人之朝，不与恶人言；立于恶人之朝，与恶人言，如以朝衣朝冠⑧坐于涂炭⑨。推恶恶⑩之心，思与乡人立，其冠不正，望望然⑪去之，若将浼⑫焉。是故诸侯虽有善其辞命而至者，不受也。不受也者，是亦不屑就已。柳下惠不羞污君，不卑小官；进不隐贤，必以其道；遗佚而不怨，厄穷而不悯。故曰：'尔为尔，我为我；虽袒裼裸裎⑬于我侧，尔焉能浼我哉！'故由由然⑭与之偕而不自失焉，援而止之而止。援而止之而止者，是亦不屑去已。"孟子曰："伯夷隘，柳下惠不恭。隘与不恭，君子不由也。"

公孙丑下

孟子曰："天时不如地利，地利不如人和。三里之城，七里之郭，环而攻之而不胜。夫环而攻之，必有得天时者矣；然而不胜者，是天时不如地利也。城非不高也，池非不深也，兵革非不坚利

①　函人：制造铠甲的人。

②　里仁为美：朱熹注曰"里有仁厚之俗者，犹以为美。"即是说里弄中犹仁厚的风俗，人们便认为它是好的里弄。

③　尊爵：最崇高的爵位。儒家以"仁"为上天赋予人之最可贵者，故称为"尊爵"。

④　安宅：安全的住所。人若具仁德，便可得周围人之喜爱，使远处之人来归附，故称为"安宅"。

⑤　由：同"犹"，好比。

⑥　有(yòu)：通"又"，更加。

⑦　与人为善：和别人共同为善。与，偕同。

⑧　朝(cháo)衣朝(cháo)冠：礼服礼帽。

⑨　涂炭：涂，污泥；炭，炭灰。涂炭比喻污秽不堪的地方。

⑩　恶(wù)恶(è)：讨厌恶人。

⑪　望望然：抛下不顾的样子。

⑫　浼(měi)：污秽、玷污。

⑬　袒裼(tǎn xī)裸裎(chéng)：袒裼，露臂；裸裎，露身。都是不礼貌的行为。

⑭　由由然：自得的样子。

也，米粟非不多也；委① 而去之，是地利不如人和也。故曰：域民② 不以封疆之界，固国不以山溪之险，威天下不以兵革之利。得道③者多助，失道者寡助。寡助之至，亲戚畔④ 之；多助之至，天下顺之。以天下之所顺，攻亲戚之所畔。故君子有不战，战必胜矣。"

孟子将朝王，王使人来曰："寡人如⑤ 就见者也，有寒疾，不可以风。朝，将视朝⑥，不识可使寡人得见乎？"对曰："不幸而有疾，不能造朝。"明日，出吊⑦ 于东郭氏。公孙丑曰："昔者辞以病，今日吊，或者不可乎？"曰："昔者疾，今日愈，如之何不吊？"王使人问疾，医来。孟仲子对曰："昔者有王命，有采薪之忧⑧，不能造朝。今病小愈，趋造于朝，我不识能至否乎？"使数人要⑨ 于路曰："请必无归，而造于朝！"不得已而之景丑氏宿焉。景子曰："内则父子，外则君臣，人之大伦也。父子主恩⑩，君臣主敬。丑见王之敬子也，未见所以敬王也。"曰："恶！是何言也！齐人无以仁义与王言者，岂以仁义为不美也？其心曰'是何足与言仁义也'云尔，则不敬莫大乎是。我非尧舜之道，不敢以陈于王前，故齐人莫如我敬王也。"景子曰："否。非此之谓也。《礼》曰：'父召，无诺⑪；君命召，不俟驾⑫。'固将朝也，闻王命而遂不果，宜⑬ 与夫礼若不相似然。"曰："岂谓是与？曾子曰：'晋楚之富，不可及也；彼以其富，我以吾仁；彼以其爵，我以吾义，吾何慊⑭ 乎哉？'夫岂不义而曾子言之？是或一道也。天下有达尊⑮ 三：爵一，齿一，德一。朝廷莫如爵，乡党莫如齿，辅世长民莫如德。恶得有其一以慢其二哉？故将大有为之君，必有所不召之臣；欲有谋焉，则就之。其尊德乐道，不如是，不足与有为也。故汤之于伊尹，学焉而后臣之，故不劳而王；桓公之于管仲，学焉而后臣之，故不劳而霸。今天下地丑德齐⑯，莫能相尚⑰，无他，好臣其所教，而不好臣其所受教。汤之于伊尹，桓公之于管仲，则不敢召。管仲且犹不可召，而况不为管仲者乎？"

---

① 委：弃、抛弃。

② 域民：限制人民，使他们居住在一定的区域内，为自己所统治。

③ 得道：杨伯峻注曰"意指治国之道，即指行仁政。"

④ 畔：通"叛"，背叛。

⑤ 如：宜、应当。

⑥ 朝(zhāo)，将视朝(cháo)：早上将会上朝办事。

⑦ 吊：吊丧。

⑧ 采薪之忧：是说有病不能上山打柴；这是当时士大夫交往中用代疾病的谦词。

⑨ 要(yāo)：拦阻。

⑩ 恩：慈爱。

⑪ 无诺：诺，慢条斯理地应答。古代礼节，父亲召唤，应该尽声应以"唯"就起身，不可慢条斯理地应以"诺"。

⑫ 不俟驾：来不及等待套好车马就走。

⑬ 宜：大概、似乎。

⑭ 慊(qiàn)：憾、恨。

⑮ 达尊：共同尊重。

⑯ 地丑德齐：土地大小相似，德教的好坏也差不多。丑者，类似也。

⑰ 尚：上、高于、过于。

陈臻① 问曰："前日于齐,王馈兼金② 一百,而不受;于宋,馈七十镒③ 而受;于薛,馈五十镒而受。前日之不受是,则今日之受非也;今日之受是,则前日之不受非也。夫子必居一于此矣。"孟子曰："皆是也。当在宋也,予将有远行,行者必以赆④,辞曰'馈赆'。予何为不受?当在薛也,予有戒心。辞曰'闻戒,故为兵馈之。'予何为不受?若于齐,则未有处也。无处而馈之,是货⑤之也。焉有君子而可以货取乎?"

孟子之平陆,谓其大夫曰："子之持戟之士,一日而三失伍⑥,则去之否乎?"曰："不待三。""然则子之失伍也亦多矣。凶年饥岁,子之民,老羸转于沟壑,壮者散而之四方者,几千人矣。"曰："此非距心⑦ 之所得为也。"曰："今有受人之牛羊而为之牧之者,则必为之求牧与刍⑧ 矣。求牧与刍而不得,则反诸其人乎?抑亦立而视其死与?"曰："此则距心之罪也。"他日,见于王曰："王之为都者,臣知五人焉。知其罪者,惟孔距心。为王诵⑨ 之。"王曰："此则寡人之罪也。"

孟子谓蚔蛙⑩ 曰："子之辞灵丘⑪ 而请⑫ 士师,似也,为其可以言也。今既数月矣,未可以言与?"蚔蛙谏于王而不用,致为臣⑬ 而去。齐人曰："所以为蚔蛙则善矣。所以自为,则吾不知也。"公都子⑭ 以告。曰："吾闻之也:有官守者,不得其职则去;有言责者,不得其言则去。我无官守,我无言责也,则吾进退,岂不绰绰然有余裕哉?"

孟子为卿于齐,出吊于滕,王使盖⑮ 大夫王驩为辅行⑯。王驩朝暮见,反齐滕之路,未尝与之言行事也。公孙丑曰："齐卿之位,不为小矣;齐滕之路,不为近矣。反之而未尝与言行事,何也?"曰："夫⑰ 既或治之,予何言哉?"

---

① 陈臻:孟子的学生。

② 兼金:好金,价格比一般金子高出一倍的,所以叫兼金。

③ 镒(yì):二十两。

④ 赆(jìn):临别时赠送之财物。

⑤ 货:动词,贿赂、用财物收买。

⑥ 失伍:擅离职守。

⑦ 距心:即孔距心,人名。是上文所提到的平陆县邑大夫。

⑧ 刍(chú):草粮。

⑨ 诵:背诵复述之义。

⑩ 蚔(chí)蛙:人名,齐国大夫。

⑪ 灵丘:齐国边境县邑名。

⑫ 请:请求做。

⑬ 致为臣:即致仕,辞职引退之义。

⑭ 公都子:孟子弟子。

⑮ 盖(gě):齐国县邑名。

⑯ 辅行:即辅使也。

⑰ 夫:彼也。

孟子自齐葬于鲁,反于齐,止于嬴。充虞① 请曰:"前日不知虞之不肖②,使虞敦匠事③。严④,虞不敢请。今愿窃有请也:木若以美⑤ 然。"曰:"古者棺椁无度,中古棺七寸,椁称之。自天子达于庶人,非直为观美也,然后尽于人心。不得⑥,不可以为悦;无财,不可以为悦。得之为有财⑦,古之人皆用之,吾何为独不然? 且比化者⑧,无使土亲肤,于人心独无恔⑨ 乎? 吾闻之也:君子不以天下俭其亲。"

沈同⑩ 以其私问曰:"燕可伐与?"孟子曰:"可。子哙⑪ 不得与人燕,子之不得受燕于子哙。有仕于此,而子悦之,不告于王而私与之吾子之禄爵;夫士也,亦无王命而私受之于子,则可乎? ——何以异于是?"齐人伐燕。或问曰:"劝齐伐燕,有诸?"曰:"未也。沈同问'燕可伐与',吾应之曰,'可',彼然而伐之也。彼如曰,'孰可以伐之',则将应之曰,'为天吏,则可以伐之。'今有杀人者,或问之曰,'人可杀与?'则将应之曰,'可。'彼如曰,'孰可以杀之?'则将应之曰:'为士师,则可以杀之。'今以燕伐燕,何为劝之哉?"

燕人畔⑫。王曰:"吾甚惭于孟子。"陈贾⑬ 曰:"王无患焉。王自以为与周公孰仁且智?"王曰:"恶! 是何言也!"曰:"周公使管叔⑭ 监殷,管叔以殷畔;知而使之,是不仁也;不知而使之,是不智也。仁智,周公未之尽也,而况于王乎? 贾请见而解之。"见孟子,问曰:"周公何人也?"曰:"古圣人也。"曰:"使管叔监殷,管叔以殷畔也,有诸?"曰:"然。"曰:"周公知其将畔而使之与?"曰:"不知也。""然则圣人且有过与?"曰:"周公,弟也;管叔,兄也。周公之过,不亦宜乎? 且古之君子,过则改之;今之君子,过则顺⑮ 之。古之君子,其过也,如日月之食,民皆见之;及其更也,民皆仰之。今之君子,岂徒顺之? 又从为之辞。"

孟子致为臣而归。王就见孟子,曰:"前日愿见而不可得,得侍同朝⑯,甚喜;今又弃寡人而

---

① 充虞:孟子弟子。

② 不知虞之不肖:客气语,意即承蒙您看得起。

③ 敦匠事:敦,督促办理;匠,木工。敦匠事即督促棺椁制作的工作。

④ 严:事急,时间紧迫。

⑤ 以美:太美。以,通"已",太。

⑥ 不得:按照法制规定不当如此。

⑦ 得之为有财:王念孙《读书杂志》云"孟子'得之为有财',言'得之与有财'也。"

⑧ 比(bì)化者:比,为、替;化者,死者。

⑨ 恔(xiào):快意。

⑩ 沈同:齐国大臣。

⑪ 子哙:燕国国君。下文的子之为燕国的大臣,当时为卿相。

⑫ 畔:同"叛",背叛。

⑬ 陈贾:齐国大夫。

⑭ 管叔:武王之弟,周公之兄。

⑮ 顺:顺从、纵容。

⑯ 得侍同朝:谦词,言与孟子得为君臣而同朝也。

归,不识可以继此而得见乎?"对曰:"不敢请耳,固所愿也。"他日,王谓时子① 曰:"我欲中国② 而授孟子室③,养弟子以万钟④,使诸大夫国人皆有所矜式⑤。子盍为我言之!"时子因陈子⑥ 而以告孟子,陈子以时子之言告孟子。孟子曰:"然。夫时子恶知其不可也?如使予欲富,辞十万而受万,是为欲富乎?季孙⑦ 曰:'异哉子叔疑!使己为政,不用,则亦已矣,又使其子弟为卿。人亦孰不欲富贵?而独于富贵之中有私龙断⑧ 焉。'古之为市也,以其所有易其所无者,有司者治之耳。有贱丈夫焉,必求龙断而登之,以左右望,而罔市利⑨。人皆以为贱,故从而征⑩ 之。征商自此贱丈夫始矣。"

孟子去齐,宿于昼。有欲为王留行者,坐⑪ 而言。不应,隐几⑫ 而卧。客不悦曰:"弟子齐宿⑬ 而后敢言,夫子卧而不听,请勿复敢见矣。"曰:"坐!我明语子。昔者鲁缪公⑭ 无人乎子思之侧,则不能安子思;泄柳、申详⑮ 无人乎缪公之侧,则不能安其身。子为长者虑,而不及子思,子绝长者乎?长者绝子乎?"

孟子去齐。尹士⑯ 语人曰:"不识王之不可以为汤、武,则是不明也;识其不可,然且至,则是干泽⑰ 也。千里而见王,不遇故去,三宿而后出昼,是何濡滞⑱ 也?士则兹不悦。"高子⑲ 以告。曰:"夫尹士恶知予哉?千里而见王,是予所欲也;不遇故去,岂予所欲哉?予不得已也。予三宿而出昼,于予心犹以为速,王庶几⑳ 改之!王如改诸,则必反予。夫出昼,而王不予追也,予然后

---

① 时子:齐国大臣。
② 中国:"中"为介词;"国"指齐国都城临淄。"中国"是说在国都之中。
③ 授孟子室:给孟子建筑住宅。
④ 万钟:钟,古代计量单位,六石四斗为一钟。
⑤ 矜(jīn)式:敬守法则,也即效法。矜者,敬重、恭敬也。
⑥ 陈子:指孟子学生陈臻。
⑦ 季孙:与下面的子叔疑都是人名,事迹不可考。赵岐以两人为孟子弟子,误。
⑧ 龙(lǒng)断:龙,通"垄";垄断,指平地耸立突出而又四面隔绝的土丘,作动词用有网罗、独占之义。
⑨ 罔市利:见市场上有利可图,便撒网去谋取,使之尽归己有。罔,通"网",网罗。
⑩ 征:征税。
⑪ 坐:古人席地而坐,有两种坐法。一种是跪坐,又叫危坐,即两膝着地,腰和股伸直;一种是安坐,即两膝着地,屁股贴着脚跟比较舒适的一种坐法。这里"坐而言"的坐是跪坐,下面"坐!我明语子"的坐是安坐。
⑫ 隐几(jī):靠着小桌子。隐,凭靠;几,小桌子。
⑬ 齐(zhāi)宿:先斋戒一日。齐,同"斋"。
⑭ 鲁缪(mù)公:即鲁穆公。缪,同"穆"。
⑮ 泄柳、申详:都是鲁穆公时的贤人。
⑯ 尹士:齐国人。
⑰ 干泽:干,求也;泽,禄也。
⑱ 濡(rú)滞:迟留。
⑲ 高子:齐国人,孟子的学生。
⑳ 庶几:表示希冀,大概的意思。

浩然① 有归志。予虽然,岂舍王哉! 王由足用② 为善;王如用予,则岂徒齐民安? 天下之民举安。王庶几改之! 予日望之! 予岂若是小丈夫然哉! 谏于其君而不受,则怒,悻悻然③ 见④ 于其面,去则穷日之力而后宿哉?"尹士闻之,曰:"士诚小人也。"

孟子去齐,充虞路问曰:"夫子若有不豫⑤ 色然。前日虞闻诸夫子曰:'君子不怨天,不尤人。'"曰:"彼一时,此一时也。五百年必有王者兴,其间必有名世⑥者。由周而来,七百有余岁矣。以其数,则过矣;以其时考之,则可矣。夫天未欲平治天下也。如欲平治天下,当今之世,舍我其谁也? 吾何为不豫哉?"

孟子去齐,居休。公孙丑问曰:"仕而不受禄,古之道乎?"曰:"非也。于崇,吾得见王,退而有去志,不欲变,故不受也。继而有师命⑦,不可以请。久于齐,非我志也。"

滕文公上

滕文公为世子⑧,将之楚,过宋而见孟子。孟子道性善,言必称尧舜。世子自楚反,复见孟子。孟子曰:"世子疑吾言乎? 夫道一而已矣。成覵⑨ 谓齐景公曰:'彼,丈夫也;我,丈夫也。吾何畏彼哉?'颜渊曰:'舜,何人也? 予,何人也? 有为者亦若是。'公明仪⑩ 曰:'文王,我师也;周公岂欺我哉?'今滕,绝长补短,将五十里也,犹可以为善国。《书》曰:'若药不瞑眩⑪,厥疾不瘳⑫。'"

滕定公薨,世子谓然友⑬ 曰:"昔者孟子尝与我言于宋,于心终不忘。今也不幸至于大故⑭,吾欲使子问于孟子,然后行事。"然友之邹问于孟子。孟子曰:"不亦善乎! 亲丧,固所自尽⑮ 也。曾子曰:'生,事之以礼;死,葬之以礼,祭之以礼,可谓孝矣。'诸侯之礼,吾未之学也;虽然,吾尝闻

---

① 浩然:形容如水流浩大,不可阻止。
② 由足用:由,通"犹",尚且之义。足用,足以。
③ 悻(xìng)悻然:愤怒的样子。
④ 见(xiàn):同"现",出现,表现出。
⑤ 豫:高兴、快乐。
⑥ 名世:杨伯峻注曰"'名世'疑即后代之'命世'……孟子所谓'其间必有名世者',恐系指辅助'王者'之臣而言。"
⑦ 师命:师旅之命,即战事。
⑧ 世子:太子。
⑨ 成覵(gàn):齐景公手下一个以勇敢出名的臣子。
⑩ 公明仪:鲁国的贤人,曾子的弟子。
⑪ 瞑眩(míng xuàn):眩晕愦乱。
⑫ 瘳(chōu):病痊愈。
⑬ 然友:世子(滕文公)的师傅。
⑭ 大故:古代常用语,重大的事故。这里是"大丧"之意,即指滕定公的去世。
⑮ 尽:尽其极,尽其哀思,尽其所能。

之矣。三年之丧,齐疏① 之服,饦粥② 之食,自天子达于庶人,三代共之。"然友反命,定为三年之丧。父兄百官皆不欲,曰:"吾宗国鲁先君莫之行,吾先君亦莫之行也,至于子之身而反之,不可。且《志》③ 曰:'丧祭从先祖。'曰,'吾有所受之也。'"谓然友曰:"吾他日未尝学问,好驰马试剑。今也父兄百官不我足④ 也,恐其不能尽于大事,子为我问孟子!"然友复之邹问孟子。孟子曰:"然。不可以他求者也。孔子曰:'君薨,听于冢宰⑤,歠⑥ 粥,面深墨,即位而哭,百官有司莫敢不哀,先之也。'上有好者,下必有甚焉者矣。君子之德,风也;小人之德,草也。草尚⑦ 之风,必偃⑧。是在世子。"然友反命,世子曰:"然。是诚在我。"五月居庐,未有命戒⑨。百官族人可,谓曰知。及至葬,四方来观之。颜色之戚,哭泣之哀,吊者大悦。

　　滕文公问为国。孟子曰:"民事不可缓也。《诗》云:'昼尔于茅⑩,宵尔索绹⑪;亟其乘屋⑫,其始播百谷。'民之为道也,有恒产者有恒心,无恒产者无恒心。苟无恒心,放辟邪侈,无不为已。及陷乎罪,然后从而刑之,是罔民也。焉有仁人在位罔民而可为也? 是故贤君必恭俭礼下,取于民有制。阳虎⑬ 曰:'为富不仁矣,为仁不富矣。'夏后氏五十而贡⑭,殷人七十而助,周人百亩而彻,其实皆什一也。彻者,彻⑮ 也;助者,藉⑯ 也。龙子⑰ 曰:'治地莫善于助,莫不善于贡。'贡者,校⑱ 数岁之中以为常。乐岁,粒米狼戾⑲,多取之而不为虐,则寡取之;凶年,粪其田而不足,则必取盈焉。为民父母,使民盻盻然⑳,将终岁勤动,不得以养其父母,又称贷㉑ 而益之,使老稚转乎

---

① 齐(zī)疏:齐,缝边的意思;疏,粗,这里指粗布。
② 饦(zhān)粥:糜粥,煮的稀饭。
③ 《志》:志,记的意思,这里是指国家史官掌管的记事的书。
④ 不我足:不认为我能做得让他们满意。
⑤ 冢宰:六卿之长。
⑥ 歠(chuò):喝,饮。
⑦ 尚:加。
⑧ 偃(yǎn):倒、伏。
⑨ 命戒:命令和禁令。
⑩ 昼尔于茅:白天去割取茅草。尔,语气助词,无实义。于,往。茅,名词动用,割取茅草。
⑪ 宵尔索绹(táo):晚上搓好绳索。索,搓。绹,绳索。
⑫ 亟其乘屋:赶快修治房屋。亟,急。其,语气助词,无实义。乘,修理。
⑬ 阳虎:即阳货,鲁国季氏的家臣。
⑭ 贡:贡与下面的"助""彻"是夏、商、周三代所采取的税制的名称。
⑮ 彻:通的意思,是说周朝的这种税制是天下通行的税制。
⑯ 藉:借的意思,是说这种税制之所以叫"助",是因为要借民力来耕种公田。
⑰ 龙子:古代的贤人。
⑱ 校(jiào):也作"校",计量、比较。
⑲ 粒米狼戾:粒米,谷米,泛指粮食。狼戾,狼藉,抛散于地。
⑳ 盻(xì)盻然:勤劳不得休息的样子。
㉑ 称贷:借债。

沟壑，恶在其为民父母也？夫世禄，滕固行之矣。《诗》云：'雨① 我公田，遂及我私。'惟助为有公田。由此观之，虽周亦助也。设为庠序学校以教之。庠者，养也；校者，教也；序者，射② 也。夏曰校，殷曰序，周曰庠；学③ 则三代共之，皆所以明人伦也。人伦明于上，小民亲于下。有王者起，必来取法，是为王者师也。《诗》云：'周虽旧邦，其命维新。'文王之谓也。子力行之，亦以新子之国。"使毕战④ 问井地。孟子曰："子之君将行仁政，选择而使子，子必勉之！夫仁政，必自经界⑤ 始。经界不正，井地不钧⑥，谷禄不平。是故暴君污吏必慢⑦ 其经界。经界既正，分田制禄可坐而定也。夫滕，壤地褊小，将为⑧ 君子焉，将为野人焉。无君子，莫治野人；无野人，莫养君子。请野九一而助，国中什一使自赋。卿以下必有圭田⑨。圭田五十亩；余夫二十五亩。死徙无出乡，乡田同井，出入相友，守望⑩ 相助，疾病相扶持，则百姓亲睦。方里而井，井九百亩，其中为公田。八家皆私百亩，同养公田；公事毕，然后敢治私事，所以别野人也。此其大略也；若夫润泽之，则在君与子矣。"

有为神农之言者许行⑪，自楚之滕，踵门⑫ 而告文公曰："远方之人闻君行仁政，愿受一廛⑬ 而为氓。"文公与之处。其徒数十人，皆衣褐⑭，捆屦⑮ 织席以为食。陈良⑯ 之徒陈相与其弟辛负耒耜而自宋之滕，曰："闻君行圣人之政，是亦圣人也，愿为圣人氓。"陈相见许行而大悦，尽弃其学而学焉。陈相见孟子，道许行之言曰："滕君则诚贤君也。虽然，未闻道也。贤者与民并耕而食，饔飧⑰ 而治。今也滕有仓廪府库，则是厉⑱ 民而以自养也，恶得贤？"孟子曰："许子必种粟而后食乎？"曰："然。""许子必织布而后衣乎？"曰："否。许子衣褐。""许子冠乎？"曰："冠。"曰："奚

---

① 雨(yù)：动词，降雨。

② 射：朱熹注云"庠以养老为义，校以教民为义，序以习射为义"。

③ 学：大学，即国家兴办的学校，与"庠""校""序"等地方学校相对。

④ 毕战：滕国的臣子。

⑤ 经界：经，经画、丈量。界，井田的界限。

⑥ 钧(jūn)：同"均"，平均、均匀。

⑦ 慢：打乱。

⑧ 为：有。

⑨ 圭(guī)田：圭，洁也，指德行洁白。士由于德行洁白而升官，便给予田亩，以供祭祀，这种田便叫"圭田"。

⑩ 守望：防寇盗也。

⑪ 许行：孟子时代研究神农学说的学者。

⑫ 踵(zhǒng)门：登门。

⑬ 廛(chán)：古代城市平民一户人家所居的房地。

⑭ 衣(yì)褐：穿着粗布衣服。

⑮ 捆屦(jù)：编织草鞋。

⑯ 陈良：孟子时楚国的儒者。

⑰ 饔飧(yōng sūn)：饔，早餐；飧，晚餐。这里作动词用，指自己做饭。

⑱ 厉：损害。

冠?"曰:"冠素。"曰:"自织之与?"曰:"否。以粟易之。"曰:"许子奚为不自织?"曰:"害于耕。"曰:"许子以釜甑爨①,以铁耕乎?"曰:"然。""自为之与?"曰:"否。以粟易之。""以粟易械器者,不为厉陶冶;陶冶亦以械器易粟者,岂为厉农夫哉?且许子何不为陶冶,舍②皆取诸其宫中而用之?何为纷纷然与百工交易?何许子之不惮烦?"曰:"百工之事固不可耕且为也。""然则治天下独可耕且为与?有大人之事③,有小人之事。且一人之身,而百工之所为备,如必自为而后用之,是率天下而路④也。故曰,或劳心,或劳力;劳心者治人,劳力者治于人;治于人者食人,治人者食于人,天下之通义也。当尧之时,天下犹未平,洪水横流,泛滥于天下,草木畅茂,禽兽繁殖,五谷不登⑤,禽兽偪⑥人,兽蹄鸟迹之道交于中国。尧独忧之,举舜而敷治⑦焉。舜使益掌火,益烈⑧山泽而焚之,禽兽逃匿。禹疏九河,瀹济漯⑨而注诸海,决汝汉,排淮泗而注之江,然后中国可得而食也。当是时也,禹八年于外,三过其门而不入,虽欲耕,得乎?后稷教民稼穑,树艺五谷;五谷熟而民人育。人之有道也,饱食、暖衣、逸居而无教,则近于禽兽。圣人有⑩忧之,使契⑪为司徒,教以人伦——父子有亲,君臣有义,夫妇有别,长幼有叙,朋友有信。放勋⑫曰:'劳之来之,匡之直之,辅之翼之,使自得之;又从而振德⑬之。'圣人之忧民如此,而暇耕乎?尧以不得舜为己忧,舜以不得禹皋陶⑭为己忧。夫以百亩之不易⑮为己忧者,农夫也。分人以财谓之惠,教人以善谓之忠,为天下得人者谓之仁。是故以天下与人易,为天下得人难。孔子曰:'大哉尧之为君!惟天为大,惟尧则之,荡荡乎民无能名焉!君哉舜也!巍巍乎有天下而不与⑯焉!'尧舜之治天下,岂无所用其心哉?亦不用于耕耳。吾闻用夏变夷者,未闻变于夷者也。陈良,楚产也,悦周公、仲尼之道,北学于中国。北方之学者,未能或之先也。彼所谓豪杰之士也。子之兄弟事之

---

① 以釜(fǔ)甑(zēng)爨(cuàn):釜,古代用来煮食物的炊事用具,相当于现在的锅;甑,古代用来蒸食物的陶土炊具;爨,烧火煮饭。

② 舍:同"啥",什么、何物。

③ 有大人之事,有小人之事:大人,指在位者、统治者;小人,指无位者、被统治者。

④ 路:疲劳破败。

⑤ 登:成熟。

⑥ 偪(bī):古"逼"字。

⑦ 敷治:全面治理。敷,遍也。

⑧ 烈:放火焚烧。

⑨ 瀹(yuè)济漯(tà):瀹,疏通河道;济,济水,水名;漯,漯水,也是水名,在今山东。

⑩ 有:又也。

⑪ 契(xiè):人名,相传为殷代的始祖。

⑫ 放勋:帝尧之名。

⑬ 振德:振,救;德,对人施恩德。

⑭ 皋陶(yáo):舜的大臣。

⑮ 易:治。

⑯ 与:有私有、享受之意。

数十年，师死而遂倍之！昔者孔子没，三年之外，门人治任① 将归，入揖于子贡，相向而哭，皆失声，然后归。子贡反，筑室于场，独居三年，然后归。他日，子夏、子张、子游以有若似圣人，欲以所事孔子事之，强② 曾子。曾子曰：'不可。江汉以濯之，秋阳以暴③ 之，皜皜乎④ 不可尚已。'今也南蛮鴃⑤ 舌之人，非先王之道，子倍子之师而学之，亦异于曾子矣。吾闻出于幽谷迁于乔木者，未闻下乔木而入于幽谷者。《鲁颂》曰：'戎狄是膺⑥，荆舒是惩。'周公方且膺之，子是之学，亦为不善变矣。""从许子之道，则市贾不贰，国中无伪；虽使五尺之童适市，莫之或欺。布帛长短同，则贾相若；麻缕丝絮轻重同，则贾相若；五谷多寡同，则贾相若；屦大小同，则贾相若。"曰："夫物之不齐，物之情也；或相倍蓰⑦，或相什百，或相千万。子比而同之，是乱天下也。巨屦小屦同贾，人岂为之哉？从许子之道，相率而为伪者也，恶能治国家？"

墨者夷之⑧，因徐辟⑨ 而求见孟子。孟子曰："吾固愿见，今吾尚病，病愈，我且往见，夷子不来！"他日，又求见孟子。孟子曰："吾今则可以见矣。不直，则道不见⑩；我且直之。吾闻夷子墨者，墨之治丧也，以薄为其道也；夷子思以易天下，岂以为非是而不贵也；然而夷子葬其亲厚，则是以所贱事亲也。"徐子以告夷子。夷子曰："儒者之道，古之人若保赤子⑪，此言何谓也？之则以为爱无差等，施由亲始。"徐子以告孟子。孟子曰："夫夷子信以为人之亲其兄之子为若亲其邻之赤子乎？彼有取尔也。赤子匍匐将入井，非赤子之罪也。且天之生物也，使之一本，而夷子二本故也。盖上世尝有不葬其亲者，其亲死，则举而委⑫ 之于壑。他日过之，狐狸食之，蝇蚋姑嘬之⑬。其颡有泚⑭，睨而不视。夫泚也，非为人泚，中心达于面目。盖归反蔂梩⑮ 而掩之。掩之诚是也，则孝子仁人之掩其亲，亦必有道矣。"徐子以告夷子。夷子怃然为间曰："命之⑯ 矣。"

---

① 治任：整理行李。任，挑在肩上的东西，这里是指行李。

② 强(qiǎng)：勉强。

③ 暴(pù)：同"曝"，晒。

④ 皜(hào)皜乎：洁白的样子。

⑤ 鴃(jué)：即伯劳鸟，人们很讨厌它的叫声。

⑥ 膺(yīng)：攻打。

⑦ 蓰(xǐ)：五倍。

⑧ 墨者夷之：墨者，信奉墨子学说的人。夷之，人名，姓夷名之，事迹不可考。

⑨ 徐辟：孟子的学生。

⑩ 不直，则道不见(xiàn)：直，直率、坦白；见，同"现"。

⑪ 若保赤子：出自《尚书·康诰》。保，安抚；赤子，刚生下的婴儿，因其皮肤呈红色，所以叫赤子。

⑫ 委：抛弃。

⑬ 蝇蚋(ruì)姑嘬(chuài)之：蚋，蚊类昆虫。姑，应当作"盬(gǔ)"，用嘴吸血；嘬，咬、吃。

⑭ 其颡(sǎng)有泚(cǐ)：颡，额头；泚，出汗、冒汗。

⑮ 蔂(léi)梩(lí)：蔂，盛土的器具；梩，铲土用的器具。

⑯ 命之：命，教导；之，夷之自称。

滕文公下

陈代① 曰:"不见诸侯,宜若小然;今一见之,大则以王,小则以霸。且《志》曰:'枉尺而直寻②。'宜若可为也。"孟子曰:"昔齐景公田,招虞人③ 以旌,不至,将杀之。志士不忘在沟壑,勇士不忘丧其元。孔子奚取焉? 取非其招不往也。如不待其招而往,何哉? 且夫枉尺而直寻者,以利言也。如以利,则枉寻直尺而利,亦可为与? 昔者赵简子④ 使王良与嬖奚乘,终日而不获一禽。嬖奚反命曰:'天下之贱工也。'或以告王良。良曰:'请复之。'强而后可,一朝而获十禽。嬖奚反命曰:'天下之良工也。'简子曰:'我使掌与女⑤ 乘。'谓王良。良不可,曰:'吾为之范我驰驱⑥,终日不获一;为之诡遇⑦,一朝而获十。《诗》云:"不失其驰,舍矢如破。"我不贯与小人乘,请辞。'御者且羞与射者比⑧,比而得禽兽,虽若丘陵,弗为也。如枉道而从彼,何也? 且子过矣:枉己者,未有能直人者也。"

景春⑨ 曰:"公孙衍、张仪⑩ 岂不诚大丈夫哉? 一怒而诸侯惧,安居而天下熄。"孟子曰:"是焉得为大丈夫乎? 子未学礼乎? 丈夫之冠⑪ 也,父命⑫ 之;女子之嫁也,母命之,往送之门,戒之曰:'往之女⑬,必敬必戒,无违夫子。'以顺为正者,妾妇之道也。居天下之广居⑭,立天下之正位,行天下之大道。得志,与民由之;不得志,独行其道。富贵不能淫,贫贱不能移,威武不能屈,此之谓大丈夫。"

周霄⑮ 问曰:"古之君子仕乎?"孟子曰:"仕。《传》曰:'孔子三月无君,则皇皇如⑯ 也,出疆

---

① 陈代:孟子的学生。

② 枉尺而直寻:枉,屈也;直,伸也。朱熹注曰"枉尺直寻,犹屈己一见诸侯而可以致王霸,所屈者小,所伸者大也。"

③ 虞人:为帝王或诸侯看管园子的小官吏。

④ 赵简子:即赵鞅,春秋时晋国的正卿。下面的王良,是春秋末晋国的驾车能手;嬖(bì)奚,赵简子的名叫奚的宠臣。

⑤ 掌与女(rǔ):掌,专门、专主;女,同"汝",你。

⑥ 范我驰驱:使驰驱合乎规范。

⑦ 诡遇:不按驾车之正法驱赶车子,以求多与禽兽相遇。

⑧ 比:通力合作。

⑨ 景春:孟子时人,习纵横之术。

⑩ 公孙衍、张仪:都是当时著名的说客、纵横家。

⑪ 冠(guàn):行加冠礼。

⑫ 命:训导。

⑬ 女(rǔ):同"汝",你的。

⑭ 广居:朱熹注曰,"广居,仁也;正位,礼也;大道,义也"。可谓深得孟子本旨。

⑮ 周霄:魏国人。

⑯ 皇皇如:忧悼慌乱的样子。

必载质①。'公明仪曰：'古之人三月无君，则吊。'""三月无君则吊，不以急乎?"曰："士之失位也，犹诸侯之失国家也。《礼》曰：'诸侯耕助②，以供粢盛；夫人蚕缫，以为衣服。牺牲不成③，粢盛不洁，衣服不备，不敢以祭。惟士无田，则亦不祭。'牲杀④、器皿、衣服不备，不敢以祭，则不敢以宴，亦不足吊乎?""出疆必载质，何也?"曰："士之仕也，犹农夫之耕也。农夫岂为出疆舍其耒耜哉?"曰："晋国亦仕国也，未尝闻仕如此其急。仕如此其急也，君子之难仕，何也?"曰："丈夫生而愿为之有室，女子生而愿为之有家。父母之心，人皆有之。不待父母之命、媒妁之言，钻穴隙相窥，逾墙相从，则父母国人皆贱之。古之人未尝不欲仕也，又恶不由其道。不由其道而往者，与钻穴隙之类也。"

彭更⑤问曰："后车数十乘，从者数百人，以传食⑥于诸侯，不以泰⑦乎?"孟子曰："非其道，则一箪食不可受于人；如其道，则舜受尧之天下，不以为泰——子以为泰乎?"曰："否。士无事而食，不可也。"曰："子不通功易事，以羡⑧补不足，则农有余粟，女有余布；子如通之，则梓匠轮舆皆得食于子。于此有人焉，入则孝，出则悌，守先王之道，以待⑨后之学者，而不得食于子；子何尊梓匠轮舆而轻为仁义者哉?"曰："梓匠轮舆，其志将以求食也；君子之为道也，其志亦将以求食与?"曰："子何以其志为哉? 其有功于子，可食⑩而食之矣。且子食志乎? 食功乎?"曰："食志。"曰："有人于此，毁瓦画墁⑪，其志将以求食也，则子食之乎?"曰："否。"曰："然则子非食志也，食功也。"

万章⑫问曰："宋，小国也；今将行王政，齐楚恶而伐之，则如之何?"孟子曰："汤居亳⑬，与葛为邻。葛伯放⑭而不祀。汤使人问之曰：'何为不祀?'曰：'无以供牺牲也。'汤使遗之牛羊。葛伯食之，又不以祀。汤又使人问之曰：'何为不祀?'曰：'无以供粢盛也。'汤使亳众往为之耕，老弱

----

① 出疆必载质：出疆，失位而离开一个国家；质，同"贽""挚"，古代初次相见一定用礼物来表示诚意，这种礼物就叫"贽"，这种礼品，士人一般用雉。

② 耕助：助者，藉也。古时天子和诸侯都有"藉田"，他们每年春耕开始的季节到田里去扶犁做个样子，表示亲自参与耕种，其实他们这些田地还是要靠农民去耕种，所以叫"藉田"，农民耕种这种田也叫"藉"。

③ 成：肥硕丰满。

④ 牲杀：同"牺牲"，都是指祭祀时宰杀用来祭祀鬼神的牛羊猪等牲畜。

⑤ 彭更：孟子的学生。

⑥ 传(zhuàn)食：辗转住在诸侯的客馆里接受他们的款待。

⑦ 泰：过多、奢侈。

⑧ 羡：多余。

⑨ 待：扶持。

⑩ 食(sì)：给予食物。食取"喂养"之义时，都读sì，此处的几个食，都读sì。

⑪ 画墁(màn)：刻画新粉刷的墙壁。

⑫ 万章：齐国人，孟子弟子。

⑬ 亳(bó)：在今河南省商邱县北。

⑭ 放：放纵、放肆。

馈食。葛伯率其民，要① 其有酒食黍稻者夺之，不授者杀之。有童子以黍肉饷，杀而夺之。《书》曰：'葛伯仇饷。'此之谓也。为其杀是童子而征之，四海之内皆曰：'非富天下也，为匹夫匹妇复雠也。''汤始征，自葛载②'，十一征而无敌于天下。东面而征，西夷怨；南面而征，北狄怨，曰：'奚为后我？'民之望之，若大旱之望雨也。归市者弗止，芸者不变，诛其君，吊其民，如时雨降。民大悦。《书》曰：'徯我后，后来其无罚。''有攸不惟臣③，东征，绥厥士女④。匪厥玄黄⑤，绍我周王见休⑥，惟臣附于大邑周。'其君子实玄黄于匪以迎其君子，其小人箪食壶浆以迎其小人。救民于水火之中，取其残而已矣。《太誓》曰：'我武惟扬，侵于⑦ 之疆。则取于残，杀伐用张，于汤有光。'不行王政云尔；苟行王政，四海之内皆举首而望之，欲以为君。齐楚虽大，何畏焉？"

孟子谓戴不胜⑧ 曰："子欲子之王之善与？我明告子。有楚大夫于此，欲其子之齐语也，则使齐人傅诸？使楚人傅诸？"曰："使齐人傅之。"曰："一齐人傅之，众楚人咻⑨ 之，虽日挞而求其齐也，不可得矣；引而置之庄岳⑩ 之间数年，虽日挞而求其楚，亦不可得矣。子谓薛居州，善士也，使之居于王所。在于王所者，长幼卑尊皆薛居州也，王谁与为不善？在王所者，长幼卑尊皆非薛居州也，王谁与为善？一薛居州，独⑪ 如宋王何？"

公孙丑问曰："不见诸侯何义？"孟子曰："古者不为臣不见。段干木⑫ 逾垣而辟⑬ 之，泄柳闭门而不纳，是皆已甚。迫，斯可以见矣。阳货⑭ 欲见孔子而恶无礼，大夫有赐于士，不得受于其家，则往拜其门。阳货瞯⑮ 孔子之亡⑯ 也，而馈孔子蒸豚；孔子亦瞯其亡也，而往拜之。当是时，

---

① 要(yāo)：阻拦。

② 载：开始。

③ 有攸不惟臣：攸，古国名；惟，为。

④ 绥厥士女：绥，安抚；厥，其；士女，男女，指老百姓。

⑤ 匪(fěi)厥玄黄：匪，同"篚"，竹筐，这里作动词用，用竹筐装；玄黄，指黑色和黄色的币帛。

⑥ 绍我周王见休：绍，介绍；休，美、善。

⑦ 于：同"邘(yū)"，古国名。

⑧ 戴不胜：宋国的臣子。

⑨ 咻(xiū)：喧哗干扰。

⑩ 庄岳：齐国的街名和里名。

⑪ 独：将。

⑫ 段干木：魏文侯时人，姓段，名干木。

⑬ 辟(bì)：同"避"，逃避、躲避。

⑭ 阳货：鲁国季氏的家臣。

⑮ 瞯(kàn)：窥伺。

⑯ 亡：不在家。

阳货先，岂得不见？曾子曰：'胁肩谄笑①，病② 于夏畦。'子路曰：'未同而言，观其色赧赧然③，非由④ 之所知也。'由是观之，则君子之所养，可知已矣。"

戴盈之⑤ 曰："什一，去关市之征，今兹⑥ 未能，请轻之，以待来年，然后已，何如？"孟子曰："今有人日攘⑦ 其邻之鸡者，或告之曰：'是非君子之道。'曰：'请损之，月攘一鸡，以待来年，然后已。'——如知其非义，斯速已矣，何待来年？"

公都子⑧ 曰："外人皆称夫子好辩，敢问何也？"孟子曰："予岂好辩哉？予不得已也。天下之生久矣，一治一乱。当尧之时，水逆行，泛滥于中国，蛇龙居之，民无所定；下者为巢，上者为营窟⑨。《书》曰：'洚水警余。'洚水者，洪水也。使禹治之。禹掘地而注之海，驱蛇龙而放之菹⑩；水由地中行，江、淮、河、汉是也。险阻既远，鸟兽之害人者消，然后人得平土而居之。尧舜既没，圣人之道衰，暴君代作⑪，坏宫室以为污池，民无所安息；弃田以为园囿，使民不得衣食。邪说暴行又作，园囿、污地、沛泽多而禽兽至。及纣之身，天下又大乱。周公相武王诛纣，伐奄⑫ 三年讨其君，驱飞廉⑬ 于海隅而戮之，灭国者五十，驱虎、豹、犀、象而远之，天下大悦。《书》曰：'丕显哉，文王谟⑭！丕承哉，武王烈！佑启⑮ 我后人，咸以正无缺。'世衰道微，邪说暴行有⑯ 作，臣弑其君者有之，子弑其父者有之。孔子惧，作《春秋》。《春秋》，天子之事也。是故孔子曰：'知我者其惟《春秋》乎！罪我者其惟《春秋》乎！'圣王不作，诸侯放恣，处士横议⑰，杨朱、墨翟之言盈天下。天下之言不归杨，则归墨。杨氏为我，是无君也；墨氏兼爱，是无父也。无父无君，是禽兽也。公明仪曰：'庖有肥肉，厩有肥马；民有饥色，野有饿莩，此率兽而食人也。'杨墨之道不息，孔子之道不著，是邪说诬民，充塞仁义也。仁义充塞，则率兽食人，人将相食。吾为此惧，闲⑱ 先圣之道，

---

① 胁肩谄笑：胁肩，耸肩，作出一副恭敬貌；谄笑，作出讨好的笑容。

② 病：累。

③ 赧(nǎn)赧然：惭愧而面红的样子。

④ 由：子路名。

⑤ 戴盈之：宋国大夫。

⑥ 今兹：今年。

⑦ 攘(ráng)：盗窃、偷盗。

⑧ 公都子：孟子的学生。

⑨ 营窟：相连的窟穴。

⑩ 菹(jū)：长草的沼泽。

⑪ 代作：一代代出现。

⑫ 奄(yān)：古国名，当时的一个国家。

⑬ 飞廉：商纣的宠臣。

⑭ 丕显哉，文王谟：丕，大也；谟，谋略。

⑮ 佑启：帮助。

⑯ 有：同"又"。

⑰ 处士横(hèng)议：处士，不在朝廷做官闲居在家的人；横，肆无忌惮。

⑱ 闲：保卫、捍卫。

距杨墨,放①淫辞,邪说者不得作。作于其心,害于其事;作于其事,害于其政。圣人复起,不易吾言矣。昔者禹抑洪水而天下平,周公兼夷狄、驱猛兽而百姓宁,孔子成《春秋》而乱臣贼子惧。《诗》云:'戎狄是膺,荆舒是惩,则莫我敢承②。'无父无君,是周公所膺也。我亦欲正人心、息邪说,距诐③行,放淫辞,以承三圣者。岂好辩哉?予不得已也。能言距杨墨者,圣人之徒也。"

匡章④曰:"陈仲子⑤岂不诚廉士哉?居於陵⑥,三日不食,耳无闻,目无见也。井上有李,螬食实者过半矣,匍匐往,将⑦食之,三咽,然后耳有闻、目有见。"孟子曰:"于齐国之士,吾必以仲子为巨擘⑧焉。虽然,仲子恶能廉?充仲子之操,则蚓而后可者也。夫蚓,上食槁壤,下饮黄泉。仲子所居之室,伯夷之所筑与?抑亦盗跖之所筑与?所食之粟,伯夷之所树与?抑亦盗跖之所树与?是未可知也。"曰:"是何伤哉?彼身织屦,妻辟纑⑨,以易之也。"曰:"仲子,齐之世家也;兄戴,盖⑩禄万钟。以兄之禄为不义之禄而不食也,以兄之室为不义之室而不居也,辟⑪兄离母,处于於陵。他日归,则有馈其兄生鹅者,己频颦⑫曰:'恶用是鶃鶃⑬者为哉?'他日,其母杀是鹅也,与之食之。其兄自外至,曰:'是鶃鶃之肉也。'出而哇之。以母则不食,以妻则食之;以兄之室则弗居,以於陵则居之,是尚为能充其类也乎?若仲子者,蚓而后充其操者也。"

离娄上

孟子曰:"离娄⑭之明、公输子⑮之巧,不以规矩,不能成方员⑯;师旷之聪⑰,不以六律,不能正五音;尧舜之道,不以仁政,不能平治天下。今有仁心仁闻⑱而民不被其泽、不可法于后世者,

---

① 放:驳斥。
② 承:抵挡。
③ 诐:不正,邪僻。
④ 匡章:齐国人,孟子的朋友。
⑤ 陈仲子:齐国士人。
⑥ 於(wū)陵:齐国地名。
⑦ 将:持、拿。
⑧ 巨擘(bò):大拇指。巨擘,犹言数一数二的人物。
⑨ 辟纑(lú):辟,劈开,分析,这里是指绩麻;纑,步缕,搓线成绳。
⑩ 盖(gě):陈仲子之兄陈戴的采邑。
⑪ 辟:同"避"。
⑫ 频颦(pín cù):频,同"颦";颦,同"蹙"。频颦:皱眉,表示不高兴。
⑬ 鶃(yì)鶃:鹅叫声。
⑭ 离娄(lóu):相传为黄帝时人,目力极好,能在百步外看见"秋毫之末"。
⑮ 公输子:即公输般、鲁般,春秋末期鲁国一个著名的巧匠。
⑯ 方员:即方圆。员,同"圆"。
⑰ 师旷之聪:师旷晋平公时著名的乐师;聪,耳朵辨别声音的能力强,称为"聪"。
⑱ 闻:声望、名声。

不行先王之道也。故曰，徒善不足以为政，徒法不能以自行。《诗》云：'不愆① 不忘，率由旧章②。'遵先王之法而过者，未之有也。圣人既竭目力焉，继之以规矩准绳，以为方员平直，不可胜用也；既竭耳力焉，继之以六律正五音，不可胜用也；既竭心思焉，继之以不忍人之政，而仁覆天下矣。故曰，为高必因丘陵，为下必因川泽；为政不因先王之道，可谓智乎？是以惟仁者宜在高位。不仁而在高位，是播其恶于众也。上无道揆③ 也，下无法守也，朝不信道，工不信度④，君子犯义，小人犯刑，国之所存者幸也。故曰，城郭不完⑤，兵甲不多，非国之灾也；田野不辟，货财不聚，非国之害也。上无礼，下无学，贼民兴，丧无日矣。《诗》曰：'天之方蹶，无然泄泄⑥。'泄泄犹沓沓⑦也。事君无义，进退无礼，言则非先王之道者，犹沓沓也。故曰，责难⑧ 于君谓之恭，陈善闭邪⑨谓之敬，吾君不能谓之贼。"

孟子曰："规矩，方员之至⑩ 也；圣人，人伦之至也。欲为君，尽君道；欲为臣，尽臣道。二者皆法尧舜而已矣。不以舜之所以事尧事君，不敬其君者也；不以尧之所以治民治民，贼其民者也。孔子曰：'道二，仁与不仁而已矣。'暴其民甚，则身弑国亡；不甚，则身危国削，名之曰'幽''厉'，虽孝子慈孙，百世不能改也。《诗》云：'殷鉴⑪ 不远，在夏后之世。'此之谓也。"

孟子曰："三代之得天下也以仁，其失天下也以不仁。国之所以废兴存亡者亦然。天子不仁，不保四海；诸侯不仁，不保社稷；卿大夫不仁，不保宗庙；士庶人不仁，不保四体。今恶死亡而乐不仁，是犹恶醉而强⑫ 酒。"

孟子曰："爱人不亲，反⑬ 其仁；治人不治，反其智；礼人不答，反其敬。行有不得者皆反求诸己，其身正而天下归之。《诗》云：'永言配命，自求多福。'"

孟子曰："人有恒言，皆曰'天下国家。'天下之本在国，国之本在家，家之本在身。"

孟子曰："为政不难，不得罪于巨室⑭。巨室之所慕，一国慕之；一国之所慕，天下慕之；故沛然德教溢乎四海。"

---

① 愆(qiān)：过错。

② 率(shuài)：遵循。

③ 道揆(kuí)：道，道术；揆，揆度，估量揣测。

④ 度(dù)：计量长短的工具。

⑤ 完：坚牢。

⑥ 泄(yì)泄：多言、迟缓。

⑦ 沓(tà)沓：多而重复。

⑧ 难(nán)：困难之事，即行仁政。

⑨ 闭邪：堵塞君王之邪心。

⑩ 至：极至、极点。

⑪ 鉴：古代照人用的铜镜。

⑫ 强(qiǎng)：勉强。

⑬ 反：同"返"，返身而反省。

⑭ 巨室：大家族，指影响很大，为国人所仿效的卿大夫之家。

孟子曰:"天下有道,小德役大德,小贤役大贤;天下无道,小役大,弱役强。斯二者,天也。顺天者存,逆天者亡。齐景公曰:'既不能令,又不受命,是绝物① 也。'涕出而女② 于吴。今也小国师③ 大国而耻受命焉,是犹弟子而耻受命于先师也。如耻之,莫若师文王。师文王,大国五年,小国七年,必为政于天下矣。《诗》云:'商之孙子,其丽不亿④。上帝既命,侯于周服⑤。侯服于周,天命靡常。殷士肤敏⑥,祼将于京⑦。'孔子曰:'仁不可为众也。夫国君好仁,天下无敌。'今也欲无敌于天下而不以仁,是犹执热而不以濯也。《诗》云:'谁能执热,逝不以濯⑧?'"

孟子曰:"不仁者可与言哉?安其危而利其菑⑨,乐其所以亡者。不仁而可与言,则何亡国败家之有?有孺子歌曰:'沧浪⑩ 之水清兮,可以濯我缨;沧浪之水浊兮,可以濯我足。'孔子曰:'小子⑪ 听之!清斯濯缨,浊斯濯足矣。自取之也。'夫人必自侮,然后人侮之;家必自毁,而后人毁之;国必自伐,而后人伐之。《太甲》曰:'天作孽,犹可违;自作孽,不可活。'此之谓也。"

孟子曰:"桀纣之失天下也,失其民也;失其民者,失其心也。得天下有道:得其民,斯得天下矣;得其民有道:得其心,斯得民矣;得其心有道:所欲与之聚之,所恶勿施,尔也⑫。民之归仁也,犹水之就下、兽之走圹⑬ 也。故为渊驱鱼者,獭也;为丛驱爵者⑭,鹯⑮ 也;为汤、武驱民者,桀与纣也。今天下之君有好仁者,则诸侯皆为之驱矣。虽欲无王,不可得已。今之欲王者,犹七年之病求三年之艾⑯ 也。苟为不畜⑰,终身不得。苟不志于仁,终身忧辱,以陷于死亡。《诗》云:'其何能淑,载胥及溺⑱。'此之谓也。"

孟子曰:"自暴者,不可与有言也;自弃者,不可与有为也。言非⑲ 礼义,谓之自暴也;吾身不

---

① 绝物:自绝于人。物,这里实际上是指人。

② 女:嫁女,作动词用。

③ 师:以……为师。

④ 其丽不亿:丽,数量,数;亿,十万,古人以十万为亿。

⑤ 侯于周服:侯,语气助词,无实义;周服,臣服于周。

⑥ 肤敏:壮美而又敏捷。肤,美。

⑦ 祼(guàn)将于京:祼,也作"灌",一种祭祀仪式,把郁鬯(chàng)之酒祭地以迎神。将,助,辅助。

⑧ 谁能执热,逝不以濯(zhuó):谁能热得受不了,却又不去洗个澡?逝,语气助词,无实义。

⑨ 菑:同"灾"。

⑩ 沧浪:青苍的水色。

⑪ 小子:古时老师对学生的称呼。

⑫ 尔也:如此罢了。尔,如此、这样。

⑬ 圹(kuàng):同"旷",旷野。

⑭ 为丛驱爵者:丛,丛林;爵,同"雀",鸟。

⑮ 鹯(zhān):古书中指一种鹞子一类的猛禽。

⑯ 艾:一种可以用来治病的中草药。

⑰ 畜(xù):同"蓄",积蓄。

⑱ 其何能淑,载胥及溺:淑,善;载,语气助词,无实义;胥,相互。

⑲ 非:诋毁。

能居仁由义，谓之自弃也。仁，人之安宅也；义，人之正路也。旷安宅而弗居，舍正路而不由，哀哉！"

孟子曰："道在迩而求诸远，事在易而求诸难。人人亲其亲、长其长，而天下平。"

孟子曰："居下位而不获于上①，民不可得而治也。获于上有道，不信于友，弗获于上矣。信于友有道，事亲弗悦，弗信于友矣。悦亲有道，反身不诚，不悦于亲矣。诚身有道，不明乎善，不诚其身矣。是故诚者，天之道也；思诚者，人之道也。至诚而不动者，未之有也；不诚，未有能动者也。"

孟子曰："伯夷辟②纣，居北海之滨，闻文王作，兴③曰：'盍归乎来！吾闻西伯善养老者。'太公辟纣，居东海之滨，闻文王作，兴曰：'盍归乎来！吾闻西伯善养老者。'二老者，天下之大老也，而归之，是天下之父归之也。天下之父归之，其子焉往？诸侯有行文王之政者，七年之内，必为政于天下矣。"

孟子曰："求④也为季氏宰⑤，无能改于其德，而赋⑥粟倍他日。孔子曰：'求非我徒也，小子鸣鼓而攻之⑦可也。'由此观之，君不行仁政而富之，皆弃于孔子者也，况于为之强战？争地以战，杀人盈野；争城以战，杀人盈城。此所谓率土地而食人肉，罪不容于死。故善战者服上刑，连诸侯者次之，辟草莱、任土地⑧者次之。"

孟子曰："存⑨乎人者，莫良⑩于眸子，眸子不能掩其恶。胸中正，则眸子瞭⑪焉；胸中不正，则眸子眊⑫焉。听其言也，观其眸子，人焉廋⑬哉？"

孟子曰："恭者不侮人，俭者不夺人。侮夺人之君，惟恐不顺焉，恶得为恭俭？恭俭岂可以声音笑貌为哉？"

淳于髡⑭曰："男女授受不亲，礼与？"孟子曰："礼也。"曰："嫂溺，则援之以手乎？"曰："嫂溺

---

① 获于上：得到上级的信任。
② 辟(bì)：辟，同"避"。
③ 兴(xīng)：起、振奋、振作。
④ 求：冉求，孔子的学生，春秋时鲁国人。
⑤ 宰：家臣总管。
⑥ 赋：征收。
⑦ 鸣鼓而攻之：大张旗鼓地谴责他。
⑧ 辟(pì)草莱、任土地：草莱，未开垦的荒地；任土地，把土地分授给老百姓。
⑨ 存：察，观察。
⑩ 良：善、好。
⑪ 瞭(liǎo)：明亮。
⑫ 眊(mào)：眼睛失神，看不清楚。
⑬ 廋(sōu)：藏匿，隐藏。
⑭ 淳于髡(kūn)：战国时齐国人，为人擅辩，屡次奉派出使诸侯国，从不曾受过屈辱。

不援,是豺狼也。男女授受不亲,礼也;嫂溺援之以手者,权① 也。"曰:"今天下溺矣,夫子之不援,何也?"曰:"天下溺,援之以道;嫂溺,援之以手。子欲手援天下乎?"

公孙丑曰:"君子之不教子,何也?"孟子曰:"势② 不行也。教者必以正;以正不行,继之以怒;继之以怒,则反夷③ 矣。'夫子教我以正,夫子未出于正也。'则是父子相夷也。父子相夷,则恶矣。古者易子而教之,父子之间不责善,责善则离,离则不祥莫大焉。"

孟子曰:"事,孰为大?事亲为大;守,孰为大?守身为大。不失其身而能事其亲者,吾闻之矣;失其身而能事其亲者,吾未之闻也。孰不为事?事亲,事之本也;孰不为守?守身,守之本也。曾子养曾晳④,必有酒肉;将彻⑤,必请所与;问有余,必曰,'有。'曾晳死,曾元⑥ 养曾子,必有酒肉;将彻,不请所与;问有余,曰,'亡矣。'——将以复进也。此所谓养口体者也。若曾子,则可谓养志也。事亲若曾子者,可也。"

孟子曰:"人不足与适⑦ 也,政不足与间⑧ 也;惟大人为能格⑨ 君心之非。君仁,莫不仁;君义,莫不义;君正,莫不正。一正君而国定矣。"

孟子曰:"有不虞⑩ 之誉,有求全之毁。"

孟子曰:"人之易⑪ 其言也,无责耳矣。"

孟子曰:"人之患在好为人师。"

乐正子从于子敖⑫ 之齐。乐正子见孟子。孟子曰:"子亦来见我乎?"

曰:"先生何为出此言也?"曰:"子来几日矣?"曰:"昔者。"曰:"昔者,则我出此言也,不亦宜乎?"曰:"舍馆未定。"曰:"子闻之也,舍馆定,然后求见长者乎?"曰:"克有罪。"

孟子谓乐正子曰:"子之从于子敖来,徒铺啜⑬ 也。我不意子学古之道而以铺啜也。"

孟子曰:"不孝有三⑭,无后为大。舜不告而娶,为无后也,君子以为犹告也。"

---

① 权:变通。

② 势:情势。

③ 夷:伤害。

④ 曾子养曾晳(xī):曾子,即曾参,孔子弟子;曾晳,名点,曾参的父亲,也是孔子的学生。

⑤ 彻:同"撤",撤去,撤除。

⑥ 曾元:曾参的儿子。

⑦ 适(zhé):同"谪",责备、指责。

⑧ 间(jiàn):非议。

⑨ 格:纠正。

⑩ 虞:料想、意料。

⑪ 易:轻易。

⑫ 子敖:即王驩,齐国贵臣。

⑬ 铺(bū)啜(chuò):饮食。铺,食;啜,饮。

⑭ 不孝有三:"于礼有不孝者三者,谓阿意曲从,陷亲不义,一不孝也;家贫亲老,不为禄仕,二不孝也;不娶无子,绝先祖祀,三不孝也。"(赵岐注)

孟子曰："仁之实①，事亲是也；义之实，从兄是也；智之实，知斯二者弗去是也；礼之实，节文斯二者是也；乐之实，乐斯二者，乐则生矣②；生则恶③可已也，恶可已，则不知足之蹈之手之舞之。"

孟子曰："天下大悦而将归己，视天下悦而归己，犹草芥也，惟舜为然。不得乎亲，不可以为人；不顺乎亲，不可以为子。舜尽事亲之道而瞽瞍厎豫④，瞽瞍厎豫而天下化，瞽瞍厎豫而天下之为父子者定，此之谓大孝。"

离娄下

孟子曰："舜生于诸冯，迁于负夏，卒于鸣条⑤，东夷之人也。文王生于岐周，卒于毕郢，西夷之人也。地之相去也，千有余里；世之相后也，千有余岁。得志行乎中国，若合符节，先圣后圣，其揆⑥一也。"

子产⑦听⑧郑国之政，以其乘舆济人于溱洧⑨。孟子曰："惠而不知为政。岁十一月，徒杠⑩成；十二月，舆梁成，民未病⑪涉也。君子平其政，行辟⑫人可也，焉得人人而济之？故为政者，每人而悦之，日亦不足矣。"

孟子告齐宣王曰："君之视臣如手足，则臣视君如腹心；君之视臣如犬马，则臣视君如国人；君之视臣如土芥，则臣视君如寇雠。"王曰："礼，为旧君有服，何如斯可为服矣？"曰："谏行言听，膏泽下于民；有故而去，则使人导之出疆，又先于其所往；去三年不反，然后收其田里。此之谓三有礼焉。如此，则为之服矣。今也为臣，谏则不行，言则不听；膏泽不下于民；有故而去，则君搏执⑬之，又极之于其所往；去之日，遂收其田里。此之谓寇雠。寇雠，何服之有？"

孟子曰："无罪而杀士，则大夫可以去；无罪而戮民，则士可以徙。"

孟子曰："君仁，莫不仁；君义，莫不义。"

---

① 实：实质。

② 乐(yuè)之实，乐(lè)斯二者，乐(lè)则生矣：第一个"乐"是音乐的意思，第二个"乐"是喜好的意思，第三个"乐"是快乐的意思。

③ 恶(wū)：怎么。

④ 瞽瞍(gǔ sǒu)厎(zhǐ)豫：瞽瞍，舜的父亲，性情顽固，多次想杀死舜；厎，致；豫，高兴、愉快。

⑤ 鸣条：与诸冯、负夏都是古代地名，今已不可考，大概在东方少数民族地区。

⑥ 揆(kuí)：准则。

⑦ 子产：春秋时郑国卿相公孙侨的字。

⑧ 听：掌管。

⑨ 溱洧(zhēn wěi)：郑国的两条河名。

⑩ 徒杠(gāng)：供行人徒步行走的独木桥。杠，独木桥。

⑪ 病：忧愁。

⑫ 辟(bì)：同"避"，古代上层人物外出，前面有人执鞭开路，让行人回避。

⑬ 搏执：捆绑。

　　孟子曰:"非礼之礼,非义之义,大人弗为。"

　　孟子曰:"中也养不中,才也养不才①,故人乐有贤父兄也。如中也弃不中,才也弃不才,则贤不肖之相去,其间② 不能以寸。"

　　孟子曰:"人有不为也,而后可以有为。"

　　孟子曰:"言人之不善,当如后患何?"

　　孟子曰:"仲尼不为已③ 甚者。"

　　孟子曰:"大人者,言不必信,行不必果,惟义所在。"

　　孟子曰:"大人者,不失其赤子之心④ 者也。"

　　孟子曰:"养生者不足以当大事,惟送死可以当大事。"

　　孟子曰:"君子深造之以道,欲其自得之也。自得之,则居之安;居之安,则资⑤ 之深;资之深,则取之左右逢其原,故君子欲其自得之也。"

　　孟子曰:"博学而详说之,将以反说约也。"

　　孟子曰:"以善服⑥ 人者,未有能服人者也;以善养人,然后能服天下。天下不心服而王者,未之有也。"

　　孟子曰:"言无实不祥。不祥之实,蔽贤者当之。"

　　徐子⑦ 曰:"仲尼亟⑧ 称于水,曰'水哉,水哉!'何取于水也?"孟子曰:"源泉混混⑨,不舍昼夜,盈科⑩ 而后进,放乎四海。有本者如是,是之取尔。苟为无本,七八月之间雨集,沟浍⑪ 皆盈;其涸也,可立而待也。故声闻过情⑫,君子耻之。"

　　孟子曰:"人之所以异于禽兽者几希⑬,庶民去之,君子存之。舜明于庶物,察于人伦,由仁义行,非行仁义也。"

---

　　① 中也养不中,才也养不才:行事没有过分或者不及叫"中",力能有所作为叫"才",养是指涵育熏陶,等待受教育的人潜移默化。

　　② 间(jiàn):缝隙,引申为差距。

　　③ 已:太。

　　④ 赤子之心:婴儿刚出生时,还未曾习染世事,所以最为淳朴真实,毫无伪装。

　　⑤ 资:积蓄。

　　⑥ 服:压服。

　　⑦ 徐子:即徐辟,孔子的学生。

　　⑧ 亟(jí):屡次。

　　⑨ 混混:即滚滚。

　　⑩ 科:坎,坑洼。

　　⑪ 浍(kuài):田间的水沟。

　　⑫ 声闻过情:名声超过实际情况。

　　⑬ 几希:很少,一点点。

孟子曰："禹恶旨酒① 而好善言。汤执中,立贤无方②。文王视民如伤,望道而未之见。武王不泄迩③,不忘远。周公思兼三王,以施四事;其有不合者,仰而思之,夜以继日;幸而得之,坐以待旦。"

孟子曰："王者之迹熄而《诗》亡,《诗》亡然后《春秋》作。晋之《乘》④,楚之《梼杌》⑤,鲁之《春秋》,一也:其事则齐桓、晋文,其文则史。孔子曰:'其义则丘窃取之矣。'"

孟子曰："君子之泽五世而斩⑥,小人之泽五世而斩。予未得为孔子徒也,予私淑⑦ 诸人也。"

孟子曰："可以取,可以无取,取伤廉;可以与,可以无与,与伤惠;可以死,可以无死,死伤勇。"

逢蒙⑧ 学射于羿,尽羿之道,思天下惟羿为愈己,于是杀羿。孟子曰:"是亦羿有罪焉。"公明仪曰:"宜若无罪焉?"曰:"薄乎云尔,恶得无罪? 郑人使子濯孺子⑨ 侵卫,卫使庾公之斯⑩ 追之。子濯孺子曰:'今日我疾作,不可以执弓,吾死矣夫!'问其仆曰:'追我者谁也?'其仆曰:'庾公之斯也。'曰:'吾生矣。'其仆曰:'庾公之斯,卫之善射者也;夫子曰"吾生",何谓也?'曰:'庾公之斯学射于尹公之他,尹公之他学射于我。夫尹公之他,端⑪ 人也,其取友必端矣。'庾公之斯至,曰:'夫子何为不执弓?'曰:'今日我疾作,不可以执弓。'曰:'小人学射于尹公之他,尹公之他学射于夫子。我不忍以夫子之道反害夫子。虽然,今日之事,君事也,我不敢废。'抽矢,叩轮,去其金,发乘矢⑫ 而后反。"

孟子曰："西子蒙⑬ 不洁,则人皆掩鼻而过之。虽有恶人,齐戒⑭ 沐浴,则可以祀上帝。"

孟子曰："天下之言性也,则故⑮ 而已矣。故者以利⑯ 为本。所恶于智者,为其凿⑰ 也。如智者若禹之行水也,则无恶于智矣。禹之行水也,行其所无事也。如智者亦行其所无事,则智亦

---

① 旨酒:好酒、美酒。

② 无方:没有常法、定规。

③ 泄(xiè)迩:不轻慢身边的近臣。泄,轻慢、狎衰。

④ 《乘(shèng)》:晋国史书的名称。

⑤ 《梼杌(táo wù)》:楚国史书的名称。《乘》《梼杌》《春秋》都是史书,《春秋》本为各国史书的通称,晋又别起名为《乘》,楚又别称为《梼杌》。

⑥ 斩:绝。

⑦ 淑:叔的假借字,取的意思。

⑧ 逢(péng)蒙:后羿的家人,也是他的学生,后叛变杀后羿。

⑨ 子濯孺(rú)子:郑国的大夫。

⑩ 庾公之斯:卫国的大夫。

⑪ 端:端正、正直。

⑫ 乘(shèng)矢:四支箭。

⑬ 蒙:沾着、受。

⑭ 齐(zhāi)戒:旧指祭祀前整洁身心。齐同"斋"。

⑮ 故:事物的本来面貌。

⑯ 利:顺,顺应。

⑰ 凿:穿凿、附会。

大矣。天之高也，星辰之远也，苟求其故，千岁之日至①，可坐而致也。"

公行子②有子之丧，右师③往吊。入门，有进而与右师言者，有就右师之位而与右师言者。孟子不与右师言，右师不悦曰："诸君子皆与驩言，孟子独不与驩言，是简④驩也。"孟子闻之，曰："礼，朝廷不历⑤位而相与言，不逾阶而相揖也。我欲行礼，子敖以我为简，不亦异乎？"

孟子曰："君子所以异于人者，以其存心也。君子以仁存心，以礼存心。仁者爱人，有礼者敬人。爱人者，人恒爱之；敬人者，人恒敬之。有人于此，其待我以横逆⑥，则君子必自反也：我必不仁也，必无礼也，此物奚宜⑦至哉？其自反而仁矣，自反而有礼矣。其横逆由⑧是也，君子必自反也，我必不忠。自反而忠矣，其横逆由是也，君子曰：'此亦妄人也已矣。如此，则与禽兽奚择哉？于禽兽又何难⑨焉！'是故君子有终身之忧，无一朝之患也。乃若所忧则有之：舜，人也；我，亦人也。舜为法于天下，可传于后世，我由未免为乡人也，是则可忧也。忧之如何？如舜而已矣。若夫君子所患则亡矣。非仁无为也，非礼无行也。如有一朝之患，则君子不患矣。"

禹、稷当平世，三过其门而不入，孔子贤之。颜子当乱世，居于陋巷，一箪食，一瓢饮，人不堪其忧，颜子不改其乐，孔子贤之。孟子曰："禹、稷、颜回同道。禹思天下有溺者，由己溺之也；稷思天下有饥者，由己饥之也，是以如是其急也。禹、稷、颜子易地则皆然。今有同室之人斗者，救之，虽被发缨冠⑩而救之，可也；乡邻有斗者，被发缨冠而往救之，则惑也；虽闭户可也。"

公都子曰："匡章，通国皆称不孝焉，夫子与之游，又从而礼貌之，敢问何也？"孟子曰："世俗所谓不孝者五：惰其四支⑪，不顾父母之养，一不孝也；博弈好饮酒，不顾父母之养，二不孝也；好货财，私妻子，不顾父母之养，三不孝也；从⑫耳目之欲，以为父母戮⑬，四不孝也；好勇斗很⑭，以危父母，五不孝也。章子有一于是乎？夫章子，子父责善而不相遇⑮也。责善，朋友之道也；父子

---

① 日至：这里指冬至。

② 公行子：齐国大夫。

③ 右师：官名，即齐王宠臣王驩。

④ 简：简慢、轻视。

⑤ 历：跨越。

⑥ 横(hèng)逆：蛮不讲理的行为。

⑦ 奚宜：为什么。

⑧ 由：通"犹"。

⑨ 难(nàn)：责难。

⑩ 被发(fà)缨冠：被发，披散着头发。被，同"披"。缨冠，连帽缨带帽子一同套在头上。

⑪ 四支：即四肢。支通"肢"。

⑫ 从(zòng)：通"纵"，放纵。

⑬ 戮：羞辱。

⑭ 很：通"狠"。

⑮ 不相遇：合不来。

责善,贼恩之大者。夫章子,岂不欲有夫妻子母之属哉？为得罪于父,不得近,出妻屏① 子,终身不养焉。其设心以为不若是,是则罪之大者,是则章子已矣。"

曾子居武城,有越寇。或曰:"寇至,盍去诸？"曰:"无寓人于我室,毁伤其薪木。"寇退,则曰:"修我墙屋,我将反。"寇退,曾子反。左右曰:"待先生如此其忠且敬也,寇至,则先去以为民望②;寇退,则反,殆于不可。"沈犹行③ 曰:"是非汝所知也。昔沈犹有负刍之祸④,从先生者七十人,未有与焉。"子思居于卫,有齐寇。或曰:"寇至,盍去诸？"子思曰:"如伋⑤ 去,君谁与守？"孟子曰:"曾子、子思同道。曾子,师也,父兄也;子思,臣也,微⑥ 也。曾子、子思易地则皆然。"

储子⑦ 曰:"王使人瞷⑧ 夫子,果有以异于人乎？"孟子曰:"何以异于人哉？尧舜与人同耳。"

齐人有一妻一妾而处室者,其良人⑨ 出,则必餍酒肉而后反。其妻问所与饮食者,则尽富贵也。其妻告其妾曰:"良人出,则必餍酒肉而后反。问其与饮食者,尽富贵也,而未尝有显者来。吾将瞷良人之所之也。"蚤⑩ 起,施⑪ 从良人之所之,遍国中无与立谈者。卒之东郭墦间⑫,之祭者,乞其余;不足,又顾而之他——此其为餍足之道也。其妻归,告其妾,曰:"良人者,所仰望而终身也,今若此!"与其妾讪⑬ 其良人,而相泣于中庭,而良人未之知也,施施⑭ 从外来,骄其妻妾。由君子观之,则人之所以求富贵利达者,其妻妾不羞也,而不相泣者,几希矣。

万章上

万章⑮ 问曰:"舜往于田,号泣⑯ 于旻天⑰,何为其号泣也？"孟子曰:"怨慕⑱ 也。"万章曰:

---

① 屏(bǐng):屏退、逐出。
② 先去以为民望:老百姓看了会仿效这种行为。
③ 沈犹行:曾子弟子。沈犹,复姓;行,名。
④ 负刍之祸:指当时有个叫负刍的人作乱攻打沈犹氏。
⑤ 伋(jí):子思名。
⑥ 微:地位地下。
⑦ 储子:齐人,大概当时为齐相。
⑧ 瞷(jiàn):窥视、窥探。
⑨ 良人:丈夫,古时妇人称丈夫为"良人"。
⑩ 蚤:通"早"。
⑪ 施(yǐ):斜行,不从正路走。
⑫ 墦(fán)间:坟场。墦,坟墓。
⑬ 讪(shàn):怨恨、责骂。
⑭ 施(shī)施:得意洋洋的样子。
⑮ 万章:孟子弟子。
⑯ 号(háo)泣:哭诉,即一边哭一边说。
⑰ 旻(mín)天:天之统称,苍天,含有仁爱怜悯之意。
⑱ 怨慕:埋怨又依恋。慕,指儿女对父母的依恋之情。

"'父母爱之,喜而不忘①;父母恶之,劳②而不怨。'然则舜怨乎?"曰:"长息③问于公明高④曰:'舜往于田,则吾既得闻命⑤矣。号泣于旻天,于父母,则吾不知也。'公明高曰:'是非尔所知也。'夫公明高以孝子之心,为不若是恝⑥,我竭力耕田,共⑦为子职而已矣,父母之不我爱,于我何哉?帝使其子九男二女,百官牛羊仓廪备,以事舜于畎亩之中。天下之士多就之者,帝将胥天下而迁之⑧焉。为不顺于父母,如穷人无所归。天下之士悦之,人之所欲也,而不足以解忧;好色,人之所欲,妻帝之二女,而不足以解忧;富,人之所欲,富有天下,而不足以解忧;贵,人之所欲,贵为天子,而不足以解忧。人悦之、好色、富贵无足以解忧者,惟顺于父母可以解忧。人少,则慕父母;知好色,则慕少艾⑨;有妻子,则慕妻子;仕则慕君,不得于君则热中⑩。大孝终身慕父母。五十而慕者,予于大舜见之矣。"

万章问曰:"《诗》云,'娶妻如之何?必告父母。'信斯言也,宜莫如舜。舜之不告而娶,何也?"孟子曰:"告则不得娶。男女居室⑪,人之大伦也。如告,则废人之大伦,以怼⑫父母,是以不告也。"万章曰:"舜之不告而娶,则吾既得闻命矣;帝之妻舜而不告,何也?"曰:"帝亦知告焉则不得妻也。"万章曰:"父母使舜完⑬廪,捐阶⑭,瞽瞍焚廪。使浚井⑮,出,从而揜⑯之。象曰:'谟盖都君咸我绩⑰,牛羊父母,仓廪父母,干戈朕,琴朕,弤⑱朕,二嫂使治朕栖⑲。'象往入舜宫,舜在床

---

① 忘:懈怠。
② 劳:忧愁。
③ 长息:公明高的弟子。
④ 公明高:曾子弟子。
⑤ 闻命:领教。
⑥ 恝(jiá):没有忧愁的样子。
⑦ 共(gōng):通"恭",恭敬。
⑧ 胥(xū)天下而迁之:胥,都、皆。迁,移,这里指尧把天下让给舜。
⑨ 少艾(ài):年轻美貌之人。
⑩ 热中:躁急而心热。
⑪ 男女居室:男女结婚。
⑫ 怼(duì):怨恨。
⑬ 完:修理、修缮。
⑭ 捐阶:去掉梯子。捐,去掉;阶,梯子。
⑮ 浚(jùn)井:淘井。
⑯ 揜(yǎn):通"掩",掩埋、掩盖。
⑰ 谟盖(mó hài)都君咸我绩:谋害舜都是我的功绩。谟,计谋、谋划;盖,通"害";都君,指舜,相传舜在一个地方住三年,那里便会成为一个都市,因而有"都君"之称。
⑱ 弤(dǐ):舜的弓名。
⑲ 治朕栖(qī):铺我的床。栖,床。

琴①。象曰：'郁陶②思君尔。'忸怩③。舜曰：'惟兹臣庶④，汝其于予治⑤。'不识舜不知象之将杀己与？"曰："奚而不知也？象忧亦忧，象喜亦喜。"曰："然则舜伪喜者与？"曰："否。昔者有馈生鱼于郑子产，子产使校人⑥畜之池。校人烹之，反命曰：'始舍之，圉圉⑦焉；少则洋洋⑧焉，攸然而逝。'子产曰：'得其所哉！得其所哉！'校人出，曰：'孰谓子产智？予既烹而食之，曰，得其所哉！得其所哉！'故君子可欺以其方⑨，难罔以非其道⑩。彼以爱兄之道来，故诚信而喜之，奚伪焉？"

万章问曰："象日以杀舜为事，立为天子则放⑪之，何也？"孟子曰："封之也。或曰，放焉。"万章曰："舜流共工⑫于幽州，放驩兜⑬于崇山，杀三苗于三危⑭，殛鲧于羽山⑮，四罪而天下咸服，诛不仁也。象至不仁，封之有庳⑯。有庳之人奚罪焉？仁人固如是乎——在他人则诛之，在弟则封之？"曰："仁人之于弟也，不藏怒焉，不宿怨焉，亲爱之而已矣。亲之，欲其贵也；爱之，欲其富也。封之有庳，富贵之也。身为天子，弟为匹夫，可谓亲爱之乎？""敢问或曰放者，何谓也？"曰："象不得有为于其国，天子使吏治其国而纳其贡税焉，故谓之放。岂得暴彼民⑰哉？虽然，欲常常而见之，故源源而来，'不及贡，以政接⑱于有庳。'此之谓也。"

咸丘蒙⑲问曰："语云：'盛德之士，君不得而臣，父不得而子。'舜南面而立，尧帅诸侯北面而朝之，瞽瞍亦北面而朝之。舜见瞽瞍，其容有蹙⑳。孔子曰：'于斯时也，天下殆哉，岌岌乎㉑！'不

---

① 琴：名词作动词，弹琴。

② 郁陶(yáo)：思念的样子。

③ 忸怩(niǔ ní)：不好意思。

④ 惟兹臣庶：思念我的臣下和庶民。惟，思念。兹，此。

⑤ 汝其于予治：你帮助我治理我的臣民。其，语气词；于，帮助；治，管理。

⑥ 校人：管理池塘的小官吏。

⑦ 圉(yǔ)圉：刚刚解放出肢体还没有舒展的样子。

⑧ 洋洋：舒舒服服、悠然自得的样子。

⑨ 方：合乎情理的方法。

⑩ 难罔以非其道：罔，欺骗、蒙骗；非其道，不合情理。

⑪ 放：流放。

⑫ 共工：水官的名字。

⑬ 驩兜：人名，尧时的大臣，与共工伙同作恶，被舜放逐到崇山。

⑭ 杀三苗于三危：杀，"窜"的假借字，放逐、流放。三苗，国名，这里是指三苗国的国君。三危，地名。

⑮ 殛(jí)鲧于羽山：殛，一般作流放解，也有解释为杀戮的，译文姑作诛杀解；鲧，禹的父亲。羽山，地名。

⑯ 有庳(bì)：地名。

⑰ 暴彼民：残暴地对待他的百姓。

⑱ 接：接见。

⑲ 咸丘蒙：孟子弟子。

⑳ 蹙(cù)：不安的样子。

㉑ 岌(jí)岌乎：倾颓、危险的样子。

识此语诚然乎哉?"孟子曰:"否。此非君子之言,齐东野人之语也。尧老而舜摄① 也。《尧典》曰:'二十有八载,放勋乃徂落②,百姓如丧考妣③,三年,四海遏密八音④。'孔子曰:'天无二日,民无二王。'舜既为天子矣,又帅天下诸侯以为尧三年丧,是二天子矣。"咸丘蒙曰:"舜之不臣尧,则吾既得闻命矣。《诗》云:'普天之下,莫非王土;率土之滨,莫非王臣。'而舜既为天子矣,敢问瞽瞍之非臣,如何?"曰:"是诗也,非是之谓也。劳于王事而不得养父母也。曰,'此莫非王事,我独贤劳也。'故说诗者,不以文害辞⑤,不以辞害志⑥。以意逆志⑦,是为得之。如以辞而已矣,《云汉》之诗曰:'周余黎民,靡有孑遗。'信斯言也,是周无遗民也。孝子之至,莫大乎尊亲;尊亲之至,莫大乎以天下养。为天子父,尊之至也;以天下养,养之至也。《诗》曰,'永言孝思,孝思惟则⑧。'此之谓也。《书》曰:'祗载见瞽瞍,夔夔齐栗,瞽瞍亦允若⑨。'是为父不得而子也。"

万章曰:"尧以天下与舜,有诸?"孟子曰:"否。天子不能以天下与人。""然则舜有天下也,孰与之?"曰:"天与之。""天与之者,谆谆然⑩ 命之乎?"曰:"否。天不言,以行与事示之而已矣。"曰:"以行与事示之者,如之何?"曰:"天子能荐人于天,不能使天与之天下;诸侯能荐人于天子,不能使天子与之诸侯;大夫能荐人于诸侯,不能使诸侯与之大夫。昔者,尧荐舜于天,而天受之;暴⑪ 之于民,而民受之。故曰:'天不言,以行与事示之而已矣。'"曰:"敢问荐之于天,而天受之;暴之于民,而民受之,如何?"曰:"使之主祭,而百神享之,是天受之;使之主事,而事治,百姓安之,是民受之也。天与之,人与之,故曰:'天子不能以天下与人。'舜相尧二十有八载,非人之所能为也,天也。尧崩,三年之丧毕,舜避尧之子于南河⑫ 之南,天下诸侯朝觐者,不之尧之子而之舜;讼狱⑬ 者,不之尧之子而之舜;讴歌者,不讴歌尧之子而讴歌舜,故曰,天也。夫然后之中国,践天子位焉。而居尧之宫,逼尧之子,是篡也,非天与也。《泰誓》曰,'天视自我民视,天听自我民听,'此之谓也。"

---

① 摄:这里指代行职权。

② 徂(cú)落:死亡的一种委婉说法。徂同"殂"。

③ 考妣(bǐ):古代对已亡父母的称呼。

④ 遏密八音:遏,止、停止。密,同"谧",安静没有声音。八音指用金、石、丝、竹、匏、土、革、木等材料制作的乐器的声音。

⑤ 以文害辞:拘于文字而误解整个词句。文,文字;辞,词句、语句。

⑥ 以辞害志:拘于词句而影响对作者意旨的把握。志,作者要表达的意旨。

⑦ 以意逆志:拿自己的思想去领会作者写诗的意旨。意,自己的思想、思考。逆,揣测、体会。

⑧ 永言孝思,孝思惟则:言、思都是语气词;维,纲维;则,法则。

⑨ 《书》曰:'祗载见瞽瞍,夔夔齐栗,瞽瞍亦允若:赵岐《注》云:"《尚书》逸篇。"又云:"祗,敬;载,事也。夔夔(kuí)齐(同斋)栗,敬慎战惧貌。"朱熹《集注》云:"允,信;若,顺也。"

⑩ 谆(zhūn)谆然:恳切地再三叮咛告诫的样子。

⑪ 暴(pù):暴露、公开、显现。

⑫ 南河:黄河在尧都城的南边,所以叫南河。

⑬ 讼狱:打官司。

万章问曰："人有言：'至于禹而德衰，不传于贤，而传于子。'有诸？"孟子曰："否，不然也。天与贤，则与贤；天与子，则与子。昔者，舜荐禹于天，十有七年，舜崩，三年之丧毕，禹避舜之子于阳城，天下之民从之，若尧崩之后不从尧之子而从舜也。禹荐益① 于天，七年，禹崩，三年之丧毕，益避禹之子于箕山之阴。朝觐讼狱者不之益而之启，曰：'吾君之子也。'讴歌者不讴歌益而讴歌启，曰：'吾君之子也。'丹朱② 之不肖，舜之子亦不肖。舜之相尧、禹之相舜也，历年多，施泽于民久。启贤，能敬承继禹之道。益之相禹也，历年少，施泽于民未久。舜、禹、益相去久远③，其子之贤不肖，皆天也，非人之所能为也。莫之为而为者，天也；莫之致而至者，命也。匹夫而有天下者，德必若舜禹，而又有天子荐之者，故仲尼不有天下。继世以有天下，天之所废，必若桀纣者也，故益、伊尹、周公不有天下。伊尹相汤以王于天下，汤崩，太丁④ 未立，外丙⑤ 二年，仲壬⑥ 四年，太甲颠覆汤之典刑，伊尹放之于桐，三年，太甲悔过，自怨自艾⑦，于桐处仁迁义，三年，以听伊尹之训己也，复归于亳⑧。周公之不有天下，犹益之于夏、伊尹之于殷也。孔子曰：'唐虞禅，夏后殷周继，其义一也。'"

万章问曰："人有言，'伊尹以割烹要汤⑨，'有诸？"孟子曰："否，不然。伊尹耕于有莘⑩ 之野，而乐尧舜之道焉。非其义也，非其道也，禄之以天下，弗顾也；御马千驷，弗视也。非其义也，非其道也，一介⑪ 不以与人，一介不以取诸人。汤使人以币聘之。嚣嚣然⑫ 曰：'我何以汤之聘币为哉？我岂若处畎亩之中，由是以乐尧舜之道哉？'汤三使往聘之，既而幡然⑬ 改曰：'与⑭ 我处畎亩之中，由是以乐尧舜之道，吾岂若使是君为尧舜之君哉？吾岂若使是民为尧舜之民哉？吾岂若于吾身亲见之哉？天之生此民也，使先知觉后知，使先觉觉后觉也。予，天民之先觉者也；予将以斯道觉斯民也。非予觉之，而谁也？'思天下之民匹夫匹妇有不被尧舜之泽者，若己推而内⑮ 之

---

① 益：大禹的相国。
② 丹朱：尧的儿子。
③ 舜、禹、益相去久远：舜、禹、益担任相国时间有长有短，差别比较大。久远，怀疑是久暂的意思。
④ 太丁：商汤的儿子，被立为太子，但未即位就死了。
⑤ 外丙：太丁的弟弟，在位两年去世。
⑥ 仲壬：外丙的弟弟，在位四年去世。
⑦ 自怨自艾：懊悔自己的过错，并加以改正。艾，割草，比喻改正错误。
⑧ 亳(bó)：地名。
⑨ 割烹要汤：割，切肉；烹，烹饪；割烹，切肉割烹，厨师之事。要，求。
⑩ 有莘：国名。
⑪ 介：同"芥"，草芥，极其微小的东西。
⑫ 嚣嚣然：闲暇自得的样子。
⑬ 幡(fān)然：本是指一种狭长垂直悬挂的旗子，这里同"翻"；幡然，改变的样子。
⑭ 与：与其。
⑮ 内(nà)：同"纳"，接纳、收纳。

沟中。其自任以天下之重如此，故就汤而说①之以伐夏救民。吾未闻枉己而正人者也，况辱己以正天下者乎？圣人之行不同也，或远，或近；或去，或不去；归洁其身而已矣。吾闻其以尧舜之道要汤，未闻以割烹也。《伊训》曰：'天诛造攻自牧宫，朕载自亳。'②"

万章问曰："或谓孔子于卫主痈疽③，于齐主侍人瘠环④，有诸乎？"

孟子曰："否，不然也。好事者为之也。于卫主颜雠由⑤。弥子⑥之妻与子路之妻，兄弟⑦也。弥子谓子路曰：'孔子主我，卫卿可得也。'子路以告。孔子曰：'有命。'孔子进以礼，退以义，得之不得曰：'有命'。而主痈疽与侍人瘠环，是无义无命也。孔子不悦于鲁卫，遭宋桓司马⑧将要⑨而杀之，微服而过宋。是时孔子当阨⑩，主司城贞子⑪，为陈侯周⑫臣。吾闻观近臣⑬，以其所为主；观远臣，以其所主。若孔子主痈疽与侍人瘠环，何以为孔子？"

万章问曰："或曰，'百里奚⑭自鬻于秦养牲者⑮，五羊之皮，食⑯牛，以要秦穆公。'信乎？"孟子曰："否，不然。好事者为之也。百里奚，虞人也。晋人以垂棘之璧⑰与屈产之乘⑱假道于虞以伐虢。宫之奇谏，百里奚不谏。知虞公之不可谏而去之秦，年已七十矣；曾⑲不知以食牛干秦穆公之为污也，可谓智乎？不可谏而不谏，可谓不智乎？知虞公之将亡而先去之，不可谓不智也。时举于秦，知穆公之可与有行也而相之，可谓不智乎？相秦而显其君于天下，可传于后世，不贤而能之乎？自鬻以成⑳其君，乡党自好者不为，而谓贤者为之乎？"

---

① 说（shuì）：说服、劝说。

② 《伊训》曰：'天诛造攻自牧宫，朕载自亳。'亳（bó），指殷都亳邑。赵岐《注》云："《伊训》，《尚书》逸篇名。"今本《尚书·伊训》为伪古文。造，始也。牧宫，桀宫。载，亦始也。朕，伊尹自谓，盖《伊训》乃伊尹训太甲之文也。

③ 主痈（yōng）疽（jū）：以……为主人，即寄居在某人家里。痈疽，人名，卫灵公宠幸的宦官。

④ 瘠环：人名，齐国的宦官。

⑤ 颜雠（chóu）由：人名，卫国的大夫。

⑥ 弥子：卫灵公的宠臣弥子瑕。

⑦ 兄弟：此处是指姐妹。

⑧ 桓司马：宋国司马桓魋。

⑨ 要（yāo）：拦截。

⑩ 阨（è）：同"厄"，困境。

⑪ 司城贞子：人名，陈国的卿。

⑫ 陈侯周：陈国陈怀公的儿子，周是他的名字，即位后被楚国所灭，所以没有谥号，只称陈侯周。

⑬ 近臣：在朝廷中的大臣。下文的"远臣"与之相对，是指从外地来朝的官员。

⑭ 百里奚：人名，原为虞国大夫，虞国被灭后来到秦国，帮助秦穆公使秦国日益强大。

⑮ 自鬻（yù）于秦养牲者：把自己卖给秦国养牲畜的一个人。鬻，卖。

⑯ 食（sì）：喂养。

⑰ 垂棘之璧：垂棘产的美玉。垂棘，地名。

⑱ 屈产之乘：屈地产的良马。屈，地名。

⑲ 曾（céng）：乃、竟。

⑳ 成：成全。

万章下

孟子曰："伯夷，目不视恶色，耳不听恶声。非其君，不事；非其民，不使。治则进，乱则退。横政① 之所出，横民之所止，不忍居也。思与乡人处，如以朝衣朝冠坐于涂炭也。当纣之时，居北海之滨，以待天下之清也。故闻伯夷之风者，顽夫② 廉，懦夫有立志。伊尹曰：'何事非君？何使非民？'治亦进，乱亦进，曰：'天之生斯民也，使先知觉后知，使先觉觉后觉。予，天民之先觉者也。予将以此道觉此民也。'思天下之民匹夫匹妇有不与被尧舜之泽者，如己推而内之沟中——其自任以天下之重也。柳下惠不羞污君，不辞小官。进不隐贤，必以其道。遗佚而不怨，阨穷而不悯。与乡人处，由由然③ 不忍去也：'尔为尔，我为我，虽袒裼裸裎于我侧，尔焉能浼我哉？'故闻柳下惠之风者，鄙夫宽，薄夫敦④。孔子之去齐，接淅⑤ 而行；去鲁，曰'迟迟吾行也，去父母国之道也。'可以速而速，可以久而久，可以处而处，可以仕而仕，孔子也。"孟子曰："伯夷，圣之清者也；伊尹，圣之任者也；柳下惠，圣之和者也；孔子，圣之时者也。孔子之谓集大成。集大成也者，金声⑥ 而玉振⑦ 之也。金声也者，始条理⑧ 也；玉振之也者，终条理也。始条理者，智之事也；终条理者，圣之事也。智，譬则巧也；圣，譬则力也。由⑨ 射于百步之外也，其至，尔力也；其中，非尔力也。"

北宫锜⑩ 问曰："周室班⑪ 爵禄也，如之何？"孟子曰："其详不可得闻也，诸侯恶其害己也，而皆去其籍⑫；然而轲也尝闻其略也。天子一位，公一位，侯一位，伯一位，子、男同一位，凡五等也。君一位，卿一位，大夫一位，上士一位，中士一位，下士一位，凡六等。天子之制，地方千里，公侯皆方百里，伯七十里，子、男五十里，凡四等。不能⑬ 五十里，不达于天子，附于诸侯，曰附庸。天子

---

① 横(hèng)政：残暴的政治。横，蛮横、暴虐。
② 顽夫：贪得无厌的人。古时"贪"和"玩"通用。
③ 由由然：悠然自得的样子。
④ 鄙夫宽，薄夫敦：鄙夫，器量狭小的人；宽，宽容；薄夫，心情凉薄的人；敦，敦厚。
⑤ 接淅(xī)：淘米还未完就把米从水中捞出沥干。淅，把米浸在水中淘洗，这里指浸在水中还没淘洗的米。
⑥ 金声：奏乐时先敲金属乐器以示开始。金，金属制成的乐器如钟之类。声，宣也，宣布开始。
⑦ 玉振：指击打玉制的乐器以表示奏乐的结束。玉，指玉或石制成的乐器。振，收，宣告结束。
⑧ 条理：奏乐中的节奏条理。
⑨ 由：同"犹"。
⑩ 北宫锜：人名，卫国人。
⑪ 班：划定等级，名词动用。
⑫ 籍：古籍、文献。
⑬ 不能：不足。

之卿受地视① 侯,大夫受地视伯,元士② 受地视子、男。大国地方百里,君十卿禄,卿禄四大夫,大夫倍上士,上士倍中士,中士倍下士,下士与庶人在官者同禄,禄足以代其耕也。次国地方七十里,君十卿禄,卿禄三大夫,大夫倍上士,上士倍中士,中士倍下士,下士与庶人在官者同禄,禄足以代其耕也。小国地方五十里,君十卿禄,卿禄二大夫,大夫倍上士,上士倍中士,中士倍下士,下士与庶人在官者同禄,禄足以代其耕也。耕者之所获,一夫百亩。百亩之粪,上农夫食九人,上次食八人,中食七人,中次食六人,下食五人。庶人在官者,其禄以是为差。"

万章问曰:"敢问友。"孟子曰:"不挟③ 长,不挟贵,不挟兄弟而友。友也者,友其德也,不可以有挟也。孟献子④,百乘之家也,有友五人焉:乐正裘,牧仲⑤,其三人,则予忘之矣。献子之与此五人者友也,无献子之家者也。此五人者,亦有献子之家,则不与之友矣。非惟百乘之家为然也,虽小国之君亦有之。费⑥ 惠公曰:'吾于子思,则师之矣;吾于颜般⑦,则友之矣;王顺、长息则事我者也。'非惟小国之君为然也,虽大国之君亦有之。晋平公之于亥唐⑧ 也,入云则入,坐云则坐,食云则食;虽蔬食菜羹,未尝不饱,盖不敢不饱也。然终于此而已矣,弗与共天位也,弗与治天职也,弗与食天禄也,士之尊贤者也,非王公之尊贤也。舜尚⑨ 见帝,帝馆甥于贰室⑩,亦飨⑪ 舜,迭⑫ 为宾主,是天子而友匹夫也。用⑬ 下敬上,谓之贵贵;用上敬下,谓之尊贤。贵贵尊贤,其义一也。"

万章问曰:"敢问交际何心⑭ 也?"孟子曰:"恭也。"曰:"'却之却之为不恭',何哉?"曰:"尊者赐之,曰,'其所取之者,义乎,不义乎?'而后受之,以是为不恭,故弗却也。"曰:"请无以辞却之,以心却之,曰'其取诸民之不义也',而以他辞无受,不可乎?"曰:"其交也以道,其接也以礼,斯孔子受之矣。"万章曰:"今有御人于国门之外⑮ 者,其交也以道,其馈也以礼,斯可受御与?"曰:"不

---

① 视:比。

② 元士:上士。

③ 挟,兼有而恃之。下文同。

④ 孟献子:鲁国大夫仲孙蔑,鲁国的贵卿孟氏,他们家和鲁国另外两个世族叔孙、季孙都是鲁桓公的嫡系,称为三桓。

⑤ 乐正裘,牧仲,都是人名,事迹已不可考。

⑥ 费(bì):春秋时的小国名。

⑦ 颜般:与下文的王顺、长息都是人名。

⑧ 亥唐:春秋晋国晋平公时的贤人。

⑨ 尚:上。当时舜在下位,尧为天子,所以说"尚见"。

⑩ 帝馆甥于贰室:馆,给客人安排休息之处;甥,古时称女婿为甥;贰室,副宫。

⑪ 飨:宴请,招待客人吃饭。

⑫ 迭:互相。

⑬ 用:以。

⑭ 交际何心:与人交往的时候应该如何存心。

⑮ 御人于国门之外:御,止、拦截;国门,城门。

可。《康诰》曰：'杀越人于货①，闵② 不畏死，凡民罔不譈③。'是不待教而诛者也。殷受夏，周受殷，所不辞也。于今为烈，如之何其受之？"曰："今之诸侯取之于民也，犹御也。苟善其礼际矣，斯君子受之，敢问何说也？"曰："子以为有王者作，将比④ 今之诸侯而诛之乎？其教之不改而后诛之乎？夫谓非其有而取之者盗也，充类至义⑤ 之尽也。孔子之仕于鲁也，鲁人猎较⑥，孔子亦猎较。猎较犹可，而况受其赐乎？"曰："然则孔子之仕也，非事道⑦ 与？"曰："事道也。""事道奚⑧ 猎较也？"曰："孔子先簿正祭器⑨，不以四方之食供簿正。"曰："奚不去也？"曰："为之兆⑩ 也。兆足以行矣，而不行，而后去，是以未尝有所终三年淹⑪ 也。孔子有见行可之仕⑫，有际可之仕⑬，有公养之仕⑭。于季桓子，见行可之仕也；于卫灵公，际可之仕也；于卫孝公，公养之仕也。"

孟子曰："仕非为贫也，而有时乎为贫；娶妻非为养⑮ 也，而有时乎为养。为贫者，辞尊居卑，辞富居贫。辞尊居卑，辞富居贫，恶乎宜乎？抱关击柝⑯。孔子尝为委吏⑰ 矣，曰：'会计当⑱ 而已矣。'尝为乘田⑲ 矣，曰：'牛羊茁壮长而已矣。'位卑而言高，罪也；立乎人之本朝，而道不行，耻也。"

万章曰："士之不托⑳ 诸侯，何也？"孟子曰："不敢也。诸侯失国，而后托于诸侯，礼也；士之托于诸侯，非礼也。"万章曰："君馈之粟，则受之乎？"曰："受之。""受之何义也？"曰："君之于氓㉑

---

① 杀越人于货：越，语气助词；于，取。

② 闵：通"暋"，强横。

③ 罔不譈(duì)：罔，无；譈，同"憝"，怨恨、憎恶。

④ 比：同，一例看待。

⑤ 充类至义：充类，充其类；至义，极其义。指把这件事提高到原则性的高度。

⑥ 猎较(jué)：打猎时，展开争夺猎物的比赛，所得猎物供祭祀之用。较，较量。

⑦ 事道：以道为事，以行道为事业。

⑧ 奚：为什么。

⑨ 簿正祭器：先用簿书规定祭器，使之有一个定数，不再用其他地方没有保障的东西来充祭品，建立确定的制度，这样猎较这种陋习也就会自然而然地废止了。

⑩ 兆：始，开头。

⑪ 淹：停留。

⑫ 行可之仕：有行道的可能而做官。

⑬ 际可之仕：国君能对自己以礼相待而做官。

⑭ 公养之仕：因国君能供养贤人而做官。

⑮ 养：奉养父母。

⑯ 抱关击柝(tuò)：看门打更的人。柝，指打更用的梆子。

⑰ 委吏：仓库的管理人员。

⑱ 会(kuài)计当：账目总计的数字正确无误。

⑲ 乘(shèng)田：管理牲畜的小官吏。

⑳ 托：寄托、依托，这里指寄居。

㉑ 氓(méng)：由外地迁来的百姓。

也，固周①之。"曰："周之则受，赐之则不受，何也？"曰："不敢也。"曰："敢问其不敢，何也？"曰："抱关击柝者皆有常职以食于上。无常职而赐于上者，以为不恭也。"曰："君馈之，则受之，不识可常继乎？"曰："缪公之于子思也，亟②问，亟馈鼎肉。子思不悦。于卒③也，摽④使者出诸大门之外，北面稽首再拜⑤而不受，曰：'今而后知君之犬马畜伋。'盖自是台⑥无馈也。悦贤不能举，又不能养也，可谓悦贤乎？"曰："敢问国君欲养君子，如何斯可谓养矣？"曰："以君命将⑦之，再拜稽首而受。其后廪人继粟⑧，庖人继肉，不以君命将之。子思以为鼎肉使己仆仆尔⑨亟拜也，非养君子之道也。尧之于舜也，使其子九男事之，二女女焉，百官牛羊仓廪备，以养舜于畎亩之中，后举而加⑩诸上位，故曰，王公之尊贤者也。"

万章曰："敢问不见诸侯，何义也？"孟子曰："在国曰市井之臣，在野曰草莽之臣，皆谓庶人。庶人不传质⑪为臣，不敢见于诸侯，礼也。"万章曰："庶人，召之役，则往役；君欲见之，召之，则不往见之，何也？"曰："往役，义也；往见，不义也。且君之欲见之也，何为也哉？"曰："为其多闻也，为其贤也。"曰："为其多闻也，则天子不召师，而况诸侯乎？为其贤也，则吾未闻欲见贤而召之也。缪公亟见于子思，曰：'古千乘之国以友士，何如？'子思不悦，曰：'古之人有言曰，事之云乎，岂曰友之云乎？'子思之不悦也，岂不曰：'以位，则子，君也；我，臣也；何敢与君友也？以德，则子事我者也，奚可以与我友？'千乘之君求与之友而不可得也，而况可召与？齐景公田，招虞人以旌，不至，将杀之。志士不忘在沟壑，勇士不忘丧其元。孔子奚取焉？取非其招不往也。"曰："敢问招虞人何以？"曰："以皮冠⑫，庶人以旃⑬，士以旂，大夫以旌。以大夫之招招虞人，虞人死不敢往；以士之招招庶人，庶人岂敢往哉？况乎以不贤人之招招贤人乎？欲见贤人而不以其道，犹欲其入而闭之门也。夫义，路也；礼，门也。惟君子能由是路，出入是门也。《诗》云：'周道如底⑭，其直如矢；

---

① 周：周济。

② 亟（qì）：屡次、多次。

③ 卒：最后。

④ 摽（biāo）：赶走、撵走。

⑤ 稽（qǐ）首再拜：稽首，指叩头至地；再拜，指拜两次。

⑥ 台：开始。

⑦ 将：送。

⑧ 廪人继粟：管理仓库的人经常送粮食。

⑨ 仆仆尔：匆忙劳顿的样子。

⑩ 加：居，担任职位。

⑪ 传质：庶人带着见面礼去谒见诸侯，一定得由通报人把见面礼传送上去，这叫传质。质，同"贽"，见面礼。

⑫ 皮冠：打猎时戴的皮帽子。

⑬ 旃（zhān）：古代一种用整幅丝绸做的、就着丝绸的织花不再另加图画的、旗柄弯曲的旗子。

⑭ 周道如底：周道，大道；底，同"砥"，磨刀石。形容大道平坦无碍。

君子所履,小人所视①。'"万章曰:"孔子,君命召,不俟② 驾而行;然则孔子非与?"曰:"孔子当仕有官职,而以其官召之也。"

孟子谓万章曰:"一乡之善士斯友一乡之善士,一国之善士斯友一国之善士,天下之善士斯友天下之善士。以友天下之善士为未足,又尚③ 论古之人。颂其诗,读其书,不知其人,可乎? 是以论其世也。是尚友也。"

齐宣王问卿。孟子曰:"王何卿之问也?"王曰:"卿不同乎?"曰:"不同。有贵戚之卿④,有异姓之卿。"王曰:"请问贵戚之卿。"曰:"君有大过则谏,反复之而不听,则易位。"王勃然变乎色。曰:"王勿异也。王问臣,臣不敢不以正⑤ 对。"王色定⑥,然后请问异姓之卿。曰:"君有过则谏,反复之而不听,则去。"

告子上

告子⑦ 曰:"性,犹杞柳⑧ 也;义,犹桮棬⑨ 也。以人性为仁义,犹以杞柳为桮棬。"孟子曰:"子能顺杞柳之性而以为桮棬乎? 将戕贼⑩ 杞柳而后以为桮棬也? 如将戕贼杞柳而以为桮棬,则亦将戕贼人以为仁义与? 率天下之人而祸⑪ 仁义者,必子之言夫!"

告子曰:"性犹湍水也,决诸东方则东流,决诸西方则西流。人性之无分于善不善也,犹水之无分于东西也。"孟子曰:"水信⑫ 无分于东西,无分于上下乎? 人性之善也,犹水之就下也。人无有不善,水无有不下。今夫水,搏而跃之⑬,可使过颡⑭,激⑮ 而行之,可使在山。是岂水之性哉? 其势则然也。人之可使为不善,其性亦犹是也。"

告子曰:"生之谓性。"孟子曰:"生之谓性也,犹白之谓白与?"曰:"然。""白羽之白也,犹白雪之白;白雪之白,犹白玉之白与?"曰:"然。""然则犬之性犹牛之性,牛之性犹人之性与?"告子曰:

---

① 视:效法。
② 俟(sì):等待。
③ 尚:同"上",上溯、追溯。
④ 贵戚之卿:王室宗族中为卿大夫者。下文"异姓之卿"与之相对,是指跟王族不同姓的卿大夫。
⑤ 正:诚。
⑥ 色定:脸色平静。
⑦ 告子:人名,与孟子同时代的学者。告是姓,子是当时对男子的尊称。
⑧ 杞(qǐ)柳:植物名,枝条细长,可供编织器皿。
⑨ 桮棬(bēi quān):杯盘之类的器皿。桮,同"杯"。
⑩ 戕(qiāng)贼:残害。
⑪ 祸:损害。
⑫ 信:诚。
⑬ 搏而跃之:敲打它使它跳起来。
⑭ 颡(sǎng):额头。
⑮ 激:水势受阻遏后奔涌或飞溅。

"食色,性也。仁,内也,非外也;义,外也,非内也。"孟子曰:"何以谓仁内义外也?"曰:"彼长而我长之①,非有长于我也。犹彼白而我白之,从其白于外也,故谓之外也。"曰:"异于②白马之白也,无以异于白人之白也;不识长马之长也,无以异于长人之长与?且谓长者义乎?长之者义乎?"曰:"吾弟则爱之,秦人之弟则不爱也,是以我为悦者也,故谓之内。长楚人之长,亦长吾之长,是以长为悦者也,故谓之外也。"曰:"耆③秦人之炙④,无以异于耆吾炙,夫物则亦有然者也,然则耆炙亦有外与?"

孟季子问公都子⑤曰:"何以谓义内也?"曰:"行吾敬⑥,故谓之内也。""乡人长于伯兄⑦一岁,则谁敬?"曰:"敬兄。""酌则谁先?"曰:"先酌乡人。""所敬在此,所长在彼,果在外,非由内也。"公都子不能答,以告孟子。孟子曰:"敬叔父乎?敬弟乎?彼将曰'敬叔父。'曰:'弟为尸⑧,则谁敬?'彼将曰'敬弟。'子曰:'恶在其敬叔父也?'彼将曰'在位⑨故也。'子亦曰:'在位故也。'庸⑩敬在兄,斯须⑪之敬在乡人。"季子闻之,曰:"敬叔父则敬,敬弟则敬,果在外,非由内也。"公都子曰:"冬日则饮汤,夏日则饮水,然则饮食亦在外也?"

公都子曰:"告子曰:'性无善无不善也。'或曰:'性可以为善,可以为不善;是故文武兴,则民好善;幽厉兴,则民好暴。'或曰:'有性善,有性不善;是故以尧为君而有象;以瞽瞍为父而有舜;以纣为兄之子,且以为君,而有微子启、王子比干。'今曰'性善',然则彼皆非与?"孟子曰:"乃若其情⑫,则可以为善矣,乃所谓善也。若夫为不善,非才⑬之罪也。恻隐之心,人皆有之;羞恶之心,人皆有之;恭敬之心,人皆有之;是非之心,人皆有之。恻隐之心,仁也;羞恶之心,义也;恭敬之心,礼也;是非之心,智也。仁义礼智,非由外铄⑭我也,我固有之也,弗思耳矣。故曰:'求则得之,舍则失之。'或相倍蓰⑮而无算者,不能尽其才者也。《诗》曰:'天生烝民⑯,有物有则。民之

---

① 彼长(zhǎng)而我(zhǎng)长之:第一个"长"是年长、年龄大;第二个"长"是尊敬。
② 异于:一般认为是衍文,这两个字可能是多出的。
③ 耆(shì):通"嗜",嗜好。
④ 炙(zhì):烧肉。
⑤ 公都子:孟子的学生。
⑥ 行吾敬:使我内在的恭敬之心发动。
⑦ 伯兄:长兄、大哥。
⑧ 尸:古代祭祀时不用牌位或神主,更无画像,而是用男女儿童代表死者受祭,便叫"尸"。
⑨ 在位:在当受尊敬的位置上。
⑩ 庸:平常、日常。
⑪ 斯须:暂时。
⑫ 乃若其情:乃若,发语词,表示转折的语气,相当于"至于";情,质性,天生的禀赋、资质。
⑬ 才:天生的禀赋、资质。
⑭ 铄(shuò):熔铸,这里指授予。
⑮ 倍蓰(xǐ):倍,一倍;蓰,五倍。
⑯ 烝(zhēng)民:众民。烝,众多。

秉夷①,好是懿德②。'孔子曰:'为此诗者,其知道乎! 故有物必有则;民之秉夷也,故好是懿德。'"

孟子曰:"富岁,子弟多赖③;凶岁,子弟多暴,非天之降才尔殊④ 也,其所以陷溺其心者然也。今夫麰麦,播种而耰⑤ 之,其地同,树之时又同,浡⑥ 然而生,至于日至之时,皆熟矣。虽有不同,则地有肥硗⑦,雨露之养、人事之不齐也。故凡同类者,举相似也,何独至于人而疑之? 圣人,与我同类者。故龙子⑧ 曰:'不知足而为屦,我知其不为蒉⑨ 也。'屦之相似,天下之足同也。口之于味,有同耆也;易牙⑩ 先得我口之所耆者也。如使口之于味也,其性与人殊,若犬马之与我不同类也,则天下何耆皆从易牙之于味也? 至于味,天下期于易牙,是天下之口相似也。惟⑪ 耳亦然,至于声,天下期于师旷⑫,是天下之耳相似也。惟目亦然,至于子都⑬,天下莫不知其姣⑭ 也。不知子都之姣者,无目者也。故曰:口之于味也,有同耆焉;耳之于声也,有同听焉;目之于色也,有同美焉。至于心,独无所同然乎? 心之所同然者,何也? 谓理也,义也。圣人先得我心之所同然耳。故理义之悦我心,犹刍豢⑮ 之悦我口。"

孟子曰:"牛山⑯ 之木尝美矣,以其郊于大国⑰ 也,斧斤伐之,可以为美乎? 是其日夜之所息,雨露之所润,非无萌蘖之生焉,牛羊又从而牧之,是以若彼濯濯⑱ 也。人见其濯濯也,以为未尝有材焉,此岂山之性也哉? 虽存乎人者,岂无仁义之心哉? 其所以放⑲ 其良心者,亦犹斧斤之于木也。旦旦而伐之,可以为美乎? 其日夜之所息,平旦之气⑳,其好恶与人相近也者几希,则其

---

① 秉夷:秉持这个常道。夷,恒常,《诗经》中写作"彝"。
② 懿德:美好的德行。懿,美。
③ 赖(lǎn):通"懒",懒惰。
④ 尔殊:如此不同。
⑤ 耰(yōu):古代弄碎土块、平整土地用的一种工具,这里做动词,指平整土地。
⑥ 浡(bó):兴起、旺盛。
⑦ 硗(qiāo):土地坚硬不肥沃。
⑧ 龙子:古代的贤人。
⑨ 蒉(kuì):盛土的竹筐。
⑩ 易牙:春秋时齐桓公的宠臣,以善于烹饪名闻天下。
⑪ 惟:语气助词,无实义。
⑫ 师旷:晋平公时的乐师,以擅长奏乐著称于世。
⑬ 子都:古代著名的美男子。
⑭ 姣(jiāo):美丽。
⑮ 刍豢(huàn):吃草的家畜叫刍,如牛羊;吃谷的家畜叫豢,如猪狗。
⑯ 牛山:山名,位于战国时齐都临淄附近。
⑰ 大国:大都市,这里是指临淄城,临淄城是当时的大都市。
⑱ 濯濯(zhuó):没有草木、光秃秃的样子。
⑲ 放:放弃、丧失。
⑳ 平旦之气:在天刚亮时接触到的清明之气。

旦昼之所为,有梏亡之矣。梏之反覆,则其夜气不足以存;夜气不足以存,则其违① 禽兽不远矣。人见其禽兽也,而以为未尝有才② 焉者,是岂人之情也哉?故苟得其养,无物不长;苟失其养,无物不消。孔子曰:'操③ 则存,舍则亡;出入无时,莫知其乡④。'惟心之谓与!"

孟子曰:"无或⑤ 乎王之不智也。虽有天下易生之物也,一日暴⑥ 之,十日寒之,未有能生者也。吾见亦罕矣,吾退而寒之者至矣,吾如有萌焉何哉?今夫弈之为数⑦,小数也;不专心致志,则不得。弈秋⑧,通国之善弈者也。使弈秋诲二人弈,其一人专心致志,惟弈秋之为听。一人虽听之,一心以为有鸿鹄将至,思援弓缴⑨ 而射之,虽与之俱学,弗若之矣。为是其智弗若与?曰:非然也。"

孟子曰:"鱼,我所欲也,熊掌,亦我所欲也;二者不可得兼,舍鱼而取熊掌者也。生,亦我所欲也,义,亦我所欲也;二者不可得兼,舍生而取义者也。生亦我所欲,所欲有甚于生者,故不为苟得也;死亦我所恶,所恶有甚于死者,故患有所不辟⑩ 也。如使人之所欲莫甚于生,则凡可以得生者,何不用也?使人之所恶莫甚于死者,则凡可以辟患者,何不为也?由是则生而有不用也,由是则可以辟患而有不为也,是故所欲有甚于生者,所恶有甚于死者。非独贤者有是心也,人皆有之,贤者能勿丧耳。一箪食,一豆⑪ 羹,得之则生,弗得则死。呼尔而与之,行道之人弗受;蹴⑫ 尔而与之,乞人不屑也。万钟则不辨礼义而受之。万钟于我何加焉?为宫室之美、妻妾之奉、所识穷乏者得⑬ 我与?乡⑭ 为身死而不受,今为宫室之美为之;乡为身死而不受,今为妻妾之奉为之;乡为身死而不受,今为所识穷乏者得我而为之,是亦不可以已乎?此之谓失其本心。"

孟子曰:"仁,人心也;义,人路也。舍其路而弗由,放其心而不知求,哀哉!人有鸡犬放,则知求之;有放心而不知求。学问之道无他,求其放心而已矣。"

孟子曰:"今有无名之指屈而不信⑮,非疾痛害事也,如有能信之者,则不远秦楚之路,为指之

---

① 违:离开。
② 才:天赋的善良本性。
③ 操:操持、把握住。
④ 乡(xiàng):同"向"。
⑤ 或:同"惑",疑惑。
⑥ 暴(pù):同"曝",暴晒。
⑦ 数:术。
⑧ 弈秋:古代著名的围棋高手。
⑨ 援弓缴(zhuó):援,拿、取;缴,本意是生丝缕,后来称系在射鸟用的箭上的丝绳。
⑩ 辟(bì):通"避",逃避。
⑪ 豆:古时盛羹汤的器皿。
⑫ 蹴(cù):用脚踢。
⑬ 得:通"德",对我感恩戴德。
⑭ 乡(xiàng):通"向",过去。
⑮ 信(shēn):通"伸"。

不若人也。指不若人，则知恶之；心不若人，则不知恶。此之谓不知类① 也。"

孟子曰："拱把② 之桐梓，人苟欲生之，皆知所以养之者。至于身，而不知所以养之者，岂爱身不若桐梓哉？弗思甚也。"

孟子曰："人之于身也，兼所爱。兼所爱，则兼所养也。无尺寸之肤不爱焉，则无尺寸之肤不养也。所以考其善不善者，岂有他哉？于己取之而已矣。体有贵贱，有小大③。无以小害大，无以贱害贵。养其小者为小人，养其大者为大人。今有场师④，舍其梧槚⑤，养其樲棘⑥，则为贱场师焉。养其一指而失其肩背，而不知也，则为狼疾⑦ 人也。饮食之人，则人贱之矣，为其养小以失大也。饮食之人无有失也，则口腹岂适⑧ 为尺寸之肤哉？"

公都子问曰："钧⑨ 是人也，或为大人，或为小人，何也？"孟子曰："从其大体为大人，从其小体为小人。"曰："钧是人也，或从其大体，或从其小体，何也？"曰："耳目之官不思，而蔽于物。物交⑩ 物，则引⑪ 之而已矣。心之官则思，思则得之，不思则不得也。此天之所与我者。先立乎其大者，则其小者不能夺也。此为大人而已矣。"

孟子曰："有天爵者，有人爵者。仁义忠信，乐善不倦，此天爵也；公卿大夫，此人爵也。古之人修其天爵，而人爵从之。今之人修其天爵，以要⑫ 人爵；既得人爵，而弃其天爵，则惑之甚者也，终亦必亡而已矣。"

孟子曰："欲贵者，人之同心也。人人有贵于己者，弗思耳。人之所贵者，非良贵也。赵孟⑬ 之所贵，赵孟能贱之。《诗》云：'既醉以酒，既饱以德。'言饱乎仁义也，所以不愿⑭ 人之膏粱⑮ 之味也；令闻广誉⑯ 施于身，所以不愿人之文绣⑰ 也。"

---

① 类：本指事类，这里指事情的轻重缓急。
② 拱把：这里是说树干细小。拱，两手所围；把，一手所握。
③ 小大：朱熹注曰"贱而小者，口腹也；贵而大者，心志也。"
④ 场师：园艺师。
⑤ 梧槚(jiǎ)：梧，梧桐；槚，楸树，木材纹理细密。这两者均为好木料。
⑥ 樲(èr)棘：樲，酸枣；棘，荆棘。这两者均为无用的木材。
⑦ 狼疾：乱七八糟，这里是指糊涂。
⑧ 适：仅仅，只。
⑨ 钧：通"均"，同样。
⑩ 交：接触。
⑪ 引：引诱。
⑫ 要(yāo)：通"邀"，求取。
⑬ 赵孟：春秋时晋国的贵卿赵盾，字孟，称为赵孟。其后他的子孙也都称为赵孟。
⑭ 愿：羡慕。
⑮ 膏粱：膏，肥肉；粱，细米。
⑯ 令闻广誉：令，善，好；闻，名声，声望；广，广泛的；誉，赞誉。
⑰ 文绣：古代有爵位的人穿的衣服。文，是绣了花的衣服；绣，绣了花的裤裙。

孟子曰："仁之胜不仁也，犹水之胜火。今之为仁者，犹以一杯水救一车薪之火也；不熄，则谓之水不胜火，此又与^①于不仁之甚者也，亦终必亡而已矣。"

孟子曰："五谷者，种之美者也；苟为不熟，不如荑稗^②。夫仁，亦在乎熟之而已矣。"

孟子曰："羿之教人射，必志于彀^③；学者亦必志于彀。大匠诲人，必以规矩；学者亦必以规矩。"

告子下

任^④人有问屋庐子^⑤曰："礼与食孰重？"曰："礼重。""色与礼孰重？"曰："礼重。"曰："以礼食，则饥而死；不以礼食，则得食，必以礼乎？亲迎^⑥，则不得妻；不亲迎，则得妻，必亲迎乎？"屋庐子不能对，明日之邹以告孟子。孟子曰："于答是也，何有？不揣^⑦其本，而齐其末，方寸之木可使高于岑楼^⑧。金重于羽者，岂谓一钩金^⑨与一舆羽之谓哉？取食之重者与礼之轻者而比之，奚翅^⑩食重？取色之重者与礼之轻者而比之，奚翅色重？往应之曰：'紾^⑪兄之臂而夺之食，则得食；不紾，则不得食，则将紾之乎？逾东家墙而搂其处子，则得妻；不搂，则不得妻；则将搂之乎？'"

曹交^⑫问曰："人皆可以为尧舜，有诸？"孟子曰："然。""交闻文王十尺，汤九尺，今交九尺四寸以长，食粟而已，如何则可？"曰："奚有于是？亦为之而已矣。有人于此，力不能胜一匹雏，则为无力人矣；今曰举百钧，则为有力人矣。然则举乌获^⑬之任，是亦为乌获而已矣。夫人岂以不胜为患哉？弗为耳。徐行后长者谓之弟，疾行先长者谓之不弟。夫徐行者，岂人所不能哉？所不为也。尧舜之道，孝弟而已矣。子服尧之服，诵尧之言，行尧之行，是尧而已矣。子服桀之服，诵桀之言，行桀之行，是桀而已矣。"曰："交得见于邹君，可以假馆^⑭，愿留而受业于门。"曰："夫道若大路然，岂难知哉？人病不求耳。子归而求之，有余师。"

---

① 与：同。
② 荑稗(tí bài)：荑，通"稊"，草名，一种像稗子的草；稗，稻田里的一种杂草。
③ 彀(gòu)：拉满弓。
④ 任(rén)：国名，太皥之后，风姓。
⑤ 屋庐子：孟子弟子。
⑥ 亲迎：古代婚姻，新郎必亲往新娘家中迎接新娘，叫"亲迎"。
⑦ 揣：度量、衡量。
⑧ 岑(cén)楼：高而尖的楼。岑，本是指高而尖的山。
⑨ 一钩金：制成一个带钩所需的金，约三钱重，这里极言数量之少。
⑩ 奚翅：岂止。奚，怎么。翅，通"啻"，止。
⑪ 紾(zhěn)：扭转。
⑫ 曹交：人名，可能是春秋时曹国贵族的后代。
⑬ 乌获：古代有名的大力士。
⑭ 假(jiǎ)馆：借一个住处。

公孙丑问曰："高子①曰：《小弁》②，小人之诗也。"孟子曰："何以言之?"曰："怨。"曰："固哉，高叟之为③《诗》也! 有人于此，越人关弓④而射之，则己谈笑而道之。无他，疏之也。其兄关弓而射之，则己垂涕泣而道之。无他，戚⑤之也。《小弁》之怨，亲亲也。亲亲，仁也。固矣夫，高叟之为《诗》也!"曰："《凯风》⑥何以不怨?"曰："《凯风》，亲之过小者也；《小弁》，亲之过大者也。亲之过大而不怨，是愈疏也；亲之过小而怨，是不可矶⑦也。愈疏，不孝也；不可矶，亦不孝也。孔子曰：'舜其至孝矣，五十而慕。'"

宋牼⑧将之楚，孟子遇于石丘，曰："先生将何之?"曰："吾闻秦楚构兵⑨，我将见楚王说⑩而罢之。楚王不悦，我将见秦王说而罢之。二王我将有所遇焉。"曰："轲也请无问其详，愿闻其指⑪。说之将何如?"曰："我将言其不利也。"曰："先生之志则大⑫矣，先生之号⑬则不可。先生以利说秦楚之王，秦楚之王悦于利，以罢三军之师，是三军之士乐罢而悦于利也。为人臣者，怀利以事其君，为人子者，怀利以事其父，为人弟者怀利以事其兄，是君臣、父子、兄弟终去仁义，怀利以相接，然而不亡者，未之有也。先生以仁义说秦楚之王，秦楚之王悦于仁义，以罢三军之师，是三军之士乐罢而悦于仁义也。为人臣者怀仁义以事其君，为人子者怀仁义以事其父，为人弟者怀仁义以事其兄，是君臣、父子、兄弟去利，怀仁义以相接也，然而不王者，未之有也。何必曰利?"

孟子居邹，季任⑭为任处守，以币交，受之而不报。处于平陆，储子⑮为相，以币交，受之而不报。他日，由邹之任，见季子；由平陆之齐，不见储子。屋庐子喜曰："连得间⑯矣。"问曰："夫子之任，见季子；之齐，不见储子，为其为相与?"曰："非也。《书》曰：'享多仪⑰，仪不及物曰不享，

---

① 高子：人名，事迹已不可考。

② 《小弁(pán)》：《诗经·小雅》篇名，讲的是作者在家庭矛盾中被父亲赶出，流落在外，悲愤填膺，因而做了这样一首诗。

③ 为：讲解。

④ 关弓：弯弓。

⑤ 戚：亲。

⑥ 《凯风》：出自《诗经·国风·邶风》，《毛诗》认为这是一首赞美孝子能讽劝母亲改正淫邪行为的诗；但从诗的内容来看，实际上写的是母亲的辛劳以及七个儿子因不能替母分忧的自责。

⑦ 不可矶(jī)：受不得一点刺激。矶，通"激"，激怒、触犯。

⑧ 宋牼(kēng)：战国时著名的学者，《庄子》《荀子》中作"宋牼"，《韩非子》中作"宋荣"。

⑨ 构兵：交战。

⑩ 说(shuì)：劝说、说服。

⑪ 指：同"旨"，主要观点、主旨。

⑫ 大：善、好。

⑬ 号：名义、提法。

⑭ 季任：任国国君的弟弟。当时君到邻国去朝会，季任留守，代行政事。

⑮ 储子：齐国宰相。

⑯ 间：毛病、差错。

⑰ 享多仪：享献最重要的在于礼仪。享，享献；多，以……为重、注重、重视；仪，礼仪礼节。

惟不役①志于享。'为其不成享也。"屋庐子悦。或问之,屋庐子曰:"季子不得之邹,储子得之平陆。"

淳于髡曰:"先名实②者,为人③也;后名实者,自为④也。夫子在三卿⑤之中,名实未加于上下而去之,仁者固如此乎?"孟子曰:"居下位,不以贤事不肖者,伯夷也;五就汤,五就桀者,伊尹也;不恶污君,不辞小官者,柳下惠也。三子者不同道,其趋一也。一者何也?曰:仁也。君子亦仁而已矣,何必同?"曰:"鲁缪公之时,公仪子⑥为政,子柳⑦子思为臣,鲁之削也滋甚⑧;若是乎,贤者之无益于国也!"曰:"虞不用百里奚而亡,秦穆公用之而霸。不用贤则亡,削何可得与?"曰:"昔者王豹处于淇,而河西善讴⑨;绵驹处于高唐,而齐右善歌⑩;华周杞梁⑪之妻善哭其夫而变国俗。有诸内,必形诸外。为其事而无其功者,髡未尝睹之也。是故无贤者也;有则髡必识之。"曰:"孔子为鲁司寇,不用,从而祭,燔肉⑫不至,不税冕⑬而行。不知者以为为肉也,其知者以为为无礼也。乃孔子则欲以微罪行⑭,不欲为苟去⑮。君子之所为,众人固不识也。"

孟子曰:"五霸者,三王之罪人也;今之诸侯,五霸之罪人也;今之大夫,今之诸侯之罪人也。天子适⑯诸侯曰巡狩,诸侯朝于天子曰述职。春省耕而补不足,秋省敛而助不给。入其疆,土地辟,田野治,养老尊贤,俊杰在位,则有庆⑰;庆以地。入其疆,土地荒芜,遗老失贤,掊克⑱在位,

---

① 役:役使、驱使。
② 先名实:先,重视;名,声誉、名誉;实,事功、功业。
③ 为人:为着济世救民。
④ 自为:为着自己,有独善其身的意思。
⑤ 三卿:卿分为上卿、亚卿、下卿,合称三卿,这里指地位高贵。
⑥ 公仪子:指公仪休,鲁国的博士,曾任鲁国宰相,政治上颇有声望。
⑦ 子柳:即泄柳,曾做过鲁缪公的卿。
⑧ 滋甚:滋,滋长、增长;甚,更、严重。
⑨ 王豹处于淇(qí),而河西善讴:王豹,卫国一位擅长歌唱的人;淇,卫国水名;河西,卫国在黄河西面,所以称"河西"。
⑩ 绵驹处于高唐,而齐右善歌:绵驹,齐国一位擅长歌唱的人;高唐,齐国西部县邑;齐右,高唐在齐国西面,西往右,故称"齐右"。
⑪ 华周杞梁:莒国人,华周又叫华旋,杞梁又叫杞殖,皆战死。
⑫ 燔(fán)肉:又名胙肉,是宗庙的祭肉。古代天子和诸侯举行祭祀后,余下的燔肉按规定赐给同姓之国和大夫等官员,表示大家"同福禄"。
⑬ 税(tuō)冕:脱掉礼帽。税,通"脱";冕,礼帽。
⑭ 以微罪行:背着小的罪名上路。
⑮ 苟去:不合原则地、随意地离去。
⑯ 适:到……去。
⑰ 庆:赏、赏赐。
⑱ 掊(póu)克:聚敛,这里指横征暴敛、搜刮民财的人。

则有让①。一不朝，则贬其爵；再不朝，则削其地；三不朝，则六师移之。是故天子讨而不伐②，诸侯伐而不讨。五霸者，搂③诸侯以伐诸侯者也，故曰：五霸者，三王之罪人也。五霸，桓公为盛。葵丘之会诸侯，束牲④、载书而不歃血⑤。初命曰：'诛不孝，无易树子⑥，无以妾为妻。'再命曰：'尊贤育才，以彰有德。'三命曰：'敬老慈幼，无忘宾旅。'四命曰：'士无世官⑦，官事无摄⑧，取士必得⑨，无专杀大夫⑩。'五命曰：'无曲防⑪，无遏籴，无有封而不告⑫。'曰：凡我同盟之人，既盟之后，言归于好。今之诸侯皆犯此五禁，故曰：今之诸侯，五霸之罪人也。长⑬君之恶其罪小，逢⑭君之恶其罪大。今之大夫皆逢君之恶，故曰：今之大夫，今之诸侯之罪人也。"

鲁欲使慎子⑮为将军。孟子曰："不教民而用之，谓之殃民。殃民者，不容于尧舜之世。一战胜齐，遂有南阳，然且不可。"慎子勃然不悦曰："此则滑釐⑯所不识也。"曰："吾明告子。天子之地方千里；不千里，不足以待⑰诸侯。诸侯之地方百里；不百里，不足以守宗庙之典籍。周公之封于鲁，为方百里也；地非不足，而俭⑱于百里。太公之封于齐也，亦为方百里也；地非不足也，而俭于百里。今鲁方百里者五，子以为有王者作，则鲁在所损乎，在所益乎？徒取诸彼以与此，然且仁者不为，况于杀人以求之乎？君子之事君也，务引其君以当道⑲，志于仁而已。"

孟子曰："今之事君者皆曰，'我能为君辟土地，充府库。'今之所谓良臣，古之所谓民贼也。君

---

① 让：责备。

② 讨而不伐：天子发布命令讨诸侯的罪，但不亲自出兵攻伐。讨，天子下令征讨不服王命的诸侯叫"讨"；伐，诸侯奉王命出兵征讨不服王命的诸侯叫"伐"。

③ 搂：拉拢、集合。

④ 束牲：用绳索捆住作为牺牲的牛、羊，这里是牛。

⑤ 载书而不歃(shà)血：把盟约放在作为牺牲的牛身上，并未歃血为盟。载，放，这里是指放在牛身上；歃血，杀掉作为牺牲的牲畜，喝它的血以立誓，表示参与者的诚意。

⑥ 树子：已经确立的诸侯继承人。

⑦ 世官：世代相传的官职。

⑧ 摄：代行。

⑨ 得：得当、得人。

⑩ 专杀大夫：专断、凭自己之意杀害大夫。

⑪ 曲防：到处建筑堤坝。曲，遍、无不；防，堤。当时诸侯各筑堤坝，发大水时则以邻国为壑，旱时则专擅水利，使邻国受灾。

⑫ 封而不告：以私恩擅自有所封赏而不告盟主。

⑬ 长(zhǎng)：助长。

⑭ 逢：逢迎，有意迎合、附和。

⑮ 慎子：鲁国的臣子，善于用兵。

⑯ 滑釐(gǔ lí)：慎子的名字。

⑰ 待：接待，这里指接待诸侯的朝觐。

⑱ 俭：少。朱熹认为是"止而不过之意也"。

⑲ 当道：朱熹注为"谓事合于理也"。

不乡① 道,不志于仁,而求富之,是富桀也。‘我能为君约与国②,战必克。’今之所谓良臣,古之所谓民贼也。君不乡道,不志于仁,而求为之强战,是辅桀也。由今之道,无变今之俗,虽与之天下,不能一朝居也。”

白圭③ 曰:“吾欲二十而取一,何如?”孟子曰:“子之道,貉④ 道也。万室之国,一人陶,则可乎?”曰:“不可,器不足用也。”曰:“夫貉,五谷不生,惟黍生之;无城郭、宫室、宗庙、祭祀之礼,无诸侯币帛饔飧⑤,无百官有司,故二十取一而足也。今居中国,去人伦,无君子⑥,如之何其可也?陶以寡,且不可以为国,况无君子乎?欲轻之于尧舜之道者,大貉小貉也;欲重之于尧舜之道者,大桀小桀也。”

白圭曰:“丹⑦ 之治水也愈于禹。”孟子曰:“子过矣。禹之治水,水之道也,是故禹以四海为壑⑧。今吾子以邻国为壑。水逆行谓之洚水。洚水者,洪水也,仁人之所恶也。吾子过矣。”

孟子曰:“君子不亮⑨,恶乎执⑩?”

鲁欲使乐正子为政。孟子曰:“吾闻之,喜而不寐。”公孙丑曰:“乐正子强乎?”曰:“否。”“有知虑⑪ 乎?”曰:“否。”“多闻识乎?”曰:“否。”“然则奚为喜而不寐?”曰:“其为人也好善。”“好善足乎?”曰:“好善优于天下⑫,而况鲁国乎?夫苟好善,则四海之内皆将轻千里⑬ 而来告之以善;夫苟不好善,则人将曰,‘訑訑⑭,予既已知之矣。’訑訑之声音颜色距⑮ 人于千里之外。士止于千里之外,则谗谄面谀之人至矣。与谗谄面谀之人居,国欲治,可得乎?”

陈子曰:“古之君子何如则仕?”孟子曰:“所就三,所去三。迎之致敬以有礼;言,将行其言也,则就之。礼貌未衰,言弗行也,则去之。其次,虽未行其言也,迎之致敬以有礼,则就之。礼貌衰,则去之。其下,朝不食,夕不食,饥饿不能出门户,君闻之,曰:‘吾大者不能行其道,又不能从其言也,使饥饿于我土地,吾耻之。’周之,亦可受也,免死而已矣。”

---

① 乡(xiàng):同“向”,趋向、追求。
② 约与国:邀约交好周围的国家。
③ 白圭:魏国人,曾任魏国相国,曾筑堤治水,善于生产。
④ 貉(mò):同“貊”,古代北方夷狄之国名。
⑤ 饔飧(yōng sūn):饔,早餐;飧,晚餐。这里指以饮食宴请宾客。
⑥ 君子:指在位者,官员。
⑦ 丹:白圭的名字。
⑧ 壑(hè):水沟、水可流入之地。
⑨ 亮:信。
⑩ 执:坚持、操持。
⑪ 知(zhì)虑:聪明有主意。知,通“智”,聪明。
⑫ 优于天下:即“优于治天下”,治理天下都绰绰有余。优,充足、富裕。
⑬ 轻千里:以千里为轻,千里之途也不觉得远。
⑭ 訑(yí)訑:自满自足的样子。
⑮ 距:通“拒”。

孟子曰:"舜发于畎亩之中,傅说① 举于版筑② 之间,胶鬲③ 举于鱼盐之中,管夷吾④ 举于士⑤,孙叔敖⑥ 举于海,百里奚举于市。故天将降大任于是人也,必先苦其心志⑦,劳其筋骨,饿其体肤,空乏其身,行拂乱其所为,所以动心忍性⑧,曾⑨ 益其所不能。人恒过,然后能改;困于心,衡⑩ 于虑,而后作;征⑪ 于色,发于声,而后喻⑫。入则无法家拂士⑬,出则无敌国外患者,国恒亡。然后知生于忧患而死于安乐也。"

孟子曰:"教亦多术⑭ 矣,予不屑之教诲也者,是亦教诲之而已矣。"

尽心上

孟子曰:"尽其心者,知其性也。知其性,则知天矣。存其心,养其性,所以事天也。夭寿不贰⑮,修身以俟之,所以立命⑯ 也。"

孟子曰:"莫非命也,顺受其正⑰;是故知命者不立乎岩墙之下。尽其道而死者,正命也;桎梏死者,非正命也。"

孟子曰:"求则得之,舍则失之,是求有益于得也,求在我者⑱ 也。求之有道,得之有命,是求无益于得也,求在外者⑲ 也。"

孟子曰:"万物皆备于我矣。反身而诚,乐莫大焉。强恕而行,求仁莫近焉。"

孟子曰:"行之而不著⑳ 焉,习矣而不察焉,终身由之而不知其道者,众也。"

---

① 傅说(yuè):殷王武丁时的相国,他曾经做过替人筑墙建房的活。
② 版筑:古人筑墙的时候,用两块木板相夹,把土填进去,再用杵夯紧,故而筑墙又称"版筑"。
③ 胶鬲(gé):殷纣王时的贤人,相传他曾经从事贩卖鱼盐的工作。
④ 管夷吾:即管仲,字夷吾。
⑤ 士:主管监狱的官吏。
⑥ 孙叔敖:楚国的宰相,曾在海边隐居,楚庄王提拔他做宰相。
⑦ 苦其心志:磨炼他的思想意志。
⑧ 动心忍性:震撼他的心魄,坚忍他的性格。
⑨ 曾(zēng):同"增",增加。
⑩ 衡:梗塞。
⑪ 征:表现、体现。
⑫ 喻:了解。
⑬ 法家拂(bì)士:法家,知法度的大臣;拂士,能辅弼国君的贤德之人。
⑭ 术:方法。
⑮ 贰:怀疑。
⑯ 立命:朱熹认为是"谓全其天之所赋,不以人为害之"。
⑰ 正:正命,朱熹认为"人物之生,吉凶祸福,皆天所命。然惟莫之致而至者。乃为正命"。
⑱ 在我者:人心中固有的仁义礼智等善性。
⑲ 在外者:富贵利禄。
⑳ 著:明,明白其中的道理。

孟子曰:"人不可以无耻,无耻之耻,无耻矣。"

孟子曰:"耻之于人大矣,为机变之巧者,无所用耻焉。不耻不若人,何若人有?"

孟子曰:"古之贤王好善而忘势。古之贤士何独不然？乐其道而忘人之势,故王公不致敬尽礼,则不得亟① 见之。见且由不得亟,而况得而臣之乎?"

孟子谓宋句践② 曰:"子好游③ 乎？吾语子游。人知之,亦嚣嚣④;人不知,亦嚣嚣。"曰:"何如斯可以嚣嚣矣?"曰:"尊德乐义,则可以嚣嚣矣。故士穷不失义,达不离道。穷不失义,故士得己⑤ 焉;达不离道,故民不失望焉。古之人,得志,泽加于民;不得志,修身见⑥ 于世。穷则独善其身,达则兼善天下。"

孟子曰:"待文王而后兴者,凡民也。若夫豪杰之士,虽无文王犹兴。"

孟子曰:"附⑦ 之以韩魏之家⑧,如其自视欿然⑨,则过人远矣。"

孟子曰:"以佚道⑩ 使民,虽劳不怨。以生道⑪ 杀民,虽死不怨杀者。"

孟子曰:"霸者之民驩虞⑫ 如也,王者之民皞皞⑬ 如也。杀之而不怨,利之而不庸⑭,民日迁善而不知为之者。夫君子所过者化,所存者神,上下与天地同流,岂曰小补之哉!"

孟子曰:"仁言不如仁声⑮ 之入人深也,善政不如善教之得民也。善政,民畏之;善教,民爱之。善政得民财,善教得民心。"

孟子曰:"人之所不学而能者,其良能也;所不虑而知者,其良知也。孩提之童⑯ 无不知爱其亲者,及其长也,无不知敬其兄也。亲亲,仁也;敬长,义也;无他,达之天下也。"

孟子曰:"舜之居深山之中,与木石居,与鹿豕游,其所以异于深山之野人⑰ 者几希;及其闻

① 亟(qì):屡次。
② 宋句(gōu)践:人名,姓宋名句践,喜欢拿道德游说诸侯。
③ 游:游说。
④ 嚣嚣:自得无欲的样子。
⑤ 得己:不失己,即保持住自身的本性。
⑥ 见(xiàn):同"现"。
⑦ 附:增加、增强。
⑧ 韩魏之家:春秋时晋国六卿中最富有的两个家族。
⑨ 欿(kǎn)然:不自满的意思。欿,同"坎",欠缺、不足。
⑩ 佚道:以保长老百姓安逸为原则的政策、方法。
⑪ 生道:以维护老百姓生存为前提的政策、方法。
⑫ 驩(huān)虞:同"欢娱",欢欣愉快。
⑬ 皞(hào)皞:通"浩浩",广大自得的样子。
⑭ 庸:功,这里指归功,感谢功劳、感恩戴德。
⑮ 仁声:仁德的名声、声望。赵岐认为是"仁德的音乐"。
⑯ 孩提之童:孩,同"咳",笑;提,抱。知道笑、能提抱的二、三岁的小孩子。
⑰ 野人:山野村夫。

一善言,见一善行,若决江河,沛然莫之能御也。"

孟子曰:"无为其所不为,无欲其所不欲,如此而已矣。"

孟子曰:"人之有德慧术知① 者,恒存乎疢疾②。独孤臣孽子③,其操心也危④,其虑患也深,故达⑤。"

孟子曰:"有事君人者,事是君则为容悦者也;有安社稷臣者,以安社稷为悦者也;有天民⑥者,达可行于天下而后行之者也;有大人者,正己而物正者也。"

孟子曰:"君子有三乐,而王天下不与存焉。父母俱存,兄弟无故⑦,一乐也;仰不愧于天,俯不怍⑧ 于人,二乐也;得天下英才而教育之,三乐也。君子有三乐,而王天下不与存焉。"

孟子曰:"广土众民,君子欲之,所乐不存焉;中天下而立⑨,定四海之民,君子乐之,所性不存焉。君子所性,虽大行⑩ 不加焉,虽穷居不损焉,分⑪定故也。君子所性,仁义礼智根于心,其生色也睟然⑫,见于面,盎⑬ 于背,施⑭ 于四体,四体不言而喻。"

孟子曰:"伯夷辟纣,居北海之滨,闻文王作,兴曰:'盍归乎来,吾闻西伯善养老者。'太公辟纣,居东海之滨,闻文王作,兴曰:'盍归乎来,吾闻西伯善养老者。'天下有善养老,则仁人以为己归矣。五亩之宅,树墙下以桑,匹妇蚕之,则老者足以衣帛矣。五母鸡,二母彘,无失其时,老者足以无失肉矣。百亩之田,匹夫耕之,八口之家足以无饥矣。所谓西伯善养老者,制其田里⑮,教之树畜⑯,导其妻子使养其老。五十非帛不暖,七十非肉不饱。不暖不饱,谓之冻馁。文王之民无冻馁之老者,此之谓也。"

孟子曰:"易其田畴⑰,薄其税敛,民可使富也。食之以时,用之以礼,财不可胜用也。民非水

---

① 德慧术知:道德、智慧、技艺、知识。

② 疢(chèn)疾:灾患。

③ 孤臣孽子:孤臣是指没有势力的孤立之臣;孽子是指妾所生的儿子,又叫庶子,在家中没有地位。

④ 危:不安、警惕。

⑤ 达:通于事理,即具备德慧术知。

⑥ 天民:天之民,能全尽天理之人。民,无位之称也。

⑦ 故:灾患、丧病。

⑧ 怍(zuò):惭愧。

⑨ 中天下而立:居于天下的中央,即王天下、统一天下。

⑩ 大行:理想通行天下、志得意满。

⑪ 分(fèn):本分、性分。朱熹注曰"分者,所得于天之全体,故不以穷达而有异。"

⑫ 睟(cuì)然:神色温和润泽的样子。

⑬ 盎(àng):盛大流行的样子,引申为显现。

⑭ 施:延及。

⑮ 田里:田亩和住宅。

⑯ 树畜(xù):栽种和畜牧。

⑰ 易其田畴:治理田地,即搞好耕作。易,治也;田畴,田地。

火不生活,昏暮叩人之门户求水火,无弗与者,至足①矣。圣人治天下,使有菽粟②如水火。菽粟如水火,而民焉有不仁者乎?"

孟子曰:"孔子登东山而小鲁,登泰山而小天下,故观于海者难为水③,游于圣人之门者难为言。观水有术,必观其澜。日月有明,容光④必照焉。流水之为物也,不盈科不行;君子之志于道也,不成章⑤不达。"

孟子曰:"鸡鸣而起,孳孳⑥为善者,舜之徒也;鸡鸣而起,孳孳为利者,跖之徒也。欲知舜与跖之分,无他,利与善之间⑦也。"

孟子曰:"杨子⑧取⑨为我,拔一毛而利天下,不为也。墨子兼爱,摩顶放踵⑩利天下,为之。子莫⑪执中。执中为近之。执中无权⑫,犹执一也。所恶执一者,为其贼⑬道也,举一而废百也。"

孟子曰:"饥者甘食,渴者甘饮,是未得饮食之正也,饥渴害之也。岂惟口腹有饥渴之害?人心亦皆有害。人能无以饥渴之害为心害,则不及人不为忧矣。"

孟子曰:"柳下惠不以三公⑭易其介⑮。"

孟子曰:"有为者辟若掘井,掘井九轫⑯而不及泉,犹为弃井也。"

孟子曰:"尧舜,性之⑰也;汤武,身之⑱也;五霸,假之⑲也。久假而不归⑳,恶知其非有也?"

---

① 至足:非常多。
② 菽(shū)粟:粮食。菽,豆类;粟,小米。
③ 难为水:难于被水吸引。
④ 容光:小的空隙。
⑤ 不成章不达:朱熹注曰"成章,所积者厚,而文章外现也。达者,足于此而通于彼也。"
⑥ 孳(zī)孳:勤勉之意。
⑦ 间(jiàn):不同、异。
⑧ 杨子:杨朱,战国时著名学者,主张为我主义,拔一毛利天下而不为。
⑨ 取:主张。
⑩ 摩顶放踵(zhǒng):摩秃头顶,走破脚跟。踵,脚跟。
⑪ 子莫:人名,当时鲁国的贤人,事迹不可考。
⑫ 权:权变。
⑬ 贼:损害。
⑭ 三公:官阶最高的一类高官。
⑮ 介:操守。
⑯ 轫(rèn):同"仞",一仞为八尺。
⑰ 性之:以仁义为本性的意思,因而其本性的自然流露即为仁义。
⑱ 身之:身体力行践行仁义以使自身合于仁义。
⑲ 假之:假借仁义之名,行牟利之实。
⑳ 归:归还。

公孙丑曰："伊尹曰：'予不狎于不顺①。放太甲于桐，民大悦。太甲贤，又反之，民大悦。'贤者之为人臣也，其君不贤，则固可放与？"孟子曰："有伊尹之志，则可；无伊尹之志，则篡也。"

公孙丑曰："《诗》曰：'不素餐②兮。'君子之不耕而食，何也？"孟子曰："君子居是国也，其君用之，则安富尊荣；其子弟从之，则孝弟忠信。'不素餐兮'，孰大③于是？"

王子垫问曰："士何事？"孟子曰："尚志④。"曰："何谓尚志？"曰："仁义而已矣。杀一无罪非仁也，非其有而取之非义也。居恶在？仁是也；路恶在？义是也。居仁由义，大人之事备矣。"

孟子曰："仲子⑤，不义与之齐国而弗受，人皆信之，是舍箪食豆羹之义也。人莫大焉亡⑥亲戚君臣上下。以其小者信其大者，奚可哉？"

桃应⑦问曰："舜为天子，皋陶⑧为士，瞽瞍杀人，则如之何？"孟子曰："执之而已矣。""然则舜不禁与？"曰："夫舜恶得而禁之？夫有所受之也。""然则舜如之何？"曰："舜视弃天下犹弃敝蹝⑨也。窃负而逃，遵⑩海滨而处，终身䜣然⑪，乐而忘天下。"

孟子自范之齐，望见齐王之子，喟然叹曰："居移气⑫，养移体⑬，大哉居乎！夫非尽人之子与？"孟子曰："王子宫室、车马、衣服多与人同，而王子若彼者，其居使之然也；况居天下之广居⑭者乎？鲁君之宋，呼于垤泽⑮之门。守者曰：'此非吾君也，何其声之似我君也？'此无他，居相似也。"

孟子曰："食而弗爱，豕交⑯之也；爱而不敬，兽畜之也。恭敬者，币之未将⑰者也。恭敬而无实，君子不可虚拘。"

---

① 不狎(xiá)于不顺：狎，亲近；不顺，不顺从礼义，即违背礼义。
② 素餐：吃白饭。
③ 大：善、好。
④ 尚志：使志行高尚。志者，心之所在也。
⑤ 仲子：陈仲子。
⑥ 亡(wú)：不顾、不要。
⑦ 桃应：孟子弟子。
⑧ 皋陶(yáo)：舜的大臣。
⑨ 敝蹝(xǐ)：破旧的鞋子。蹝，也作"屣"，鞋子。
⑩ 遵：沿着。
⑪ 䜣(xīn)然：欣喜、快乐的样子。䜣，同"欣"，欣喜。
⑫ 居移气：居住环境改变人的气质、气度。
⑬ 养移体：所受的奉养改变人的体质。
⑭ 广居：仁也。
⑮ 垤(dié)泽：宋国东南城门的名字。
⑯ 交：对待、接待。
⑰ 将：奉送。

孟子曰:"形色①,天性也。惟圣人然后可以践形②。"

齐宣王欲短丧。公孙丑曰:"为期③ 之丧,犹愈于已④ 乎?"孟子曰:"是犹或绐其兄之臂,子谓之姑徐徐云尔,亦教之孝弟而已矣。"王子有其母死者,其傅为之请数月之丧⑤。公孙丑曰:"若此者何如也?"曰:"是欲终⑥ 之而不可得也。虽加一日愈于已,谓夫莫之禁而弗为者也。"

孟子曰:"君子之所以教者五:有如时雨化之者,有成德者,有达财⑦ 者,有答问者,有私淑艾⑧ 者。此五者,君子之所以教也。"

公孙丑曰:"道则高矣,美矣,宜若登天然,似不可及也;何不使彼为可几及而日孳孳⑨ 也?"孟子曰:"大匠不为拙工改废绳墨;羿不为拙射变其彀率⑩。君子引而不发,跃如也。中道而立,能者从之。"

孟子曰:"天下有道,以道殉身⑪;天下无道,以身殉道;未闻以道殉乎人⑫ 者也。"

公都子曰:"滕更⑬ 之在门也,若在所礼,而不答,何也?"孟子曰:"挟贵而问,挟贤而问,挟长而问,挟有勋劳而问,挟故而问,皆所不答也。滕更有二焉。"

孟子曰:"于不可已而已者,无所不已。于所厚者薄,无所不薄也。其进锐者,其退速。"

孟子曰:"君子之于物也,爱之而弗仁;于民也,仁之而弗亲。亲亲而仁民,仁民而爱物。"

孟子曰:"知⑭ 者无不知也,当务⑮ 之为急⑯;仁者无不爱也,急亲贤之为务。尧舜之知而不

---

① 行色:形体容貌。

② 践形:朱熹注曰"人之有形色无不各有自然之理,所谓天性也。惟圣人有是形,而又能尽其理,然后可以践其形而无歉也。"

③ 期(jī):一年。

④ 已:停止,指不守孝。

⑤ 数月之丧:按照古代礼制,庶母所生的王子,因为嫡母尚在,不能行丧亲之礼,守孝三年,故而他的老师替他请求父王让他为母守孝数月。

⑥ 终:指完成三年之丧。

⑦ 达财:培养才干。财,通"材"。

⑧ 私淑艾(yì):私下里拾取。指有人不及登君子之门而受业,间接从别人那里接触到君子的道德学问。淑,同"叔",拾;艾,又作"刈",割取。

⑨ 孳孳:勤勉的样子。

⑩ 彀(gòu)率:拉满弓的标准、要求。

⑪ 以道殉身:意思是道为己所运用。

⑫ 以道殉乎人:是说把道歪曲破坏以逢迎当世诸侯。

⑬ 滕更:滕国国君的弟弟,曾跟从孟子学习。

⑭ 知(zhì):通"智"。

⑮ 当务:应当竭力去做。

⑯ 急:急迫紧要的、首要的。

遍物,急先务也;尧舜之仁不遍爱人,急亲贤也。不能三年之丧,而缌①、小功② 之察③;放饭流歠④,而问无齿决⑤,是之谓不知务。"

尽心下

孟子曰:"不仁哉梁惠王也! 仁者以其所爱及⑥ 其所不爱,不仁者以其所不爱及其所爱。"公孙丑问曰:"何谓也?""梁惠王以土地之故,糜烂⑦ 其民而战之,大败,将复之,恐不能胜,故驱其所爱子弟以殉之,是之谓以其所不爱及其所爱也。"

孟子曰:"《春秋》无义战。彼善于此,则有之矣。征者,上伐下也,敌国不相征也。"

孟子曰:"尽信《书》⑧,则不如无《书》。吾于《武成》⑨,取二三策⑩ 而已矣。仁人无敌于天下,以至仁伐至不仁,而何其血之流杵也?"

孟子曰:"有人曰,'我善为陈⑪,我善为战。'大罪也。国君好仁,天下无敌焉。南面而征,北狄怨;东面而征,西夷怨,曰:'奚为后我?'武王之伐殷也,革车三百两⑫,虎贲⑬ 三千人。王曰:'无畏! 宁尔也,非敌百姓也。'若崩厥角稽首⑭。征之为言正也,各欲正己也,焉用战?"

孟子曰:"梓匠轮舆⑮ 能与人规矩,不能使人巧。"

孟子曰:"舜之饭糗茹草⑯ 也,若将终身焉;及其为天子也,被袗衣⑰,鼓琴,二女果⑱,若固有

---

① 缌(sī):指缌麻三月的孝服。缌麻三月是斩衰(cuī)、齐衰、大功、小功、缌麻五种孝服中最轻的一种,用熟布为孝服,服丧三个月。

② 小功:也是上述五种孝服中的一种,服丧五个月。

③ 察:苛求。

④ 放饭流歠(chuò):大口吃饭,大口喝汤。歠,喝、饮。在长者面前如此吃喝,在古代是极为不礼貌的行为。

⑤ 问无齿决:问,责问;齿决,用牙齿咬断干肉。按照礼节,吃干肉时应该用手折断,在长者面前不应该用牙啃咬。

⑥ 及:推广、推及。

⑦ 糜烂:使老百姓暴尸荒野、骨肉糜烂。

⑧ 《书》:这里指《尚书》。

⑨ 《武成》:《尚书》中的篇名,内容是记述周武王伐纣的事。

⑩ 策:古代用竹片或木片记事著书,成编的叫策。

⑪ 陈(zhèn):同"阵"。

⑫ 两(liàng):同"辆"。

⑬ 虎贲(bēn):勇士。

⑭ 厥(jué)角稽(qǐ)首:额角触地叩头。厥,通"蹶",顿、头往下;角,额角;稽首,叩头。

⑮ 梓匠轮舆(yú):梓匠,木工、木匠;轮舆,车工、车匠。

⑯ 饭糗(qiǔ)茹(rú)草:吃干粮,啃野菜。糗,干粮;茹,吃;草,指野菜。

⑰ 被袗(pī zhěn)衣:穿着绣有花纹的华贵衣服。

⑱ 果(guǒ):侍候,女子侍候。

之。"

孟子曰："吾今而后知杀人亲之重也：杀人之父，人亦杀其父；杀人之兄，人亦杀其兄。然则非自杀之也，一间①耳。"

孟子曰："古之为关也，将以御暴；今之为关也，将以为暴。"

孟子曰："身不行道，不行于妻子；使人不以道，不能行于妻子。"

孟子曰："周②于利者凶年不能杀③，周于德者邪世不能乱。"

孟子曰："好名之人能让千乘之国，苟非其人，箪食豆羹见④于色。"

孟子曰："不信仁贤，则国空虚；无礼义，则上下乱；无政事，则财用不足。"

孟子曰："不仁而得国者，有之矣；不仁而得天下者，未之有也。"

孟子曰："民为贵，社稷⑤次之，君为轻。是故得乎丘民⑥而为天子，得乎天子为诸侯，得乎诸侯为大夫。诸侯危社稷，则变置⑦。牺牲既成，粢盛既洁，祭祀以时，然而旱干水溢，则变置社稷。"

孟子曰："圣人，百世之师也，伯夷、柳下惠是也。故闻伯夷之风者，顽夫廉，懦夫有立志；闻柳下惠之风者，薄夫敦，鄙夫宽。奋⑧乎百世之上，百世之下，闻者莫不兴起也。非圣人而能若是乎，而况于亲炙⑨之者乎？"

孟子曰："仁也者，人也。合而言之，道也。"

孟子曰："孔子之去鲁，曰，'迟迟吾行也，去父母国之道也。'去齐，接淅而行——去他国之道也。"

孟子曰："君子之厄⑩于陈蔡之间，无上下之交也。"

貉稽⑪曰："稽大不理于口⑫。"孟子曰："无伤也。士憎兹多口⑬。《诗》云：'忧心悄悄⑭，愠于

---

① 间（jiàn）：一点距离，形容很近。

② 周：足、富足。

③ 杀：缺乏、窘困。

④ 见（xiàn）：表现。

⑤ 社稷：土神和谷神。社，土神；稷，谷神。古时君主都祭祀社稷，后来就用社稷代表国家。

⑥ 丘民：众民。

⑦ 变置：改立诸侯。

⑧ 奋：奋发有为。

⑨ 亲炙：亲身在圣人身边耳熏目染，受到熏陶。炙，比喻受到熏陶。

⑩ 厄：困，遭遇困境。

⑪ 貉（mò）稽：人名，当时一个做官的人。

⑫ 不理于口：不顺于口，即为众口所讪。理，顺、利。

⑬ 憎兹多口：讨厌这种七嘴八舌的议论。朱熹认为此处的"憎"应为"增"，增加之意，那么这句话的意思是做官更加增加了这种七嘴八舌的议论。

⑭ 悄悄：忧虑的样子。

群小。'孔子也。'肆① 不殄厥愠②，亦不陨厥问③。'文王也。"

孟子曰："贤者以其昭昭使人昭昭，今以其昏昏使人昭昭。"

孟子谓高子曰："山径之蹊④，间介然⑤ 用之而成路；为间⑥ 不用，则茅塞之矣。今茅塞子之心矣。"

高子曰："禹之声尚⑦ 文王之声。"孟子曰："何以言之？"曰："以追蠡⑧。"曰："是奚足哉？城门之轨⑨，两马之力与？"

齐饥。陈臻曰："国人皆以夫子将复为发棠⑩。殆不可复。"孟子曰："是为冯妇⑪ 也。晋人有冯妇者，善搏虎，卒为善士。则之野，有众逐虎。虎负嵎⑫，莫之敢撄⑬。望见冯妇，趋而迎之。冯妇攘臂下车。众皆悦之，其为士者笑之。"

孟子曰："口之于味也，目之于色也，耳之于声也，鼻之于臭也，四肢之于安佚也，性也，有命焉，君子不谓性也。仁之于父子也，义之于君臣也，礼之于宾主也，智之于贤者也，圣人之于天道也，命也，有性焉，君子不谓命也。"

浩生不害⑭ 问曰："乐正子何人也？"孟子曰："善人也，信人也。""何谓善？何谓信？"曰："可欲⑮ 之谓善，有诸己之谓信，充实之谓美，充实而有光辉之谓大，大而化之之谓圣，圣而不可知之之谓神。乐正子，二之中、四之下也。"

孟子曰："逃墨必归于杨，逃杨必归于儒。归，斯受之而已矣。今之与杨、墨辩者，如追放豚，既入其苙⑯，又从而招⑰ 之。"

孟子曰："有布缕之征，粟米之征，力役之征。君子用其一，缓其二。用其二而民有殍，用其三

---

① 肆：故，发语词。
② 不殄(tiǎn)厥愠：不消除别人的怨恨。殄，绝。
③ 不陨(yǔn)厥问：也不丧失自己的声誉。陨，坠落、丧失；问，声誉、名声。
④ 蹊：足迹。
⑤ 间介然：坚定、执著、坚持的样子。
⑥ 为间(jiàn)：有一段时间。
⑦ 尚：高于。
⑧ 追蠡(lǐ)：钟钮快要断了。追，指钟钮；蠡，虫蛀木，引申为器物久磨将断的样子。
⑨ 轨：车行后的辙迹。
⑩ 发棠：打开棠乡的粮仓赈济灾民。发，开仓赈济。棠，地名，当时粮仓所在地。
⑪ 冯妇：人名，晋国人，善于打虎。
⑫ 负嵎(yú)：背靠着山角。负，倚、靠；嵎，山势弯曲险阻的地方。
⑬ 撄(yīng)：接触，触犯。
⑭ 浩生不害：复姓浩生，名不害，齐国人。
⑮ 可欲：可爱、可好。
⑯ 苙(lì)：蓄养牲畜的栏。
⑰ 招：捆绑住脚。

而父子离。"

孟子曰："诸侯之宝三：土地、人民、政事。宝珠玉者，殃必及身。"

盆成括①仕于齐，孟子曰："死矣盆成括！"盆成括见杀，门人问曰："夫子何以知其将见杀？"曰："其为人也小有才，未闻君子之大道也，则足以杀其躯而已矣。"

孟子之滕，馆于上宫②。有业屦③于牖上，馆人求之弗得。或问之曰："若是乎从者之廋④也？"曰："子以是为窃屦来与？"曰："殆非也。夫子之设科⑤也，往者不追，来者不拒。苟以是心至，斯受之而已矣。"

孟子曰："人皆有所不忍，达之于其所忍，仁也；人皆有所不为，达之于其所为，义也。人能充无欲害人之心，而仁不可胜用也；人能充无穿逾之心，而义不可胜用也；人能充无受尔汝之实⑥，无所往而不为义也。士未可以言而言，是以言餂⑦之也；可以言而不言，是以不言餂之也，是皆穿逾之类也。"

孟子曰："言近而指远者，善言也；守约而施博⑧者，善道也。君子之言也，不下带⑨而道存焉；君子之守，修其身而天下平。人病舍其田而芸⑩人之田——所求于人者重，而所以自任者轻。"

孟子曰："尧舜，性者也；汤武，反之也。动容⑪周旋⑫中礼者，盛德之至也。哭死而哀，非为生者也。经德不回⑬，非以干禄也。言语必信，非以正行也。君子行法⑭，以俟命而已矣。"

① 盆成括：人名，曾经想投在孟子门下学习。
② 上宫：馆舍名。
③ 业屦(jù)：没有编织完的草鞋。
④ 廋(sōu)：隐藏、藏匿。
⑤ 设科：开设课程，讲学授课。
⑥ 无受尔汝之实：不要有受人轻贱的言语行为。尔汝，本是长辈对晚辈、上级对下级的称呼，用于平辈之间则表示轻贱之意。
⑦ 餂(tiǎn)：用甜言蜜语诱取、探取。
⑧ 守约而施博：操持起来简约，但功效却很大。施，功劳、功效。
⑨ 不下带：带，腰带。朱熹注曰："古人视不下带，则带之上乃目前常见至近之处也。"形容最常见、最浅近的事。
⑩ 芸：通"耘"，耕耘。
⑪ 动容：动作容貌。
⑫ 周旋：旋转一周，形容全部、无所遗漏。
⑬ 经德不回：依据道德而行，不违背礼义。经，行也；回，同"违"。
⑭ 行法：以法度而行。

孟子曰:"说大人①,则藐之,勿视其巍巍然②。堂高数仞,榱题③ 数尺,我得志,弗为也。食前方丈④,侍妾数百人,我得志,弗为也。般乐⑤ 饮酒,驱骋田猎,后车千乘,我得志,弗为也。在彼者,皆我所不为也;在我者,皆古之制也,吾何畏彼哉?"

孟子曰:"养心莫善于寡欲。其为人也寡欲,虽有不存焉者,寡矣;其为人也多欲,虽有存焉者,寡矣。"

曾晳嗜羊枣,而曾子不忍食羊枣。公孙丑问曰:"脍炙⑥ 与羊枣孰美?"孟子曰:"脍炙哉!"公孙丑曰:"然则曾子何为食脍炙而不食羊枣?"曰:"脍炙所同也,羊枣所独也。讳名不讳姓,姓所同也,名所独也。"

万章问曰:"孔子在陈曰:'盍归乎来! 吾党之士⑦ 狂简⑧,进取,不忘其初⑨。'孔子在陈,何思鲁之狂士?"孟子曰:"孔子'不得中道⑩ 而与之⑪,必也狂狷⑫ 乎! 狂者进取;狷者有所不为也。'孔子岂不欲中道哉? 不可必得,故思其次也。""敢问何如斯可谓狂矣?"曰:"如琴张、曾晳(皙)、牧皮⑬ 者,孔子之所谓狂矣。""何以谓之狂也?"曰:"其志嘐嘐然⑭,曰,'古之人,古之人。'夷考⑮ 其行,而不掩焉⑯ 者也。狂者又不可得,欲得不屑不洁之士而与之,是狷也,是又其次也。孔子曰:'过我门而不入我室,我不憾焉者,其惟乡原⑰ 乎! 乡原,德之贼也。'"曰:"何如斯可谓之乡原矣?"曰:"'何以是嘐嘐也? 言不顾行,行不顾言,则曰,古之人,古之人。行何为踽踽凉

---

① 大人:达官贵人。
② 巍巍然:地位高高在上的样子。
③ 榱(cuī)题:乌榱凸出于屋檐的部分。榱,即椽,放在檩上支持屋面和瓦片的木条。题,物品的前端或顶端。
④ 食前方丈:食物摆满了面前一丈见方的地方。
⑤ 般(pán)乐:大肆作乐。
⑥ 脍(kuài)炙:脍,细切的肉、鱼。炙,烤肉。
⑦ 吾党之士:我的学生们。
⑧ 狂简:志大而略于事。
⑨ 不忘其初:没有改掉他们旧的习气。
⑩ 中道:无过无不及,一切都恰合于仁义道德的中庸之道。
⑪ 与之:与他结交。
⑫ 狂狷(juàn):狂,狂放之士;狷,狷介之士,为人正直、不肯同流合污的人。
⑬ 琴张、曾晳(皙)、牧皮:都是孔子的学生。
⑭ 嘐(xiāo)嘐然:志大言大的样子。
⑮ 夷考:分析考察。夷,平、辨;考,考察。
⑯ 掩焉:与此相符合。掩,覆;焉,代词,之、此。
⑰ 乡原(yuàn):即"乡愿",原指乡里中言行不一、伪善欺世的人,引申为见识浅陋、胆小无能之人。

凉①? 生斯世也,为斯世也,善斯可矣。'阉然② 媚于世也者,是乡原也。"万子曰:"一乡皆称原人③ 焉,无所往而不为原人,孔子以为德之贼,何哉?"曰:"非之无举④ 也,刺之无刺也,同乎流俗,合乎污世,居之似忠信,行之似廉洁,众皆悦之,自以为是,而不可与入尧舜之道,故曰'德之贼'也。孔子曰:'恶似而非者:恶莠⑤,恐其乱苗也;恶佞⑥,恐其乱义也;恶利口⑦,恐其乱信也;恶郑声⑧,恐其乱乐也;恶紫,恐其乱朱也;恶乡原,恐其乱德也。'君子反经⑨ 而已矣。经正,则庶民兴;庶民兴,斯无邪慝⑩ 矣。"

孟子曰:"由尧舜至于汤,五百有余岁;若禹、皋陶,则见而知之;若汤,则闻而知之。由汤至于文王,五百有余岁,若伊尹、莱朱⑪,则见而知之;若文王,则闻而知之。由文王至于孔子,五百有余岁,若太公望、散宜生⑫,则见而知之;若孔子,则闻而知之。由孔子而来至于今,百有余岁,去圣人之世若此其未远也,近圣人之居若此其甚也,然而无有乎尔⑬,则亦无有乎尔。"

导修文萃

1、司马迁:《史记·孟子荀卿列传》⑭

太史公曰:余读《孟子》书,至梁惠王问"何以利吾国",未尝不废书而叹也。曰:嗟乎,利诚乱之始也! 夫子罕言利者,常防其原也。故曰"放于利而行,多怨"。自天子至于庶人,好利之弊何以异哉!

---

① 踽(jǔ)踽凉凉:一个人独行的样子。踽踽:独来独往;凉凉,孤独冷落的样子。
② 阉(yān)然:像太监那样(讨好、献媚)。阉,阉人、太监。
③ 原人:即愿人,好人。原,同"愿",指谨慎、老实、质朴。
④ 非之无举:想要指责他,却又找不到他的错误。
⑤ 莠(yǒu):长在田里的类似禾苗的杂草。
⑥ 佞(nìng):用花言巧语谄媚的人。
⑦ 利口:能说会道,话多而不实。
⑧ 郑声:郑国的乐曲,过分悦耳且内容不健康。
⑨ 反经:返回常道。经,常道。
⑩ 邪慝(tè):邪恶。慝,奸邪、邪恶。
⑪ 莱朱:商汤的一个贤臣。
⑫ 散宜生:周文王时的一个贤臣。
⑬ 无有乎尔:意思是没有人去继承圣人之道。
⑭ 选自司马迁《史记·孟子荀卿列传》,中华书局1973年版。本文只节选关于孟子的资料。

孟轲，驺人也。受业子思之门人。道既通，游事齐宣王，宣王不能用。适梁，梁惠王不果所言，则见以为迂远而阔于事情。当是之时，秦用商君，富国强兵；楚、魏用吴起，战胜弱敌；齐威王、宣王用孙子、田忌之徒，而诸侯东面朝齐。天下方务于合从连衡，以攻伐为贤，而孟轲乃述唐、虞、三代之德，是以所如者不合。退而与万章之徒序《诗》《书》，述仲尼之意，作《孟子》七篇。其后有邹子之属。

2、朱熹:《孟子序说》[①]

史记列传曰："孟轲，赵氏曰："孟子，鲁公族孟孙之后。"汉书注云："字子车。"一说："字子舆。"驺人也，驺亦作邹，本邾国也。受业子思之门人。子思，孔子之孙，名伋。索隐云："王劭以人为衍字"，而赵氏注及孔丛子等书亦皆云："孟子亲受业于子思。"未知是否？道既通，赵氏曰："孟子通五经，尤长于诗书。"程子曰："孟子曰：'可以仕则仕，可以止则止，可以久则久，可以速则速。''孔子圣之时者也。'故知易者莫如孟子。又曰：'王者之迹熄而诗亡，诗亡然后春秋作。'又曰：'春秋无义战。'又曰：'春秋天子之事'，故知春秋者莫如孟子。"尹氏曰："以此而言，则赵氏谓孟子长于诗书而已，岂知孟子者哉？"游事齐宣王，宣王不能用。适梁，梁惠王不果所言，则见以为迂远而阔于事情。按史记："梁惠王之三十五年乙酉，孟子始至梁。其后二十三年，当齐湣王之十年丁未，齐人伐燕，而孟子在齐。"故古史谓"孟子先事齐宣王后乃见梁惠王、襄王、齐湣王。"独孟子以伐燕为宣王时事，与史记、荀子等书皆不合。而通鉴以伐燕之岁，为宣王十九年，则是孟子先游梁而后至齐见宣王矣。然考异亦无他据，又未知孰是也。当是之时，秦用商鞅，楚魏用吴起，齐用孙子、田忌。天下方务于合从连衡，以攻伐为贤。而孟轲乃述唐、虞、三代之德，是以所如者不合。退而与万章之徒序诗书，述仲尼之意，作孟子七篇。"赵氏曰："凡二百六十一章，三万四千六百八十五字。"韩子曰："孟轲之书，非轲自着。轲既没，其徒万章、公孙丑相与记轲所言焉耳。"愚按：二说不同，史记近是。

韩子曰："尧以是传之舜，舜以是传之禹，禹以是传之汤，汤以是传之文、武、周公，文、武、周公传之孔子，孔子传之孟轲，轲之死不得其传焉。荀与扬也，择焉而不精，语焉而不详。"程子曰"韩子此语，非是蹈袭前人，又非凿空撰得出，必有所见。若无所见，不知言所传者何事。"

又曰："孟氏醇乎醇者也。荀与扬，大醇而小疵。"程子曰"韩子论孟子甚善。非见得孟子意，亦道不到。其论荀扬则非也。荀子极偏驳，只一句性恶，大本已失。扬子虽少过，然亦不识性，更说甚道。"

又曰："孔子之道大而能博，门弟子不能遍观而尽识也，故学焉而皆得其性之所近。其后离散，分处诸侯之国，又各以其所能授弟子，源远而末益分。惟孟轲师子思，而子思之学出于曾子。自孔子没，独孟轲氏之传得其宗。故求观圣人之道者，必自孟子始。"程子曰："孔子言参也鲁。然颜子没后，终得圣人之道者，曾子也。观其启手足时之言，可以见矣。所传者子思、孟子，皆其学也。"

[①]　选自朱熹《四书章句集注》，中华书局 1983 年版。

又曰:"扬子云曰:'古者杨墨塞路,孟子辞而辟之,廓如也。'夫杨墨行,正道废。孟子虽贤圣,不得位。空言无施,虽切何补。然赖其言,而今之学者尚知宗孔氏,崇仁义,贵王贱霸而已。其大经大法,皆亡灭而不救,坏烂而不收。所谓存十一于千百,安在其能廓如也?然向无孟氏,则皆服左衽而言侏离矣。故愈尝推尊孟氏,以为功不在禹下者,为此也。"

或问于程子曰:"孟子还可谓圣人否?"程子曰:"未敢便道他是圣人,然学已到至处。"愚按:至字,恐当作圣字。

程子又曰:"孟子有功于圣门,不可胜言。仲尼只说一个仁字,孟子开口便说仁义。仲尼只说一个志,孟子便说许多养气出来。只此二字,其功甚多。"

又曰:"孟子有大功于世,以其言性善也。"

又曰:"孟子性善、养气之论,皆前圣所未发。"

又曰:"学者全要识时。若不识时,不足以言学。颜子陋巷自乐,以有孔子在焉。若孟子之时,世既无人,安可不以道自任。"

又曰:"孟子有些英气。纔有英气,便有圭角,英气甚害事。如颜子便浑厚不同,颜子去圣人只豪发闲。孟子大贤,亚圣之次也。"或曰:"英气见于甚处?"曰:"但以孔子之言比之,便可见。且如冰与水精非不光。比之玉,自是有温润含蓄气象,无许多光耀也。"

杨氏曰:"孟子一书,只是要正人心,教人存心养性,收其放心。至论仁、义、礼、智,则以恻隐、善恶、辞让、是非之心为之端。论邪说之害,则曰:'生于其心,害于其政。'论事君,则曰:'格君心之非','一正君而国定'。千变万化,只说从心上来。人能正心,则事无足为者矣。大学之修身、齐家、治国、平天下,其本只是正心、诚意而已。心得其正,然后知性之善。故孟子遇人便道性善。欧阳永叔却言'圣人之教人,性非所先',可谓误矣。人性上不可添一物,尧舜所以为万世法,亦是率性而已。所谓率性,循天理是也。外边用计用数,假饶立得功业,只是人欲之私。与圣贤作处,天地悬隔。"

3、梁启超论读《孟子》[①]

其一:《读孟子界说》[②]

界说一,孔子之学至战国时有二大派,一曰孟子,二曰荀卿。

《史记》特立《孟子荀卿列传》。《儒林传》又云:"孟子荀卿之徒,以学显于当世。"盖自昌黎以前,皆孟子荀卿并称,至宋贤始独尊孟子与孔子等,后世遂以孔孟并举,无以孟荀并举者矣。要之,孔子乃立教之人,孟子乃行教之人。必知孟子为孔教中一派,始可以读《孟子》。

---

① 本文题目为编者所加。
② 选自《饮冰室合集》文集第一册文集之三,中华书局1989年版。

界说二，荀子之学在传经，孟子之学在经世。荀子为孔门文学之科，孟子为孔门政事之科。

汉兴，诸经书皆传自荀卿，其功最高不可诬。然所传微言大义不及孟子。孟子专题孔门欲立立人，欲达达人，天下有道，某不与易之宗旨，日日以救天下为心，实孔学之正派也。

界说三，孟子于六经中，其所得力在《春秋》。

《诗》《书》《礼》《乐》，孔子早年所定，著为雅言，荀氏一派传之。荀子谓，凡学始于咏诗，终于读礼，故《荀子》一书，言礼者过半。《春秋》为获麟以后所作，昌言制作，为后王法，孟氏一派传之。故《孟子》每叙道统，于禹抑洪水、周公兼夷狄之后述及孔子，即舍五经而言《春秋》。于舜明于庶物，禹恶旨酒，汤执中，文王视民如伤，武王不泄迩，周公思兼三王之后，述及孔子，亦舍五经而言《春秋》。庄子曰："《春秋》经世先王之志。"盖凡言经世者，未有不学《春秋》者也。故必知孟子所言一切仁政皆本于《春秋》，然后孟子学孔子之实乃见。

界说四，孟子于《春秋》之中，其所传为大同之义。

孔子立小康之义，以治二千年以来之天下，在《春秋》亦谓之升平，亦谓之临一国之言，荀子所述者皆此类也。立大同之义，以治今日以后之天下。在《春秋》亦谓之太平，亦谓之临天下之言，孟子所述皆此类也。大同之义，有为今日西人所已行者，有为今日西人所未及行，而可决其他日之必行者。读《孟子》者当于此焉求之。

界说五，"仁义"二字为孟子一切学问总宗旨。

董子曰："仁者人也，义者我也。知有人不知有我，则为墨氏之学；知有我不知有人，则为老氏之学。故墨氏徒仁，老氏徒义，仁至义尽时曰中庸。"孔子所以异于诸教者以此，孟子所以独尊孔子者以此，一切义理制度皆从此出。学者勿以陈腐字面视之，则可有悟矣。

界说六，保民为孟子经世宗旨。

孟子言民为贵，民事不可缓。故全书所言仁政，所言王政，所言不忍人之政，皆以为民也。泰西诸国今日之政殆庶近之。惜吾中国孟子之学之绝也。明此义以读《孟子》，则皆迎刃而解。否则司马温公之疑孟，余隐之之尊孟，徒事哓哓，楚固失矣，齐亦未为得也。

界说七，孟子言无义战，为大同之起点。

此义本于《春秋》，为孔子特立大义。后之儒家惟孟子能发明之。外教则墨翟宋皆深明此意。泰西诸国，惟美洲庶近之，然未能至也。近期公法家大力会以昌明其说，此为孔教渐行于地球之征。自宋以来，读《孟子》者闇皆于此。

界说八，孟子言井田，为大同之纲领。

井田为孔子特立之制，所以均贫富。《论语》所谓不患寡而患不均，井田者均之至也，平等之极则也。西国近颇倡贫富均财之说，惜未得其道耳。井田不可行于后世无待言，迂儒斥斥思复之者妄也。法先王者法其意，井田之意，真治天下第一义矣，故孟子一切经济皆从此出。深知其意，可语于道。

界说九，孟子言性善，为大同之极效。

孔子之言性也,有三义。据乱世之民性恶;升平世之民性有善有恶,亦可以为善亦可以为恶;太平世之民性善。荀子传其据乱世之言,宓子、漆雕子、世子传其升平世之言,孟子传其太平世之言。各尊所闻,因而相争,苟通于三世之义,可以了无窒阂矣。太平之世,《礼运》所谓谋闭而不兴,窃盗乱贼而不作;《春秋》所谓人人有士君子之行,故曰性善。西人近倡进种改良之学,他日此学极盛,则孔子性善之教大成矣。不明于此,则孟子断断之致辩,诚无谓也。

又按:性善性恶属内言,大同小康属外言。望文似无关涉,然荀子为小康之学者,则必言性恶,孟子为大同之学者,则必言性善。亦可见古人之学,各有家数,不相杂厕。后世学者不明乎此,强拉合为一,以读群书,非疑古人,则诬古人矣。

界说十,孟子言尧舜,言文王,为大同之名号。

《礼运》以小康归之禹汤文武成王周公,其大同盖谓尧舜也,故曰"天下为公"。《春秋》哀公十四年传言"其诸君子乐道尧舜之道",亦指大同言。《春秋》隐元年传:"王者孰谓?谓文王也。"文王亦太平世之义。凡此诸圣者,皆有天下而不有,故言大同之学者必宗之。读《孟子》不可不知此义。

界说十一,孟子言王霸,即大同小康之辨。

本文自明。

界说十二,距杨墨为孟子传教宗旨。

杨朱为老子弟子,见于《列子》。距杨朱即以距老子也。周秦诸子虽多,其宗旨不出老墨两派,当时最负盛名,几与孔子敌者,惟老墨两派。故距老墨即所以距诸子也。故曰:"辞而辟之,廓如也。"此孟子传教之功也。

界说十三,不动心为孟子内学宗旨。

此中下手功夫,复分三端。一曰先立乎其大者,二曰养气,三曰求放心。汉儒气节之学,宋儒主静之学,各得孟子内学之一体。不动心者经世传教之总根源也。学者欲学孟子,不可不致力于此三端之中,学其一焉可也。学者初读《孟子》,可将界说六至界说十三共八条,分类求之。

界说十四,孟子之言即孔子之言。

然则孔子何以不自言之?孔子及身教未大行,故《春秋》有大义,有微言,皆口授弟子,俟数传乃著竹帛,所以避时艰也。故《论语》者,孔子之雅言也,其微言亦间有存焉,然亦罕矣。传微言者孟子董子为最多,故《孟子》终篇以见知自任也。学者欲学孔子,先学孟子可也。

界说十五,孟子之学,至今未尝一行于天下。

汉兴,群经皆传自荀子。十四博士大半属荀子之学。东汉以后,又遭窜乱,六朝及唐,日益破碎,无论是非得失,皆从荀学中之一派讨生活矣。二千年以来,无有知尊孟子者。自昌黎倡之,宋贤和之,孟学似光大矣。然于孟子经世大义,无一能言者,其所以持论无一不与孟子相反,实则摭荀学吐弃之余而已。惟不动心之学,间有讲之者,然非其至也。故自宋以来,有尊孟子之名,无行孟学之实。以孔门嫡派,而二千年昏霾湮没,不显于世,斯亦圣教之大不幸也。今二三子既有志于大道,因孟学实入德之门,学圣之基也。持此界说以读《孟子》,必有以异于畴昔之所见者,勿以为习见之书而忽之也。

其二:《要籍解题及其读法》之论孟子①

《孟子》之内容及其价值

孟子与荀卿,为孔门下两大师。就学派系统论,当时儒、墨、道、法四家并峙,孟子不过儒家一支流,其地位不能比老聃、墨翟。但孟子在文化史上有特别贡献者二端:

一、高唱性善主义,教人以自动的扩大人格。在哲学上及教育学上成为一种有永久价值之学说。

二、排斥功利主义。其用意虽在矫当时之弊,然在政治学社会学上最少亦代表一面真理。

其全书要点略如下:

一、哲理谈。穷究心性之体相,证成性善之旨。《告子》上下篇,《尽心》上篇,多属此类。

二、政治谈。发挥民本主义,排斥国家的功利主义;提出经济上种种理想的建设。《梁惠王》上下篇,《滕文公》上篇,全部皆属此类,其余各篇亦多散见。

三、一般修养谈。多用发扬蹈厉语,提倡独立自尊的精神,排斥个人的功利主义。《滕文公》《告子》《尽心》三篇最多,余篇亦常有。

四、历史人物批评。借古人言论行事以证成自己的主义。《万章》篇最多。

五、对于他派之辩争。其主要者如后儒所称之辟杨、墨。此外如对于告子论性之辩难,对于许行、陈仲子之呵斥,对于法家者流政策之痛驳等皆是。

六、记孟子出处辞受及日常行事等。

上各项中,惟第四项之历史谈价值最低。因当时传说,多不可信,而孟子并非史家,其著书宗旨又不在综核古事,故凡关于此项之记载及批评,应认为孟子借事明义,不可当史读。第五项辩争之谈,双方皆持之有故言之成理,未可偏执一是。第二项之政治谈,因时代不同,其具体的制度自多不适用,然其根本精神固有永久价值。余三项价值皆极高。

读《孟子》法

读《论语》《孟子》一类书,当分两种目的:其一为修养受用,其一为学术的研究。为修养受用起见,《论语》如饭,最宜滋养;《孟子》如药,最宜被除及兴奋。读《孟子》,第一,宜观其砥砺廉隅,崇尚名节,进退辞受取与之间竣立防闲,如此然后可以自守而不至堕落。第二,宜观其气象博大,独往独来,光明俊伟,绝无藏闪。能常常诵习体会,人格自然扩大。第三,宜观其意志坚强,百折不回。服膺书中语,对于环境之压迫,可以增加抵抗力。第四,宜观其修养下手工夫简易直捷,无

---

① 节选自梁启超《要籍解题及其读法》,中国社会科学出版社1997年版。题目为编者所加。

后儒所言支离、玄渺之二病。要之《孟子》为修养最适当之书,于今日青年成为相宜。学者宜摘取其中精要语熟诵,或抄出常常阅览,使其精神深入我之"下意识"中,则一生做人基础可以稳固,而且日日向上,至老不衰矣。

学术的研究,方面极多,宜各随兴味所注,分项精求。惟每研究一项,必须对于本书所言彻头彻尾理会一番,且须对于他书有关系的资料博为搜采参核。试举数例。

一 如欲研究孟子哲学,必须先将书中所谓性、所谓心、所谓情、所谓才、所谓义、所谓理……种种名词,仔细推敲,求得其正确之意义。复又须贯通全书,求得某几点为其宗旨之主脑,然后推寻其条理所由衍出。又须将别派学说与之对照研究,如《荀子》《春秋繁露》等书,观其所自立说,及批驳《孟子》者何如。

二 欲研究孟子之政治论,宜先提挈出几个大纲领——例如民本主义、统一主义、非功利主义等等,观其主张之一贯。又须熟察时代背景,遍观反对派学说,再下公正的批评。

三 孟子辟异端,我辈不必随声附和。然可从书中发见许多"异端"的学说,例如杨朱、许行、宋牼、陈仲子、子莫、白圭、告子、淳于髡等,其书皆不传,且有并姓名亦不见于他书者。从《孟子》书中将其学说撷拾研究,便是古代学术史绝好资料。

四 将本书所载孟子所见之人所历之地及其行事言论钩稽排比,可以作一篇极翔实的孟子小传。

以上不过略举数例,学者如有研究兴味,则方面尚多,在各人自择而已。

《孟子》之注释书及关系书

最古之《孟子》注释书为东汉赵岐之《孟子章句》,且每章缀以章指,其书现存。全文见焦循《孟子正义》中,今不另举。

一 宋朱熹《孟子集注》。

性质及价值皆同《论语集注》。

二 清焦循《孟子正义》。

考证最精审,且能发明大义。现行各注疏未有其比。

三 清戴震《孟子字义疏证》。

此书乃戴氏发表自己哲学意见之作,并非专为解释《孟子》。但研究孟子哲学,自应以此为极要之参考品。

四 清陈澧《东塾读书记》内《孟子》之卷。

此卷将《孟子》全书拆散而比观之,所发明不少。其治学方法最可学。

五 清崔述《孟子事实录》。

此书为极谨严孟子小传。

第二部分　选修经典

《周易》选[①]

导语

《周易》在通行的"十三经"里面位列第一部,是儒家的"群经之首",同时又是诸子百家之源,是整个中华文明的哲理核心与源头。《周易》书名的由来,一般认为,"周"指周普,或周朝;"易"则取象日月,喻阴阳之道,由此引申出"变易、不易、简易"三义。也就是说《周易》作为周代之典籍,是一部研究宇宙人生阴阳变易大智慧的书,人如能体悟之,变易之道就成为简易、不易之道,就能执简驭繁,通达万变,做到上顺天时,下应人事。《周易》的作者与成书过程,据古人最具代表性的"人更三圣,世历三古"说,应为:《周易》经伏羲画八卦,周文王演为六十四卦并做卦、爻辞,孔子作《易传》,前后历经上古、中古、近古数千年的时间。对此种说法后世也存在争议,但《周易》的成书经历了相当久远的年代、是集体创造的作品却是公认的事实。

《周易》的内容分为经、传两部分,经为六十四卦及其卦爻辞,《传》分"十翼",即《系辞》上下、《象传》上下、《象传》上下、《文言》、《说卦》、《序卦》、《杂卦》。经为上古卜筮之作,而传则在卜筮思想的基础上提升出一种涵盖天人的哲理智慧。由于《周易》特殊的符号模式及象征思维,对于具有严密逻辑思维模式的现代人来说,理解起来非常困难,所以我们只选取了《乾》、《坤》两卦与《系辞传》上、下作为悟解《周易》的突破口。在学习中,可以思考:《乾》、《坤》两卦所体现出的深刻内涵,对于我们今天做人、管理等各个方面有何启发?《系辞传》在"仰观俯察"的基础上,如何确立人在天地中的地位,并开拓出自己的"盛德大业"? 其"天地之大德曰生","生生之谓易",又体现了什么样的宇宙观,对我们今天有何启示? 如何理解"易,穷则变,变则通,通则久"? 通过对这些问题的思考,我们就会对《周易》超时空的哲理智慧有所体悟,更好地处理人与自我、人与社会、人与宇宙的关系。

---

① 依中华书局 1980 年影印清嘉庆刊本《十三经注疏》为底本校订。其他选修经典出自"十三经"的,皆同此例,下文不再注明。

1、《乾》卦(附《彖传》、《象传》、《文言传》)

乾卦第一

☰乾下乾上　乾①:元、亨、利、贞②。

初九③:潜龙勿用④。

九二:见龙在田⑤,利见大人⑥。

九三:君子终日乾乾⑦,夕惕若⑧,厉无咎⑨。

九四:或跃在渊⑩,无咎。

九五:飞龙在天,利见大人⑪。

上九:亢龙,有悔⑫。

用九:见群龙,无首,吉⑬。

---

① 乾:卦名,下卦、上卦皆乾(☰),象征"天"。

② 元、亨、利、贞:《正义》:"《子夏传》云:'元,始也;亨,通也;利,和也;贞,正也。'言此卦之德,有纯阳之性,自然能以阳气始生万物,而得元始、亨通,能使物性和谐各有其利,又能使物坚固贞正得终。"

③ 初九:《周易》六十四卦各由六爻组成,其位自下而上,名曰初、二、三、四、五、上,本爻居卦下第一位,所以称"初";《周易》占筮用"九"、"六"之数,"九"代表阳,"六"代表阴,本爻为阳,所以称"九"。

④ 潜龙勿用:潜,潜伏,"初九"一阳在下,故谓"潜";龙,古代神话中神奇刚健的动物,《周易》取为《乾》卦六爻的象征物。

⑤ 见龙在田:见(xiàn),出现;田,地也。

⑥ 大人:一般有两种含义:其一,指有道德有作为的人;其二,指有道德并居于高位的人。这里指第一义。

⑦ 君子终日乾乾:君子,与"大人"义相近,指有道德往往也兼指居于尊位者;乾乾,犹言"健而又健"。

⑧ 夕惕若:夕,本指晚上,此处是说终一日之后,至晚仍然警惕;惕,警惕;若,语助词。

⑨ 厉无咎:厉,危也;咎,病也,《易》中的"咎"字含有"灾病"、"罪过"、"咎害"之义。案,《系辞上传》云"无咎者,善补过也",即谓弥补过失,免遭咎害。

⑩ 或:这里用作副词,表示不确定之义。《乾文言》:"或之者,疑之也。"但这种"疑"并非犹豫不决,而是审时度势,待机奋进。

⑪ 大人:见前注第二义,指有道德并居高位者,与"九二"所称"大人"有别。

⑫ 亢(kàng):过甚,极度。《集解》引王素曰:"穷高曰亢。"此处形容龙飞到极高的程度。悔:悔恨。上九居《乾》卦之终,阳进亢极,将致灾害,故"有悔"。

⑬ 见群龙,无首,吉:群龙,指六爻均为阳爻,而六阳皆变,皆由阳刚变为阴柔,所以取群龙都不以首领自居之象。

《彖》①曰:大哉乾元②!万物资始,乃统天③。云行雨施,品物流形④,大明终始⑤,六位时成⑥,时乘六龙,以御天⑦。乾道变化⑧,各正性命⑨。保合太和⑩,乃利贞⑪。首出庶物,万国咸宁⑫。

《象》曰⑬:天行健⑭,君子以自强不息⑮。"潜龙勿用",阳在下也⑯。"见龙在田",德施普也⑰。"终日乾乾",反复道也⑱。"或跃在渊",进无咎也。"飞龙在天",大人造也⑲。"亢龙有悔",盈不可久也。"用九",天德不可为首也。

---

① 彖(tuàn):指《十翼》中的《彖传》,统论一卦之义。凡六十四卦所附"《彖》曰"之辞,均属此例。
② 乾元:"天"的元始之德,即充沛宇宙间、开创万物的阳气。
③ 统天:统,统领;天,犹言"大自然"。
④ 品物流形:品物即各类事物;流形,流布成形。这是指万物因雨水的滋润而不断变化发展、壮大成形。
⑤ 大明:即太阳,因属天上最光明之物,故称"大明"。
⑥ 六位时成:六位,指《乾》卦六爻;时,作副词,即按时。
⑦ 六龙:亦喻《乾》卦六爻。次句紧承前句之义,说明六爻的变动如六龙按时御天,恰似自然界沿四季程度发展至秋,万物尽趋成熟。
⑧ 乾道:犹言天道,即大自然运行之常道。
⑨ 各正性命:正,犹"定",此处指静定;性命,《正义》:"性者,天生之质,若刚柔迟速之别;命者,人所禀受,若贵贱夭寿之属。"
⑩ 太和:即万物的"太和元气"。这两句说明自然界的变化,导致万物各自静定精神、眠伏潜息,保全其"太和元气"。
⑪ 乃利贞:以上一节释卦辞"贞"。
⑫ 万国咸宁:万国,即天下万方之意。以阳气"首出庶物"比拟拥立君主以使"万国咸宁"。
⑬ 《象》:《周易》中"象"字,即"形象"、"象征"之意,亦《系辞下传》所谓"象也者,像此者也"。此指《十翼》中的《象传》,旨在阐释卦象、爻象的象征意义。凡六十四卦所附"《象》曰"云云均属此例。《象传》又有《大象传》、《小象传》之分:前者每卦一则,释上下卦象;后者每卦六则,释六爻爻象。
⑭ 天行健:指"天"健行周流,永不衰竭。《正义》:"行者,运动之称;健者,强壮之名。"
⑮ 以:介词,可释为"因此"、"像这样"。自强不息:指"君子"效法《乾》卦"健行"之象,立身、行事始终奋发不止。
⑯ 阳在下:指初九阳气初生而居下。
⑰ 德施普:指九二阳气出现于地面,其生养之德普及万物。
⑱ 反复道:反复,重复践行之意;道,合理的行为。
⑲ 造:即兴起而有所作为之意。

《文言》曰①:元者,善之长也②;亨者,嘉之会也③;利者,义之和也④;贞者,事之干也⑤。君子体仁足以长人,嘉会足以合礼,利物足以和义,贞固足以干事。君子行此四德者,故曰"乾:元、亨、利、贞。"

初九曰"潜龙勿用",何谓也? 子曰⑥:"龙德而隐者也。不易乎世,不成乎名,遁世无闷,不见是而无闷⑦,乐则行之,忧则违之,确乎其不可拔,'潜龙'也。"

九二曰"见龙在田,利见大人",何谓也? 子曰:"龙德而正中者也。庸言之信,庸行之谨⑧,闲邪存其诚⑨,善世而不伐⑩,德博而化。《易》曰:'见龙在田,利见大人',君德也。"

九三曰"君子终日乾乾,夕惕若,厉无咎",何谓也? 子曰:"君子进德修业。忠信所以进德也。修辞立其诚,所以居业也⑪。知至至之⑫,可与言几⑬也。知终终之⑭,可与存义⑮也。是故居上位而不骄,在下位而不忧,故乾乾因其时而惕;虽危无咎矣。"

九四曰"或跃在渊,无咎",何谓也? 子曰:"上下无常,非为邪也。进退无恒,非离群也。君子进德修业,欲及时也,故无咎。"

九五曰"飞龙在天,利见大人",何谓也? 子曰:"同声相应,同气相求。水流湿,火就燥,云从龙,风从虎,圣人作而万物睹⑯。本乎天者亲上,本乎地者亲下,则各从其类也。"

上九曰"亢龙有悔",何谓也? 子曰:"贵而无位,高而无民,贤人在下位而无辅,是以动而有悔也。"

---

① 《文言》:文,饰也。《文言》即文饰《乾》、《坤》两卦之言,为《十翼》之一,又称《文言传》。

② 善之长:依朱熹《周易本义》:"元者,生物之始,天地之德莫先于次,故于时为春,于人则为仁,而众善之长也。"

③ 嘉之会:依朱熹《周易本义》:"亨者,生物之通,物至于此,莫不嘉美,故于时为夏,于人则为礼,而众美之会也。"

④ 义之和:义,宜也。依朱熹《周易本义》:"利者,万物之遂,物各得宜,不相妨害,故于时为秋,于人则为义,而得其分之和。"

⑤ 事之干:干,树木的主干,犹言根本。依朱熹《周易本义》:"贞者,生物之成,实理具备,随在各足,故于时为冬,于人则为智,而为众事之干。干,木之身,而枝叶所依立者也。"

⑥ 子曰:子,孔子。

⑦ 不见是而无闷:是,赞许。指不被世人称道而不忧闷。

⑧ 庸言之信,庸行之谨:庸,平常。

⑨ 闲邪存其诚:闲,犹言"防止";"闲邪"与"存其诚"为对文。

⑩ 善世而不伐:善,名词,指美好的行为;世,犹言"太";伐,夸耀。

⑪ 修辞立其诚,所以居业也:修饰言辞出于诚挚的感情,就可以积蓄功业。

⑫ 知至至之:至,达到。前一"至"为名词,指要达到的目标;后一"至"为动词,指努力达到这一目标。

⑬ 几:《系辞传》:"几者,动之微,吉凶之先见者也。"

⑭ 知终终之:前一"终"为名词,指事物的终了;后一"终"为动词,指结束。

⑮ 存义:存,保留;义,适宜。

⑯ 圣人作而万物睹:作,犹"起";睹,见也。指"圣人"兴起,天下光明,万物呈现本色,各尽其用。

"潜龙勿用",下① 也。"见龙在田",时舍② 也。"终日乾乾",行事③ 也。"或跃在渊",自试也。"飞龙在天",上治也。"亢龙有悔",穷之灾也。乾元"用九",天下治也。

"潜龙勿用",阳气潜藏。"见龙在田",天下文明④。"终日乾乾",与时偕行。"或跃在渊",乾道乃革⑤。"飞龙在天",乃位乎天德。"亢龙有悔",与时偕极⑥。乾元"用九",乃见天则⑦。

"乾元"者,始而亨者也。"利贞"者,性情也。乾始,能以美利利天下⑧,不言所利,大矣哉⑨!大哉乾乎,刚健中正,纯粹精也! 六爻发挥,旁通情也。"时乘六龙",以御天也。"云行雨施",天下平也。

君子以成德为行,日可见之行也⑩。"潜"之为言也,隐而未见,行而未成,是以君子弗用也。君子学以聚之,问以辩之⑪,宽以居之,仁以行之。《易》曰:"见龙在田,利见大人",君德也。九三,重刚而不中⑫,上不在天,下不在田⑬,故乾乾因其时而惕,虽危无咎矣。九四,重刚而不中,上不在天,下不在田,中不在人⑭,故"或"之。"或"之者,疑之也,故"无咎"。夫"大人"者,与天地合其德,与日月合其明,与四时合其序,与鬼神合其吉凶,先天而天弗违⑮,后天而奉天时⑯。天且弗违,而况于人乎? 况于鬼神乎?"亢"之为言也,知进而不知退,知存而不知亡,知得而不知丧。其唯圣人乎! 知进退存亡而不失其正者,其唯圣人乎!

---

① 下:指初九居于下位,犹如人的地位低下。

② 时舍:舍,通"舒",即舒通之意,指形势已经舒展好转。

③ 行事:指九三正勤勉地从事某项事业。

④ 天下文明:指九二如阳气发出地面,万物初焕光彩。

⑤ 乾道乃革:乾道,天道,即大自然的运行规律;革,变革。指九四如阳气发展至一个新阶段,万物正临转化。

⑥ 与时偕极:指上九如阳气由盛转衰,万物消亡穷尽。

⑦ 乃见天则:"天则"谓大自然运行的法则,如阳气转化为阴气即是自然规律。

⑧ 前一"利"为名词,后一"利"为动词。

⑨ 不言所利,大矣哉:指天的利惠之大难以言喻。

⑩ 君子以成德为行,日可见之行也:此两句是说,君子把成就道德作为行动的目的,是每天都可以体现出来的行为。

⑪ 学以聚之,问以辩之:辩,通"辨"。此谓九二虽已"见龙在田",但仍要勤于学问,增长知识。

⑫ 重刚而不中:初九、九二均为阳刚之爻,九三仍为阳爻,故称"重刚";六十四卦的每卦只有二、五两爻居中,故九三"不中"。

⑬ 上不在天,下不在田:九五"飞龙在天",九二"见龙在田",九三则介乎"天"、"田"之间。

⑭ 中不在人:即指《易》卦六爻,上、五为"天",四、三为"人",二、初为"地"。四、三虽为"人"位,但三为人之正位,四为偏位,故特云"中不在人"。

⑮ 先天:先于天象,这是指自然界尚未出现变化之前就预先采取必要的措施。

⑯ 后天:后于天象,这里指自然界出现变化之后及时采取适当的措施。

2、《坤》卦(附《彖传》、《象传》、《文言传》)

坤卦第二

☷坤下坤上　坤①：元、亨②，利牝马之贞③。君子有攸往，先迷，后得主，利。西南得朋，东北丧朋。安贞吉④。

《彖》曰：至哉坤元⑤！万物资生，乃顺承天。坤厚载物，德合无疆⑥。含弘光大，品物咸亨⑦。牝马地类，行地无疆，柔顺利贞。君子攸行，先迷失道，后顺得常。"西南得朋"，乃与类行。"东北丧朋"，乃终有庆。"安贞"之吉，应地无疆。

《象》曰：地势坤⑧。君子以厚德载物⑨。

初六⑩，履霜，坚冰至⑪。

《象》曰："履霜坚冰"，阴始凝也。驯致其道，至"坚冰"也。

六二，直、方、大⑫，不习无不利⑬。

《象》曰：六二之动，直以方也。"不习无不利"，地道光也。

六三，含章可贞⑭，或从王事，无成有终⑮。

《象》曰："含章可贞"，以时发也。"或从王事"，知光大也⑯。

---

①　坤：卦名，下卦、上卦皆坤☷，象征"地"。《说卦传》："坤，地也"，"坤，顺也"；即言"坤"以地为象，以顺为义。

②　元、亨：词义与乾卦略同，此处特指"地"配合"天"，也能开创化生万物，并使之亨通。

③　利牝马之贞：贞，正也，指守持正固。"牝马"柔顺而能行地，故取为"坤"德之象。

④　安贞吉：这是归结"得朋"、"丧朋"之义，说明"坤"德以安顺守正为吉。

⑤　至哉坤元：至，形容词，指地生养万物之德美善至极。

⑥　无疆：兼含地域无涯和时间无限之义。

⑦　含弘光大，品物咸亨：弘，"大也"，此句指含育万物，使之发扬光大，各遂其性。

⑧　地势坤：此释《坤》卦上下"坤"皆为"地"之象。《说卦传》谓坤象取地，其义为顺。

⑨　厚德载物：厚，用如动词，犹言"增厚"。这是说明"君子"效法"地"厚实和顺之象，增厚其德以载万物。

⑩　初六：居卦下第一位，故称"初"；以其阴爻，故称"六"(参阅《乾》初九译注)。

⑪　履霜，坚冰至：履，犹言践、踩。此言阴气初起，必增积渐盛，犹如微霜预示着坚冰将至。

⑫　直、方、大：这是从六二的位、体、用三方面说明爻义之美。《正义》："生物不邪谓之'直'也，地体安静是其'方'也，无物不载是其'大'也。"《尚氏学》："方者，地之体；大者，地之用；而二又居中直之位，故曰'直方大'。"

⑬　不习无不利：习，犹言"学习"。指不学习也未必不获利。

⑭　含章可贞：章，指刚美章彩。此谓六三阴居阳位，犹内含刚美而不轻易发露，故可守"贞"。

⑮　或从王事，无成有终：或，不定之辞，含决择时机之义；成，成功，"无成"犹言"不以成功自居"；有终，即尽"臣职"至终。此二句承前文义，展示"含章可贞"的具体情况。

⑯　知光大：知，即"智"。此言六三不自擅章美，唯尽职"王事"，故称"智光大"。

六四,括囊,无咎无誉①。

《象》曰:"括囊无咎",慎不害也。

六五,黄裳,元吉②。

《象》曰:"黄裳元吉",文在中也③。

上六,龙战于野④,其血玄黄⑤。

《象》曰:"龙战于野",其道穷也。

用六,利永贞。

《象》曰:用六"永贞",以大终也⑥。

《文言》曰:坤至柔而动也刚⑦,至静而德方⑧,后得主而有常,含万物而化光。坤道其顺乎?承天而时行!

积善之家,必有余庆。积不善之家,必有余殃。臣弑其君,子弑其父,非一朝一夕之故,其所由来者渐矣,由辩之不早辩也⑨。《易》曰:"履霜,坚冰至。"盖言顺也。

"直"其正也,"方"其义也。君子敬以直内,义以方外⑩,敬义立而德不孤⑪。"直、方、大,不习无不利",则不疑其所行也⑫。

阴虽有美,"含"之以从王事,弗敢成也。地道也,妻道也,臣道也。地道无成而代有终也。

天地变化,草木蕃。天地闭,贤人隐⑬。《易》曰:"括囊,无咎无誉。"盖言谨也。

---

① 括囊,无咎无誉:括,"结也","闭也",犹言"束紧"。此谓六四处位不中,其时不利施用,故以"括囊"喻缄口不言、隐居不出。这样虽不致惹害,但也不获赞誉,故曰"无咎无誉"。

② 黄裳,元吉:黄,居"五色"之"中",象征"中道";裳,古代服装是上衣下裳,故"裳"象征"谦下";元,大也,犹言"至大"。此谓六五以柔居上卦之中,其德谦下,故获"元吉"。

③ 文在中:文,谓"温文",与"威武"相对,亦喻"坤"德。

④ 龙战于野:龙,喻阳刚之气;战,犹言"接","龙战"指阴阳交合。此句说明上六阴气之盛,阴极阳来,二气交互和合,故有"龙战"之象。

⑤ 其血玄黄:此句承上句意,谓阴阳二气交合,流出青黄交杂之血。"其血玄黄"者,言此血为天地所和合,故能生万物。

⑥ 以大终:阳大阴小,"以大终"犹言"以阳为归宿"。

⑦ 至柔而动也刚:言《坤》虽至柔,遇六则变阳矣。

⑧ 至静而德方:方,古人以为"天圆地方",此处含"流布四方"之意。

⑨ 辩:通"辨"。

⑩ 敬以直内,义以方外:这两句复申"直""方"之义,犹言"以敬使内心正直,以义使外形端方"。

⑪ 德不孤:谓美德广布,人所响应。

⑫ 不疑其所行:指美德充沛,所行必畅达无碍,故不需疑虑。

⑬ 天地闭,贤人隐:此以"天地"闭塞喻社会昏暗,故使"贤人"隐遁。

君子黄中通理①，正位居体②，美在其中而畅于四支③，发于事业，美之至也。

阴疑于阳必战④，为其嫌于无阳也，故称"龙"焉⑤。犹未离其类也，故称"血"焉⑥。夫玄黄者，天地之杂也，天玄而地黄⑦。

3、《易传·系辞上》(节选)

系辞上

天尊地卑⑧，乾坤定矣。卑高以陈，贵贱位矣。动静有常，刚柔断矣⑨。方以类聚，物以群分，吉凶生矣⑩。在天成象，在地成形，变化见矣⑪。是故刚柔相摩，八卦相荡⑫，鼓之以雷霆，润之以风雨；日月运行，一寒一暑⑬。乾道成男，坤道成女⑭。乾知大始，坤作成物⑮。乾以易知，坤以简

① 黄中通理：黄，中之色，六五柔居上卦中位，故称"黄中"；理，文理。"黄中通理"者，言由中发外，有文理可见也。

② 正位居体：犹言"体居正位"，即正确居处己位。

③ 支：通"肢"。

④ 阴疑于阳必战：疑，通"凝"，犹言"凝情"，此谓上六处《坤》之极，阴极返阳，犹"凝情"于阳，故必致交合。

⑤ 为其嫌于无阳也，故称"龙"焉：嫌，《说文》："不平于心也，从女兼声，一曰疑也。"此言爻词取"龙"喻阳，是虑及读者或疑卦中无阳，不明爻义，所以称龙，是为了明示读者有阳。

⑥ 犹未离其类也，故称"血"焉：类，朋类，指阳性"配偶"。此谓上六既阴极遇阳，阴阳必合，故爻辞称"血"以明交合。

⑦ 夫玄黄者，天地之杂也，天玄而地黄：杂，《说文》谓"五采相合"，此处指血色相混。这三句说明爻辞"其血玄黄"，是譬喻天地交合之血混合。

⑧ 天尊地卑，乾坤定矣：《周易》以阴阳为本，乾坤为纯阳纯阴之卦，因此《系辞传》先总说乾坤性质。

⑨ 动静有常，刚柔断矣：常，指"一定的规律"；断，分也，犹言判然分明。这是说明阴阳动静、刚柔的不同特点。

⑩ "方"字犹言"意识观念"，属抽象的范畴。物，指具体的事物，如动物、植物等。这三句说明宇宙间各种事物、现象，无论是抽象的观念，还是具体的形态，均以群、类相分合；而吉凶就在同、异的矛盾中产生。

⑪ 在天成象，在地成形，变化见矣：这是说明天上之"象"、地上之"形"都显现着阴阳变化的道理。

⑫ 刚柔相摩，八卦相荡：摩，摩切交感；荡，推移变动。这两句说明乾(☰)、坤(☷)交感生成八卦，两两重叠推变，六十四卦于是完备。而八卦、六十四卦的象征意义正体现了万物的产生本于阴阳交感。

⑬ 鼓之以雷霆，润之以风雨；日月运行，一寒一暑：这是举雷霆、风雨、日月、寒暑为例，说明天上物象的阴阳变化。

⑭ 乾道成男，坤道成女：这是举人的男女性别，说明地面形体的阴阳变化。

⑮ 乾知大始，坤作成物：知，犹"为"，与下句"作"意近为互文。这两句说明，乾坤的作为，前者是最初开创万物的要素，后者承前者而生成万物。

能①；易则易知，简则易从②；易知则有亲，易从则有功；有亲则可久，有功则可大；可久则贤人之德，可大则贤人之业。易简而天下之理得矣。天下之理得，而成位乎其中矣③。

圣人设卦观象，系辞焉而明吉凶，刚柔相推而生变化④。是故吉凶者，失得之象也；悔吝者，忧虞之象也⑤；变化者，进退之象也；刚柔者，昼夜之象也⑥。六爻之动，三极之道也⑦。是故君子所居而安者，《易》之序也⑧；所乐而玩者，爻之辞也。是故君子居则观其象而玩其辞，动则观其变而玩其占，是以自天佑之，吉无不利。

象者，言乎象者也⑨；爻者，言乎变者也⑩。吉凶者，言乎其失得也；悔吝者，言乎其小疵也。无咎者，善补过也。是故列贵贱者存乎位⑪，齐小大者存乎卦⑫，辩吉凶者存乎辞，忧悔吝者存乎介⑬，震无咎者存乎悔⑭。是故卦有小大，辞有险易。辞也者，各指其所之⑮。

---

① 乾以易知，坤以简能：易，平易；知，知晓；简，简约。这两句承上文，说明乾的太初创始纯发于自然，无所艰难；坤的生成万物静承于乾阳，不需烦劳：因此前者以平易为人所知，后者以简约见其功能。

② 易则易知，简则易从：此下八句，层层推阐乾坤"简易"的道理，最后归于人事，说明若能效法此道，即可造就"贤人"的"德业"。

③ 易简而天下之理得矣。天下之理得，而成位乎其中矣：成位，犹言"确定地位"；中，适中。这是总结"易简"之道，说明天下的道理尽在其中，人得其理，就能参合"天地"所宜而居处适中的地位。

④ 设卦观象：指观察物象以创设卦形。系词，在六十四卦及三百八十四爻下系以卦爻辞。刚柔，犹言阳爻、阴爻。这三句说明《周易》的创作是通过卦象以预示事物吉凶、变化的道理。

⑤ 吉凶者，失得之象；悔吝者，忧虞之象：悔，悔恨；吝，憾惜。"吉"、"凶"、"悔"、"吝"，均为《周易》占辞，这是举例说明卦爻辞的象征寓意。

⑥ 变化者，进退之象也；刚柔者，昼夜之象也：这是说明六十四卦中的刚柔变化，犹如人事的进退、昼夜的交替。

⑦ 六爻之动，三极之道也：三极，指天、地、人"三才"，这说明六爻的变化体现"天、地、人"的道理。

⑧ 《易》之序：这里指六爻的序位，如"初九"、"九三"等。句中说明，"君子"之所以居处安稳，是由于效法《易》序而守其本位。

⑨ 象者，言乎象者也：象，象辞，即卦辞。这两句说明卦辞是总说一卦的象征意义。

⑩ 爻者，言乎变者也：爻，指爻辞。这两句说明爻辞是分说一爻的变化。

⑪ 列贵贱者存乎位：存，犹言"在"；位，指爻位。六爻序列的排列由初至上，或卑或高，故有贱、贵的象征。

⑫ 齐小大者存乎卦：齐，犹言"正"，此处含"确定"之意；小，指以阴为主之卦；大，指以阳为主之卦。

⑬ 忧悔吝者存乎介：介，纤介，指细小。此句说明忧念"悔""吝"之象，在于预防小失，意承前文所谓"悔吝者，言乎其小疵也"。

⑭ 震无咎者存乎悔：震，犹言"惧"，即震动惊惧；悔，悔悟。此句说明震惧"无咎"之象，在于及时悔悟，意承上文"无咎者，善补过也"。

⑮ 卦有小大，辞有险易。辞也者，各指其所之：险，指凶险之辞；易，指吉亨之辞；之，适也，此处指"所趋避的方向"。这四句总结全章，说明卦分阴阳、辞有吉凶，卦爻辞的宗旨是分别指示趋吉避凶的途径。

《易》与天地准①，故能弥纶天地之道②。仰以观于天文，俯以察于地理，是故知幽明之故③；原始反终，故知死生之说④；精气为物，游魂为变，是故知鬼神之情状⑤。与天地相似，故不违；知周乎万物，而道济天下，故不过⑥；旁行而不流，乐天知命，故不忧；安土敦乎仁，故能爱⑦。范围天地之化而不过，曲成万物而不遗⑧，通乎昼夜之道而知，故神无方而《易》无体⑨。

一阴一阳之谓道⑩，继之者善也，成之者性也⑪。仁者见之谓之仁，知者见之谓之知，百姓日用而不知，故君子之道鲜矣。显诸仁，藏诸用⑫，鼓万物而不与圣人同忧⑬，盛德大业至矣哉⑭！

---

① 《易》与天地准：准，等也，同也。此句说明《周易》的创作是与天地相准拟。

② 弥纶天地之道：弥纶，"弥"犹"大"，"纶"犹"络"。此句紧承上文，说明《易》准于天地，故能尽涵天地之道。

③ 仰以观于天文，俯以察于地理，是故知幽明之故：天文，指天象，如日月星辰；地理：指地形，如山川原野；幽明，犹言"无形和有形"。这三句说明用《周易》的法则观"天文"、察"地理"，可知有形、无形的"事理"。

④ 原始反终，故知死生之说：原，推原；反，反求。这两句说明用《易》理推始求终，可知事物的生死规律。

⑤ 精气为物，游魂为变，是故知鬼神之情状：精气，阴阳凝聚之气，古人以为生命赖以存在的因素，即下文所谓"神"；游魂，魂气游散所生的变异，即下文所谓"鬼"。这三句说明用《易》理考察"精气"凝聚成物与"游魂"离散变异，则"鬼神"的情状可知。

⑥ 知周乎万物，而道济天下，故不过：过，偏差。这是说明通《易》者知识广备可兼济天下。

⑦ 安土敦乎仁，故能爱：安土，犹言"安处其环境"。这是说明通《易》者有"安土"、"敦仁"之德，故能泛爱天下。

⑧ 范围天地之化而不过，曲成万物而不遗：范围，犹言"拟范周备"；化，化育；过，偏失；曲，"曲尽细密"之意。这两句又从"天地"、"万物"的角度重申《易》道广大足以见"范围"、"曲成"之功。

⑨ 故神无方而《易》无体：这是总结前三句并全章大旨，以神的奥妙不泥于一方，比拟《易》的变化不定于一体，正是指明"阴阳不测"的辩证哲理。

⑩ 一阴一阳之谓道：这是以阴阳变更释"道"的概念，即指出事物矛盾对立、相互转化的自然规律。

⑪ 继之者善也，成之者性也：继，传继，指"乾"发挥此道、开创万物；成，蔚成，指"坤"顺承此道、孕育万物。

⑫ 显诸仁，藏诸用：这两句话说明"道"显现于仁德，而潜藏于日用。即上文"见仁"及"日用而不知"之义。

⑬ 鼓万物而不与圣人同忧：不与圣人同忧，犹言"与圣人之忧不同"。此句揭明天地之"道"化育万物与"圣人"体"道"为用的区别，在于前者是自然无为，后者是有为而未免忧患，故称"不同"。

⑭ 盛德大业至矣哉：至，极。此句主语是"圣人"，承前文而省。意指圣人体道虽有为有忧，但能努力奉行，其德业必至为盛大。

富有之谓大业,日新之谓盛德①。生生之谓易②,成象之谓乾,效法之谓坤③,极数知来之谓占,通变之谓事④,阴阳不测之谓神⑤。

夫易,广矣,大矣⑥,以言乎远则不御⑦;以言乎迩则静而正⑧;以言乎天地之间,则备矣。夫乾,其静也专,其动也直,是以大生焉⑨。夫坤,其静也翕,其动也辟,是以广生焉⑩。广大配天地,变通配四时,阴阳之义配日月,易简之善配至德。

子曰:"易,其至矣乎? 夫易,圣人所以崇德而广业也⑪。知崇礼卑⑫,崇效天,卑法地。天地设位,而易行乎其中矣。成性存存,道义之门⑬。"

---

① 富有之谓大业,日新之谓盛德:此释"大业"、"盛德"之义,说明"圣人"之"业"在于广泛获得万物的归附,其"德"在于日日增新,不断更善。

② 生生之谓易:生生,阴阳转易相生;易,指《周易》的变易思想。此句以下,便结束对"道"的泛论,而集中揭示《周易》体现的"阴阳变化之道"。《正义》:"生生,不绝之辞。阴阳变转,后生次于前生,是万物恒生谓之'易'也。前后之生,变化改易,生必有死;《易》主劝诚,奖人为善,故云'生',不云'死'也。"

③ 成象之谓乾,效法之谓坤:成象,犹言"成天之象";效法,犹言"效地之式"。这两句说明乾坤两卦的化成,正是天地阴阳的象征。

④ 极数知来之谓占,通变之谓事:数,指《易》筮中的蓍策之数。这两句说明《周易》的占筮所体现的变化象征。

⑤ 阴阳不测之谓神:此句总结上文,说明阴阳变化的神妙不可测定,即前章"神无方而《易》无体"之义。

⑥ 夫易,广矣,大矣:此赞明易理之大,易之变化,极于四远,是广矣,穷于上天,是大矣,故下云"广大配天地"也。

⑦ 以言乎远则不御:御,止也。是说易之变化,穷极幽深之远,无所止息。

⑧ 以言乎迩则静而正:迩,近也。言易之变化,在于迩近之处,则宁静而得正。谓变化之道,于其近处,物各静而得正,不烦乱邪僻。

⑨ 夫乾,其静也专,其动也直,是以大生焉:依《正义》:"乾是纯阳,德能普备,无所偏主,唯专一而已。若气不发动,则静而专一,故云'其静也专'。若其运转,则四时不忒,寒暑无差,故而得正,故云'其动也直'。以其动静如此,故能大生焉。"

⑩ 夫坤,其静也翕,其动也辟,是以广生焉:翕,敛也。整句依《正义》:"此《经》明坤之德也。坤是阴柔,闭藏翕敛,故'其静也翕';动则开生万物,故'其动也辟'。以其如此,故能广生于物焉。天体高远,故乾云'大生';地体广博,故坤云'广生'。对则乾为物始,坤为物生,散则始亦为生,故总云生也。"

⑪ 此句是说易道至极,圣人用之,增崇其德,光大其业。

⑫ 知崇礼卑:知:即智。此说明人的智慧与礼仪,一贵崇高,一贵谦卑。

⑬ 成性存存,道义之门:存存,存而又存,即"不断蕴含养存"之义。这两句说明用易理修身,"成"其"性"而存之又存,就可以通向道义。

4、《易传·系辞下》(节选)

系辞下

　　八卦成列,象在其中矣①;因而重之,爻在其中矣;刚柔② 相推,变在其中矣;系辞焉而命之,动在其中矣③。吉凶悔吝者,生乎动者也;刚柔者,立本者也④;变通者,趣时者也⑤。吉凶者,贞胜者也⑥;天地之道,贞观者也;日月之道,贞明者也;天下之动,贞夫一者也⑦。夫乾,确然示人易矣;夫坤,隤然示人简矣⑧。爻也者,效此者也⑨;象也者,像此者也;爻象动乎内,吉凶见乎外,功业见乎变,圣人之情见乎辞。天地之大德曰生⑩,圣人之大宝曰位⑪。何以守位⑫?曰仁。何以聚人?曰财。理财正辞、禁民为非曰义⑬。

　　古者包牺氏之王天下也⑭,仰则观象于天,俯则观法于地,观鸟兽之文与地之宜⑮,近取诸身,远取诸物,于是始作八卦,以通神明之德,以类万物之情⑯。作结绳而为罔罟,以佃以渔⑰,盖取诸《离》。包牺氏没,神农氏作⑱,斫木为耜,揉木为耒⑲,耒耜之利⑳,以教天下,盖取诸《益》。日中

---

　　① 八卦成列,象在其中矣:这句说明八卦是《周易》用来象征万物的基本卦形。

　　② 刚柔:即阳爻、阴爻。

　　③ 系辞焉而命之,动在其中矣:命,《尔雅·释诂》谓"告也";动,指适时变动。这两句说明爻辞告明吉凶,可据以适时变动。

　　④ 刚柔者,立本者也:立本,即确定一卦根本。

　　⑤ 变通者,趣时者也:趣时,指趋向适宜的时机。

　　⑥ 吉凶者,贞胜者也:贞,正也。这两句说明,《周易》揭示的吉凶情状,在于申言守正者均可获胜。即:立身不正,得吉将转凶;守持正道,逢凶能化吉。

　　⑦ 天下之动,贞夫一者也:一,犹言"专一";贞夫一,即专一守正。

　　⑧ 夫乾,确然示人易矣;夫坤,隤然示人简矣:确,坚确,刚健之貌;隤(tuí),柔顺之貌。这四句即《上传》"乾坤易简"之义,此处承前文"贞一"而发,说明乾一于刚,坤一于柔,故示人以"易"、"简"。

　　⑨ 爻也者,效此者也;象也者,像此者也:这四句说明,"爻"是仿效物之动,"象"是模仿物之形。

　　⑩ 天地之大德曰生:生,指"化生"万物。

　　⑪ 圣人之大宝曰位:大宝,犹言"重大珍宝",喻下字"位"。

　　⑫ 何以守位?曰仁:仁,指"仁人"。此句说明守持"盛位"必须依靠有贤仁品德的人。

　　⑬ 理财正辞、禁民为非曰义:理财,指治理财物、用之有方;正辞,指端正言辞、发之以理;义,犹"宜"。此句回应前文,说明必须"理财正辞、禁民为非",才能"聚人"、"守位",合乎"天地之大德",成就"圣人功业"。

　　⑭ 包牺氏:古书多作"伏羲"、"伏牺",传说中原始社会早期的人物。

　　⑮ 与地之宜:指适宜存在于地上的种种事物。

　　⑯ 以通神明之德,以类万物之情:类:作动词,犹言"类归"。这两句说明包牺氏作八卦的目的。"神明之德",即阴阳变化的德性;"万物之情",即阴阳形体的情态。

　　⑰ 作结绳而为罔罟,以佃以渔:作,犹言"发明";罔,同"网";罟(gǔ),也是网的名称。

　　⑱ 神农氏:传说中的原始社会人物,一说即"炎帝"。

　　⑲ 斫木为耜,揉木为耒:斫(zhuó),即"斫",砍削;耜(sì)、耒(lěi),"耒耜"是我国古代最原始的翻土工具,靠脚踩把下端"耜"刺入土中,然后用手操纵曲柄"耒"以翻掘土壤。

　　⑳ 耒耨之利:耨(nòu),耘田;利,犹言"好处"。

为市，致天下之民，聚天下之货，交易而退，各得其所，盖取诸《噬嗑》。神农氏没，黄帝、尧、舜氏作①，通其变，使民不倦，神而化之，使民宜之。易，穷则变，变则通，通则久。是以"自天佑之，吉无不利"。黄帝、尧、舜垂衣裳而天下治②，盖取诸《乾》《坤》。刳木为舟③，剡木为楫④，舟楫之利，以济不通，致远以利天下，盖取诸《涣》。服牛乘马，引重致远，以利天下，盖取诸《随》。重门击柝⑤，以待暴客，盖取诸《豫》。断木为杵，掘地为臼，杵臼之利，万民以济⑥，盖取诸《小过》。弦木为弧，剡木为矢，弧矢之利，以威天下，盖取诸《睽》。上古穴居而野处，后世圣人易之以宫室，上栋下宇，以待风雨，盖取诸《大壮》。古之葬者，厚衣之以薪，葬之中野，不封不树⑦，丧期无数⑧。后世圣人易之以棺椁⑨，盖取诸《大过》。上古结绳而治，后世圣人易之以书契，百官以治，万民以察，盖取诸《夬》。

是故《易》者，像也；象也者，像也⑩。彖者⑪，材也；爻也者，效天下之动者也⑫。是故吉凶生而悔吝著也⑬。

---

① 黄帝、尧、舜：黄帝，姬姓，号轩辕氏、有熊氏，旧说中原各族的共同祖先；尧，陶唐氏，名放勋，史称"唐尧"；舜，姚姓，有虞氏，名重华，史称"虞舜"。三人均为传说中原始社会人物，尧、舜当的父系氏族社会后期。

② 垂衣裳而天下治：指黄帝以后，制衣裳为服饰而天下大治。

③ 刳(kū)：剖开而挖空。

④ 剡(yǎn)：削也。

⑤ 柝(tuò)：古代巡夜者用来敲击报更的木梆。

⑥ 济：成，文中指舂米为食。

⑦ 不封不树：封，堆土为坟；树，植树。

⑧ 丧期无数：丧期，即居丧之期。此句指上古服丧没有限定的期数，即"丧礼"未经制定。

⑨ 棺椁：古代棺木，内一层曰"棺"，外层所套者曰"椁"。

⑩ 《易》者，象也；象也者，像也：这是总结前章，指出《周易》的象征特色。

⑪ 彖者，材也：彖，卦辞；材，材德。此指卦辞总说一卦之材。象言成卦之材，以统卦义也。

⑫ 爻也者，效天下之动者也：动，发动，即发生与变动。《正义》："谓每卦六爻，皆仿效天下之物而动也。"

⑬ 故吉凶生而悔吝著也：著，显也，犹言出现。《正义》："动有得失，故吉凶生也；动有细小疵病，故悔吝著也。"

导修文萃

1、朱熹:《周易序》①

《易》之为书,卦、爻、彖、象之义备,而天地万物之情见,圣人之忧天下来世其至矣。先天下而开其物,后天下而成其务。是故极其数以定天下之象,著其象以定天下之吉凶。六十四卦,三百八十四爻,皆所以顺性命之理,尽变化之道也。散之在理,则有万殊;统之在道,则无二致。所以,易有太极,是生两仪。太极者,道也;两仪者,阴阳也。阴阳一道也,太极无极也。万物之生,负阴而抱阳,莫不有太极,莫不有两仪。絪缊交感,变化不穷。形一受其生,神一发其智,情伪出焉,万绪起焉,易,所以定吉凶而生大业。故易者,阴阳之道也;卦者,阴阳之物也;爻者,阴阳之动也。卦虽不同,所同者奇、耦;爻虽不同,所同者九、六。是以六十四卦为其体,三百八十四爻互为其用,远在六合之外,近在一身之中。暂于瞬息,微于动静,莫不有卦之象焉,莫不有爻之义焉。至哉,易乎!其道至大而无不包,其用至神而无不存。时固未始有一,而卦未始有定象;事固未始有穷,而爻亦未始有定位。以一时而索卦,则拘于无变,非易也;以一事而明爻,则窒而不通,非易也。知所谓卦、爻、象、象之义,而不知有卦、爻、象、象之用,亦非易也。故得之于精神之运、心术之动,与天地合其德,与日月合其明,与四时合其序,与鬼神合其吉凶,然后可以谓之知易也。虽然,易之有卦,易之已形者也;卦之有爻,卦之已见者也。已形已见者,可以言知;未形未见者,不可以名求,则所谓易者,果何如哉?此学者所当知也。

2、朱熹:《周易本义卦歌》②

八卦取象歌

乾三连,坤六断;震仰盂,艮覆碗;

离中虚,坎中满;兑上缺,巽下断。

上下经卦名次序歌

乾坤屯蒙需讼师,比小畜兮履泰否;

同人大有谦豫随,蛊临观兮噬嗑贲;

剥复无妄大畜颐,大过坎离三十备。

---

① 选自朱熹:《周易本义》,中华书局2009年版。
② 选自朱熹:《周易本义》,中华书局2009年版。

咸恒遁兮及大壮，晋与明夷家人睽；

蹇解损益夬姤萃，升困井革鼎震继；

艮渐归妹丰旅巽，兑涣节兮中孚至；

小过既济兼未济，是为下经三十四。

3、《四库全书》对易类书籍的总说[①]

易类小叙

圣人觉世牖民，大抵因事以寓教。《诗》寓于风谣，《礼》寓于节文，《尚书》、《春秋》寓于史，而《易》则寓于卜筮。故《易》之为书，推天道以明人事者也。《左传》所记诸占，盖犹太卜之遗法。汉儒言象数，去古未远也。一变而为京、焦，入于禨祥，再变而为陈、邵，务穷造化，《易》遂不切于民用。王弼尽黜象数，说以老庄。一变而胡瑗、程子，始阐明儒理，再变而李光、杨万里，又参证史事，《易》遂日启其论端。此两派六宗，已互相攻驳。又《易》道广大，无所不包，旁及天文、地理、乐律、兵法、韵学、算术以逮方外之炉火，皆可援《易》以为说，而好异者又援以入《易》，故《易》说愈繁。夫六十四卦大象皆有"君子以"字，其爻象则多戒占者，圣人之情，见乎词矣。其余皆《易》之一端，非其本也。今参校诸家，以因象立教者为宗，而其他《易》外别传者亦兼收以尽其变，各为条论，具列于左。

4、朱自清：《经典常谈·周易第二》[②]

在人家门头上，在小孩的帽饰上，我们常见到八卦那种东西。八卦是圣物，放在门头上，放在帽饰里，是可以避邪的。辟邪还只是它的小神通，它的大神通在能够因往知来，预言吉凶。算命的、看相的、卜课的，都用得着它。他们普通只用五行生克的道理就够了，但要详细推算，就得用阴阳和八卦的道理。八卦及阴阳五行和我们非常熟悉，这些道理直到现在还是我们大部分人的信仰，我们大部分人的日常生活不知不觉之中教这些道理支配着。行人不至、谋事未成、财运欠通、婚姻待决、子息不旺，乃至种种疾病疑难，许多人都会去求签问卜、算命看相，可见影响之大。讲五行的经典，现在有《尚书·洪范》，讲八卦的便是《周易》。

八卦相传是伏羲氏画的。另一个传说却说不是他自出心裁画的。那时候有匹龙马从黄河里出来，背着一幅图，上面便是八卦，伏羲只照着描下来罢了。但这因为伏羲是圣人，那时代是圣世，天才派了龙马赐给他这件圣物。所谓"河图"，便是这个。那讲五行的《洪范》，据说也是大禹

---

①　选自纪昀等：《文渊阁四库全书总目提要》，上海古籍出版社 2003 年版。

②　本篇节选自朱自清《经典常谈》，岳麓书社 2010 年版。

治水时在洛水中从一只神龟背上得着的,也出于天赐。所谓"洛书",便是那个。但这些神怪的故事,显然是八卦和五行的宣传家造出来抬高这两种学说的地位的。伏羲氏恐怕压根就没有这个人,他只是秦汉间儒家假托的圣王。至于八卦,大概是有了筮法以后才有的。商民族是用龟的腹甲或牛的胛骨卜吉凶,他们先在甲骨上钻一下,再用火灼;甲骨经火,有裂痕,便是兆象,卜官细看兆象,断定吉凶;然后便将卜的人、卜的日子、卜的问句等用刀笔刻在甲骨上,这便是卜辞。卜辞里并没有阴阳的观念,也没有八卦的痕迹。

卜法用牛骨最多,用龟甲是很少的。商代农业刚起头,游猎和畜牧还是主要的生活方式,那时牛骨头不缺少。到了周代,渐渐脱离游牧时代,进到农业社会了,牛骨头便没有那么容易得了。这时候却有了筮法,作为卜法的辅助,筮法只用些蓍草,那是不难得到。蓍草是一种长寿草,古人觉得这草和老年人一样,阅历多了,知道得也就多了,所以用它来占吉凶。筮的时候用它的杆子,方法已不能详知,大概是数的。取一把蓍草,数一下看是甚么数目,看是奇数还是偶数,也许这便可以断定吉凶。古代人看见数目整齐而又有变化,认为是神秘的东西。数目的连续、循环以及奇偶,都引起人们的惊奇。那时候相信数目是有魔力的,所以巫术里用得着它。——我们一般人直到现在,还嫌恶奇数,喜欢偶数,该是那些巫术的遗迹。那时候又相信数目是有道理的,所以哲学里用得着它。我们现在还说,凡事都有定数,这就是前定的意思;这是很古的信仰了。人生有数,世界也有数,数是算好了的一笔账;用现在的话说,便是机械的。数又是宇宙的架子,如说太极生两仪,两仪生四象[1],就是一生二、二生四的意思。筮法可以说是一种巫术,是靠了数目来判断吉凶的。

八卦的基础便是一二三的数目。整画"▬"是一;断画"▬ ▬"是二;三画叠而成卦是☰。这样配出八个卦,便是☰ ☱ ☲ ☳ ☶ ☵ ☴ ☷;乾、兑、离、震、艮、坎、巽、坤,是这些卦的名字。那整画、断画的排列,也许是排列着蓍草时触悟出来的。八卦到底太简单了,后来便将这些卦重起来,两卦重作一个,按照算学里错列与组合的必然,成了六十四卦,就是《周易》里的卦数。蓍草的应用,也许起于民间;但八卦的创制,六十四卦的推演,巫与卜官大约是重要的角色。古代巫与卜官同时也就是史官,一切的记载,一切的档案,都掌管在他们的手里。他们是当知识的权威,参加创卦和重卦的工作是可能的。筮法比卜法简便得多,但起初人们并不十分信任它。直到春秋时候,还有"筮短龟长"的话[2]。那些时代,大概小事才用筮,大事还得用卜的。

筮法袭用卜法的地方不少。卜法里的兆象,据说有一百二十体,每一体都有十条断定吉凶的"颂"辞[3]。这些是现成的辞。但兆象是自然地灼出来的,有时不能凑合到那一百二十体里去,便得另造新辞。筮法里的六十四卦,就相当于一百二十体的兆象。那断定吉凶的辞,原叫作繇辞,

---

① 二语见《易·系辞》。太极是混沌的元气,两仪是天地,四象是日月星辰。
② 《左传·僖公四年》。
③ 《周礼·春官·太卜》。

"繇"是抽出来的意思。《周易》里一卦有六画,每画叫作一爻——六爻的次序,是由下向上数的。繇辞有属于卦的总体的,有属于各爻的;所以后来分称为卦辞和爻辞。这种卦、爻辞也是卜筮官的占筮纪录,但和甲骨卜辞的性质不一样。

从卦、爻辞里的历史故事和风俗制度看,我们知道这些是西周初叶的纪录,纪录里好些是不联贯的,大概是几次筮辞并列在一起的缘故。那时卜筮官将这些卦、爻辞按着卦、爻的顺序编辑起来的,便成了《周易》这部书。"易"是"简易"的意思,是说筮法比卜法简易的意思。本来呢,卦数既然是一定的,每卦每爻的辞又是一定的,检查起来,引申推论起来,自然就"简易"了。不过这只在当时的卜筮官如此。他们熟习当时的背景,卦、爻辞虽"简",他们却觉得"易"。到了后世就不然了。筮法久已失传,有些卦、爻辞简直就看不懂了。《周易》原只是当时一部切用的筮书。

《周易》现在已经变成了儒家经典的第一部,但早期的儒家还没有注意这部书。孔子是不讲怪、力、乱、神的。《论语》里虽有"五十以学《易》,可以无大过矣"的话;但另一个本子作"五十以学,亦可以无大过矣"[①];所以这句话是很可疑的。孔子只教学生读《诗》、《书》和《春秋》,确没有教读《周易》。《孟子》称引《诗》、《书》,也没说到《周易》。《周易》变成儒家的经典,是在战国末期。那时候阴阳家的学说盛行,儒家大约受了他们的影响,才研究起这部书来。那时候道家的学说也盛行,也从另一面影响了儒家。儒家就在这两家学说的影响之下,给《周易》的卦、爻辞作了种种新解释。这些新解释并非在忠实地、确切地解释卦、爻辞,其实倒是借着卦、爻辞发挥他们的哲学。这种新解释存下来的,便是所谓《易传》。

《易传》中间较有系统的是彖辞和象辞。彖辞断定一卦的涵义——"彖"就是"断"的意思。象辞推演卦和爻的象,这个"象"字相当于现在所谓"观念"。后来成为解释《周易》的专门名词。但象辞断定的涵义,象辞推演的观念,其实不是真正地从卦、爻里探究出来的;那些只是作传的人附会在卦、爻上面的。这里面包含着多量的儒家伦理思想和政治哲学,象辞的话更有许多和《论语》相近的。但说到"天"的时候,不当做有人格的上帝,而只当做自然的道,却是道家的色彩了。这两种传似乎是编纂起来的,并非一人所作。此外有《文言》和《系辞》。《文言》解释乾坤两卦;《系辞》发挥宇宙观、人生观,偶然也有分别解释卦、爻的话。这些似乎都是抱残守阙、汇集众说而成。到了汉代,又新发现了《说卦》、《序卦》、《杂卦》三种传。《说卦》推演卦象,说明某卦的观念象征着自然界和人世间的某些事物,譬如乾卦象征着天,又象征着父之类。《序卦》说明六十四卦排列先后的道理。《杂卦》比较各卦意义的同异之处。这三种传据说是河内一个女子在什么地方找着的,后来称为《逸易》;其实也许就是汉代人作的。

八卦原只是数目的巫术,这时候却变成数目的哲学了。那整画"—"是奇数,代表天,那断画"— —"是偶数,代表地。奇数是阳数,偶数是阴数;阴阳的观念是从男女来的。有天地,不能没有万物,正和有男女就有子息一样,所以三画才能成一卦。卦是表示阴阳变化的,《周易》的"易",也

---

① 《古论语》作"易",《鲁论语》作"亦"。

便是变化的意思。为什么要八个卦呢？这原是算学里错列与组合的必然，但这时候却想着是万象的分类。乾是天，是父等；坤是地，是母等；震是雷，是长子等；巽是风，是长女等；坎是水，是心病等；离是火，是中女等；艮是山，是太监等；兑是泽，是少女等。这样，八卦便象征着也支配着整个的大自然、整个的人间世了。八卦重为六十四卦，卦是复合的，卦象也是复合的，作用便更复杂、更具体了。据说伏羲、神农、黄帝、尧、舜一班圣人看了六十四卦的象，悟出了种种道理，这才制造了器物，建立了制度、耒耜以及文字等等东西，"日中为市"等等制度，都是他们从六十四卦推演出来的。

这个观象制器的故事，见于《系辞》。《系辞》是最重要的一部《易传》。这传里借着八卦和卦、爻辞发挥着的融合儒、道的哲学，和观象制器的故事，都大大地增加了《周易》的价值，抬高了它的地位。《周易》的地位抬高了，关于它的传说也就多了。《系辞》里只说伏羲作八卦；后来的传说却将重卦的，作卦、爻辞的，作《易传》的人，都补出来了。但这些传说都比较晚，所以有些参差，不尽能像"伏羲画卦说"那样成为定论。重卦的人，有说是伏羲的，有说是神农的，有说是文王的。卦、爻辞有说全是文王作的，有说爻辞是周公作的；有说全是孔子作的。《易传》却都说是孔子作的。这些都是圣人。《周易》的经传都出自于圣人之手，所以和儒家所谓道统，关系特别深切；这成了他们一部传道的书。所以到了汉代，便已跳到"六经"之首了①。但另一面阴阳八卦与五行结合起来，三位一体的演变出后来医卜、星相种种迷信，种种花样，支配着一般民众，势力也非常雄厚。这里面儒家的影响却很少了，大部分还是《周易》原来的卜筮传统的力量。儒家的《周易》是哲学化了的；民众的《周易》倒是巫术的本来面目。

---

① 《庄子·天运篇》和《天下篇》所说六经的次序是：《诗》、《书》、《礼》、《乐》、《易》、《春秋》，到了《汉书·艺文志》，便成了《易》、《书》、《诗》、《礼》、《乐》、《春秋》了。

《尚书》选

导语

《尚书》是流传至今年代最为久远的历史文献汇编，先秦时称为《书》，汉人始称《尚书》或《书经》。"尚"一般理解有二义，一为"上古"；一为"上"之假借，即"尊崇"之义，所以《尚书》所辑为上古帝王之说，地位非常尊崇。关于《尚书》的成书及流传，经历了一个极其复杂的过程。《史记》认为《尚书》是孔子编纂整理的，《汉书·艺文志》称《尚书》在战国时已广泛流行，约百篇左右，经秦火而散佚。至汉初出现了《尚书》的两种版本，一为故秦博士伏生传授的今文《尚书》，一为孔安国所传的古文《尚书》，此书西晋末年即已亡佚。东晋时，豫章内史梅颐献《古文尚书》共58篇，但后世学者大多认此为伪书，总之是不同于伏生与孔安国所传的第三种版本。我们今天通行的《十三经注疏》本的《尚书》，即是今文《尚书》与梅氏所献古文《尚书》的合编本。

《尚书》作为我国最古老的历史文献汇编，不仅是研究夏商周三代历史最重要的史料，更是历代统治者治理国家的"政治课本"和理论依据，也是儒家思想的重要来源。所以，虽然《尚书》在语言方面"佶屈聱牙"（韩愈《进学解》），古奥难读，但后人还是非常重视。本书选取较有代表性的两篇《尧典》、《洪范》供大家赏析。在学习的过程中，可以思考：《尧典》记载了尧舜禅让的故事，从这则故事当中，你能总结出《尚书》对政治人物有哪些期许？其中，又有哪些成为后世儒家政治思想的源头？《洪范》传说是殷商遗臣箕子献给武王的九条治国大法，提出了"五行"、"五事"、"八政"、"皇极"等重要范畴，从中，你能总结到哪些宝贵的政治智慧与管理智慧？明白了这些问题，你对《尚书》的特点、价值与特殊地位也就能管中窥豹，可见一斑了。

1、《虞书·尧典》

尧典①

曰若稽古②,帝尧,曰放勋,钦明文思安安③,允恭克让④,光被四表,格于上下⑤。克明俊德,以亲九族⑥。九族既睦,平章百姓⑦。百姓昭明,协和万邦⑧。黎民于变时雍⑨。

乃命羲和⑩,钦若昊天⑪,历象日月星辰⑫,敬授人时⑬。分命羲仲,宅嵎曰旸谷⑭。寅宾出日,平秩东作⑮。日中,星鸟,以殷仲春⑯。厥民析,鸟兽孳尾⑰。申命羲叔,宅南交⑱。平秩南讹,

①　尧典:尧,名放勋,属陶唐氏,又称唐尧,是我国原始社会后期的著名联盟领袖,传说中的五帝之一;典,记录重要文献的书。本篇是史官追记帝尧的事迹的书,所以叫《尧典》。

②　曰若稽古:曰若,发语词,起缓和语气的作用,这是西周以来追叙历史往事的发端词,为当时文章的惯例。"曰若"也写作越若、粤若;稽古,稽,考察。

③　钦明文思安安:钦,恭谨严肃;明,明达;文,文雅;思,谋虑;安安,通"晏晏",温和的意思。

④　允恭克让:允,诚信;恭,恭谨;克,能够;让,谦让。

⑤　光被四表:被,及;四表,四方极远的地方,此句形容尧德光耀泽及四海之外;格,至。

⑥　克明俊德,以亲九族:俊德,指德才兼备的人;九族,在尧时还没有后世所谓"九族"的概念,所以此应当指尧所来自的氏族部落。

⑦　平章百姓:平,通辨,分别,《史记》写作"便";章,使明显;百姓,百官族姓,此处应指部落联盟的上层公职人员。

⑧　万邦:即万国,指尧统治的部落联盟的众多氏族部落。

⑨　黎民于变时雍:黎民,民众;于,随着;时,是;雍,和睦;"黎民于变时雍"是说各邦国的民众因此而变得和睦相处。

⑩　羲和:羲氏与和氏,相传是世代掌管天地四时的官重黎氏的后代。

⑪　钦若昊天:若,顺从;昊,广大。

⑫　历象日月星辰:历,推算;象,观察天象,又说为取法。

⑬　人时:原作"民时",唐代避李世民讳而改"人时"。制定历法,为民所用。

⑭　分命羲仲,宅嵎曰旸谷:羲仲,与下文的羲叔、和仲、和叔皆掌天文之官。此四人都是羲和氏族的首领,在部落联盟中执掌天文。宅,居住。下文几处"宅"皆同;嵎(yú)夷,地名,在东海之滨;旸(yáng)谷,传说中日出的地方。

⑮　寅宾出日,平秩东作:寅,恭敬;宾,导引,迎接;平秩,辨别清察;作,始;东作,即春作,春日农业生产。

⑯　日中,星鸟,以殷仲春:日中,指春分;春分这天昼夜时间相等,因此叫日中;星鸟,星名,指南方朱雀七宿;殷,正,定;仲,每个季度三个月中的第二个月。

⑰　厥民析,鸟兽孳尾:厥,其;析,分散开来;孳(zī)尾,生育繁殖。

⑱　交:地名,指交趾。

敬致①。日永,星火②,以正仲夏。厥民因,鸟兽希革③。分命和仲,宅西,曰昧谷④。寅饯纳日,平秩西成⑤。宵中,星虚,以殷仲秋⑥。厥民夷,鸟兽毛毨⑦。申命和叔,宅朔方,曰幽都⑧。平在朔易⑨。日短,星昴,以正仲冬⑩。厥民隩,鸟兽鷸毛⑪。帝曰:"咨! 汝羲暨和。期三百有六旬有六日,以闰月定四时,成岁⑫。允厘百工,庶绩咸熙⑬。"

帝曰:"畴咨若时登庸⑭?"放齐曰:"胤子朱启明⑮。"帝曰:"吁! 嚚讼可乎⑯?"帝曰:"畴咨若予采⑰?"驩兜曰:"都! 共工方鸠僝功。⑱"帝曰:"吁! 静言庸违,象恭滔天⑲。"帝曰:"咨! 四岳,

---

① 平致南讹,敬致:平,通辨,分辨;讹,运转,运行;致,归,回归。此句是说辨别察看太阳从此向南转动,恭敬地主持祭祀。

② 日永,星火:日永,指夏至。夏至这天白天最长,因此叫日永;星火,指火星,东方青龙七宿之一,夏至这天黄昏,火星出现在南方。

③ 厥民因,鸟兽希革:因,就,意思是居住在高地;希,稀疏;希革,意思是鸟兽皮毛稀疏。

④ 昧谷:昧又作蒙,西方地名,不可考。

⑤ 寅饯纳日,平秩西成:饯,送行;纳日,落日;西,太阳在西运转;成,指秋季收获之事。"平秩西成"与"平秩东作"为对文。

⑥ 宵中,星虚:宵中,指秋分。秋分这天昼夜时间相等,因此叫宵中;星虚,星名,指虚星,北方玄武七宿之一。

⑦ 厥民夷,鸟兽毛毨:夷,平,指住到平地;毛毨(xiǎn),生长新羽毛。

⑧ 宅朔方,曰幽都:朔方,北方;幽都,幽州。

⑨ 平在朔易:平,辨别;在,观察;朔,极北地;易,变化,指太阳运行;朔易,指太阳从南回归线向北运转。

⑩ 日短,星昴:日短,指冬至。冬至这天白天最短,所以叫日短。星昴(mǎo),星名,指昴星,西方白虎七宿之一。

⑪ 厥民隩,鸟兽鷸毛:隩(yù),通"奥",意思是内室,意谓民避寒而入室内;鷸(róng),指细密之毛。

⑫ 期(jī):一周年。有:通"又"。以闰月定四时:月亮绕地球运行一周,需时二十九天多。古代一年十二个月,大月三十天,小月二十九天,共计三百五十四天,比一年的实际天数少十一又四分之一天。三年累计超过了一个月,所以安排闰月来补足,使四时不错乱。

⑬ 允厘百工,庶绩咸熙:允,用;厘,治理;百工,百官;庶,众,多;咸,都;熙,兴起,兴盛。

⑭ 畴咨若时登庸:畴,谁;咨,语气词。"畴咨"是"咨畴"的倒装,下文"畴咨若予采"同。若,善,治理好;时,四时。登庸,升用。

⑮ 放齐,人名,尧的臣子。胤,后嗣;朱,丹朱,尧的儿子。启明,开明。

⑯ 吁! 嚚讼可乎:吁,惊异之词;嚚,不说忠信的话;讼,争,好争斗。

⑰ 畴咨若予采:若,善,治理好;采,事,《史记》改为"始事事",意即居官处理政务。

⑱ 驩兜:尧的大臣,相传他与共工、三苗、鲧并称"四凶"。都:语气词,表赞美。方:通防。鸠:通救。这句是说共工防救水灾,已具功绩。

⑲ 静言庸违,象恭滔天:静,通靖,善也;静言,此指漂亮话;庸,常;违,违背;象恭,貌似恭敬;滔天,滔,通慆,轻慢上天。

汤汤洪水方割,荡荡怀山襄陵,浩浩滔天①。下民其咨,有能俾乂②?"金曰:"於!鲧哉③。"帝曰:"吁!咈哉,方命圮族④。"岳曰:"异哉!试可乃已⑤。"帝曰:"往,钦哉⑥!"九载,绩用弗成。

帝曰:"咨!四岳。朕在位七十载,汝能庸命,巽朕位⑦?"岳曰:"否德忝帝位⑧。"曰:"明明扬侧陋⑨。"师锡帝⑩曰:"有鳏在下,曰虞舜⑪。"帝曰:"俞⑫?予闻,如何?"岳曰:"瞽子,父顽,母嚚,象傲⑬;克谐,以孝烝烝,乂不格奸⑭。"帝曰:"我其试哉!女于时,观厥刑于二女⑮。"厘降二女于妫汭,嫔于虞⑯。帝曰:"钦哉⑰!"

2、《周书·洪范》
洪范⑱

---

① 咨!四岳,汤汤洪水方割,荡荡怀山襄陵,浩浩滔天:咨,嗟;四岳,官名,主持四岳的祭祀,为诸侯之长,一说为四人,为尧部落联盟下的四方部落首领;汤汤,水大的样子;割,通害;荡荡,广大的样子;怀,包围;襄,上;浩浩,水势远大的样子;滔天,弥漫接天,形容波浪高大。

② 有能俾乂:俾,使;乂(yì),治理,安定。

③ 鲧:尧的大臣,夏禹的父亲。

④ 咈哉,方命圮族:咈(fú),违误;方命,方,放;方命,谓放弃教命;圮,毁坏;族,族类。

⑤ 异哉!试可乃已:异,不同;试可乃已,《史记》作"试不可用乃已",即试试不可用再说。

⑥ 往,钦哉:往,去;钦,指恭敬地去做事。

⑦ 汝能庸命,巽朕位:庸,用;巽,通"逊",辞让,这里指接替、继任的意思。

⑧ 否德忝帝位:否(pǐ),不,没有;忝(tiǎn),辱,意思是不配,谦词。

⑨ 明明扬侧陋:明明,动宾结构,明察贤明的人;扬,选拔,举荐;侧陋,疏远隐匿,指地位卑微的人。

⑩ 师锡帝:师,众人,大家;锡,赐,古人下对上也可称赐,这里指提出意见。

⑪ 鳏(guān):无妻为鳏。虞舜,传说中原始社会部落首领,姚姓,一说妫性,名重华,原属虞氏族。

⑫ 俞:然也,表示肯定的副词。

⑬ 瞽子,父顽,母嚚,象傲:瞽(gǔ),古代称呼盲者,这里指舜的父亲,相传为乐官;母嚚,指舜的后母愚蠢而顽固;象,相传为舜的弟弟。

⑭ 烝烝(zhēng zhēng):孝德美厚。乂(yì):治理,指处理家族内部事务。格:至,达到。奸:邪恶。

⑮ 女于时,观厥刑于二女:女,嫁女;时,是,这个人,这里指舜;刑,借为型;二女,指尧的女儿娥皇和女英。

⑯ 厘降二女于妫汭,嫔于虞:厘,命令;妫(guī),水名;汭(ruì),河流弯曲的地方;嫔(pín),妇,嫁给别人作妻子。

⑰ 钦哉:指告诫舜严肃谨慎地处理政务。

⑱ 洪范:洪,大;范,法。洪范,就是大法。这篇大法是箕子传下来的。箕子是殷纣王的亲属和大臣。纣王荒淫,不理国事。箕子进谏,不被接受,于是佯狂为奴。周克商的前一年,纣王杀王子比干,囚禁箕子。公元前1066年,武王克商,封纣王的儿子禄父于殷,又命召公释放箕子。后二年,武王访问箕子,问殷为什么灭亡,箕子不忍说殷的恶政。于是武王改问上天安定下民的常道,箕子便告以洪范九畴,也就是大法九类。史官记录箕子的这篇话,写成《洪范》。这篇文章历代皆受到重视,是研究我国古代政治史和思想史的重要文献。

惟十有三祀①，王访于箕子②。王乃言曰："呜呼！箕子，惟天阴骘下民③，相协厥居④，我不知其彝伦攸叙⑤。"箕子乃言曰："我闻在昔，鲧陻洪水⑥，汨陈其五行⑦。帝乃震怒，不畀洪范九畴⑧，彝伦攸斁⑨。鲧则殛死，禹乃嗣兴⑩。天乃锡禹洪范九畴⑪，彝伦攸叙⑪"初一曰五行⑫，次二曰敬用五事⑬，次三曰农用八政⑭，次四曰协用五纪⑮，次五曰建用皇极⑯，次六曰乂用三德⑰，次七曰明用稽疑⑱，次八曰念用庶征⑲，次九曰向用五福，威用六极⑳。"

"一，五行：一曰水，二曰火，三曰木，四曰金，五曰土。水曰润下，火曰炎上，木曰曲直，金曰从革，土爰稼穑㉑。润下作咸，炎上作苦，曲直作酸，从革作辛，稼穑作甘㉒。

"二，五事：一曰貌，二曰言，三曰视，四曰听，五曰思㉓。貌曰恭，言曰从，视曰明，听曰聪，思

---

① 惟十有三祀：惟，发语词；有，又；祀，年。十有三祀指周文王建国后的第十三年，也是周武王即位后的第四年、灭商后的第二年。

② 王访于箕子：访，咨商；箕子，纣王叔父。

③ 阴骘(zhì)：意思是庇护，保护。

④ 相协厥居：协，和；厥，他们，指臣民。

⑤ 我不知其彝伦攸叙：彝伦，常理；攸，所以；叙，顺序。这句话是说，我不知道治理天下常理所需要规定的秩序。

⑥ 鲧陻洪水：鲧(gǔn)，人名，夏禹的父亲；陻(yīn)，堵塞。

⑦ 汨(gǔ)：乱。陈：列。五行指水、火、木、金、土这五种被人利用的物质，在此时，五行还没有后世所赋予的哲学的意味。

⑧ 不畀洪范九畴：畀(bì)，给予；畴，种类。九畴指治国的九种大法。

⑨ 斁(dù)：败坏。

⑩ 鲧则殛死，禹乃嗣兴：殛(jí)，被诛，或说在流放中死去；禹，指夏禹，鲧之子，传说中的部落首领；嗣，继承；兴，兴起。此指禹接替鲧治理洪水。

⑪ 锡：赐，给予。

⑫ 初一曰五行：初一，第一；五行，为水、火、木、金、土，详见下文。

⑬ 次二曰敬用五事：次，第；五事，貌、言、视、听、思五件事，说见下文。

⑭ 次三曰农用八政：农，努力；八政，八种政事，详见下文。

⑮ 次四曰协用五纪：协，合；五纪，五种记时的方法。

⑯ 次五曰建用皇极：建，建立；皇极，皇，大；极，至高无上。意思是指至高无上的法则。

⑰ 乂(yì)：治理，指治理臣民。三德指三种治理臣民的方式，详见下文。

⑱ 次七曰明用稽疑：稽，考察；疑，疑问。此句指运用卜筮进行决策。

⑲ 次八曰念用庶征：念，考虑；庶，众多；征，征兆。指几种检验君王行为的征兆。

⑳ 次九曰向用五福，威用六极：向，通飨，受，引申为奖；威，《史记》作"畏"，畏惧，警戒。此两句是说：以五种幸福为奖，用六种责罚为惩。

㉑ 曲直：可曲可直。润，湿。炎，《说文》：火光上也。从：顺从。革：变革，指金可以按人的要求改变形状。爰，《史记》作"曰"，音近借用。稼穑，种植收获，指农事。

㉒ 咸、苦、酸、辛、甘：物质之用。曾运乾《尚书正读》："润下炎上，言其性也。作咸作苦，言其用也。"

㉓ 五事：五种行为标准。貌，容仪。

曰睿①。恭作肃,从作乂,明作哲,聪作谋,睿作圣②。

"三,八政:一曰食,二曰货,三曰祀,四曰司空,五曰司徒,六曰司寇,七曰宾,八曰师。③

"四,五纪:一曰岁,二曰月,三曰日,四曰星辰,五曰历数④。

"五,皇极:皇建其有极⑤。敛时五福⑥,用敷锡厥庶民⑦。惟时厥庶民于汝极⑧。锡汝保极⑨:凡厥庶民,无有淫朋⑩,人无有比德⑪,惟皇作极。凡厥庶民,有猷有为有守,汝则念之⑫。不协于极,不罹于咎,皇则受之⑬。而康而色⑭,曰:'予攸好德⑮。'汝则锡之福,时人斯其惟皇之极⑯。无虐茕独,而畏高明⑰。人之有能有为,使羞其行,而邦其昌⑱。凡厥正人,既富方谷⑲。汝弗能使有好于而家,时人斯其辜⑳。于其无好德,汝虽锡之福,其作汝用咎㉑。无偏无陂,遵王之

---

① 从:顺。言曰从,指说话要合乎道理。聪:远听曰聪。睿,通达。

② 肃:心敬也。乂,治。哲,同哲,明哲,智慧。谋,敏也。睿作圣,郑玄注:"圣于事无不通也。"

③ 八政:八种政事。食,掌民食之官。货,掌财货之官。祀,掌祭祀之官。司空,掌民众居住之官。司徒,掌教民之官。司寇,掌刑狱之官。师,掌军旅之官。

④ 五纪:五种记时方法;岁,即三百六旬六日,以闰月定四时成岁也。星,指二十八宿。辰,指十二辰。历数,日月运行经历周天的度数。

⑤ 皇:君主,王。皇极指君主的统治原则。"皇建其有极"是说君王要建立至高无上的准则。

⑥ 敛时五福:敛,集中;时,是,这;五福,指寿、富、康宁、喜好美德、善终。

⑦ 用敷锡厥庶民:用,以;敷,普遍;锡,赐;厥,其,这里指君王。

⑧ 惟:语助词。于,以。汝,你,指君王。于汝极,是说庶民接受你的准则。

⑨ 锡:赐,进献的意思。保持,遵守。此是说民众就会向你进献保持准则的方法。

⑩ 淫朋:淫,游逸。朋,朋党。通过游逸,结交成邪党。

⑪ 比:勾结,比德的意思是狼狈为奸。

⑫ 猷:计谋,作为。守,操守。此句是说,对那些有谋略、有作为、有操守的,君王要常常牵挂他们。

⑬ 不协于极,不罹于咎,皇则受之:协,合;罹(lí),陷入、遭受;咎,罪过;受,宽容。此句是说,民众的行为不符合君王的准则,但没有陷入罪恶的,君王要宽恕他们。

⑭ 而康而色:第一个而是人称代词,你;第二个而是连词。康,和悦;色,温润。

⑮ 予攸好德:予,我;攸,修;好,美好。此句是说我建立了美好的准则。

⑯ 汝则锡之福,时人斯其惟皇之极:锡,赐;斯,犹则也,乃。

⑰ 无虐茕独,而畏高明:茕(qióng)独,鳏寡孤独、无依无靠的人;高明,显贵。

⑱ 人之有能有为,使羞其行,而邦其昌:羞,进也,贡献。整句是说,一个人有能力有作为,使他们能够进献自己的才能,国家才会昌盛。

⑲ 凡厥正人,既富方谷:正人,指正直之人;富,读作福;方,并;谷,禄位。此指凡正直之人,一并赐予福禄。

⑳ 汝弗能使有好于而家,时人斯其辜:好,善;于,给;而,你;家,指王室;辜,罪,怪罪。这句是说,你不能使正直之人为国家取得功绩,这些人就会诈取罪而离开。一说为这些人就会怪罪,亦通。

㉑ 于其无好德,汝虽锡之福,其作汝用咎:于,如;其,那些;好,喜好;作,酢,报也。此句是说,对于那些无德之人,你虽然赐福给他们,他们却以恶道来回报你。

义①；无有作好，遵王之道②；无有作恶，遵王之路；无偏无党，王道荡荡③；无党无偏，王道平平④；无反无侧⑤，王道正直。会其有极，归其有极⑥。曰皇极之敷言，是彝是训，于帝其训⑦。凡厥庶民，极之敷言，是训是行，以近天子之光⑧。曰：天子作民父母，以为天下王。

"六，三德：一曰正直，二曰刚克，三曰柔克⑨。平康正直，强弗友刚克，燮友柔克⑩。沈潜刚克，高明柔克⑪。惟辟作福，惟辟作威，惟辟玉食⑫。臣无有作福作威玉食。臣之有作福作威玉食，其害于而家，凶于而国。人用侧颇僻，民用僭忒⑬。

"七，稽疑：择建立卜筮人，乃命卜筮⑭：曰雨，曰霁，曰蒙，曰驿，曰克，曰贞，曰悔，凡七⑮。卜五，占用二，衍忒⑯。立时人作卜筮⑰，三人占，则从二人之言。汝则有大疑，谋及乃心，谋及卿士，谋及庶人，谋及卜筮。汝则从，龟从、筮从、卿士从，庶民从，是之谓大同。身其康强，子孙其逢吉⑱。汝则从，龟从，筮从，卿士逆，庶民逆，吉。卿士从，龟从，筮从，汝则逆，庶民逆，吉。庶民从，龟从，筮从，汝则逆，卿士逆，吉。汝则从，龟从，筮逆，卿士逆，庶民逆，作内吉，作外凶⑲。龟筮共违于人，用静吉，用作凶⑳。

---

① 无偏无陂，遵王之义：陂(pō)，不平不正；义，法。
② 无有作好，遵王之道：好，私好，偏好；道，中道。下文"作恶"之"恶"与此为对文，指私恶。
③ 荡荡：宽广的样子。
④ 平平，旧读 píng，形容治理有序。
⑤ 无反无侧：反，反道也；侧，倾侧也。指违背法度。
⑥ 会其有极，归其有极：会，聚集；归，归向；极，指准则，大中至正之道。
⑦ 曰皇极之敷言，是彝是训，于帝其训：敷，陈也；皇极之敷言，是"敷言之皇极"的倒装；彝，法；训，教。
⑧ 近：亲附。
⑨ 三德：一曰正直，二曰刚克，三曰柔克：正直，正人之曲直；克，胜也。刚克谓用刚之德立事。柔克：指用和柔之德治理。三者为人君三种道德。
⑩ 平康正直，强弗友刚克，燮友柔克：友，顺也；燮(xiè)，和，柔和。指平安之世，用正直之德治之；强御不顺之世，用刚德治之；和顺之世，用柔德治之。
⑪ 沈潜刚克，高明柔克：依孔疏："沉潜谓天，虽柔亦有刚，能出金石"，"高明谓天，言天为刚德，亦有柔克，不干四时"，此两句"喻臣当执刚以正君，君亦当执柔以纳臣"。
⑫ 惟辟作福，惟辟作威，惟辟玉食：惟，只有；辟，君王；作福、作威，是指君王独掌赏赐与刑罚大权。玉食，美食。
⑬ 人用侧颇僻，民用僭忒：用，因；侧颇僻，偏颇，邪僻不正；僭(jiàn)，越轨；忒(tè)，作恶。
⑭ 稽疑：卜以问疑。卜筮：为古人占卜的两种方式，一为用龟甲占卜，一为用蓍草占卜，问龟曰卜，问蓍曰筮。
⑮ 此处列举了七种卜筮的征兆。雨、霁、蒙、驿、克，均为龟兆之形。贞：内卦。悔：外卦。
⑯ 衍忒：衍，推演；忒，变化。
⑰ 时人：这种人，指卜筮官员。
⑱ 逢：大，昌盛。
⑲ 内：指国内。外：指国外。
⑳ 作：举事。

"八，庶征：曰雨，曰旸，曰燠，曰寒，曰风，曰时①。五者来备，各以其叙，庶草蕃庑②。一极备③，凶；一极无，凶。曰休征④：曰肃，时雨若；曰乂，时旸若；曰晢，时燠若；曰谋，时寒若；曰圣，时风若⑤。曰咎征⑥：曰狂，恒雨若；曰僭，恒旸若；曰豫，恒燠若；曰急，恒寒若；曰蒙，恒风若⑦。曰王省惟岁，卿士惟月，师尹惟日⑧。岁月日时无易，百谷用成，乂用明，俊民用章，家用平康⑨。日月岁时既易，百谷用不成，乂用昏不明，俊民用微，家用不宁⑩。庶民惟星，星有好风，星有好雨⑪。日月之行，则有冬有夏⑫。月之从星，则以风雨⑬。

"九，五福：一曰寿，二曰富，三曰康宁，四曰攸好德，五曰考终命⑭。六极：一曰凶短折，二曰疾，三曰忧，四曰贫，五曰恶，六曰弱⑮。"

---

① 庶征：曰雨，曰旸，曰燠，曰寒，曰风，曰时：庶征，指众多征兆。曰，为，以下皆同。旸（yáng）：日出，这里指晴天。燠（yù）：温暖，炎热，与寒相对。时，指五者各以其时。

② 五者来备，各以其叙，庶草蕃庑：叙，次序，这里指时序；蕃，茂盛；庑，芜，草丰盛。

③ 一极备：一，指雨、旸、燠、寒、风五种现象中的一种；极，过甚。

④ 休：美好，善行。

⑤ 曰肃，时雨若；曰乂，时旸若；曰晢，时燠若；曰谋，时寒若；曰圣，时风若：肃，敬；时，以时至也；若：像；乂，治；晢，明；谋，考虑问题；圣，通达事理。

⑥ 曰咎征：恶行的征兆。

⑦ 曰狂，恒雨若；曰僭，恒旸若；曰豫，恒燠若；曰急，恒寒若；曰蒙，恒风若：狂，狂妄，傲慢；恒，一直，长久；僭，差错；豫，安逸；蒙，慢。

⑧ 曰王省惟岁，卿士惟月，师尹惟日：省，察也；师，众；尹，正；师尹，卿士下面的众官。此三句是说：君王省察政事得失，如岁兼四时；卿士视察政事得失，如月统于岁；百官视察政事得失，如日统于月。

⑨ 岁月日时无易……家用平康：易，改变；无易，没有异常的变化；用，因；俊民，有才能的人，章，彰，显明，这里指提拔任用；家，指王室；康，安。

⑩ 日月岁时既易……家用不宁：既易，指发生异常变化；微，隐没，这里指不提拔任用。

⑪ 庶民惟星，星有好风，星有好雨：好，喜好，此谓庶民如星，而庶民各有所好。

⑫ 日月之行，则有冬有夏：此指日月运行，冬夏各有常道。暗喻君臣为政大小各有常法，不可乱。

⑬ 月之从星，则以风雨：月之从星，指月之行度失道，从星的好，以致风雨。暗喻人君政教失常，从民所欲，则致国乱，故人君当齐正民之所欲，归于大中之道。一说为臣子宣导民之所欲达之于君，则老百姓就能得到君主风雨的恩泽。

⑭ 五福：五种福禄。攸：由，遵行；考：老；终命：善终。

⑮ 六极：六种惩罚。凶：没有到换牙就死去。短：不到二十岁就死去。折：没有结婚就死去。

导修文萃

1、章太炎讲《尚书》①

《尚书》分六段讲：一、命名；二、孔子删《书》；三、秦焚《书》；四、汉今古文之分；五、东晋古文；六、明清人说《尚书》者。

一、命名。周秦之《书》，但称曰《书》，无称《尚书》者。"尚书"之名，见于《史记·五帝本纪》、《三代世表》及《儒林》传。《儒林》传云：伏生以二十九篇"教于齐、鲁之间，学者由是颇能言《尚书》。"又云："孔氏有古文《尚书》。"则今古文皆称《尚书》也。何以称之曰《尚书》？伪孔《尚书序》云："以其上古之书，谓之《尚书》。"此言不始于伪孔，马融亦谓上古有虞氏之书，故曰《尚书》，而郑玄则以为孔子尊而命之曰《尚书》。然孔子既命之曰《尚书》，何以孔子之后，伏生之前，传记子书无言《尚书》者？恐《尚书》非孔子名之，汉人名之耳。何以汉人名之曰《尚书》？盖仅一书字不能成名，故为此累言尔。《书》包虞、夏、商、周四代文告，马融独称虞者，因《书》以《尧典》、《舜典》开端，故据以为名，亦犹《仪礼》汉人称《士礼》耳（《仪礼》不皆士礼，亦有诸侯、大夫礼，所以称《士礼》者，以其首篇为《士冠礼》也）。哀、平以后，纬书渐出，有所谓《中候》者（汉儒谓孔子定《书》一百二十篇，百两篇为《尚书》，十八篇为《中候》）。"中候"，官名。以中候对尚书，则以尚书为官名矣（汉尚书令不过千石，分曹尚书六百石，位秩虽卑，权任实大。北军中候六百石，掌监五营。汉人以为文吏位小而权大者尚书，武臣位小而权大者中候，故以为匹）。此荒谬之说，不足具论。要之，《尚书》命名，以马融说为最当。

二、删书。孔子删《书》，以何为凭？曰：以《书序》为凭。《书序》所有，皆孔子所录也。然何以知孔子删《书》而为百篇、焉知非本是百篇而孔子依次录耶？曰：有《逸周书》在，可证《尚书》本不止百篇也。且《左传》载封伯禽、封唐叔皆有诰。今《书》无之，是必为孔子所删矣。至于《书》之有序，与《易》之有《序卦》同。《序卦》孔子所作，故汉人亦以《书序》为孔子作。他且勿论，但观《史记·孔子世家》曰："孔子序《书传》，上纪唐、虞之际，下至秦缪，编次其事。"是太史公已以《书序》为孔子作矣（《夏本纪》多采《书序》之文）。《汉书·艺文志》本向、歆《七略》，亦曰："《书》之所起远矣，至孔子纂焉，上断于尧，下讫于秦，凡百篇，而为之序。"是刘氏父子亦以《书序》为孔子作矣。汉人说经，于此并无异词。然古文《尚书》自当有序，今文则当无序，而今熹平石经残石，《书》亦有序，

---

① 节选自章太炎《国学讲演录》，华东师范大学出版社 1995 年版，题目为编者所加。

甚可疑也。或者今人伪造之耳。何以疑今文《尚书序》伪也？刘歆欲立古文时，今文家诸博士不肯，谓《尚书》唯有二十八篇，不信本有百篇，如有《书序》，则不至以《尚书》为备矣。《书序》有数篇同序，亦有一篇一序者。《尧典》、《舜典》，一篇一序也。《大禹谟》、《皋陶》、《弃稷》三篇同序也。数篇同序者，《书序》所习见，然扬子《法言》曰：昔之说《书》者序以百，而《酒诰》之篇俄空焉。盖《康诰》、《酒诰》、《梓材》三篇同序，而扬子以为仅《康诰》有序，《酒诰》无序，或者《尚书》真有无序之篇，以《酒诰》为无序，则《梓材》亦无序。今观《康诰》曰："周公咸勤，乃洪大诰治。王若曰：'孟侯，朕其弟，小子封'。"王者，周公代王自称之词，故曰"孟侯，朕其弟"矣。《酒诰》称"（成）王若曰：'明大命于妹邦'"，今文如此，古文马、郑、王本亦然。马融之意，以为成字后录者加之。然康叔始封而作《康诰》，与成王即政而作《酒诰》，年代相去甚久，不当并为一序。故扬子以为《酒诰》之篇俄空焉。不但《酒诰》之序俄空，即《梓材》亦不能确知为何人之语也。

汉时古文家皆以《书序》为孔子作，唐人作《五经正义》时并无异词，宋初亦无异词。朱晦庵出，忽然生疑。蔡沈作《集传》，遂屏《书序》而不载。晦庵说经本多荒谬之言，于《诗》不信小序，于《尚书》亦不信有序。《后汉书》称卫宏作《诗序》。卫宏之序，是否即小序，今不可知，晦庵以此为疑，犹可说也。《书序》向来无疑之者，乃据《康诰》"王若曰：'孟侯，朕其弟'"一语而疑之，以为如"王"为成王，则不应称康叔为弟；如为周公，则周公不应称王，心拟武王，而《书序》明言"成王既伐管叔、蔡叔，以殷余民封康叔"，知其事必在武康叛灭之后，决非武王时事。无可奈何，乃云《书序》伪造。不知古今殊世，后世一切官职，皆可代理，惟王不可代；古人视王亦如官吏，未尝不可代。生于后世，不能再见古人。如生民国，见内阁摄政，而布告署大总统令，则可释然于周公之事矣。《诗》是文言，必须有序，乃可知作诗之旨；《书》本叙事，似不必有序，然《尚书》有无头无尾之语，如《甘誓》"大战于甘，乃召六卿"，未明言谁与谁大战；又称"王曰：'嗟六事之人，予誓告汝，有扈氏威侮五行，怠弃三正'"，亦不明言王之为谁。如无《书序》，"启与有扈战于甘之野"一语，真似冥冥长夜，终古不晓矣（孔子未作《书序》之前，"王"字当有异论，其后《墨子》所引《甘誓》以王为禹）。《商书序》称王必举其名，本文亦然。《周书》与《夏书》相似，王之为谁，皆不可知。《吕刑》穆王时作，本文但言王享国百年，序始明言穆王。如不读序，从何知为穆王哉？是故，《书》无序亦不可解。自虞、夏至孔子时，《书》虽未有序，亦必有目录之类，历古相传，故孔子得据以为去取。否则，孔子将何以删《书》也？《书序》文义古奥，不若《诗序》之平易，决非汉人所能伪造。自《史记》已录《书序》原文，太史公受古文于孔安国，安国得之壁中，则壁中《书》已有序矣。然自宋至明，读《尚书》者，皆不重《书序》，梅鷟首发伪古文之复，亦以《书序》为疑。习非胜是，虽贤者亦不能免。不有清儒，则《书序》之疑，至今仍如冥冥长夜尔。

孔子删《书》，传之何人，未见明文。《易》与《春秋》三传为说不同，其传授源流皆可考。《诗》、《书》、《礼》则不可知（子夏传《诗》，未可信据）。盖《诗》、《书》、《礼》、《乐》，古人以之教士，民间明习者众，孔子删《书》之时，习《书》者世多有之，故不必明言传于何人。《周易》、《春秋》，特明言传授者，《易》本卜筮之书，《春秋》为国之大典，其事秘密，不以教士（此犹近代实录，不许示人），而孔子独以为教，故须明言为传授也。伏生《尚书》何从受之，不可知。孔壁古文既出，孔安国读之而能通。安国本受《尚书》于申公（此事在伏生之后），申公但有传《诗》、传《谷梁》之说，其传《尚书》事，不载本传，何所受学，亦不可知。盖七国时通《尚书》者尚多，故无须特为标榜耳。

孔子删《书》百篇之余为《逸周书》，今考《汉书·律历志》所引《武成》，与《逸周书·世俘解》词句相近。疑《世俘解》即《武成篇》。又《箕子》一篇，录入《逸周书》，今不可见，疑即今之《洪范》。逸书与百篇之书文字出入，并非篇篇不同。盖《尚书》过多，以之教士，恐人未能毕读，不得不加以删节，亦如后之作史者，不能将前人实录字字录之也。删《书》之故，不过如此。虽云《书》以道事，然以其为孔子所删，而谓篇篇皆是大经大法，可以为后世模楷，正未必然。即实论之，《尚书》不过片断之史料而已。

三、秦焚书。秦之焚书，《尚书》受厄最甚。揆秦之意，何尝不欲全灭六经。无如《诗》乃口诵，易于流传；《礼》在当时已不甚行，不须严令焚之。故禁令独重《诗》、《书》，而不及《礼》（李斯奏言："有敢藏《诗》、《书》，弃市"）。盖《诗》、《书》所载，皆前代史迹，可作以古非今之资，《礼》、《乐》，都不甚相关。《春秋》事迹最近，最为所忌，特以柱下史张苍藏《左传》，故全书无缺。《公羊传》如今之讲义，师弟问答，未著竹帛，无以烧之。《穀梁》与《公羊》相似，至申公乃有传授。《易》本卜筮，不禁。惟《尚书》文义古奥，不易熟读，故焚后传者少也。伏生所藏，究有若干篇，今不可知，所能读者，二十九篇耳。孔壁序虽百篇，所藏止五十八篇。知《书》在秦时已不全读，如其全读，何不全数藏之？盖自荀卿隆礼仪而杀《诗》、《书》，百篇之书，全读者已少，故壁中《书》止藏五十八篇也。此犹《诗》在汉初虽未缺，而治之者，或为《雅》，或为《颂》，鲜有理全经者。又《毛传》、《鲁诗》，皆以《国风》、大小《雅》、《颂》为四始，而《齐诗》以水、木、火、金为四始。其言卯、酉、午、戌、亥五际，亦但取《小雅》、《大雅》而不及《颂》。盖杀《诗》、《书》之影响如此。然则百篇之《书》，自孔壁已不具。近人好生异论，盖导原于郑樵。郑樵之意，以为秦之焚书，但焚民间之书，不焚博士官所藏。其实郑樵误读《史记》文句，故有此说。《史记》载李斯奏云："臣请：史官，非秦记皆烧之；非博士官所职，天下敢有藏《诗》、《书》、百家语者，悉诣守尉杂烧之。"此文本应读："天下敢有藏《诗》、《书》、百家语非博士官所职者"，何以知之？以李斯之请烧书，本为反对博士淳于越，岂有民间不许藏《诗》、《书》而博士反得藏之之理？《叔孙通传》："陈胜起山东，二世召博士诸生问曰：'楚戍卒攻蕲入陈，于公如何？'博士诸生三十余人前曰：'人臣无将，将即反，罪死无赦，愿陛下急发兵击之。'二世怒，作色，叔孙通前曰：'诸生言皆非也。明主在其上，法令具于下，人人奉职，四方辐辏，安敢有反者，此特群盗鼠窃狗盗耳。'二世喜曰：'善。'令御史案诸生言反者下吏，曰：'非所宜言。'"今案："人臣无将"二语见《公羊传》，于是《公羊》尚未著竹帛，然犹以"非所宜言"得罪，假如称引《诗》、《书》，其罪不更重哉！李斯明言："有敢偶语《诗》、《书》者弃市。"如何博士而可藏《诗》、《书》哉（李斯虽奏偶语《诗》、《书》者弃市，然其谏二世有曰："放弃《诗》、《书》，极意声色，祖伊所以惧也。"此李斯前后相背处）！郑樵误读李斯奏语，乃为妄说，以归罪于项羽。近康有为之流，采郑说而发挥之，遂谓秦时六经本未烧尽，博士可藏《诗》、《书》，伏生为秦博士，传《尚书》二十九篇，以《尚书》本止有二十九篇故(《新学伪经考》主意即此),二十九篇之外,皆刘歆所伪造。余谓《书序》本有《汤诰》,壁中亦有《汤诰》原文,载《殷本纪》中。如谓二十九篇之外,皆是刘歆所造,则太史公焉得先采之?于是崔适谓《史记》所载不合二十九篇者,皆后人所加(《史记探源》如此说)。由此说推之,凡古书不合己说者,无一不可云伪造。即谓尧舜是孔子所伪造,孔子是汉人所伪造,秦皇焚书之案,亦汉人所伪造,迁、固之流,皆后人所伪造,何所不可!充类至尽,则凡非目见而在百年以外者,皆不可信。凡引经典以古非今者,不必焚其书而其书自废。呜呼!孰料秦火之后,更有灭学之祸什佰于秦火者耶?

四、汉今古文之分。汉人传《书》者,伏生为今文,孔安国为古文,此人人所共知。《史记·儒林传》云:"伏生故为秦博士,孝文时,欲求能治《尚书》者,天下无有,乃闻伏生能治,欲召之,时伏生年九十余,老不能行,于是乃诏太常使掌故朝错往受之。秦时禁书,伏生壁藏之。其后,兵大起,流亡。汉定,伏生求其书,亡数十篇,独得二十九篇,即以教于齐鲁之间。"其叙《尚书》源流彰明如此,可知伏生所藏原系古文,无所谓今文也,且所藏不止二十九篇,其余散失不可见耳。朝错本法吏,不习古文,伏生之徒张生、欧阳生辈,恐亦非卓绝之流,但能以隶书(迻)写而已,以故二十九篇变而为今文也。其后刘向以中古文校伏生之《书》,《酒诰》脱简一,《召诰》脱简二,文字异者七百有余。文字之异,或由于张生、欧阳生等传写有误,脱简则当由壁藏断烂,然据此可知郑樵、康有为辈以为秦火不焚博士之书谬。如博士之书可以不焚,伏生何必壁藏之耶?

《儒林传》称伏生得二十九篇,而刘歆《移让太常博士》云:"《泰誓》后得,博士而赞之。"又,《论衡·正说篇》云:"孝宣皇帝时,河内女子发老屋,得逸《易》、《礼》、《尚书》各益一篇。而《尚书》二十九篇始定。"然则,伏生所得本二十九篇乎?抑二十八篇乎?余谓太史公已明言二十九篇,则二十九篇当可信。今观《尚书大传》有引《泰誓》语,《周本纪》、《齐世家》亦有之。武帝时董仲舒、司马相如、终军辈,均太初以前人,亦引《泰誓》,由此可知,伏生本有二十九篇,不待武帝末与宣帝时始为二十九篇也。意者,伏生所传之《泰誓》,或脱烂不全,至河内女子发屋,才得全本。今观汉、唐人所引,《泰誓》始全也。马融辈以为《左传》、《国语》、《孟子》所引,皆非今人之《泰誓》。《泰誓》称白鱼跃入王舟,火流为乌,语近神怪,以此疑今之《泰誓》。然如以今之《泰誓》为伏生所伪造,则非也。河内女子所得者,秦以前所藏,亦非伪造。以余观之,今之《泰誓》,盖当时解释《泰誓》者之言。《周语》有《泰誓故》,疑伏生所述,即《泰誓故》也。不得《泰誓》,以《泰誓故》补之,亦犹《考工记》之补《冬官》矣。然《泰誓》之文,确有可疑者。所称八百诸侯,不召自来、不期同时、不谋同辞,何其诞也?武王伐纣,如有征调,当先下令。不征调而自来,不令而同时俱至,事越常理,振古希闻。据《乐记》孔子与宾牟贾论大武之言曰:"久立于缀,以待诸侯之至也。"可见诸侯毕会,亦非易事。焉得八百诸侯,同时自来之事耶?此殆解释《泰誓》者张大其辞,以耸人听闻耳。据《牧誓》,武王伐纣,虽有友邦冢君,然誓曰:"逖矣,西土之人!"可知非西土之人,武王所不用也。又曰"庸、蜀、羌、髳、微、卢、彭、濮人"。庸、蜀、羌、髳、微、卢、彭、濮,均在周之南部,武王但用此南部之人,而不用诸侯之师者,以庸、蜀之师本在西方,亲加训练,而东方诸侯之师,非其训练者也。所以召东方诸侯者,不过壮声势、扬威武而已(此条马融疑之,余亦以为可疑)。又,观兵之说,亦不可信。岂有诸侯既会,皆曰可伐,而武王必待天命,忽然还师之理乎? 是故,伏生《泰誓》不可信。若以《泰誓故》视之,亦如《三国志注》采《魏略》、《曹瞒传》之类,未始可不为参考之助也。《泰誓》亦有今古文之别。"流为乌",郑注:古文乌为雕。盖古文者河内女子所发,今文者伏生所传也(此古文非孔壁所得)。伏生发藏之后,张生、欧阳生传之。据《史记·娄敬传》,高帝时,娄敬已引"八百诸侯"之语。又,《陆贾传》称陆生时时前称说《诗》、《书》,可见汉初尚有人知《尚书》者。盖娄敬、陆贾早岁诵习而晚失其书,故《儒林传》云"孝文时求为《尚书》者,天下无有"。"无有"者,无其书耳。然《贾谊传》称谊年十八,以能诵《诗》属书闻于郡中。其时在文帝之前。《诗》本讽诵在口,《尚书》则必在篇籍矣。可知当时传《书》者不仅伏生一人,特伏生为秦博士,故著名尔。

《尚书》在景帝以前,流传者皆今文。武帝初,鲁恭王坏孔子宅,得古文《尚书》,孔安国献之(据《史记》、《汉书》及《说文序》所引,所得不止《尚书》一种)。孔安国何以能通古文《尚书》? 以其本治《尚书》也。伏生传《书》之后,未得壁经之前,《史记》称鲁周霸、孔安国、洛阳贾嘉颇能言《尚书》事(孔安国、周霸,皆申公弟子。申公之治《尚书》于此可见。贾谊本诵《诗》、《书》,故其孙嘉亦能治《尚书》),孔安国为博士,以《书》教授。倪宽初受业于欧阳生,后又受业于安国。所以然者,以欧阳生本与孔安国本不同耳。倪宽之徒,为欧阳高、大小夏侯。欧阳、大小夏侯三家本之倪宽,而倪宽本之孔安国。孔安国非本之伏生,则汉之所谓今文《尚书》者,名为伏生所传,实非伏生所传也。三家《尚书》亦有孔安国说,今谓三家悉伏生,未尽当也。

今文《尚书》之名见称于世,始于三国,而非始于汉人。人皆据《史记·儒林传》"孔氏有古文《尚书》,而安国以今文读之"一语,谓孔安国以今文《尚书》翻译古文。此实不然。《汉书》称"孔安国以今文字读之",谓以隶书读古文耳。孔安国所得者为五十八篇,较伏生二十九篇分为三十四篇者,实多二十四篇。二十四篇中《九共》九篇,故汉人通称为十六篇。孔安国既以今文字读之,而《史记》又谓《逸周书》得十余篇,《尚书》兹多于是。可知孔安国非以伏生之《书》读古文也。盖汉初人识古文者犹多,本不须伏生之《书》对勘也。

孔安国之《书》授都尉朝,都尉朝授胶东庸生,庸生授胡常,常授徐敖,敖授王璜、涂恽。自孔至王、涂凡五传。王、涂至王莽时,古文《尚书》立于学官。涂传东汉贾徽。太史公从孔安国问,《汉书》称迁书载《尧典》、《禹贡》、《洪范》、《微子》、《金縢》诸篇多古文说。然太史公所传者,不以伏生为限。故《汤诰》一篇,《殷本纪》载之。

哀帝时刘歆欲以古文《尚书》立学官,博士不肯(博士抱残守缺,亦如今之教授已不能讲,不愿人讲也)。歆移书让之,王莽时,乃立于学官,莽败,说虽不传,《书》则具存。盖古文本为竹简,经莽乱而散失,其存者惟传抄本耳。东汉杜林于西州(天水郡,今甘肃秦州)得漆书一篇,林宝爱之,以传卫宏、徐巡(杜林所得必为王莽乱后流传至天水郡者。其后,马、郑犹能知逸《书》篇数,郑玄、许慎亦能引之者,盖传写犹可见,而真本则已亡矣),后汉讲古文者自此始(杜林非由孔安国直接传授,早岁学于张敞之孙张竦。林之好古文,盖渊源于张氏)。其后,马融、郑玄注《尚书》,但注伏生所有,不注伏生所无,于孔安国五十八篇不全注。马融受之何人不可知,惟贾逵受《书》于父徽,逵弟子许慎作《说文解字》。是故,《说文》所称古文《尚书》,当较马、郑为可信,然其中亦有异同。今欲求安国正传,惟《史记》耳。《汉书》云,迁书《尧典》五篇为古文说,然《五帝本纪》所载《尧典》与后人所说不同。所以然者,杜林所读与孔安国本人不甚同也。《说文》"圛"下称"《尚书》曰:'圛升云,半有半无'"。据郑玄注称古文《尚书》以弟为圛,而《宋微子世家》引《洪范》"曰雨、曰济、曰涕",字作"涕"。是太史公承孔安国正传,孔安国作"涕",而东汉人读之为"圛",恐是承用今文,非古文也。自清以来,治《尚书》者皆以马、郑为宗,段玉裁作《古文尚书撰异》,以为马、郑是真古文,太史公是今文。不知太史公之治古文,《汉书》具有明文。以马、郑异读,故生异说耳。

古文家所读,时亦谓之古文。此义为余所摘发。治古文者,不可不知。盖古文家传经,必依原本钞写一通,马融本当犹近真,郑玄本则多改字。古文真本,今不可见,唯有《三体石经》,尚见一斑。《三体石经》为邯郸淳所书,淳师度尚,尚治古文《尚书》。邯郸淳之本,实由度尚而来。据卫恒《四体书势》称,魏世传古文者,唯邯郸淳一人。何以仅得邯郸淳一人,而郑玄之徒无有传者?盖郑玄晚年,书多腐敝,不得于礼堂写定,传与其人。故传古文者,仅一邯郸淳也。今观《三体石经》残石,上一字为古文,中一字为篆文,下一字为隶书。篆书往往与上一字古文不同。盖篆书即古文家所读之字矣。例始《三体石经·无逸篇》"中宗"之"中",上一字为"中",下一字为"仲",此即古文家读"中,仲也"。考《华山碑》,亦称宣帝为"仲宗"。欧阳修疑为好奇,实则汉人本读"中"为"仲"也。

今文为欧阳、大小夏侯为三家,传至三国而绝。然蔡邕《熹平石经》犹依今文。今欲研究今文,只可求之《汉书》、《后汉书》及汉碑所引。然汉碑所引,恐亦有古文在。

五、东晋古文。今之《尚书》,乃东晋之伪古文(据《尚书正义》引《晋书》,定为郑冲所作),以马、郑所有者分《尧典》为《舜典》(《舜典》、《书序》中本有),更分《皋陶谟》为《益稷》,又改作《泰誓》,此外又伪造二十五篇。不但伪造经,且伪造传(亦称孔传)。自西晋开始伪造以后,更四十余年,至东晋梅赜始献之。字体以古文作隶书,名曰隶古定。人以其多古字,且与三体石经相近,遂信以为真孔氏之传,于是,众皆传之。甚至孔颖达作《尚书正义》,亦以马、郑为今文矣。

梅赜献书之时,缺《舜典》一篇,分《尧典》"慎徽五典"以下为《舜典》之首。至齐建武四年姚方兴献《舜典》,于"慎徽五典"之上加"曰若稽古,帝舜"等十二字,而梁武帝时为博士,议曰:"孔序称伏生误合五篇,皆文相承接,所以致误。"《舜典》首有"曰若稽古",伏生虽错乱,何容合之? 遂不行用。然其后江南皆信梅书,惟北朝犹用郑本耳。隋一天下,采南朝经说,乃纯用东晋古文,即姚方兴十二字本也。其后又不知如何增为二十八字,今注疏本是已。

东晋古文,又有今文、古文之分,以隶古定传授不易,故改用今文写之,传之者有范宁等。唐玄宗时,卫包以古文本改为今文,用隶书写之,唐石经即依是本,然《经典释文》犹未改也(宋开宝初始改)。唐宋间亦多有引古文《尚书》者,如颜师古之《匡谬正俗》,玄应之《一切经音义》,郭忠恕之《汗简》,徐锴之《说文系传》皆是。宋仁宗时,宋次道得古文《尚书》,传至南宋,薛季宣据以作训,而段玉裁以为宋人假造,然以校《汗简》及足利本《尚书》,均符合。要之,真正古文,惟三体石经可据。东晋古文则以薛季宣本、敦煌本、足利本为可据耳。

六、明清人说《尚书》者。明正德时,梅鷟时攻东晋古文之伪。梅鷟之前,吴棫、朱熹亦尝疑之,以为岂有古文反较今文易读之理?至梅鷟出,证据乃备(梅鷟不信孔安国得古文《尚书》,以为东晋古文即成帝时张霸伪造之《百两篇》,然校《汉书》原文,可知其误。张霸之《百两篇》,分析众篇,略加首尾而已。东晋古文,非从二十九篇分出,自非张霸本也。此梅鷟之误)。清康熙时,阎若璩作《古文尚书疏证》,始知郑康成《尚书》为真本。阎氏谓《孟子》引父母使舜完廪一段为《舜典》之文,此说当确。惠栋《古文尚书考》,较阎氏为简要。其弟子江声(艮庭)作《尚书集注音疏》,于今文、古文不加分别。古文"钦明文思安安",今文作"钦明文塞宴宴",东晋古文犹作"钦明文思安安",江氏不信东晋古文,宁改为"文塞宴宴",于是王鸣盛(西庄)作《尚书后案》,一以郑康成为主,所不同者,概行驳斥,虽较江为可信,亦非治经之道。至孙星衍作《尚书今古文注疏》,古文采马、郑本,今文采两《汉书》所引,虽优于王之墨守,然其所疏释于本文未能联贯。盖孙氏学力有余,而识见不足,故有此病。今人以为孙书完备,此亦短中取长耳。要之,清儒之治《尚书》者,均不足取也。今文家以陈寿祺、乔枞父子为优。凡汉人《书》说,皆入网罗,并不全篇下注,亦不问其上下文义合与不合。所考今文,尚无大谬。其后魏源(默深)作《书古微》,最为荒谬。魏源于陈氏父子之书,恐未全见,自以为采辑今文,其实亦不尽合。源本非经学专家,晚年始以治经为名,犹不足怪。近皮锡瑞所著,采陈氏书甚多。陈氏并无今古是否之论,其意在网罗散失而已。皮氏则以为今文皆是,古文皆非。其最荒谬者,《史记》明引《汤诰》(在伏生二十九篇之外),太史公亦明言"年十岁,诵古文",而皮氏以为此所谓古文乃汉以前之书,非古文《尚书》也,此诚不知而妄作矣。古文残阙,《三体石经》存字无几,其他引马、郑之言,亦已无多,然犹有马、郑之绪余在。今日治《书》,且当依薛季宣《古文训》及日本足利本古文,删去伪孔所造二十五篇,则本文已足。至训释一事,当以"古文《尚书》、读应《尔雅》"一言为准。以《尔雅》释《书》,十可得其七八,斯亦可矣。王引之《经义述闻》解《尚书》者近百条;近孙诒让作《尚书骈枝》,亦有六七十条:义均明确,犹有不合处。余有《古文尚书拾遗》,自觉较江、王、孙三家略胜。然全书总未能通释,此有待后贤之研讨矣。

古人有言:"昔吾有先正,其言明且清。"训诂之道,虽有古今之异,然造语行文,无甚差池,古人决不至故作不可解之语。故今日治《书》,当先求通文理。如文理不通,而高谈微言大义,失之远矣。不但治经如此,读古书无不如此也。

2、朱自清:《经典常谈·尚书第三》①

《尚书》是中国最古的记言的历史。所谓记言,其实也是记事,不过是一种特别的方式罢了。

---

① 本篇节选自朱自清《经典常谈》,岳麓书社 2010 年版。

记事比较的是间接的,记言比较的是直接的。记言大部分照说的话写下来;虽然也须略加剪裁,但是尽可以不必多费心思。记事需要化自称为他称,剪裁也难,费的心思自然要多得多。

中国的记言文是在记事文之先发展的。商代甲骨卜辞大部分是些问句,记事的话不多见。两周金文也还多以记言为主。直到战国时代,记事文才有了长足的进展。古代言文大概是合一的;说出的、写下的都可以叫作"辞"。卜辞我们称为"辞",《尚书》的大部分其实也是"辞"。我们相信这些辞都是当时的"雅言"①,就是当时的官话或普通话。但传到后世,这种官话或普通话却变成佶屈聱牙的古语了。

《尚书》包括虞、夏、商、周四代,大部分是号令,就是向大众宣布的话,小部分是君臣相告的话。也有记事的,可是照近人的说数,那记事的几篇,大都是战国末年人的制作,应该分别的看。那些号令多称为"誓"或"诰",后人便用"誓"、"诰"的名字来代表这一类。平时的号令叫"诰",有关军事的叫"誓"。君告臣的话多称为"命",臣告君的话却似乎并无定名,偶然有称为"谟"②的。这些辞有的是当代史官所记,有的是后代史官追记。当代史官也许根据亲闻,后代史官便只能根据传闻了。这些辞原来似乎只是说的话,并非写出的文告;史官纪录,意在存作档案,备后来查考之用。这种古代的档案,想来很多,留下来的却很少。汉代传有《书序》,来历不详,也许是周秦间人所作。有人说,孔子删《书》为百篇,每篇有序,说明作意。这却缺乏可信的证据。孔子教学生的典籍里有《书》,倒是真的。那时代的《书》是个甚么样子,已经无从知道。"书"原是纪录的意思③;大约那所谓"书"只是指当时留存着的一些古代的档案而言;那些档案恐怕还是一件件的,并未结集成书。成书也许是在汉人手里。那时候这些档案留存着的更少了,也更古了,更稀罕了;汉人便将它们编辑起来,改称《尚书》。"尚","上"也;《尚书》据说就是"上古帝王的书"④。"书"上加一"尚"字,无疑的是表示着尊信的意味。至于《书》称为"经",始于《荀子》⑤;不过也是到汉代才普遍罢了。

儒家所传的"五经"中,《尚书》残缺最多,因而问题也最多。秦始皇烧天下诗书及诸侯史记,并禁止民间私藏一切书。到汉惠帝时,才开了书禁;文帝接着更鼓励人民献书。书才渐渐见得着了。那时传《尚书》的只有一个济南伏生⑥。伏生本是秦博士。始皇下诏烧诗书的时候,他将《书》藏在墙壁里。后来兵乱,他流亡在外。汉定天下,才回家;检查所藏的《书》,已失去数十篇,剩下的只二十九篇了。他就守着这一些,私自教授于齐鲁之间。文帝知道了他的名字,想召他入朝。那时他已九十多岁,不能远行到京师去。文帝便派掌故官晁错来从他学。伏生私人的教授,

---

① "雅言"见《论语·述而》。
② 《说文·言部》:"谟,议谋也。"
③ 《说文·书部》:"书,著也。"
④ 《论衡·正说篇》。
⑤ 《劝学篇》。
⑥ 裴骃《史记集解》引张晏曰:"伏生名胜,《伏氏碑》云。"

加上朝廷的提倡，使《尚书》流传开去。伏生所藏的本子是用"古文"写的，还是用秦篆写的，不得而知；他的学生却只用当时的隶书钞录流布。这就是东汉以来所谓《今尚书》或《今文尚书》。汉武帝提倡儒学，立"五经"博士；宣帝时每经又都分家数立官，共立了十四博士。每一博士各有弟子若干人。每家有所谓"师法"或"家法"，从学者必须严守。这时候经学已成利禄的途径，治经学的自然就多起来了。《尚书》也立下欧阳（和伯）、大小夏侯（夏侯胜、夏侯建）三博士，却都是伏生一派分出来的。当时去伏生已久，传经的儒者为使人尊信的缘故，竟有硬说《尚书》完整无缺的。他们说，二十九篇是取法天象的，一座北斗星加上二十八宿，不正是二十九吗①！这二十九篇，东汉经学大师马融、郑玄都给作过注；可是那些注现在差不多亡失干净了。

汉景帝时，鲁恭王为了扩展自己的宫殿，去拆毁孔子的旧宅，在墙壁里得着"古文"经传数十篇，其中有《书》。这些经传都是用"古文"写的，所谓"古文"，其实只是晚周民间别体字。那时恭王肃然起敬，不敢再拆房子，并且将这些书都交还孔家的主人、孔子的后人叫孔安国的。安国加以整理，发见其中的《书》比通行本多出十六篇，这称为《古文尚书》。武帝时，安国将这部书献上去。因为语言和字体的两重困难，一时竟无人能通读那些"逸书"，所以便一直压在皇家图书馆里。成帝时，刘向、刘歆父子先后领校皇家藏书。刘向开始用《古文尚书》校勘今文本子，校出今文脱简及异文各若干。哀帝时，刘歆想将《左氏春秋》、《毛诗》、《逸礼》及《古文尚书》立博士，这些都是所谓"古文"经典。当时的"五经"博士不以为然，刘歆写了长信和他们争辩②。这便是后来所谓今古之争。

今古文之争是西汉经学一大史迹。所争的虽然只在几种经书，他们却以为关系孔子之道即古代圣帝明王之道甚大。"道"其实也是幌子，骨子里所争的还在禄位与声势；当时今古文派在这一点上是一致的。不过两派的学风确也有不同处。大致今文派继承先秦诸子的风气，"思以其道易天下"③，所以主张通经致用。他们解经，只重微言大义；而所谓微言大义，其实只是他们自己的历史哲学和政治哲学。古文派不重哲学而重历史，他们要负起保存和传布文献的责任；所留心的是在章句、训诂、典礼、名物之间。他们各得了孔子的一端，各有偏畸的地方。到了东汉，书籍流传渐多，民间私学日盛。私学压倒了官学，古文经学压倒了今文经学；学者也以兼通为贵，不再专主一家。但是这时候"古文"经典中《逸礼》即《礼》古经已经亡佚，《尚书》之学也不昌盛。

东汉初，杜林曾在西州（今新疆境）得漆书《古文尚书》一卷，非常宝爱，流离兵乱中，老是随身带着。他是怕《古文尚书》学"会绝传，所以这般珍惜。当时经师贾逵、马融、郑玄都给那一卷《古文尚书》作注，从此《古文尚书》才显于世④。原来《古文尚书》学"直到贾逵才真正开始，从前是没有什么师说的。而杜林所得只一卷，决不如孔壁所出的多。学者竟爱重到那般地步。大约孔

---

① 《论衡·正说篇》。
② 《汉书》本传。
③ 语见章学诚《文史通义·言公》上。
④ 《后汉书·杨伦传》。

安国献的那部《古文尚书》，一直埋没在皇家图书馆里，民间也始终没有盛行，经过西汉末年的兵乱，便无声无息地亡失了罢。杜林的那一卷，虽经诸大师作注，却也没传到后世；这许又是三国兵乱的缘故。《古文尚书》的运气真够坏的，不但没有能够露出头角，还一而再地遭到了些冒名顶替的事儿。这在西汉就有。汉成帝时，因孔安国所献的《古文尚书》无人通晓，下诏征求能够通晓的人。东莱有个张霸，不知孔壁的书还在，便根据《书序》，将伏生二十九篇分为数十，作为中段，又采《左氏传》及《书序》所说，补作首尾，共成《古文尚书》百二篇。每篇都很简短，文意又浅陋。他将这伪书献上去。成帝教用皇家图书馆藏着的孔壁《尚书》对看，满不是的。成帝便将张霸下在狱里，却还存着他的书，并且听它流传世间。后来张霸的再传弟子樊并谋反，朝廷才将那书毁废；这第一部伪《古文尚书》就从此失传了。

到了三国末年，魏国出了个王肃，是个博学而有野心的人。他伪作了《孔子家语》、《孔丛子》①，又伪作了一部孔安国的《古文尚书》，还带着孔安国的传。他是个聪明人，伪造这部《古文尚书》孔传，是很费了一番心思的。他采辑群籍中所引"逸书"，以及历代嘉言，改头换面，巧为联缀，成功了这部书。他是参照汉儒的成法，先将伏生二十九篇分割为三十三篇，另增多二十五篇，共五十八篇②，以合于东汉儒者如桓谭、班固所记的《古文尚书》篇数。所增各篇，用力阐明儒家的"德治主义"，满纸都是仁义道德的格言。这是汉武帝罢黜百家、专崇儒学以来的正统思想，所谓大经大法，足以取信于人，只看宋以来儒者所口诵心维的"十六字心传"③，正是他伪作的《大禹谟》里，便见出这部伪书影响之大。其实《尚书》里的主要思想，该是"鬼治主义"，像《盘庚》等篇所表现的："原来西周以前，君主即教主，可以为所欲为，不受甚么政治道德的拘束。逢到臣民不听话的时候，只要抬出上帝和先祖来，自然一切解决。"这叫做"鬼治主义"。"西周以后，因疆域的开拓，交通的便利，富力的增加，文化大开。自孔子以至荀卿、韩非，他们的政治学说都是建筑在人性上面。尤其是儒家，把人性扩张得极大。他们觉得政治的良好只在诚信的感应，只要君主的道德好，臣民自然风从，用不到威力和鬼神的压迫"。这叫作"德治主义"④。看古代的档案，包含着"鬼治主义"思想的，自然比包含着"德治主义"思想的可信得多。但是王肃的时代早已是"德治主义"的时代；他的伪书所以专从这里下手。他果然成功了。只是词旨坦明，毫无佶屈聱牙之处，却不免露出了马脚。

晋武帝时候，孔安国的《古文尚书》曾立过博士⑤；这《古文尚书》大概就是王肃伪造的。王肃是武帝的外祖父，当时即使有怀疑的人也不敢说话。可是后来经过怀帝永嘉之乱，这部伪书也散

---

① 《孔子家语》托名孔安国，《孔丛子》托名孔鲋。
② 桓谭《新论》作五十八，《汉书·艺文志》自注作五十七。
③ 见真德秀《大学衍义》。所谓十六字是："人心惟危，道心惟微，惟精惟一，允执厥中。"在伪《大禹谟》里，是舜对禹的话。
④ 以上引顾颉刚《盘庚中篇今译》（《古史辨》第二册）。
⑤ 《晋书·荀嵩传》。

失了，知道的人很少。东晋元帝时，豫章内史梅赜发现了它，便拿来献到朝廷上去。这时候伪《古文尚书》孔传便和马、郑注的《尚书》并行起来了。大约北方的学者还是信马、郑的多，南方的学者才是信伪孔的多。等到隋统一了天下，南学压倒北学，马、郑《尚书》习者渐少。唐太宗时，因章句繁杂，诏令孔颖达等编撰《五经正义》；高宗永徽四年（西元六五三年），颁行天下，考试必用此本。《正义》成了标准的官书，经学从此大统一。那《尚书正义》便用的伪《古文尚书》孔传。伪孔定于一尊，马、郑便更没人理睬了；日子一久，自然就残缺了，宋以来差不多就算亡了。伪《古文尚书》孔传如此这般冒名顶替了一千年，直到清初的时候。

这一千年中间，却也有怀疑伪《古文尚书》孔传的人。南宋的吴棫首先发难。他有《书稗传》十三卷①，可惜不传了。朱子因孔安国的"古文"字句皆完整，又平顺易读，也觉得可疑②。但是他们似乎都还没有去找出确切的证据。至少朱子还不免疑信参半，他还采取伪《大禹谟》里"人心"、"道心"的话解释"四书"，建立道统呢。元代的吴澄才断然地将伏生今文从伪古文分出；他的《尚书纂言》只注解今文，将伪古文除外。明代梅鷟著《尚书考异》，更力排伪孔，并找出了相当的证据。但是严密钩稽决疑定谳的人，还得等待清代的学者。这里该提出三个可尊敬的名字。第一是清初的阎若璩，著《古文尚书疏证》，第二是惠栋，著《古文尚书考》，两书辨析详明，证据确凿，教伪孔体无完肤，真相毕露。但将作伪的罪名加在梅赜头上，还不免未达一间。第三是清中叶的丁晏，著《尚书余论》，才将真正的罪人王肃指出。千年公案，从此可以定论。这以后等着动手的，便是搜辑汉人的伏生《尚书》说和马、郑注。这方面努力的不少，成绩也斐然可观；不过所能做到的，也只是抱残守缺的工作罢了。伏生《尚书》从千年迷雾中重露出真面目，清代诸大师的劳绩是不朽的。但二十九篇固是真本，其中也还该分别的看。照近人的意见，《周书》大都是当时史官所记，只有一、二篇像是战国时人托古之作。《商书》究竟是当时史官所记，还是周史官追记，尚在然疑之间。《虞书》、《夏书》大约多是战国末年人托古之作，只《甘誓》那一篇许是后代史官追记的。这么着，《今文尚书》里便也有了真伪之分了。

---

① 陈振孙《直斋书录解题》四。
② 见《朱子语类》七十八。

《诗经》选

导语

《诗经》最初称《诗》，被汉代儒者奉为经典后，才称《诗经》，它是我国第一部诗歌总集，共收入自西周初期至春秋中叶约五百年间的诗歌三百零五篇，所以又称《诗三百》。《诗经》按体裁分《风》、《雅》、《颂》三部分，相传为孔子编订。关于《诗经》的注解与传承，汉代列为官学的就有四家：鲁诗、齐诗、韩诗、毛诗（后郑玄为之作笺）。后来前三家诗先后亡佚（今所存只有《韩诗外传》），而毛诗一枝独秀，唐朝时主张经学统一，孔颖达又取毛诗郑笺作疏，即是现在通行的作为《十三经注疏》之一的《毛诗正义》。

《诗经》本是歌曲的歌词，所以"《诗》三百篇，孔子皆弦歌之"，并且诗是将人心中之志"发言为诗"，所以孔子认为《诗》可以兴情感、观得失、乐群居、表怨刺，而三百篇的核心精蕴，就是"思无邪"。近现代著名学者闻一多高度概括诗在中国文化中的核心地位，认为它一出世就是宗教、政治、教育、社会，是最全面的生活，这些都道出了《诗经》的美育功能及由之所辐射的各方面的社会作用。鉴于此，结合书中所选篇章，我们可以思考下列问题：如何理解《诗经》的"兴、观、群、怨"、"无邪"说？《关雎》表达了什么样的爱情观，又为何成为"风之始"，成为《诗经》的首章？《桃夭》与《常棣》，体现了什么样的伦理观？《文王》与《相鼠》作为卿大夫美刺诗（一为怨刺，一为颂美），表达了什么样的政治理想？作为王风之首的《黍离》表达了什么样的兴亡变幻之感？《清庙》与《维天之命》作为颂诗的前两首，是如何赞颂文王之德的，这样的祭祀乐歌又能起到什么样的作用？在欣赏如上诗篇的过程中，你会找到这些问题的答案。而且，更重要的是，你可以通过诗歌艺术的陶养、人文历史的积淀来兴发情感，净化己心，提升境界，养成美好的人格。

1、《风·周南·关雎》

关雎

关关雎鸠①,在河之洲②;窈窕淑女③,君子好逑④。

参差荇菜⑤,左右流之⑥;窈窕淑女,寤寐求之⑦。

求之不得,寤寐思服⑧;悠哉悠哉⑨,辗转反侧⑩。

参差荇菜,左右采之;窈窕淑女,琴瑟友之⑪。

参差荇菜,左右芼之⑫;窈窕淑女,钟鼓乐之。

2、《风·周南·桃夭》

桃夭

桃之夭夭⑬,灼灼其华⑭。之子于归⑮,宜其室家⑯。

桃之夭夭,有蕡⑰ 其实。之子于归,宜其家室。

桃之夭夭,其叶蓁蓁⑱。之子于归,宜其家人。

3、《风·邶风·击鼓》

击鼓

---

① 关关雎鸠:关关,水鸟相和的声音;雎(jū)鸠,一种水鸟,相传这种鸟雌雄情意专一,和平常鸟不同。
② 洲:水中的陆地。
③ 窈窕淑女:窈窕(yǎotiǎo),内心、外貌美好的样子;淑,好,善。
④ 君子好逑:君子,这里指女子对男子的尊称;逑(qiú),配偶。
⑤ 参差荇菜:参差(cēncī),长短不齐的样子;荇(xìng)菜,一种多年生的水草,叶子可以食用。
⑥ 流:顺着水势去采。一说,流,求也。
⑦ 寤寐求之:寤(wù),睡醒;寐(mèi),睡着。
⑧ 思服:二字同义,思念。
⑨ 悠哉:形容思念深长的样子。
⑩ 辗转反侧:辗转,转动;反侧,翻来覆去。
⑪ 琴瑟友之:琴瑟,琴和瑟都是古时的弦乐器;友,友好交往,亲近。
⑫ 芼(mào):选择。
⑬ 夭夭:桃树含苞欲放的样子。
⑭ 灼灼其华:灼灼,花开鲜明的样子;华,花。
⑮ 之子于归:之子,指出嫁的姑娘;归,女子出嫁。
⑯ 宜其室家:宜,和顺,和善;室家,指夫妇。
⑰ 蕡(fén):肥硕。
⑱ 蓁(zhēn)蓁:树叶茂盛的样子。

击鼓其镗,踊跃用兵①。土国城漕,我独南行②。

从孙子仲,平陈与宋③。不我以归,忧心有忡④。

爰居爰处? 爰丧其马⑤? 于以求之⑥? 于林之下。

死生契阔,与子成说⑦。执子之手,与子偕老。

于嗟阔兮,不我活兮⑧。于嗟洵兮,不我信兮⑨。

4、《风·鄘风·相鼠》

相鼠

相鼠有皮,人而无仪⑩。人而无仪,不死何为?

相鼠有齿,人而无止⑪。人而无止,不死何俟?

相鼠有体,人而无礼⑫。人而无礼,胡不遄死⑬?

5、《风·王风·黍离》

黍离

彼黍离离,彼稷之苗⑭。行迈靡靡,中心摇摇⑮。

知我者,谓我心忧;不知我者,谓我何求。

---

① 镗:击鼓声。兵:指兵器。

② 土国城漕:土国,在国内服役土工;城漕,在漕邑修筑城墙。"土"和"城"皆是动词,土作"役"用,"城"作"筑"用。我独南行,指我独自南行从军。

③ 孙子仲:当时卫国南征的将领。平陈与宋:调解宋国与陈国的不睦。

④ 不我以归:是"不以我归"的倒文,不让我回来。有忡:即忡忡,心神不安的样子。

⑤ 爰丧:爰,于何,于以;丧,丢失。

⑥ 以:何。于以求之:到哪里寻找我的马。

⑦ 死生契阔,与子成说:契,合;阔,离。契阔是偏义副词,偏"契"义,结合,不分离;子,指作者的妻;成说,定约,结誓。

⑧ 于嗟阔兮,不我活兮:于,同"吁";吁嗟,感叹词;阔,道路辽远;活,聚会。不我活兮,不让我们相见。

⑨ 于嗟洵兮,不我信兮:洵,久远,指别离已久;信,守约;不我信兮,指不让我遵守誓言。

⑩ 相鼠有皮,人而无仪:相,看;仪,威仪,指可供他人取法的端庄严肃的态度、举止。

⑪ 止:容止,指控制嗜欲,使行为合乎礼。

⑫ 相鼠有体,人而无礼:体,身体;无礼,指不守礼。

⑬ 遄(chuán):速,快。

⑭ 彼黍离离,彼稷之苗:离离,茂盛的样子。一说为成排成行的样子。黍,小米;稷,高粱。

⑮ 行迈靡靡,中心摇摇:行迈,远行的意思;靡靡,迟迟;摇摇,同"愮愮(yáoyáo)",《尔雅》,"愮愮,犹无告也。"犹言愁闷得难受。

悠悠① 苍天，此何人哉？

彼黍离离，彼稷之穗。行迈靡靡，中心如醉。

知我者，谓我心忧；不知我者，谓我何求。

悠悠苍天，此何人哉？

彼黍离离，彼稷之实。行迈靡靡，中心如噎②。

知我者，谓我心忧；不知我者，谓我何求。

悠悠苍天，此何人哉？

6、《雅·小雅·常棣》

常棣

常棣之华，鄂不韡韡③。凡今之人，莫如兄弟。

死丧之威，兄弟孔怀④。原隰裒矣⑤，兄弟求矣。

脊令在原，兄弟急难⑥。每有良朋，况也永叹⑦。

兄弟阋于墙，外御其务⑧。每有良朋，烝也无戎⑨。

丧乱既平，既安且宁。虽有兄弟，不如友生⑩。

傧尔笾豆，饮酒之饫⑪。兄弟既具，和乐且孺⑫。

妻子好合，如鼓瑟琴。兄弟既翕，和乐且湛⑬。

---

① 悠悠：遥远的意思。

② 噎：气逆不顺。

③ 常棣之华，鄂不韡韡：常棣，棠梨树；华，花；鄂，同"萼"，花萼；韡(wěi)韡，花色鲜明的样子；不，岂不。

④ 死丧之威，兄弟孔怀：威，畏惧；孔怀，很关心。

⑤ 原隰裒矣：原隰，陵谷；裒(póu)，堆积，聚集。原隰裒矣，指山川变迁，自然灾难。

⑥ 脊令在原：脊令，水鸟名；在原，本为水鸟，如今在平原，失其常处，所以飞起时则鸣叫其类，如兄弟急难。

⑦ 况也永叹：况，增加；永叹，长叹。

⑧ 兄弟阋于墙，外御其务：阋(xì)，争吵；阋于墙，在家里面争吵；务，同"侮"，欺侮。

⑨ 烝也无戎：烝，通"陈"，久。一说为发语词；戎，帮助。

⑩ 生：语气助词，没有实义。

⑪ 傧尔笾豆，饮酒之饫：傧(bīn)，陈设，陈列；笾(biān)，古代祭祀和宴会时盛果品等的竹器；饫(yù)，酒足饭饱。

⑫ 孺：亲近。

⑬ 兄弟既翕，和乐且湛：翕(xī)，聚和；湛，长久。

宜尔室家,乐尔妻孥①。是究是图,亶其然乎。②

7、《雅·大雅·文王》

文王

文王在上,於昭于天③。周虽旧邦,其命维新④。

有周不显,帝命不时⑤。文王陟降⑥,在帝左右。

亹亹文王,令闻不已⑦。陈锡哉周,侯文王孙子⑧。

文王孙子,本支百世⑨。凡周之士,不显亦世⑩。

世之不显,厥犹翼翼⑪。思皇多士⑫,生此王国。

王国克生,维周之桢⑬;济济多士⑭,文王以宁。

穆穆文王,於缉熙敬止⑮。假哉天命,有商孙子⑯。

商之孙子,其丽不亿⑰。上帝既命,侯于周服⑱。

---

① 孥(nú):通"帑",儿女。

② 是究是图,亶其然乎:究,思虑;图,谋划;亶(dǎn),诚然,确实。

③ 文王在上,於昭于天:文王,周文王昌,姬姓;於(wū),叹美词;昭,光明。

④ 周虽旧邦,其命维新:旧邦,邦,犹"国"。周在氏族社会本是姬姓部落,后与姜姓联合为部落联盟,在西北发展。周立国从尧舜时代的后稷算起。命,天命,即天帝的意旨,古时君主宣扬自身承受天命来统治天下。维,是。

⑤ 有周不显,帝命不时:有周,这周王朝;有,指示性冠词;不(pī),同"丕",大;帝命,指上帝命周为天子;时,马润辰《通释》"时,读为'烝(zhēng)',美也。"

⑥ 陟降:上行曰陟,下行曰降。

⑦ 亹亹文王,令闻不已:亹(wěi)亹,勤勉不倦貌;令闻,美好的名声;不已,无尽。

⑧ 陈锡哉周,侯文王孙子:陈锡,陈,犹"重"、"屡",一再;锡,通"赐",赏赐;哉,"载"的假借,初、始;侯,乃;孙子,子孙。

⑨ 本支:树木的根干和枝叶。此以树木的本枝比喻子孙蕃衍。

⑩ 凡周之士,不显亦世:士,指周朝的百官群臣;亦世,犹"奕世",即累世。

⑪ 厥犹翼翼:厥,其;犹,同"猷",谋划;翼翼,恭谨勤勉貌。

⑫ 思皇多士:思,语首助词;皇,美、盛。

⑬ 王国克生,维周之桢:克,能;桢(zhēn),支柱、骨干。

⑭ 济济:有盛多、整齐美好、庄敬诸义。

⑮ 穆穆文王,於缉熙敬止:穆穆,庄重恭敬貌;於(wū),叹美词;缉熙,光明;敬止。敬,严肃谨慎;止,语助词。

⑯ 假哉天命,有商孙子:假,大;有,得有。

⑰ 其丽不亿:其数极多。丽,数;不,语助词;亿,周制十万为亿,这里只是概数,极言其多。

⑱ 侯于周服:为"侯服于周"的倒文。

侯服于周，天命靡常①。殷士肤敏，祼将于京②。

厥作祼将，常服黼冔③。王之荩臣，无念尔祖④。

无念尔祖，聿修厥德⑤。永言配命，自求多福⑥。

殷之未丧师，克配上帝⑦。宜鉴于殷，骏命不易⑧！

命之不易，无遏尔躬⑨。宣昭义问，有虞殷自天⑩。

上天之载，无声无臭⑪。仪刑文王，万邦作孚⑫。

8、《颂·周颂·清庙》

清庙⑬

於穆清庙⑭，肃雍显相⑮。济济多士⑯，秉文之德⑰。

对越在天⑱，骏⑲ 奔走在庙。不显不承⑳，无射于人斯㉑。

---

① 靡常：无常。

② 殷士肤敏：殷士，归降的殷商贵族；肤，有陈礼时陈序礼器之意；肤敏，即勤敏地陈序礼器。祼(guàn)：古代一种祭礼，在神主前面铺白茅，把酒浇于茅上，像神在饮酒。将：行。祼将为"将祼"的倒文。京：周京师。

③ 常服黼冔：常，通"尚"，还；服，动词，穿着；黼(fǔ)，古代白黑花纹相间的衣服；冔(xǔ)，殷冕。黼冔为殷商祭祀的服装。

④ 王之荩臣，无念尔祖：荩臣，忠臣；无，语助词，无义。诗人不便对成王说话，借荩臣说话。

⑤ 聿(yù)：发语助词。

⑥ 永言配命：永言，久长；言同"焉"，语助词；配命，与天命相合；配，比配，相称。

⑦ 殷之未丧师，克配上帝：丧师，指丧失民心；丧，亡、失；师，众、众庶；克配上帝，可以与上帝之意相称。

⑧ 骏命：大命，也即天命。骏，大。

⑨ 无遏尔躬：遏，止、绝；尔躬，你身。

⑩ 宣昭义问，有虞殷自天：宣昭，宣明，发扬光大；义，善；问，通闻。义问即好名誉；有，又；虞，审察、推度。

⑪ 臭(xiù)：味。

⑫ 仪刑文王，万邦作孚：仪刑，效法；刑，同"型"，模范，仪法，模式；孚，信服。

⑬ 祭祀文王的乐歌。要奉行文王德教，报答文王在天之灵。

⑭ 於穆清庙：於(wū)，赞叹词，犹如今天的"啊"；穆，庄严、壮美；清庙，清静的宗庙。

⑮ 肃雍显相：肃雍，庄重和顺的样子；显，高贵显赫；相，助祭的人，此指助祭的公卿诸侯。

⑯ 济济多士：济济，众多而整齐的样子；多士，指祭祀时承担各种职事的官吏。

⑰ 秉文之德：秉，秉承，操持；文之德，周文王的德行。

⑱ 对越在天：对越，越，于；在天，指周文王的在天之灵。

⑲ 骏：敏捷、迅速。

⑳ 不显不承：不(pī)，通"丕"，大；显，光明；承(zhēng)，借为"烝"，美盛。

㉑ 无射于人斯：无射(yì)，不厌，没有餍足；斯，语气助词。

9、《颂·周颂·维天之命》

维天之命

维天之命，於穆不已①。於乎不显②，文王之德之纯。

假以溢我③，我其收之。骏惠我文王，曾孙笃之④。

导修文萃

1、《毛诗正义》序⑤

夫《诗》者，论功颂德之歌，止僻防邪之训，虽无为而自发，乃有益于生灵。六情静于中，百物荡于外，情缘物动，物感情迁。若政遇醇和，则欢娱被于朝野，时当惨黩，亦怨刺形于咏歌。作之者所以畅怀纾愤，闻之者足以塞违从正。发诸情性，谐于律吕，故曰："感天地，动鬼神，莫近于《诗》。"此乃《诗》之为用，其利大矣。

若夫哀乐之起，冥于自然，喜怒之端，非由人事。故燕雀表啁噍之感，鸾凤有歌舞之容。然则《诗》理之先，同夫开辟，《诗》迹所用，随运而移。上皇道质，故讽喻之情寡。中古政繁，亦讴歌之理切。唐、虞乃见其初，牺、轩莫测其始。于后时经五代，篇有三千，成、康没而颂声寝，陈灵兴而变风息。先君宣父，厘正遗文，缉其精华，褫其烦重，上从周始，下暨鲁僖，四百年间，六诗备矣。卜商阐其业，雅颂与金石同和；秦正燎其书，简牍与烟尘共尽。汉氏之初，《诗》分为四：申公腾芳于鄢郢，毛氏光价于河间，贯长卿传之于前，郑康成笺之于后。晋、宋、二萧之世，其道大行；齐、魏两河之间，兹风不坠。

其近代为义疏者，有全缓、何胤、舒瑗、刘轨思、刘丑、刘焯、刘炫等。然焯、炫并聪颖特达，文而又儒，擢秀干于一时，骋绝辔于千里，固诸儒之所揖让，日下之无双，于其所作疏内特为殊绝。今奉敕删定，故据以为本。然焯、炫等负恃才气，轻鄙先达，同其所异，异其所同，或应略而反详，或宜详而更略，准其绳墨，差忒未免，勘其会同，时有颠踬。今则削其所繁，增其所简，唯意存于曲

---

① 维天之命，於穆不已：维，语助词；於（wū），叹词，表示赞美；穆，庄严粹美。

② 不（pī）：借为"丕"，大。

③ 假以溢我：假，通"嘉"，美好；溢，马瑞辰《毛诗传笺通释》："《尔雅·释诂》：'溢、慎、谧，静也。'诗言'溢我'，即慎我也，慎我即静我也，静我即安我也。"

④ 骏惠我文王，曾孙笃之：骏惠，郑笺训为"大顺"；曾孙，孙以下后代均称曾孙，郑笺，"曾，犹重也"；笃，指笃行，行事一心一意。

⑤ 选自《毛诗正义》，影印清嘉庆刊本《十三经注疏》，中华书局 1980 年版。

直，非有心于爱憎。谨与朝散大夫行太学博士臣王德韶、征事郎守四门博士臣齐威等对共讨论，辨详得失。至十六年，又奉敕与前修疏人及给事郎守太学助教云骑尉臣赵乾叶、登仕郎守四门助教云骑尉臣贾普曜等，对敕使赵弘智覆更详正，凡为四十卷，庶以对扬圣范，垂训幼蒙，故序其所见，载之于卷首云尔。

2、朱熹：《诗经集传》序①

或有问于予曰："《诗》何为而作也？"余应之曰："人生而静，天之性也；感于物而动，性之欲也。夫既有欲矣，则不能无思；既有思矣，则不能无言。既有言矣，则言之所不能尽，而发于咨嗟咏叹之余者，必有自然之音响节族而不能已焉。此《诗》之所以作也。"

曰："然则其所以教者，何也？"曰："《诗》者，人心之感物，而形于言之余也。心之所感有邪正，故言之所形有是非。惟圣人在上，则其所感者无不正，而其言皆足以为教。其或感之之杂，而所发不能无可择者，则上之人必思所以自反，而因有以劝惩之，是亦所以为教也。昔周盛时，上自郊庙朝廷而下达于乡党闾巷，其言粹然无不出于正者，圣人固已协之声律，而用之乡人，用之邦国，以化天下。至于列国之诗，则天子巡守，亦必陈而观之，以行黜陟之典。降自昭穆而后，寝以陵夷。至于东迁，而遂废不讲矣。孔子生于其时，既不得位，无以行帝王劝惩黜陟之政，于是特举其籍而讨论之，去其重复，正其纷乱，而其善之不足以为法，恶之不足以为戒者，则亦刊而去之，以从简约，示久远，使夫学者即是而有以考其得失，善者师之而恶者改焉。是以其政虽不足以行于一时，而其教实被于万世。是则《诗》之所以为教者然也。"

曰："然则国风雅颂之体，其不同若是，何也？"曰："吾闻之，凡《诗》之所谓风者，多出于里巷歌谣之作。所谓男女相与咏歌，各言其情者也。惟《周南》、《召南》亲被文王之化以成德，而人皆有以得其性情之正，故其发于言者，乐而不过于淫，哀而不及于伤，是以二篇独为风诗之正经。自邶而下，则其国之治乱不同，人之贤否亦异，其所感而发者有邪正是非之不齐，而所谓先王之风者，于此焉变矣。若夫雅颂之篇，则皆成周之世，朝廷郊庙乐歌之辞，其语和而庄，其义宽而密，其作者往往圣人之徒，固所以为万世法程而不可易者也。至于雅之变者，亦皆一时贤人君子闵时病俗之所为，而圣人取之，其忠厚恻怛之心，陈善闭邪之意，尤非后世能言之士所能及之。此《诗》之为经，所以人事浃于下，天道备于上，而无一理之不具也。"

曰："然则其学之也，当奈何？"曰："本之二南以求其端，参之列国以尽其变，正之于雅以大其规，和之于颂以要其止，此学《诗》之大旨也。于是乎章句以纲之，训诂以纪之，讽咏以昌之，涵濡以体之，察之情性隐微之间，审之言行枢机之始；则修身及家平均天下之道，其亦不待他求而得之于此矣。"

---

① 选自朱熹《诗集传》，上海古籍出版社 1980 年版。

问者唯唯而退。余时方辑《诗》传,因悉次是语以冠其篇云。

淳熙四年丁酉,冬十月戊子,新安朱熹序。

3、梁启超论读《诗经》①

读《诗》法之一

《诗》三百篇,为我国最古而最优美之文学作品。其中颂之一类,盖出专门文学家音乐家所制,最为典重斋皇。雅之一类,亦似有一部分出专门家之手。南与风② 则纯粹的平民文学也。前后数百年间各地方各种阶级各种职业之人男女两性之作品皆有,所写情感对于国家社会、对于家庭、对于朋友个人相互交际、对于两性间之怨慕……等等,莫不有其代表之作。其表现情感之法,有极缠绵而极蕴藉者。例如:

"君子于役,不知其期。曷至哉?鸡栖于埘,君子于役。如之何勿思?"

如:

"陟彼岵兮,瞻望父兮。父曰:'嗟!予子行役,夙夜无寐。尚慎旃哉,由来无死。'"

如:

"习习谷风,以阴以雨。黾勉同心,不宜有怒。采葑采菲,无以下体。德音莫违,及尔同死。"

有极委婉而实极决绝者。例如:

"泛彼柏舟,亦泛其流。髧彼两髦,实维我仪。之死矢靡它!母也天只,不谅人只!"

有极沉痛而一发务使尽者,例如:

"蓼蓼者莪,匪莪伊蒿。哀哀父母,生我劬劳。"

如:

"苕之华,其叶青青。知我如此,不如无生。"

有于无字句处写其深痛或挚爱者。例如:

"彼黍离离,彼稷之苗。行迈靡靡,中心摇摇。知我者谓我心忧,不知我者谓我何求。悠悠苍天,此何人哉。"

如:

"瞻彼日月,悠悠我思。道之云远,曷云能来。"

有其辞繁而不杀,以曲达菀结不可解之情者。例如:

《谷风》《载驰》《鸱鸮》《节南山》《正月》《十月之交》《小弁》《桑柔》诸篇。(全文不录)

① 节选自梁启超《要籍解题及其读法》,中国社会科学出版社1997年版,题目为编者所加。

② 编者按:梁启超认为,《诗经》的体裁应分为四种,即南、风、雅、颂,自《毛诗序》不解"南"之义,将"二南"误归于"风"下,详参梁启超《要籍解题及其读法》论《诗经》之《风颂雅南释名》。

有极淡远而一往情深者。例如：

"蒹葭苍苍，白露为霜。所谓伊人，在水一方。溯洄从之，道阻且长。溯游从之，宛在水中央。"

有极旖旎而含情邈然者，例如：

"春日载阳，有鸣苍庚。女执懿筐，遵彼微行，爰求柔桑。春日迟迟，采蘩祁祁。女心伤悲，殆及公子同归。"

凡此之类，各极表情文学之能事。（所举例不过随感忆所及随撷数章，令学者循此以注意耳，非表情佳什仅此，亦非谓表情法之种类仅此也。）故治《诗》者宜以全诗作文学品读，专从其抒写情感处注意而赏玩之，则诗之真价值乃见也。

孔子曰："诗可以兴，可以观，可以群，可以怨。"孔子于文学与人生之关系看出最真切，故能有此言。古者以诗为教育主要之工具，其目的在使一般人养成美德，有玩赏文学的能力，则人格不期而自进于高明。夫名诗仅讽诵涵泳焉，所得已多矣，况孔子举三百篇皆弦而歌之，合文学、音乐为一，以树社会教育之基础，其感化力之大云胡可量！子之武城，闻弦歌之声，子游对以"君子学道则爱人，小人学道则易使"。谓以诗教也，谓美感之能使社会向上也。吾侪学《诗》，亦学孔子之所学而已。

《诗》学之失，自伪《毛序》之言"美刺"始也。伪《序》以美刺释《诗》者十而八九。其中"刺时"、"刺其君"、"刺某人"云云者又居彼八九中之八九。夫感慨时政，憎嫉恶社会，虽不失为诗人情感之一，然岂舍此遂更无可抒之情感者？伪《序》乃悉举而纳之于刺。例如《邶风》之《雄雉》，《王风》之《君子于役》，明为夫行役在外而妻念之之作，与时君何与？而一以为刺卫宣公，一以为刺周平王。《邶风》之《谷风》，《卫风》之《氓》，明是弃妇自写其哀怨，而一以为刺夫妇失道，一以为刺时。诸如此类，指不胜指。信如彼说，则三百篇之作者乃举如一黄蜂，终日以蜇人为事，自身复有性情否耶？三百篇尽成"爰书"，所谓温柔敦厚者何在耶？又如男女相悦之诗十九释为刺淫，彼盖泥于孔子"思无邪"之言，以为"淫则邪，刺之则无邪"也。信如彼说，则构淫词以为刺，直"劝百讽一"耳，谓之无邪可乎？不知男女爱悦，亦情之正，岂必刺焉而始有合于无邪之旨也。是故自美刺之说行，而三百篇成为"司空城旦书"，其性灵之神圣刭没不曜者二千年于兹矣。学者速脱此梏，乃可与语于学《诗》也。

读《诗》法之二

前段所说，专就陶养情感一方面言。但古人学诗，尚有第二目的，在应用一方面。孔子曰："不学《诗》，无以言。"又曰："诵《诗》三百，授之以政，不达，使于四方，不能专对，虽多，而奚以为？"学诗何故能言能专对，授之以政何故能达耶？为政者不外熟家人情，批其窾郄，因而导之。而吾人所以御事应务，其本则在"多识前言往行以蓄其德"。古人学诗，将以求此也。《左传》襄二十八年云"赋诗断章，余取所求焉"。断章取所求，即学诗应用方面之法也。是故"绵蛮黄鸟，止于丘隅"。孔子读之曰："于止知其所止，可以人而不如鸟乎？""高山仰止，景行行止。"孔子读之则曰："诗之好仁如此，向道而行，不知年数之不足，俛焉日有孳孳，毙而后已。"司马迁读之则曰："虽不能至，而心向往之。""如切如磋，如琢如磨。"子贡读之，悟所以处贫富者。"巧笑倩兮，美目盼兮，素以为绚兮。"子夏读之，明"礼后"之义。孔子并赞叹之曰："赐也，商也，始可与言诗也已矣。""彻彼桑土，绸缪牖户。今此下民，或敢侮予。"孟子读之则曰："能治其国家，谁敢侮之！""鸤鸠在桑，其子七兮。淑人君子，其仪一兮。"荀子读之则曰："故君子结于一也。"自余如《左传》所记列国卿大夫之赋诗言志，以及《韩诗外传》《新序》之或述事、或树义，而引诗以佐成之。凡此之类，并不必问其诗之本事与其本意。通吾之所感于作者之所感，引而申之，触类而长之。此亦锻炼德性增益才智之一法，古人所恒用，而今后尚可袭用者也。

读《诗》法之三

现存先秦古籍，真赝杂糅，几于无一书无问题。其精金美玉，字字可信可宝者，《诗经》其首也。故其书于文学价值外尚有一重要价值焉，曰可以为古代史料或史料尺度。

所谓可以为史料者，非谓如伪《毛序》之比附《左传》《史记》，强派某篇为某王某公之事云也。《诗经》关系政治者本甚稀，即偶有一二属于当时宫廷事实者（如卫武公饮酒悔过，许穆夫人赋《载驰》之类），亦不甚足重轻，可置勿论。（《诗经》中关于具体的政治史料反不可尽信。盖文人之言华而不实者多也。如《鲁颂·閟宫》有"庄公之子"语，明为颂僖公无疑，而篇中又云"戎狄是膺，荆舒是惩"。僖公何从有此丰功伟烈耶？）虽然，历史决不限于政治，其最主要者在能现出全社会心的物的两方面之遗影。而高尚的文学作品，往往最能应给此种要求。《左传》季札观乐一篇对于十五国风之批评即从社会心理方面研究《诗经》也。吾侪若能应用此方法而扩大之，则对于"诗的时代"——纪前九〇〇至六〇〇之中华民族之社会组织的基础及其人生观之根核，可以得较明确的概念。而各地方民性之异同及其次第醇化之迹，亦可略见。其在物质方面，则当时动植物之分布，城郭宫室之建筑，农器、兵器、礼器、用器之制造，衣服、饮食之进步……凡此种种状况，试分类爬梳，所得者至复不少。故以史料读《诗经》几于无一字无用也。

所谓史料之尺度者，古代史神话与赝迹太多，吾侪欲严密鉴别，不能不择一两部较可信之书以为准据，以衡量他书所言以下真伪之判决，所谓正日月者视北辰也。若是者，吾名之曰史料之尺度。例如研究孔子史迹当以《论语》为尺度是也。有诗时代及有诗以前之时代，正式之史未出现，（《诗》之然后《春秋》作）而传记、谶纬所记古事多糅杂不可究诘。《诗经》既未经后人窜乱，全部字字可信，其文虽非为记事而作，而偶有所记，吾辈良可据为准鹄。例如"天命玄鸟，降而生商"；"厥初生民，时维姜嫄"。乃商、周人述其先德之诗，而所言如此，则稷契为帝喾子之说，当然成问题。（恐周人自文、武以前亦如殷制兄终弟及）例："帝作邦作对，自太伯王季。"明是周人历述其创业之主，则泰伯有无逃荆蛮之事，亦成问题。例如，各篇中屡言夏禹，如"禹敷下土方"、"缵禹之绪"等，而尧舜无一字道及，则尧舜为何人亦可成问题。诸如此类，若以史家极谨严的态度临之，宁阙疑勿武断，则以《诗经》为尺度，尚可得较洁净之史也。

说《诗》注《诗》之书

《诗》居六艺之首，自汉以来，传习极盛，解说者无虑千百家。即今现存之笺释等类书亦无虑千百种，略计之已使人头白矣，故吾劝学者以少读为妙。若必欲参考，则姑举以下各书。

西汉今文诗说有鲁、齐、韩三家，其传皆亡，仅余一《韩诗外传》为韩诗之别子。刘向之《新序》及《说苑》，说诗语极多。向固治鲁诗也，欲知西汉诗说之大概，此三书宜读。

清陈乔枞有《三家诗遗说考》，搜采三家说略备，可参考。

现行《十三经注疏》本《诗经》，为毛传、郑康成笺、孔颖达疏，所谓古文家言也。毛序之万不可信，吾已极言之。惟毛传于训诂颇简洁，可读也。郑笺十九申毛，时亦引之，穿凿附会者不少，宜分别观。孔疏颇博洽而断制少。清儒新疏，有陈奂《诗毛氏传疏》最精审，专宗毛，虽郑亦不苟同也。次则马瑞辰《毛诗传笺通释》，胡承珙《毛诗后笺》亦好。而王引之《经义述闻》、《经传释词》中关于毛诗各条皆极好。学者读此类书，宜专取其关于训诂名物方面观之，其关于礼制者已当慎择，关于说诗意者切勿为其所囿。

宋儒注释书，朱熹《诗经集传》颇洁净。其教人脱离传笺直玩诗旨，颇可学。但亦多武断处。其对于训诂名物，远不逮清儒之精审。

通论《诗》旨之书，清魏源《诗古微》，崔述《读风偶识》，极有理解，可读。姚际恒《九经通论》中《诗经》之部当甚好，但我尚未见其书。

吾关于整理《诗经》之意见有二。其一训诂名物之部，清儒笺释，已十得八九，汇观参订，择善以从，泐成一极简明之新注，则读者于文义可以无阂。其二，诗旨之部，从《左传》所记当时士大夫之"赋诗断章"起，次《论语》、《孟子》、《礼记》及周秦诸子引诗所取义，下至《韩诗外传》、《新序》、《说苑》及《两汉书》各传中之引诗语止，博采其说分系本诗之下，以见古人"以意逆志"、"告往知来"之法，俾诗学可以适用于人生。兹事为之并不难，惜吾有志焉而未之逮也。

4、朱自清：《经典常谈·诗经第四》[①]

诗的源头是歌谣。上古时候，没有文字，只有唱的歌谣，没有写的诗。一个人高兴的时候或悲哀的时候，常愿意将自己的心情诉说出来，给别人或自己听。日常的言语不够劲儿，便用歌唱；一唱三叹得叫别人回肠荡气。唱叹再不够的话，便手也舞起来了，脚也蹈起来了，反正要将劲儿使到了家。碰到节日，大家聚在一起酬神作乐，唱歌的机会更多。或一唱众和；或彼此竞胜。传说葛天氏的乐八章，三个人唱，拿着牛尾，踏着脚，似乎就是描写这种光景的。歌谣越唱越多，虽

---

① 本篇节选自朱自清《经典常谈》，岳麓书社 2010 年版。

没有书,却存在人的记忆里。有了现成的歌儿,就可借他人酒杯,浇自己块垒;随时拣一支合式的唱唱,也足可消愁解闷。若没有完全合式的,尽可删一些改一些,到称意为止。流行的歌谣中往往不同的词句并行不悖,就是为此。可也有经过众人修饰,成为定本的。歌谣真可说是"一人的机锋,多人的智慧"了。

歌谣可分为徒歌和乐歌。徒歌是随口唱,乐歌是随着乐器唱。徒歌也有节奏,手舞脚蹈便是帮助节奏的;可是乐歌的节奏更规律化些。乐器在中国似乎早就有了,《礼记》里说的土鼓、土槌儿、芦管儿,也许是我们乐器的老祖宗。到了《诗经》时代,有了琴瑟钟鼓,已是洋洋大观了。歌谣的节奏最主要的靠重叠或叫复沓,本来歌谣以表情为主,只要翻来覆去将情表到了家就成,用不着费话。重叠可以说原是歌谣的生命,节奏也便建立在这上头。字数的均齐,韵脚的调协,似乎是后来发展出来的。有了这些,重叠才在诗歌里失去主要的地位。

有了文字以后,才有人将那些歌谣纪录下来,便是最初的写的诗了。但纪录的人似乎并不是因为欣赏的缘故,更不是因为研究的缘故。他们大概是些乐工,乐工的职务是奏乐和唱歌;唱歌得有词儿,一面是口头传授,一面也就有了唱本儿。歌谣便是这么写下来的。我们知道春秋时的乐工就和后世阔人家的戏班子一样,老板叫作太师。那时各国都养着一班乐工,各国使臣来往,宴会时都得奏乐唱歌。太师们不但得搜集本国乐歌,还得搜集别国乐歌。不但搜集乐词,还得搜集乐谱。那时的社会有贵族与平民两级。太师们是伺候贵族的,所搜集的歌儿自然得合贵族们的口味;平民的作品是不会入选的。他们搜得的歌谣,有些是乐歌,有些是徒歌。徒歌得合乐才好用。合乐的时候,往往得增加重叠的字句或章节,便不能保存歌词的原来样子。除了这种搜集的歌谣以外,太师们所保存的还有贵族们为了特种事情,如祭祖、宴客、房屋落成、出兵、打猎等等作的诗。这些可以说是典礼的诗。又有讽谏、颂美等等的献诗;献诗是臣下作了献给君上,准备让乐工唱给君上听的,可以说是政治的诗。太师们保存下这些唱本儿,带着乐谱;唱词儿共有三百多篇,当时通称作《诗》三百。到了战国时代,贵族渐渐衰落,平民渐渐抬头,新乐代替了古乐,职业的乐工纷纷散走。乐谱就此亡失,但是还有三百来篇唱词儿流传下来,便是后来的《诗经》了。

"诗言志"是一句古话;"诗"(詩)这个字就是"言""志"两个字合成的。但古代所谓"言志"和现在所谓"抒情"并不一样;那"志"总是关联着政治或教化的。春秋时通行赋诗。在外交的宴会里,各国使臣往往得点一篇诗或几篇诗叫乐工唱。这很像现在的请客点戏,不同处是所点的诗句必加上政治的意味。这可以表示这国对那国或这人对那人的愿望、感谢、责难等等,都从诗篇里断章取义。断章取义是不管上下文的意义,只将一章中一两句拉出来,就当前的环境,作政治的暗示。如《左传》襄公二十七年,郑伯宴晋使赵孟于垂陇,赵孟请大家赋诗,他想看看大家的"志"。子太叔赋的是《野有蔓草》。原诗首章云:"野有蔓草,零露漙兮,有美一人,清扬婉兮。邂逅相遇,适我愿兮。"子太叔只取末两句,借以表示郑国欢迎赵孟的意思;上文他就不管。全诗原是男女私情之作,他更不管了。可是这样办正是"诗言志";在那回宴会里,赵孟就和子太叔说了"诗以言志"这句话。

到了孔子时代,赋诗的事已经不行了,孔子却采取了断章取义的办法,用《诗》来讨论做学问做人的道理。"如切如磋,如琢如磨",本来说的是治玉,将玉比人。他却用来教训学生做学问的工夫。"巧笑倩兮,美目盼兮,素以为绚兮"本来说的是美人,所谓天生丽质。他却拉出末句来比方作画,说先有白底子,才会有画,是一步步进展的;作画还是比方,他说的是文化,人先是朴野的,后来才进展了文化——文化必须修养而得,并不是与生俱来的。他如此解诗,所以说"思无邪"一句话可以包括《诗》三百的道理;又说诗可以鼓舞人,联合人,增加阅历,发泄牢骚,事父事君的道理都在里面。孔子以后,"《诗》三百"成为儒家的"六经"之一,《庄子》和《荀子》里都说到"诗言志",那个"志"便指教化而言。

但春秋时列国的赋诗只是用诗,并非解诗;那时诗的主要作用还在乐歌,因乐歌而加以借用,不过是一种方便罢了。至于诗篇本来的意义,那时原很明白,用不着讨论。到了孔子时代,诗已经不常歌唱了,诗篇本来的意义,经过了多年的借用,也渐渐含糊了。他就按着借用的办法,根据他教授学生的需要,断章取义地来解释那些诗篇。后来解释《诗经》的儒生都跟着他的脚步走。最有权威的毛氏《诗传》和郑玄《诗笺》差不多全是断章取义,甚至断句取义——断句取义是在一句两句里拉出一个两个字来发挥,比起断章取义,真是变本加厉了。

毛氏有两个人:一个毛亨,汉时鲁国人,人称为大毛公,一个毛苌,赵国人,人称为小毛公;是大毛公创始《诗经》的注解,传给小毛公,在小毛公手里完成的。郑玄是东汉人,他是专给《毛传》作《笺》的,有时也采取别家的解说;不过别家的解说在原则上也还和毛氏一鼻孔出气,他们都是以史证诗。他们接受了孔子"无邪"的见解,又摘取了孟子的"知人论世"的见解,以为用孔子的诗的哲学,别裁古代的史说,拿来证明那些诗篇是什么时代作的,为什么事作的,便是孟子所谓"以意逆志"。其实孟子所谓"以意逆志"倒是说要看全篇大意,不可拘泥在字句上,与他们不同。他们这样猜出来的作诗人的志,自然不会与作诗人相合;但那种志倒是关联着政治教化而与"诗言志"一语相合的。这样的以史证诗的思想,最先具体地表现在《诗序》里。

《诗序》有《大序》、《小序》。《大序》好像总论,托名子夏,说不定是谁作的。小序每篇一条,大约是大小毛公作的。以史证诗,似乎是《小序》的专门任务;传里虽也偶然提及,却总以训诂为主,不过所选取的字义,意在助成序说,无形中有个一定方向罢了。可是《小序》也还是泛说的多,确指的少。到了郑玄,才更详密地发展了这个条理。他接着《诗经》中的国别和篇次,系统地附合史料,编成了《诗谱》,差不多给每篇诗确定了时代;《笺》中也更多地发挥了作为各篇诗的背景的历史。以史证诗,在他手里算是集大成了。

《大序》说明诗的教化作用,这种作用似乎建立在风、雅、颂、赋、比、兴所谓"六义"上。《大序》只解释了风雅颂。说风是风化(感化)、风刺的意思,雅是正的意思,颂是形容盛德的意思。这都是按着教化作用解释的。照近人的研究,这三个字大概都从音乐得名。风是各地方的乐调,《国风》便是各国土乐的意思。雅就是"乌"字,似乎是描写这种乐的呜呜之音。雅也就是"夏"字,古代乐章叫作"夏"的很多,也许原是地名或族名。雅又分《大雅》、《小雅》,大约也是乐调不同的缘故。颂就是"容"字,容就是"样子";这种乐连歌带舞,舞就有种种样子了。风雅颂之外,其实还该有个"南"。南是南音或南调,《诗经》中《周南》、《召南》的诗,原是相当于现在河南、湖北一带地方的歌谣。《国风》旧有十五,分出二南,还剩十三;而其中邶、鄘两国的诗,现经考定,都是卫诗,那么只有十一《国风》了。颂有《周颂》、《鲁颂》、《商颂》,《商颂》经考定实是《宋颂》。至于搜集的歌谣,大概是在二南、《国风》和《小雅》里。

赋比兴的意义,说数最多。大约这三个名字原都含有政治和教化的意味。赋本是唱诗给人听,但在《大序》里,也许是"直铺陈今之政教善恶"的意思。比兴都是《大序》所谓"主文而谲谏";不直陈而用譬喻叫"主文",委婉讽刺叫"谲谏"。说的人无罪,听的人却可警诫自己。《诗经》里许多譬喻就在比兴的看法下断章断句地硬派作政教的意义了。比兴都是政教的譬喻,但在诗篇发端的叫做兴。《毛传》只在有兴的地方标出,不标赋比;想来赋义是易见的,比兴虽都是曲折成义,但兴在发端,往往关系全诗,比较更重要些,所以便特别标出了。《毛传》标出的兴诗,共一百十六篇,《国风》中最多,《小雅》第二;按现在说,这两部分搜集的歌谣多,所以譬喻的句子也便多了。

《礼记》选

导语

《礼记》是战国至秦汉年间儒家学者解释说明经书《仪礼》的论著，是一部儒家的政治、哲学和伦理思想的资料汇编。《礼记》的作者不止一人，写作时间也有先有后，其中多数篇章可能是孔子的七十二弟子及其后学的作品，还兼收先秦的其他典籍。据传，西汉宣帝在位时，礼学家戴德和他的侄子戴圣各自辑录有一个选本。戴德选编的八十五篇本叫《大戴礼记》，在后来的流传过程中有所散佚，到唐代只剩下了三十九篇。戴圣选编的四十九篇本叫《小戴礼记》。这两种书各有侧重和取舍。东汉末年，著名学者郑玄为《小戴礼记》作了出色的注解，后来这个本子逐渐由解说经文的著作成为经典，之后大戴本不再流行，以小戴本专称《礼记》，而且和《周礼》、《仪礼》合称"三礼"，到唐代被列为"九经"之一，到宋代被列入"十三经"之一。

从内容上讲，对"礼"的阐述无疑是《礼记》共同的主题。依据这个主题，后人将编排零乱、内容庞杂的《礼记》各篇章进行归类研究。东汉郑玄将49篇分为通论、制度、祭祀、丧服、吉事等八类。近代梁启超则分为五类：一通论礼仪和学术，有《礼运》、《乐记》、《学记》、《大学》、《中庸》、《儒行》等篇；二解释《仪礼》，有《冠义》、《昏义》、《乡饮酒义》等篇；三记孔子言行或孔门弟子及时人杂事，有《孔子闲居》、《孔子燕居》、《檀弓》、《曾子问》等；四记古代制度礼节，并加考辨，有《王制》、《曲礼》、《玉藻》、《明堂位》等篇；五为《曲礼》、《少仪》、《儒行》等篇的格言、名句。梁氏的归类划分，对我们有一定参考价值。本教材收录的《礼运》专讲儒家对国家、社会制度的设想，《学记》专讲教育理论，《乐记》专讲音乐理论。

1、《礼运第九》①

昔仲尼与于蜡② 宾,事毕,出游于观之上,喟然而叹。仲尼之叹,盖叹鲁也。言偃③ 在侧曰:"君子何叹?"孔子曰:"大道之行也,与三代之英,丘未之逮也,而有志焉。大道之行也,天下为公,选贤与能,讲信修睦。故人不独亲其亲,不独子其子,使老有所终,壮有所用,幼有所长,鳏寡孤独废疾者,皆有所养。男有分,女有归。货,恶其弃于地也,不必藏于己;力,恶其不出于身也,不必为己。是故谋闭而不兴,盗窃乱贼而不作,故户外而不闭,是谓大同。

"今大道既隐,天下为家,各亲其亲,各子其子,货力为己,大人世及以为礼,城郭沟池以为固,礼义以为纪,以正君臣,以笃父子,以睦兄弟,以和夫妇,以设制度,以立田里,以贤勇知,以功为己。故谋用是作,而兵由此起。禹、汤、文武、成王、周公,由此其选也。此六君子者,未有不谨于礼者也,以著其义,以考④ 其信,著有过,刑仁讲让,示民有常。如有不由此者,在执者去,众以为殃,是谓小康。"

言偃复问曰:"夫子之极言礼也,可得而闻与?"孔子曰:"我欲观夏道,是故之杞⑤,而不足征⑥也,吾得《夏时》焉。我欲观殷道,是故之宋⑦,而不足征也,吾得《坤乾》焉。《坤乾》之义,《夏时》之等,吾以是观之。

"夫礼之初始诸饮食,其燔黍捭豚,污尊而抔饮,蒉桴而土鼓,犹若可以致其敬于鬼神。及其死也,升屋而号告曰:'皋⑧ 某复。'然后饭腥⑨ 而苴孰。故天望而地藏也,体魄则降,知气在上。故死者北首,生者南乡,皆从其初。昔者先王未有宫室,冬则居营窟,夏则居橧巢。未有火化,食草木之实,鸟兽之肉,饮其血,茹其毛。未有麻丝,衣其羽皮。后圣有作,然后修火之利,范金合土,以为台榭、宫室、牖户,以炮,以燔,以亨,以炙,以为醴酪,治其麻丝以为布帛,以养生送死,以事鬼神上帝:皆从其朔。故玄酒在室,醴、醆在户,粢醍在堂,澄酒在下。陈其牺牲,备其鼎俎,列其琴、瑟、管、磬、钟、鼓,修其祝嘏,以降上神与其先祖,以正君臣,以笃父子,以睦兄弟,以齐上下,夫妇有所,是谓承天之祜。作其祝号,玄酒以祭,荐其血毛,腥其俎,孰其殽,与其越席,疏其布幂,

---

①　《礼运》在《礼记》中为第九篇,郑玄认为"名《礼运》者,以其记五帝、三王相变易,阴阳转旋之道"。在今人看来,《礼运》反映了儒家的政治思想和历史观点,尤其是书中的"大同"思想,对历代政治家、改革家都有深刻的影响。

②　蜡:腊祭,祭祀礼仪的一种。

③　言偃:孔子弟子子游。

④　考:成。

⑤　杞:夏禹的后代建立的国家。

⑥　征:证明。

⑦　宋:商汤的后代建立的国家。

⑧　皋:拉长了声音呼叫。

⑨　腥:生米。

衣其澣帛,醴、醆以献,荐其燔炙,君与夫人交献,以嘉魂魄,是谓合莫。然后退而合亨,体其犬、豕、牛、羊,实其簋、簠、笾、豆、铏羹。祝以孝告,嘏以慈告,是谓大祥,此礼之大成也。"

孔子曰:"於呼,哀哉!我观周道,幽厉伤之,吾舍鲁何适矣!鲁之郊、禘,非礼也,周公其衰矣!杞之郊也,禹也;宋之郊也,契也。是天子之事守也。故天子祭天地,诸侯祭社稷。

"祝嘏莫敢易其常古,是谓大假①。祝嘏辞说,藏于宗、祝、巫、史,非礼也,是谓幽国。盏、斝及尸君,非礼也,是谓僭君。冕、弁、兵革,藏于私家,非礼也,是谓胁君。大夫具官,祭器不假,声乐皆具,非礼也,是谓乱国。故仕于公曰臣,仕于家曰仆。三年之丧,与新有昏者,期不使。以衰裳入朝,与家仆杂居齐齿,非礼也,是谓君与臣同国。故天子有田以处其子孙,诸侯有国以处其子孙,大夫有采以处其子孙,是谓制度。故天子适诸侯,必舍其祖庙,而不以礼籍入,是谓天子坏法乱纪。诸侯非问疾吊丧而入诸臣之家,是谓君臣为谑。是故礼者,君之大柄也,所以别嫌明微,傧鬼神,考制度,别仁义,所以治政安君也。故政不正,则君位危,君位危,则大臣倍,小臣窃。刑肃而俗敝,则法无常,法无常而礼无列;礼无列,则士不事也。刑肃而俗敝,则民弗归也,是谓疵国。

"故政者,君之所以藏身也。是故夫政必本于天,殽以降命。命降于社② 之谓殽地,降于祖庙之谓仁义,降于山川之谓兴作,降于五祀之谓制度:此圣人所以藏身之固也。

"故圣人参于天地,并于鬼神以治政也。处其所存,礼之序也;玩其所乐,民之治也。故天生时而地生财,人其父生而师教之:四者,君以正用之,故君者立于无过之地也。

"故君者所明也,非明人者也;君者所养也,非养人者也;君者所事也,非事人者也。故君明人则有过,养人则不足,事人则失位。故百姓则君以自治也,养君以自安也,事君以自显也。故礼达而分定。故人皆爱其死而患其生。故用人之知去其诈,用人之勇去其怒,用人之仁去其贪。故国有患,君死社稷,谓之大义,大夫死宗庙,谓之变③。

"故圣人耐④ 以天下为一家,以中国为一人者,非意之也。必知其情,辟于其义,明于其利,达于其患,然后能为之。何谓人情?喜、怒、哀、惧、爱、恶、欲,七者弗学而能。何谓人义?父慈、子孝、兄良、弟弟⑤、夫义、妇听、长惠、幼顺、君仁、臣忠十者,谓之人义。讲信修睦,谓之人利;争夺相杀,谓之人患。故圣人之所以治人七情,修十义,讲信修睦,尚辞让,去争夺,舍礼何以治?饮食男女,人之大欲存焉。死亡贫苦,人之大恶存焉。故欲、恶者,心之大端也。人藏其心,不可测度也。美恶皆在其心,不见其色也,欲一以穷之,舍礼何以哉?

"故人者,其天地之德,阴阳之交,鬼神之会,五行之秀气也。故天秉阳,垂日星;地秉阴,窍于山川。播五行于四时,和而后月生也。是以三五而盈,三五而阙。五行之动,迭相竭也。五行、四

---

① 假:大。

② 社:土地。

③ 变:通"辩",正道。

④ 耐:通"能",能够。

⑤ 弟弟:弟弟敬爱兄长。后一个"弟"通"悌"。

时、十二月,还相为本也;五声①、六律、十二管,还相为宫也;五味②、六和③、十二食,还相为质也;五色、六章④、十二衣,还相为质也。

"故人者,天地之心也,五行之端也,食味,别声,被色而生者也。故圣人作则必以天地为本,以阴阳为端,以四时为柄,以日、星为纪,月以为量,鬼神以为徒,五行以为质,礼义以为器,人情以为田,四灵⑤以为畜。以天地为本,故物可举也;以阴阳为端,故情可睹也;以四时为柄,故事可劝也;以日、星为纪,故事可列也;月以为量,故功有艺⑥也;鬼神以为徒,故事有守也;五行以为质,故事可复也;礼义以为器,故事行有考也;人情以为田,故人以为奥也;四灵以为畜,故饮食有由也。

"何谓四灵?麟、凤、龟、龙,谓之四灵。故龙以为畜,故鱼鲔不淰;凤以为畜,故鸟不獝;麟以为畜,故兽不狘;龟以为畜,故人情不失。故先王秉蓍、龟,列祭祀,瘗缯⑦,宣祝嘏辞说,设制度,故国有礼,官有御,事有职,礼有序。

"故先王患礼之不达于下也,故祭帝于郊,所以定天位也;祀社于国,所以列地利也;祖庙,所以本仁也;山川,所以傧鬼神也;五祀,所以本事也。故宗、祝在庙,三公在朝,三老在学,王前巫而后史,卜、筮、瞽、侑皆在左右。王中心无为也,以守至正。故礼行于郊,而百神受职焉;礼行于社,而百货可极焉;礼行于祖庙,而孝慈服焉;礼行于五祀,而正法则焉。故自郊、社、祖、庙、山川、五祀,义之修而礼之藏也。

"是故夫礼,必本于大一。分而为天地,转而为阴阳,变而为四时,列而为鬼、神。其降曰命,其官⑧于天也。夫礼必本于天,动而之地,列而之事,变而从时,协于分艺。其居人也,曰养,其行之以货、力、辞让、饮食、冠、昏、丧、祭、射、御、朝、聘。

"故礼义也者,人之大端也,所以讲信修睦,而固人之肌肤之会,筋骸之束也;所以养生送死,事鬼神之大端也;所以达天道,顺人情之大窦也。故唯圣人为知礼之不可以已也,故坏国、丧家、亡人,必先去其礼。

"故礼之于人也,犹酒之有糵也:君子以厚,小人以薄。故圣人修义之柄、礼之序,以治人情。故人情者,圣王之田也;修礼以耕之,陈义以种之,讲学以耨之,本仁以聚之,播乐以安之。故礼也者,义之实也。协诸义而协,则礼虽先王未之有,可以义起也。义者,艺之分,仁之节也。协于艺,

---

① 五声:宫、商、角、微、羽。
② 五味:酸、甜、苦、辛、咸。
③ 六和:五味加上滑(以米粉和菜为滑),谓之六和。
④ 五色:青、赤、黄、白、黑。加上天的玄色,谓之六章。
⑤ 四灵:麟、凤、龟、龙。
⑥ 艺:标准、准则。
⑦ 瘗:埋葬。缯:丝织品。
⑧ 官:主宰。

讲于仁，得之者强。仁者，义之本也，顺之体也，得之者尊。故治国不以礼，犹无耜而耕也；为礼不本于义，犹耕而弗种也；为义而不讲之以学，犹种而弗耨也；讲之于学而不合之以仁，犹耨而弗获也；合之以仁而不安之以乐，犹获而弗食也；安之以乐而不达于顺，犹食而弗肥也。

"四体既正，肤革充盈，人之肥也。父子笃，兄弟睦，夫妇和，家之肥也。大臣法，小臣谦廉，官职相序，君臣相正，国之肥也。天子以德为车，以乐为御，诸侯以礼相与，大夫以法相序，士以信相考，百姓以睦相守，天下之肥也。是谓大顺。大顺者，所以养生送死，事鬼神之常也。故事大积焉而不苑①，并行而不缪，细行而不失。深而通，茂而有间，连而不相及也，动而不相害也，此顺之至也。故明于顺，然后能守危也。

"故礼之不同也，不丰也，不杀也，所以持情而合危②也。故圣王所以顺：山者不使居川，不使渚者居中原，而弗敝也；用水、火、金、木，饮食必时；合男女，颁爵位，必当年德，用民必顺。故无水、旱、昆虫之灾，民无凶、饥、妖孽之疾。故天不爱其道，地不爱其宝，人不爱③其情。故天降膏露，地出醴泉，山出器车，河出马图，凤凰、麒麟皆在郊椒，龟、龙在宫沼，其余鸟兽之卵胎，皆可俯而窥也。则是无故，先王能修礼以达义，体信以达顺，故此顺之实也。"

2、《学记第十八》④

发虑宪，求善良，足以謏闻⑤，不足以动众；就贤体远，足以动众，未足以化民。君子如欲化民成俗，其必由学乎！

玉不琢，不成器；人不学，不知道。是故古之王者建国君⑥民，教学为先。《兑命》⑦曰："念终始典于学。"其此之谓乎！

虽有嘉肴，弗食，不知其旨也；虽有至道，弗学，不知其善也。故学然后知不足，教然后知困。知不足，然后能自反也；知困，然后能自强也，故曰：教学相长也。《兑命》曰："学⑧学半。"其此之谓乎！

古之教者，家有塾，党有庠，术有序，国有学。比年入学，中年考校。一年视离经辨志⑨，三年视敬业乐群，五年视博习亲师，七年视论学取友，谓之小成；九年知类通达，强立而不反，谓之大

---

① 苑：滞怠。
② 合危：保持对危害的警惕。
③ 爱：吝惜隐藏。
④ 《学记》在《礼记》中为第十八篇，是世界教育史上最早的一部体系十分完整而系统的教育理论专著，是先秦儒家学派教育思想和教学经验的高度概括。
⑤ 謏同"小"，謏闻：小有名气。
⑥ 君：作动词用，统治的意思。
⑦ 《兑命》是《尚书》中的一篇。"兑"通"悦"，下同。
⑧ 学：音 xiào，教的意思。
⑨ 清代学者黄以周《离经辨志说》："离经，专以析句言；辨志，专以断章言。"

成。夫然后足以化民易俗,近者说服,而远者怀之,此大学之道也。《记》曰:"蛾子时术之。"其此之谓乎!

　　大学始教,皮弁① 祭菜,示敬道也;《宵② 雅》肄三,官其始也;入学鼓箧,孙③ 其业也;夏楚二物,收其威也;未卜禘不视学,游其志也;时观而弗语,存其心也;幼者听而弗问,学不躐④ 等也。此七者,教之大伦也。《记》曰:"凡学官先事,士先志。"其此之谓乎!

　　大学之教也时,教必有正业,退息必有居。学,不学操缦,不能安弦;不学博依,不能安《诗》;不学杂服⑤,不能安礼;不兴其艺,不能乐学。故君子之于学也,藏焉,修焉,息焉,游焉。夫然,故安其学而亲其师,乐其友而信其道。是以虽离师辅而不反也。《兑命》曰:"敬孙务时敏,厥修乃来。"其此之谓乎!

　　今之教者,呻其占毕⑥,多其讯,言及于数,进而不顾其安,使人不由其诚,教人不尽其材;其施之也悖,其求之也佛。夫然,故隐其学而疾其师,苦其难而不知其益也,虽终其业,其去之必速。教之不刑,其此之由乎!大学之法,禁于未发之谓豫,当其可之谓时,不陵节而施之谓孙⑦,相观而善之谓摩。此四者,教之所由兴也。

　　发然后禁,则捍格⑧ 而不胜;时过然后学,则勤苦而难成;杂施而不孙,则坏乱而不修;独学而无友,则孤陋而寡闻;燕朋⑨ 逆其师;燕辟⑩ 废其学。此六者,教之所由废也。

　　君子既知教之所由兴,又知教之所由废,然后可以为人师也。故君子之教喻⑪ 也,道而弗牵,强而弗抑,开而弗达。道而弗牵则和,强而弗抑则易,开而弗达则思;和易以思,可谓善喻矣。

　　学者有四失,教者必知之。人之学也,或失则多,或失则寡,或失则易,或失则止。此四者,心之莫同也。知其心,然后能救其失也。教也者,长善而救其失者也。

　　善歌者,使人继其声;善教者,使人继其志。其言也约而达,微而臧⑫,罕譬而喻,可谓继志矣。君子知至学之难易,而知其美恶,然后能博喻;能博喻然后能为师;能为师然后能为长;能为长然后能为君。故师也者,所以学为君也。是故择师不可不慎也。《记》曰:"三王四代唯其师。"

---

① 皮弁(biàn):天子或士的礼服。

② 宵:同小。

③ 孙:同逊,恭敬。

④ 躐:超越。

⑤ 杂服:各种礼服,亦作洒扫应对讲。

⑥ 呻:朗读。占:同觇(chān),注视。毕:竹简,古代的书是刻在竹简上的。

⑦ 孙:顺应,合乎规律。

⑧ 捍格:坚固不易攻破。

⑨ 燕朋:不正派的朋友。

⑩ 燕辟:淫邪的谈话。

⑪ 喻:启发诱导。

⑫ 臧:完善。

此之谓乎!

凡学之道,严① 师为难。师严然后道尊,道尊然后民知敬学。是故君之所不臣于其臣者二:当其为尸② 则弗臣也,当其为师则弗臣也。大学之礼,虽诏于天子,无北面③;所以尊师也。

善学者,师逸而功倍,又从而庸④ 之;不善学者,师勤而功半,又从而怨之。善问者,如攻坚木,先其易者,后其节目,及其久也,相说以解;不善问者反此。善待问者,如撞钟,叩之以小者则小鸣,叩之以大者则大鸣,待其从容,然后尽其声;不善答问者反此。此皆进学之道也。

记问之学,不足以为人师。必也听语乎,力不能问,然后语之;语之而不知,虽舍之可也。

良冶之子,必学为裘;良弓之子,必学为箕;始驾者反之,车在马前。君子察于此三者,可以有志于学矣。

古之学者:比物丑⑤ 类。鼓无当于五声⑥,五声弗得不和。水无当于五色⑦,五色弗得不章。学无当于五官⑧,五官弗得不治。师无当于五服,五服弗得不亲。

、君子曰:大德不官,大道不器,大信不约,大时不齐。察于此四者,可以有志于学矣。三王之祭川也,皆先河而后海;或源也,或委⑨ 也。此之谓务本。

3、《乐记第十九》⑩

凡音之起,由人心生也。人心之动,物使之然也。感于物而动,故形于声。声相应,故生变;变成方,谓之音。比音而乐之,及干戚、羽旄,谓之乐。

乐者,音之所由生也,其本在人心之感于物也。是故其哀心感者,其声噍以杀⑪;其乐心感者,其声啴⑫ 以缓;其喜心感者,其声发以散;其怒心感者,其声粗以厉;其敬心感者,其声直以廉;其爱心感者,其声和以柔。六者非性也,感于物而后动。是故先王慎所以感之者。故礼以道其志,乐以和其声,政以一其行,刑以防其奸。礼乐刑政,其极一也,所以同民心而出治道也。

---

① 严:尊敬。

② 尸:古时代表死者受祭祀的人。

③ 无北面:古时天子上朝面南而坐,臣子北面而朝。若天子到学校向教师请教,则面东,教师面西,不以臣子相待,以表示尊师重道。

④ 庸:归功的意思。

⑤ 丑:相同。

⑥ 五声:宫、商、角、徵、羽五种音级。

⑦ 五色:青、赤、黄、白、黑。

⑧ 五官:耳、目、口、鼻、心。

⑨ 委:水的聚汇之所,归宿。

⑩ 《乐记》是中国儒家音乐理论专著,在《礼记》中为第十九篇。

⑪ 噍杀(jiàoshài):声音急促的样子。

⑫ 啴(chǎn):舒缓的样子。

凡音者,生人心者也。情动于中,故形于声,声成文,谓之音。是故治世之音安以乐,其政和;乱世之音怨以怒,其政乖;亡国之音哀以思,其民困。声音之道与政通矣。宫为君,商为臣,角为民,徵为事,羽为物,五者不乱,则无怗懘[1] 之音矣。

宫乱则荒,其君骄;商乱则陂,其官坏;角乱则忧,其民怨;徵乱则哀,其事勤;羽乱则危,其财匮。五者皆乱,迭相陵,谓之慢。如此则国之灭亡无日矣。郑卫之音,乱世之音也,比于慢矣。桑间、濮上之音,亡国之音也。其政散,其民流,诬上行私而不可止也。

凡音者,生于人心者也。乐者,通伦理者也。是故知声而不知音者,禽兽是也。知音而不知乐者,众庶是也。唯君子为能知乐。是故审声以知音,审音以知乐,审乐以知政,而治道备矣。是故不知声者不可与言音,不知音者不可与言乐。知乐,则几于礼矣。礼乐皆得,谓之有德。德者,得也。

是故乐之隆,非极音也;食飨之礼,非致味也。《清庙》之瑟,朱弦而疏越,一倡而三叹,有遗音者矣。大飨之礼,尚玄酒而俎腥鱼,大羹不和,有遗味者矣。是故先王之制礼乐也,非以极口腹耳目之欲也,将以教民平好恶而反人道之正也。

人生而静,天之性也;感于物而动,性之欲也。物至知知,然后好恶形焉。好恶无节于内,知诱于外,不能反躬,天理灭矣。夫物之感人无穷,而人之好恶无节,则是物至而人化物也。人化物也者,灭天理而穷人欲者也。于是有悖逆诈伪之心,有淫泆作乱之事。是故强者胁弱,众者暴寡,知者诈恶,勇者苦怯,疾病不养,老幼孤独不得其所,此大乱之道也。

是故先王之制礼乐,人为之节,衰麻哭泣,所以节丧纪也;钟鼓干戚,所以和安乐也;婚姻冠笄[2],所以别男女也;射乡食飨,所以正交接也。礼节民心,乐和民声,政以行之,刑以防之。礼乐刑政,四达而不悖,则王道备矣。

乐者为同,礼者为异。同则相亲,异则相敬。乐胜则流,礼胜则离。合情饰貌者,礼乐之事也。礼义立,则贵贱等矣;乐文同,则上下和矣;好恶著,则贤不肖别矣。刑禁暴,爵举贤,则政均矣。仁以爱之,义以正之,如此则民治行矣。乐由中出,礼自外作。乐由中出,故静;礼自外作,故文。大乐必易,大礼必简。乐至则无怨,礼至则不争。揖让而治天下者,礼乐之谓也。暴民不作,诸侯宾服,兵革不试,五刑不用,百姓无患,天子不怒,如此则乐达矣。合父子之亲,明长幼之序,以敬四海之内,天子如此,则礼行矣。大乐与天地同和,大礼与天地同节。和,故百物不失;节,故祀天祭地。明则有礼乐,幽则有鬼神。如此,则四海之内合敬同爱矣。礼者,殊事合敬者也;乐者,异文合爱者也。礼乐之情同,故明王以相沿也。故事与时并,名与功偕。故钟鼓管磬,羽籥干戚,乐之器也。屈伸俯仰,缀兆舒疾,乐之文也。簠簋俎豆[3],制度文章,礼之器也。升降上下,周

---

① 怗懘(zhānzhì):《史记·乐书》作"沾滞",不和谐。
② 冠笄(jī):男子二十而冠,女十五而笄,都是指成人礼。
③ 簠簋俎豆(fǔ guǐ zǔ dòu):都是祭祀礼仪所用的礼器。

还裼袭①,礼之文也。故知礼乐之情者能作,识礼乐之文者能述。作者之谓圣,述者之谓明。明圣者,述作之谓也。

乐者,天地之和也。礼者,天地之序也。和,故百物皆化;序,故群物皆别。乐由天作,礼以地制。过制则乱,过作则暴。明于天地,然后能兴礼乐也。论伦无患,乐之情也;欣喜欢爱,乐之官也。中正无邪,礼之质也;庄敬恭顺,礼之制也。若夫礼乐之施于金石,越于声音,用于宗庙社稷,事乎山川鬼神,则此所与民同也。

王者功成作乐,治定制礼。其功大者其乐备,其治辩②者其礼具。干戚之舞,非备乐也;孰亨而祀,非达礼也。五帝殊时,不相沿乐;三王异世,不相袭礼。乐极则忧,礼粗则偏矣。及夫敦乐而无忧,礼备而不偏者,其唯大圣乎?

天高地下,万物散殊,而礼制行矣。流而不息,合同而化,而乐兴焉。春作夏长,仁也;秋敛冬藏,义也。仁近于乐,义近于礼。乐者敦和,率神而从天,礼者别宜,居鬼而从地。故圣人作乐以应天,制礼以配地。礼乐明备,天地官矣。

天尊地卑,君臣定矣。卑高已陈,贵贱位矣。动静有常,小大殊矣。方以类聚,物以群分,则性命不同矣。在天成象,在地成形,如此,则礼者天地之别矣。地气上齐,天气下降,阴阳相摩,天地相荡,鼓之以雷霆,奋之以风雨,动之以四时,煖之以日月,而百化兴焉。如此,则乐者天地之和也。

化不时则不生,男女无辨则乱升③,天地之情也。及夫礼乐之极乎天而蟠乎地,行乎阴阳而通乎鬼神,穷高极远而测深厚。乐著大始,而礼居成物。著不息者天也,著不动者地也。一动一静者,天地之间也。故圣人曰礼乐云。

昔者,舜作五弦之琴以歌《南风》,夔始制乐以赏诸侯。故天子之为乐也,以赏诸侯之有德者也。德盛而教尊,五谷时孰,然后赏之以乐。故其治民劳者,其舞行缀远;其治民逸者,其舞行缀短。故观其舞,知其德;闻其谥,知其行也。《大章》,章之也。《咸池》,备矣。《韶》,继也。《夏》,大也。④殷周之乐,尽矣。

天地之道,寒暑不时则疾,风雨不节则饥。教者,民之寒暑也,教不时则伤世;事者,民之风雨也,事不节则无功。然则先王之为乐也,以法治也,善则行象德矣。夫豢豕为酒,非以为祸也,而狱讼益繁,则酒之流生祸也。是故先王因为酒礼,一献之礼,宾主百拜,终日饮酒而不得醉焉,此先王所以备酒祸也。故酒食者,所以合欢也。乐者,所以象德也。礼者,所以缀淫也。是故先王有大事,必有礼以哀之;有大福,必有礼以乐之。哀乐之分,皆以礼终。乐也者,圣人之所乐也,而可以善民心,其感人深,其移风易俗,故先王著其教焉。

---

① 裼(xī)袭:袒上衣而露体谓之裼,掩上衣谓之袭。
② 辩:遍也。治辩:功治有大小,故礼乐有广狭。
③ 升:成也。
④ 《大章》:尧乐名。《咸池》:黄帝乐名。《韶》:舜乐名。《夏》:禹乐名。

　　夫民有血气心知之性,而无哀乐喜怒之常,应感起物而动,然后心术形焉①。是故志微、噍杀之音作,而民思忧;啴谐、慢易、繁文、简节之音作,而民康乐;粗粝、猛起、奋末、广贲之音作,而民刚毅;廉直、劲正、庄诚之音作,而民肃敬;宽裕、肉好、顺成、和动之音作,而民慈爱;流辟、邪散、狄成、涤滥之音作,而民淫乱。是故先王本之情性,稽之度数,制之礼义,合生气之和,道五常之行,使之阳而不散,阴而不密,刚气不怒,柔气不慑,四畅交于中而发作于外,皆安其位而不相夺也。然后立之学等,广其节奏,省其文采,以绳德厚,律小大之称,比终始之序,以象事行。使亲疏、贵贱、长幼、男女之理皆形见于乐,故曰:"乐观其深矣。"

　　土敝则草木不长,水烦则鱼鳖不大,气衰则生物不遂,世乱则礼慝而乐淫。是故其声哀而不庄,乐而不安;慢易以犯节,流湎以忘本;广则容奸,狭则思欲;感条畅之气而灭平和之德,是以君子贱之也。

　　凡奸声感人而逆气应之,逆气成象,而淫乐兴焉。正声感人而顺气应之,顺气成象,而和乐兴焉。倡和有应,回邪曲直,各归其分,而万物之理,各以类相动也。是故君子反情以和其志,比类以成其行。奸声乱色,不留聪明,淫乐慝礼,不接心术,惰慢邪辟之气不设于身体,使耳目鼻口心知百体皆由顺正以行其义。然后发以声音,而文以琴瑟,动以干戚,饰以羽旄,从以箫管,奋至德之光,动四气之和,以著万物之理。是故清明象天,广大象地,终始象四时,周还象风雨,五色成文而不乱,八风从律而不奸,百度得数而有常,小大相成,终始相生,倡和清浊,迭相为经。故乐行而伦清,耳目聪明,血气和平,移风易俗,天下皆宁。故曰:"乐者,乐也。"君子乐得其道,小人乐得其欲。以道制欲,则乐而不乱;以欲忘道,则惑而不乐。是故君子反情以和其志,广乐以成其教。乐行而民乡方,可以观德矣。德者,性之端也;乐者,德之华也。金石丝竹,乐之器也。诗,言其志也;歌,咏其声也;舞,动其容也。三者本于心,然后乐气从之。是故情深而文明,气盛而化神。和顺积中而英华发外,唯乐不可以为伪。

　　乐者,心之动也。声者,乐之象也。文采节奏,声之饰也。君子动其本,乐其象,然后治其饰,是故先鼓以警戒,三步以见方,再始以著往,复乱以饬归,奋疾而不拔,极幽而不隐,独乐其志,不厌其道,备举其道,不私其欲。是故情见而义立,乐终而德尊。君子以好恶,小人以听过。故曰:"生民之道,乐为大焉。"

　　乐也者,施也。礼也者,报也。乐,乐其所自生;而礼反其所自始。乐章德,礼报情,反始也。所谓大辂者,天子之车也。龙旂九旒,天子之旌也。青黑缘者,天子之宝龟也。从之以牛羊之群,则所以赠诸侯也。

　　乐也者,情之不可变者也。礼也者,理之不可易者也。乐统同,礼辨异,礼乐之说,管乎人情矣。穷本知变,乐之情也。著诚去伪,礼之经也。礼乐偩天地之情,达神明之德,降兴上下之神,

---

　　① 颜师古注《汉书·礼乐志》"应感起物而动,然后心术形焉"云:"言人之性感物则动也。术,道径也。心术,心之所由也。形,见也。"

而凝是精粗之体,领父子君臣之节。是故大人举礼乐,则天地将为昭焉。天地诉合,阴阳相得,煦妪①覆育万物,然后草木茂,区萌②达,羽翼奋,角觡生,蛰虫昭苏,羽者妪伏,毛者孕鬻,胎生者不殰③,而卵生者不殈④,则乐之道归焉耳。

乐者,非谓黄钟、大吕、弦歌、干扬也,乐之末节也,故童者舞之。铺筵席,陈尊俎,列笾豆,以升降为礼者,礼之末节也,故有司掌之。乐师辨乎声诗,故北面而弦;宗祝辨乎宗庙之礼,故后尸;商祝辨乎丧礼,故后主人。是故德成而上,艺成而下;行成而先,事成而后。是故先王有上有下,有先有后,然后可以制于天下也。

魏文侯问于子夏曰:"吾端冕而听古乐,则唯恐卧;听郑卫之音,则不知倦。敢问古乐之如彼何也? 新乐之如此何也?"子夏对曰:"今夫古乐,进旅退旅,和正以广,弦匏笙簧,会守拊鼓,始奏以文,复乱以武,治乱以相,讯疾以雅。君子于是语,于是道古,修身及家,平均天下,此古乐之发也。今夫新乐,进俯退俯,奸声以滥,溺而不止,及优侏儒,獶杂⑤子女,不知父子。乐终不可以语,不以道古,此新乐之发也。今君之所问者乐也,所好者音也。夫乐者,与音相近而不同。"文侯曰:"敢问何如?"子夏对曰:"夫古者,天地顺而四时当,民有德而五谷昌,疾疢不作而无妖祥,此之谓大当。然后圣人作为父子君臣,以为纪纲,纪纲既正,天下大定,天下大定,然后正六律,和五声,弦歌《诗颂》,此之谓德音。德音之谓乐。《诗》云:'莫其德音,其德克明。克明克类,克长克君。王此大邦,克顺克俾。俾于文王,其德靡悔。既受帝祉,施于孙子。'此之谓也。今君之所好者,其溺音乎?"文侯曰:"敢问溺音何从出也?"子夏对曰:"郑音好滥淫志,宋音燕女溺志,卫音趋数烦志,齐音敖辟乔志,此四者,皆淫于色而害于德,是以祭祀弗用也。《诗》云:'肃雍和鸣,先祖是听。'夫肃肃,敬也;雍雍,和也。夫敬以和,何事不行? 为人君者,谨其所好恶而已矣。君好之,则臣为之;上行之,则民从之。《诗》云:'诱民孔易。'此之谓也。然后圣人作为鞉、鼓、椌、楬、埙、篪,此六者,德音之音也。然后钟、磬、竽、瑟以和之,干、戚、旄、狄以舞之。此所以祭先王之庙也,所以献、酬、酳、酢也,所以官序贵贱各得其宜也,所以示后世有尊卑长幼之序也。钟声铿,铿以立号,号以立横,横以立武,君子听钟声则思武臣。石声磬,磬以立辨,辨以致死,君子听磬声则思死封疆之臣。丝声哀,哀以立廉,廉以立志,君子听琴瑟之声则思志义之臣。竹声滥,滥以立会,会以聚众,君子听箫管之声则思畜聚之臣。鼓鼙之声欢,欢以立动,动以进众,君子听鼓鼙之声则思将帅之臣。君子之听音,非听其铿锵而已也,彼亦有所合之也。"

宾牟贾侍坐于孔子,孔子与之言,及乐,曰:"夫《武》之备戒之已久,何也?"对曰:"病不得其众也。""咏叹之,淫液之,何也?"对曰:"恐不逮事也。""发扬蹈厉之已蚤,何也?"对曰:"及时事也。"

---

① 煦妪:抚养。孔颖达疏云:"天以气煦之,地以形妪之,是天煦覆而地妪育,故言煦妪覆育万物。"
② 区(gōu)萌:草木屈曲而生。
③ 殰(dú):流产。
④ 殈(xù):裂也,鸟蛋破裂而不孵化。
⑤ 獶杂(yōuzá):混杂。

"《武》坐,致右宪左,何也?"对曰:"非《武》坐也。""声淫及商,何也?"对曰:"非《武》音也。"子曰:"若非《武》音,则何音也?"对曰:"有司失其传也。若非有司失其传,则武王之志荒矣。"子曰:"唯!丘之闻诸苌弘,亦若吾子之言是也。"

宾牟贾起,免席而请曰:"夫《武》之备戒之已久,则既闻命矣,敢问迟之迟而又久,何也?"子曰:"居!吾语女。夫乐者,象成者也。揔干而山立①,武王之事也;发扬蹈厉,大公之志也。《武》乱皆坐,周召之治也。且夫《武》,始而北出,再成而灭商,三成而南,四成而南国是疆,五成而分,周公左,召公右,六成复缀,以崇天子。夹振之而驷伐,盛威于中国也。分夹而进,事蚤济也。久立于缀,以待诸侯之至也。且女独未闻牧野之语乎?武王克殷,反商。未及下车而封黄帝之后于蓟,封帝尧之后于祝,封帝舜之后于陈;下车而封夏后氏之后于杞,投殷之后于宋,封王子比干之墓,释箕子之囚,使之行商容而复其位。庶民弛政,庶士倍禄。济河而西,马散之华山之阳而弗复乘;牛散之桃林之野而弗复服,车甲衅而藏之府库而弗复用,倒载干戈,包之以虎皮,将帅之士使为诸侯,名之曰'建橐'。然后天下知武王之不复用兵。散军而郊射,左射《狸首》,右射《驺虞》,而贯革之射息也。裨冕搢笏,而虎贲之士说剑也。祀乎明堂,而民知孝。朝觐,然后诸侯知所以臣;耕藉,然后诸侯知所以敬。五者,天下之大教也。食三老五更于大学,天子袒而割牲,执酱而馈,执爵而酳,冕而揔干,所以教诸侯之弟也。若此,则周道四达,礼乐交通,则夫《武》之迟久,不亦宜乎!"

君子曰:礼乐不可斯须去身。致乐以治心,则易直子谅之心油然生矣。易直子谅之心生则乐,乐则安,安则久,久则天,天则神。天则不言而信,神则不怒而威,致乐以治心者也。致礼以治躬则庄敬,庄敬则严威。心中斯须不和不乐,而鄙诈之心入之矣;外貌斯须不庄不敬,而易慢之心入之矣。故乐也者,动于内者也;礼也者,动于外者也。乐极和,礼极顺,内和而外顺,则民瞻其颜色而弗与争也,望其容貌而民不生易慢焉。故德辉动于内而民莫不承听,理发诸外而民莫不承顺。故曰:致礼乐之道,举而错之,天下无难矣。乐也者,动于内者也;礼也者,动于外者也。故礼主其减,乐主其盈。礼减而进,以进为文;乐盈而反,以反为文。礼减而不进则销,乐盈而不反则放,故礼有报而乐有反。礼得其报则乐,乐得其反则安;礼之报,乐之反,其义一也。

夫乐者,乐也,人情之所不能免也。乐必发于声音,形于动静,人之道也。声音动静,性术之变尽于此矣。故人不耐无乐,乐不耐无形,形而不为道不耐无乱。先王耻其乱,故制《雅》《颂》之声以道之,使其声足乐而不流,使其文足论而不息,使其曲直、繁瘠、廉肉、节奏足以感动人之善心而已矣②,不使放心邪气得接焉。是先王立乐之方也。是故乐在宗庙之中,君臣上下同听之则莫不和敬;在族长乡里之中,长幼同听之则莫不顺;在闺门之内,父子兄弟同听之则莫不和亲。故

① 揔干:持盾。山立:正立。
② 据孔颖达疏:曲,谓声音回曲。直:谓声音放直。繁:谓繁多。瘠:谓省约。廉:谓廉棱。肉:谓肥满。节奏:谓或作或止,作则奏之,止则节之。言声音之内,或曲或直,或繁或瘠,或廉或肉,或节或奏,随分而作,以会其宜。但使会其宜,足以感动人之善心,如此而已。

乐者，审一以定和，比物以饰节，节奏合以成文，所以合和父子君臣，附亲万民也，是先王立乐之方也。故听其《雅》《颂》之声，志意得广焉；执其干戚，习其俯仰诎伸，容貌得庄焉；行其缀兆，要其节奏，行列是正焉，进退得齐焉。故乐者，天地之命，中和之纪，人情之所不能免也。

夫乐者，先王之所以饰喜也，军旅铁钺者，先王之所以饰怒也。故先王之喜怒，皆得其侪焉。喜则天下和之，怒则暴乱者畏之。先王之道，礼乐可谓盛矣。

子赣见师乙而问焉，曰："赐闻声歌各有宜也。如赐者，宜何歌也？"师乙曰："乙，贱工也，何足以问所宜？请诵其所闻，而吾子自执焉。"爱者宜歌《商》，温良而能断者宜歌《齐》。

夫歌者，直己而陈德也。动己而天地应焉，四时和焉，星辰理焉，万物育焉。故《商》者，五帝之遗声也。宽而静，柔而正者宜歌《颂》，广大而静，疏远而信者宜歌《大雅》，恭俭而好礼者，宜歌《小雅》，正直而静，廉而谦者宜歌《风》。肆直而慈爱，商之遗声也，商人识之，故谓之《商》。《齐》者，三代之遗声也，齐人识之，故谓之《齐》。明乎商之音者，临事而屡断；明乎齐之音者，见利而让。临事而屡断，勇也；见利而让，义也。有勇有义，非歌孰能保此？故歌者，上如抗①，下如队②，曲如折，止如槁木③，倨中矩，句中钩④，累累乎端如贯珠。故歌之为言也，长言之也。说之，故言之；言之不足，故长言之；长言之不足，故嗟叹之；嗟叹之不足，故不知手之舞之，足之蹈之也。"——子贡问乐。

导修文萃

1、梁启超论读《礼记》、《大戴礼记》⑤

《礼记》之名称及篇目存佚

《礼记》者，七十子后学者所记，而战国、秦、汉间儒家言之一丛书，西汉中叶儒者戴德、戴圣所纂集传授也。今存者有东汉郑康成所注四十九篇，名曰《礼记》，实《小戴记》。有北周卢辩所注三十九篇，名曰《大戴礼记》。《大戴礼记》本八十五篇，佚其四十六，存者仅此而已。两记之名，盖自东汉后始立。《汉书·艺文志·礼家》依《七略》著录，但云："《记》百三十一篇。"班固注云："七十子

---

① 上如抗：谓歌声高亢。

② 下如队：谓音声低落。

③ 止如槁木：言音声止静，感动人心，如似枯槁之木，止而不动也。

④ 倨中矩：言其音声雅曲，感动人心，如中当于矩也。句中钩：谓大屈也，言音声大屈曲，感动人心，如中当于钩也。

⑤ 节选自梁启超《要籍解题及其读法》，中国社会科学出版社1997年版，题目为编者所加。

后学者所记。"至《隋书·经籍志》则云："汉初河间献王得仲尼弟子所记一百三十一篇。至刘向校经籍,检得一百三十篇,因第而叙之。又得《明堂阴阳记》……等五种,共二百十四篇。戴德删其繁重,合而记之,为八十五篇,谓之《大戴礼》。戴圣又删大戴之书为四十六篇,谓《小戴记》。(案:此说本诸晋司空长史陈邵。《经典释文序录》引邵《周礼论序》云:"戴德删古礼二百四篇为八十五篇,谓之《大戴礼》。圣删《大戴礼》为四十九篇,是为《小戴礼》。"《隋志》与邵异者,古礼二百四篇作二百十四篇,《小戴礼》四十九篇作四十六篇)两记之传授分合,问题颇复杂。今先列其目,再加考证。①

《礼记》内容之分析

《礼记》为儒家者流一大丛书,内容所函颇复杂。今略析其重要之类别如下。

(甲)记述某项礼节条文之专篇。(乙)记述某项政令之专篇。(丙)解释礼经之专篇。(丁)专记孔子言论。(戊)记孔门及时人杂事。(己)制度之杂记载。(庚)制度礼节之专门的考证及杂考证。(辛)通论礼意或学术。(壬)杂记格言。(癸)某项掌故之专记。

《礼记》之价值

《礼记》之最大价值,在于能供给以研究战国、秦、汉间儒家者流——尤其是荀子一派——学术思想史之极丰富之资料。盖孔氏之学,在此期间始确立,亦在此期间而渐失其真。其蜕变之迹与其几,读此两戴《记》八十余篇最能明了也。今略举其要点如下。

一 孔门本以"礼"为人格教育之一工具,至荀子则更以此为唯一之工具。其末流乃至极繁琐、极拘迂,乃至为小小仪节费几许记述、几许辩争。

二 秦、汉间帝王好大喜功,"封禅"、"巡守"、"明堂"、"辟雍"、"正朔"、"服色"等之铺张的建设,多由儒生启之,儒生亦不能不广引古制以自张其军。

三 为提倡礼学起见,一方面讲求礼之条节,一方面推阐制礼之精意及其功力,以明礼教与人生之关系,使礼治主义能为合理的存在。此种工作,在两戴《记》中,颇有重要之发明及收获。

四 孔子设教,惟重力行。其及门者,亲炙而受人格的感化,亦不汲汲以骛高玄精析之论。战国以还,"求知"的学风日昌,而各派所倡理论亦日复杂。儒家受其影响,亦竞进而为哲理的或科学的研究。孟、荀之论性、论名实,此其大较也。两戴《记》中亦极能表现此趋势。

五 儒家束身制行之道及其教育之理论法则,所引申阐发者亦日多,而两戴《记》荟萃之。

要之,欲知儒家根本思想及其蜕变之迹,则除《论语》、《孟子》、《荀子》外,最要者实为两《礼记》。而《礼记》方面较多,故足供研究资料者亦较广。但研究《礼记》时又应注意两事。

---

① 梁启超在此处之下还有《今本〈礼记〉目录》与《今本〈大戴礼记〉目录》,详细介绍了篇目存佚情况,今删去,读者可参考梁启超原书。

第一,《记》中所述唐虞夏商制度,大率皆儒家推度之辞,不可轻认为历史上实事。即所述周制,亦未必文、武、周公之旧,大抵属于当时一部分社会通行者半,属于儒家理想者半。宜以极谨严的态度观之。

第二,各篇所记"子曰……""子言之……"等文,不必尽认为孔子之言。盖战国、秦、汉间孔子已渐带有"神话性",许多神秘的事实皆附之于孔子,立言者亦每托孔子以自重。此其一。"子"为弟子述师之通称,七十子后学于其本师亦可称"子",例如《中庸》《缁衣》……或言采自《子思子》,则篇中之"子"亦可认为指子思,不必定指孔子。此其二。即使果为孔子之言,而辗转相传,亦未必无附益或失真。此其三。要之全两部《礼记》所说,悉认为儒家言则可,认为孔子言则须审择也。

就此两点而论,《礼记》一书,未经汉以后人窜乱,诚视他书为易读。但其著作及编纂者之本身,或不免有若干之特别作用及成见,故障雾亦缘之而滋。读者仍须加一番鉴别也。

读《礼记》法

读《礼记》之人有三种。一,以治古代礼学为目的者。二,以治儒家学术思想史为目的者。三,以常识及修养应用为目的者。今分别略论其法。

以治古代礼学为目的而读《礼记》者:第一,当知《礼记》乃解释《仪礼》之书,必须与《仪礼》合读。第二,须知《周礼》晚出不可信,万不可引《周礼》以解《礼记》或难《礼记》,致自乱其系统。第三,当知《礼记》是一部乱杂的丛书,欲理清眉目,最好是分类纂钞,比较研究,略如唐魏征《类礼》,元吴澄《礼记纂言》,清江永《礼书纲目》之例。(魏征书今佚。《唐书》本传云:"征以《小戴礼》综汇不伦,更作《类礼》二十篇。太宗美其书,录置内府。"《谏录》载太宗诏书云:"以类相从,别为篇第。并更注解,文义粲然。")第四,当知此丛书并非出自一人一时代之作,其中各述所闻见所主张,自然不免矛盾。故只宜随文研索,有异同者则并存之,不可强为会通,转生缪辖。以上四义,不过随举所见。吾未尝治此学,不敢谓有心得也。居今日而治古代礼学,诚可不必。然欲研究古代社会史或宗教史者,则礼学实为极重要之研究对象,未可以为僵石而吐弃之也。

以治儒家学术思想史为目的而读《礼记》者,当略以吾前段所举之五事为范围。其条目则(一)儒家对于礼之观念,(二)儒家争辩礼节之态度及其结果,(三)儒家之理想的礼治主义及其制度,(四)礼教与哲学……等等,先标出若干门目而鸟瞰全书,综析其资料,庶可以见彼时代一家学派之真相也。

以常识或修养应用为目的而读《礼记》者,因《小戴记》四十九篇,自唐以来号为"大经",自明以来列为"五经"之一,诵习之广,次于《诗》《书》,久已形成国民常识之一部,其中精粹语有裨于身心修养及应事接物质之用者不少,故吾辈宜宝而读之。惟其书繁重且干燥无味者过半,势不能以全读。吾故不避僭妄,为欲读者区其等第如左。

第一等《大学》、《中庸》、《学记》、《乐记》、《礼运》、《王制》

第二等《经解》、《坊记》、《表记》、《缁衣》、《儒行》、《大传》、《礼器》之一部分、《祭义》之一部分

第三等《曲礼》之一部分、《月令》、《檀弓》之一部分

第四等 其他

吾愿学者于第一等诸篇精读,第二、三等摘读,第四等或竟不读可也。上有分等,吾自知为极不科学的、极不论理的、极狂妄的,吾并非对于诸篇有所轩轾。问吾以何为标准,吾亦不能回答。吾惟觉《礼记》为青年不可不读之书,而又为万不能全读之书。吾但以吾之主观的意见,设此方便耳。通人责备,不敢辞也。(上专就《小戴记》言,其《大戴》各篇则三四等居多也。)

《礼记》注释书,至今尚无出郑注、孔疏右者。若非专门研究家,则宜先读白文,有不解则参阅注疏可耳。若专治礼学,则清儒关于三《礼》之良著颇多,恕不悉举也。

《大戴礼记》因传习夙稀,旧无善注,且讹误滋多。清儒卢文弨、戴震先后校勘,始渐可读。孔广森《大戴礼记补注》、汪照《大戴礼记补注》皆良著也。

2、朱自清:《经典常谈·三礼第五》①

许多人家的中堂里,供奉着"天地君亲师"的大牌位。天地代表生命的本源。亲是祖先的意思,祖先是家族的本源。君师是政教的本源。人情不能忘本,所以供奉着这些。荀子只称这些为礼的三本②;大概是到了后世才宗教化了的。荀子是儒家大师。儒家所称道的礼,包括政治制度、宗教仪式、社会风俗习惯等等,却都加以合理的说明。从那"三本说",可以知道儒家有拿礼来包罗万象的野心,他们认礼为治乱的根本;这种思想可以叫做礼治主义。

怎样叫做礼治呢? 儒家说初有人的时候,各人有各人的欲望,各人都要满足自己的欲望,没有界限,没有分际,大家就争起来了。你争我争,社会就乱起来了。那时君师们看了这种情形,就渐渐给定出礼来,让大家按着贵贱的等级、长幼的次序,各人得着自己该得的一份儿吃的、喝的、穿的、住的,各人也做着自己该做的一份儿工作。各等人有各等人的界限和分际;若是只顾自己,不管别人,任性儿贪多务得,偷懒图快活,这种人就得受严厉的制裁,有时候保不住生命。这种礼,教人节制,教人和平,建立起社会的秩序,可以说是政治制度。

天生万物,是个很古的信仰。这个天是个能视能听的上帝,管生杀,管赏罚。在地上的代表,便是天子,天子祭天,和子孙祭祖先一样。地生万物是个事实。人都靠着地里长的活着,地里长的不够了,便闹饥荒;地的力量自然也引起了信仰。天子诸侯祭社稷,祭山川,都是这个来由。最普遍的还是祖先的信仰。直到我们的时代,这个信仰还是很有·力的。按儒家说,这些信仰都是

---

① 本篇节选自朱自清《经典常谈》,岳麓书社 2010 年版。

② 见《礼论篇》。

"报本返始"① 的意思。报本返始是庆幸生命的延续，追念本源，感恩怀德，勉力去报答的意思。但是这里面怕不单是怀德，还有畏威的成分。感谢和恐惧产生了种种祭典。儒家却只从感恩一面加以说明，看作礼的一部分。但这种礼教人恭敬，恭敬便是畏威的遗迹了。儒家的丧礼，最主要的如三年之丧，也建立在感恩的意味上；却因恩谊的亲疏，又定出等等差别来。这种礼，大部分可以说是宗教仪式。

居丧一面是宗教仪式，一面是普通人事。普通人事包括一切日常生活而言。日常生活都需要秩序和规矩。居丧以外，如婚姻、宴会等大事，也各有一套程序，不能随便马虎过去；这样是表示郑重，也便是表示敬意和诚心。至于对人，事君，事父母，待兄弟姊妹，待子女，以及夫妇朋友之间，也都自有一番道理。按着尊卑的分际，各守各的道理，君仁臣忠，父慈子孝，兄友弟恭，夫妇朋友互相敬爱，才算能做人；人人能做人，天下便治了。就是一个人饮食言动，也都该有个规矩，别叫旁人难过，更别侵犯着旁人，反正诸事都记得着自己的份儿。这些个规矩也是礼的一部分；有些固然含着宗教意味，但大部分可以说是风俗习惯。这些风俗习惯有一些也可以说是生活的艺术。

王道不外乎人情，礼是王道的一部分，按儒家说的是通乎人情的②。既通乎人情，自然该诚而不伪了。但儒家所称道的礼，并不全是实际施行的。有许多只是他们的理想，这种就不一定能通乎人情了。就按那些实际施行的说，每一个制度、仪式或规矩，固然都有它的需要和意义。但是社会情形变了，人的生活跟着变；人的喜、怒、爱、恶，虽然还是喜、怒、爱、恶，可是对象变了。那些礼惰性却很大，并不跟着变。这就留下了许许多多遗形物，没有了需要，没有了意义；不近人情的伪礼只会束缚人。《老子》里攻击礼，说"有了礼，忠信就差了"③；后世有些人攻击礼，说"礼不是为我们定的"④；近来大家攻击礼教，说"礼教是吃人的"。这都是指着那些个伪礼说的。

从来礼乐并称，但乐实在是礼的一部分；乐附属于礼，用来补助仪文的不足。乐包括歌和舞，是"人情之所必不免"的⑤。不但是"人情之所必不免"，而且乐声的绵延和融和也象征着天地万物的"流而不息，合同而化"⑥。这便是乐本。乐教人平心静气，互相和爱，教人联合起来，成为一整个儿。人人能够平心静气，互相和爱，自然没有贪欲、捣乱、欺诈等事，天下就治了。乐有改善人心、移风易俗的功用，所以与政治是相通的。按儒家说，礼、乐、刑、政，到头来只是一个道理；这四件都顺理成章了，便是王道。这四件是互为因果的。礼坏乐崩，政治一定不成；所以审乐可以

① 见《礼记·郊特牲》。
② 见《礼记·乐记》。
③ 《老子》第三十八章。
④ 阮籍语，原文见《世说新语·任诞》。
⑤ 见《荀子·乐论》、《礼记·乐记》。
⑥ 见《礼记·乐记》。

知政①。"治世之音安以乐,其政和;乱世之音怨以怒,其政乖;亡国之音哀以思,其民困。"② 吴公子季札到鲁国观乐,乐工奏哪一国的乐,他就知道是哪一国的;他是从乐歌里所表现的政治气象而知道的③。歌词就是诗;诗与礼乐也是分不开的。孔子教学生要"兴于《诗》,立于礼,成于乐"④;那时要养成一个人才,必须学习这些。这些诗、礼、乐,在那时代都是贵族社会所专有,与平民是无干的。到了战国,新声兴起,古乐衰废,听者只求悦耳,就无所谓这一套乐意。汉以来胡乐大行,那就更说不到了。

古代似乎没有关于乐的经典;只有《礼记》里的《乐记》,是抄录儒家的《公孙尼子》等书而成,原本已经是战国时代的东西了。关于礼,汉代学者所传习的有三种经和无数的"记"。那三种经是《礼仪》、《礼古经》、《周礼》。《礼古经》已亡佚,《仪礼》和《周礼》相传都是周公作的。但据近来的研究,这两部书实在是战国时代的产物。《仪礼》大约是当时实施的礼制,但多半只是士的礼。那些礼是很繁琐的,踵事增华的多,表示诚意的少,已经不全是通乎人情的了。《仪礼》可以说是宗教仪式和风俗习惯的混合物;《周礼》却是一套理想的政治制度。那些制度的背景可以看出是战国时代;但组成了整齐的系统,便是著书人的理想了。

"记"是儒家杂述礼制、礼制变迁的历史,或礼论之作;所述的礼制有实施的,也有理想的。又叫做《礼记》:这《礼记》是一个广泛的名称。这些"记"里包含着《礼古经》的一部分。汉代所见的"记"很多,但流传到现在的只有三十八篇《大戴记》和四十九篇《小戴记》。后世所称《礼记》,多半专指《小戴记》。大戴是戴德;小戴是戴圣,戴德的侄儿。相传他们是这两部书的编辑人。但二戴都是西汉的《仪礼》专家。汉代有五经博士;凡是一家一派的经学影响大的,都可以立博士。大戴仪礼学后来立了博士,小戴本人就是博士。汉代经师的家法最严,一家的学说里绝不能掺杂别家。但现存的两部"记"里都各掺杂着非二戴的学说。所以有人说这两部书是别人假托二戴的名家纂辑;至少是二戴原书多半亡佚,由别人拉杂凑成的——可是成书也还在汉代——这两部书里《小戴记》容易些,后世诵习的人比较多些,所以差不多专占了《礼记》的名字。

---

① 见《礼记·乐记》。
② 见《礼记·乐记》。
③ 见《左传·襄公二十九年》。
④ 见《论语·泰伯》。

《春秋》三传选

导语

　　《春秋》是我国继《尚书》之后的第二部史书，也是第一部编年体史书。因为《尚书》只是一些单独成篇的文书档案，所以钱穆在《中国史学名著》中提出"《春秋》乃是中国正式第一部历史书"。《春秋》记述了从鲁隐公元年(公元前722年)至鲁哀公十四年(公元前481年)共242年、12位国君当政期间各国发生的重要事件。据孟子讲，春秋时，"世衰道微，邪说暴行有作，臣弑其君者有之，子弑其父者有之。孔子惧，作《春秋》"。孔子作《春秋》的目的是要寓褒贬于对历史事件有选择、有规范的记述之中，以"微言"伸"大义"。但《春秋》是否孔子所作，一直存在争议。

　　相传孔子即以《诗》、《书》、《礼》、《乐》、《易》、《春秋》六经作教材，所以《春秋》一直是儒家的核心经典，自汉代起即立为官学。历史上曾有多家传授，但流传后世的只有三种传授本：《左氏春秋》、《公羊春秋》和《谷梁春秋》，分别包含了《春秋》经文和左氏、公羊氏和谷梁氏为《春秋》经文作的传。经、传都是历史，但经为万世立法，一字褒贬界限分明；传或阐明经文义理，或直叙史事，实是对经文的讲授。虽然三传都是依经文而作，但在内容上各有侧重，也各有得失，且详略不一。《谷梁传》约为《公传羊》的二分之一，只有《左氏传》的五分之一。东晋经学家范宁认为："左氏艳而富，其失也巫；《谷梁》清而婉，其失也短；《公羊》辩而裁，其失也俗。"汉代郑玄则说："《左氏》善于礼，《公羊》善于谶，《谷梁》善于经。"

1、《春秋左氏传》选

导语

　　《左传·庄公三十二年》：此篇节选关于"神降于莘"的内容，讨论的是对明神降临的不同态度和行为，提出神聪明正直且依人而行、国之兴亡在人而不在神的观点，并进而提出"国将兴，听于民；将亡，听于神"的论断。

　　《左传·襄公九年》：此篇选文详述了两件事：一件是鲁襄公九年春宋国发生火灾后，执政兼司城乐喜组织救灾的情况，以及晋侯与士弱由此而引发的关于天道的对话。这一方面反映了古人高超的组织领导能力，另一方面阐述了天道取决于人道的观点。另一件是鲁国夫人穆姜被迁东宫时与太史关于卜筮卦象的对话,阐明个人吉凶祸福不取决于卦象而取决于本人德行的观点。

《左传·襄公二十四年》:此篇详述了范宣子与叔孙豹关于"死而不朽"的讨论,提出了儒家著名的"三不朽"论断:太上立德,其次立功,其次立言。

庄公三十二年(节选)

[经]三十有二年①。春,城小谷②。夏,宋公、齐侯遇于梁丘③。秋七月癸巳④,公子牙⑤卒。八月癸亥⑥,公薨于路寝⑦。冬十月己未⑧,子般⑨卒。公子庆父如齐⑩。狄伐邢⑪。

[传]三十二年春,城小谷,为管仲也。

齐侯为楚伐郑⑫之故,请会于诸侯。宋公请先见于齐侯。夏,遇于梁丘。

秋七月,有神降于莘⑬。

惠王问诸内史过⑭曰:"是何故也?"对曰:"国之将兴,明神⑮降之,监⑯其德也;将亡,神又降之,观其恶也。故有得神以兴,亦有以亡,虞、夏、商、周皆有之。"王曰:"若之何⑰?"对曰:"以其物享⑱焉,其至之日,亦其物也⑲。"王从之。内史过往,闻虢请命⑳,反曰:"虢必亡矣,虐而听于

---

① 三十有二年:鲁庄公三十二年,公元前662年。

② 城小谷:修筑小谷的城墙。小谷,齐邑,管仲的采邑,在今山东东阿县。

③ 宋公、齐侯遇于梁丘:宋公,宋桓公;齐侯,齐桓公;遇,非正式的会见;梁丘,宋邑,在今山东成武东北。

④ 癸巳:古代以干支纪时,即甲、乙、丙、丁等。癸巳就是四日。

⑤ 公子牙:鲁庄公弟,即叔牙,一名僖叔。

⑥ 癸亥:五日。

⑦ 路寝:古天子诸侯的正寝。寝,寝室。古代天子有六寝:一个正寝,五个燕寝。正寝一曰路寝,一曰大寝。天子平时都住燕寝,斋戒及疾病时住正寝。按当时之礼,诸侯及夫人死于正寝为得其正。

⑧ 己未:二日。

⑨ 子般:鲁庄公太子。郑玄《驳五经异议》:"言卒不言薨,未成君也。"

⑩ 公子庆父如齐:公子庆父,鲁庄公长弟;如,到,往。

⑪ 狄伐邢:狄,狄人;邢,邢国,姬姓,领地在今河北邢台。

⑫ 楚伐郑:在鲁庄公二十八年,即公元前666年。

⑬ 莘(shēn):虢地,在今河南三门峡。

⑭ 诸内史过:诸,之于;内史过,周朝名叫过的大夫。

⑮ 明神:洞悉人间是非善恶的神灵。

⑯ 监:监临,视察。

⑰ 若之何:怎么对待它呢? 若,对待,处置;之,代词,指明神。

⑱ 以其物享:依其所至之日的祭祀物品祭享。物,祭品、祭服;享,祭享。

⑲ 其至之日,亦其物也:根据它降临的日子,选择恰当的祭品。古代以干支纪日,每个日子祭神都有特定的物品。

⑳ 请命:请求神明的诏命。命,诏命,指下文的请求神明赐田。

神①。"

神居莘六月。虢公使祝应、宗区、史嚚② 享焉。神赐之土田。史嚚曰:"虢其亡乎! 吾闻之:国将兴,听于民;将亡,听于神。神,聪明正直而一③ 者也,依人而行④。虢多凉德⑤,其何土之能得!"

襄公九年(节选)

[经]九年。春,宋灾⑥。夏,季孙宿如晋。五月辛酉⑦,夫人姜氏⑧ 薨。秋八月癸未⑨,葬我小君穆姜。冬,公会晋侯、宋公、卫侯、曹伯、莒子、邾子、滕子、薛伯、杞伯、小邾子、齐世子光伐郑。十有二月己亥⑩,同盟于戏⑪。楚子伐郑。

[传]九年春,宋灾。乐喜为司城以为政⑫。使伯氏司里⑬。火所未至,彻⑭ 小屋,涂⑮ 大屋;陈畚、梮⑯,具绠、缶⑰,备水器⑱;量轻重⑲,蓄水潦⑳,积土涂㉑;巡丈城㉒,缮守备㉓,表火道㉔。使

---

① 听于神:听命于神。
② 祝应、宗区、史嚚(yín):太祝应、宗人区、太史嚚。
③ 一:意即神始终如一地依凭于人,指神明坚持原则。
④ 依人而行:根据各人应得赐福降祸。
⑤ 凉德:刻薄之德,指虢多行虐政。凉,薄,刻薄。
⑥ 灾:失火。
⑦ 辛酉:二十九日。
⑧ 姜氏:即穆姜,成公母,襄公祖母。为了除去成公,私通叔孙侨如,被迫迁于东宫。
⑨ 癸未:二十三日。
⑩ 己亥:十日。
⑪ 戏:戏童山,在今河南登封县嵩山北。
⑫ 乐喜为司城以为政:乐喜担任司城并主持国政。乐喜,子罕;司城,宋有六卿:右师、左师、司马、司徒、司城、司寇,司城排第五位。
⑬ 使伯氏司里:(子罕)派伯氏管辖城内街巷。使,派遣;伯氏,宋大夫;司,管辖;里,里巷。
⑭ 彻:通"拆",拆除。指拆除小屋,留出空地以隔断大火。
⑮ 涂:用泥土涂抹,用以防火。
⑯ 陈畚、梮:陈列运土用的畚箕和木棍。陈,陈列;畚(běn),畚箕;梮(jū),抬土用的器具。
⑰ 具绠、缶:准备好汲水用的绳索和盛器。具,准备;绠(gěng),汲水绳索;缶(fǒu),瓦制的汲水器具。
⑱ 水器:盛水器具,如盆、瓮等。
⑲ 量轻重:估计个人力量大小。量,估计。
⑳ 蓄水潦:储备积水。蓄,储备;潦(lǎo),积水。
㉑ 涂:泥土。
㉒ 丈城:杨伯峻《春秋·左传注》疑"丈城"为一词,指城郭四周。
㉓ 缮守备:修理防守之具。缮,修缮;备,设备。
㉔ 表火道:表明大火可能延烧之处。表,标记,标明;火道,大火可能延烧之处。

华臣① 具正徒②，令隧正纳郊保③，奔火所④。使华阅讨右官⑤，官庀其司⑥。向戌讨左⑦，亦如之。使乐遄⑧ 庀刑器⑨，亦如之。使皇郧⑩ 命校正⑪ 出马，工正出车，备甲兵，庀武守⑫。使西钼吾⑬ 庀府守⑭，令司宫、巷伯儆宫⑮。二师令四乡正敬享⑯，祝宗用马于四墉⑰，祀盘庚于西门之外⑱。

晋侯问于士弱曰："吾闻之，宋灾，于是乎知有天道。何故？"对曰："古之火正⑲，或食于心，或食于咮⑳，以出内火㉑。是故咮为鹑火㉒，心为大火㉓。陶唐氏之火正阏伯㉔ 居商丘，祀大火，而

---

① 华臣：华元之子，为司徒，掌徒役之政。

② 正徒：按规定征召的徒役。据《周礼·小司徒》："凡起徒役，毋过家一人。"

③ 令隧正纳郊保：命令隧正调集郊堡之徒卒送之于国都。国都城区之外为郊，郊外为隧，隧相当于现在所说的远郊。隧正，一隧之长；保，隧内的小城堡。

④ 火所：大火燃烧之处。

⑤ 使华阅讨右官：派华阅督促右师官属。华阅，亦为华元之子，嗣华元为右师；讨，治；右官，右师的官属。

⑥ 官庀其司：官属各尽其责。庀(pǐ)，治理；司，职司、职责。

⑦ 向戌讨左：向戌督促左师官属。向戌，时任左师；左，左师。

⑧ 乐遄：时任司寇，是刑官。

⑨ 刑器：行刑器具。

⑩ 皇郧(yún)：字椒，为宋司马。

⑪ 校正：与工正都是司马属官，校正主管马，工正主管战车。

⑫ 庀武守：保护武器装备。庀，保护；武守，武库守藏，也就是武器装备。

⑬ 西钼吾：宋太宰。

⑭ 府守：府库守藏，包括物资财富及六官典策。

⑮ 令司宫、巷伯儆宫：命令司宫、巷伯负责宫内警戒。司宫，《周礼》之内小臣，为宫内阉人之长；巷伯，主管宫内巷寝门户的阉人。

⑯ 二师令四乡正敬享：右师和左师命令四个乡的乡正祭祀神灵。二师，即右师和左师；乡正，即乡卿大夫；敬享，敬献祭品祭祀神灵。

⑰ 祝宗用马于四墉：祝宗杀马祭祀四城。祝宗，疑为祝史之长，卿大夫家有祝史；用马，杀马祭祀；墉，城。

⑱ 祀盘庚于西门之外：在西城门外祭祀盘庚。盘庚为商王，迁都于殷墟，宋都在今河南商丘，殷墟位于宋都西北，所以在西门外祭祀盘庚。

⑲ 火正：《汉书·五行志》："古之火正，谓火官也，掌祭火星，行火政。"

⑳ 或食于心，或食于咮：或以心宿或以柳宿配享陪祭。食，配食；心，心宿，二十八宿之一；咮(zhòu)，即柳宿。

㉑ 以出内火：因为火星出入于二宿。以，因为；出内，出入。

㉒ 鹑火：柳宿别称。

㉓ 大火：心宿别称。

㉔ 阏伯：传为高辛氏之后。

火纪时① 焉。相土因之②，故商主大火③。商人阅其祸败之衅④ 必始于火，是以日⑤ 知其有天道也。"公曰："可必乎?"对曰："在道⑥。国乱无象，不可知也⑦。"

夏，季武子⑧ 如晋，报宣子之聘⑨ 也。

穆姜薨于东宫⑩。始往而筮之⑪，遇《艮》之八⑫ 三。史⑬ 曰："是谓《艮》之《随》三。《随》，其出也⑭。君必速出。"姜曰："亡⑮。是于《周易》曰：'《随》，元、亨、利、贞，无咎⑯。'元，体之长⑰ 也；亨，嘉之会⑱ 也；利，义之和⑲ 也；贞，事之干⑳ 也。体仁足以长人，嘉德足以合㉑ 礼，利物足以和义，贞固足以干事。然，故不可诬也㉒，是以虽《随》无咎。今我妇人而与㉓ 于乱。固在下位㉔ 而有不仁，不可谓元。不靖㉕ 国家，不可谓亨。作而害身㉖，不可谓利。弃位而姣㉗，不可谓贞。

---

① 火纪时：以大火星移动的轨迹确定时节。纪，记载；时，时令，时节。
② 相土因之：相土沿袭阏伯的做法。相土，殷商先祖；因，因袭，沿袭。
③ 主大火：以大火为祭祀主星。
④ 阅其祸败之衅：考察事业成败与祸患的征兆。阅，察看；祸败，祸患成败；衅，征兆。
⑤ 日：当作"曰"，与晋侯之问相呼应。
⑥ 在道：取决于有道还是无道。
⑦ 国乱无象，不可知也：国家混乱如果没有神灵不降临征兆，那就无法推知了。象，迹象，征兆，指神灵在对国家施以奖惩前降临的征兆；知，推知。
⑧ 季武子：季损宿。
⑨ 报宣子之聘：答谢去年士匄对我国（鲁国）的聘问。报，答谢；宣子之聘，指上年士匄来鲁国进行的聘问。
⑩ 东宫：别宫之名，非太子之宫。
⑪ 始往而筮之：(穆姜)刚搬进东宫时曾经占卜。筮(shì)，古代用蓍草占卦称为筮。
⑫ 《艮》之八：即太史所说的《艮》卦变《随》卦。
⑬ 史：太史。
⑭ 《随》，其出也：意即《随》卦有出走之象。
⑮ 亡(wú)：通"无"，意即不是这样。
⑯ 咎(jiù)：灾祸。
⑰ 元，体之长：元是身体的最高处。元，首，头颅；长，最高处。
⑱ 亨，嘉之会：亨代表嘉礼祭品会聚。亨，即享；嘉，嘉礼；会，会聚，嘉礼必有享，享有主有宾，故云会。
⑲ 利，义之和：利就是与义谐和。利，公利；古人行公利为义，行私利为利；和，谐，与……相符。
⑳ 贞，事之干：《易·乾言》："贞固足以干事。"贞，贞固，坚贞不二；干，本，体。
㉑ 合：通"洽"，和合，协调。
㉒ 然，故不可诬也：如此，本不可以诬妄。然，如此；故，通"固"，本；诬，妄。
㉓ 与：参与。
㉔ 在下位：古代男尊女卑，故穆姜自称在下位。
㉕ 靖(jìng)：安。
㉖ 作而害身：作为危害自身，指穆姜因为乱鲁的行为而被幽禁在东宫。
㉗ 弃位而姣：不守太后之本位，修饰美色。穆姜为成公母，作为太后本应不加修饰，却与宣伯私通。姣，美，好，这里用作动词，意为修饰容貌。

有四德① 者,《随》而无咎。我皆无之,岂《随》也哉? 我则取恶,能无咎乎? 必死于此,弗得出矣。"

襄公二十四年(节选)

[经]二十有四年②。春,叔孙豹③ 如晋。仲孙羯④ 帅师侵齐。夏,楚子⑤ 伐吴。秋七月甲子朔,日有食之,既⑥。齐崔杼帅师伐莒⑦。大水。八月癸巳朔,日有食之。公会晋侯、宋公、卫侯、郑伯、曹伯、莒子、邾子、滕子、薛伯、杞伯、小邾子于夷仪⑧。冬,楚子、蔡侯、陈侯、许男⑨ 伐郑。公至自会⑩。陈铖宜咎⑪ 出奔楚⑫。叔孙豹如京师。大饥。

[传]二十四年春,穆叔如晋。范宣子逆之⑬,问焉,曰:"古人有言曰,'死而不朽',何谓也?"穆叔未对。宣子曰:"昔匄⑭ 之祖,自虞⑮ 以上,为陶唐氏,在夏为御龙氏,在商为豕韦氏,在周为唐杜氏,晋主夏盟⑯ 为范氏,其是之谓乎?"穆叔曰:"以豹所闻,此之谓世禄⑰,非不朽也。鲁有先大夫曰臧文仲⑱,既没⑲,其言立⑳。其是之谓乎! 豹闻之,大上有立德㉑,其次有立功,其次有立

---

① 四德:指元、亨、利、贞。

② 二十有四年:公元前549年。

③ 叔孙豹:鲁国大夫,姬姓,叔孙氏,名豹,谥号曰"穆",又称叔孙穆子、叔孙穆叔,即下文的穆叔。

④ 仲孙羯:即孟孝伯。

⑤ 楚子:楚康王。

⑥ 既:尽,指日全食。

⑦ 莒:莒国,在今山东莒县一带。

⑧ 晋侯:晋平公。宋公:宋平公。卫侯:卫殇公。郑伯:郑简公。曹伯:曹武公。莒子:莒犁比公。邾子:邾悼公。滕子:滕胜公。杞伯:杞文公。小邾子:小邾穆公。夷仪:在今河北邢台西。

⑨ 蔡侯:蔡景侯。陈侯:陈哀公。许男:许灵公。

⑩ 公至自会:鲁隐公从会盟处回来。至,到;自,从;会,会盟。

⑪ 陈铖宜咎:陈国大夫。

⑫ 出奔楚:出逃投奔楚国。出,出逃;奔,投奔。

⑬ 范宣子逆之:范宣子到郊外迎接他。范宣子,晋中军将,祁姓,范氏,名匄,因范氏为士氏旁支,故又称士匄;逆,迎接。

⑭ 匄:即士匄,范宣子自称。

⑮ 虞:即虞舜。

⑯ 晋主夏盟:晋国担任华夏盟主。

⑰ 此之谓世禄:这叫做世禄。此,指范宣子所说范氏家族史;世禄,世代享有禄位。

⑱ 臧文仲:鲁国贤大夫,臧哀伯次子,姬姓,臧氏,名辰,谥"文",故死后又称臧文仲。

⑲ 既没:已经死了。既,已经。

⑳ 立:立于世,指世代相传。

㉑ 大上有立德:最上等的是树立德行。大(tài),通"太"。

言。虽久不废，此之谓不朽。若夫保姓受氏①，以守宗祊②，世不绝祀，无国无之。禄之大者，不可谓不朽。"

2、《春秋公羊传》选

导语

《公羊传·隐公元年》：《公羊传》不同于《左传》的叙事笔法，是通过逐句乃至逐字问答的方式，阐明隐含于《春秋》经文中的"微言大义"。这对于我们理解和把握孔子"述而不作"、寓褒贬于史实的选择与叙述之中的"《春秋》笔法"很有帮助。《公羊传》此篇就被认为是《春秋》两个褒扬的例子，蕴含三方面"大义"：一是《春秋》"大一统"；二是王位传承"立嫡以长不以贤，立子以贵不以长"以及"子以母贵，母以子贵"；三是尊王，这也是"大一统"的体现。

《公羊传·哀公十四年》：这是《公羊传》最后一篇，是由"西狩获麟"引发的议论。讨论了五个问题：为什么要记"西狩获麟"这样一件小事？麟有什么特别之处？孔子对"获麟"有何感想？孔子为什么作《春秋》以及《春秋》为什么始于鲁隐公元年，终于鲁哀公十四年？作者把"西狩获麟"与颜渊死、子路死联系起来，认为都是世道衰微、孔子道穷的征兆。孔子作《春秋》是为了寓褒贬于对可靠历史事实的叙述中，阐明何为正道，何为邪行，以引导人们拨乱反正，而不是单纯编写历史，所以可止则止。同时也是因为孔子喜欢道尧舜之道。

隐公元年（节选）

[经] 元年③。春，王正月④。

[传] 元年者何？君⑤ 之始年⑥ 也。春者何？岁之始也。王者孰谓？谓文王⑦ 也。曷为先言王而后言正月？王正月也。何言乎王正月？大一统⑧ 也。公何以不言即位？成公意⑨ 也。何

---

① 保姓受氏：保存姓氏，接受氏。秦汉以前，"姓"和"氏"不同，"姓"为"氏"之本，"氏"自"姓"出。夏、商、周三代，氏是姓的支系，用以区别子孙之所由出生。

② 宗祊：祖庙。

③ 元年：指隐公元年，即公元前722年。

④ 春，王正月：《春秋》时年和四时必记，特别是四时之记从不落空，即使整个季度都无事，也必首书月以记时。对月和日则有事才记，记日都用干支。《史记·历书》："夏正以正月，殷正以十二月，周正以十一月。"周历的正月实际上是夏历的十一月。

⑤ 君：指鲁隐公。

⑥ 始年：国君就位的第一年。

⑦ 文王：周文王。"王正月"之王应是泛指周王，表示鲁国实行的是周王室颁布的历法。这里把它说成是特指周文王，是突出周文王改正朔之功。

⑧ 大一统：突出天下诸侯都统一于周天子的重要性。大，以……为大，推崇。

⑨ 成公意：成全鲁隐公的心意。成，成全；公，鲁隐公；意，心意，意愿。

成乎公之意？公将平国而反之桓①。曷为反之桓？桓幼而贵，隐长而卑。其为尊卑出微②，国人莫知。隐长又贤，诸大夫扳③ 隐而立④ 之。隐于是焉而辞⑤ 立，则未知桓之将必得立⑥ 也。且如桓立，则恐诸大夫之不能相⑦ 幼君也。故凡隐之立，为桓立也。隐长又贤，何以不宜立？立適⑧以长不以贤，立子以贵不以长。桓何以贵？母贵⑨ 也。母贵则子何以贵？子以母贵，母以子贵。

[经]三月，公及邾娄⑩ 仪父⑪ 盟于眛⑫。

[传]及者何？与也。会、及、暨皆与也。曷为或言会，或言及，或言暨？会，犹最⑬ 也。及，犹汲汲⑭也。暨，犹暨暨⑮也。及，我欲之。暨，不得已也。仪父者何？邾娄之君也。何以名？字⑯ 也。曷为称字？褒之也。曷为褒之？为其与公盟也。与公盟者众矣，曷为独褒乎此？因其可褒而褒之。此其为可褒奈何？渐进⑰ 也。眛者何？地期⑱ 也。

哀公十四年

[经]十有四年。春，西狩⑲ 获麟⑳。

[传]何以书？记异也。何异尔？非中国之兽也。然则孰狩之？薪采者㉑ 也。薪采者则微

---

①　公将平国而反之桓：鲁隐公打算把国家治理好再还给桓公。平，治理；反，同"返"，返还；桓，鲁桓公，鲁隐公之弟。

②　尊卑出微：尊卑差别很小。出，高出，超出；微，细微，微小。

③　扳(pān)：通"攀"，援，拥戴。

④　立：即位。

⑤　辞：辞让，辞谢。

⑥　未知桓之将必得立：不知道桓公是不是一定能够即位。

⑦　不能相幼君。不能够辅佐年幼的桓公。这里指诸大夫不一定会拥戴桓公。相，辅助，辅佐。

⑧　適：通"嫡"，嫡子，这里指嫡长子。

⑨　母贵：桓公的母亲比隐公的母亲尊贵。

⑩　邾娄：鲁国附近的小国，《左传》《谷梁传》都作"邾"，《国语》《晏子春秋》《孟子》等作"邹"。

⑪　仪父：名克，谥庄公，邾娄国君。

⑫　盟于眛：在眛地结盟。眛：鲁国地名，在今山东泗水东五十里。

⑬　最：聚。固最、聚可互通。

⑭　汲汲：心情急切的样子。《礼记·问丧》："汲汲然，如有追而弗及也。"

⑮　暨暨：神态果毅的样子。《礼记·玉藻》："戎容暨暨。"

⑯　字：表字。古人幼年时称名，成年后称字，以示尊敬。董仲舒《春秋繁露·爵国》上说《春秋》对附庸小国的称呼有四个等级，从上到下分别是称字、称名、称人和称氏。一般情况下应称名，称字寓褒义，称人和氏则寓贬义。

⑰　渐进：逐渐有所进步。鲁庄公时邾娄因追随齐桓公勤王而被周王封爵。

⑱　地期：约定的地点。

⑲　西狩：在西部边境狩猎。据《左传》，获麟地点在大野，即今山东巨野，在鲁国西部边境。

⑳　麟：麒麟的简称，古代传说中的神兽。《礼记·礼运》谓"麟凤龟龙"为四灵。

㉑　薪采者：打柴的人。《左传》说是叔孙氏的车夫子鉏商（"子鉏"为复姓）。

者也，曷为以狩言之？大^①也。曷为大之？为获麟大之也。曷为为获麟大之？麟者，仁兽也。有王者则至，无王者则不至。有以告者曰："有麕^②而角者。"孔子曰："孰为来哉^③！孰为来哉！"反袂拭面，涕沾袍。颜渊死，子曰："噫！天丧予。"子路死，子曰："噫！天祝^④予。"西狩获麟，孔子曰："吾道穷矣。"

《春秋》何以始乎隐^⑤？祖之所逮闻也^⑥。所见异辞，所闻异辞，所传闻异辞^⑦。何以终乎哀十四年？曰备^⑧矣！君子^⑨曷为为《春秋》？拨乱世，反诸正，莫近诸《春秋》^⑩。则未知其为是与？其诸君子乐道尧、舜之道与？末^⑪不亦乐乎尧、舜之知^⑫君子也？制《春秋》之义^⑬，以俟^⑭后圣，以君子之为，亦有乐乎此也。

3、《春秋谷梁传》选

导语

《谷梁传·隐公元年》：此篇对"春，王正月"和《春秋》对鲁成公即位这样重大的事件不置一词所隐含的"大义"做出了与《公羊传》不同的解读。认为无事而记正月是为了"谨始"，不言鲁成公即位是因为《春秋》"成人之美，不成人之恶"、"贵义而不贵惠，信道而不信邪"。成公之行虽善但扬父之恶、虽惠但废天伦而流于邪。《春秋》不言鲁成公即位既是对成公打算让位于桓之善举的褒扬，同时也是对他扬父恶、废天伦之邪行的贬斥。

隐公元年

[经]元年。春，王正月。

---

① 大：抬高。
② 麕（jūn）：同"麇"，獐子，哺乳动物，形状像鹿而较小，身体上面黄褐色，腹部白色，毛较粗，没有角。
③ 孰为来哉：为谁来的。
④ 祝：断。
⑤ 隐：鲁隐公。
⑥ 祖之所逮闻也：祖辈所及于听说的。逮，到，及。
⑦ 所见异辞，所闻异辞，所传闻异辞：所见到的说法不一样，所听到的说法不一样，所传闻的说法不一样。
⑧ 备：完备。何休《春秋公羊传解诂》："人道浃，王道备，必止于麟者，欲见拨乱功成于麟。"
⑨ 君子：指《春秋》的作者，即孔子。
⑩ 拨乱世，反诸正，莫近诸《春秋》：这里指把乱世君臣的所作所为拿来与符合正道的标准进行比较，让人们明白正道为何，没有比《春秋》更恰当的了。近：贴近，切近。
⑪ 末：指孔子。
⑫ 知：理解。
⑬ 制《春秋》之义：制订《春秋》的大义。制，用文字加以规定的意思。
⑭ 俟：等待。

[传]虽无事,必举正月,谨始也①。公② 何以不言即位? 成公志③ 也。焉④ 成之? 言君之不取为公也。君之不取为公,何也? 将以让桓也。让桓正⑤ 乎? 曰不正。《春秋》成人之美,不成人之恶。隐不正而成之,何也? 将以恶⑥ 桓也。其恶桓何也? 隐将让⑦ 而桓弑之,则桓恶矣。桓弑而隐让,则隐善矣。善则其不正焉何也?《春秋》贵义而不贵惠⑧,信道而不信邪⑨。孝子扬⑩ 父之美,不扬父之恶。先君之欲与桓⑪,非正也,邪也。虽然,既胜其邪心以与隐矣,己探先君之邪志⑫,而遂以与桓,则是成父之恶也。兄弟,天伦⑬ 也。为子受⑭ 之父,为诸侯受之君,已废⑮ 天伦而忘君父以行小惠,曰小道也。若隐者,可谓轻⑯ 千乘之国,蹈道则未也⑰。

导修文萃

1、辜鸿铭:《中国人的精神》⑱（节选）

承你们准许,首先让我来说明今天下午我打算论述的东西。我的论文的主题叫作"中国人的

---

① 谨始也:郑重地对待(一年的)开始。谨,郑重,恭敬。
② 公:鲁隐公。
③ 成公志:成全鲁隐公的心愿。成,成全;志,心愿。
④ 焉:疑问词,怎么,哪儿。
⑤ 正:符合正道。
⑥ 恶(è):动词,明……之恶,贬斥。
⑦ 让:退位让国。
⑧ 贵义而不贵惠:以符合道义为贵,而不以恩惠为贵。贵,推崇。
⑨ 信道而不信邪:伸张正道,而不宣扬邪行。信(shēn),伸张,宣扬。
⑩ 扬:宣扬,称颂。
⑪ 先君之欲与桓:前代国君想传位给桓公。先君,指鲁隐公的父亲鲁惠公。
⑫ 己探先君之邪志:自己预先探知了前代国君不正当的想法。己,指鲁隐公;探,探察,探知。
⑬ 天伦:天然的伦常次序。
⑭ 受:受命。
⑮ 废:废弃,背离。
⑯ 轻:看轻,轻视。
⑰ 蹈道则未也:履行正道却没有做到。蹈:履,践履,遵循。
⑱ 辜鸿铭,中国近代学者,精通中国传统文化,并同时精通西方语言与文化,号称清末怪杰。《中国人的精神》,英文书名为"The Spirit of the Chinese People",故一般译为"中国人的精神",1915 年由"北京每日新闻社"首版,当时封面上所题的中文名就是"春秋大义",故此文亦名"春秋大义"。本文节选自辜鸿铭著,陈高华、杜川、刘刚译《中国人的精神》(上),广西师范大学出版社 2007 年出版。

精神"，这里并不仅仅意味着只论及中国人的性格或特性。中国人的特性之前就已经有很多描述，但是我想你们会同意我的看法，这些描述或者关于中国人的特性的列举，至今还没有为我们给出一幅中国人的内在本质的图画。此外，当我们说到中国人的性格或特性时，它不可能是抽象概括的。如你们知道的那样，中国北方人的性格非常不同于中国南方人的性格，就像德国人的性格不同于意大利人的性格一样。

但我用中国人的精神所意味的是中国人生活所凭藉的精神，一种在心灵、性情和情绪上具有本质独特性的东西，它使得中国人区别于所有其他人，尤其是区别于现代欧洲人和美国人。也许我通过我们论述的主题最好地表达我的意旨的是中国的人性类型，或者用更为清晰简短的话来说，就是真正的中国人。

那么，什么是真正的中国人呢？我敢肯定，你们会一致同意，这是一个非常有趣的主题，现在尤其如此，当我们从今天中国发生在我们身边的一切来看，中国的人性类型，真正的中国人，正在消失，取代其位置的，我们看到的是一种新的人性类型，进步的或现代的中国人。事实上，我建议真正的中国人、古老的中国人性类型从这个世界完全消失之前，我们应该最后来考察他一番，看看我们是否能够从他身上找到某种有机的、与众不同的东西，正是它使得中国人如此地不同于所有其他人，使得中国的人性类型如此地不同于我们在今天中国看到的正在兴起的新的人性类型。

我认为，现在，在古老的中国人性类型中打动你们的第一件事情是，那里没有任何野蛮的、残忍的或残暴的东西。用一个适用于动物的术语来说，我们可以说真正的中国人是驯化了的生命。以中国最底层的一个人为例，我想你们会同意我的说法，他比欧洲社会同一个阶层的人少一些动物性，更少些野蛮动物的特性，即少有德国人所谓的"动物野性"（Rohhirt）。事实上，在我看来，概括了中国人性类型给你的印象的那一个词，用你们英语来说就是"gentle"（文雅）。我所说的文雅不是天性柔弱或者软弱顺从。"中国人的顺从"，已故的麦高文博士说，"不是绝望的、阉割了的人的那种顺从"。我所说的"文雅"是说没有生硬、粗糙、粗野或者暴虐，实际上也就是没有任何让你震惊的东西。可以说，在真正的中国人性类型中有这样一种气质：从容、镇定、历经磨炼后的成熟，如同一块千锤百炼的金属。甚至，一个真正的中国人，他身体上或者道德上的缺憾，即便无法补救，也会被他身上的文雅品质所淡化。真正的中国人也许粗糙，但粗糙中没有粗劣；真正的中国人也许丑陋，但丑陋中没有丑恶；真正的中国人也许粗俗，但粗俗中并无好斗和嚣张；真正的中国人也许愚蠢，但愚蠢中并无荒谬；真正的中国人也许狡猾，但狡猾中并无阴险。事实上我想说，即便在真正的中国人的身体、心灵和性格的毛病和缺点里面，也不会有什么让你厌恶的地方。即便是在老派的、甚至最低等的真正的中国人那里，你也很难找到一个让你非常厌恶的中国人。

我说，中国的人性类型给你的整个印象是他的文雅，那是一种难以言表的文雅。当你分析真正的中国人身上的这种难以言表的文雅品质时，你会发现这是善解人意和通情达理两种东西结合的产物。我曾把中国的人性类型与驯化动物作比较。那么是什么使得驯化动物如此不同于野生动物呢？在驯化动物的身上我们可以找到一种人类特有的东西。这种有别于动物的人类特性是什么呢？是通情达理。驯化动物的通情达理不是思想才智。它也不是通过推理得到的理智。它也不是天生的才智，比如狐狸的聪明，狐狸的狡猾，知道去那里可以找到小鸡吃。狐狸天生的聪明是所有的野生动物都拥有的那种聪明。但驯化动物身上的这种可称为人类才智的东西，非常不同于狐狸的狡猾或动物的聪明。驯化动物的通情达理不是来自推理，也不是天生的，而是来自同情，来自一种爱和依恋的感觉。纯种的阿拉伯马能理解它的英国主人，不是因为他学过英语语法或者它天生懂英语，而是因为它爱和依恋它的主人。这就是我所谓的人类智慧，这显然区别于狐狸纯粹的狡猾或者动物的聪明。是否拥有这种人类品质是驯化动物和野生动物的区别。同样，我要说，正是善解人意和通情达理，赋予中国的人性类型、真正的中国人难以言表的文雅。

我曾在某个地方读到一位在两个国家都住过的外国朋友的评论，这个评论说，作为外国人，在日本居住的时间越长，就越发讨厌日本人；而在中国居住的时间越长，就越发喜欢中国人。我不知道对日本人的这种评价是否真实。但我认为但凡在中国生活过的人都会像我一样赞同对中国人的评价。众所周知，外国人在中国居住的时间越长，你可以称之为中国味的倾向就越多。尽管他们不讲究卫生与精致，尽管他们的心灵和性格有许多缺点，中国人身上有种难以形容的东西，仍然获得了其他任何人所无法得到的外国人的喜爱。这种难以言表的东西，我称之为文雅，它即使没有补救，也淡化和减轻了外国人心目中的中国人的身体的和道德的缺陷。如我试图向你们表明的那样，这种文雅就是我称之为善解人意或真正的人类智慧的产物，这种人类智慧既不是来自推理也不是天生的，而是来自善解人意的力量。那么中国人善解人意的力量的秘密是什么呢？

在这里，我斗胆给出一个关于中国人的善解人意的力量的秘密的解答，如果你愿意，也可以称它为一个假设，以下是我的解释。中国人之所以具有这种力量——这种善解人意的强大力量，是因为他们完全地，或者几乎完全地过着一种心灵生活。中国人的生活完全是一种感觉生活，它不是来自身体器官的感觉意义上的感觉，也不是你所认为的来自神经系统的激情意义上的感觉，而是来自我们天性最深处——心灵或者灵魂——的情感或者人类情爱意义上的感觉。事实上我想说，真正的中国人过着一种情感或者人类情爱的生活，一种灵魂生活，这样可能让他显得更超脱，甚至超脱了在这个物质和灵魂构成的世界上一个人生活的必需条件。这就很好地解释了中国人对不洁环境和缺乏精致，诸如此类的物质上的不便的不关心了。当然这是题外话了。

我说，中国人具有善解人意的力量，是因为他们完全过着一种心灵生活、一种情感或者人类情爱的生活。这里，让我首先给你们举两个例子来解释我所谓的过一种心灵生活的含义。我的第一个例子是这样的。你们有人可能认识我在武昌的一个老朋友和老同事梁敦彦先生，他曾在北京做外务部长，梁先生告诉我，当他第一次接到汉口海关道台的任命时，是他渴望和追求清朝大员的职位和顶戴花翎，让他很乐意接受这个任命的，不是因为他在乎顶戴花翎，不是因为他会因此荣华富贵——在武昌的时候我们都很穷——而是他的提拔和晋升可以让他广东的老母亲满心高兴。这就是我所谓的中国人过着一种心灵生活——一种情感或者人类情爱的生活的含义。

我的另外一个例子如下。我的一个在海关的苏格兰朋友告诉我说，他曾有一个中国仆人，是一个地道的流氓，撒谎、压榨、赌博，可当我的朋友在一个荒凉的渡口伤寒发作病倒时，身边没有外国朋友的照顾，正是这个中国仆人、糟糕的流氓照顾他，比能想到的最亲近的密友和近亲的照顾还要周到。事实上，我认为《圣经》里描述一个女人的话也可以用来描述这个中国仆人，以及一般的中国人："宽恕他们多一些，因为他们更多一些爱心。"在中国的外国人看到和了解中国人习性和性格中的缺点和瑕疵，但他的心被他们所打动，因为中国人有爱心，或者如我所言，过着一种心灵生活、一种情感和人类情爱的生活。

我想，现在我们了解了中国人善解人意——正是善解人意的力量赋予真正的中国人同情理解或真正的人类智慧，让他具有如此难以言表的文雅的秘密的线索。让我们来验证这一线索或者假设。让我们看看用中国人过着一种心灵生活这条线索是否可以解释我上文给出的两个例子那种事实，同时还能解释我们在中国人的真实生活中看到的普遍特征。

首先，让我们来看看中国语言。由于中国人过着一种心灵生活，因此我说，中国语言也是一种心灵语言。众所周知的一个事实，在中国的外国人中，孩子和未受教育的人学习汉语非常容易，比成人和受过教育的人要容易得多。原因是什么？我认为，原因就是孩子和未受教育的人是用心灵语言来思考和说话，而受过教育的人，特别是受过欧洲现代知识教育的人，是用头脑或者知识的语言来思考和说话。事实上，受过教育的外国人发现学习汉语很困难，原因就是他们受教育太多，受知性的和科学的教育太多。正如对天国的描述，我们也可以用来描述中国语言："除非你变成小孩，否则你不可能了解。"

接下来，让我们来看看中国人生活中另外一个广为人知的事实。众所周知，中国人有惊人的记忆力。秘密是什么？秘密在于：中国人是用心灵而不是用头脑记事情。心灵有善解人意的力量，像胶水一样，它比又硬又干的头脑或者知性能更好地保留事情。例如，同样的原因，我们所有人，当我们是孩子的时候在学习中记住事情的能力要远胜于当我们成年后记住事情的能力。像中国人一样，作为孩子，我们是用心灵而不是用头脑来记事情的。

再接下来，让我们考察中国人生活中另外一个被广泛承认的事实——他们的礼貌。人们经常评论说，中国人是特别讲礼貌的人。那么真正的礼貌的本质是什么呢？就是考虑别人的感受。中国人有礼貌，是因为他们过着一种心灵生活，他们知道自己的感受，因而也容易考虑别人的感受。中国人的礼貌，虽然没有日本人的礼貌那样周全，却让人舒服，因为它是，正如法国人完美表达的那样，是"心灵的礼貌"。相反，日本人的礼貌虽然周全，却不那么让人舒服，我已经听到一些外国朋友说讨厌它，因为它可以说是一种排练过的礼貌——类似于戏剧作品中尽力学习的礼貌。这与直接来自心灵的、自发的礼貌不同。事实上，日本的礼貌好像没有芳香的花朵，而真正礼貌的中国人的礼貌有一种芳香，来自心灵的名贵油膏的香味。

最后，让我们考察中国人的另外一个特征——缺乏精确，约瑟·史密斯因向世人揭示了它而闻名。那么在中国人的生活方式中缺乏精确的原因是什么呢？我还要说，原因就是因为中国人过着一种心灵生活。心灵是精细和敏感的微妙平衡。它不像是坚硬、僵化、严格的仪器的头脑或者理智。你不可能像用头脑或者理性一样，用心灵也作如此稳定、如此严格的思考。至少要做到这一点，是非常困难的。事实上，中国毛笔，这种柔软的刷子，可以作为中国心灵的符号。它非常难于书写和作画，而一旦你掌握它的用法，你可以用它以一种硬钢笔无法做到的优美和雅致来书写和作画。

上面是和中国人的生活相关的一些简单事实，任何人，即便不了解中国人，也能通过调查这些事实观察和了解到，我认为，我所说的中国人过着一种心灵生活的假设是正确的。

正是因为中国人过着一种心灵生活，孩童的生活，因此在他们的生活方式的很多方面都非常原始。事实上，作为一个历史如此悠久的大国，中国人的生活方式至今在很多方面还很原始，这是一个非常值得注意的事实。这个事实让很多在中国的浅薄外国留学生认为中国文明没有进步，中国文明是停滞的。然而，应该承认，就纯粹的知识生活而言，在某种程度上，中国人属于发育不良的人。你们知道，中国人不但在自然科学，而且在纯粹抽象科学比如数学、逻辑和形而上学方面也进步甚微甚至于无。事实上，欧洲语言中"科学"和"逻辑"这两个词，在汉语中没有完全精确的对应词。如同过着心灵生活的孩子，中国人对抽象科学没有兴趣，因为心灵和感受不参与这些领域。事实上，任何与心灵和感受无关的事情，比如统计报表，很多中国人都感到厌恶。但是，如果说统计报表和纯粹抽象的科学让中国人满心厌恶，那么欧洲正在研究的自然科学，要求你把活的动物身体切碎毁伤来验证科学理论，则让中国人产生排斥和恐惧。

我要说，就纯粹的知识生活而言，中国人在某种程度上是发育不良的。至今，中国人还过着孩童的生活，一种心灵生活。在这方面，中国人作为一个民族虽然古老，但直到今天还是孩童似的民族。但重要的是，你应该记住这个过着一种心灵生活、孩童似的民族，虽然在他们的生活方式的很多方面非常原始，但却有原始人那里找不到的心灵和理性的力量，这种心灵和理性的力量使他们能成功地处理复杂困难的社会生活、政府和文明的问题，这里我斗胆说，古代和现代的欧洲国家没能如此显然地达到这样一种成功——这种成功实在是如此突出，以至在实践上和现实中使亚洲大陆的绝大部分人口在一个庞大的帝国中维持了和平与秩序。

事实上，我这里想说的是，中国人的非凡特性不是他们过着一种心灵生活，所有的原始人都是过着心灵生活。就我们所知，中世纪的基督教徒也过着心灵的生活。马修·阿诺德说："中世纪基督教诗人靠心灵和想象生活"。而我在这里想要说，中国人的非凡特性，虽然是过着心灵生活、孩童似的生活，但同时还具有心灵和理性的力量，这是在中世纪欧洲的基督教徒或者别的原始人身上找不到的。换句话说，中国人的非凡特性，就作为一个成熟的民族、作为一个拥有成人理性而生活了如此久的民族而言，在于他们依然过着一种孩童似的生活、一种心灵生活。

因此，与其说中国人发育不良，还不如说中国人永不衰老。简言之，中国人作为一个种族的非凡特性，在于他们拥有永远年轻的秘密。

现在，我们可以回答开始问的那个问题：什么是真正的中国人？现在我们看到，真正的中国人是这样一个人,他过着具有成年人的理性却具有孩童的心灵这样一种生活。简言之,真正的中国人具有成人的头脑和孩子的心灵。因此,中国精神是永葆青春的精神,是民族不朽的精神。那么中国民族不朽的秘密是什么? 你应该记得在论述开始时,我说过是我称之为善解人意或真正的人类智慧赋予中国的人性类型——真正的中国人——难以言表的文雅。我说,这种真正的人类智慧是两种东西——善解人意和通情达理——结合的产物。这是心灵和头脑的和谐工作。简言之,就是灵魂和理智的绝妙组合。如果说中国人的精神是一种永葆青春、民族不朽的精神,那么不朽的秘密就是这种灵魂和理智的绝妙组合。

现在,你们会问我,中国人从哪里以及如何获得这种民族不朽的秘密——灵魂和心智的绝妙组合,正是它让中国人作为一个民族和种族过着一种永葆青春的生活。答案当然是来自他们的文明。不过,你们不能指望我在这安排的时间里为你们就中国文明作一个演讲。但我想告诉你们一些和我们论述的主题有关的中国文明的事情。

首先,我要告诉你们的是,在我看来,中国文明和现代欧洲文明有一个根本的不同。这里请让我引用著名艺术批评家伯纳德·贝伦森先生的一个绝妙的说法:"我们欧洲的艺术有一种成为科学的致命倾向,我们很少有名著是在没有利益分割的战场留下的痕迹。"现在,我要说的是,欧洲文明,正如贝伦森先生所言的欧洲艺术,是利益分割的战场:一方面是科学和艺术的分割利益的不息战争,另一方面是信仰和哲学的战争;事实上这是头脑和心灵、灵魂和心智不断冲突的战场。在中国文明中,至少在最近的 2500 年,没有过这种冲突。我说,这就是中国文明和欧洲文明的一个非常根本不同的地方。

换句话说,我想说的是,在现代欧洲,人们有一种满足他们心灵而不是头脑的宗教,有一种满足他们头脑而不是心灵的哲学。现在让我们看看中国。有人说中国没有宗教。确实,在中国即使一般民众也没有认真地看待宗教。我这里指的是欧洲意义上的宗教。中国道教和佛教的庙宇,典礼和仪式与其说是教化不如说是娱乐;可以说,他们触动的是中国人的美感而不是他们的道德和宗教感;事实上他们更多地是诉诸想象力而不是他们的心灵或灵魂。但是,与其说中国人没有宗教,也许更为正确地应该说中国人不需要宗教——没有感到需要宗教。

那么,中国人、甚至中国的一般民众没有感到需要宗教,这个特殊事实如何解释呢? 于是有一个英国人这样解释。他是罗伯特·K·道格拉斯先生,伦敦大学的汉语教授,在他的儒教研究中说:"四十多代中国人都绝对地服从一个人的权威。作为中国人中的一员,孔子的教义与他的门徒的天性很契合。蒙古人种的心灵非常平和感性,本能地反对某种研究他们经验以外的事物的观念。正如孔子所阐述的,一种未来不可知的观念、朴素的讲求事实的道德体系,就已经足以满足中国人的所有需要。"

当这位博学的英国教授说中国人没有感到需要宗教,因为他们有孔子的教导时,他是正确的,但当他断言中国人不需要宗教是因为蒙古人种的心灵非常平和感性时,他则完全错了。首先,宗教与沉思无关。宗教是感觉和感情的事情,它是与人类灵魂有关的事情。即便是野蛮原始的非洲人,当他从纯粹的动物生活中脱离出来后,他的灵魂——宗教需要的感觉——就苏醒了。因此虽然蒙古人种的心灵平和感性,但是蒙古人种的中国人,应该承认比非洲的野人要高等,也有灵魂,既然有灵魂,就有宗教需要感,除非他有别的能代替宗教的东西。

事实上,中国人没有宗教需要感的原因是他们在儒教中有一个哲学和道德体系,一个可以替代宗教的人类社会和文明的综合。人们说儒教不是一种信仰。确实,在这个词的一般的欧洲意义上,儒教当然不是一种宗教。但我要说儒教的伟大就在于它不是宗教。事实上,它虽然不是宗教,但是它能代替宗教;它能够使人不需要宗教,这就是儒教的伟大之处。

……

但我要说儒教,它虽然不是信仰却能替代信仰。因此,在儒教里一定有一种东西能给予人类大众一种宗教所能给予的同样的安全感和永恒感。现在让我们来找出儒教里能给予宗教所能给予的同样的安全感和永恒感的东西。

我经常被问及孔子为中华民族做了什么。现在我可以告诉你们,我认为孔子为中国人做了许多事情。但是今天我没有时间,我这里只打算告诉你们孔子为中华民族做的一个主要的和非常重要的事情——他生前唯一做过的事情,孔子自己说,后世的人通过它能够理解他,理解他为他们做的事情。当我为你们解释清了这个主要的事情,你们就会理解是儒教里的什么东西给了人类大众宗教所能给予的一样的安全感和永恒感。为了解释这一点,我请求你们让我稍微详细地介绍一下孔子其人其事。

你们有人可能知道,孔子生活在中国历史上所谓的扩张时期——当时的封建时代已经走到尽头;那时,封建的、半家族的社会秩序和政体方式需要扩展和重构。这个重大变化不仅带来了世事的混乱,而且也带来了人们心灵的混乱。我曾说过,在最近的 2500 年中,中国文明没有心灵和头脑的冲突。但我必须告诉你们在孔子生活的扩张时期,中国如同当今的欧洲一样,心灵和头脑之间产生了可怕的冲突。孔子时代的中国人发现自己身处于系统庞大的制度、成规、教条、习俗和法律。事实上,是从他们尊敬的祖先继承来的庞大的社会和文明系统。在这个系统中他们的生活还要继续;但他们开始感到,这个系统不是他们创造,所以决不会符合他们实际生活的需要;也就是说,这些对他们来说是习俗,而不是理性。两千年前中国人这种理性的觉醒就是今日欧洲所谓的现代精神的觉醒——自由主义精神、探索精神、寻找事物的原因和理由的精神。中国的这种现代精神,它看到了社会和文明的旧秩序的需要与他们实际生活的需要的一致性,不但重建一种新的社会和文明秩序,而且去寻找社会和文明新秩序的基础。可是,在当时的中国,所有寻找社会和文明新基础的尝试都失败了。有一些尽管他们满足了头脑——中国人的理性,却没有满足他们的心灵;另外一些,虽然满足了他们的心灵,却没有满足他们的头脑。如我说过的那样,由此在 2500 年前的中国引起了头脑和心灵的冲突,正如在今日欧洲你们看到的那样。人们尝试重建的社会和文明新秩序中的心灵和头脑的冲突,使得中国人对所有的文明失望,在这种失望中产生了苦恼和绝望,以致中国人想摧毁和毁灭所有的文明。有的人,比如老子,一个类似今日欧洲托尔斯泰之类的中国人,从心灵和头脑的冲突导致的苦难和不幸结果中认为,他们看到了社会和文明的真正本性和构造上的某些根本性错误。老子和他最有才气的门徒庄子,他们劝中国人抛弃所有的文明。老子对中国人说:"放下一切跟我走,跟我到群山中,到群山中隐者的小屋,过真正的生活——一种心灵生活、一种不朽的生活。"

孔子,虽然也看到当时社会和文明的状态所造成的不幸和苦难,但认为他认识到的罪恶不在于社会和文明的天性和构造,而在于社会和文明所采用的错误途径,在于人们为社会和文明建立的错误基础。孔子对中国人说不要抛弃文明——在一个真正的社会和真正的文明里,在具有真正基础的社会和文明中,人也可以过真正的生活、一种心灵的生活。事实上,孔子终生努力尝试把社会和文明引入正途,给它一个真正的基础,以此防止文明的毁灭。在他生命的最后岁月,当孔子看到他不能阻止中国文明的毁灭——他做了什么呢?你看,好像一个看到自己房屋着火、燃烧着要掉在头顶上的建筑师,确信他不可能挽救房屋,知道他所能做的事情是挽救这建筑的图纸和设计,这样以后就可以有机会重建。于是孔子,当看到中国文明的建筑不可避免地毁灭而自己却不能阻止,认为他应该挽救图纸和设计,由此他挽救了中国文明的图纸和设计,保存在中国圣经的旧约里面——五本圣经即"五经",五本正典。这就是我说的孔子为中华民族所做的伟大功绩——他为他们挽救了文明的图纸和设计。

我要说,孔子,当他为中国文明挽救了图纸和设计时,为中华民族做了伟大的工作。但这并不是孔子为中华民族所做的主要的和最伟大的工作。他所做的最伟大的工作是,通过挽救他们文明的图纸和设计,他对文明的设计做了一个新的综合、一个新的解释,在这个新的综合里,他给了中国人真正的国家观念——国家的一个真正的、理性的、永恒的、绝对的基础。

不过,古代的柏拉图和亚里士多德,现代的卢梭和赫伯特·斯宾塞也给出了文明的综合,并试图提出真正的国家观念。那么我提到的欧洲伟人们所做出的哲学这种文明的综合,与作为儒教的哲学和道德体系文明的综合有什么不同? 在我看来,有如下不同。柏拉图和亚里士多德以及赫伯特·斯宾塞的哲学没有成为宗教或者宗教的等价物,没有成为一个民族或国家大众可接受的信仰,而儒教则成为中国如此众多的大众的一种宗教或者宗教的等价物。我这里提到的宗教,我所谓的宗教,不是在这个词的欧洲狭窄意义上使用的,而是在更为宽泛的普遍意义上使用的。歌德说:"唯有民众懂得什么是真正的生活,唯有民众过着真正的人的生活。"现在,当我们在宗教这个词的宽泛的普遍意义上使用它时,我们意指的是一种有行为规范的教导体系,正如歌德所说,是被人类大众或者最少被一个民族或国家的民众,作为真理和约束接受的东西。在这个词的宽泛的和普遍的意义上来讲,基督教和佛教都是宗教。在这种宽泛和普遍的意义上,如你们所知,儒教成了一种宗教,因为它的教导被认为是真理,它的行为规范已经被整个中国种族和民族当做约束,而柏拉图、亚里士多德和赫伯特·斯宾塞的哲学即便在这种宽泛和普遍的意义上也没有成为宗教。我说,这就是儒教与柏拉图、亚里士多德和赫伯特·斯宾塞的哲学的不同——一种依然是学者的哲学,另外一种却成了整个中华民族的大众、包括中国学者的宗教或者宗教的等价物。

在这个词的宽泛和普遍的意义上,我说儒教和基督教或者佛教一样都是宗教。你们应该记得我说过儒教不是欧洲意义上的宗教。那么,儒教与这个词的欧洲意义上的宗教的区别是什么呢?区别当然是一个里面有一种超自然的起源和因素,而另外一个则没有。但除了这个超自然和非超自然的区别之外,儒教与这个词的欧洲意义上的宗教,比如基督教和佛教,还有另外一个区别,这个区别就是:欧洲词义上的宗教教导人成为一个好人。而儒教做得更多,儒教教导一个人成为一个好公民。对一个人,不是单独的人,而是处在他和同胞以及国家的关系里的人,基督徒的问答集里这样发问:"人的主要目标是什么?"而孔子的问答集即《论语》中是这么问的:"公民的主要目标是什么?"基督徒在问答集里回答说:"人的主要目标是赞美上帝。"孔子在他的问答集里回答说:"人的主要目标是做孝子和好公民。"子游,孔子的一个门徒,孔子言论和话语中引用过他,他曾说:"明智的人集中于生活的基础——人的主要目标。基础打好了,就有了智慧、宗教。在生活中作孝子和好公民,不正是这基础——作为道德生命的人的主要目标么?"简言之,欧洲意义上的宗教的目标是让人自己成为一个完美的理想的人,成为一个圣徒、一个佛、一个天使,而儒教限于让人成为一个好公民——像孝子和好公民那样生活。换句话说,欧洲词义上的宗教说:"如果你想要拥有信仰,你就必须是一个圣徒、一个佛、一个天使。"而儒教说:"如果你是一个孝子和好公民,你就有信仰。"

事实上,儒教和欧洲意义上的宗教,比如基督教或者佛教,它们的真正区别在于一个是个人的信仰,或者可称为教会信仰;而另一个是社会信仰,或者可称为国家信仰。我说,孔子为中华民族所做的最伟大的工作,是他给了他们一个真正的国家观念。通过给出真正的国家观念,孔子使得这个观念成了一个宗教。在欧洲,政治是一门科学,但在中国,从孔子时代开始,政治就是一种宗教。简言之,我说,孔子为中华民族所做的最伟大的工作,是他给了他们一个社会或者国家信仰。孔子在一本他生命快要结束时写的书里,讲述了这种国家信仰,这本书他命名为《春秋》。孔子把这本书命名为《春秋》,是因为书的目标是给出支配兴衰——国家的春天和秋天——的真正的道德原因。这本书也可以称为近代编年史,类似于卡莱尔的近代小册子。在这本书里孔子给出了社会和文明的错乱颓败状态的历史概要,回溯了整个社会和文明的错乱颓败状态下的困苦和不幸,指出其真正原因在于事实上人们没有真正的国家观念;没有他们对国家、对国家元首、对他们的统治者和君主的责任的真正性质的正确观念。在某种程度上,孔子在这本书里讲授了君权神授。现在我知道你们大家,或者至少你们大多数,如今不会相信君权神授。这里我不想和你们争论。我只请求你们不要立即下判断,先听我往下说。同时请允许我在这里引用卡莱尔的一句话。卡莱尔说:"国王统治我们的权力要么是君权神授,要么是魔鬼似的错误。"现在我请求你们,在君权神授这个主题上,回忆和思考一下卡莱尔说的这句话。

在这本书里,孔子教导说,如同在人类社会中人的所有普通关系和行为,除了利益和恐惧的基础动机之外,还有一种影响他们行为的更高尚、更高贵的动机,一种高于所有利益和恐惧顾虑的更高尚、更高贵的动机,这种动机就是责任;因此在所有人类社会的这一重要关系中,在一个国家或民族的人民与国家或民族的首领之间的关系中,也有责任以这种更高尚、更高贵的动机来影响和鼓舞他们的行为。那么一个国家或者民族的人民忠于国家或者民族的首领,这一责任的理性基础是什么呢? 在孔子时代之前的封建时代,由于半家族的社会秩序和政府形式,国家或多或少是一个家庭,人们并不特别感到他们对于国家首领的责任需要一个非常清楚和坚实的基础,因为他们都是一个宗族或者家庭的成员,血缘纽带或者天生感情已经通过某种方式把他们和国家首领,也是他们宗族或家庭的高级成员绑在一起。如我说过的那样,但在孔子时代,封建时代已经走到尽头,那时国家已经远非家庭可以比拟,那时国家的公民不再是组成一个宗族或家庭的成员。因此,这就需要为国家或者民族的人民忠于国家元首——他们的统治者或君主——的责任找一个新的、清楚的、理性的、坚实的基础。孔子为这个责任找到的新基础是什么呢? 孔子在荣誉这个词里为这个责任找到了新基础。

去年我在日本的时候,教育外相菊池男爵问我,我提到过的孔子讲述他的国家信仰的这本书里的四个中国字怎么翻译。这四个字是"名分大义"。我把他们翻译为荣誉和责任的重大原则。正是因为这个原因,中国人把儒教和别的所有宗教作了一个特别的区分;他们没有把孔子教导的这个体系称为教——汉语里命名别的宗教,比如佛教、伊斯兰教和基督教的通用术语——而是把这种荣誉的信仰称为名教。在孔子的教导中,君子之道这个术语,理雅各博士翻译为"高人之道",在欧洲语言里最接近的等价词是道德律法——字面上来看,道的含义是君子的律法。事实上,孔子教导的哲学和道德的整个体系可以用一个词总结:君子的律法。孔子把君子的律法写作成文并发展成为宗教——国家宗教。这种国家宗教的信仰第一条款就是名分大义——荣誉和责任的原则——它也可以称为:荣誉的法典。

在这一国家信仰里,孔子教导说,不但国家,而且所有社会和文明的唯一真正的、理性的、永恒的、绝对的基础是这一君子的律法、人的荣誉感。现在你们,你们大家,即便相信政治里没有道德的那些人——我认为,你们大家都知道并且承认人类社会里这种人的荣誉感的重要性。但我不十分肯定你们所有人都意识到人的这种荣誉感对维持任何一种人类社会的绝对必要性。事实上,正如谚语"盗亦有道"所表明的那样。没有人的荣誉感,所有社会和文明会立即崩溃而无法存在。请允许我来为你们解释为何如此。让我们以社会中的赌博这种琐事为例。除非人们坐下来赌博的时候都承认并感到自己受制于荣誉感,当某种颜色的纸牌或者色子出现就付钱,否则赌博就不可能进行。商人——除非商人承认并感到受制于荣誉感去履行契约,所有的交易就都不可能进行。可你们会说违背契约的商人会被送到法庭。没错,可是如果没有法庭,会怎样? 另外,法庭——法庭怎样才能让食言的商人履行契约? 通过暴力。事实上,没有人们的荣誉感,社会只能通过暴力暂时结合在一起。但我认为我能向你揭示,单独暴力不能把社会永远结合在一起。强迫商人去履行契约的警察使用暴力。可律师、地方官或者共和国总统——他怎样让警察履行职责? 你知道他不能用暴力做这件事。那么用什么呢? 要么用警察的荣誉感,要么用欺骗。

现时代,如今全世界——很遗憾地说也包括中国——律师、政客、地方官和共和国总统都是通过欺骗让警察履行责任。现代的律师、政客、地方官和共和国总统告诉警察他必须履行责任，因为这样对社会有利、对他的国家有利；而对社会有利意味着，他这个警察能够按时领到薪水，没有这个薪水他和他的家庭就会饿死。我说，律师、政客或者共和国总统告诉警察这些时使用了欺骗。我说它是欺骗，因为对国家有利，对警察意味着每周15先令，这仅仅让他和他的家庭免于饥饿，对律师、政客、地方官和共和国总统却意味着每年1到2万镑，好房子、电灯、汽车和所有舒适奢侈的东西，这需要成千上万的人们的血汗辛劳来供养。我说它是欺骗，因为如果没有认识到荣誉感——这种荣誉感让赌徒把他口袋里最后一个便士拿出来给赢了他的人，没有这种荣誉感，所有导致社会上贫富不均的财富的转移和占有，如同赌桌上金钱的转移，就都没有任何正当性和约束力。因此，律师、政客、地方官或者共和国总统，虽然他们谈论社会利益和国家利益，其实靠的是警察对荣誉的无意识，这不但让他尽职，而且让他尊重财产权，满足于一周15先令的薪水，而律师、政客和共和国总统却有每年两万镑的收入。因此，我说这是欺骗，因为他们要求警察有荣誉感；而他们，现代社会的律师、政客、地方官和共和国总统，相信并且公然地按照政治中没有道德、没有荣誉感的原则言说和行动。

你们会记得，我说过，卡莱尔说——国王统治我们的权力要么是君权神授要么是魔鬼似的错误。现代律师、政客、地方官和共和国总统的这种欺骗就是卡莱尔所说的魔鬼似的错误。就是这种欺骗，现代社会公务人员的滑头教义，自己按照在政治上没有道德、没有荣誉感的原则言说和行动，却装模作样地谈论社会利益和国家利益。正是这种滑头教义，如同卡莱尔所说，导致了今日社会文明所看到的"普遍的苦难、反抗、狂乱、激进主义起义的狂热、复辟专制统治的冷酷、大众的兽性堕落、个人的过度愚昧"。简言之，正是这种欺骗和暴力的组合，滑头教义和军国主义，律师和警察，导致了现代社会的无政府主义者和无政府主义，暴力和欺骗的组合强奸了人们的道德感，导致了疯狂，这种疯狂使得无政府主义者用炸弹和炸药来反抗律师、政客、地方官和共和国总统。

事实上，一个社会，如果人民没有荣誉感，在政治上没有道德，我说它是不能结合在一起的，或者至少不能持久。因为在这样一个社会里的警察，依靠他们的律师、政客、地方官和共和国总统才能实现欺骗，会陷入两难的悖论。他被告知他必须为了社会利益履行自己的职责。可他，这个可怜的警察，也是社会的一部分——对他而言，自己和自己的家庭，最少也是社会最重要的部分。如果有别的谋生手段而不是当警察，比如当一个反警察分子，他能够得到更多报酬来改善他自己和他的家庭的条件，同时也意味着社会利益。那样的话警察迟早会得出结论，由于政治中没有荣誉感这么一回事情，如果能得到更好的报酬，那样也意味着社会利益，他没有理由不去做一个革命者或者无政府主义者——这样社会就到了末日。孟子说："孔子成《春秋》而乱臣贼子惧"，在书中他讲述了他的国家信仰并揭示了他那个时代的社会，那时的社会，正如今日世界，公务人员没有荣誉感，政治上没有道德感，它注定到了末日；当孔子写这本书的时候，"乱臣贼子惧"。

言归正传，我要说，没有荣誉感的社会无法维持、不能持久。因为，我们已经看到，即使人类社会里赌博和交易这等琐碎或者无足轻重的事情涉及的人际关系里面，承认荣誉感也是如此重要和必需，那么在建立了家庭和国家这些最本质的制度的人类社会的人际关系中，它将是多么的至关重要。如你们知道的那样，历史上所有国家的公民社会的兴起通常都是始于婚姻制度。欧洲的教会宗教让婚姻成为一种圣礼，也就是说，某种神圣的不可违背的东西。欧洲婚姻圣礼的约束力来自教堂，其威信来自上帝。但这只是一个表面的、形式的、或者说法律的约束力。婚姻的神圣不可侵犯的真实的、内在的、真正约束力——正如我们在没有教会宗教的国家所见到的那样，是荣誉感，是男人和女人的君子律法。孔子说："君子之道，造端乎夫妇。"换言之，在所有公民社会的国家中都承认的荣誉感——君子律法，是婚姻制度的基础。这种婚姻制度建立了家庭。

我说过，孔子教导的国家信仰是一个荣誉法典，我告诉过你们孔子是由君子律法引出这个法典。但是现在，我必须告诉你们，在孔子时代很久以前，中国就已经存在着不明确的、不成文的君子律法的法典。孔子时代以前中国这种不明确的、不成文的君子律法的法典就是所谓的礼——礼仪、礼节的律法。孔子时代之前不久的历史上，中国出现了一个伟大的政治家——著名的中国法律制定者，一般称为周公（公元前 1135 年）——他最先确定、整理、制订了君子律法的成文法典，即中国的礼——礼仪、礼节的律法。周公创造的中国的这部最早的成文绅士法典，就是周礼——周公之礼。周公之礼可以看做是前孔子时代中国的宗教，或者正如基督教之前的犹太民族的摩西律法一样，也可以称为中国人民的旧约信仰。正是这旧约信仰——所谓第一个成文的君子律法的法典，也叫做周公之礼——第一次给了中国婚姻的圣礼和神圣不可侵犯的约束力。因此，直到今天中国人还把婚姻圣礼称为周公之礼——周公的礼法。通过婚姻圣礼制度，前孔子时代或者中国的旧约信仰时代建立了家庭。它曾经保证了所有中国家庭的稳定性和持久性。在中国，周公的礼法作为前孔子的或者旧约的信仰，可以称为一种家庭信仰，以此区分后来孔子教导的国家信仰。

现在，孔子在他教导的国家信仰里，可以说相对于他之前时代的家庭信仰而言给出了一个新约。换句话说，孔子在他教导的国家信仰里给了君子律法一个新的、更广泛的、更有包容力的应用。如果说家庭信仰，他的时代之前的中国旧约信仰制定了婚姻圣礼，那么孔子，通过在他教导的国家信仰里给出君子律法的新的、更广泛的、更有包容力的应用，制定了新的圣礼。孔子制订的新圣礼，不再称为礼——礼法，他叫它名分大义，我已经翻译成荣誉和责任的重大原则或者荣誉法典。孔子通过制订名分大义或者荣誉法典来替代以前的家庭信仰，给了中国人一个国家信仰。

孔子，如今在他的国家信仰里教导说，正如他之前时代的家庭信仰即旧约所订，家庭里的妻子和丈夫受婚姻圣礼，所谓周公之礼、即周公礼法的约束——以维持他们的婚姻契约不被侵犯并且绝对遵守它，因此，在他教导的国家信仰的新约下，每个国家的人民和君主，中国人民和他们的皇帝，要遵守名分大义——国家信仰建立的荣誉和责任的重大原则或者荣誉法典——这个新圣礼保证效忠他们之间的这个契约，把它看作神圣不可侵犯，并需要绝对遵守的东西。简言之，这个新圣礼,孔子制定的名分大义或者荣誉法典,是效忠契约的圣礼,正如旧约周公之礼,孔子时代之前制订的周公礼法,是婚姻的圣礼一样。通过这种方法,如我说过,孔子给了君子律法一个新的、更广泛的、更有包容力的应用,给所谓的他之前时代的家庭信仰一个新约,并使之成为国家信仰。

换句话说,正如孔子前的时代中国的家庭信仰把婚姻契约变成圣礼,孔子的国家信仰把效忠契约变成圣礼。正如家庭信仰建立的婚姻圣礼让妻子有绝对忠实于他的丈夫的义务,那么名分大义,中国孔子教导的国家信仰建立的荣誉法典,这种效忠契约的圣礼,使中国人有绝对忠实于他的皇帝的义务。这样在中国,孔子教导的国家信仰里的这种效忠契约的圣礼可以被称为忠诚的圣礼或者忠诚的信仰。你们记得我说过,孔子在某种程度上讲述了君权神授。但与其说孔子教导了君权神授,不如说孔子教导了忠诚的神圣职责。孔子在中国教导的对皇帝的神圣或者绝对的效忠责任产生的约束力,不像欧洲的君权神授理论那样其约束力是来自超自然存在也即上帝或者别的神秘的哲学,而是来自君子律法——人的荣誉感,所有国家让妻子效忠于她的丈夫的荣誉感。事实上,孔子教导的中国人民对皇帝的忠实的绝对责任,它的约束力来自类似商人守信履行合同、赌徒遵守规则偿还赌债同样朴素的荣誉感。

正如我说家庭信仰是中国的旧约宗教,是所有国家的教堂信仰,它通过制定婚姻的圣礼和神圣不可侵犯建立了家庭,那么我称孔子教导的中国的国家信仰,通过制定效忠契约的新圣礼,建立了国家。如果你认为世界上第一个制定圣礼和建立婚姻的神圣不可侵犯的人为人类和文明产生做了非常巨大的工作,我认为,那么你就会理解孔子通过制定新圣礼和建立忠诚契约的神圣不可侵犯所做的巨大工作。婚姻圣礼的制订保证了家庭的稳定和持久,如果没有它人类就会灭绝;忠诚契约的圣礼的制订保证了国家的稳定和持久,没有它人类社会和文明就会毁灭,人会返回野蛮或者动物状态。因此我跟你们说孔子为中国人做的最伟大的事情是他给了他们真正的国家观念——一个国家真正的、理性的、永恒的绝对基础,而且通过给他们这个观念,他使其成为一种信仰——国家信仰。

孔子在一本书里讲述了这种国家信仰,我告诉过你们,这是他在生命快要结束的时候写的一本书,他把它命名为《春秋》。在这本书里孔子首先制定了忠诚契约的新圣礼,叫做名分大义,或者荣誉的法典。这个圣礼因此通常被称为春秋名分大义,或者简单说——春秋大义,也就是,春秋年鉴的荣誉和责任的重大原则,或者简单说,春秋年鉴的重大原则或法典。孔子在这本书里教导的忠诚的神圣责任是中华民族的大宪章。它包括了神圣契约,神圣的社会和约,通过它孔子给予所有中国人和民族完全效忠皇帝的义务,这个契约或者圣礼,这个荣誉法典,在中国是国家和政府,也是中国文明的唯一真正的宪法。孔子在这本书里说后人会明白他——明白他为世界做了什么。

我谈了这么多来说明我想说明的这个问题,恐怕已经让你们厌倦了。现在总算可以回到开始留下的问题。你们记得我说过为什么人类大众通常有宗教需要感——我说的是欧洲意义上的宗教——是因为宗教给了他们一个庇护，这个庇护，通过信仰强大的叫做上帝的存在，给了他们生存的永恒感。而我说过孔子教导的哲学和道德体系，也就是儒教，能替代宗教，可以让人，甚至所有人类大众不需要宗教。因此，我说过，在儒教里面一定有某种东西能给人，给人类大众宗教能给予的同样的安全感和永恒感。现在，我想我们已经找到这个东西。这种东西就是孔子留给中华民族的国家信仰里对皇帝效忠的神圣责任。

你们会理解，中华帝国每一个男人、女人和孩子的这种绝对效忠皇帝的神圣责任，在中国民众的心灵里，给了皇帝一个绝对的、至高的、超越的、全能的权力；对皇帝权力的绝对的、至高的、超越的、全能的信任，给了中国人民，中国的民众，类似别的国家里对上帝、对宗教的信仰所能给予人类大众同样的安全感；对皇帝权力的绝对的、至高的、超越的、全能的信仰也保证了中国人民心灵中国家的绝对稳定和持久。国家的这种绝对持久保证了社会的无限延续和持久，社会这种无限延续和持久最终在中国人民的心灵中保证了种族的不朽。因此，正是对种族不朽的信念，来自忠诚的神圣责任产生的皇帝万能权力的信念，给了中国人，中国的广大民众，正如别的国家里宗教给人类大众所能给予的来生的永恒感。

而且，正如孔子教导的忠诚的绝对神圣责任保证了国家的种族不朽一样，儒教里祖先崇拜仪式保证了家庭的种族不朽。事实上，中国的祖先崇拜仪式与其说建立在来生的信念上，不如说建立在种族不朽的信念上。中国人，当他死了以后，让他感到安慰的不是他相信会有来生，而是相信他的孩子、孙子、曾孙、所有他的亲人，都会记得他、想起他、爱他，直到永远，通过这种方式，在他的想象里，死对中国人来说，就像一个漫长的旅行，就算没有希望，至少也有再次相会的极大"可能"。这样，通过祖先崇拜仪式，以及忠诚的神圣责任，正如别的国家的宗教对来生的信念所给予人类大众的一样，儒教在中国人活着的时候给了他们同样的生存的永恒感，在他们死时给了他们同样的安慰感。正是这个原因中国人把祖先崇拜仪式看成和对皇帝的忠诚的神圣责任的原则同样重要。孟子说："不孝有三，无后为大。"孔子教导的、我称之为中国的国家信仰的整个体系，其实只有两个东西，对皇帝的忠诚和对父母的孝顺——用中文说，就是忠孝。具体地说，忠实的三个条款，中文称为三纲，儒教或者中国国家信仰的三个主要责任，按照重要程度分别是——第一，对皇帝效忠的绝对责任；第二，孝顺和祖先崇拜；第三，婚姻的神圣不可侵犯和妻子对丈夫的绝对顺从。三个条款中最后两个已经在我所谓的家庭信仰，或者前孔子时代中国的旧约信仰里出现；而第一个条款——对皇帝效忠的绝对责任——是孔子首先教导的，是他凭此奠定了中华民族的国家信仰或者新约信仰。儒教里忠实的第一条款——对皇帝效忠的绝对责任——取代了所有宗教里面的忠实的第一条款——对上帝的信仰。由于儒教有信仰宗教中的上帝的替代物，儒教，正如我说明的那样，可以替代宗教，中国人，中国如此众多的人口，没有宗教需要感。

……

你们会记得，我告诉过你们，孔子教导的整个体系可以总结为一个词：君子律法，欧洲语言里最接近的词，我认为是道德律。孔子把君子律法称为秘密。孔子说："君子之道，费而隐。"然而孔子也说:"普通男女大众的简单智力也能知道这个秘密的一些东西。普通男女大众的卑贱天性也能履行君子律法。"因为这个原因,歌德,他也了解孔子的君子律法这种秘密,称它为"公开的秘密"。人类在哪里以及如何发现这个秘密呢? 你们会记得,孔子说过,我告诉过你们对君子律法的认识开始于对夫妻关系的认识——婚姻中男女的真正关系。因此秘密,歌德所说的公开的秘密,孔子的君子律法,首先通过男人和女人发现。那么,男人和女人又是如何发现这个秘密——孔子的君子律法呢?

我告诉过你们,孔子的君子律法在欧洲语言中最接近的词是道德律。那么孔子的君子律法和道德律的不同在什么地方——我指的是哲学家和道德学家的道德律或道德律法,有别于宗教导师教导的信仰或道德律法。为了理解孔子的君子律法与哲学家和道德学家的道德律法之间的不同,让我们首先找到宗教与哲学家和道德学家的道德律法之间的不同。孔子说:"天命之谓性;率性之谓道;修道之谓教。"因此,根据孔子的说法,宗教和道德律——哲学家和道德学家的道德律——之间的不同在于宗教是净化的、有序的道德律,是道德律的更深入更高尚的标准。

……

和宗教一样,孔子的君子律法也是提炼过的、有序的道德律——比哲学家和道德学家的道德律更深更高的道德律标准。哲学家和道德学家的道德律告诉我们必须遵守我们人的道德律,哲学家称之为理,道德学家称之为良心。但和宗教一样,孔子的君子律法告诉我们必须遵守真正的我们人的律法,不是街上一般人或者粗俗肮脏者的律法,而是爱默生所谓的世界上"最率直最单纯的心灵"的人的律法。事实上,为了了解君子的人的律法是什么,我们必须首先是君子,用爱默生的话说,是在他自身中发展出来的君子的率直和单纯的心灵。因此,孔子说:"人能弘道,非道弘人。"

然而,孔子说过,只要我们学习并尝试获得君子的细腻感情或品位,我们就可以知道什么是君子律法。在孔子的教义里,品味的汉语是礼,曾经被翻译成礼节、礼数和礼貌,其实这个词是品味的意思。品味,君子的细腻情感和好品味,当用于道德行为时,用欧洲语言说,就是荣誉感。事实上,孔子的君子律法不是别的而是荣誉感。这种荣誉感,孔子称为君子律法,不是哲学家和道德学家的道德律,那是一种生硬的、死板的关于对错的形式的或者公式的知识,而类似于基督教圣经里的正义,一种对天生的、逼真的、生动的对错或者正义的不明确的绝对本质的感知,即正义的生命和灵魂,也称为荣誉的感知。

……

我写了这么多,现在可以回答之前你们问我的问题了。你们问我,你们会记得,没有宗教教导的对上帝的信念——一个人怎么能让人,让人类大众,跟随和服从孔子在国家信仰里教导的道德的准则——对皇帝忠诚的绝对责任? 我向你们揭示了不是宗教所教导的对上帝的信仰使人真正地服从道德法则或道德行为法则。我向你们表明,宗教之所以能够使人服从道德行为法则,主要是因为一个叫做教会的组织唤醒和点亮了人之中的启示或活的情感,正是这种情感使得他们服从那些法则。现在为了回答你们的问题，我会告诉你们，孔子的教义体系称为儒教，中国的国家信仰，正如别的国家的教会宗教，让人遵守道德行为准则的手段也是通过相当于别的国家的教会宗教里的教会这样的组织。在中国儒教中，这种国家信仰里的组织就是——学校。学校是中国孔子的国家信仰里的教会。如你们知道的那样，汉语里宗教信仰的"教"这个字也是教育的教。事实上，由于中国的教会就是学校，信仰在中国就意味着教育、修养。中国学校的目的和目标，不是像今日现代欧洲和美国教人谋生，而正如教会宗教的目的和目标，是教人理解弗鲁德先生所谓的基本戒律——"不要撒谎"、"不要偷窃"；事实上，教导人做个好人。"不论我们是否言行有素"，约翰生说："不论我们是否想有用或者让人愉快，最基本的是要有对和错的虔诚的道德认识；然后，了解人类历史，以及那些体现了真理，被事实证明的合理观点。"

我们已经看到教会宗教的教会通过唤醒和点亮人的启示或者活的情感，能让人遵守道德行为准则，而它唤醒和点亮人的启示或者活的情感，主要是通过激励和唤起对宗教的宗师和建立者的无限赞美、爱和狂热的情感。那么，学校——中国的孔子的国家信仰里的教会——和别的国家的教会宗教里的教会有一个区别。学校——中国的国家信仰里的教会，它确实能通过唤醒和点亮人的启示或者活的情感让人遵守道德行为的准则，如同教会宗教里的教会一样。但中国的学校用来唤醒和点亮人的启示或者活的情感的方法不同于别的国家的教会宗教里教会所用的方法。学校，中国孔子国家信仰里的教会，不是通过激励和点亮对孔子的无限敬仰、爱和狂热的情感来唤醒和点亮启示或者活的情感。孔子在他的一生中的确在他的直系门徒里面激发了一种无限敬仰、爱和狂热的情感，而且在他死后，在研究并理解他的所有伟人中间同样激发了一种无限敬仰、爱和狂热的情感。但是我们知道，孔子在他活着的时候以及在他死后，没有像世界上别的伟大宗教的创立者那样，曾激发了人类大众同样的赞美、爱和狂热的情感。中国的普通大众，并不像伊斯兰国家的普通大众赞美崇拜穆罕默德，或者如同欧洲国家的普通大众赞美崇拜耶稣·基督那样，赞美崇拜孔子。在这方面，孔子就不属于宗教建立者那一类人。为了成为欧洲词义上的宗教建立者，一个人必须有特别甚至异常强烈的情感天性。孔子事实上是商王室的族裔后代，这个朝代在孔子生活的朝代之前统治中国——这个种族具有希伯来民族同样强烈的情感天性。但是孔子自己生活在周王室的王朝里，周王室——它是具有类似希腊人的良好理智天性的种族，周公就属于这个种族，我说过，他是前孔子信仰的建立者，或者说是中国的旧约信仰时期的真正代表。因此，如果做个类比的话，孔子就是希伯来人的出身，具有希伯来种族强烈的情感天性，同时接受了最好的理智教育，具有希腊文明所能给予的最好的理智修养。事实上，正如现代欧洲伟大的歌德，有一天欧洲人会认识到伟大的歌德所具有的最完美的人性，是欧洲文明产生的真正的欧洲人，正如中国人认识到孔子具有最完美的人性一样，他是中国文明产生的真正中国人——我要说，正如伟大的歌德，孔子受过教育，有教养，因而不属于宗教建立者之类的人。事实上，在孔子活着的时候，他并没有被人们所了解，除了他最亲密的人和最直系的门徒之外。

我说，中国的学校，是孔子的国家信仰的教会，不是通过激起和唤醒对孔子的赞美、爱和狂热的情感来唤醒和点亮启示或者活的情感来让人遵守道德行为准则。那么中国的学校是如何唤醒和点亮启示或者活的情感来让人遵守道德行为准则呢？孔子说："兴于《诗》，立于礼，成于乐。"学校——中国国家信仰的教会——是通过教他们诗歌来唤醒和点亮人的启示或者活的情感，由此让他们遵守道德行为准则——事实上，所有真正的文学伟人的著作，如我说过的那样，都具有宗教的所有道德行为准则中有的启示或者活的情感。马修·阿诺德，在谈到荷马和他的诗歌的高贵品质时说："荷马诗歌以及少数文学伟人的作品的高贵品质，能够净化蒙昧的人，能够改造他。"事实上，无论什么都是真实的，无论什么都是正直的，无论什么都是纯洁的，无论什么都是可爱的，无论什么都是有好名声的，如果有任何美德，如果有任何赞誉的话——学校，中国的国家信仰的教会，都会让人思考这些事情，通过使他们对它们的思考，唤醒和点亮了启示或者活的情感，从而让他们遵守道德行为准则。

但是你们会记得，我告诉过你们文学伟人的真正著作，比如荷马诗歌，不能传达于大众，因为文学伟人使用的是受过教育的人的语言，这不能为人类大众所理解。事实既然如此，那么孔子教导的体系，儒教，中国的国家信仰，是如何唤醒和点亮了人类大众、中国的普通大众的启示或活的情感，让他们遵守道德行为准则呢？好，我曾告诉你们，中国相应于别的国家的教会宗教里的教会组织的是学校。但这并不完全正确。在中国孔子的国家信仰里，真正与别的国家的教会宗教里的教会相应的真正组织——是家庭。真正的教会——学校不过是它的一个附属物——中国的孔子国家信仰的真正的教会，是每一个房屋有祖先牌位和祖先拜堂，在每一个村镇有祖先庙堂的家庭。我曾经告诉你们说，启示之源，世界上所有的伟大宗教让人、让人类大众遵守道德行为准则的真正动力，是教会激励和唤起人们对宗教的宗师和创立者的无限的赞美、爱和狂热的情感。那么，在中国的国家信仰里面，让人、让中国的普通大众遵守道德行为准则的启示之源，真正的动力是"对父母的爱"。基督教会宗教的教会说"爱基督"。中国孔子的国家信仰的教会——每个家庭的祖先牌位——说"爱你的父母"。圣保罗说："让每一个人都唤基督的名，远离不公正。"而《孝经》的作者，这本书写于汉朝，类似于基督的中国人，他说："让爱父母的人远离不公正。"简言之，正如基督教会宗教的本质、动力、真正的启示之源，是对基督的爱，国家信仰，中国的儒教的本质、动力、真正的启示之源是"对父母的爱"——孝顺，以及祖先崇拜仪式。

孔子说："践其位，行其礼，奏其乐，敬其所尊，爱其所亲，事死如事生，事亡如事存，孝之至也。"孔子还说："慎终追远，民德归厚矣。"这就是中国的国家信仰，儒教，如何唤醒和点亮人们的启示或者活的情感，从而使得他们遵守道德行为准则的方法，所有这些法则中最高最重要的一条就是对皇帝效忠的绝对责任，就像世界上所有伟大宗教里面最高最重要的道德行为准则就是畏惧上帝一样。换言之，基督教的教会宗教说："畏惧上帝，服从他。"而孔子的国家信仰——儒教说："尊敬皇帝，效忠他。"基督教教会宗教说："如果你畏惧上帝并服从他，首先要爱基督。"孔子的国家信仰或者儒教说："如果你想尊敬皇帝并效忠他，首先要爱你的父母。"

现在，我已经为你们揭示了，中国文明为什么自孔子时代以来这2500年没有心灵和头脑冲突的原因。之所以没有这种冲突，其原因是中国人，甚至中国的普通大众，没有宗教需要感——我是说欧洲词义上的宗教；而中国人没有宗教需要感，其原因是中国人在儒教里有某种东西可以替代宗教。这种东西，我已经向你们说明，是孔子在他给中华民族的国家信仰里教导的对皇帝的效忠的绝对责任的原则，称为名分大义的荣誉法典。孔子为中国人民所做的最伟大的工作，我说过，是给了他们国家信仰，教导他们对皇帝的效忠的绝对责任。

因此，我认为，探讨孔子以及他为中华民族所做的事情是必需的，因为它与我们现在讨论的问题——中国人的精神——非常相关。因为我想告诉你们，你们也会从我所说的话里理解到，中国人，特别是受过教育的中国人，有意地忘记并放弃了他曾经效忠的荣誉法典，中国孔子的国家信仰的名分大义，对皇帝或者元首效忠的绝对神圣责任，这样的中国人已经丢掉了中国人的精神，丢掉了他的民族和种族的精神：他不再是一个真正的中国人。

最后，让我简单地总结一下关于我们讨论的题目——中国人的精神或者真正的中国人，我想要说些什么。真正的中国人，我向你们说明过，是过着具有成人的理智同时具有孩子的单纯心灵的生活的人，中国人的精神是灵魂和理性的恰当结合。现在，如果你考察中国人的心灵在第一流的艺术文学作品里的产品，你会发现它正是灵魂和理性的恰当结合——让这些作品悦人可喜。马修·阿诺德对荷马诗歌的评论对中国所有第一流的文学同样适合："不但具有深刻触动人性本心的力量，这是伏尔泰不能企及的弱点，也具有伏尔泰那令人惊异的朴素性和理性。"

马修·阿诺德把这位最好的希腊诗人的诗歌称为富有想象力的理性的女祭司。中国人的精神，正如在最好的标本、也就是他们的艺术和文学的作品里面看到的那样，正是马修·阿诺德所说的富有想象力的理性。马修·阿诺德说："后来的异教徒的诗歌依靠感觉和理智生活；中世纪基督徒的诗歌靠心灵和想象生活。而现代精神生活，当今的现代欧洲精神的主要因素，既不是感觉和理智，也不是心灵和想象，而是富有想象力的理智。"

如果马修·阿诺德这里所说的是真的，今日欧洲人民的现代精神的因素是富有想象力的理性，那么你就会发现中国人的精神对欧洲人有多么巨大的价值——这种精神就是马修·阿诺德所谓的富有想象力的理性。我说，它非常有价值、非常重要、值得研究、值得理解、值得热爱，而不是忽视、轻视、试图毁灭它。

但是现在，在我最后作结论前，我想给你们一个警示。在考虑我给你们说明的中国人的精神时，你们一定要记住它不是科学、哲学、神学，或者什么主义，比如勃拉瓦茨基夫人或者贝赞特夫人的神学或者主义。中国人的精神甚至不是心理活动——一种大脑和心灵的活跃运转。我想告诉你们，中国人的精神是心灵的状态、灵魂的性情，你们不能像学速记或者世界语一样学习它——简单说，它是一种心态，或者用诗人的话说——一种宁静祥和的心态。

最后，请允许我为你们朗诵非常中国化的英国诗人华兹华斯的几行诗，它胜过我本人说过的或能说的任何言词，它为你们描述了中国人的精神中宁静祥和的心态。这几行英国诗以我力所不及的手法向你们呈现了中国式人性里灵魂和理性的完美结合，以及赋予真正中国人无以言表

的文雅的宁静祥和,华兹华斯在《丁登修道院》这首诗里说:

> 同样,凭借它们
>
> 我还在更高尚的方面
>
> 得到别的馈赠:祥和的心态
>
> 让神秘的重负
>
> 让整个难以了解的世界给予的
>
> 沉重恼人的负担
>
> 得到缓解——在宁静祥和的心态下
>
> 柔情引导我们前行——
>
> 直到我们肉体的呼吸
>
> 甚至血液的流动
>
> 都停下了,我们的身体已经
>
> 熟睡,成了活的灵魂
>
> 我们的眼睛在和谐的力量下变得
>
> 宁静,在快乐的力量下变得深邃
>
> 我们看清了万物的生命

宁静祥和的心态让我们看清了万物的生命:这就是充满想象力的理性,这就是中国人的精神。

2、梁启超论读《左传》[①]

读《左传》法之一

我国现存史籍,若以近世史的观念读之,固无一能尽如人意。但吾侪试思,西历纪元前四五百年之史部著作,全世界能有几何?《左传》一书,无论其原本为分国纪载或编年纪载,要之不失为一种有系统有别裁的作品,在全人类历史学界为一先进者。故吾侪以世界的眼光观察,已认此书为有精读的必要。若专就本国文献论,则我族文化实至春秋时代始渐成熟,其位置恰如个人之甫达成年,后此历史上各方面文物之演进,其渊源皆溯诸春秋。故吾以为欲断代地研究国史,当以春秋时代为出发点。若侈谈三代以前,则易为神话所乱,失史家严正态度。若仅注重秦汉以后,则中国国民性之根核,社会组织变迁之脉络等,将皆无从理解。故吾常谓治国史者,以清代史为最要;次则春秋战国。战国苦无良史,(《战国策》文学臭味太浓,非严格的史)而春秋时代幸有一《左传》,吾侪宜如何珍惜而宝习也!

---

① 节选自梁启超《要籍解题及其读法》,中国社会科学出版社 1997 年版,题目为编者所加。

《左传》一书,内容极丰富,极复杂。作史料读之,可谓最有价值而且有趣味。在文献学上任何方面,皆可以于本书中得若干资料以为研究基础。盖此书性质虽属政治史,然对于社会情状,常能为摄影的记述。试以《资治通鉴》比之,当感《通鉴》纯为政治的,而《左传》实兼为社会的也。所以能如此者,固由左氏史识特高,抑亦历史本身使然。其一,春秋时代,各地方皆在较狭的区域内分化发展,政治上乃至文化上并无超越的中心点,故其史体与后来之专以京师政局作主脑者有异。其二,彼时代之社会组织纯为阶级的,一切文化皆贵族阶级之产物。贵族阶级,虽非多数的,然究竟已为复数的。故其史体与后来之专皇帝一人作起居注者有异。《左传》所叙述之对象——史的实质如此,此其所以在古史中能有其特殊之价值也。

古今治《左传》者多矣。以研究方法论,吾以为莫良于顾栋高之《春秋大事表》。彼书盖先定出若干门类为自己研究范围,然后将全部书拆散,撷取各部分资料以供自己驾驭。记曰:"属辞比事,《春秋》之教。"顾书真能善属而善比者。吾以为凡读史皆当用此法,不独《左传》也。但吾对于此书稍觉不满者有三端。第一,嫌其体裁专限于表。用表法诚极善,顾书各表,惨淡经营,令人心折者诚极多,但仍有许多资料非用表的形式所能整理者。顾氏以"表"名其书,自不容不以能表者为限。吾侪赓续研治,则须广其意以尽其用也。第二,嫌其所表偏于政治。《左传》本属政治史,多表政治,固所当然。然政治以外之事项,可表者正自不少,是宜有以补之。第三,嫌其多表释经语。"《左氏》不传《春秋》"为吾侪所确信,今对于刘歆引传释经之语,研究其义例,非惟枉费精力,抑亦使《春秋》之旨愈荒也。此三端吾以为对于顾著宜修正或增益者。但其方法则吾无间然,愿学者循其矩而神而明之也。

马骕《左传事纬》、高士奇《左传记事本末》,皆仿袁枢治《通鉴》之例,以一事之起讫编年,此亦读《左氏》之一法。惟其所分之事,或失诸细碎,而大者反割裂遗漏。学者如能用其法,而以己之律令断制之,所得或较多也。

吾侪今日治《左传》,最好以社会学者的眼光治之,不斤斤于一国一事件之兴亡得失,而多注意于当时全社会共同现象。例如,当时贵族阶级如何受教育法;所受者为何种教育;当时贵族政治之合议组织如何;其政权授受程序如何;当时地方行政状况如何;当时国际交涉之法例如何;当时财产所有权及其承袭与后来之异同奚若;当时婚姻制度与后来之异同奚若;当时人对于自然界灾变作何等观念;当时可称为宗教者有多少种类,其性质如何……诸如此类,随时特拈出所欲研究之问题,通全书以搜索资料。资料略集,乃比次而论断之。所研究积数十题,则一时代之社会遗影略可睹矣。

吾侪研究史料,往往有须于无文字中求之者。例如:(一)春秋时代是否已行用金属货币?(二)春秋时代是否有井田?(三)春秋时代是否用铁器?(四)春秋时代曾否有不行贵族政治之国家?……诸如此类,留心研索,亦可以拈出若干题。若其可作反证之资料甚缺乏乃至绝无,则否定之断案或遂可成立。此亦治古史之一妙用也。

以上所述,皆史学家应采之通法,无论读何史皆可用之,不独《左传》。但《左传》既为最古之史,且内容甚丰,取材较易,先从彼着手,最可引起趣味也。

读《左传》法之二

《左传》自宋以来,列于五经,形成国民常识之一部,故虽非专门史学家亦当一读。其中嘉言懿行,有益修养及应世之务者不少,宜暗记或钞录之。

《左传》文章优美,其记事文对于极复杂之事项——如五大战役等,纲领提挈得极严谨而分明,情节叙述得极委曲而简洁,可谓极技术之能事。其记言文渊懿美茂,而生气勃勃,后此亦殆未有其比。又其文虽时代甚古,然无佶屈聱牙之病,颇易诵习。故专以学文为目的,《左传》亦应在精读之列也。

3、朱自清:《经典常谈·春秋三传第六》①

《春秋》是古代记事史书的通称。古代朝廷大事,多在春秋二季举行,所以记事的书用这个名字。各国有各国的《春秋》,但是后世不传了。传下的只有一部《鲁春秋》,《春秋》成了它的专名,便是《春秋经》了。传说这部《春秋》是孔子作的,至少是他编的。鲁哀公十四年,鲁西有猎户打着一只从没有见过的独角怪兽,想着定是个不祥的东西,将它扔了。这个新闻传到孔子那里,他便去看,他一看,就说:"这是麟啊。为谁来的呢! 干什么来的呢! 唉唉! 我的道不行了!"说着流下泪来,赶忙将袖子去擦,泪点却已滴到衣襟上。原来麟是个仁兽,是个祥瑞的东西:圣帝、明王在位,天下太平,它才会来,不然是不会来的。可是那时代哪有圣帝、明王? 天下正乱纷纷的,麟来的真不时候,所以让猎户打死;它算是倒了运了。

孔子这时已经年老,也常常觉着生的不是时候,不能行道;他为周朝伤心,也为自己伤心。看了这只死麟,一面同情它,一面也引起自己的无限感慨。他觉得生平说了许多教,当世的人君总不信他,可见空话不能打动人,他发愿修一部《春秋》,要让人从具体的事例里,得到善恶的教训,他相信这样得来的教训,比抽象的议论深切著名的多。他觉得修成了这部《春秋》,虽然不能行道,也算不白活一辈子。这便动起手来,九个月书就成功了。书起于鲁隐公,终于获麟;因获麟有感而作,所以叙到获麟绝笔,是纪念的意思。但是《左传》里所载的《春秋经》,获麟后还有,而且在记了"孔子卒"的哀公十六年后还有:据说那却是他的弟子们续修的了。

这个故事虽然够感伤的,但我们从种种方面知道,它却不是真的。《春秋》只是鲁国史官的旧文,孔子不曾掺进手去。《春秋》可是一部信史,里面所记的鲁国日食,有三十次和西方科学家所推算的相合,这决不是偶然的。不过书中残阙、零乱和后人增改的地方,都很不少。书起于隐公元年,到哀公十四年止,共二百四十二年(公元前七二二——四八一)。后世称这二百四十二年为

---

① 本篇节选自朱自清《经典常谈》,岳麓书社2010年版。

春秋时代。书中纪事按年月日，这叫作编年。编年史在史学上是个大发明。这教历史系统化，并增加了它的确实性。《春秋》是我国现存的第一部编年史。书中虽用鲁国纪元，所记的却是各国的事，所以也是我们第一部通史。所记的齐桓公、晋文公的霸迹最多；后来说"尊王攘夷"是春秋大义，便是从这里着眼。

古代史官记事，有两种目的：一是征实，二是劝惩。像晋国董狐不怕权势，记"赵盾弑其君"①，齐国太史记"崔杼弑其君"②，虽杀身不悔，都为的是征实和惩恶，作后世的鉴戒。但是史文简略，劝惩的意思有时不容易看出来，因此便需要解说的人。《国语》记楚国申叔时论教太子的科目，有"春秋"一项，说"春秋"有奖善惩恶的作用，可以戒劝太子的心。孔子是第一个开门授徒，拿经典教给平民的人，《鲁春秋》也该是他的一种科目。关于劝惩的所在，他大约有许多口义传给弟子们。他死后，弟子们散在四方，就所能记忆的又教授开去。《左传》《公羊传》《穀梁传》，所谓"春秋三传"里，所引孔子解释和评论的话，大概就是拣的这一些。

三传特别注重《春秋》的劝惩作用，征实与否，倒在其次。按三传的看法，《春秋》大义可以从两方面说：明辨是非，分别善恶，提倡德义，从成败里见教训，这是一；夸扬霸业，推尊周室，亲爱中国，排斥夷狄，实现民族大一统的理想，这是二。前者是人君的明鉴，后者是拨乱反正的程序。这都是王道。而敬天事鬼，也包括在王道里。《春秋》里记灾，表示天罚，记鬼，表示恩仇，也还是劝惩的意思。古代记事的书常夹杂着好多的迷信和理想，《春秋》也不免如此。三传的看法，大体上是对的。但在解释经文的时候，却往往一个字一个字地咬嚼。这一咬嚼，便不顾上下文穿凿附会起来了。《公羊》《穀梁》，尤其如此。

这样咬嚼出来的意义就是所谓"书法"，所谓"褒贬"，也就是所谓"微言"。后世最看重这个，他们说孔子修《春秋》，"笔则笔，削则削"③，"笔"是书，"削"是不书，都有大道理在内。又说一字之褒，比教你作王公还荣耀；一字之贬，比将你作罪人杀了还耻辱。本来孟子说过"孔子成《春秋》而乱臣贼子惧"④，那似乎只指概括的劝惩作用而言。等到褒贬说发展，孟子这句话倒像更坐实了，而孔子和《春秋》的权威也就更大了。后世史家推尊《春秋》，承认这种书法是天经地义；但实际上他们并不照三传所咬嚼出来的那么穿凿附会地办。这正和后世人尽管推尊《毛诗》传、笺里比兴的解释，实际上却不那样穿凿附会地作诗一样。三传，特别是《公羊传》和《穀梁传》，和《毛诗》传、笺，在穿凿解经这件事上是一致的。

三传之中，公羊、穀梁两家全以解经为主，左氏却以叙事为主。公、穀以解经为主，所以咬嚼得更利害些。战国末期，专门解释《春秋》的有许多家，公、穀较晚出的而仅存。这两家固然有许多彼此相异之处，但渊源似乎是相同的；他们所引别家的解说也有些是一样的。这两种"春秋经

---

① 《左传·宣公二年》。
② 《左传·襄公二十五年》。
③ 《史记·孔子世家》。
④ 《孟子·滕文公章句下》。

传"经过秦火,多有残阙的地方;到汉景帝、武帝时候,才有经师重加整理,传授给人。公羊、穀梁只是家派的名称,仅存姓氏,名字已不可知。至于他们解经的宗旨,已见上文;《春秋》本是儒家传授的经典,解说的人,自然也离不开儒家,在这一点上,三传是大同小异的。

《左传》这部书,汉代传为鲁国左丘明所作。这个左丘明,有的说是"鲁君子",有的说是孔子的朋友;后世又有说是鲁国的史官的①。这部书历来讨论的最多。汉时有"五经"博士。凡解说"五经"自成一家之学的,都可立为博士。立了博士,便是官学;那派经师便可作官受禄。当时《春秋》立了公、穀二传的博士。《左传》流传得晚些,古文派经师也给它争立博士。今文派却说这部书不得孔子《春秋》的真传,不如公、穀两家。后来虽一度立了博士,可是不久还是废了。倒是民间传习的渐多,终于大行!原来是公、穀不免空谈,《左传》却是一部仅存的古代编年通史(残缺又少),用处自然大得多。《左传》以外,还有一部分国记载的《国语》,汉代也认为左丘明所作,称为《春秋外传》。后世学者怀疑这一说的很多。据近人的研究,《国语》重在"语",记事颇简略,大约出于另一著者的手,而为《左传》著者的重要史料之一。这书的说教,也不外尚德、尊天、敬神、爱民,和《左传》是很相近的,只不知著者是谁。其实《左传》著者我们也不知道,说是左丘明,但矛盾太多,不能教人相信。《左传》成书的时代大概在战国,比公、穀二传早些。

《左传》这部书大体依《春秋》而作;参考群籍,详述史事,征引孔子和别的"君子"解经评史的言论,吟味书法,自成一家言。但迷信卜筮,所记祸福的预言,几乎无不应验;这却大大违背了征实的精神,而和儒家的宗旨也不合了。晋范宁作《穀梁传序》说:"左氏艳而富,其失也巫";"艳"是文章美,"富"是材料多,"巫"是多叙鬼神,预言祸福。这是句公平话。注《左传》的,汉人就不少了,但那些许多已散失,现存的只有晋杜预注,算是最古了。

杜预作《春秋序》,论到《左传》,说"其文缓,其旨远";"缓"委婉,"远"是含蓄。这不但是好史笔,也是好文笔。所以《左传》不但是史学的权威,也是文学的权威。《左传》的文学本领,表现在记述辞令和描写战争上,春秋列国,盟会颇繁,使臣会说话不会说话,不但关系荣辱,并且关系利害,出入很大,所以极重辞令。《左传》所记当时君臣的话,从容委曲,意味深长。只是平心静气的说,紧要关头却不放松一步;真所谓恰到好处。这固然是当时风气如此,但不经《左传》著者的润饰工夫,也决不会那样在纸上活跃的。战争是个复杂的程序,叙得头头是道,已经不易,叙得有声有色,更难;这差不多全靠忙中有闲,透着优游不迫神儿才成。这却正是《左传》著者所擅长的。

---

① 《史记·十二诸侯年表序》说是"鲁君子",《汉书·刘歆传》说"亲见夫子","好恶与圣人同",杜预《春秋序》说是"身为国史"。

孝经

导语

《孝经》以孝为中心，比较集中地阐发了儒家的伦理思想。自西汉至魏晋南北朝，注解《孝经》者达百家。现在流行的版本是唐玄宗李隆基注、宋代邢昺疏。《孝经》在唐代被尊为经书，南宋以后被列为"十三经"之一。在中国自汉代至清代的漫长社会历史进程中，它被看做是"孔子述作，垂范将来"的经典，对传播和维护社会纲常、社会太平起了很大作用。

《孝经》认为，孝是"天之经也，地之义也，人之行也"，指出孝是自然规律的体现，是人类行为的准则，是国家政治的根本。在中国伦理思想中，《孝经》首次将孝亲与忠君联系起来，认为"忠"是"孝"的发展和扩大，并把"孝"的社会作用推而广之，认为"孝悌之至"就能够"通于神明，光于四海，无所不通"。《孝经》共分十八章，这十八章依其内容大致可分为四部分。自《开宗明义章》至《庶人章》为第一部分，共六章，对孝加以概括性论述，并分别对不同地位之人孝的不同表现形式进行阐述，这是全篇的宗旨所在。自《三才章》至《五刑章》为第二部分，共五章，主要讲述孝与治国的关系，强调孝在社会生活中的重要性。其中的《纪孝行章》则专论孝子应做之事，是对一般意义上的孝的解说；自《广至德章》至《广扬名章》为第三部分，共三章，是对《开宗明义章》中提到的"至德"、"要道"、"扬名"的引申和发挥。自《谏争章》至《丧亲章》为第四部分，共四章。这部分各章之间内在联系不紧密，而是分别以不同题目对前三部分内容进行发挥和补充。其中，《丧亲章》可视为全篇的总结。

开宗明义章第一

仲尼居①,曾子侍②。子曰:"先王有至德要道③,以训天下,民用和睦,上下无怨,汝知之乎?"

曾子避席④曰:"参⑤不敏,何足以知之?"

子曰:"夫孝,德之本也,教之所由生也。复坐⑥,吾语⑦汝。"

"身体发肤,受之父母,不敢毁伤,孝之始也。立身行道,扬名于后世,以显父母,孝之终也。"

"夫孝,始于事亲,中于事君⑧,终于立身⑨。"

大雅曰:"无念尔祖,聿修厥德。"⑩

天子章第二

子曰:"爱亲者不敢恶⑪于人,敬亲者不敢慢⑫于人。爱敬尽于事亲,而德孝加于百姓,刑于四海⑬,盖天子之孝也。《甫刑》⑭云:'一人有庆,兆民赖之⑮。'"

诸侯章第三

---

① 居:闲居。

② 侍:卑幼者陪从在尊者之侧。此处指侍坐,在尊长坐席旁边陪坐之意。

③ 至德要道:最高的德行,切要的道理。此处指孝道。

④ 避席:离开坐席。古人席地而坐,表示尊敬则离席而起立。此处指曾子聆听夫子教诲,表示恭敬而离席起立。

⑤ 参:曾子称呼自己,表示尊师之意。

⑥ 复坐:返回坐席。曾子起立对答,故使返回原位坐下。

⑦ 语:告诉。

⑧ 中于事君:把对父母的亲爱扩大,奉侍君王,为国家服务,所谓"移孝作忠"。

⑨ 终于立身:(孝亲尊师,奉侍君长)最终立身无愧,圆满孝道。终,最终。

⑩ 无念尔祖,聿修厥德:怎么能够不追念你的先祖呢?那就一定要修养自己,发扬光大先祖的美德。这是《诗经·大雅·文王》的诗句。祖,在《诗经》里指文王,引申为祖先;尔,你;聿,发语词;厥,其,指文王;修,修养。

⑪ 恶(wù):厌恶,憎恨。

⑫ 慢:轻慢,怠慢。

⑬ 刑于四海:作为天下的典型。刑,通"型",法则,模范;四海,古代以为中国四境环海,故称四方为四海,即天下。

⑭ 甫刑:《尚书·吕刑篇》的别名。吕侯(一作甫侯)所作。吕侯,周穆王(武王第四代孙)的臣子,为司寇,穆王命他作书,取法夏时轻刑之法,以布告天下,故又名甫刑。

⑮ 一人有庆,兆民赖之:天子一人有善行,天下亿万的民众都仰赖他。一人,指天子;庆,善事,此处专指爱敬父母的孝行;兆,十亿,意为多数。

"在上不骄,高而不危①。制节谨度②,满而不溢③。高而不危,所以长守贵也。满而不溢,所以长守富也。富贵不离其身,然后能保其社稷④,而和其民人,盖诸侯之孝也。《诗》⑤云:'战战兢兢,如临深渊,如履薄冰。'"

卿大夫⑥ 章第四

"非先王之法服,不敢服⑦。非先王之法言⑧,不敢道。非先王之德行,不敢行。是故非法不言,非道不行,口无择言,身无择行,言满天下无口过⑨,行满天下无怨恶。三者⑩备矣,然后能守其宗庙,盖卿大夫子孝也。《诗》云:'夙夜匪懈,以事一人⑪。'"

士⑫ 章第五

"资于事父以事母,而爱同。资于事父以事君,而敬同。故母取其爱,而君取其敬,兼之者父也。故以孝事君,则忠以敬事长则顺,忠顺不失,以事其上,然后能保其禄位,而守其祭祀,盖士之孝也。《诗》云:'夙兴夜寐,无忝尔所生⑬。'"

---

① 高而不危:高,言诸侯居于列国最高之位;危,危险。此接上句,意思是说,诸侯居于万民之上的崇高地位,如果能不自高自大,就不会发生危险。

② 制节谨度:制节,指所有开支费用节约俭省;谨度,指行为举止谦逊谨慎而合乎典章制度。

③ 满而不溢:国库充实,但生活仍然应该节俭有度,不可奢侈浪费。满,充满,这里指国库充实,钱财很多;溢,水充满容器而漫出,这里指奢侈、浪费。

④ 社稷:社,祭祀土神的场所,亦代指土神。稷,为五谷之长,是谷神。土地与谷物是国家的根本,古代立国必先祭社稷之神,只有天子和诸侯有祭祀社稷的权力;天子、诸侯失去其国,即失去了祭祀社稷的权力。因而,社稷便成为国家的代称。

⑤ 《诗》:即《诗经》。汉代以前《诗经》只称为《诗》;汉武帝尊崇儒学,重视儒家著作,为《诗》加上"经"字,称为《诗经》。

⑥ 卿大夫:卿是王朝和诸侯国中的高级官员,又称"上大夫",地位比大夫略高。

⑦ 服:身之表也。法服,即按照礼法制定的服装。古代服装的式样、着色、花纹、质料等,不同的等级,不同的身份,有不同的规定。此言卿大夫遵守礼法,不敢僭上逼下。

⑧ 法言:合乎礼法之言。

⑨ 口过:言语的过失。

⑩ 三:服、言、行也。

⑪ 夙夜匪懈,以事一人:出自《诗经·大雅·烝民》,原诗是赞美周宣王的卿大夫仲山甫,早夜不惰,敬事其君。夙,早;匪,非,不;懈,松懈,懈怠;一人,指周天子。义取为卿大夫能早夜不惰,敬事其君也。

⑫ 士:是指次于卿大夫的最后一等的爵位,其中分上士、中士、下士三级。

⑬ 夙兴夜寐,无忝尔所生:出自《诗经·小雅·小宛》。兴,起,起床;寐,睡觉;无,别,不要;忝,羞辱,侮辱;尔,汝;所生,指生身的父母。

庶人① 章第六

"用天之道,分地之利,谨身节用,以养父母,此庶人之孝也。故自天子至于庶人,孝无终始,而患不及者,未之有也②。"

三才章第七

曾子曰:"甚哉! 孝之大也。"

子曰:"夫孝,天之经也,地之义也,民之行③ 也。天地之经,而民是则之④,则天之明,因地之利,以顺天下。是以其教不肃而成,其政不严而治。先王见教之可以化民也,是故先之以博爱,而民莫遗其亲。陈之以德义⑤,而民兴行。先之以敬让,而民不争。导之以礼乐,而民和睦。示之以好恶,而民和禁。《诗》云:'赫赫师尹,民具尔瞻⑥。'"

孝治章第八

子曰:"昔者明王之以孝治天下也,不敢遗⑦ 小国之臣,而况于公、侯、伯、子、男⑧ 乎? 故得万国之欢心,以事其先王。治国者不敢侮于鳏寡⑨,而况于士民乎? 故得百姓之欢心,以事其先君。治家者不敢失于臣妾⑩,而况于妻子乎? 故得人之欢心,以事其亲。夫然,故生则亲安之,祭则鬼享之。是以天下和平,灾害不生,祸乱不作。故明王之以孝治天下也如此。《诗》云:'有觉德行,四国顺之⑪。'"

圣治章第九

曾子曰:"敢问圣人之德,无以加于孝乎⑫?"

---

① 庶人:众人,指一般平民百姓。庶,众多。
② 而患不及者,未之有也:患,担忧,忧虑;不及,指做不到;未之有也,即未有之也,没有这样的事情。
③ 民之行:是说孝道是人的一切行为中最根本的品行,是符合人本性的必然行为。行,品行,行为。
④ 天地之经,而民是则之:天地这种经常不变的道理,人们应当效法它。是,因此,由此;则,效法。
⑤ 陈之于德义:向人民陈述道德仁义。陈,陈述,讲述。
⑥ 赫赫师尹,民具尔瞻:出自《诗经·小雅·节南山》。赫赫,声威显赫,很有气派的样子;师,指太师,是周三公(太师、太傅、太保)中地位最高者,辅佐天子治理国家;尹,尹氏;师尹,指担任太师的尹氏;尔,你;瞻,仰望。
⑦ 遗:遗弃。
⑧ 公、侯、伯、子、男:周代诸侯的五等爵位名,依其功勋与国土之大小,由周天子分封。
⑨ 鳏寡:鳏夫寡妇。引申指孤苦无依的人。
⑩ 臣妾:指服贱役的男仆女婢。
⑪ 有觉德行,四国顺之:出自《诗经·大雅·抑》,意思是天子有伟大的德行,四方各国都来归顺。觉,伟大;四国,四方各国。
⑫ 敢问圣人之德,无以加于孝乎:很冒昧地请问,圣人的德行,没有比孝道更重大的吗?

子曰："天地之性，惟人为贵。人之行，莫大于孝。孝莫大于严父，严① 父莫大于配天②，则周公其人也。昔者周公郊祀后稷，以配天。宗祀文王于明堂，以配上帝。是以四海之内，各以其职来祭。夫圣人之德，又何以加于孝乎？故亲生之膝下，以养父母日严③。圣人因④ 严以教敬，因亲以教爱。圣人之教不肃而成，其政不严而治，其所因者本也。父子之道，天性也。君臣之义也。父母生之，续⑤ 莫大焉。君亲临之，厚莫重焉。故不爱其亲而爱他人者，谓之悖德。不敬其亲而敬他人者，谓之悖礼。以顺则逆，民无则焉。不在于善，而皆在于凶德。虽得之，君子不贵也。君子则不然，言思可道，行思可乐，德义可尊，作事可法，容止可观，进退可度，以临⑥ 其民。是以其民畏而爱之，则而象之⑦。故能成其德教，而行其政令。《诗》云：'淑人君子，其仪不忒⑧。'"

纪孝行⑨ 章第十

子曰："孝子之事亲也，居则致⑩ 其敬，养则致其乐，病则致其忧，丧则致其哀，祭则致其严，五者备矣，然后能事亲。事亲者，居上不骄，为下不乱，在丑不争⑪。居上而骄，则亡。为下而乱，则刑。在丑而争，则兵。三者不除，虽日用三牲之养⑫，犹为不孝也。"

五刑⑬ 章第十一

子曰："五刑之属三千，而罪莫大于不孝，要⑭ 君者无上，非圣人者无法，非孝者无亲，此大乱之道⑮ 也。"

---

① 严：尊敬。
② 配天：祭天时以祖先配享。配，配享。以他神附于主神，一同祭祀。如天子为崇仰他的先祖，使与天同享。惟天为大，至尊无对，而以己之父配之，则尊敬之者至矣。
③ 日严：日益知道尊敬父母的道理。
④ 因：凭藉。
⑤ 续：传宗接代。
⑥ 临：治理。
⑦ 则而象之：仿效而取法。
⑧ 淑人君子，其仪不忒：引自《诗经·曹风·鸤鸠》，善良的君子，他的仪态端正而没有差错。忒，差错。
⑨ 纪孝行：记录孝子事亲的行为。
⑩ 致：竭尽。
⑪ 在丑不争：在同事之间，应当和顺处众，而不可争忿。丑，同类，此指同列、同官。
⑫ 日用三牲之养：每天以三牲奉养父母。三牲，指牛羊豕。
⑬ 五刑：古代以墨、劓（yì）、剕（fèi）、宫、大辟为五刑。
⑭ 要：要挟。
⑮ 道：根源。

广^① 要道章第十二

子曰："教民亲爱,莫善于孝。教民礼顺,莫善于悌。移风易俗,莫善于乐。安上^② 治民,莫善于礼。礼者,敬而已矣。故敬其父,则子悦。敬其兄,则弟悦。敬其君,则臣悦。敬一人而千万人悦。所敬者寡而悦者众,此谓之要道也。"

广至德章第十三

子曰："君子之教以孝也,非家至^③ 而日见^④ 之也。教以孝,所以敬天下之为人父者也。教以悌,所以敬天下之为人兄者也。教以臣,所以敬天下之为人君者也。《诗》云:'恺悌君子,民之父母^⑤。'非至德,其孰能顺民如此其大者乎?"

广扬名章第十四

子曰："君子之事亲孝,故忠可移于君^⑥。事兄悌,故顺可移于长。居家理,故治可移于官^⑦。是以行成于内,而名立于后世矣。"

谏诤章第十五

曾子曰:"若夫慈爱恭敬,安亲扬名,则闻命^⑧ 矣。敢问子从父之令,可谓孝乎?"

子曰:"是何言与? 是何言与! 昔者天子有争臣三人,虽无道不失其天下。诸侯有争臣^⑨ 三人,虽无道不失其国^⑩。大夫有争臣三人,虽无道不失其家^⑪。士有争友,则身不离于令名^⑫。父有争子,则身不陷于不义。故当不义,则子不可以不争于父,臣不可以不争于君,故当不义则争之,从父之令,又焉得为孝乎?"

---

① 广:推广。
② 安上:使在位的人安于其位。
③ 家至:到每家每户去。
④ 日见:天天见面。
⑤ 恺悌君子,民之父母:引自《诗经·大雅·泂酌》,和乐平易的君子,是人民的父母。恺悌,和乐平易。
⑥ 君子之事亲孝,故忠可移于君:君子侍奉父母亲能尽孝道,这样的孝子必能为忠臣。
⑦ 居家理,故治可移于官:家事处理得很好的人,官事也必然能够治理得很好。
⑧ 命:指示,教诲。
⑨ 争臣:直言劝告的臣子。
⑩ 国:指诸侯所治邑。
⑪ 家:指大夫的食邑。
⑫ 令名:美名。令,美好。

感应章第十六

子曰:"昔者明王事父孝,故事天明①;事母孝,故事地察②;长幼顺,故上下治;天地明察,神明彰矣。故虽天子必有尊也,言有父也;必有先也,言有兄也。宗庙致敬,不忘亲也。修身慎行,恐辱先也。宗庙致敬,鬼神著矣。孝悌之至,通于神明,光于四海,无所不通。《诗》云:'自西自东,自南自北,无思不服③。'"

事君章第十七

子曰:"君子之事上也。进④ 思尽忠,退⑤ 思补过,将顺其美,匡救其恶,故上下能相亲也。《诗》云:'心乎爱矣,遐不谓矣;中心藏之,何日忘之⑥?'"

丧亲章第十八

子曰:"孝子之丧亲也,哭不哀,礼无容。言不文,服美不安,闻乐不乐,食旨不甘,此哀戚之情也。三日而食⑦,教民无以死伤生⑧,毁不灭性⑨,此圣人之政也。丧不过三年,示民有终也。为之棺椁衣衾而举之,陈其簠簋而哀戚之⑩。擗踊⑪ 哭泣,哀以送⑫ 之,卜其宅兆,而安厝之。为之宗庙,以鬼享之。春秋祭祀,以时思之。生事爱敬,死事哀戚,生民之本尽矣,死生之义备矣,孝子之事亲终矣。"

---

① 事天明:天子祭天,能够明白上天产生万物的道理。
② 事地察:天子祭地,能够明察大地滋润万物的道理。
③ 自西自东,自南自北,无思不服:引自《诗经·大雅·文王有声》。无思不服:没有人不服从。
④ 进:在朝廷做官。
⑤ 退:退居在家。
⑥ 心乎爱矣,遐不谓矣;中心藏之,何日忘之:引自《诗经·小雅·隰桑》。内心敬爱他,何不告诉他;心里永远存着敬爱君王的真诚,哪有一天会忘记呢? 遐:不,何;谓,告诉。
⑦ 三日而食:父母去世,孝子不食三日,三日之后,就可进食。
⑧ 无以死伤生:不可因亲人之死而伤害到活着的人。
⑨ 毁不灭性:因哀痛而身体瘦削,但不危及生命。
⑩ 陈其簠簋而哀戚之:陈列簠簋等礼器而悲伤忧痛。簠簋,古代祭祀宴享时盛黍稷的器皿,用竹木或铜制成。簠多为方形,簋多为圆形。
⑪ 擗踊:捶胸顿脚,古丧礼中表示极度悲痛的动作。擗,捶胸;踊,跳跃。
⑫ 送:送殡;送葬。

导修文萃

1、唐玄宗注孝经序①

朕闻上古,其风朴略。虽因心之孝已萌,而资敬之礼犹简。及乎仁义既有,亲誉益著。圣人知孝之可以教人也,故因严以教敬,因亲以教爱,于是以顺移忠之道昭矣,立身扬名之义彰矣。子曰:"吾志在《春秋》,行在《孝经》。"是知孝者,德之本欤!

《经》曰:"昔者明王之以孝治天下也,不敢遗小国之臣,而况于公、侯、伯、子、男乎!"朕尝三复斯言,景行先哲,虽无德教加于百姓,庶几广爱刑于四海。

嗟乎!夫子没而微言绝,异端起而大义乖。况泯绝于秦,得之者,皆煨烬之末;滥觞于汉,传之者,皆糟粕之余。故鲁史《春秋》,学开五传;国风雅颂,分为四诗。去圣逾远,源流益别。近观《孝经》旧注,踳驳尤甚。至于迹相祖述,殆且百家;业擅专门,犹将十室。希升堂者,必自开户牖;攀逸驾者,必骋殊轨辙。是以道隐小成,言隐浮伪。且传以通经为义,义以必当为主。至当归一,精义无二。安得不剪其繁芜,而撮其枢要也?韦昭、王肃,先儒之领袖;虞翻、刘邵,抑又次焉。刘炫明安国之本,陆澄讥康成之注。在理或当,何必求人?今故特举六家之异同,会五经之旨趣。约文敷畅,义则昭然;分注错经,理亦条贯。写之琬琰,庶有补于将来。且夫子谈经志,取垂训。虽五孝之用则别,而百行之源不殊。是以一章之中,凡有数句;一句之内,意有兼明。具载则文繁,略之又义阙。今存于疏,用广发挥。

2、马一浮:《孝经》大义序说②

今人治社会学者,动言家族起源由于掠夺;中土圣贤所名道德,悉为封建时代之思想;经籍所载,特古代之一种伦理说,可供研究历史文化之材料而已,是无足异也。夫以六艺之道判之,疏通知远本为《书》教之事,《书》之失诬。今之为此言者,亦有近于《书》教。特据蛮俗以推之上世,以为历史过程不越此例,其意亦欲疏通知远,而不知其失之诬也。目中土圣贤经籍为传统思想,斥

---

① 选自《孝经正义》,依中华书局1980年影印清嘉庆刊本《十三经注疏》为底本校订。

② 马一浮(1883～1967),名浮,字一浮,浙江会稽(今浙江绍兴)人。中国现代思想家,与梁漱溟、熊十力合称为"现代三圣",现代新儒家的早期代表人物之一。本篇选自《马一浮学术文化选笔》,中国青年出版社1999年版。

之无余；而于异国殊俗影响之谈，则奉为宝训，信之唯恐不及，非惑欤？夫诬经籍，诬圣人，诬史实，犹曰闻见之蔽为之，至于诬其己之本心而果于自弃，则诚可哀之大者。曷为而至于是？知有人欲而不知有天性也。夫"豚食母死，眴而弃走"，庄生之寓言。"寄物瓶中，出则离去"，孔融之冤谳。（文举孝友，安得有是言？是曹操令路粹枉奏，坐以不道耳。）苟以私欲为万事根本，则国家民族之爱，人类同情之心，又何自而生乎？《孝经》，始揭父子天性。在《诗》曰"秉彝"，在《书》曰"降衷"，在《易》曰"各正性命"，在《中庸》曰"天命之谓性"。孟子曰："尽其心者，知其性也。知性则知天矣。"此而不知，故于率性之道，修道之教，皆莫知其原。遂以万事万物，尽为爱恶攻取之现象，而昧其当然之则。一切知解，但依私欲、习气，展转增上，溺于虚妄穿凿。蕴之为邪见，发之为暴行。私其身以私先下，于是人生悉成过患矣。夫以身为可私，是自诬也。私天下是诬民也。安于自诬者，必敢于诬民，是灭天理而穷人欲也。率天下以穷人欲，于是人之生也，乃不可终日矣。如或患之，盍亦反其本邪！曷为反其本？由六艺之道，明乎自性而已矣。曷由而明之？求之《孝经》斯可明矣。性外无道，事外无理。六艺之道，即吾人自性本可明矣。性外无道，事外无理。六艺之道，即吾人自性本具之理，亦即伦常日用所当行之事也。亘古亘今，尽未来际，尽虚空界，无须臾而可离，无一事而不遍者也。由是性之发用，而后有文化。故曰"观乎人文，以化为天下"。其用之有差忒者，由于体之不明，故为文之不当也。（《易》曰"物相杂，故曰文。文不当，故吉凶生焉"。）除习气，尽私欲，斯无不明，无不当矣。吾人性德本自具足，本无纤毫过患，唯在当人自肯体认。与其广陈名相，不若直抉根原。故博说，则有六艺。约说，则有《孝经》。《孝经》之义，终于立身。立身之旨，在于继善成性。圣人以天地万物为一身。明身无可外，则无老氏之失。明身非是幻，则无佛氏之失。明身不可私，则一切俗学外道，皆不可得而滥也。六艺皆以明性道，陈德行，而《孝经》实为之总会。德行是内证，属知（非闻见之知）。行道是践履，属行。知为行之质，行是知之验。德性至博，而行之则至约。当其行时，全知是行，亦无行相可得。（孟子曰："由仁义行，非行仁义。"是无行仁义之相也）故可以行摄知，以道摄德，以约摄博。如耳目口体，并是心摄。制度文为，并是礼摄。家国天下，并是身摄。明此，则知《诗》《书》之用、《礼》《乐》之原、《易》《春秋》之旨，并为《孝经》所摄，义无可疑。故曰："孝，德之本也。"举本而言，则摄一切德。"人之行，莫大于孝"，则摄一切行。"教之所由生"，则摄一切教。"其教不肃而成，其政不严而治"，则摄一切政（政亦教之所摄）。五等之孝，无患不及，则摄一切人。"通于神明，光于四海，无所不通"，则摄一切处。

大哉！孝经之义，三代之英，大道之行，六艺之宗，无有过于此者。故曰："圣人之德，又何以加于孝乎？"自汉以来，皆与《论语》并称。先儒虽有疏释，其于根本大义，似犹有引而未发，郁而未宣者。故今继《论语》之后，略说此经，以为向上提持之要。使学者知六艺之教，约归于行。而后于时人诬罔之说，可昭然无惑也。

一九四○年三月

《荀子》选[①]

导语

《荀子》是荀子的著作集。荀子(约公元前313～前238),名况,字卿,为避西汉宣帝刘询讳,又称孙卿。荀子是赵国人,早年游学于齐,因学问博大,"最为老师",曾三次担任当时齐国"稷下学宫"的"祭酒"(学宫之长)。刘向的《孙卿新书叙录》载孙卿书322篇,除去重复的290篇,定为32篇,这与现在通行的《荀子》32篇基本相符。后来唐代人杨倞又重新调整了篇目次序,并改书名为《荀卿子》,简称《荀子》,这即是现在通行本的《荀子》。《荀子》全书基本上都是独立的专题论文,每篇都有题,作为各篇内容的概括。其中《大略》、《宥坐》等最后6篇,疑为门人弟子所记。《荀子》较好的注本有王先谦的《荀子集解》。

荀子提倡性恶论,恰与孟子的性善论两相对照。他与孔子、孟子一起,被称为是先秦儒学最重要的三个人物。荀子综合了战国道家、墨家、名家、法家诸家的成分,思想涉及哲学、逻辑、政治、道德许多方面的内容,对儒学做了创造性的发展。人性论是荀子思想的逻辑起点,荀子主张人性恶,认为人的本性是好利恶害,如果任人顺性发展,人与人之间就会互相争夺,使社会陷入混乱,必须由圣人制定礼义,进行教化,才能使人转而为善,使社会正常安定。在天人关系方面,荀子认为天是客观存在的自然界,有它固有的客观规律,人类社会的治乱兴废,在人而不在天。人应顺应自然规律,利用自然,制天命而用之。荀子的这些思想,对中国古代政治、经济、思想、文化皆影响深远,具有不朽的价值。

[①] 依据《诸子集成》第二册《荀子集解》为底本,并参考其他善本校订,上海书店1986年版。

1、《劝学第一》

君子曰:学不可以已。青,取之于蓝,而青于蓝;冰,水为之,而寒于水。木直中绳,𫐓① 以为轮,其曲中规,虽有槁暴②,不复挺者,𫐓使之然也。故木受绳则直,金就砺则利,君子博学而日参省③ 乎己,则知明而行无过矣。故不登高山,不知天之高也;不临深溪,不知地之厚也;不闻先王之遗言,不知学问之大也。干④、越、夷、貉⑤ 之子,生而同声,长而异俗,教使之然也。《诗》曰:"嗟尔君子,无恒安息。靖共尔位,好是正直。神之听之,介尔景福。"神莫大于化道,福莫长于无祸。

吾尝终日而思矣,不如须臾之所学也;吾尝跂⑥ 而望矣,不如登高之博见也。登高而招,臂非加长也,而见者远;顺风而呼,声非加疾也,而闻者彰;假舆马者,非利足也,而致千里;假舟楫者,非能水也,而绝江河。君子生⑦ 非异也,善假于物也。

南方有鸟焉,名曰蒙鸠,以羽为巢,而编之以发,系之苇苕,风至苕折,卵破子死。巢非不完也,所系者然也。西方有木焉,名曰射干,茎长四寸,生于高山之上,而临百仞之渊,木茎非能长也,所立者然也。蓬生麻中,不扶而直。兰槐之根是为芷,其渐之滫,君子不近,庶人不服。其质非不美也,所渐者然也。故君子居必择乡,游必就士,所以防邪辟而近中正也。

物类之起,必有所始。荣辱之来,必象其德。肉腐出虫,鱼枯生蠹。怠慢忘身,祸灾乃作。强自取柱⑧,柔自取束。邪秽在身,怨之所构。施薪若一,火就燥也;平地若一,水就湿也。草木畴⑨ 生,禽兽群焉,物各从其类也。是故质的张,而弓矢至焉;林木茂,而斧斤至焉;树成荫,而众鸟息焉。醯酸,而蚋聚焉。故言有招祸也,行有招辱也,君子慎其所立乎!

积土成山,风雨兴焉;积水成渊,蛟龙生焉;积善成德,而神明自得,圣心备焉。故不积跬步,无以至千里;不积小流,无以成江海。骐骥⑩ 一跃,不能十步;驽马十驾,功在不舍。锲而舍之,朽木不折;锲而不舍,金石可镂。蚓无爪牙之利,筋骨之强,上食埃土,下饮黄泉,用心一也。蟹八跪而二螯,非蛇蟮之穴,无可寄托者,用心躁也。是故无冥冥之志者,无昭昭之明;无惛惛之事者,

---

① 𫐓:通"煣",用微火熏烤木料使它弯曲。

② 槁暴:槁,通"熇",烤;暴,通"曝",晒。

③ 参省:参,检验;省(xǐng),考察。

④ 干:同"邗",古国名,在今江苏扬州东北,春秋时被吴国所灭而成为吴邑,此指代吴国。

⑤ 夷、貉:夷,我国古代居住在东部的民族;貉,通"貊",我国古代居住在东北部的民族。

⑥ 跂:踮起脚后跟。

⑦ 生:通"性",指人的自然资质。

⑧ 柱:通"祝"(王引之说),折断。《大戴礼记·劝学》作"折"。

⑨ 畴:通"俦",类。

⑩ 骐骥:骏马。

无赫赫之功。行衢道者不至，事两君者不容。目不能两视而明，耳不能两听而聪。螣蛇①无足而飞，梧鼠五技而穷②。《诗》曰："尸鸠在桑，其子七兮。淑人君子，其仪一兮。其仪一兮，心如结兮。"故君子结于一也。

昔者瓠巴③鼓瑟，而流④鱼出听；伯牙⑤鼓琴，而六马仰秣⑥。故声无小而不闻，行无隐而不形。玉在山而草木润，渊生珠而崖不枯。为善不积邪，安有不闻者乎！

学恶乎始？恶乎终？曰：其数则始乎诵经，终乎读礼；其义则始乎为士，终乎为圣人。真积力久则入。学至乎没⑦而后止也。故学数有终，若其义则不可须臾舍也。为之人也，舍之禽兽也。故书者，政事之纪也；诗者，中声之所止也；礼者，法之大分⑧，类之纲纪也。故学至乎礼而止矣。夫是之谓道德之极。礼之敬文也，乐之中和也，诗书之博也，春秋之微也，在天地之间者毕矣。

君子之学也，入乎耳，箸⑨乎心，布乎四体，形乎动静。端而言⑩，蝡而动，一可以为法则。小人之学也，入乎耳，出乎口；口耳之间，则四寸耳，曷足以美七尺之躯哉！古之学者为己，今之学者为人。君子之学也，以美其身；小人之学也，以为禽犊。故不问而告谓之傲，问一而告二谓之囋⑪。傲，非也；囋，非也。君子如向矣。

学莫便乎近其人。礼乐法而不说，诗书故而不切，春秋约而不速。方其人之习君子之说，则尊以遍矣，周于世矣。故曰：学莫便乎近其人。

学之经莫速乎好其人，隆礼次之。上不能好其人，下不能隆礼，安特将学杂识志，顺诗书而已耳。则末世穷年，不免为陋儒而已。将原先王，本仁义，则礼正其经纬蹊径也。若挈裘领，诎五指而顿之，顺者不可胜数也。不道礼宪，以诗书为之，譬之犹以指测河也，以戈舂黍也，以锥餐壶也，不可以得之矣。故隆礼，虽未明，法士也；不隆礼，虽察辩，散儒也。

问楛者⑫，勿告也；告楛者，勿问也；说楛者，勿听也。有争气者，勿与辩也。故必由其道至，然后接之；非其道则避之。故礼恭，而后可与言道之方；辞顺，而后可与言道之理；色从而后可与

---

① 螣蛇：古代传说中的一种能飞的神蛇。

② 梧鼠：应作"鼫鼠"，据《大戴礼记·劝学》改。鼫鼠能飞但不能飞上屋面，能爬树但不能爬到树梢，能游泳但不能渡过山谷，能挖洞但不能藏身，能奔跑但不能追过人，所以说它"五技而穷"。

③ 瓠巴：楚国人，善于弹瑟。

④ 流：应作"沈"，据《大戴礼记·劝学》改。沈同"沉"。

⑤ 伯牙：古代善于弹琴的人。

⑥ 六马仰秣：六马，古代天子之车驾用六匹马拉，此指拉车之马。仰秣，据《淮南子·说山训》高诱注："仰秣，仰头吹吐，谓马笑也。"

⑦ 没：通"殁"，死。

⑧ 大分：要领，总纲。

⑨ 箸：通"著"，附着。

⑩ 端：通"喘"，微言。

⑪ 囋：唠叨。

⑫ 楛：粗劣，指不合礼法的事情。

言道之致。故未可与言而言，谓之傲；可与言而不言，谓之隐；不观气色而言，谓瞽。故君子不傲、不隐、不瞽，谨顺其身。《诗》曰："匪交匪舒，天子所予。"此之谓也。

百发失一，不足谓善射；千里跬步不至，不足谓善御；伦类不通，仁义不一，不足谓善学。学也者，固学一之也。一出焉，一入焉，涂巷之人也；其善者少，不善者多，桀纣盗跖也；全之尽之，然后学者也。

君子知夫不全不粹之不足以为美也，故诵数以贯之，思索以通之，为其人以处之，除其害者以持养之。使目非是无欲见也，使口非是无欲言也，使心非是无欲虑也。及至其致好之也，目好之五色，耳好之五声，口好之五味，心利之有天下。是故权利不能倾也，群众不能移也，天下不能荡也。生乎由是，死乎由是，夫是之谓德操。德操然后能定，能定然后能应。能定能应，夫是之谓成人。天见其明，地见其光①，君子贵其全也。

2、《天论第十七》

天行有常，不为尧存，不为桀亡。应之以治则吉，应之以乱则凶。强本而节用，则天不能贫；养备而动时，则天不能病；修道而不贰②，则天不能祸。故水旱不能使之饥渴③，寒暑不能使之疾，袄怪不能使之凶。本荒而用侈，则天不能使之富；养略而动罕，则天不能使之全；倍道而妄行，则天不能使之吉。故水旱未至而饥，寒暑未薄而疾，袄怪未至而凶。受时与治世同，而殃祸与治世异，不可以怨天，其道然也。故明于天人之分，则可谓至人矣。

不为而成，不求而得，夫是之谓天职。如是者，虽深，其人不加虑焉；虽大，不加能焉；虽精，不加察焉。夫是之谓不与天争职。天有其时，地有其财，人有其治，夫是之谓能参。舍其所以参而愿其所参，则惑矣。

列星随旋，日月递照，四时代御，阴阳大化，风雨博施，万物各得其和以生，各得其养以成，不见其事而见其功，夫是之谓神。皆知其所以成，莫知其无形，夫是之谓天。唯圣人为不求知天。

天职既立，天功既成，形具而神生，好恶、喜怒、哀乐臧焉，夫是之谓天情。耳目鼻口形能，各有接而不相能也，夫是之谓天官。心居中虚以治五官，夫是之谓天君。财非其类，以养其类，夫是之谓天养。顺其类者谓之福，逆其类者谓之祸，夫是之谓天政。暗其天君，乱其天官，弃其天养，逆其天政，背其天情，以丧天功，夫是之谓大凶。

圣人清其天君，正其天官，备其天养，顺其天政，养其天情，以全其天功。如是，则知其所为，知其所不为矣，则天地官而万物役矣④。其行曲治，其养曲适，其生不伤，夫是之谓知天。

---

① 地见其光：见，通"现"；光，通"广"。

② "修道而不贰"应作"循道而不忒"，据《群书治要》卷三十八引文改。忒，差错。

③ 《荀子集解》"饥"下有"渴"，据《群书治要》卷三十八引文，"渴"字宜删。

④ 官，任用。役，役使。

故大巧在所不为，大智在所不虑。所志于天者，已其见象之可以期者矣；所志于地者，已其见宜之可以息者矣；所志于四时者，已其见数① 之可以事者矣；所志于阴阳者，已其见和之可以治者矣。官人守天而自为守道也。治乱天邪？曰：日月、星辰、《瑞历》，是禹、桀之所同也，禹以治，桀以乱，治乱非天也。时邪？曰：繁启蕃长于春夏，蓄积收臧于秋冬，是又禹、桀之所同也，禹以治，桀以乱，治乱非时也。地邪？曰：得地则生，失地则死，是又禹桀之所同也，禹以治，桀以乱，治乱非地也。《诗》曰："天作高山，大王荒之，彼作矣，文王康之。"此之谓也。

天不为人之恶寒也辍② 冬，地不为人之恶辽远也辍广，君子不为小人之匈匈也辍行③。天有常道矣，地有常数矣，君子有常体矣。君子道其常而小人计其功。《诗》曰："礼义之不愆④，何恤人之言兮！"此之谓也。

楚王后车千乘，非知也；君子啜菽饮水，非愚也。是节然也。若夫心意修，德行厚，知虑明，生于今而志乎古，则是其在我者也。故君子敬其在己者，而不慕其在天者；小人错其在己者，而慕其在天者。君子敬其在己者而不慕其在天者，是以日进也；小人错其在己者而慕其在天者，是以日退也。故君子之所以日进与小人之所以日退，一也。君子小人之所以相县者在此耳。

星队⑤、木鸣，国人皆恐。曰：是何也？曰：无何也，是天地之变，阴阳之化，物之罕至者也，怪之可也，而畏之非也。夫日月之有蚀，风雨之不时，怪星之党⑥ 见，是无世而不常有之。上明而政平，则是虽并世起，无伤也；上阇而政险，则是虽无一至者，无益也。夫星之队，木之鸣，是天地之变，阴阳之化，物之罕至者也，怪之可也，而畏之非也。物之已至者，人祆则可畏也。楛耕伤稼，耘耨失岁，政险失民，田秽稼恶，籴贵民饥，道路有死人，夫是之谓人祆；政令不明，举错不时，本事不理，夫是之谓人祆；礼义不修，内外无别，男女淫乱，则父子相疑，上下乖离，寇难并至，夫是之谓人祆。祆是生于乱，三者错，无安国。其说甚尔⑦，其菑⑧ 甚惨。勉力不时，则牛马相生，六畜作妖⑨，可怪也，而不可畏也。传曰："万物之怪，书不说。无用之辩，不急之察，弃而不治。"若夫君臣之义，父子之亲，夫妇之别，则日切磋而不舍也。

雩而雨，何也？曰：无何也，犹不雩而雨也。日月食而救之，天旱而雩，卜筮然后决大事，非以为得求也，以文之也。故君子以为文，而百姓以为神。以为文则吉，以为神则凶也。

在天者莫明于日月，在地者莫明于水火，在物者莫明于珠玉，在人者莫明于礼义。故日月不

① 数：规律，指历数，带有规律性的节气。
② 辍：废止。
③ 《荀子集解》"小人"下无"之"字，据宋浙本补。匈匈，通"讻讻"，形容争辩喧闹的声音。
④ 《荀子集解》无"礼义之不愆"，据《文选》卷四十五《答客难》引文补。愆，过失，过错。
⑤ 队：同"坠"。
⑥ 党：通"傥"，偶然的意思。
⑦ 尔：通"迩"，近的意思。
⑧ 菑：通"灾"。
⑨ "勉力不时……六畜作妖"：依文义，当在上文"本事不理"之后。

高,则光晖不赫,水火不积,则晖润不博;珠玉不睹① 乎外,则王公不以为宝;礼义不加于国家,则功名不白。故人之命在天,国之命在礼。君人者隆礼尊贤而王,重法爱民而霸,好利多诈而危,权谋、倾覆、幽险而尽亡矣。大天而思之,孰与物畜而制之? 从天而颂之,孰与制天命而用之? 望时而待之,孰与应时而使之? 因物而多之,孰与骋能而化之? 思物而物之,孰与理物而勿失之也? 愿于物之所以生,孰与有物之所以成? 故错② 人而思天,则失万物之情。百王之无变,足以为道贯。一废一起,应之以贯,理贯不乱。不知贯,不知应变,贯之大体未尝亡也。乱生其差,治尽其详。故道之所善,中则可从,畸则不可为,匿③ 则大惑。水行者表深,表不明则陷;治民者表道,表不明则乱。礼者,表也。非礼,昏世也。昏世,大乱也。故道无不明,外内异表,隐显有常,民陷乃去。

万物为道一偏,一物为万物一偏,愚者为一物一偏,而自以为知道,无知也。慎子有见于后,无见于先;老子有见于诎④,无见于信⑤;墨子有见于齐,无见于畸⑥;宋子有见于少⑦,无见于多。有后而无先,则群众无门;有诎而无信,则贵贱不分;有齐而无畸,则政令不施,有少而无多,则群众不化。《书》曰:"无有作好,遵王之道;无有作恶,遵王之路。"⑧ 此之谓也。

3、《性恶第二十三》

人之性恶,其善者伪也。

今⑨ 人之性,生而有好利焉,顺是,故争夺生而辞让亡焉;生而有疾⑩ 恶焉,顺是,故残贼生而忠信亡焉;生而有耳目之欲,有好声色焉,顺是,故淫乱生而礼义文理亡焉。然则从⑪ 人之性,顺人之情,必出于犯分乱理,而归于暴。故必将有师法之化,礼义之道⑫,然后出于辞让,合于文理,而归于治。用此观之,人之性恶明矣,其善者伪也。

---

① 睹:当作"睹",光彩显露的意思。
② 错:通"措",搁置的意思。
③ 匿:通"慝",差错的意思。
④ 诎:通"屈",忍让的意思。
⑤ 信:通"伸",施展抱负积极进取的意思。
⑥ 畸:指不齐,有等级差别。
⑦ 少:指欲望少。
⑧ 引文见《尚书·洪范》。
⑨ 今:犹"夫",发语词。下文多此种用法,不再注。
⑩ 疾:通"嫉",嫉妒的意思。
⑪ 从:通"纵",放纵的意思。
⑫ 道:通"导"。

故枸木① 必将待檃栝②、烝③ 矫然后直;钝金必将待砻厉④ 然后利;今人之性恶,必将待师法然后正,得礼义然后治,今人无师法,则偏险而不正;无礼义,则悖乱而不治,古者圣王以人性恶,以为偏险而不正,悖乱而不治,是以为之起礼义,制法度,以矫饰人之情性而正之,以扰化人之情性而导之也,始⑤ 皆出于治,合于道者也。今人之化师法,积文学,道礼义者为君子;纵性情,安恣睢⑥,而违礼义者为小人。用此观之,人之性恶明矣,其善者伪也。

孟子曰:"今之学者,其性善。"

曰:是不然。是不及⑦ 知人之性,而不察乎人之性伪之分者也。凡性者,天之就也,不可学,不可事。礼义者,圣人之所生也,人之所学而能,所事而成者也。不可学,不可事,而在人者,谓之性;可学而能,可事而成之在人者,谓之伪。是性伪之分也。今人之性,目可以见,耳可以听;夫可以见之明不离目,可以听之聪不离耳,目明而耳聪,不可学明矣。

孟子曰:"今人之性善,将皆失丧其性故也。"

曰:若是则过矣。今人之性,生而离其朴,离其资⑧,必失而丧之。用此观之,然则人之性恶明矣。所谓性善者,不离其朴而美之,不离其资而利之也。使⑨ 夫资朴之于美,心意之于善,若夫可以见之明不离目,可以听之聪不离耳,故曰目明而耳聪也⑩。今人之性,饥而欲饱,寒而欲暖,劳而欲休,此人之情性也。今人见长而不敢先食者,将有所让也;劳而不敢求息者,将有所代也。夫子之让乎父,弟之让乎兄,子之代乎父,弟之代乎兄,此二行者,皆反于性而悖于情也;然而孝子之道,礼义之文理也。故顺情性则不辞让矣,辞让则悖于情性矣。用此观之,人之性恶明矣,其善者伪也。

问者曰:"人之性恶,则礼义恶生?"

应之曰:凡礼义者,是生于圣人之伪,非故⑪ 生于人之性也。故陶人埏埴而为器,然则器生于陶人之伪,非故生于人之性也。故工人斫木而成器,然则器生于工人之伪,非故生于人之性也。圣人积思虑,习伪故,以生礼义而起法度,然则礼义法度者,是生于圣人之伪,非故生于人之性也。

---

① 枸:通"钩",弯曲的意思。
② 檃栝:竹木的整形工具。
③ 烝:通"蒸",加热使木材柔软以便矫正。
④ 砻厉:砻,磨的意思;厉,同"砺",也是磨的意思。
⑤ 始:当作"使",据宋浙本改。
⑥ 睢:当作"睢",据宋浙本改,下文同。
⑦ 及:达到、能够的意思。
⑧ 资:资质,天生的才能、性情。
⑨ 使:犹"夫",提示词。
⑩ "所谓性善者……故曰目明而耳聪也"一段据文义当在上文"若是则过矣"之后。
⑪ 故:通"固",本来的意思。

若夫目好色,耳好听,口好味,心好利,骨体肤理好愉佚,是皆生于人之情性者也;感而自然,不待事① 而后生之者也。夫感而不能然,必且待事而后然者,谓之生于伪。是性伪之所生,其不同之征也。

故圣人化性而起伪,伪起而生礼义,礼义生而制法度。然则礼义法度者,是圣人之所生也。故圣人之所以同于众,其不异于众者,性也;所以异而过众者,伪也。夫好利而欲得者,此人之情性也。假之有弟兄资财而分者,且顺情性,好利而欲得,若是,则兄弟相拂夺矣;且化礼义之文理,若是,则让乎国人矣。故顺情性则弟兄争矣,化礼义则让乎国人矣。

凡人之欲为善者,为性恶也。夫薄愿厚,恶愿美,狭愿广,贫愿富,贱愿贵,苟无之中者,必求于外。故富而不愿财,贵而不愿执,苟有之中者,必不及于外。用此观之,人之欲为善者,为性恶也。今人之性,固无礼义,故强学而求有之也;性不知礼义,故思虑而求知之也。然则性而已,则人无礼义,不知礼义。人无礼义则乱,不知礼义则悖。然则性而已,则悖乱在己。用此观之,人之性恶明矣,其善者伪也。

孟子曰:"人之性善。"

曰:是不然。凡古今天下之所谓善者,正理平治也;所谓恶者,偏险悖乱也。是善恶之分也矣。今诚以人之性固正理平治邪,则有恶② 用圣王,恶用礼义哉?虽有圣王礼义,将曷加于正理平治也哉?今不然,人之性恶。故古者圣人以人之性恶,以为偏险而不正,悖乱而不治,故为之立君上之执以临之,明礼义以化之,起法正以治之,重刑罚以禁之,使天下皆出于治,合于善也。是圣王之治而礼义之化也。今当试③ 去君上之执,无礼义之化,去法正之治,无刑罚之禁,倚而观天下民人之相与也。若是,则夫强者害弱而夺之,众者暴寡而哗之,天下悖乱而相亡,不待顷矣。用此观之,然则人之性恶明矣,其善者伪也。

故善言古者,必有节④ 于今;善言天者,必有征于人。凡论者贵其有辨合,有符验。故坐而言之,起而可设,张而可施行。今孟子曰:"人之性善。"无辨合符验,坐而言之,起而不可设,张而不可施行,岂不过甚矣哉!故性善则去圣王,息礼义矣。性恶则与圣王,贵礼义矣。故檃栝之生,为枸木也;绳墨之起,为不直也;立君上,明礼义,为性恶也。用此观之,然则人之性恶明矣,其善者伪也。

直木不待檃栝而直者,其性直也。枸木必将待檃栝烝矫然后直者,以其性不直也。今人之性恶,必将待圣王之治,礼义之化,然后始出于治,合于善也。用此观之,人之性恶明矣,其善者伪也。

问者曰:"礼义积伪者,是人之性,故圣人能生之也。"

---

① 待事:待,通"恃";事,从事。

② 恶:哪里。

③ 当试:倘使、倘若的意思。

④ 节:验证。

应之曰:是不然。夫陶人埏埴而生瓦,然则瓦埴岂陶人之性也哉?工人斫木而生器,然则器木岂工人之性也哉?夫圣人之于礼义也,辟则①陶埏而生之也。然则礼义积伪者,岂人之本性也哉!凡人之性者,尧舜之与桀跖,其性一也;君子之与小人,其性一也。今将以礼义积伪为人之性邪?然则有曷贵尧禹,曷贵君子矣哉!凡贵尧禹君子者,能化性,能起伪,伪起而生礼义。然则圣人之于礼义积伪也,亦犹陶埏而为之也。用此观之,然则礼义积伪者,岂人之性也哉!所贱于桀跖小人者,从其性,顺其情,安恣睢,以出乎贪利争夺。故人之性恶明矣,其善者伪也。天非私曾骞孝己而外众人也,然而曾骞孝己独厚于孝之实,而全于孝之名者,何也?以綦于礼义故也。天非私齐鲁之民而外秦人也,然而于父子之义,夫妇之别,不如齐鲁之孝具敬文者,何也?以秦人从情性,安恣睢,慢于礼义故也,岂其性异矣哉!

"涂之人②可以为禹③。"曷谓也?

曰:凡禹之所以为禹者,以其为仁义法正也。然则仁义法正有可知可能之理。然而涂之人也,皆有可以知仁义法正之质,皆有可以能仁义法正之具,然则其可以为禹明矣。今以仁义法正为固无可知可能之理邪?然则唯禹不知仁义法正,不能仁义法正也。将使涂之人固无可以知仁义法正之质,而固无可以能仁义法正之具邪?然则涂之人也,且内不可以知父子之义,外不可以知君臣之正。今不然。涂之人者,皆内可以知父子之义,外可以知君臣之正,然则其可以知之质,可以能之具,其在涂之人明矣。今使涂之人者,以其可以知之质,可以能之具,本④夫仁义法正之可知可能之理,可能之具,然则其可以为禹明矣。今使涂之人伏术为学,专心一志,思索孰察,加日县久⑤,积善而不息,则通于神明,参于天地矣。故圣人者,人之所积而致矣。

曰:"圣可积而致,然而皆不可积,何也?"

曰:可以而不可使⑥也。故小人可以为君子,而不肯为君子;君子可以为小人,而不肯为小人。小人君子者,未尝不可以相为也,然而不相为者,可以而不可使也。故涂之人可以为禹,则然;涂之人能为禹,则未必然也。虽不能为禹,无害可以为禹。足可以遍行天下,然而未尝有遍行天下者也。夫工匠农贾,未尝不可以相为事也,然而未尝能相为事也。用此观之,然则可以为,未必能也;虽不能,无害可以为。然则能不能之与可不可,其不同远矣,其不可以相为明矣。

尧问于舜曰:"人情何如?"舜对曰:"人情甚不美,又何问焉!妻子具而孝衰于亲,嗜欲得而信衰于友,爵禄盈而忠衰于君。人之情乎!人之情乎!甚不美,又何问焉!唯贤者为不然。"

有圣人之知者,有士君子之知者,有小人之知者,有役夫之知者。多言则文而类,终日议其所

---

① 则:当作"亦",据宋浙本改。
② 涂:通"途"。涂之人,路上的人,指普通老百姓。
③ 禹:指圣贤之人。
④ 本:掌握。
⑤ 县:通"悬",维系。
⑥ 使:迫使。

以，言之千举万变，其统类一也：是圣人之知也。少言则径而省，论①而法，若佚②之以绳：是士君子之知也。其言也诎，其行也悖，其举事多悔：是小人之知也。齐给便敏而无类，杂能旁魄③而无用，析速粹孰而不急，不恤是非，不论曲直，以期胜人为意，是役夫之知也。

有上勇者，有中勇者，有下勇者。天下有中④，敢直其身；先王有道，敢行其意；上不循于乱世之君，下不俗于乱世之民；仁之所在无贫穷，仁之所亡无富贵；天下知之，则欲与天下同苦乐之；天下不知之，则傀然独立天地之间而不畏：是上勇也。礼恭而意俭，大齐信焉，而轻货财；贤者敢推而尚之，不肖者敢援而废之：是中勇也。轻身而重货，恬祸而广解苟免，不恤是非然不然之情，以期胜人为意：是下勇也。

繁弱、钜黍古之良弓也，然而不得排檠则不能自正。桓公之葱，太公之阙，文王之录，庄君之曶，阖闾之干将、莫邪、钜阙、辟闾，此皆古之良剑也；然而不加砥厉则不能利，不得人力则不能断。骅骝、骐骥、纤离、绿耳，此皆古之良马也；然而必前有衔辔之制，后有鞭策之威，加之以造父之驭，然后一日而致千里也。夫人虽有性质美而心辩知，必将求贤师而事之，择良友而友之。得贤师而事之，则所闻者尧舜禹汤之道也；得良友而友之，则所见者忠信敬让之行也。身日进于仁义而不自知也者，靡使然也。今与不善人处，则所闻者欺诬诈伪也，所见者污漫淫邪贪利之行也，身且加于刑戮而不自知者，靡使然也。《传》曰："不知其子视其友，不知其君视其左右。"靡而已矣！靡而已矣！

🎋 导修文萃

1、司马迁：《史记·孟子荀卿列传》

荀卿，赵人。年五十始来游学于齐。驺衍之术迂大而闳辩，奭也文具难施，淳于髡久与处，时有得善言。故齐人颂曰："谈天衍，雕龙奭，炙毂过髡。"田骈之属皆已死。齐襄王时，而荀卿最为老师。齐尚修列大夫之缺，而荀卿三为祭酒焉。齐人或谗荀卿，荀卿乃适楚，而春申君以为兰陵令。春申君死而荀卿废，因家兰陵。李斯尝为弟子，已而相秦。荀卿嫉浊世之政，亡国乱君相属，不遂大道而营于巫祝，信机祥，鄙儒小拘，如庄周等又猾稽乱俗，于是推儒、墨、道德之行事兴坏，

---

① 论：通"伦"，条理。
② 据孙诒让说，"佚"当为"扶"字之误。
③ 旁魄：通"磅礴"，广大无边。
④ 中：中正之道，指礼义。

序列著数万言而卒。因葬兰陵。

2、梁启超论读《荀子》①

《荀子》学术梗概及书中最重要之诸篇

荀子与孟子,为儒家两大师。虽谓儒家学派得二子然后成立,亦不为过。然荀子之学,自有其门庭堂奥,不特与孟子异撰,且其学有并非孔子所能赅者。今举其要点如下。

第一,荀子之最大特色,在其性恶论。性恶论之旨趣,在不认人类为天赋本能所支配,而极尊重后起的人为。故其教曰"化性起伪"。伪字从人从为,即人为之义。

第二,惟其如是,故深信学问万能,其教曰"习"曰"积"。谓习与积之结果,能使人尽变其旧,前后若两人。若为向上的习积,则"积善成德而圣心备",是即全人格之实现也。后世有提倡"一超直入"之法门者,与"积"之义相反,最为荀子所不取。

第三,学问如何然后能得,荀子以为全视其所受教育何如。故主张"隆师",而与孟子"虽无文王犹兴"之说异。

第四,名师或不获亲接,则求诸古籍,故荀子以传经为业。汉代诸经传受,几无一不自彼出(说详汪容甫《荀卿子通论》),而其守师法皆极严。

第五,既重习而不重性,则不问遗传而专问环境。环境之改善,荀子以为其工具在"文理"——文物与条理。文理之结晶体谓之"礼",故其言政治、言教育皆以礼为中心。

第六,"礼,时为大。"故主张法后王而不贵复古。

第七,"礼"之表现,在其名物度数。荀子既尊礼学,故常教人对于心、物两界之现象,为极严正极绵密之客观的考察。其结果与近世所谓科学精神颇相近。

以吾所见荀子学术之全体大用,大略如是。盖厘然成为一系统的组织,而示学者以可寻之轨也。今将全书各篇重要之内容论次如下。(次第依今本)

《劝学篇》上半篇自"学不可以已"起至"安有不闻者乎"止采入《大戴礼记》,大旨言性非本善,待学而后善。其要点在力言"假于物"之义,"渐积"之义,以明教育效能。其下半篇则杂论求学及应问方法。

《修身篇》教人以矫正本性之方法,结论归于隆礼而尊师。

《不苟篇》教人审度事理,为适用之因应。

《荣辱篇》论荣辱皆由人所自取。中多阐发性恶语。

《非相篇》篇首一段,辟相术之迷信,编录者因取以为篇名。内中有"法后王"一段,实荀卿学说特色之一。篇末论"谈说之术"两段亦甚要。

---

① 节选自梁启超《要籍解题及其读法》,中国社会科学出版社1997年版,题目为编者所加。

《非十二子篇》本篇批评当时各家学派之错误，并针砭学风之阙失。内中所述各派，实为古代学术史之重要史料。

《仲尼篇》本篇多杂论，无甚精彩。

《儒效篇》大旨为儒术辩护。内中有"隆性隆积"一段，为性恶论之要语。

《王制篇》以下五篇皆荀子政治论。本篇论社会原理有极精语。

《富国篇》本篇论生计原理，全部皆极精。末两段言"非攻"及外交术，文义与全篇不甚相属。

《五霸篇》本篇言政术，多对当时立言。

《君道篇》本篇论"人治"与"法治"之得失，有精语。

《臣道篇》《致仕篇》此两篇无甚精彩。

《议兵篇》《强国篇》此两篇承认当时社会上最流行之国家主义，而去其太甚。

《天论篇》本篇批驳先天前定之说，主张以人力征服天行。是荀子哲学中极有力量的一部分。

《正论篇》本篇杂取世俗之论，批评而矫正之。全篇不甚有系统，惟末两段批评宋轻，最为可贵。因宋轻学说不多见，得此可知其概也。

《礼论篇》礼学为荀子所最重，本篇自为书中重要之篇。惟细绎全文，似是凑集而成。其第一段论礼之起原最精要。"礼有三本"以下，《大戴礼记》采录为《礼三本篇》。"三年之丧何也"以下，《小戴礼记》采录为《三年问篇》。

《乐论篇》本篇一部分采入《小戴礼记·乐记篇》。其论音乐原理及音乐与人生之关系最精。但《乐记》所说，尤为详尽。未知是编《小戴》者将本篇补充耶？抑传钞本篇者有遗阙耶？

《解蔽篇》本篇为荀子心理学。其言精深而肃括，最当精读，且应用之于修养。

《正名篇》本篇为荀子之逻辑学。条理绵密，读之益人神智。

《性恶篇》本篇为荀子哲学之出发点，最当精读。

《成相篇》《赋篇》此二篇为荀子的美文，本不在本书之内，略浏览知文体之一种可耳。

《君子篇》《大略篇》《宥坐篇》《子道篇》《法行篇》《哀公篇》《尧问篇》，此七篇疑非荀子著作，不读亦可。

读《荀子》法

读《荀子》有两种目的，第一，为修养应用；第二，为学术的研究。

为修养应用起见，读《荀子》最能唤起吾辈之自治力，常检束自己，不至松弛堕落。又资质稍驽下之人，读之得"人定胜天"的信仰，能增加其勇气。又其理论之剖析刻入处，读之能令思虑缜密遇事能断。是故读《孟子》之益处在发扬志气，读《荀子》之益处在锻炼心能。二者不可偏废。为此种目的而读《荀子》，宜将心赏之格言分类摘钞。——如有益于修身者，有益于应事者，有益于治学方法者。——常常熟讽牢记，随时参证于己身。庶几荀子所谓"博学而日参省乎己，则知明而行无过矣"。

为学术的研究起见,其目的在求了解荀子学术之全系统及其在学术史上之位置。此种读法,宜特别注重数篇——最初读《劝学篇》观其大概。次读《性恶篇》观其思想根核所在。次读《解蔽》《正名》《天论》三篇,观其所衍之条理。次读《礼论》《乐论》两篇,观其应用于社会所操之工具如何。次读《正论篇》《非十二子篇》观其对于异派之攻难及辩护,如是则可以了解荀子之哲学及其教育。次读《富国》《君道》《王制》三篇,则可以了解荀子之政治学及其政术。更次则《荣辱》《非相》两篇。间有极精之语,但不名一类,宜撷取为补助。以上诸篇,极须精读。余篇涉览足矣。

凡欲彻底了解一家学说,最好标举若干问题为纲领,将全书中关涉此问题之语句悉数钞寻,比较钩稽以求其真意之所存。例如《荀子》之所谓性伪,所谓积,所谓习与化,所谓名,所谓礼,所谓蔽……等等,皆其主要问题也,各篇皆有论及,类钞而比观之,始能得其全豹。

凡立言总带有几分时代彩色,故孟子贵"知人论世"。荀子生今二千余年前,其言有专为当时之社会而发者,自当分别观之,不可盲从以责效于今日,但亦不可以今日眼光绳之,遂抹杀其在当日之价值也。至于其学说之含有永久性者——即并非对于时代问题而发言者,则无论何时,皆可以咨其严刻之评骘也。

《荀子》书多古训,其语法亦多与近代文不同,且脱误之字颇不少,故有时非藉注释不能了解。旧注惟唐杨倞一家。前清乾嘉以降,校释者复数家。最先者为谢墉、卢文弨合校本,浙刻《二十二子》所采是也。次则郝懿行之《荀子补注》,王念孙之《读荀子杂志》,俞樾之《荀子平议》。自有此诸书,而《荀子》始可读矣。近人王先谦裒诸家所释,间下己意,为《荀子集解》,现行《荀子》注释书,无出其右,读者宜置一本也。

第三部分　儒家与中国文化

历代评儒

1、《墨子》对儒家的评价①

儒之道足以丧天下者，四政焉。儒以天为不明，以鬼为不神，天、鬼不说，此足以丧天下。又厚葬久丧，重为棺椁，多为衣衾，送死若徙，三年哭泣，扶后起，杖后行，耳无闻，目无见，此足以丧天下。又弦歌鼓舞，习为声乐，此足以丧天下。又以命为有，贫富寿夭、治乱安危有极矣，不可损益也。为上者行之，必不听治矣。为下者行之，必不从事矣。此足以丧天下。

2、《荀子》对儒家各派的评述

假今之世，饰邪说，文奸言，以枭乱天下，矞宇嵬琐，使天下混然不知是非治乱之所存者有人矣。……②

略法先王而不知其统，然而材剧志大，闻见杂博。案往旧造说，谓之五行，甚僻违而无类，幽隐而无说，闭约而无解。案饰其辞而只敬之曰：此真先君子之言也。子思唱之，孟轲和之，世俗之沟犹瞀儒，嚾嚾然不知其所非也，遂受而传之，以为仲尼、子游为兹厚于后世，是则子思、孟轲之罪也。

若夫总方略，齐言行，壹统类，而群天下之英杰而告之以大古，教之以至顺，奥窔之间，簟席之上，敛然圣王之文章具焉，佛然平世之俗起焉，六说者不能入也，十二子者不能亲也，无置锥之地而王公不能与之争名，在一大夫之位则一君不能独畜，一国不能独容，成名况乎诸侯，莫不愿以为臣，是圣人之不得势者也，仲尼、子弓是也。一天下，财万物，长养人民，兼利天下，通达之属，莫不从服，六说者立息，十二子者迁化，则圣人之得势者，舜、禹是也。

今夫仁人也，将何务哉？上则法舜、禹之制，下则法仲尼、子弓之义，以务息十二子之说，如是则天下之害除，仁人之事毕，圣王之迹著矣。

---

① 本段出自《墨子》卷十二，《公孟》第四十八，依据《诸子集成》第四册、《墨子间诂》校订，上海书店1987年版，题目为编者所加。
② 下略去对战国儒家之外其他诸子的评述。

3、《礼记·儒行》对儒者的界定①

鲁哀公问于孔子曰："夫子之服，其儒服与？"孔子对曰："丘少居鲁，衣逢掖之衣；长居宋，冠章甫之冠。丘闻之也，君子之学也博，其服也乡，丘不知儒服。"哀公曰："敢问儒行？"孔子对曰："遽数之不能终其物，悉数之乃留。更仆，未可终也。"哀公命席，孔子侍，曰："儒有席上之珍以待聘，夙夜强学以待问，怀忠信以待举，力行以待取。其自立有如此者。

"儒有衣冠中，动作慎。其大让如慢，小让如伪；大则如威，小则如愧。其难进而易退也。粥粥若无能也。其容貌有如此者。

"儒有居处齐难，其坐起恭敬，言必先信，行必中正。道涂不争险易之利，冬夏不争阴阳之和。爱其死以有待也，养其身以有为也。其备豫有如此者。

"儒有不宝金玉，而忠信以为宝；不祈土地，立义以为土地；不祈多积，多文以为富；难得而易禄也，易禄而难畜也。非时不见，不亦'难得'乎？非义不合，不亦'难畜'乎？先劳而后禄，不亦'易禄'乎？其近人有如此者。

"儒有委之以货财，淹之以乐好，见利，不亏其义；劫之以众，沮之以兵，见死，不更其守；鸷虫攫搏，不程勇者；引重鼎不程其力；往者不悔，来者不豫；过言不再，流言不极；不断其威，不习其谋。其特立有如此者。

"儒有可亲而不可劫也，可近而不可迫也，可杀而不可辱也。其居处不淫，其饮食不溽，其过失可微辨而不可面数也。其刚毅有如此者。

"儒有忠信以为甲胄，礼义以为干橹；戴仁而行，抱义而处；虽有暴政，不更其所。其自立有如此者。

"儒有一亩之宫，环堵之室，筚门圭窬，蓬户瓮牖；易衣而出，并日而食；上答之不敢以疑，上不答不敢以谄。其仕有如此者。

"儒有今人与居，古人与稽；今世行之，后世以为楷；适弗逢世，上弗援，下弗推。谗谄之民，有比党而危之者，身可危也，而志不可夺也。虽危，起居竟信其志，犹将不忘百姓之病也。其忧思有如此者。

"儒有博学而不穷，笃行而不倦；幽居而不淫，上通而不困。礼之以和为贵，忠信之美，优游之法；举贤而容众，毁方而瓦合。其宽裕有如此者。

"儒有内称不辟亲，外举不辟怨；程功积事，推贤而进达之，不望其报；君得其志，苟利国家，不求富贵。其举贤援能有如此者。

"儒有闻善以相告也，见善以相示也，爵位相先也，患难相死也，久相待也，远相致也。其任举

① 出自《礼记·儒行第四十一》，依中华书局 1980 年影印清嘉庆刊本《十三经注疏》为底本校订，题目为编者所加。

有如此者。

"儒有澡身而浴德，陈言而伏，静而正之，上弗知也，粗而翘之，又不急为也；不临深而为高，不加少而为多；世治不轻，世乱不沮，同弗与、异弗非也。其特立独行有如此者。

"儒有上不臣天子，下不事诸侯；慎静而尚宽，强毅以与人；博学以知服，近文章，砥厉廉隅；虽分国如锱铢，不臣不仕。其规为有如此者。

"儒有合志同方，营道同术，并立则乐，相下不厌，久不相见，闻流言不信。其行本方立义，同而进，不同而退。其交友有如此者。

"温良者，仁之本也。敬慎者，仁之地也。宽裕者，仁之作也。孙接者，仁之能也。礼节者，仁之貌也。言谈者，仁之文也。歌乐者，仁之和也。分散者，仁之施也。儒皆兼此而有之，犹且不敢言仁也。其尊让有如此者。

"儒有不陨穫于贫贱，不充诎于富贵，不愿君王，不累长上，不闵有司，故曰'儒'。今众人之命儒也妄常，以儒相诟病。"

孔子至舍，哀公馆之，闻此言也，言加信，行加义，"终没吾世，不敢以儒为戏。"

4、《淮南子》对儒家起源的说法①

文王之时，纣为天子，赋敛无度，杀戮无止，康梁沉湎，宫中成市，作为炮烙之刑，刳谏者，剔孕妇，天下同心而苦之。文王四世累善，修德行义，处岐周之间，地方不过百里，天下二垂归之。文王欲以卑弱制强暴，以为天下去残除贼而成王道，故太公之谋生焉。

文王业之而不卒，武王继文王之业，用太公之谋，悉索薄赋，躬擐甲胄，以伐无道而讨不义，誓师牧野，以践天子之位。天下未定，海内未辑，武王欲昭文王之令德，使夷狄各以其贿来贡，辽远未能至，故治三年之丧，殡文王于两楹之间，以俟远方。武王立，三年而崩，成王在襁褓之中，未能用事，蔡叔、管叔辅公子禄父而欲为乱，周公继文王之业，持天子之政，以股肱周室、辅翼成王。惧争道之不塞，臣下之危上也，故纵马华山，放牛桃林，败鼓折枹，搢笏而朝，以宁静王室，镇抚诸侯。成王既壮，能从政事，周公受封于鲁，以此移风易俗。孔子修成康之道，述周公之训，以教七十子，使服其衣冠，修其篇籍，故儒者之学生焉。

5、司马谈论儒家②

儒者博而寡要，劳而少功，是以其事难尽从；然其序君臣父子之礼，列夫妇长幼之别，不可易也。

---

① 出自《淮南子·要略》，依据《诸子集成》第七册、《淮南子注》校订，上海书店 1986 年版，题目为编者所加。

② 出自《史记·太史公自序》之《论六家要旨》，中华书局 1973 年版，题目为编者所加。

……

夫儒者以六艺为法。六艺经传以千万数,累世不能通其学,当年不能究其礼,故曰"博而寡要,劳而少功"。若夫列君臣父子之礼,序夫妇长幼之别,虽百家弗能易也。

6、《汉书·艺文志》对儒家的评论[①]

儒家者流,盖出于司徒之官,助人君顺阴阳明教化者也。游文于六经之中,留意于仁义之际,祖叙尧、舜,宪章文、武,宗师仲尼,以重其言,于道为最高。

7、梁启超谈儒家哲学[②]

第一章 儒家哲学是什么

"哲学"二字,是日本人从欧文翻译出来的名词。我国人沿用之,没有更改。原文为 Philosophy,由希腊语变出,即爱智之意。因为语原为爱智,所以西方人解释哲学为求知识的学问。求的是最高的知识、统一的知识。

西方哲学之出发点,完全由于爱智,所以西方学者主张哲学的来历起于人类的好奇心。古代人类,看见自然界形形色色,有种种不同的状态,遂生惊讶的感想。始而怀疑,既而研究,于是成为哲学。

西方哲学,最初发达的为宇宙论、本体论,后来才讲到论理学、认识论。宇宙万有,由何而来?多元或一元,唯物或唯心,造物及神是有是无? 有神如何解释? 无神如何解释? 等等,是为宇宙论所研究的主要问题。

此类问题,彼此两方,持之有故,言之成理,辩论终久不决。后来以为先决问题,要定出个辩论及思想的方法和规范。知识从何得来? 如何才算精确? 还是要用主观的演绎法,先立原理,后及事实才好? 还是采客观的归纳法,根据事实,再立原理才好? 这样一来,就发生论理学。

再进一步,我们凭什么去研究宇宙万有? 人人都回答道:凭我的知识。但"知识"本身到底是什么东西呢? 若不穷究本源,恐怕所研究的都成砂上楼阁了。于是发生一种新趋向,从前以知识为"能研究"的主体,如今却以知识为"所研究"的对象,这叫做认识论。认识论发生最晚,至康德以后,才算完全成立。认识论研究万事万物,是由知觉来的真,还是由感觉来的真? 认识的起源如何? 认识的条件如何? 认识论在哲学中,最晚最有势力。有人说除认识论外,就无所谓哲学,可以想见其位置的重要了。

这样说来,西洋哲学由宇宙论或本体论趋重到论理学,更趋重到认识论。彻头彻尾都是为"求知"起见。所以他们这派学问称为"爱智学"诚属恰当。

---

① 出自《汉书·艺文志·诸子略》,中华书局 1962 年版,题目为编者所加。
② 本篇节选自梁启超《儒家哲学》,上海人民出版社 2009 年版,题目为编者所加。

中国学问不然。与其说是知识的学问，毋宁说是行为的学问。中国先哲虽不看轻知识，但不以求知识为出发点，亦不以求知识为归宿点。直译的 Philosophy，其涵义实不适于中国。若勉强借用，只能在上头加上个形容词，称为人生哲学。中国哲学以研究人类为出发点，最主要的是人之所以为人之道，怎样才算一个人？人与人相互有什么关系？

世界哲学大致可分三派：印度、犹太、埃及等东方国家，专注重人与神的关系；希腊及现代欧洲，专注重人与物的关系；中国专注重人与人的关系。中国一切学问，无论哪一时代，哪一宗派，其趋向皆在此一点，尤以儒家为最博深切明。

儒家哲学，范围广博。概括说起来，其用功所在，可以《论语》"修己安人"一语括之；其学问最高目的，可以《庄子》"内圣外王"一语括之。做修己的功夫，做到极处，就是内圣；做安人的功夫，做到极处，就是外王。至于条理次第，以《大学》上说得最简明。《大学》所谓"格物、致知、诚意、正心、修身"，就是修己及内圣的功夫；所谓"齐家、治国、平天下"，就是安人及外王的功夫。

然则学问分做两橛吗？是又不然。《大学》结束一句"一是皆以修身为本"。格致诚正，只是各人完成修身工夫的几个阶级；齐家、治国、平天下，只是各人以己修之身去齐他治他平他。所以"自天子以至于庶人"，都适用这种工作。《论语》说"修己以安人"，加上一个"以"字，正是将外王学问纳入内圣之中，一切以各人的自己为出发点。以现在语解释之，即专注重如何养成健全人格。人格锻炼到精纯，便是内圣；人格扩大到普遍，便是外王。儒家千言万语，各种法门，都不外归结到这一点。

以上讲儒家哲学的中心思想，以下再讲儒家哲学的范围。孔子尝说："智仁勇三者，天下之达德也"；"知者不惑，仁者不忧，勇者不惧"。自儒家言之，必三德具备，人格才算完成。这样看来，西方所谓爱智，不过儒家三德之一，即智的部分。所以儒家哲学的范围，比西方哲学的范围，阔大得多。

儒家既然专讲人之所以为人，及人与人之关系，所以它的问题与欧西问题迥然不同。西方学者唯物唯心多元一元的讨论，儒家很少提及。西方学者所谓有神无神，儒家亦看得很轻。《论语》说："子不语怪、力、乱、神。"孔子亦说："未知生，焉知死。"把生死神怪看得很轻，这是儒家一大特色。亦可以说与近代精神相近，与西方古代之空洞谈玄者不同。

儒家哲学的缺点，当然是没有从论理学、认识论入手。有人说它空疏而不精密，其实论理学、认识论儒家并不是不讲。不过因为方面太多，用力未专，所以一部分的问题不如近代人说得精细。这一则是时代的关系，再则是范围的关系，不足为儒家病。

东方哲学辩论得热闹的问题是些什么？如：

一、性之善恶，孟荀所讨论。

二、仁义之内外，告孟所讨论。

三、理欲关系，宋儒所讨论。

四、知行分合，明儒所讨论。

此类问题，其详细情形，到第五章再讲。此地所要说明的，就是中国人为什么注重这些问题。他们是要讨论出一个究竟，以为各人自己修养人格或施行人格教育的应用，目的并不是离开了人生翻腾这些理论当玩意儿。其出发点既与西方之以爱智为动机者不同。凡中国哲学中最主要的问题，欧西古今学者皆未研究，或研究的路径不一样。而西方哲学中最主要的问题，有许多项，中国学者认为不必研究；有许多项，中国学者认为值得研究，但是没有研究透彻。

另外有许多问题，是近代社会科学所研究的，儒家亦看得很重。在外王方面，关于齐家的，如家族制度问题，关于治国的，如政府体制问题，关于平天下的，如社会风俗问题。所以要全部了解儒家哲学的意思，不能单以现代哲学解释之。儒家所谓外王，把社会学、政治学、经济学等等都包括在内；儒家所谓内圣，把教育学、心理学、人类学等等都包括在内。

因为这个原故，所以标题"儒家哲学"四字很容易发生误会。单用西方治哲学的方法研究儒家，研究不到儒家的博大精深处。最好的名义，仍以"道学"二字为宜。先哲说："道者，非天之道，非地之道，人之所谓道也。"又说："道不远人，远人不可以为道。"道学只是做人的学问，与儒家内容最吻合。但是《宋史》有一个《道学传》，把道学的范围弄得很窄，限于程朱一派。现在用这个字也易生误会，只好亦不用它。

要想较为明显一点，不妨加上一个"术"字，即《庄子·天下篇》所说"古之道术有在于是者"的"道术"二字。道字本来可以包括术，但再分细一点也不妨事。道是讲道之本身，术是讲如何做去才能圆满。儒家哲学，一面讲道，一面讲术；一面教人应该做什么事，一面教人如何做去。

就前文所举的几个问题而论，如性善恶问题，讨论人性本质，是偏于道的；如知行分合问题，讨论修养下手功夫，是偏于术的。但讨论性善恶，目的在教人如何止于至善以去其恶，是道不离术；讨论知行，目的在教人从知入手或从行入手以达到理想的人格境界，是术不离道。

外王方面亦然，"民德归厚"是道，用"慎终追远"的方法造成它便是术；"政者正也"是道，用"子帅以正"的方法造成它便是术；"平天下"、"天下国家可均"是道，用"所恶于上毋以使下，所恶于下毋以事上……"的"絜矩"方法造成它便是术。道术交修，所谓"六通四辟小大精粗其运无乎不在"。儒家全部的体用，实在是如此。

由此言之，本学程的名称，实在以"儒家道术"四字为最好。此刻我们仍然用"儒家哲学"四字，因为大家都用惯了，"吾从众"的意思。如果要勉强解释，亦未尝说不通。我们所谓哲，即圣哲之哲，表示人格极其高尚，不是欧洲所谓 Philosophy 范围那样窄。这样一来，名实就符合了。

第二章 为什么要研究儒家哲学

为什么要研究儒家道术？这个问题，本来可以不问，因为一派很有名的学说，当然值得研究。我们从而研究之，那本不成问题。不过近来有许多新奇偏激的议论，在社会上渐渐有了势力。所以一般人对于儒家哲学异常怀疑。青年脑筋中，充满了一种反常的思想。如所谓"专打孔家店"，"线装书应当抛在茅坑里三千年"等等。此种议论，原来可比得一种剧烈性的药品。无论怎样好的学说，经过若干时代以后，总会变质，搀杂许多凝滞腐败的成分在里头。譬诸人身血管变成硬化，渐渐于健康有妨碍。因此，须有些大黄芒硝一类瞑眩之药泻它一泻。所以那些奇论，我也承认它们有相当的功用。但要知道，药到底是药，不能拿来当饭吃。若因为这种议论新奇可喜，便根本把儒家道术的价值抹煞，那便不是求真求善的态度了。现在社会上既然有了这种议论，而且很占些势力，所以应当格外仔细考察一回。我们要研究儒家道术的原因，除了认定为一派很有名的学说而研究之以外，简括说起来，还有下列五点：

一、中国偌大国家，有几千年的历史。到底我们这个民族，有无文化？如有文化，我们此种文化的表现何在？以吾言之，就在儒家。

我们这个社会，无论识字的人与不识字的人，都生长在儒家哲学空气之中。中国思想，儒家以外，未尝没有旁的学派。如战国的老、墨，六朝、唐的道、佛，近代的耶、回，以及最近代的科学与其他学术。凡此种种，都不能拿儒家范围包举它们；凡此种种，俱为形成吾人思想的一部分。不错，但是我们批评一个学派，一面要看它的继续性，一面要看它的普遍性。自孔子以来，直至于今，继续不断的，还是儒家势力最大。自士大夫以至台舆皂隶普遍崇敬的，还是儒家信仰最深。所以我们可以说，研究儒家哲学，就是研究中国文化。

诚然，儒家以外还有其他各家。儒家哲学不算中国文化全体；但是若把儒家抽去，中国文化恐怕没有多少东西了。中国民族之所以存在，因为中国文化存在。而中国文化离不了儒家。如果要"专打孔家店"，"要把线装书抛在茅坑里三千年"，除非认过去现在的中国人完全没有受过文化的洗礼。这话我们肯甘心吗？

中国文化，以儒家道术为中心，所以能流传到现在。如此的久远与普遍，其故何在？中国学术，不满人意之处尚多，为什么有那些缺点？其原因又何在？吾人至少应当把儒家道术细细研究，从新估价。当然，该有许多好处；不然，不会如此悠久绵远。我们很公平地先看它好处是什么，缺点是什么。有好处把它发扬，有缺点把它修正。

二、鄙薄儒家哲学的人，认为是一种过去的学问，旧的学问。这个话，究竟对不对？一件事物到底是否以古今新旧为定善恶的标准，这是一个很大的问题。

我们不能说新的完全是好的，旧的完全是坏的。亦不能说古的完全都是，今的完全都不是。古今新旧，不足以为定善恶是非的标准。因为一切学说，都可以分为两类。一种含有时代性，一种不含时代性，即《礼记》所谓"有可与民变革者，有不可与民变革者"。

有许多学说，常因时代之变迁而减少其价值。譬如共产与非共产，就含有时代性。究竟是共产相利，还是集产相利，抑或劳资调和相利，不是含时代性就是含地方性。有的在现在适用，在古代不适用；有的在欧洲适用，在中国不适用。

有许多学说，不因时代之变迁而减少其价值。譬如不患寡而患不均，不患贫而患不安，利用厚生，量入为出，养人之欲，给人之求，都不含时代性，亦不含地方性。古代讲井田固然适用，近代讲共产亦适用。中国重力田，固然适用；外国重工商，亦能适用。

儒家道术,外王的大部分,含有时代性的居多。到现在抽出一部分不去研究它也可以。还有内圣的全部,外王的一小部分,绝对不含时代性。如智仁勇三者,为天下之达德,不论在何时何国何派,都是适用的。

关于道的方面,可以说含时代性的甚少。关于术的方面,虽有一部分含时代性,还有一部分不含时代性。譬如知行分合问题。朱晦庵讲先知后行,王阳明讲知行合一。此两种方法都可用,研究他们的方法,都有益处。儒家道术,大部分不含时代性,不可以为时代古思想旧而抛弃之。

三、儒家哲学,有人谓为贵族的非平民的,个人的非社会的。不错,儒家道术,诚然偏重私人道德,有点近于非社会的。而且二千年来诵习儒学的人都属于"士大夫"阶级,有点近于非平民的。但是这种现象,是否儒学所专有,是否足为儒学之病,我们还要仔细考察一回。

文化的平等普及,当然是最高理想。但真正的平等普及之实现,恐怕前途还远着哩。美国是最平民的国家,何尝离得了领袖制度?俄国是劳农的国家,还不是一切事由少数委员会人物把持指导吗?因为少数人诵习受持,便说是带有贵族色彩,那么,恐怕无论何国家,无论何派学说,都不能免,何独责诸中国,责诸儒家呢?况且文化这件东西,原不能以普及程度之难易定其价值之高低。李白、杜甫诗的趣味,不能如白居易诗之易于普及享受;白居易诗之趣味,又不能如盲女弹词之易于普及享受。难道我们可以说《天雨花》比《白氏长庆集》好,《白氏长庆集》又比《李杜集》好吗?现代最时髦的平民文学、平民美术,益处虽多,然把文学美术的品格降低的毛病也不小,这是不能否认的事实。何况哲学这样东西,本来是供少数人研究的。主张"平民哲学",这名词是否能成立,我不能不怀疑。

儒家道术偏重士大夫个人修养。表面看去范围似窄,其实不然。天下事都是士大夫或领袖人才造出来的,士大夫的行为,关系全国的安危治乱及人民的幸福疾苦最大。孟子说得好:"惟仁者宜在高位。不仁而在高位,是播其恶于众也。"今日中国国事之败坏,哪一件不是由在高位的少数个人造出来?假如把许多掌握权力的马弁强盗都换成多读几卷书的士大夫,至少不至闹到这样糟。假使穿长衫的穿洋服的先生们真能如儒家理想所谓"人人有士君子之行",天下事有什么办不好的呢?我们受高等教育的青年,将来都是社会领袖。造福造祸,就看我们现在的个人修养何如。儒家道术专注重此点,能说它错吗?

四、有人说自汉武帝以来,历代君主皆以儒家作幌子,暗地里实行高压政策。所以儒家学问成为拥护专制的学问,成为奴辱人民的学问。

诚然,历代帝王假冒儒家招牌实行专制,此种情形在所不免。但是我们要知道,几千年来,最有力的学派不惟不受帝王的指使,而且常带有反抗的精神。儒家开创大师,如孔、孟、荀,都带有很激烈的反抗精神,人人知道的,可以不必细讲。东汉为儒学最盛时代,但是《后汉书·党锢传》皆属儒家大师,最令当时帝王头痛。北宋二程,列在元祐党籍;南宋朱熹,列在庆元党籍。当时有力的人,摧残得很利害。又如明朝王阳明,在事业上虽曾立下大功,在学问上却到处都受摧残。由此看来,儒家哲学也可以说是伸张民权的学问,不是拥护专制的学问;是反抗压迫的学问,不是奴辱人民的学问。所以历代儒学大师，非惟不受君主的指使，而且常受君主的摧残。要把贼民之罪加在儒家身上，那真是冤透了。

五、近人提倡科学，反对玄学，所以有科学玄学之争。儒家本来不是玄学，误被人认是玄学，一同排斥。这个亦攻击，那个亦攻击，几于体无完肤。

玄学之应排斥与否，那是另一问题。但是因为排斥玄学，于是排斥儒家，这就未免太冤。儒家的朱陆，有无极太极之辩，诚然带点玄学色彩。然这种学说在儒家道术中地位极其轻微，不能算是儒家的中心论点。自孔孟以至陆王，都把凭空虚构的本体论搁置一边，哪能说是玄学呢？

再说无极太极之辩，实际发生于受了佛道的影响以后，不是儒家本来面目。并且此种讨论仍由扩大人格出发，乃是方法，不是目的，与西洋之玩弄光景者不同。所以说玄学色彩，最浅最淡，在世界要算中国，在中国要算儒家了。

儒家与科学，不特两不相背，而且异常接近。因为儒家以人作本位，以自己环境作出发点，比较近于科学精神，至少可以说不违反科学精神。所以我们尽管在儒家哲学上力下工夫，仍然不算逆潮流、背时代。

据以上五种理由，所以我认为研究儒家道术，在今日实为有益而且必要。

历代儒者经典文章

1、董仲舒:《仁义法》①

《春秋》之所治,人与我也。所以治人与我者,仁与义也。以仁安人,以义正我,故仁之为言人也!义之为言我也,言名以别矣。仁之于人,义之与我者,不可不察也。众人不察,乃反以仁自裕,而以义设人,诡其处而逆其理,鲜不乱矣。是故人莫欲乱,而大抵常乱。凡以阇于人我之分,而不省仁义之所在也。是故《春秋》为仁义法:仁之法在爱人,不在爱我;义之法在正我,不在正人。我不自正,虽能正人,弗予为义;人不被其爱,虽厚自爱,不予为仁。

昔者晋灵公杀膳宰以淑饮食,弹大夫以娱其意,非不厚自爱也,然而不得为淑人者,不爱人也。质于爱民以下,至于鸟兽昆虫莫不爱。不爱,奚足谓仁?仁者,爱人之名也。嶲《传》无大之之辞,自为追,则善其所恤远也。兵已加焉,乃往救之,则弗美。未至豫备之,则美之,善其救害之先也。夫救害而先之,则害无由起,而天下无害矣。然则观物之动,而先觉其萌,绝乱塞害于将然而未形之时,《春秋》之志也,其明至矣。非尧舜之智,知礼之本,孰能当此?故救害而先知之,明也。公之所恤远,而《春秋》美之。详其美恤远之意,则天地之间然后快其仁矣。非三王之德,选贤之精,孰能如此?是以知明先,而仁厚远。远而愈贤、近而愈不肖者,爱也。故王者爱及四夷,霸者爱及诸侯,安者爱及封内,危者爱及旁侧,亡者爱及独身。独身者,虽立天子诸侯之位,一夫之人耳,无臣民之用矣。如此者,莫之亡而自亡也。《春秋》不言伐梁者,而言梁亡盖爱独及其身者也。故曰:仁者爱人,不在爱我,此其法也。

义云者,非为正人,谓正我。虽有乱世枉上,莫不欲正人。奚谓义?昔者楚灵王讨陈蔡之贼,齐桓公执袁涛涂之罪,非不能正人也,然而《春秋》弗予,不得为义者,我不正也。阖庐能正楚蔡之难矣,而《春秋》夺之义辞,以其身不正。潞子之于诸侯,无所能正,《春秋》予之有义,其身正也。故曰:义在正我,不在正人,此其法也。夫我无之而求诸人,我有之而非诸人,人之所不能受也。其理逆矣,何可谓义!义者,谓宜在我者;宜在我者,而后可以称义。故言义者,合我与宜,以为一

① 董仲舒,西汉思想家,儒家大师,本篇选自《春秋繁露》(《新编诸子集成本》),中华书局1992年版。仁义法,即仁与义的法则、标准。

言,以此操之,义之为言我也。故曰:有为而得义者,谓之自得;有为而失义者,谓之自失。人好义者,谓之自好;人不好义者,谓之不自好。以此参之,义,我也,明矣。

是义与仁殊。仁谓往,义谓来;仁大远,义大近。爱在人谓之仁,宜在我谓之义。仁主人,义主我也。故曰:仁者,人也,义者,我也,此之谓也。君子求仁义之别,以纪人我之间,然后辨乎内外之分,而著于顺逆之处也。是故内治反理以正身,据礼以劝福;外治推恩以广施,宽制以容众。孔子谓冉子曰:"治民者,先富之而后加教。"语樊迟曰:"治身者,先难后获。"以此之谓治身之与治民,所先后者不同焉矣。《诗》曰:"饮之食之,教之诲之。"先饮食而后教诲,谓治人也。又曰:"坎坎伐辐,彼君子兮,不素餐兮!"先其事,后其食,谓治身也。《春秋》刺上之过,而矜下之苦;小恶在外弗举,在我书而非之。凡此者,以仁治人,义治我,躬自厚而薄责于外,此之谓也。且《论》已见之,而人不察,曰:"君子攻其恶,不攻人之恶。"不攻人之恶,非仁之宽与?自攻其恶,非义之全与?此谓之仁造人,义造我,何以异乎?故自称其恶谓之情,称人之恶谓之贼;求诸己谓之厚,求诸人谓之薄;自责以备谓之明,责人以备谓之惑。是故以自治之节治人,是居上不宽也;以治人之度自治,是为礼不敬也。为礼不敬,则伤行而民弗尊;居上不宽,则伤厚而民弗亲。弗亲则弗信,弗尊则弗敬。二端之政诡于上,而僻行之,则诽于下,仁义之处可无论乎?夫目不视,弗见;心弗论,不得。虽有天下之至味,弗嚼,弗知其旨也;虽有圣人之至道,弗论,不知其义也。

2、韩愈《原道》[①]

博爱之谓仁,行而宜之之谓义;由是而之焉之谓道,足乎己无待于外之谓德。仁与义为定名,道与德为虚位:故道有君子小人,而德有凶有吉。老子之小仁义,非毁之也,其见者小也。坐井而观天,曰天小者,非天小也;彼以煦煦为仁,孑孑为义,其小之也则宜。其所谓道,道其所道,非吾所谓道也;其所谓德,德其所德,非吾所谓德也。凡吾所谓道德云者,合仁与义言之也,天下之公言也。老子之所谓道德云者,去仁与义言之也,一人之私言也。周道衰,孔子没。火于秦,黄老于汉,佛于晋、魏、梁、隋之间,其言道德仁义者,不入于杨,则入于墨;不入于老,则入于佛。入于彼,必出于此。入者主之,出者奴之;入者附之,出者污之。噫!后之人其欲闻仁义道德之说,孰从而听之?老者曰:"孔子,吾师之弟子也。"佛者曰:"孔子,吾师之弟子也。"为孔子者,习闻其说,乐其诞而自小也,亦曰:"吾师亦尝师之云尔。"不惟举之于其口,而又笔之于其书。噫!后之人,虽欲闻仁义道德之说,其孰从而求之?甚矣!人之好怪也,不求其端,不讯其末,惟怪之欲闻。

古之为民者四,今之为民者六;古之教者处其一,今之教者处其三。农之家一,而食粟之家六;工之家一,而用器之家六;贾之家一,而资焉之家六。奈之何民不穷且盗也!迨之时,人之害多矣。有圣人者立,然后教之以相生养之道。为之君,为之师,驱其虫蛇禽兽,而处之中土。寒,

---

① 韩愈,唐代著名文学家、思想家,唐宋八大家之首。本篇选自《韩愈全集》,上海古籍出版社1997年版。

然后为之衣，饥，然后为之食；木处而颠，土处而病也，然后为之宫室。为之工，以赡其器用；为之贾，以通其有无；为之医药，以济其夭死；为之葬埋祭祀，以长其恩爱；为之礼，以次其先后；为之乐，以宣其壹郁；为之政，以率其怠倦；为之刑，以锄其强梗。相欺也，为之符玺、斗斛、权衡以信之。相夺也，为之城郭、甲兵以守之。害至而为之备，患生而为之防。今其言曰："圣人不死，大盗不止。剖斗折衡，而民不争。"呜呼！其亦不思而已矣！如古之无圣人，人之类灭久矣。何也？无羽毛鳞介以居寒热也，无爪牙以争食也。是故君者，出令者也；臣者，行君之令而致之民者也；民者，出粟、米、麻、丝，作器皿，通货财，以事其上者也。君不出令，则失其所以为君；臣不行君之令而致之民，则失其所以为臣；民不出粟、米、麻、丝，作器皿，通货财，以事其上，则诛。今其法曰："必弃而君臣，去而父子，禁而相生养之道。"以求其所谓清净寂灭者。呜呼！其亦幸而出于三代之后，不见黜于禹、汤、文、武、周公、孔子也；其亦不幸而不出于三代之前，不见正于禹、汤、文、武、周公、孔子也。

帝之与王，其号名殊，其所以为圣一也。夏葛而冬裘，渴饮而饥食，其事虽殊，所以为智一也。今其言曰："曷不为太古之无事？"是亦责冬之裘者曰："曷不为葛之之易也？"责饥之食者曰："曷不为饮之之易也。"《传》曰："古之欲明明德于天下者，先治其国；欲治其国者，先齐其家；欲齐其家者，先修其身；欲修其身者，先正其心；欲正其心者，先诚其意。"然则古之所谓正心而诚意者，将以有为也。今也欲治其心，而外天下国家，灭其天常；子焉而不父其父，臣焉而不君其君，民焉而不事其事。孔子之作《春秋》也，诸侯用夷礼，则夷之，进于中国，则中国之。《经》曰："夷狄之有君，不如诸夏之亡！"《诗》曰："戎狄是膺，荆舒是惩。"今之举夷狄之法，而加之先王之教之上，几何其不胥而为夷也！

夫所谓先王之教者，何也？博爱之谓仁，行而宜之之谓义，由是而之焉之谓道，足乎己无待于外之谓德。其文，《诗》、《书》、《易》、《春秋》；其法，礼、乐、刑、政；其民，士、农、工、贾；其位，君臣、父子、师友、宾主、昆弟、夫妇；其服，麻丝；其居，宫室；其食，粟米、果蔬、鱼肉；其为道易明，而其为教易行也。是故以之为己，则顺而祥；以之为人，则爱而公；以之为心，则和而平；以之为天下国家，无所处而不当。是故生则得其情，死则尽其常，郊焉而天神假，庙焉而人鬼享。曰："斯道也，何道也？"曰："斯吾所谓道也，非向所谓老与佛之道也。"尧以是传之舜，舜以是传之禹，禹以是传之汤，汤以是传之文武周公，文武周公传之孔子，孔子传之孟轲；轲之死，不得其传焉。荀与扬也，择焉而不精，语焉而不详。由周公而上，上而为君，故其事行；由周公而下，下而为臣，故其说长。

然则，如之何而可也？曰："不塞不流，不止不行。人其人，火其书，庐其居，明先王之道以道之，鳏寡孤独废疾者有养也：其亦庶乎其可也。"

3、李翱:《复性书》①

上

人之所以为圣人者,性也,人之所以惑其性者,情也。喜、怒、哀、惧、爱、恶、欲,七者皆情之所为也。情既昏,性斯匿矣。非性之过也,七者循环而交来,故性不能充也。水之浑也,其流不清;火之烟也,其光不明。非水火清明之过,沙不浑,流斯清矣,烟不郁,光斯明矣。情不作,性斯充矣,性与情不相无也。

虽然,无性则情无所生矣。是情由性而生,情不自情,因性而情,性不自性,由情以明。性者,天之命也,圣人得之而不惑者也;情者,性之动也,百姓溺之而不能知其本者也。圣人者,岂其无情耶?圣人者,寂然不动,不往而到,不言而神,不耀而光,制作参乎天地,变化合乎阴阳,虽有情也,未尝有情也。然则百姓者,岂其无性耶?百姓之性与圣人之性弗差也,虽然,情之所昏,交相攻伐,未始有穷,故虽终身而不自睹其性焉。火之潜于山石林木之中,非不火也;江河淮济之未流而潜于山,非不泉也。石不敲,木不磨,则不能烧其山林而燥万物;泉之源弗疏,则不能为江为河,为淮为济,东汇大壑,浩浩荡荡,为弗测之深。情之动静弗息,则不能复其性而烛天地,为不极之明。

故圣人者,人之先觉者也。觉则明,否则惑,惑则昏,明与昏谓之不同。明与昏性本无有,则同与不同皆离矣。夫明者所以对昏,昏既灭,则明亦不立矣。是故诚者,圣人之性也,寂然不动,广大清明,照乎天地,感而遂通天下之故,行止语默,无不处于极也。复其性者贤人,循之而不已者也,不已则能归其源矣。《易》曰:"夫圣人者,与天地合其德,日月合其明,四时合其序,鬼神合其吉凶,先天而天不违,后天而奉天时。天且勿违,而况于人乎?况于鬼神乎?"此非自外得者也,能尽其性而已矣。子思曰:"惟天下至诚为能尽其性。能尽其性,则能尽人之性;能尽人之性,则能尽物之性;能尽物之性,则可以赞天地之化育;可以赞天地之化育,则可以与天地参矣。其次致曲,曲能有诚,诚则形,形则著,著则明,明则动,动则变,变则化,唯天下至诚为能化。"圣人知人之性皆善,可以循之不息而至于圣也,故制礼以节之,作乐以和之。安于和乐,乐之本也;动而中礼,礼之本也。故在车则闻鸾和之声,行步则闻佩玉之音,无故不废琴瑟,视听言行,循礼法而动,所以教人忘嗜欲而归性命之道也。道者至诚而不息者也,至诚而不息则虚,虚而不息则明,明而不息则照天地而无遗,非他也,此尽性命之道也。哀哉!人皆可以及乎此,莫之止而不为也,不亦惑耶?

昔者圣人以之传于颜子,颜子得之,拳拳不失,不远而复其心,三月不违仁。子曰:"回也其庶乎屡空。"其所以未到于圣人者一息耳,非力不能也,短命而死故也。其余升堂者,盖皆传也,一气之所养,一雨之所膏,而得之者各有浅深,不必均也。子路之死也,石乞孟黡以戈击之,断缨,子路

① 李翱(772~841),字习之,唐陇西成纪(今甘肃秦安东)人,一说为赵郡(今属河北)人。唐代文学家、哲学家。本文选自《李文公集》,《四部丛刊》第119册,上海书店1988年版。

333

曰："君子死，冠不免。"结缨而死。由非好勇而无惧也，其心寂然不动故也。曾子之死也，曰："吾何求焉，吾得正而毙焉，斯已矣。"此正性命之言。子思，仲尼之孙，得其祖之道，述《中庸》四十七篇，以传于孟轲。轲曰"我四十不动心"，轲之门人达者公孙丑、万章之徒，盖传之矣。遭秦灭书，《中庸》之不焚者，一篇存焉。于是此道废缺，其教授者，惟节文、章句、威仪、击剑之术相师焉，性命之源，则吾弗能知其所传矣。

道之极于剥也必复，吾岂复之时耶？吾自六岁读书，但为词句之学，志于道者四年矣，与人言之，未尝有是我者也。南观涛江入于越，而吴郡陆参存焉，与之言之，陆参曰："子之言，尼父之心也。东方如有圣人焉，不出乎此也，南方如有圣人焉，亦不出乎此也。惟行之不息而已矣。"於戏！性命之书虽存，学者莫能明，是故皆入于庄、列、老、释。不知者，谓夫子之徒不足以穷性命之道，信之者皆是也。有问于我，我以吾之所知而传焉，遂书于书，以开诚明之源，而缺绝废弃不扬之道，几可以传于时，命曰《复性书》，以理其心，以传乎其人。於戏！夫子复生，不废吾言矣。

中

或问曰："人之昏也久矣，将复其性者，必有渐也，敢问其方。"曰："弗虑弗思，情则不生，情既不生，乃为正思。正思者，无虑无思也。《易》曰：'天下何思何虑。'又曰：'闲邪存其诚。'《诗》曰：'思无邪。'"

曰："已矣乎？"曰："未也，此斋戒其心者也，犹未离于静焉。有静必有动，有动必有静，动静不息，是乃情也。《易》曰：'吉凶悔吝，生于动者也。'焉能复其性耶？"

曰："如之何？"曰："方静之时，知心无思者，是斋戒也。知本无有思，动静皆离，寂然不动者，是至诚也。《中庸》曰：'诚则明矣。'《易》曰：'天下之动，贞夫一者也。'"

问曰："不虑不思之时，物格于外，情应于内，如之何而可止也？以情止情，其可乎？"曰："情者，性之邪也，知其为邪，邪本无有。心寂然不动，邪思自息。惟性明照，邪何所生？如以情止情，是乃大情也，情互相止，其有已乎？《易》曰：'颜氏之子，其殆庶几乎？有不善未尝不知，知之未尝复行也。'《易》曰：'远复，无悔，元吉。'"

问曰："本无有思，动静皆离。然则声之来也，其不闻乎？物之形也，其不见乎？"曰："不睹不闻，是非人也，视听昭昭而不起于见闻者，斯可矣。无不知也，无弗为也。其心寂然，光照天地，是诚之明也。《大学》曰：'致知在格物。'《易》曰：'易无思也，无为也，寂然不动，感而遂通天下之故。非天下之至神，其孰能与于此？'"

曰："敢问'致知在格物'何谓也？"曰："物者，万物也，格者，来也，至也。物至之时，其心昭昭然明辨焉，而不应于物者，是致知也，是知之至也。知至故意诚，意诚故心正，心正故身修，身修而家齐，家齐而国理，国理而天下平。此所以能参天地者也。《易》曰：'与天地相似，故不违；知周乎万物，而道济天下，故不过；旁行而不流，乐天知命，故不忧；安土敦乎仁，故能爱；范围天地之化而不过，曲成万物而不遗，通乎昼夜之道而知，故神无方而易无体。一阴一阳之谓道。'此之谓也。"

曰："生为我说《中庸》。"曰："不出乎前矣。"

曰："我未明也，敢问何谓'天命之谓性'？"曰："人生而静，天之性也，性者，天之命也。"

"'率性之谓道'何谓也？"曰："率，循也，循其源而反其性者，道也。道也者，至诚也；至诚者，天之道也。诚者，定也，不动也。"

"'修道之谓教'何谓也？"曰："教也者，人之道也，择善而固执之者也。修是道而归其本者明也。教也者，则可以教天下矣，颜子其人也。'道也者，不可须臾离也，可离非道也。'说者曰：其心不可须臾动焉故也。动则远矣，非道也。变化无方，未始离于不动故也。'是故君子戒慎乎其所不睹，恐惧乎其所不闻，莫见乎隐，莫显乎微，故君子慎其独也。'说者曰：'不睹之睹，见莫大焉，不闻之闻，闻莫甚焉。'其心一动，是不睹之睹，不闻之闻也，其复之不远矣。故君子慎其独，慎其独者，守其中也。"

问曰："昔之注解《中庸》者，与生之言皆不同，何也？"曰："彼以事解者也，我以心通者也。"

曰："彼亦通于心乎？"曰："吾不知也。"

曰："如生之言，修之一日，则可以至于圣人乎？"曰："十年扰之，一日止之，而求至焉，是孟子所谓以杯水而救一车薪之火也。甚哉！止而不息必诚，诚而不息则明，明与诚终岁不违，则能终身矣。造次必于是，颠沛必于是，则可以希于至矣。故《中庸》曰：'至诚无息，不息则久，久则徵，徵则悠远，悠远则博厚，博厚则高明。博厚所以载物也，高明所以覆物也，悠久所以成物也。博厚配地，高明配天，悠久无疆。如此者，不见而章，不动而变，无为而成，天地之道，可一言而尽也。'"

问曰："凡人之性，犹圣人之性欤？"曰："桀、纣之性，犹尧、舜之性也。其所以不睹其性者，嗜欲好恶之所昏也，非性之罪也。"

曰："为不善者非性耶？"曰："非也，乃情所为也。情有善有不善，而性无不善焉。"孟子曰：'人无有不善，水无有不下。夫水，搏而跃之，可使过颡；激而行之，可使在山。是岂水之性哉，其所以导引之者然也。人之性皆善，其不善亦犹是也。'"

问曰："尧舜岂不有情耶？"曰："圣人至诚而已矣。尧舜之举十六相，非喜也。流共工，放驩兜，殛鲧，窜三苗，非怒也。中于节而已矣。其所以皆中节者，设教于天下故也。《易》曰：'知变化之道者，其知神之所为乎？'《中庸》曰：'喜怒哀乐之未发谓之中，发而皆中节谓之和。中也者，天下之大本也；和也者，天下之达道也；致中和，天地位焉，万物育焉。'《易》曰：'唯深也，故能通天下之志；唯几也，故能成天下之务；唯神也，故不疾而速，不行而至。'圣人之谓也。"

问曰："人之性犹圣人之性，嗜欲爱憎之心，何因而生也？"曰："情者，妄也，邪也。邪与妄则无所因矣。妄情灭息，本性清明，周流六虚，所以谓之能复其性也。《易》曰：'乾道变化，各正性命。'《论语》曰：'朝闻道，夕死可矣。'能正性命故也。"

问曰："情之所昏，性即灭矣，何以谓之犹圣人之性也？"

曰："水之性清澈，其浑之者沙泥也。方其浑也，性岂遂无有耶？久而不动，沙泥自沉。清明之性，鉴于天地，非自外来也。故其浑也，性本勿失，及其复也，性亦不生。人之性，亦犹水之性也。"

问曰:"人之性本皆善,而邪情昏焉,敢问圣人之性,将复为嗜欲所浑乎?"

曰:"不复浑矣。情本邪也,妄也,邪妄无因,人不能复。圣人既复其性矣,知情之为邪,邪既为明所觉矣,觉则无邪,邪何由生也? 伊尹曰:'天之道,以先知觉后知,先觉觉后觉者也。予天民之先觉者也,予将以此道觉此民也,非予觉之而谁也?'如将复为嗜欲所浑,是尚不自觉者也,而况能觉后人乎?"

曰:"敢问死何所之耶?"

曰:"圣人之所明书于策者也,《易》曰'原始反终',故知死生之说,'精气为物,游魂为变',是故知鬼神之情状,斯尽之矣。子曰:'未知生,焉知死?'然则原其始而反其终,则可以尽其生之道。生之道既尽,则死之说不学而自通矣。此非所急也,子修之不息,其自知之,吾不可以章章然言且书矣。"

下

昼而作,夕而休者,凡人也。作乎作者,与万物皆作;休乎休者,与万物皆休,吾则不类于凡人,昼无所作,夕无所休。作非吾作也,作有物;休非吾休也,休有物。作耶休耶? 二者皆离而不存。予之所存者,终不亡且离矣。人之不力于道者,昏不思也。天地之间,万物生焉,人之于万物,一物也,其所以异于禽兽虫鱼者,岂非道德之性全乎哉? 受一气而成形,一为物而一为人,得之甚难也。生乎世,又非深长之年也。以非深长之年,行甚难得之身,而不专专于大道,肆其心之所为,则其所以自异于禽兽虫鱼者亡几矣。昏而不思,其昏也终不明矣。吾之生二十有九年矣,思十九年时如朝日也,思九年时亦如朝日也。人之受命,其长者不过七十、八十年、九十年,百年者则稀矣。当百年之时,而视乎九年时也,与吾此日之思于前也,远近其能大相悬耶? 其又能远于朝日之时耶? 然则人之生也,虽享百年,若雷电之惊相激也,若风之飘而旋也,可知矣。况千百人而无一及百年之年者哉! 故吾之终日志于道德,犹惧未及也。彼肆其心之所为者,独何人耶!

4、周敦颐:《周子通书》①

诚上第一

诚者,圣人之本。"大哉乾元,万物资始",诚之源也。"乾道变化,各正性命",诚斯立焉。纯粹至善者也。故曰:"一阴一阳之谓道,继之者,善也,成之者,性也。"元、亨,诚之通;利、贞,诚之复。大哉《易》也,性命之源乎!

诚下第二

---

① 周敦颐,北宋著名理学家。本篇出自《周子通书》,上海古籍出版社 2008 年版。

圣,诚而已矣。诚,五常之本,百行之源也。静无而动有,至正而明达也。五常、百行,非诚,非也,邪暗塞也。故诚则无事矣。至易而行难。果而确,无难焉。故曰:"一日克己复礼,天下归仁焉。"

诚几德第三

诚,无为;几,善恶。德:爱曰仁,宜曰义,理曰礼,通曰智,守曰信。性焉、安焉之谓圣。复焉、执焉之谓贤。发微不可见,充周不可穷之谓神。

圣第四

寂然不动者,诚也;感而遂通者,神也;动而未形、有无之间者,几也。诚精故明,神应故妙,几微故幽。诚、神、几,曰圣人。

慎动第五

动而正,曰道。用而和,曰德。匪仁,匪义,匪礼,匪智,匪信,悉邪矣。邪动,辱也;甚焉,害也。故君子慎动。

道第六

圣人之道,仁义中正而已矣。守之贵,行之利,廓之配天地。岂不易简!岂为难知!不守,不行,不廓尔。

师第七

或问曰:"曷为天下善?"曰:"师。"曰:"何谓也?"曰:"性者,刚柔、善恶,中而已矣。"不达。曰:"刚善,为义,为直,为断,为严毅,为干固;恶,为猛,为隘,为强梁。柔善,为慈,为顺,为巽;恶,为懦弱,为无断,为邪佞。惟中也者,和也,中节也,天下之达道也,圣人之事也。故圣人立教,俾人自易其恶,自至其中而止矣。故先觉觉后觉,暗者求于明,而师道立矣;师道立,则善人多;善人多,则朝廷正而天下治矣。"

幸第八

人之生,不幸不闻过;大不幸,无耻。必有耻,则可教;闻过,则可贤。

思第九

《洪范》曰:"思曰睿,睿作圣。"无思,本也;思通,用也。几动于彼,诚动于此,无思而无不通,为圣人。不思,则不能通微;不睿,则不能无不通。是则无不通,生于通微,通微,生于思。故思者,圣功之本,而吉凶之几也。《易》曰:"君子见几而作,不俟终日。"又曰:"知几其神乎!"

志学第十

圣希天,贤希圣,士希贤。伊尹、颜渊,大贤也。伊尹耻其君不为尧、舜,一夫不得其所,若挞于市。颜渊"不迁怒,不贰过","三月不违仁"。志伊尹之所志,学颜子之所学,过则圣,及则贤,不及则亦不失于令名。

顺化第十一

天以阳生万物,以阴成万物。生,仁也;成,义也。故圣人在上,以仁育万物,以义正万民。天道行而万物顺,圣德修而万民化。大顺大化,不见其迹,莫知其然之谓神。故天下之众,本在一人。道岂远乎哉! 术岂多乎哉!

治第十二

十室之邑,人人提耳而教且不及,况天下之广,兆民之众哉! 曰:纯其心而已矣。仁、义、礼、智四者,动静、言貌、视听无违之谓纯。心纯,则贤才辅;贤才辅,则天下治。纯心要矣! 用贤急焉!

礼乐第十三

礼,理也;乐,和也。阴阳理而后和。君君、臣臣、父父、子子、兄兄、弟弟、夫夫、妇妇,万物各得其理,然后和。故礼先而乐后。

务实第十四

实胜,善也;名胜,耻也。故君子进德修业,孳孳不息,务实胜也。德业有未著,则恐恐然畏人知,远耻也。小人则伪而已! 故君子日休,小人日忧。

爱敬第十五

有善不及,曰:"不及,则学焉。"问曰:"有不善?"曰:"不善,则告之以不善。且劝曰:'庶几有改乎!'斯为君子。有善一,不善二,则学其一而劝其二。有语曰:'斯人有是之不善,非大恶也?'则曰:'孰无过,焉知其不能改? 改,则为君子矣。不改为恶,恶者天恶之。彼岂无畏邪? 乌知其不能改。'故君子悉有众善,无弗爱且敬焉。"

动静第十六

动而无静,静而无动,物也。动而无动,静而无静,神也。动而无动,静而无静,非不动不静也。物则不通,神妙万物。水阴根阳,火阳根阴;五行阴阳,阴阳太极。四时运行,万物终始;混兮辟兮,其无穷兮!

乐上第十七

古者圣王制礼法,修教化,三纲正,九畴叙,百姓大和,万物咸若,乃作乐,以宣八风之气,以平天下之情。故乐声淡而不伤,和而不淫,入其耳,感其心,莫不淡且和焉。淡则欲心平,和则躁心释。优柔平中,德之盛也;天下化中,治之至也。是谓道配天地,古之极也。后世礼法不修,政刑苛紊,纵欲败度,下民困苦。谓古乐不足听也,代变新声,妖淫愁怨,导欲增悲,不能自止,故有贼君弃父,轻生败伦,不可禁者矣。呜呼!乐者,古以平心,今以助欲;古以宣化,今以长怨。不复古礼,不变今乐,而欲至治者,远矣!

乐中第十八

乐者,本乎政也。政善民安,则天下之心和。故圣人作乐,以宣畅其和心,达于天地,天地之气,感而太和焉。天地和,则万物顺,故神祇格,鸟兽驯。

乐下第十九

乐声淡则听心平,乐辞善则歌者慕,故风移而俗易矣。妖声艳辞之化也,亦然。

圣学第二十

"圣可学乎?"曰:"可。"曰:"有要乎?"曰:"有。"请闻焉,曰:"一为要。一者无欲也,无欲则静虚、动直,静虚则明,明则通;动直则公,公则溥。明通公溥,庶矣乎!"

公明第二十一

公于己者公于人。未有不公于己而能公于人也。明不至则疑生,明无疑也。谓能疑为明,何啻千里?

理性命第二十二

厥彰厥微,匪灵弗莹。刚善刚恶,柔亦如之,中焉止矣。二气五行,化生万物。五殊二实,二本则一。是万为一,一实万分。万一各正,小大有定。

颜子第二十三

颜子"一箪食,一瓢饮,在陋巷,人不堪其忧,而不改其乐。"夫富贵,人所爱也。颜子不爱不求而乐乎贫者,独何心哉?天地间有至贵至爱可求而异乎彼者,见其大而忘其小焉尔。见其大则心泰,心泰则无不足,无不足则富贵贫贱,处之一也;处之一则能化而齐,故颜子亚圣。

师友上第二十四

天地间,至尊者道,至贵者德而已矣。至难得者人;人而至难得者,道德有于身而已矣。求人至难得者有于身,非师友则不可得也已!

师友下第二十五

道义者,身有之则贵且尊。人生而蒙,长无师友则愚,是道义由师友有之,而得贵且尊。其义不亦重乎!其聚不亦乐乎!

过第二十六

仲由喜闻过,令名无穷焉。今人有过,不喜人规,如护疾而忌医,宁灭其身而无悟也。噫!

势第二十七

天下,势而已矣。势,轻重也。极重不可反,识其重而亟反之,可也。反之,力也;识不早,力不易也。力而不竞,天也;不识不力,人也。天乎?人也。何尤!

文辞第二十八

文,所以载道也。轮辕饰而人弗庸,徒饰也;况虚车乎!文辞,艺也;道德,实也。笃其实,而艺者书之,美则爱,爱则传焉,贤者得以学而至之,是为教。故曰:"言之无文,行之不远。"然不贤者,虽父兄临之,师保勉之,不学也;强之,不从也。不知务道德而第以文辞为能者,艺焉而已。噫!弊也久矣!

圣蕴第二十九

"不愤不启,不悱不发。举一隅不以三隅反,则不复也。"子曰:"予欲无言。天何言哉!四时行焉,百物生焉。"然则圣人之蕴,微颜子殆不可见。发圣人之蕴,教万世无穷者,颜子也。圣同天,不亦深乎!常人有一闻知,恐人不速知其有也,急人知而名也,薄亦甚矣!

精蕴第三十

圣人之精,画卦以示;圣人之蕴,因卦以发。卦不画,圣人之精不可得而见;微卦,圣人之蕴,殆不可悉得而闻。《易》何止《五经》之源,其天地鬼神之奥乎!

乾损益动第三十一

君子乾乾不息于诚，然必惩忿窒欲，迁善改过而后至。乾之用其善是，损益之大莫是过。圣人之旨深哉！"吉凶悔吝生乎动"。噫！吉一而已，动可不慎乎！

家人睽复无妄第三十二

治天下有本，身之谓也；治天下有则，家之谓也。本必端。端本，诚心而已矣。则必善；善则，和亲而已矣。家难而天下易，家亲而天下疏也。家人离，必起于妇人。故睽次家人，以"二女同居，其志不同行"也。尧所以厘降二女于妫汭，舜可禅乎？吾兹试矣。是治天下观于家，治家观身而已矣。身端，心诚之谓也。诚心，复其不善之动而已矣。不善之动，妄也；妄复，则无妄矣；无妄，则诚矣。故无妄次复，而曰"先王以茂对时育万物"。深哉！

富贵第三十三

君子以道充为贵，身安为富，故常泰无不足，而铢视轩冕，尘视金玉。其重无加焉尔！

陋第三十四

圣人之道，入乎耳，存乎心，蕴之为德行，行之为事业。彼以文辞而已者，陋矣！

拟议第三十五

至诚则动，动则变，变则化。故曰："拟之而后言，议之而后动，拟议以成其变化。"

刑第三十六

天以春生万物，止之以秋。物之生也，既成矣，不止则过焉，故得秋以成。圣人之法天，以政养万民，肃之以刑。民之盛也，欲动情胜，利害相攻，不止则贼灭无伦焉，故得刑以治。情伪微暧，其变千状，苟非中正、明达、果断者，不能治也。《讼卦》曰"利见大人"，以刚得中也。《噬嗑》曰"利用狱"，以动而明也。呜呼！天下之广，主刑者，民之司命也，任用可不慎乎？

公第三十七

圣人之道，至公而已矣。或曰："何谓也？"曰："天地，至公而已矣。"

孔子上第三十八

《春秋》，正王道，明大法也，孔子为后世王者而修也。乱臣贼子诛死者于前，所以惧生者于后也。宜乎万世无穷，王祀夫子，报德报功之无尽焉。

孔子下第三十九

道德高厚,教化无穷,实与天地参而四时同,其惟孔子乎!

蒙艮第四十
童蒙求我,我正果行,如筮焉。筮,叩神也,再三则渎矣,渎则不告也。山下出泉,静而清也;汩则乱,乱不决也。慎哉,其惟时中乎!艮其背,背非见也;静则止,止非为也。为,不止矣。其道也深乎!

5、张载:《西铭》①

乾称篇上

乾称父,坤称母;予兹藐焉,乃混然中处。故天地之塞,吾其体;天地之帅,吾其性。民,吾同胞;物,吾与也。

大君者,吾父母宗子;其大臣,宗子之家相也。尊高年,所以长其长;慈孤弱,所以幼其幼;圣,其合德;贤,其秀也。凡天下疲癃、残疾、茕独、鳏寡,皆吾兄弟之颠连而无告者也。

"于时保之",子之翼也;"乐且不忧",纯乎孝者也。违曰悖德,害仁曰贼,济恶者不才;其践形,惟肖者也。

知化则善述其事,穷神则善继其志。不愧屋漏为无忝,存心养性为匪懈。恶旨酒,崇伯子之顾养;育英才,颖封人之锡类。不弛劳而厎豫,舜其功也;无所逃而待烹,申生其恭也。体其受而归全者,参乎!勇于从而顺令者,伯奇也。

富贵福泽,将厚吾之生也;贫贱忧戚,庸玉女于成也。存,吾顺事;没,吾宁也。

6、程颢:《定性书》②

承教,论以定性未能不动,犹累于外物,此贤者虑之熟矣,尚何俟小子之言!然尝思之矣,敢贡其说于左右。

所谓定者,动亦定,静亦定,无将迎,无内外。苟以外物为外,牵己而从之,是以己性为有内外也。且以性为随物于外,则当其在外时,何者为在内?是有意于绝外诱,而不知性之无内外也。既以内外为二本,则又乌可遽语定哉?

夫天地之常,以其心普万物而无心;圣人之常,以其情顺万物而无情。故君子之学,莫若廓然

---

① 张载,北宋大儒、理学家,《西铭》原名《订顽》,为《正蒙·乾称篇》中的一部分,张载曾将其录于学堂双牖的右侧,题为《订顽》,后程颐将《订顽》改称为《西铭》,才有此独立之篇名。本篇选自《张子正蒙》,上海古籍出版社 2000 年版。

② 程颢,字伯淳,人称明道先生,北宋大儒、理学家,本篇原题目为《答横渠张子厚先生书》,选自《二程集·文集卷二》,中华书局 1981 年版。

而大公,物来而顺应。《易》曰:"贞吉,悔亡。憧憧往来,朋从尔思。"苟规规于外诱之除,将见灭于东而生于西也。非惟日之不足,顾其端无穷,不可得而除也。

人之情各有所蔽,故不能适道,大率患在于自私而用智。自私,则不能以有为为应迹;用智,则不能以明觉为自然。今以恶外物之心,而求照无物之地,是反鉴而索照也。《易》曰:"艮其背,不获其身。行其庭,不见其人。"孟氏亦曰:"所恶于智者,为其凿也。"与其非外而是内,不若内外之两忘也。两忘,则澄然无事矣。无事则定,定则明,明则尚何应物之为累哉?

圣人之喜,以物之当喜;圣人之怒,以物之当怒。是圣人之喜怒,不系于心而系于物也。是则圣人岂不应于物哉?乌得以从外者为非,而更求在内者为是也?今以自私用智之喜怒,而视圣人喜怒之正,为何如哉?夫人之情,易发而难制者,唯怒为甚。第能于怒时遽忘其怒,而观理之是非,亦可见外诱之不足恶,而于道亦思过半矣。

心之精微,口不能宣;加之素拙于文辞,又吏事匆匆,未能精虑,当否伫报,然举大要,亦当近之矣。道近求远,古人所非,惟聪明裁之!

7、程颐:《颜子所好何学论》①

颜子所好何学论先生始冠,游太学,胡安定以是试诸生,得此论,大警异之,即请相见,遂以先生为学职。

圣人之门,其徒三千,独称颜子为好学。夫《诗》、《书》六艺,三千子非不习而通也。然则颜子所独好者,何学也?学以至圣人之道也。

圣人可学而至欤?曰:然。学之道如何?曰:天地储精,得五行之秀者为人。其本也真而静,其未发也五性具焉,曰仁义礼智信。形既生矣,外物触其形而动于中矣。其中动而七情出焉,曰喜怒哀乐爱恶欲。情既炽而益荡,其性凿矣。是故觉者约其情使合于中,正其心,养其性,故曰性其情。愚者则不知制之,纵其情而至于邪僻,梏其性而亡之,故曰情其性。凡学之道,正其心,养其性而已。中正而诚,则圣矣。君子之学,必先明诸心,知所养,然后力行以求至,所谓自明而诚也。故学必尽其心。尽其心,则知其性,知其性,反而诚之,圣人也。故《洪范》曰:"思曰睿,睿作圣。"诚之之道,在乎信道笃。信道笃则行之果,行之果则守之固:仁义忠信不离乎心,造次必于是,颠沛必于是,出处语默必于是。久而弗失,则居之安,动容周旋中礼,而邪僻之心无自生矣。

故颜子所事,则曰:"非礼勿视,非礼勿听,非礼勿言,非礼勿动。"仲尼称之,则曰:"得一善,则拳拳服膺而弗失之矣";又曰:"不迁怒,不贰过,有不善未尝不知,知之未尝复行也。"此其好之笃,学之之道也。视听言动皆礼矣,所异于圣人者,盖圣人则不思而得,不勉而中,从容中道,颜子则必思而后得,必勉而后中。故曰:颜子之于圣人,相去一息。孟子曰:"充实而有光辉之谓大,大而

---

① 程颐,字正叔,人称伊川先生,北宋大儒、理学家,本篇选自《二程集·文集卷八》,中华书局1981年版。

化之之谓圣,圣而不可知之之谓神。"颜子之德,可谓充实而有光辉矣,所未至者,守之也,非化之也。以其好学之心,假之以年,则不日而化矣。故仲尼曰:"不幸短命死矣。"盖伤其不得至于圣人也。所谓化之者,入于神而自然,不思而得,不勉而中之谓也。孔子曰"七十而从心所欲不逾矩"是也。

或曰:"圣人,生而知之者也。今谓可学而至,其有稽乎?"曰:"然。孟子曰:'尧、舜性之也,汤、武反之也。'性之者,生而知之者也。反之者,学而知之者也。"又曰:"孔子则生而知也,孟子则学而知也。后人不达,以谓圣本生知,非学可至,而为学之道遂失。不求诸己而求诸外,以博闻强记、巧文丽辞为工,荣华其言,鲜有至于道者。则今之学,与颜子所好异矣。"

8、朱熹:《白鹿洞书院揭示》[①]

父子有亲,君臣有义,夫妇有别,长幼有序,朋友有信。

右五教之目,尧、舜使契为司徒,敬敷五教,即此是也。学者学此而已,而其所以学之之序,亦有五焉,其别如左:

博学之。审问之。谨思之。明辨之。笃行之。

右为学之序。学、问、思、辨四者,所以穷理也。

若夫笃行之事,则自修身以至于处事、接物,亦各有要,其别如左:

言忠信,行笃敬。惩忿窒欲,迁善改过。

右修身之要。

正其义不谋其利,明其道不计其功。

右处事之要。

己所不欲,勿施于人。行有不得,反求诸己。

右接物之要。

熹窃观古昔圣贤所以教人为学之意,莫非使之讲明义理,以修其身,然后推己及人,非徒欲其务记览,为词章,以钓声名,取利禄而已也。

今人之为学者,则既反是矣。然圣贤所以教人之法,具存于经,有志之士,固当熟读、深思而问辨之。

苟知其理之当然,而责其身以必然,则夫规矩禁防之具,岂待他人设之而后有所持循哉?近世于学有规,其待学者为已浅矣。而其为法,又未必古人之意也。

故今不复以施于此堂,而特取凡圣贤所以教人为学之大端,条列如右,而揭之楣间。诸君其相与讲明遵守,而责之于身焉,则夫思虑云为之际,其所以戒谨而恐惧者,必有严于彼者矣。

---

① 朱熹,南宋大儒、理学家、思想家、教育家。本篇选自《朱子全书·晦庵先生朱文公文集》,上海古籍出版社、安徽教育出版社 2002 年版。

其有不然,而或出于此言之所弃,则彼所谓规者,必将取之固不得而略也。诸君其亦念之哉!

9、陆九渊:《鹅湖和教授兄韵》① (附:陆九龄诗、朱熹和诗)

鹅湖和教授兄韵

墟墓兴哀宗庙钦,斯人千古不磨心。

涓流滴到沧溟水,拳石崇成泰华岑。

易简工夫终久大,支离事业竟浮沉。

欲知自下升高处,真伪先须辨只今。

附1 陆九龄诗

孩提知爱长知钦,古圣相传只此心。

大抵有基方筑室,未闻无址忽成岑。

留情传注翻蓁塞,着意精微转陆沉。

珍重友朋相切琢,须知至乐在于今。

附2 朱熹和诗②

德业流风夙所钦,别离三载更关心,

偶携藜杖出寒谷,又枉篮舆度远岑。

---

① 陆九渊(1139-1193),号象山,字子静,江西金溪人,南宋著名的理学家和教育家,与当时著名的理学家朱熹齐名,史称"朱陆"。该诗是陆九渊在鹅湖之会上吟诵的一首诗,录入《陆九渊集》卷二十五《诗》。鹅湖之会是历史上有名的一次学术盛会,是宋淳熙二年(1175)发生于朱陆理学两派之间的一次学术争鸣活动。双方的朋友吕祖谦为了调和朱熹"理学"和陆九渊"心学"之间的理论分歧,出面邀请陆九龄、陆九渊兄弟至信州鹅湖寺(今江西省铅山县境内)与朱熹见面,讨论学术问题,故称"鹅湖之会"。关于鹅湖之会的详情,《语录》中有一段陆九渊的回忆,其中说:吕伯恭为鹅湖之集,先兄复斋谓某曰:"伯恭约元晦为此集,正为学术异同,某兄弟先自不同,何以望鹅湖之同。"先兄遂与某议论致辨,又令某自说,至晚罢。先兄云:"子静之说是。"次早,某请先兄说,先兄云:"某无说,夜来思之,子静之说极是。方得一诗云:'孩提知爱长知钦,古圣相传只此心。大抵有基方筑室,未闻无址忽成岑。留情传注翻蓁塞,着意精微转陆沉。珍重友朋相切琢,须知至乐在于今。'"某云:"诗甚佳,但第二句微有未安。"先兄云:"说得恁地,又道未安,更要如何?"某云:"不妨一面起行,某沿途却和此诗。"及至鹅湖,伯恭首问先兄别后新功。先兄举诗,才四句,元晦顾伯恭曰:"子寿早已上子静舡了也。"举诗罢,遂致辨于先兄。某云:"途中某和家兄此诗云:'墟墓兴衰宗庙钦,斯人千古不磨心。涓流滴到沧溟水,拳石崇成泰华岑。易简工夫终久大,支离事业竟浮沉。'"举诗至此,元晦失色。至"欲知自下升高处,真伪先须辨只今。"元晦大不怿,于是各休息。翌日二公商量数十折议论来,莫不悉破其说。继日凡致辨,其说随屈。伯恭甚有虚心相听之意,竟为元晦所尼。以上材料皆出自陆九渊著、钟哲点校《陆九渊集》卷三十四《语录上》,中华书局1980年版。

② 鹅湖之会后三年,朱熹才做了以上这首诗,详见《陆九渊年谱》"淳熙二年乙未"条。

旧学商量加邃密,新知培养转深沉。

只愁说到无言处,不信人间有古今。

10、王守仁:《拔本塞源论》①

夫"拔本塞源"之论不明于天下,则天下之学圣人者将日繁日难,斯人沦于禽兽夷狄,而犹自以为圣人之学。吾之说虽或暂明于一时,终将冻解于西而冰坚于东,雾释于前而云滃于后,呶呶焉危困以死,而卒无救于天下之分毫也已!

夫圣人之心,以天地万物为一体,其视天下之人,无外内远近,凡有血气,皆其昆弟赤子之亲,莫不欲安全而教养之,以遂其万物一体之念。天下之人心,其始亦非有异于圣人也,特其间于有我之私,隔于物欲之蔽,大者以小,通者以塞,人各有心,至有视其父子兄弟如仇仇者。圣人有忧之,是以推其天地万物一体之仁以教天下,使之皆有以克其私,去其蔽,以复其心体之同然。其教之大端,则尧、舜、禹之相授受,所谓"道心惟微,惟精惟一,允执厥中"。而其节目则舜之命契,所谓"父子有亲,君臣有义,夫妇有别,长幼有序,朋友有信"五者而已。唐、虞、三代之世,教者惟以此为教,而学者惟以此为学。当是之时,人无异见,家无异习,安此者谓之圣,勉此者谓之贤,而背此者虽其启明如朱亦谓之不肖。下至闾井、田野、农、工、商、贾之贱,莫不皆有是学,而惟以成其德行为务。何者?无有闻见之杂,记诵之烦,辞章之靡滥,功利之驰逐,而但使之孝其亲,弟其长,信其朋友,以复其心体之同然:是盖性分之所固有,而非有假于外者,则人亦孰不能之乎?

学校之中,惟以成德为事。而才能之异,或有长于礼乐,长于政教,长于水土播植者,则就其成德,而因使益精其能于学校之中。迨夫举德而任,则使之终身居其职而不易。用之者惟知同心一德,以共安天下之民,视才之称否,而不以崇卑为轻重、劳逸为美恶。效用者亦惟知同心一德,以共安天下之民,苟当其能,则终身处于烦剧而不以为劳,安于卑琐而不以为贱。当是之时,天下之人熙熙皞皞,皆相视如一家之亲。其才质之下者,则安其农、工、商、贾之分,各勤其业,以相生相养,而无有乎希高慕外之心。其才能之异,若皋、夔、稷、契者,则出而各效其能。若一家之务,或营其衣食,或通其有无,或备其器用,集谋并力,以求遂其仰事俯育之愿,惟恐当其事者之或怠而重己之累也。故稷勤其稼,而不耻其不知教,视契之善教,即己之善教也;夔司其乐,而不耻于不明礼,视夷之通礼,即己之通礼也。盖其心学纯明,而有以全其万物一体之仁,故其精神流贯,志气通达,而无有乎人己之分、物我之间。譬之一人之身,目视、耳听、手持、足行,以济一身之用。目不耻其无聪,而耳之所涉,目必营焉;足不耻其无执,而手之所探,足必前焉;盖其元气充周,血脉条畅,是以痒疴呼吸,感触神应,有不言而喻之妙。此圣人之学所以至易至简、易知易从,学易能而才易成者,正以大端惟在复心体之同然,而知识技能非所与论也。

---

① 《拔本塞源论》是王守仁《答顾东桥书》中的一部分,选自《王阳明全集》卷一《知行录之二·传习录》中,上海古籍出版社1992年版。

三代之衰，王道熄而霸术倡；孔、孟既没，圣学晦而邪说横。教者不复以此为教，而学者不复以此为学。霸者之徒，窃取先王之近似者，假之于外，以内济其私己之欲，天下靡然而宗之，圣人之道遂以芜塞。相仿相效，日求所以富强之说，倾诈之谋，攻伐之计，一切欺天罔人，苟一时之得，以猎取声利之术，若管、商、苏、张之属者，至不可名数。既其久也，斗争劫夺，不胜其祸，斯人沦于禽兽、夷狄，而霸术亦有所不能行矣。世之儒者慨然悲伤，搜猎先圣王之典章法制而掇拾修补于煨烬之余，盖其为心，良亦欲以挽回先王之道。圣学既远，霸术之传积渍已深，虽在贤知，皆不免于习染，其所以讲明修饰，以求宣畅光复于世者，仅足以增霸者之藩篱，而圣学之门墙，遂不复可睹。于是乎有训诂之学，而传之以为名；有记诵之学，而言之以为博；有词章之学，而侈之以为丽。若是者，纷纷藉藉，群起角立于天下，又不知其几家，万径千蹊，莫知所适。世之学者如入百戏之场，欢谑跳踉、骋奇斗巧、献笑争妍者，四面而竞出，前瞻后盼，应接不遑，而耳目眩瞀，精神恍惑，日夜遨游淹息其间，如病狂丧心之人，莫自知其家业之所归。时君世主亦皆昏迷颠倒于其说，而终身从事于无用之虚文，莫自知其所谓。间有觉其空疏谬妄、支离牵滞，而卓然自奋，欲以见诸行事之实者，极其所抵，亦不过为富强功利、五霸之事业而止。圣人之学日远日晦，而功利之习愈趋愈下。

其间虽尝瞀惑于佛、老，而佛、老之说卒亦未能有以胜其功利之心；虽又尝折衷于群儒，而群儒之论终亦未能有以破其功利之见。盖至于今，功利之毒沦浃于人之心髓，而习以成性也，几千年矣。相矜以知，相轧以势，相争以利，相高以技能，相取以声誉。其出而仕也，理钱谷者则欲兼夫兵刑，典礼乐者又欲与于铨轴，处郡县则思藩臬之高，居台谏则望宰执之要。故不能其事，则不得以兼其官；不通其说，则不可以要其誉；记诵之广，适以长其傲也；知识之多，适以行其恶也；闻见之博，适以肆其辨也；辞章之富，适以饰其伪也。是以皋、夔、稷、契所不能兼之事，而今之初学小生皆欲通其说，究其术。其称名僭号，未尝不曰吾欲以共成天下之务；而其诚心实意之所在，以为不如是则无以济其私而满其欲也。呜呼！以若是之积染，以若是之心志，而又讲之以若是之学术，宜其闻吾圣人之教而视之以为赘疣枘凿，则其以良知为未足，而谓圣人之学为无所用，亦其势有所必至矣！呜呼，士生斯世而尚何以求圣人之学乎！尚何以论圣人之学乎！士生斯世而欲以为学者，不亦劳苦而繁难乎！不亦拘滞而险艰乎！呜呼，可悲也已！所幸天理之在人心，终有所不可泯，而良知之明，万古一日，则其闻吾"拔本塞源"之论，必有恻然而悲，戚然而痛，愤然而起，沛然若决江河，而有所不可御者矣！非夫豪杰之士无所待而兴起者，吾谁与望乎？

11、黄宗羲：《明夷待访录·学校》[①]

学校，所以养士也。然古之圣王，其意不仅此也，必使治天下之具皆出于学校，而后设学校之

---

① 黄宗羲，明末清初思想家，与顾炎武、王夫之被誉为明清之际三大儒。本篇出自《明夷待访录》，上海古籍出版社1955年版。

意始备。非谓班朝，布令，养老，恤孤，讯讎，大师旅则会将士，大狱讼则期吏民，大祭祀则享始祖，行之自辟雍也。盖使朝廷之上，闾阎之细，渐摩濡染，莫不有诗书宽大之气，天子之所是未必是，天子之所非未必非，天子亦遂不敢自为非，而公其非是于学校。是故养士为学校之一事，而学校不仅为养士而设也。

三代以下，天下之是非一出于朝廷。天子荣之，则群趋以为是；天子辱之，则群擿以为非。簿书、期会、钱谷、戎狱，一切委之俗吏。时风众势之外，稍有人焉，便以为学校中无当于缓急之习气。而其所谓学校者，科举嚣争，富贵熏心，亦遂以朝廷之势利一变其本领；而士之有才能学术者，且往往自拔于草野之间，于学校初无与也，究竟养士一事亦失之矣。

于是学校变而为书院。有所非也，则朝廷必以为是而荣之；有所是也，则朝廷必以为非而辱之。伪学之禁，书院之毁，必欲以朝廷之权与之争胜。其不仕者有刑，曰："此率天下士大夫而背朝廷者也。"其始也，学校与朝廷无与；其继也，朝廷与学校相反。不特不能养士，且至于害士，犹然循其名而立之，何与？

东汉太学三万人，危言深论，不隐豪强，公卿避其贬议；宋诸生伏阙捶鼓，请起李纲；三代遗风，惟此犹为相近。使当日之在朝廷者，以其所非是为非是，将见盗贼奸邪慑心于正气霜雪之下，君安而国可保也。乃论者目之为衰世之事，不知其所以亡者，收捕党人，编管陈、欧，正坐破坏学校所致，而反咎学校之人乎！

嗟乎！天之生斯民也，以教养托之于君；授田之法废，民买田而自养，犹赋税以扰之；学校之法废，民蚩蚩而失教，犹势利以诱之。是亦不仁之甚，而以其空名跻之曰"君父，君父"，则吾谁欺！

郡县学官，毋得出自选除；郡县公议，请名儒主之。自布衣以至宰相之谢事者，皆可当其任，不拘已任未任也。其人稍有干于清议，则诸生得共起而易之，曰："是不可以为吾师也。"其下有《五经》师，兵法、历算、医、射各有师，皆听学官自择。凡邑之生童皆裹粮从学，离城烟火聚落之处士人众多者，亦置经师。民间童子十人以上，则以诸生之老而不仕者充为蒙师。故郡邑无无师之士；而士之学行成者，非主六曹之事，则主分教之务，亦无不用之人。

学宫以外，凡在城在野寺观庵堂，大者改为书院，经师领之；小者改为小学，蒙师领之；以分处诸生受业。其寺产即隶于学，以赡诸生之贫者。二氏之徒，分别其有学行者，归之学宫，其余则各还其业。

太学祭酒，推择当世大儒，其重与宰相等，或宰相退处为之。每朔日，天子临幸太学，宰相、六卿、谏议皆从之。祭酒南面讲学，天子亦就弟子之列。政有缺失，祭酒直言无讳。

天子之子年至十五，则与大臣之子就学于太学，使知民之情伪，且使之稍习于劳苦。毋得闭置宫中，其所闻见不出宦官宫妾之外，妄自崇大也。

郡县朔望，大会一邑之缙绅士子。学官讲学，郡县官就弟子列，北面再拜，师弟子各以疑义相质难。其以簿书期会，不至者罚之。郡县官政事缺失，小则纠绳，大则伐鼓号于众。其或僻郡下县，学官不得骤得名儒，而郡县官之学行过之者，则朔望之会，郡县官南面讲学可也。若郡县官少年无实学,妄自压老儒而上之者,则士子哗而退之。

择名儒以提督学政,然学官不隶属于提学,以其学行名辈相师友也。每三年,学官送其俊秀于提学而考之,补博士弟子;送博士弟子于提学而考之,以解礼部,更不别遣考试官。发榜所遗之士,有平日优于学行者,学官咨于提学补入之。其弟子之罢黜,学官以生平定之,而提学不与焉。

学历者能算气朔,即补博士弟子。其精者同入解额,使礼部考之,官于钦天监。学医者送提学考之,补博士弟子,方许行术。岁终,稽其生死效否之数,书之于册,分为三等:下等黜之;中等行术如故;上等解试礼部,入太医院而官之。

凡乡饮酒,合一郡一县之缙绅士子。士人年七十以上,生平无玷清议,庶民年八十以上,无过犯者,皆以齿南面,学官、郡县官皆北面,宪老乞言。

凡乡贤名宦祠,毋得以势位及子弟为进退。功业气节则考之国史,文草则稽之传世,理学则定之言行。此外乡曲之小誉,时文之声名,讲章之经学,依附之事功,已经入祠者皆罢之。

凡郡邑书籍,不论行世藏家,博搜重购。每书钞印三册,一册上秘府,一册送太学,一册存本学。时人文集,古文非有师法,语录非有心得,奏议无裨实用,序事无补史学者,不许传刻。其时文、小说、词曲、应酬代笔,已刻者皆追板烧之。士子选场屋之文及私试义策,蛊惑坊市者,弟子员黜革,见任官落职,致仕官夺告身。

民间吉凶,一依朱子《家礼》行事。庶民未必通谱,其丧服之制度,木主之尺寸,衣冠之式,宫室之制,在市肆工艺者,学官定而付之;离城聚落,蒙师相其礼以革习俗。

凡一邑之名迹及先贤陵墓祠宇,其修饰表章,皆学官之事。淫祠通行拆毁,但留土谷,设主祀之。故入其境,有违礼之祀,有非法之服,市悬无益之物,土留未掩之丧,优歌在耳,鄙语满街,则学官之职不修也。

儒家文化之影响

1、辜鸿铭:《好公民的宗教》①

难道我们这样做有什么不妥吗?群氓,我们必须愚弄他们;

你看,他们是多么懒惰无能!多么野蛮!

所有亚当的子民,当你愚弄他们时都是无能和野蛮的,

惟有真诚,才能使他们焕发人性。

——歌德

目前的大战吸引了整个世界的注意,人们不再关心其他事情。但是我认为,这场战争自身应该使那些认真思考的人把他们的注意力转移到文明这个大问题上来。所有的文明都始于对自然的征服,比如通过征服和控制自然中令人恐怖的物质力量,使得它们不能有害于人类。今天,现代欧洲文明已经连续成功地征服了自然,而且必须承认,至今没有任何其他文明能够达到这一点。但是,在这个世界中,还有一种比自然中恐怖的物质力量更为可怕的力量,那就是人心中的激情。自然的物质力量能够给人类带来的伤害,远远比不上人的激情给人类带来的伤害。因此,在这种可怕的力量即人类的激情能够得到正确地调节和控制之前,显然是不可能有什么文明的,甚至连人类的生命可能性都没有。

在社会的早期和野蛮阶段,人类必须用自然的物质力量来控制和抑制人类的激情。因此野蛮部落就受到纯粹的自然力量的抑制。但是随着文明的出现,人类发现了一种比自然力量更为有力和有效的控制人类激情的力量,这种力量就是道德的力量。过去在欧洲人中抑制和控制人类激情的道德力量是基督教。但是现在这场之前说到的军备战争,似乎表明基督教作为一种道德力量已经不再有效。在没有一种有效的道德力量来控制和抑制人类激情的情况下,欧洲人只有再次利用自然力量来维持文明秩序。确实如卡莱尔说的那样:"欧洲处于无政府状态,外加一个警察。"利用自然力量来维持文明秩序最终则导致军国主义。实际上,今天欧洲之所以需要军

---

① 本文选自辜鸿铭著,陈高华、杜川、刘刚译《中国人的精神》(上),广西师范大学出版社 2007 年版。

国主义是因为缺乏一种有效的道德力量。但是军国主义导致战争，而战争意味着破坏和浪费。因此，欧洲人进退两难。如果他们远离军国主义，那么无政府状态将毁坏他们的文明，但是，如果他们坚持军国主义，他们的文明也会因为战争的浪费和破坏而崩溃。但英国人说，他们决定击溃普鲁士的军国主义，而且基希勒勋爵相信，他能够凭借三百万训练有素、装备精良的英国军队来扑灭普鲁士军国主义的大火。不过在我看来，一旦普鲁士的军国主义被扑灭，则会产生另一个军国主义——不列颠军国主义，而它也必定会被扑灭。因此，似乎看来没有逃出这一恶性循环的道路。

但真的是无路可走吗？不，我相信一定有出路。美国的爱默生在很久以前说过："我能够轻易地看到滑膛枪拜物教的破灭，尽管伟大人物是滑膛枪崇拜者；而且确实如此，就像上帝证明一样，武器需要另一个武器，惟有正义和礼法能够产生一劳永逸的革命。"如今，如果欧洲人真的想要扑灭军国主义的话，那就只有一条出路，就是用爱默生所说的不需要另一种武器的武器，即正义和礼法，实际上也就是道德力量。只要有一种有效的道德力量，军国主义就不再需要，它自身也就会消失。但是现在，基督教作为一种道德力量已经不再有效，问题是，欧洲人去何处寻找这种能够使得军国主义不必要的新的道德力量？

我认为，欧洲人将在中国，在中国文明中找到这种新的道德力量。这种能够使得军国主义成为多余的道德力量就是好公民的宗教。当然人们会对我说："中国也有战争啊。"确实，在中国也有战争；但是，自从孔子以后，多少年来，我们中国人就没有发生过今天在欧洲所见到的那种战争。在中国，战争是偶然的，然而在欧洲，战争成了一种必然。我们中国也可能会发生战争，但我们不会生活在不断的战争阴影之下。实际上，在我看来，欧洲这种状态中无法忍受的一件事情不是战争，而是每一个个体常常担心他的邻居会像他一旦足够强大所做的那样对他，即来抢夺甚至杀害他，因此他要么武装自己，要么雇佣一个武装警察来保护他。因此欧洲人身上的重担与其说是战争，还不如说是持续地武装他们自身的必要性，运用自然力量来保护他们自身的绝对必要性。

如今在中国，由于我们中国人有好公民的宗教，所以一个人不会觉得需要用自然力量来保护自己，他甚至很少需要召来和运用国家机器的力量来保护自己。在中国，一个人通过他的邻居的正义感而得到保护；他通过他的同类时刻服从道德义务感而得到保护。确实，在中国，一个人不觉得需要用自然力量来保护自己，因为他确信每个人都认识到公正和正义是比自然力量更高的力量，因此每个人都认为道德义务是必须得到服从的东西。现在，如果能够使得所有的人一致地认识到公正和正义是比自然力量更高的一种力量，道德义务是某种必须服从的东西，那么自然力量的运用就没有必要了，那么这个世界就不会再有什么军国主义了。当然，在每一个国家还是有一些人，如犯罪分子；在这个世界有一些残暴之徒，他们不会或者无法认识到公正和正义是高于自然力量的一种力量，他们因此也不会或无法认识到道德义务是某种必须服从的东西。因此，为了防备犯罪分子和残暴之徒，在每个国家和这个世界一直还是需要一定数量的自然的警察力量和军国主义。

但人们会对我说,你如何使得人类认识到公正和正义是一种比自然力量更高的力量呢?我觉得,必须要做的第一件事情就是使得人类相信公正和正义的有效性,使得他们相信公正和正义是一种力量,实际上就是使他们相信善的力量。但又是如何做到这一点呢?好,为了做到这一点,在中国,好公民的宗教在每一个孩子一旦能够理解言词的意义的时候就教导他们:人性本善(人之初,性本善)。

今天欧洲文明在本质上的不安全性,在我看来,在于它错误的人性观念;它是人性恶的观念,由于这一错误的观念,欧洲的整个社会结构就一直建立在强力之上。欧洲人用来维持文明秩序的两个东西,分别是宗教和法律。换句话说,欧洲人是由于害怕上帝和恐惧法律而保持着秩序的。恐惧意味着强力的使用。因此,为了保持对上帝的恐惧,欧洲人首先就得养一大批花费昂贵的闲人,也就是所谓的牧师。不说别的,单就如此高的花费而言,最终都成了人民一项不可承受的负担。实际上,在宗教改革的三十年战争中,欧洲人试图取消牧师。在取消牧师之后,谁来保证人民恐惧上帝以保持秩序呢?欧洲人试图通过对法律的恐惧来做到这一点。但是要保持对法律的恐惧,欧洲人需要养另一个花费更为昂贵的闲人阶层,那就是警察和军队。如今,欧洲人开始发现通过养护警察和军队来维持秩序,甚至比养护牧师更需要灾难性的开支。确实,就像在宗教改革的三十年中欧洲人想要取消牧师一样,如今在当前的战争中,欧洲人真正希望的是取消军队。但是,如果欧洲人想要取消军队的话,摆在他们面前的选择要么是召回牧师以保持对上帝的恐惧,要么就是去找到另一种别的东西,它能够像畏惧上帝和恐惧法律一样,帮助他们维持文明秩序。把这个问题说得明白些,我认为,每个人都会承认,这是摆在战后欧洲人面前文明的最大问题。

如今,他们在有了牧师的经历之后,我不认为欧洲人还会想要召回牧师。俾斯麦曾说:"我们永远不会回到卡诺萨。"此外,即使现在召回牧师也无益,因为欧洲人现在不再畏惧上帝。因此,如果欧洲人想要消除警察和军队的话,摆在他们面前的唯一的另一个选择方案,就是寻找某个别的东西,它能够像畏惧上帝和恐惧法律一样,能够有助于他们维持文明秩序。我相信,如我已经说过的那样,如今这个东西欧洲人会在中国文明那里找到。这个就是我说的好公民的宗教。中国的这种好公民的宗教,无需牧师和警察或军队就能够使人们维持一个国家的秩序。确实,有了这一好公民的宗教,人口众多的中国人(人口即使不比整个欧洲大陆多)在没有牧师和警察或军队的情况下,在实际上保持着和平与秩序。在中国,由于在这个国家每一个人都知道,牧师和警察或军队,在帮助维持公共秩序上所扮演的是一个非常次要的、非常不重要的角色。在中国只有最无知的阶级才需要牧师,只有最糟糕的犯罪分子阶层才需要警察或军队使他们维持秩序。因此,我说,如果欧洲人真的想要消除宗教和军国主义,消除使得他们陷入困境和流血冲突的牧师和军队,他们就要到中国来借鉴我所说的好公民的宗教。

简言之,在这个文明受到崩溃威胁之时,我想要唤起欧洲人和美国人注意的是,在中国这里存在着一种无价的至今无可置疑的文明财富。这一文明财富不是这个国家的贸易、铁路、矿藏资源、金银铁煤。我在这里想说,今天这个世界的文明财富是中国人,是拥有他的好公民宗教的没有被破坏的真正中国人。我说,真正的中国人是无价的文明财富,因为他是一个无需花费世界多少成本就能使自己保持秩序的人。我在这里确实想要警告欧洲人和美国人不要毁坏这一无价的文明财富,不要去改变和破坏真正的中国人,就像他们现在用他们的新知识试图所做的那样。如果欧洲人和美国人成功地毁灭了真正的中国人、中国的人性典范,成功地把真正的中国人转变成了欧洲人或美国人,比如,转变成了一个需要牧师或军队来使其保持秩序的人群,那么他们肯定会增加这个世界的宗教或者军国主义的负担,而后者这时已经成了文明和人性的一个危险和威胁。但是另一方面,假设能够通过某种方式改变欧洲的或美国的人性,把欧洲人或美国人改变成为真正的中国人,那么就不会再需要一个牧师或军队来使其保持秩序:想想看,这给世界解除的是什么样的一个负担。

但是现在,我们先用几句清晰的话来总结一下这次战争所引发的文明大问题。我认为,欧洲人首先想通过牧师的帮助来维持文明秩序。但不久就发现,牧师开销太大而且有很多麻烦。于是欧洲人在三十年战争之后,驱逐了牧师而召来警察和军队来维持文明秩序。但是现在他们发现,警察和军队的花费以及带来的麻烦甚至比牧师还多。现在欧洲人该如何做呢?驱逐军队召回牧师吗?不,我不相信欧洲人会愿意召回牧师。而且,牧师现在也是无益的。那么欧洲人到底该怎么办呢?我看到剑桥的路易斯·狄金森教授在《大西洋月刊》上的一篇文章,题目为"战争与出路",文章说:"召回民众。"我担心一旦召来民众来取代牧师和军队,他们会比牧师和军队带来更大的麻烦。牧师和军队在欧洲引起了战争,但民众会带来革命和无政府状态,如此欧洲的状况会比以前更糟。现在我给欧洲人的建议是:不要召回牧师,为了善的目的也不要召来民众,而只要召来中国人,召来具有好公民的宗教的真正中国人,多少年来他们能够在没有牧师、没有军队的情况下知道如何和平地生活。

事实上,我真的相信,欧洲人在战后会在中国这里找到解决文明大问题的办法。我在这里再次重申,无价的、至今仍无可置疑的文明财富是真正的中国人。真正的中国人是一笔文明财富,因为他拥有欧洲人在这次大战之后需要的一种新文明的秘密,这种新文明的秘密就是我所谓的好公民的宗教。这一好公民的宗教首要原则就是相信人性本善,相信善的力量,相信美国人爱默生所说的爱和正义的法则的力量和效用。但什么是爱的法则呢?好公民的宗教教导说,爱的法则就是爱你的父母。那么什么是正义的法则呢?好公民的宗教教导说,正义的法则就是真实、守信和忠诚;每一个国家的妇女必须对他的丈夫无私地绝对忠心,每一个国家的男子必须对他的君主、国王或帝王无私地、绝对地忠诚。最后,实际上我在这里想说的是,好公民的宗教的最高义务就是忠诚的义务,不仅是行为上忠诚,而且要在精神上忠诚。

或者丁尼生表达的那样:

敬畏国王

就像他是他们的良心

他们国王就是他们的良心

打破异教而追随基督救世主

2、谭嗣同:《仁学》自叙①

"仁"从二从人,相偶之义也。"元"从二从儿,"儿"古人字,是亦"仁"也。"无",许说通"元"为"无",是"无"亦从二从人,亦"仁"也。故言仁者不可不知元,而其功用可极于无。能为仁之元而神于无者有三:曰佛,曰孔,曰耶。而孔与耶仁同,而所以仁不同。能调变联融于孔与耶之间,则曰墨。周秦学者必曰孔、墨,孔、墨诚仁之一宗也,惟其尚俭非乐,似未足进于大同。然既标兼爱之旨,则其病亦自足相消,盖兼爱则人我如一,初非世之专以尚俭非乐苦人也。故墨之尚俭非乐,自足与其兼爱相消,犹天元代数之以正负相消,无所于爱焉。墨有两派:一曰"任侠",吾所谓仁也,在汉有党锢,在宋有永嘉,略得其一体;一曰"格致",吾所谓学也,在秦有《吕览》,在汉有《淮南》,各识其偏端。仁而学,学而仁,今之士其勿为高远哉!盖即墨之两派,以近合孔、耶,远探佛法,亦云汰矣。

吾自少至壮,遍遭纲伦之厄,涵泳其苦,殆非生人所能任受;濒死累矣,而卒不死;由是益轻其生命,以为块然躯壳,除利人之外,复何足惜!深念高望,私怀墨子摩顶放踵之志矣。二三豪俊,亦时切亡教之忧,吾则窃不谓然。何者?教无可亡也。教而亡,必其教之本不足存,亡亦何恨?教之至者,极其量不过亡其名耳,其实固莫能亡矣。名非圣人之所争。圣人亦名也,圣人之名若性皆名也。即吾之言仁言学,皆名也。名则无与于存亡。呼马,马应之可也;呼牛,牛应之可也;道在屎溺,佛法是乾屎橛,无不可也。何者?皆名也,其实固莫能亡矣。惟有其实而不克传其实,使人反督于名实之为苦。以吾之遭,置之娑婆世界中,犹海之一涓滴耳,其苦何可胜道?窃揣历劫之下,度尽诸苦厄,或更语以今日此土之愚之弱之贫之一切苦,将笑为诳语而不复信,则何可不千一述之,为流涕哀号,强聒不舍,以速其冲决网罗,留作券剂耶?

网罗重重,与虚空而无极:初当冲决利禄之网罗,次冲决俗学若考据、若词章之网罗,次冲决全球群学之网罗,次冲决君主之网罗,次冲决伦常之网罗,次冲决天之网罗,次冲决全球群教之网罗,终将冲决佛法之网罗。然真能冲决,亦自无网罗;真无网罗,乃可言冲决,故冲决网罗者,即是未尝冲决网罗。循环无端,道通为一,凡诵吾书,皆可于斯二语领之矣。所惧智悲未圆,语多有漏。每思一义,理奥例赜,坌涌奔腾,际笔来会,急不暇择,修词易刺,止期直达所见,文词亦自不欲求工。况少有神悟,又决非此世间之语言文字所能曲肖,乃至非此世间之脑气心思所能径至。此古之达人悼夫词害意?意害志,所以宁终默尔也。庄不云乎?千世而一遇大圣人,知其解者犹且暮也。夫既已著为篇章,即堕粗迹,而知解不易,犹至如此。何哉?良以一切格致新理,悉未萌

---

① 谭嗣同,中国近代著名的政治家、思想家,维新志士,本篇选自《仁学》,华夏出版社 2002 年版。

芽,益复无由悟入,是以若彼其难焉。今则新学竞兴,民智渐辟,吾知地球之运,自苦向甘,吾惭吾书未餍观听则有之,若夫知解为谁某,为几何,非所敢患也矣。

3、梁启超:《为学与做人》①

诸君!我在南京讲学将近三个月了,这边苏州学界里头,有好几回写信邀我,可惜我在南京是天天有功课的,不能分身前来。今天到这里,能够和全城各校诸君聚在一堂,令我感激得很。但有一件,还要请诸君原谅:因为我一个月以来,都带着些病,勉强支持,今天不能作很长的讲演,恐怕有负诸君期望哩。

问诸君"为什么进学校?"我想人人都会众口一辞地答道:"为的是求学问。"再问:"你为什么要求学问?""你想学些什么?"恐怕各人的答案就很不相同,或者竟自答不出来了。诸君啊!我替你们回答一句罢:"为的是学做人。"你在学校里头学的什么数学、几何、物理、化学、生理、心理、历史、地理、国文、英语,乃至什么哲学、文学、科学、政治、法律、经济、教育、农业、工业、商业等等,不过是做人所需的一种手段,不能说专靠这些便达到做人的目的,任凭你把这些件件学得精通,你能够成个人不成个人还是个问题。

人类心理有智、情、意三部分。这三部分圆满发达的状态,我们先哲名为三达德——智、仁、勇。为什么叫做"达德"呢?因为这三件事是人类普通道德的标准,总要三件具备,才能成一个人。三件的完成状态什么样呢?孔子说:"知者不惑,仁者不忧,勇者不惧。"所以教育应分为智育、情育、意育三方面——现在讲的智育、德育、体育不对,德育范围太笼统,体育范围太狭隘——知育要教到人不惑,情育要教到人不忧,意育要教到人不惧。教育家教育学生,应该以这三件为究竟,我们自动地自己教育自己,也应该以这三件为究竟。

怎么样才能不惑呢?最要紧的是养成我们的判断力。想要养成判断力,第一步,最少须有相当的常识;进一步,对于自己要做的事须有专门智识;再进一步,还要有遇事能断的智慧。假如一个人连常识都没有,听见打雷,说是雷公发威,看见月蚀,说是蛤蟆贪嘴。那么,一定闹到什么事都没有主意,碰到一点疑难问题,就靠求神问卜看相算命去解决,真所谓"大惑不解",成了最可怜的人了。学校里小学所教,就是要人有了许多基本的常识,免得凡事都暗中摸索。但仅仅有点常识还不够,我们做人,总要各有一件专门职业。这门职业,也并不是我一人破天荒去做,从前已许多人做过,他们积了无数经验,发现出好些原理原则,这就是专门学识。我打算做这项职业,就应该有这项专门的学识。例如我想做农民,怎么的改良土壤,怎么的改良种子,怎么的防御水旱病虫……等等,都是前人经验有得成为学识的;我们有了这种学识,应用它来处置这些事,自然会不惑,反是则惑了。做工、做商……等等都各有他的专门学识,也是如此。我想做财政家吗,何种租税可以生出何样结果,何种公债可以生出何样结果……等等,都是前人经验有得成为学识的;

---

① 原载1923年1月15日《晨报·副镌》,选自《饮冰室合集·文集之三十九》。

我们有了这种学识,应用它来处置这些事,自然会不惑,反是则惑了。教育家、军事家……等等,都各有他的专门学说,也是如此。我们在高等以上学校所求的智识,就是这一类。但专靠这种常识和学识就够吗?还不能。宇宙和人生是活的不是呆的,我们每日碰见的事理是复杂的变化的,不是单纯的刻板的,倘若我们只是学过这一件,才懂这一件,那么,碰着一件没有学过的事来到跟前,便手忙脚乱了。所以还要养成总体的智慧,才能有根本的判断力。这种总的智慧如何才能养成呢?第一件,要把我们向来粗浮的脑筋着实磨炼它,叫它变成细密而且踏实。那么,无论遇着如何繁难的事,我都可以彻头彻尾想清楚它的条理,自然不至于惑了。第二件,要把我们向来昏浊的脑筋着实将养它,叫它变成清明。那么,一件事理到跟前,我才能很从容很莹澈地去判断它,自然不至于惑了。以上所说常识学识和总体的智慧,都是智育的要件,目的是教人做到"知者不惑"。

怎么样才能不忧呢?为什么仁者便会不忧呢?想明白这个道理,先要知道中国先哲的人生观是怎么样。"仁"之一字,儒家人生观的全体大用都包在里头。"仁"到底是什么?很难用言语说明,勉强下个解释,可以说是"普遍人格之实现"。孔子说:"仁者,人也。"意思是说人格完成就叫做"仁"。但我们要知道,人格不是单独一个人可以表见的,要从人和人的关系上来看。所以仁字从二人,郑康成解它做"相人偶"。总而言之,要彼此交感互发,成为一体,然后我的人格才能实现。所以我们若不讲人格主义,那便无话可说;讲到这个主义,当然归宿到普遍人格。换句话说,宇宙即是人生,人生即是宇宙,我们的人格,和宇宙无二区别,体验得这个道理,就叫做"仁者"。然则这种仁者为什么就会不忧呢?大凡忧之所从来不外两端,一曰忧成败,二曰忧得失。我们得着"仁"的人生观,就不会忧成败。为什么呢?因为我们知道宇宙和人生是永远不会圆满的,所以《易经》六十四卦始"乾"而终"未济"。正为在这永远不会圆满的宇宙中,才永远容得我们创造进化。我们所做的事,不过在宇宙进化几万万里的长途中,往前挪一寸,两寸,那里配说成功呢?然则不做怎么样呢?不做便连这一寸都不往前挪,那可真真失败了。"仁者"看透这种道理,信得过只有不做事才算失败,肯做事便不会失败。所以《易经》说:"君子以自强不息。"换一方面来看,他们又信得过凡事不会成功的。几万万里路挪了一两寸,算成功吗?所以《论语》"知其不可而为之"。你想,有这种人生观的人,还有什么成败可忧呢?再者,我们得着"仁"的人生观,便不会忧得失。为什么呢?因为认定这件东西是我的,才有得失之可言。连人格都不是单独存在,不能明确地画出这一部分是我的,那一部分是人家的,然则哪里有东西可以为我们所得?既已没有东西为我所得,当然也没有东西为我所失。我只是为学问而学问,为劳动而劳动,并不是拿学问劳动等做手段来达某种目的——可以为我们"所得"的。所以老子说:"生而不有,为而不恃。""既以为人已愈有,既以与人已愈多。"你想,有这种人生观的人,还有什么得失可忧呢?总而言之,有了这种人生观,自然会觉得"天地与我并生,而万物与我为一",自然会"无入而不自得"。他的生活,纯然是趣味化艺术化。这是最高的情感教育,目的教人做到"仁者不忧"。

怎么样才能不惧呢?有了不惑、不忧功夫,惧当然会减少许多了。但这是属于意志方面的事。一个人若是意志力薄弱,便有丰富的智识,临时也会用不着,便有优美的情操,临时也会变了卦。然则意志怎么才会坚强呢?头一件须要心地光明,孟子说:"浩然之气,至大至刚。行有不慊于心,则馁矣。"又说:"自反而不缩,虽褐宽博,吾不惴焉;自反而缩,虽千万人,吾往矣。"俗话说得好:"生平不作亏心事,夜半敲门心不惊。"一个人要保持勇气,须要从一切行为可以公开做起,这是第一著。第二件要不为劣等欲望之所牵制。《论语》记:子曰:"吾未见刚者。"或对曰"伸枨"。子曰:"枨也欲,焉得刚。"一被物质上无聊的嗜欲东拉西扯,那么百炼钢也会变成绕指柔了。总之,一个人的意志,由刚强变为薄弱极易,由薄弱返到刚强极难。一个人有了意志薄弱的毛病,这个人可就完了。自己作不起自己的主,还有什么事可做?受别人压制,做别人奴隶,自己只要肯奋斗,终必能恢复自由。自己的意志做了自己情欲的奴隶,那么,真是万劫沉沦,永无恢复自由的余地,终身畏首畏尾,成了个可怜人了。孔子说:"和而不流,强哉矫;中立而不倚,强哉矫。国有道,不变塞焉,强哉矫;国无道,至死不变,强哉矫。"我老实告诉诸君说罢,做人不做到如此,决不会成一个人。但做到如此真是不容易,非时时刻刻做磨炼意志的工夫不可,意志磨炼得到家,自然是看着自己应做得事,一点不迟疑,扛起来便做,"虽千万人吾往矣"。这样才算顶天立地做一世人,绝不会有藏头躲尾、左支右绌的丑态。这便是意育的目的,要教人做到"勇者不惧"。

我们拿这三件事作做人的标准,请诸君想想,我自己现时做到哪一件——哪一件稍微有一点把握。倘若连一件都不能做到,连一点把握都没有,嗳哟!那可真危险了,你将来做人恐怕做不成。讲到学校里的教育吗,第二层的情育,第三层的意育,可以说完全没有,剩下的只有第一层的智育。就算智育罢,又只有所谓常识和学识,至于我所讲的总体智慧靠来养成根本判断力的,却是一点儿也没有。这种"贩卖智识杂货店"的育,把它前途想下去,真令人不寒而栗!现在这种教育,一时又改革不来,我们可爱的青年,除了它更没有可以受教育的地方。诸君啊!你到底还要做人不要?你要知道危险呀,非你自己抖擞精神方法自救,没有人救你呀!

诸君啊!你千万别要以为得些断片的智识,就算是有学问呀。我老实不客气告诉你罢:你如果做成一个人,知识自然是越多越好;你如果做不成一个人,知识却是越多越坏。你不信吗?试想想全国人所唾骂的卖国贼某人某人,是有智识的呀,还是没有智识的呢?试想想全国人所痛恨的官僚政客——专门助军阀作恶鱼肉良民的人,是有智识的呀,还是没有智识的呢?诸君须知道啊,这些人当十几年前在学校的时代,意气横历,天真烂漫,何尝不和诸君一样?为什么就会堕落到这样的田地呀?屈原说:"何昔日之芳草兮,今直为此萧艾也!岂其有他故兮,莫好修之害也。"天下最伤心的事,莫过于看着一群好好的青年,一步一步地往坏路上走。诸君猛醒啊!现在你所厌所恨的人,就是你前车之鉴了。

诸君啊!你现在怀疑吗?沉闷吗?悲哀痛苦吗?觉得外边的压迫你不能抵抗吗?我告诉你:你怀疑和沉闷,便是你因不知才会惑;你悲哀痛苦,便是你因不仁才会忧;你觉得你不能抵抗外界的压迫,便是你因不勇才有惧。这都是你的智、情、意未经过修养磨炼,所以还未成个人。我盼望你有痛切的自觉啊!有了自觉,自然会成功。那么,学校之外,当然有许多学问,读一卷经,翻一部史,到处都可以发现诸君的良师呀!

诸君啊,醒醒罢!养足你的根本智慧,体验出你的人格人生观,保护好你的自由意志。你成人不成人,就看这几年哩!

1922 年 12 月

4、王新命等十教授:《中国本位的文化建设宣言》①

中国本位的文化建设宣言

(1935 年 1 月 10 日)

一、没有了中国

在文化的领域中,我们看不见现在的中国了。中国在对面不见人形的浓雾中,在万象蜷伏的严寒中:没有光,也没有热。为着寻觅光与热,中国人正在苦闷,正在摸索,正在挣扎。有的虽拼命钻进古人的坟墓,想向骷髅分一点余光,乞一点余热;有的抱着欧美传教师的脚,希望传教师放下一根超度众生的绳,把他们吊上光明温暖的天堂;但骷髅是把他们从黑暗的边缘带到黑暗的深渊,从萧瑟的晚秋导入凛冽的寒冬;传教师是把他们悬在半空中,使他们在上不着天下不着地的虚无境界中漂泊流浪,憧憬摸索,结果是同一的失望。

中国在文化的领域中是消失了,中国政治的形态、社会的组织和思想的内容与形式,已经失去它的特征。由这没有特征的政治、社会和思想所化育的人民,也渐渐地不能算得中国人。所以我们可以肯定地说:从文化的领域去展望,现代世界里面固然已经没有了中国,中国的领土里面也几乎已经没有了中国人。

要使中国能在文化的领域中抬头,要使中国的政治、社会和思想都具有中国的特征,必须从事于中国本位的文化建设。日本的画家常常说:"西洋人虽嫌日本画的色彩过于强烈,但若日本画没有那种刺目的强烈色彩,哪里还成为日本画!"我们在文化建设上,也需要有这样的认识。

要从事中国本位的文化建设,必须用批评的态度、科学的方法,检阅过去的中国,把握现在的中国,建设将来的中国。我们应在这三方面尽其最大努力。

二、一个总清算

中国在文化的领域中,曾占过很重要的位置。从太古直到秦汉之际,都在上进的过程中。春秋战国形成了我们的希腊罗马时代,那真是中国文化大放异彩的隆盛期。但汉代以后,中国文化就停顿了。宋明虽然还有一个新的发展,综合了固有的儒、道和外来的佛学,然而并未超出过去文化的范围,究竟是因袭的东西。直到鸦片战争才发生了很大的质的变动。巨舰大炮带来了西方文化的消息,带来了威胁中国步入新时代的警告,于是古老的文化起了动摇,我们乃从因袭的睡梦中醒觉了。

---

① 出自《文化建设》1935 年第 1 卷第 4 期。

随着这种醒觉而发生的，便是曾国藩李鸿章的"洋务"运动，康有为梁启超的"维新"运动，孙中山先生的"革命"运动。

曾、李的洋务运动只知道"坚甲利兵"和"声光化电"的重要，完全是技艺的模仿；康、梁的维新运动在于变法自强，不过是政治的抄袭。这都可以说是"中学为体、西学为用"的见解，虽在当时也自有其除旧布新之历史的使命，然毕竟是皮毛的和改良的办法，不能满足当时的要求，于是有孙中山先生所领导的辛亥革命。他以把中国固有的"从根救起来"，把人家现有的"迎头赶上去"为前提，主张对中国的社会、政治、经济作彻底的改造。

民国四五年之交，整个的中国陷在革命顿挫、内部危机四伏、外患侵入不已的苦闷中，一般人以为政治不足以救国，需要文化的手段，于是就发生了以解放思想束缚为中心的五四文化运动。经过这个运动，中国人的思想遂为之一变。

新的觉醒要求新的活动，引导辛亥革命的中华革命党遂应时改组，政治运动大为展开。打倒军阀、打倒帝国主义的声浪遍于全国。由此形成了一个伟大的国民革命。其间虽有种种波折，但经过了这几年的努力，中国的政治改造终于达到了相当的成功。

这时的当前问题在建设国家。政治经济等方面的建设既已开始，文化建设亦当着手，而且更为迫切。但将如何建设中国的文化，确是一个急待讨论的问题。有人以为中国该复古，但古代的中国已成历史。历史不能重演，也不需要重演；有人以为中国应完全模仿英美，英美固有英美的特长，但地非英美的中国应有其独特的意识形态，并且中国现在是在农业的封建的社会和工业的社会交嬗的时期，和已完全进到工业时代的英美自有其不同的情形；所以我们决不能赞成完全模仿英美。除却主张模仿英美的以外，还有两派：一派主张模仿苏俄，一派主张模仿意德。但其错误和主张模仿英美的人完全相同，都是轻视了中国空间时间的特殊性。

目前各种不同的主张正在竞走，中国已成了各种不同主张的血战之场；而透过各种不同主张的各种国际文化侵略的魔手，也正在暗中活跃，各欲争取最后的胜利。我们难道能让他们去混战么？

三、我们怎么办？

不，我们不能任其自然推移，我们要求有中国本位的文化建设！

在建设的进程中，我们应有这样的认识：

1.中国是中国，不是任何一个地域，因而有它自己的特殊性。同时，中国是现在的中国，不是过去的中国，自有其一定的时代性。所以我们特别注意于此时此地的需要，就是中国本位的基础。

2.徒然赞美古代的中国制度思想，是无用的；徒然诅咒古代的中国制度思想，也一样无用；必须把过去的一切加以检讨，存其所当存，去其所当去；其可赞美的良好制度伟大思想，当竭力为之发扬光大，以贡献于全世界；而可诅咒的不良制度卑劣思想，则当淘汰务尽，无所吝惜。

3.吸收欧美的文化是必要而且应该的，但须吸收其所当吸收，而不应以全盘承受的态度，连渣滓都吸收过来。吸收的标准,当决定于现代中国的需要。

4.中国本位的文化建设,是创造,是迎头赶上去的创造;其创造目的是使在文化领域中因失去特征而没落的中国和中国人,不仅能与别国和别国人并驾齐驱于文化的领域,并且对于世界的文化能有最珍贵的贡献。

5.我们在文化上建设中国,并不是抛弃大同的理想,是先建设中国,成为一整个健全的单位,在促进世界大同上能有充分的力。

要而言之,中国是既要有自我的认识,也要有世界的眼光,既要有不闭关自守的肚量,也要有不盲目模仿的决心。这认识才算得深切的认识。

循着这认识前进,那我们的文化建设就应是:

不守旧;不盲从;根据中国本位,采取批评态度,应用科学方法来检讨过去,把握现在,创造未来。不守旧,是淘汰旧文化,去其渣滓,存其精英,努力开拓出新的道路。不盲从,是取长舍短,择善而从,在从善如流之中,仍不昧其自我的认识。根据中国本位,采取批判态度,应用科学方法来检讨过去,把握现在,创造未来,是要清算从前的错误,供给目前的需要,确定将来的方针,用文化的手段产生有光有热的中国,使中国在文化的领域中能恢复过去的光荣,重新占着重要的位置,成为促进世界大同的一支最劲最强的生力军。

　　王新命　何炳松　武堉干　孙寒冰　黄文山　陶希圣　章益　陈高傭　樊仲云　萨孟武

一九三五年一月十日

5、鲁迅:在现代中国的孔夫子[①]

新近的上海的报纸,报告着因为日本的汤岛[②] 孔子的圣庙落成了,湖南省主席何键[③] 将军就寄赠了一幅向来珍藏的孔子的画像。老实说,中国的一般的人民,关于孔子是怎样的相貌,倒几乎是毫无所知的。自古以来,虽然每一县一定有圣庙,即文庙,但那里面大抵并没有圣像。凡是绘画,或者雕塑应该崇敬的人物时,一般是以大于常人为原则的,但一到最应崇敬的人物,例如孔夫子那样的圣人,却好像连形象也成为亵渎,反不如没有的好。这也不是没有道理的。孔夫子没有留下照相来,自然不能明白真正的相貌,文献中虽然偶有记载,但是胡说白道也说不定。若是从新雕塑的话,则除了任凭雕塑者的空想而外,毫无办法,更加放心不下。于是儒者们也终于

---

① 　鲁迅,现代著名的文学家、思想家。本篇是作者用日文写的,最初发表于一九三五年六月号日本《改造》月刊,中译文最初发表于一九三五年七月在日本东京出版的《杂文》月刊第二号,题为《孔夫子在现代中国》,后收录进《且介亭杂文二集》,本文选自《且介亭杂文二集》,人民文学出版社 2006 年版。

② 　汤岛:东京的街名,建有日本最大的孔庙"汤岛圣堂"。该庙于一九二三年被烧毁,一九三五年四月重建落成时国民党政府曾派代表专程前往"参谒"。

③ 　何键(1887 - 1956),字芸樵,湖南醴陵人,国民党军阀。当时任国民党湖南省政府主席。

只好采取"全部，或全无"的勃兰特①式的态度了。

然而倘是画像，却也会间或遇见的。我曾经见过三次：一次是《孔子家语》②里的插画；一次是梁启超③氏亡命日本时，作为横滨出版的《清议报》上的卷头画，从日本倒输入中国来的；还有一次是刻在汉朝墓石上的孔子见老子的画像。说起从这些图画上所得的孔夫子的模样的印象来，则这位先生是一位很瘦的老头子，身穿大袖口的长袍子，腰带上插着一把剑，或者腋下挟着一枝杖，然而从来不笑，非常威风凛凛的。假使在他的旁边侍坐，那就一定得把腰骨挺得笔直，经过两三点钟，就骨节酸痛，倘是平常人，大约总不免急于逃走的了。

后来我曾到山东旅行。在为道路的不平所苦的时候，忽然想到了我们的孔夫子。一想起那具有俨然道貌的圣人，先前便是坐着简陋的车子，颠颠簸簸，在这些地方奔忙的事来，颇有滑稽之感。这种感想，自然是不好的，要而言之，颇近于不敬，倘是孔子之徒，恐怕是决不应该发生的。但在那时候，怀着我似的不规矩的心情的青年，可是多得很。

我出世的时候是清朝的末年，孔夫子已经有了"大成至圣文宣王"④这一个阔得可怕的头衔，不消说，正是圣道支配了全国的时代。政府对于读书的人们，使读一定的书，即"四书"和"五经"⑤；使遵守一定的注释；使写一定的文章，即所谓"八股文"⑥；并且使发一定的议论。然而这些千篇一律的儒者们，倘是四方的大地，那是很知道的，但一到圆形的地球，却什么也不知道，于是和"四书"上并无记载的法兰西和英吉利打仗而失败了。不知道为了觉得与其拜着孔夫子而死，倒不如保存自己们之为得计呢，还是为了什么，总而言之，这回是拚命尊孔的政府和官僚先就动摇起来，用官帑大翻起洋鬼子的书籍来了。属于科学上的古典之作的，则有侯失勒的《谈天》，雷

①　勃兰特：易卜生的诗剧《勃兰特》中的人物，"全部，或全无"是他所信奉的一句格言。
②　《孔子家语》原书二十七卷，久佚，今本为三国魏王肃所辑，十卷。内容是关于孔子言行的记载，大都辑自《论语》、《左传》、《国语》、《礼记》等书。
③　梁启超(1873－1929)，号任公，广东新会人，清末维新运动领导人之一。戊戌政变后逃亡日本。《清议报》是他在日本横滨发行的旬刊，一八九八年十二月创刊；内容鼓吹君主立宪、保皇反后(保救光绪皇帝，反对那拉太后)，一九〇一年十二月出至一百期停刊。
④　"大成至圣文宣王"：唐开元二十七年(739)追谥孔子为"文宣王"，元大德十一年(1307)又加谥为"大成至圣文宣王"。
⑤　四书：指《大学》、《中庸》、《论语》、《孟子》。北宋时程颢、程颐特别推崇《礼记》中的《大学》《中庸》两篇，南宋朱熹又将这两篇和《论语》《孟子》合在一起，撰写《四书章句集注》，自此便有了"四书"这个名称。五经，即《诗经》、《尚书》、《礼记》、《周易》、《春秋》的合称，汉武帝时始有此称。
⑥　"八股文"：明清科举考试制度所规定的一种公式化的文体，它用"四书"、"五经"中的文句命题，每篇由破题、承题、起讲、入手、起股、中股、后股、束股八个部分构成。后四部分是主体，每一部分有两股相比偶的文字，合共八股，所以叫做八股文。

侠儿的《地学浅释》,代那的《金石识别》①,到现在也还作为那时的遗物,间或躺在旧书铺子里。

然而一定有反动。清末之所谓儒者的结晶,也是代表的大学士徐桐②氏出现了。他不但连算学也斥为洋鬼子的学问;他虽然承认世界上有法兰西和英吉利这些国度,但西班牙和葡萄牙的存在,是决不相信的,他主张这是法国和英国常常来讨利益,连自己也不好意思了,所以随便胡诌出来的国名。他又是一九○○年的有名的义和团的幕后的发动者,也是指挥者。但是义和团完全失败,徐桐氏也自杀了。政府就又以为外国的政治法律和学问技术颇有可取之处了。我的渴望到日本去留学,也就在那时候。达了目的,入学的地方,是嘉纳先生所设立的东京的弘文学院③;在这里,三泽力太郎先生教我水是氧气和氢气所成,山内繁雄先生教我贝壳里的什么地方其名为"外套"。这是有一天的事情。学监大久保先生集合起大家来,说:因为你们都是孔子之徒,今天到御茶之水④的孔庙里去行礼罢!我大吃了一惊。现在还记得那时心里想,正因为绝望于孔夫子和他的徒,所以到日本来的,然而又是拜么?一时觉得很奇怪。而且发生这样感觉的,我想决不止我一个人。

但是,孔夫子在本国的不遇,也并不是始于二十世纪的。孟子批评他为"圣之时者也"⑤,倘翻成现代语,除了"摩登圣人"实在也没有别的法。为他自己计,这固然是没有危险的尊号,但也不是十分值得欢迎的头衔。不过在实际上却也许并不是这样子。孔夫子的做定了"摩登圣人"是死了以后的事,活着的时候却是颇吃苦头的。跑来跑去,虽然曾经贵为鲁国的警视总监⑥,而又立刻下野,失业了;并且为权臣所轻蔑,为野人所嘲弄,甚至于为暴民所包围,饿扁了肚子。弟子虽然收了三千名,中用的却只有七十二,然而真可以相信的又只有一个人。有一天,孔夫子愤慨道:"道不行,乘桴浮于海,从我者,其由与?"⑦从这消极的打算上,就可以窥见那消息。然而连这一位由,后来也因为和敌人战斗,被击断了冠缨,但真不愧为由呀,到这时候也还不忘记从夫子

①　侯失勒(F·W·Herschel,1792－1871),通译赫歇耳,英国天文学家、物理学家。《谈天》的中译本共十八卷,附表一卷,出版于1859年。雷侠儿(C·Lyell,1797－1875),通译赖尔,英国地质学家。《地学浅释》的中译本共三十八卷,出版于1871年。代那(J·D·Dana,1813－1895),通译丹纳,美国地质学家、矿物学家。《金石识别》的中译本共十二卷,附表,出版于1871年。

②　徐桐(1819－1900),汉军正蓝旗人,清末顽固派官僚。光绪间官至大学士。他反对维新变法,出于维护清朝统治的目的,他又曾利用义和团势力围攻外国使馆。八国联军攻入北京时自缢死。

③　弘文学院:一所专门为中国留学生设立的学习日语和基础课的预备学校。校址在东京牛込区西五轩町。创办人为嘉纳治五郎(1860－1938),学监为大久保高明。

④　御茶之水:日本东京的地名。汤岛圣堂即在御茶之水车站附近。

⑤　"圣之时者也":语见《孟子·万章》。

⑥　警视总监:日本主管警察工作的最高长官。孔子曾一度任鲁国的司寇,掌管刑狱,相当于日本的这一官职。

⑦　"道不行,乘桴浮于海"等句见《论语·公冶长》。桴:用竹木编的筏子;由:孔子的弟子仲由,即子路。

听来的教训，说道"君子死，冠不免"①，一面系着冠缨，一面被人砍成肉酱了。连唯一可信的弟子也已经失掉，孔子自然是非常悲痛的，据说他一听到这信息，就吩咐去倒掉厨房里的肉酱云。②

孔夫子到死了以后，我以为可以说是运气比较的好一点。因为他不会噜苏了，种种的权势者便用种种的白粉给他来化妆，一直抬到吓人的高度。但比起后来输入的释迦牟尼③ 来，却实在可怜得很。诚然，每一县固然都有圣庙即文庙，可是一副寂寞的冷落的样子，一般的庶民，是决不去参拜的，要去，则是佛寺，或者是神庙。若向老百姓们问孔夫子是什么人，他们自然回答是圣人，然而这不过是权势者的留声机。他们也敬惜字纸，然而这是因为倘不敬惜字纸，会遭雷击的迷信的缘故；南京的夫子庙固然是热闹的地方，然而这是因为另有各种玩耍和茶店的缘故。虽说孔子"作《春秋》而乱臣贼子惧"④，然而现在的人们，却几乎谁也不知道一个笔伐了的乱臣贼子的名字。说到乱臣贼子，大概以为是曹操，但那并非圣人所教，却是写了小说和剧本的无名作家所教的。

总而言之，孔夫子之在中国，是权势者们捧起来的，是那些权势者或想做权势者们的圣人，和一般的民众并无什么关系。然而对于圣庙，那些权势者也不过一时的热心。因为尊孔的时候已经怀着别样的目的，所以目的一达，这器具就无用，如果不达呢，那可更加无用了。在三四十年以前，凡有企图获得权势的人，就是希望做官的人，都是读"四书"和"五经"，做"八股"，别一些人就将这些书籍和文章统名之为"敲门砖"。这就是说，文官考试一及第，这些东西也就同时被忘却，恰如敲门时所用的砖头一样，门一开，这砖头也就被抛掉了。孔子这人，其实是自从死了以后，也总是当着"敲门砖"的差使的。

一看最近的例子，就更加明白。从二十世纪的开始以来，孔夫子的运气是很坏的，但到袁世凯⑤ 时代，却又被从新记得，不但恢复了祭典，还新做了古怪的祭服，使奉祀的人们穿起来。跟着这事而出现的便是帝制。然而那一道门终于没有敲开，袁氏在门外死掉了。余剩的是北洋军阀，当觉得渐近末路时，也用它来敲过另外的幸福之门。盘踞着江苏和浙江，在路上随便砍杀百

---

① "君子死，冠不免"：语见《左传·哀公十五年》："石乞、盂黡敌子路，以戈击之，断缨。子路曰：'君子死，冠不免。'结缨而死。"

② 关于孔子因子路战死而倒掉肉酱的事见《孔子家语·子贡问》："子路……仕于卫，卫有蒯聩之难……既而卫使至，曰：'子路死焉。'夫子哭之于中庭……进使者而问故，使者曰：'醢之矣。'遂令左右皆覆醢，曰：'吾何忍食此！'"

③ 释迦牟尼(Sakyamuni，约公元前 565 - 前 486)，原古印度北部迦毗罗卫国净饭王的儿子，后出家修道，成为佛教创始人。佛教于西汉末年开始传入我国。

④ 作《春秋》而乱臣贼子惧：语出《孟子·滕文公》。

⑤ 袁世凯(1859 - 1916)，字慰亭，河南项城人。原是清朝直隶总督兼北洋大臣、内阁总理大臣。辛亥革命后，窃取中华民国大总统职位。1916 年复辟帝制，自称"洪宪皇帝"，同年 3 月，在全国人民声讨中被迫取消帝制，6 月病死。他曾于 1914 年 2 月通令全国"祭孔"，公布《崇圣典例》，同年 9 月 28 日他率领各部总长和一批文武官员，穿着新制的古祭服，在北京孔庙举行祀孔典礼。

姓的孙传芳① 将军,一面复兴了投壶之礼;钻进山东,连自己也数不清金钱和兵丁和姨太太的数目了的张宗昌② 将军,则重刻了《十三经》,而且把圣道看做可以由肉体关系来传染的花柳病一样的东西,拿一个孔子后裔的谁来做了自己的女婿。然而幸福之门,却仍然对谁也没有开。

这三个人,都把孔夫子当做砖头用,但是时代不同了,所以都明明白白地失败了。岂但自己失败而已呢,还带累孔子也更加陷入了悲境。他们都是连字也不大认识的人物,然而偏要大谈什么《十三经》之类,所以使人们觉得滑稽;言行也太不一致了,就更加令人讨厌。既已厌恶和尚,恨及袈裟,而孔夫子之被利用为或一目的的器具,也从新看得格外清楚起来,于是要打倒他的欲望,也就越加旺盛。所以把孔子装饰得十分尊严时,就一定有找他缺点的论文和作品出现。即使是孔夫子,缺点总也有的,在平时谁也不理会,因为圣人也是人,本是可以原谅的。然而如果圣人之徒出来胡说一通,以为圣人是这样,是那样,所以你也非这样不可的话,人们可就禁不住要笑起来了。五六年前,曾经因为公演了《子见南子》③ 这剧本,引起过问题,在那个剧本里,有孔夫子登场,以圣人而论,固然不免略有欠稳重和呆头呆脑的地方,然而作为一个人,倒是可爱的好人物。但是圣裔们非常愤慨,把问题一直闹到官厅里去了。因为公演的地点,恰巧是孔夫子的故乡,在那地方,圣裔们繁殖得非常多,成着使释迦牟尼和苏格拉第④ 都自愧弗如的特权阶级。然而,那也许又正是使那里的非圣裔的青年们不禁特地要演《子见南子》的原因罢。

中国的一般的民众,尤其是所谓愚民,虽称孔子为圣人,却不觉得他是圣人;对于他,是恭谨的,却不亲密。但我想,能像中国的愚民那样,懂得孔夫子的,恐怕世界上是再也没有的了。不错,孔夫子曾经计划过出色的治国的方法,但那都是为了治民众者,即权势者设想的方法,为民众本身的,却一点也没有。这就是"礼不下庶人"⑤。成为权势者们的圣人,终于变了"敲门砖",实在也叫不得冤枉。和民众并无关系,是不能说的,但倘说毫无亲密之处,我以为怕要算是非常客气的说法了。不去亲近那毫不亲密的圣人,正是当然的事,什么时候都可以,试去穿了破衣,赤着脚,走上大成殿去看看罢,恐怕会像误进上海的上等影戏院或者头等电车一样,立刻要受斥逐的。谁都知道这是大人老爷们的物事,虽是"愚民",却还没有愚到这步田地的。

一九三五年四月二十九日

---

① 孙传芳(1885－1935),山东历城人,北洋直系军阀。当他盘踞东南五省时,为了提倡复古,于1926年8月6日在南京举行投壶古礼。投壶,古代宴会时的一种娱乐,宾主依次投矢壶中,负者饮酒。《礼记·投壶》孔颖达注引郑玄的话,说投壶是"主人与客燕饮讲论才艺之礼"。

② 张宗昌(1881－1932),山东掖县人,北洋奉系军阀。1925年他任山东督军时提倡尊孔读经。

③ 《子见南子》:林语堂作的独幕剧,发表于《奔流》第一卷第六期(1928年11月)。1929年山东曲阜第二师范学校学生排演此剧时,当地孔氏族人以"公然侮辱宗祖孔子"为由,联名向国民党政府教育部提出控告,结果该校校长被调职。参看《集外集拾遗补编·关于〈子见南子〉》。

④ 苏格拉第(Sokrates,公元前469－前399),古希腊哲学家。

⑤ "礼不下庶人":语见《礼记·曲礼》。

6、黑格尔论儒家哲学①

中国人和印度人一样,在文化方面有很高的声名,但无论他们文化上的声名如何大、典籍的数量如何多,在进一步的认识之下,就都大为减低了。这两个民族的广大文化,都是关于宗教、科学、国家的治理、国家的制度、诗歌、技术与艺术和商业等方面的。但相果我们把中国政治制度拿来和欧洲的相比较,则这种比较只能是关于形式方面的;两者的内容是很不相同的。把印度的诗歌和欧洲的相比较,也有同样的情形。它的确和任何民族的诗歌同样光辉、丰富和有文化。古代东方诗歌的内容,如果只看成一种单纯幻想的游戏,似乎在这方面最为光辉,但在诗歌中重要的是内容,内容要严肃。甚至荷马的诗歌对于我们也是不够严肃的,因此那样的诗歌在我们里面是不会发生的。东方的诗歌中并不是没有天才,天才的伟大是一样的,但内容却与我们的内容不同。所以印度的、东方的诗歌,就形式论,可能是发展得很成熟的。但内容却局限在一定的限度内,不能令我们满足。我们也感觉到无论他们的法律机构、国家制度等在形式方面是发挥得如何有条理,但在我们这里是不会发生的,也是不能令我们满意的,它们不是法律,反倒简直是压制法律的东西。常人们让他们自己为形式所迷惑,把东方的形式和我们的平行并列,或者还更爱好东方的形式时,内容不同这一点,在作这类的比较时,是值得普遍注意的。

[一 孔子]

关于中国哲学首先要注意的是在基督降生五百年前的孔子的教训。孔子的教训在莱布尼兹的时代曾轰动一时。它是一种道德哲学。他的著作在中国是最受尊重的。他曾经注释了经籍,特别是历史方面的,他还著了一种历史。他的其他作品是哲学方面的,也是对传统典籍的注释。他的道德教训给他带来最大的名誉。他的教训是最受中国人尊重的权威。孔子的传记曾经法国传教士们由中文原著翻译过来。从这传记看,他似乎差不多是和泰利士同时代的人。他曾作过一个时期的大臣,以后不受信任,失掉官职,便在他自己的朋友中过讨论哲学的生活,但是仍旧常常接受咨询。我们看到孔子和他的弟子们的谈话[按即《论语》——译者],里面所讲的是一种常识道德,这种常识道德我们在哪里都找得到,在哪一个民族里都找得到,可能还要好些,这是毫无出色之点的东西。孔子只是一个实际的世间智者,在他那里思辨的哲学是一点也没有的——只有一些善良的、老练的、道德的教训,从里面我们不能获得什么特殊的东西。西塞罗留下给我们的"政治义务论"便是一本道德教训的书,比孔子所有的书内容丰富,而且更好。我们根据他的原著可以断言:为了保持孔子的名声,假使他的书从来不曾有过翻译,那倒是更好的事。

[二 易经哲学]

第二件须要注意的事情是,中国人也曾注意到抽象的思想和纯粹的范畴。古代的易经论原则的书是这类思想的基础。易经包含着中国人的智慧,是有绝对权威的。易经的起源据说是出

---

① 黑格尔:全名为格奥尔格·威廉·弗里德里希·黑格尔(Georg Wilhelm Friedrich Hegel),德国哲学家,本篇选自《哲学史讲演录》第一卷,商务印书馆 1959 年版。

自伏羲。关于伏羲的传说完全是神话的、虚构的、无意义的。这个传说的要点是说伏羲发现了一个有一些符号的图形的图表(河图),这是他在一只从河中跃起的龙马背上所看到的。这龙马是一个奇异的兽,具有龙的身子、马的头。此外另有一些图形(洛书),是从龟背上得来的,与伏羲的河图联在一起。这个图表包含着一些上下排列的平行直线,这些直线是一种符号,具有一定的意义。中国人说那些直线是他们文字的基础,也是他们哲学的基础。那些图形的意义是极抽象的范畴,是最纯粹的理智规定。中国人不仅停留在感性的或象征的阶段,我们必须注意——他们也达到了对于纯粹思想的意识,但并不深入,只停留在最浅薄的思想里面。这些规定诚然也是具体的,但是这种具体没有概念化,没有被思辨地思考,而只是从通常的观念中取来,按照直观的形式和通常感觉的形式表现出来的。因此在这一套具体原则中,找不到对于自然力量或精神力量有意义的认识。为了满足好奇心,我将详述那些原则。那两个基本的形象[按:即两仪——译者]是一条直线(一,阳)和一条平分作二段的直线(- -,阴):第一个形象表示完善、父、男、一元,和毕达哥拉斯派所表示的相同,表示肯定。第二个形象的意义是不完善、母、女、二元、否定。这些符号被高度尊敬,它们是一切事物的原则。再把它们重叠起来,先是两个一叠,便产生四个形象〔按即四象——译者〕:= = = =,即太阳、少阳、少阴、太阴。这四个图象的意义是完善的和不完善的物质。那两个阳是完善的物质,并且第一个阳是属于青年和壮健的范畴;第二个阳虽是同样的物质,但属于老年和衰弱的范畴。第三个图象与第四个图象都以阴为基础,都是不完善的物质。它们也有老年和少年、壮健和衰弱的规定。

　　这些图形曾得到多方面的说明和注释,因而产生了《易经》。易经就是这些基本符号的发挥。《易经》的一个主要的注释者就是文王,生于基督前第十二世纪。他同他的儿子周公把《易经》弄成孔子所读到的那样情况。后来孔子曾经把这些注释加以综合和扩充。这一经书当秦始皇帝在基督前213年焚毁那一切与以前朝代有关的书籍时,显然是受到例外。始皇帝仅保留与他自己的统治与农、医等科学有关的书籍不予焚毁,而《易经》却因其为中国人一切智慧的基础,也未被焚掉。他特别要消灭《书经》;但在很奇异的方式下,《书经》却仍被保存着。

　　这些基本的图形又被拿来作卜筮之用。因此《易经》又被叫做"定数的书","命运或命数的书"。在这样情况下,中国人也把他们的圣书作为普通卜筮之用,于是我们就可看出一个特点,即在中国人那里存在着在最深切的、最普遍的东西与极其外在、完全偶然的东西之间的对比。这些图形是思辨的基础,但同时又被用来作卜筮。所以那最外在最偶然的东西与最内在的东西便有了直接的结合。

　　把那些直线再组合起来,三个一叠,便得到八个形象,这些叫作八卦:
☰ ☱ ☲ ☳ ☴ ☵ ☶ ☷ 。(再将这些直线六个一叠,便成了六十四个形象,中国人把这些形象当做他们一切文字的来源,因为人们在这些横线上加上了一些直线和各种方向的曲线)我将举出这些卦的解释以表示它们是如何的肤浅。第一个符号包含着太阳与阳本身,乃是天(乾)或是弥漫一切的气。(中国人所谓天是指最高无上者,在传教士中,对于应否把基督教的上帝称为"乾",曾因此引起分歧的意见)第二卦为泽(兑)、第三为火(离)、第四为雷(震)、第五为风(巽)、第六为水(坎)、第七为山(艮)、第八为地(坤)。我们是不会把天、雷、风、山放在平等的地位上的。于是从这些绝对一元和二元的抽象思想中,人们就可为一切事物获得一个有哲学意义的起源。所有这些符号都有表示想象和唤起意义的便利,因此,这些符号本身也都是存在的。所以他们是从思想开始,然后流入空虚,而哲学也同样沦于空虚。

从那第一个符号的意义里我们即可看出从抽象过渡到物质是如何的迅速。这充分表现在那些三个一组的卦里,这已经进到完全感性的东西了。没有一个欧洲人会想到把抽象的东西放在这样接近感性的对象里。这些图形是放在图形里面的。需要注意观察的是,哪些图形与哪些别的图形相对立。譬如,三条不断的直线可以与三条中断的直线相对立,这就表示纯气,天与地对立,气在上,地在下,而它们彼此并不相妨害。同样,山与泽也是对立的,这是认为水、湿气蒸腾上山,而又从山上流出来成为泉源和河流。没有人会有兴趣把这些东西当做思想观察来看待。这是从最抽象的范畴一下就过渡到最感性的范畴。

在《书经》中也有一篇讲到中国人的智慧。那里说到五行,一切东西都是由五行作成。这就是火、水、木、金、土,它们都是在混合着存在的。《书经》中论法则的第一个规条[按:即《洪范》篇——译者],举出五行的名字,第二个规条是关于前者的说明[按:即"敬用五事"——译者]。这些东西我们不能认为是原则。在中国人普遍的抽象于是继续变成为具体的东西,虽然这只是符合一种外在的次序,并没有包含任何有意识的东西。这就是所有中国人的智慧的原则,也是一切中国学问的基础。

于是我们就进到不完善的物质的观念。八卦一般地是涉及外界的自然。从对八卦的解释里表示出一种对自然事物加以分类的努力,但这种分类的方式是不适合于我们的。中国人的基本质料还远不如恩培多克勒的元素——风、火、水、土。这四个元素是处于同一等级的质料而有基本的区别。而相反地,在这里不同等的东西彼此混杂在一起。在《易经》这部经书里,这些图形的意义和进一步的发展得到了说明。

那是就外在的直观来说的。那里面并没有内在的秩序。于是又罗列了人的五种活动或事务:第一是身体的容貌,第二是言语,第三是视觉,第四是听闻,第五是思想。同样又讨论了五个时期:一、年,二、月,三、日,四、星,五、有方法的计算。这些对象显然没有包含有任何令思想感兴趣的东西。这些概念不是从直接视察自然得来的。在这些概念的罗列里我们找不到经过思想的必然性证明了的原则。

7、孟德斯鸠论儒家礼仪与中国风俗、政治的关系①

第十二节 专制国家的礼仪和风俗(节选)

专制国家的风俗和礼仪,决不应该加以改变,这是一条重要的准则。没有比这样做更能迅速引起革命。因为这些国家就像没有法律一样。它们只有风俗和礼仪。如果推翻风俗和礼仪,就是推翻了一切。

法律是制定的,而风俗则是出于人们的感悟。风俗以人民"一般的精神"为渊源;法律则来自"特殊的制度"。推翻"一般的精神"和变更"特殊的制度"是同样危险的,甚至是更为危险的。

第十三节 中国人的礼仪

不过中国人的礼仪是不能毁灭的。中国的妇女和男人是绝对分开的。除此之外中国人的礼仪和他们的风俗一样,都是教育的内容。一个文人可以从他行礼时那样从容自若的态度看得出来。这些东西一旦经过严厉的教师用来当做箴规施教后,便成为固定的东西,像道德的原则一样,永远不能改变。

第十七节 中国政体的特质

中国的立法者们所做的尚不止此。他们把宗教、法律、风俗、礼仪都混在一起。所有这些东西都是道德。这四者的箴规,就是所谓礼教。中国统治者就是因为严格遵守这些礼教才获得了成功。中国人把整个青年时代用在学习这种礼教上。文人用之以施教,官吏用之以宣传;生活上的一切细微的行动都包罗在这些礼教之内,所以当人们找到使他们获得严格遵守的方法的时候,中国便治理得很好了。

有两种原因使得这种礼教得以那么容易地铭刻在中国人的心灵和精神里。第一是,中国的文字写得极端复杂,学文字就必须读书,而书里写的就是礼教,结果中国人一生的极大部分时间,都把精神完全贯注在这些礼教上了;第二是,礼教里面没有什么精神性的东西,而只是一些通常实行的规则而已,所以比智力上的东西更容易理解,容易打动人心。

那些不以礼而以刑治国的君主们,就是想要借刑罚去完成刑罚的力量所做不到的事,即树立道德。一个公民,因为丧失了道德的观念,以致违犯法律,刑罚可以把他从社会里清除出去。但是,如果所有的人都丧失了道德观念的话,刑罚能把道德重新树立起来么?刑罚可以防止一般邪恶的许多后果,但是刑罚不能铲除邪恶本身。因此,当中国政体的原则被抛弃,道德沦丧了的时候,国家便陷于无政府状态,革命便将到来。

---

① 孟德斯鸠:全名查理·路易·孟德斯鸠(Charles de Secondat, Baron de Montesquieu),18 世纪法国伟大的启蒙思想家、法学家。本文节选自《论法的精神》第十九章:《法律和构成一个民族的一般精神、风俗与习惯的那些原则的关系》,商务印书馆 2009 年版。题目为编者所加。

第十八节 推论

因此，中国并不因为被征服而丧失它的法律。在那里，习惯、风俗、法律和宗教就是一个东西。人们不能够一下子把这些东西都给改变了。改变是必然的，不是征服者改变，就是被征服者改变。不过，在中国，改变的一向是征服者。因为征服者的风俗并不是他们的习惯，他们的习惯并不是他们的法律，他们的法律并不是他们的宗教；所以他们逐渐地被被征服的人民所同化，要比被征服的人民被他们同化容易一些。

从这里还产生一个很不幸的后果，就是要在中国建立基督教，几乎是不可能的事。贞女誓言、妇女在教堂集会、她们和神职人员必要的来往、她们参加圣餐、秘密忏悔、临终的涂油式、一夫一妻——所有这一切都推翻这个国家的风俗和习惯，同时也触犯它的宗教和法律。

基督教，由于建立慈善事业，由于公开的礼拜，由于大家参加共同的圣礼，所以似乎要求一切要在一起；但是中国的礼教似乎是要求一切都要隔开。

我们已经看到，这种隔离一般是和专制主义的精神相关联的；我们从以上的一切可以了解，君主政体以及一切宽和的政治同基督教是比较能够合得来的，原因之一就在于此。

8、雅斯贝尔斯:《大哲学家》论孔子[①]

将哲学家分成的三大组[②]

收集在第一大组里的人物是通过他们的此在和人类存在的本质来确定历史的，没有任何其他人能像他们一样。这些人被证明千余年来一直不断地在发挥着影响，直到今天。他们是苏格拉底、佛陀、孔子、耶稣。好像我们不可能再举出第五个人的名字，没有谁能有跟他们相同的历史影响力，也没有谁有像他们那样的高度。我考虑的是，是否可以将他们作为哲学家来看待。但是他们对所有的哲学都产生过特别重要的意义。他们没有写下任何著作(孔子除外)，但他们却成为强大的哲学运动思想的基石。我们称他们四人为思想范式的创造者。他们鹤立于所有其他的哲学家之前和之外，因为哲学家一词乃是普通意义上的所指。

在第二大组收入了伟大的思想家的名字，我们也一致称他们为哲学家。他们被分成四个小组。

第一小组乃是那些通过他们的创造而继续求证的思想家。他们是这样一些哲学家：通过研究获得了自己的思想，这一点是其他哲学家做不到的。他们的思想不是封闭的，而是以他们的著作

---

① 卡尔·雅斯贝尔斯(Jaspers·Karl,1883～1969)德国哲学家、精神病学家,存在主义的主要代表学者。本篇文字节选自卡尔·雅斯贝尔斯著、李雪涛主译《大哲学家》,社会科学文献出版社2005年版。题目为编者所加。

② 本段文字出自《大哲学家》导论的第四部分《大哲学家的挑选和编组》之(二)。

为根源提供无止境的思维的可能性。他们的名字排在一起,是因为他们的著作蕴藏有力量,能够将其他的思想也吸收进来的缘故。他们的思想不允许被认为是已经完成了的,而是迫使着人们继续向前思考,但这并不意味着我们能赶上或者超过这一根源。我只知道三位思想家,他们的著作是历史性的,并且他们的思想对我们来说是那么特别的,他们的名字叫柏拉图、奥古斯丁和康德。

在第二小组的哲学家预示思想的幻景,也就是说,他们原本是走向宁静以及带来宁静的根源性形而上学家[巴门尼德斯、赫拉克利特、柏罗丁、安瑟尔谟、库莎鲁斯(Cusanus)、斯宾诺莎、老子和龙树];其次是世界虔信者[色诺芬、恩培多克勒(Empedokles)、阿那克萨戈拉、德谟克利特、波塞冬(Poseidonios)和布鲁诺];再就是诺斯替教派的真正的和疯狂的空想家[粤里根(Origenes)、伯麦(Bohme)和谢林];最后是具有构建性的人物[霍布斯(Hobbes)、莱布尼茨和费希特]。

在第三小组的哲学家是轻松活泼的,尽管其中也有穷追不舍的否定派[阿伯拉尔(Aboilerd)、笛卡尔、休谟]和极端的信仰复兴主义者(帕斯卡、莱辛、克尔恺郭尔、尼采)。

最后是第四小组,他们创造性地维系了哲学大厦的秩序[亚里士多德、托马斯、黑格尔;商羯罗(Shankare)、朱子]①。在他们那儿,哲学系统经过长期的发展,达到了光辉的顶峰。

第三大组里包括诗歌、研究、文献、生活实践和哲学理论领域的哲学思想。……

思想范式的创造者②
苏格拉底·佛陀·孔子·耶稣

这四大思想范式的创造者都曾产生过历史性的影响,其广度与深度都是无与伦比的。虽然其他伟大的哲学家在较小的范围内也有过类似的重大影响,但如果我们从千余年来持久不断以及统摄这一视角来看的话,这四位大师的影响力是如此巨大,以致如果没有他们,那么就不可能有对世界哲学史的清晰认识。

---

① 编者按:朱子指朱熹,南宋大儒,伟大的思想家、教育家。

② 以下这段文字是《大哲学家》之《思想范式的创造者》的序言。

图书在版编目(CIP)数据

儒家文化经典导修/傅志明主编.—济南:山东人民
出版社,2011.9(2015.7 重印)
ISBN 978-7-209-05893-3

Ⅰ.①儒… Ⅱ.①傅… Ⅲ.①儒家-文化-通
俗读物 Ⅳ.①B222-49

中国版本图书馆 CIP 数据核字(2011)第 185610 号

责任编辑:马 洁
装帧设计:张晓曦

儒家文化经典导修
傅志明 主编

山东出版传媒股份有限公司
山东人民出版社出版发行

社 址:济南市经九路胜利大街 39 号 邮 编:250001
网 址:http://www.sd-book.com.cn
发行部:(0531)82098027 82098028
新华书店经销
日照报业印刷有限公司印装
规 格 16 开 (185mm×260mm)
印 张 24.5
字 数 400 千字 插页 2
版 次 2011 年 9 月第 1 版
印 次 2015 年 7 月第 2 次
ISBN 978-7-209-05893-3
定 价 38.00 元

如有质量问题,请与印刷厂调换。电话:(0633)8221365